Obenhaus / Brügge / Herden / Schönhöft

Schwarzarbeitsbekämpfungsgesetz

Schwarzarbeitsbekämpfungsgesetz

Kommentar

Von

Nils Obenhaus
Rechtsanwalt und Steuerberater, Hamburg und Zürich

Dr. Philipp Brügge
Rechtsanwalt, Hamburg

Verena Herden
Rechtsanwältin, Kaarst

Dr. Andreas Schönhöft
Rechtsanwalt, Hamburg

2016

C.H.BECK

www.beck.de

ISBN 978 3 406 66729 9

© 2016 Verlag C. H. Beck oHG
Wilhelmstraße 9, 80801 München

Druck: Beltz Bad Langensalza GmbH
Neustädter Straße 1–4, 99947 Bad Langensalza

Satz: Jung Crossmedia Publishing GmbH
Gewerbestraße 17, 35633 Lahnau

Umschlaggestaltung: Druckerei C. H. Beck Nördlingen

Gedruckt auf säurefreiem, alterungsbeständigem Papier
(hergestellt aus chlorfrei gebleichtem Zellstoff)

Vorwort

Mit dem Schwarzarbeitsbekämpfungsgesetz hat der Gesetzgeber bewusst an einer Schnittstelle verschiedener Rechtsgebiete angesetzt und die Zollbehörden dazu berufen, die Zusammenarbeit an eben dieser Schnittstelle zu koordinieren. Es ist die Schnittstelle besonders von Sozialrecht und Arbeitsrecht, Handwerks- und Gewerberecht sowie dem Steuerrecht und dem Straf- und Ordnungswidrigkeitenrecht. Der mit einer Schwarzarbeitssache befasste Praktiker ist der Herausforderung ausgesetzt, zu erkennen, wie die verschiedenen Rechtsgebiete ineinandergreifen. Bei dem Einarbeiten in die jeweils betroffenen, oft wenig bekannten Rechtsgebiete hat der Praktiker schnell zu erfassen, welche einschlägigen Vorschriften zum jeweiligen Fall existieren und welche Aspekte aus Rechtsprechung und Verwaltungsvorschriften zu beachten sind. Das vorliegende Werk soll dem Praktiker erleichtern, sich schnell in die verschiedenen Regelungsbereiche einzuarbeiten und die maßgeblichen Problemstellungen zu erkennen. Was für den in einem Rechtsgebiet versierten Fachmann selbstverständlich ist, bedenkt derjenige, der dieses Gebiet selten oder erstmals betritt, oftmals gar nicht – daher weist dieses Werk auf solche Punkte hin. Das Werk umreißt die Problemstellungen, gibt dazu Schnellübersichten und verweist auf weitere Literatur, zumeist einschlägige Standardwerke, die sich jenseits der Schnittstellen tiefergehend mit den Einzelfragen befassen.

Die Aktualität des Themas belegen auch Gesetzesinitiativen, die im Erscheinungsjahr dieses Werkes anstehen. So hat die Bundesregierung am 2.6.2016 den Entwurf eines Entwurf eines Gesetzes zur Änderung des Arbeitnehmerüberlassungsgesetzes und anderer Gesetze (BR-Drs. 294/16) dem Bundesrat zugeleitet, der den Missbrauch von Leiharbeit und von Werkvertragsgestaltungen zu verhindern versucht. Nach dem Gesetzentwurf ergeben sich redaktionelle Änderungen im SchwarzArbG. Eine weitere Änderung des SchwarzArbG soll der Entwurf eines Gesetzes zur Stärkung der Bekämpfung der Schwarzarbeit und illegalen Beschäftigung, den das BMF am 15.6.2016 vorgelegt hat, bringen. Dieses sieht die Implementierung eines neuen IT-Verfahrens für die Finanzkontrolle Schwarzarbeit vor anstelle des Systems ProFiS (§ 16). Danach sollen auch Abfragen von Halterdaten beim Kraftfahrtbundesamt eröffnet sein. Der hier aufgezeigte rechtliche Rahmen wird jedoch unverändert fortgelten. Das gilt ebenso für die weiteren Änderungen nach diesem Gesetzentwurf, die etwa klarstellen, dass auch den mit der Schwarzarbeitsbekämpfung befassten Landesbehörden (Handwerks- und Gewerbebehörden) die Befugnisse nach dem SchwarzArbG zustehen.

Hamburg/Kaarst, Mai 2016

Nils Obenhaus
Dr. Philipp Brügge
Verena Herden
Dr. Andreas Schönhöft

Inhaltsverzeichnis

Vorwort	V
Abkürzungsverzeichnis	IX
Literaturverzeichnis	XIX

Gesetz zur Bekämpfung der Schwarzarbeit und illegalen Beschäftigung (Schwarzarbeitsbekämpfungsgesetz – SchwarzArbG)	1
Einleitung	19

Abschnitt 1. Zweck

§ 1	Zweck des Gesetzes	26

Abschnitt 2. Prüfungen

§ 2	Prüfungsaufgaben	119
§ 2a	Mitführungs- und Vorlagepflicht von Ausweispapieren	152
§ 3	Befugnisse bei der Prüfung von Personen	159
§ 4	Befugnisse bei der Prüfung von Geschäftsunterlagen	167
§ 5	Duldungs- und Mitwirkungspflichten	173
§ 6	Unterrichtung und Zusammenarbeit von Behörden	180
§ 6a	Übermittlung personenbezogener Daten an Mitgliedstaaten der Europäischen Union	195
§ 7	Auskunftsansprüche bei anonymen Werbemaßnahmen	207

Abschnitt 3. Bußgeld- und Strafvorschriften

§ 8	Bußgeldvorschriften	234
§ 9	Erschleichen von Sozialleistungen im Zusammenhang mit der Erbringung von Dienst- oder Werkleistungen	255
§ 10	Beschäftigung von Ausländern ohne Genehmigung oder ohne Aufenthaltstitel und zu ungünstigen Arbeitsbedingungen	258
§ 10a	Beschäftigung von Ausländern ohne Aufenthaltstitel, die Opfer von Menschenhandel sind	280
§ 11	Erwerbstätigkeit von Ausländern ohne Genehmigung oder ohne Aufenthaltstitel in größerem Umfang oder von minderjährigen Ausländern	284

Abschnitt 4. Ermittlungen

§ 12	Allgemeines zu den Ordnungswidrigkeiten	290
§ 13	Zusammenarbeit in Bußgeldverfahren	300
§ 14	Ermittlungsbefugnisse	305

Abschnitt 5. Datenschutz

§ 15	Allgemeines	315
§ 16	Zentrale Datenbank	320

Inhaltsverzeichnis

§ 17	Auskunft an Behörden der Zollverwaltung, an die Polizeivollzugsbehörden des Bundes und der Länder, an die Finanzbehörden und an die Staatsanwaltschaften	327
§ 18	Auskunft an die betroffene Person	330
§ 19	Löschung	332

Abschnitt 6. Verwaltungsverfahren, Rechtsweg

§ 20	Entschädigung der Zeugen und Sachverständigen	335
§ 21	Ausschluss von öffentlichen Aufträgen	336
§ 22	Verwaltungsverfahren	346
§ 23	Rechtsweg	349

Anhang 353

Sachverzeichnis 455

Abkürzungsverzeichnis

aA	andere Ansicht
ABl	Amtsblatt der Europäischen Union (zitiert mit Datum, Nummer, Seite)
abl.	ablehnend
Abs.	Absatz
aE	am Ende
AEntG	Gesetz über zwingende Arbeitsbedingungen für grenzüberschreitend entsandte und für regelmäßig im Inland beschäftigte Arbeitnehmer und Arbeitnehmerinnen (Arbeitnehmer-Entsendegesetz)
AEUV	Vertrag über die Arbeitsweise der Europäische Union
aF	alte Fassung
AG	Aktiengesellschaft
allg.	allgemein
Alt.	Alternative
amtl.	amtlich/e(r)
Amtsbl. SH	Amtsblatt des Schleswig-Holstein (zitiert nach Jahr und Seite)
AngVersG	Angestelltenversicherungsgesetz
Anh.	Anhang
Anm.	Anmerkung
AO	Abgabenordnung v. 16.03.1976 (BGBl. I 613; III 610-1-3)
AO-StB	AO-Steuerberater (zitiert nach Jahrgang und Seite)
ArbR	Arbeitsrecht Aktuell
ArbRB	Der Arbeits-Rechts-Berater
ArbSchG	Arbeitsschutzgesetz vom 7.8.1996 (BGBl. I S. 1246), zuletzt geänd. d. G. v. 19.10.2013 (BGBl. I S. 3836)
ArbZG	Arbeitszeitgesetz vom 6.6.1994 (BGBl. I S. 1170, 1171), zuletzt geänd. d. G. v. 20.4.2013 (BGBl. I S. 868)
arg.	Argumentum, argumentiert
Art.	Artikel
AStBV (St)	Anweisungen für das Straf- und Bußgeldverfahren (Steuer)
AsylbLG	Asylbewerberleistungsgesetz v. 5.8.1997 (BGBl. I S. 2022), zuletzt geänd. d. G. v. 23.12.2014 (BGBl. I S. 2439)
AsylVfG	Asylverfahrensgesetz v. 2.9.2008 (BGBl. I S. 1798), zuletzt geänd. d. G. v. 23.12.2014 (BGBl. I S. 2439)
AufenthG	Gesetz über den Aufenthalt, die Erwerbstätigkeit und die Integration von Ausländern im Bundesgebiet (Aufenthaltsgesetz) v. 25.2.2008 (BGBl. I S. 162), zuletzt geänd. d. G. v. 23.12.2014 (BGBl. I S. 2439)
Aufl.	Auflage

Abkürzungsverzeichnis

AÜG	Gesetz zur Regelung der Arbeitnehmerüberlassung (Arbeitnehmerüberlassungsgesetz) v. m 3.2.1995 (BGBl. I S. 158), zuletzt geänd. d. G. v. 11.8.2014 (BGBl. I S. 1348)
ausf.	ausführlich
Az.	Aktenzeichen
BA	Bundesagentur für Arbeit
BAfA	Bundesamt für Ausfuhrkontrolle
BAG	Bundesamt für Güterverkehr
BAG	Bundesarbeitsgericht
BAGE	Entscheidungssammlung des Bundesarbeitsgerichts
BayObLG	Bayerisches Oberlandesgericht
BB	Betriebsberater, Zeitschrift
BDSG	Bundesdatenschutzgesetz v. 14.1.2003 (BGBl. I S. 66), zuletzt geänd. d. G. v. 25.2.2015 (BGBl. I S. 162)
BeckRS	Beck-Rechtsprechung (zitiert nach Jahrgang und fünfstelliger Nummer)
Begr.	Begründung
Bek.	Bekanntmachung
ber.	berichtigt
BeschV	Beschäftigungsverordnung
BetrVG	Betriebsverfassungsgesetz
BFD	Bundesfinanzdirektion
BFH	Bundesfinanzhof
BFH/NV	Sammlung der Entscheidungen des Bundesfinanzhofs (BFH), die nicht in der amtlichen Sammlung des BFH veröffentlicht werden (zitiert nach Jahrgang und Seite)
BFHE	Entscheidungssammlung des Bundesfinanzhofs
BGBl.	Bundesgesetzblatt
BGH	Bundesgerichtshof
BGHSt	Entscheidungen des Bundesgerichtshofs in Strafsachen
BGHZ	Entscheidungen des Bundesgerichtshofs in Zivilsachen
Bl.	Blatt
BMAS	Bundesministerium für Arbeit und Soziales
BMF	Bundesministerium der Finanzen
BMJ	Bundesministerium der Justiz und für Verbraucherschutz
Bp	Betriebsprüfung
BR-Drs.	Drucksache des Bundesrates (zitiert nach Nummer und Jahr)
BSG	Bundessozialgericht
BSGE	Entscheidungssammlung des Bundessozialgerichts
BStBl	Bundessteuerblatt (zitiert nach Jahr und Seite)
bsw.	beispielsweise
BT-Drs.	Drucksache des Deutschen Bundestages (zitiert nach Wahlperiode und Nummer)
Buchst.	Buchstabe
BV	Betriebsvereinbarung
BVerfG	Bundesverfassungsgericht
BVerfGE	Entscheidungssammlung des Bundesverfassungsgerichts

Abkürzungsverzeichnis

BVerwG	Bundesverwaltungsgericht
BVerwGE	Entscheidungssammlung des Bundesverwaltungsgerichts
BVV	Verordnung über die Berechnung, Zahlung, Weiterleitung, Abrechnung und Prüfung des Gesamtsozialversicherungsbeitrages (Beitragsverfahrensverordnung)
BW	Baden-Württemberg
BZSt	Bundeszentralamt für Steuern
bzw.	beziehungsweise
ca.	zirka
DATEV-Dok.	Dokument in der DATEV-Informationsdatenbank (zitiert mit Dokumentennummer)
DB	Der Betrieb (zitiert nach Jahr und Seite)
DCGK	Deutschen Corporate Governance Kodex
DEÜV	Verordnung über die Erfassung und Übermittlung von Daten für die Träger der Sozialversicherung (Datenerfassungs- und -übermittlungsverordnung)
dh	das heißt
diff.	differenzierend
DIRECCTE	*Directions régionales des entreprises, de la concurrence, de la consommation, du travail et de l'emploi*
Diss.	Dissertation
Drs.	Drucksache
DRV	Deutsche Rentenversicherung
DSRV	Datenstelle der Rentenversicherung nach § 145 SGB VI
DStJG	Deutsche Steuerjuristische Gesellschaft, Band der Jahrestagung (zitiert nach Band und Seite)
DStR	Deutsches Steuerrecht (zitiert nach Jahrgang und Seite)
EFG	Entscheidungen der Finanzgerichte (zitiert nach Jahrgang und Seite)
EGStGB	Einführungsgesetz zum Strafgesetzbuch v. 2.3.1974 (BGBl. I S. 469; 1975 I S. 1916; 1976 I S. 507), zuletzt d. G. v. 20.12.2012 (BGBl. I S. 2756)
Einl.	Einleitung
ELENA	elektronischer Entgeltnachweises nach § 96 I SGB IV
endg.	endgültig
EnEV	Verordnung über energiesparenden Wärmeschutz und energiesparende Anlagentechnik bei Gebäuden (Energieeinsparverordnung)
EStB	Der Ertrags-Steuer-Berater (zitiert nach Jahr und Seite)
EStG	Einkommensteuergesetz idF v. 8.10.2009 (BGBl. I S. 3366, 3862), zuöetzt geänd. d. G. v. 29.6.2015 (BGBl. I S. 1061)
etc.	et cetera
EU-15	15 Mitgliedstaaten der Europäischen Union vor dem 1.1.2004
EuGH	Europäischer Gerichtshof
EUV	Vertrag über die Europäische Union (ABl. 30.3.2010 C 83, 1)
eV	eingetragener Verein

Abkürzungsverzeichnis

EWR	Europäischer Wirtschaftsraum bzw. die Vertragstaaten des Abkommens über den Europäischen Wirtschaftsraum (ABl. 3.1.1994 L 1, 1)
EzA	Entscheidungssammlung zum Arbeitsrecht
f., ff.	folgende, fortfolgende
FA	Finanzamt
FG	Finanzgericht
FKS	Finanzkontrolle Schwarzarbeit
Fn.	Fußnote
FS	Festschrift
FVG	Gesetz über die Finanzverwaltung (Finanzverwaltungsgesetz) vom 4.4.2006 (BGBl. I S. 846, 1202), zuletzt geänd. d. G v. 22.12.2014 (BGBl. I S. 2417)
G	Gesetz
geänd.	geändert
gem.	gemäß
GewA	Gewerbe-Archiv (zitiert nach Jahr und Seite)
ggf.	gegebenenfalls
GKV	Gesetzliche Krankenversicherung
GmbHR	GmbH-Rundschau (zitiert nach Jahr und Seite)
grds.	grundsätzlich
GüKG	Güterkraftverkehrsgesetz v. 22.6.1998 (BGBl. I S. 1485), zuletzt geänd. d. G v. 28.8.2013 (BGBl. I S. 3313)
GWB	Gesetz gegen Wettbewerbsbeschränkungen v. 26.6.2013 (BGBl. I S. 1750, 3245), zuletzt geänd. d. G v. 15.4.2015 (BGBl. I S. 578)
GZR	Gewerbezentralregister
HbeglG 2004	Haushaltsbegleitgesetz 2004 v. 29.12.2003 (BGBl. I S. 3076, ber. 2004 I S. 69)
Hess	Hessen
HGB	Handelsgesetzbuch
HH	Freie und Hansestadt Hamburg
hM	herrschende Meinung
HRRS	HRR-Strafrecht.de Online-Zeitschrift und Rechtsprechungsdatenbank (zitiert nach Jahr und Seite; Entscheidungen nach Jahr und Nummer)
Hs.	Halbsatz
HwO	Gesetz zur Ordnung des Handwerks (Handwerksordnung) idF v. 9.1998 (BGBl. I S. 3074; 2006 I S. 2095), zuletzt geänd. d. G. v. 25.7.2013 (BGBl. I S. 2749)
HZA	Hauptzollamt
HZAZustV	Verordnung zur Übertragung von Zuständigkeiten auf Hauptzollämter für den Bereich mehrerer Hauptzollämter (Hauptzollamtszuständigkeitsverordnung) v. 16.2.2007 (BGBl. I S. 202), zuletzt geänd. d. G. v. 21.12.2008 (BGBl. I S. 2933)

Abkürzungsverzeichnis

idR	in der Regel
idS	in dem Sinne
ieS	im engeren Sinne
iHd	In Höhe der/des
IMI	Internal Market Informationssystem im europäischen Pilotprojekt „Nutzung des elektronischen Binnenmarkt-Informationssystems"
iRd	im Rahmen des/der
iRe	Im Rahmen einer/eines
IRG	Gesetz über die internationale Rechtshilfe in Strafsachen v. 27.6.1994 (BGBl. I S. 1537), zuletzt geänd. d. G. v.8.7.2014 (BGBl. I S. 890)
iRv	im Rahmen von
iSd	im Sinne der/des
iSe	im Sinne einer
IStR	Internationales Steuerrecht (zitiert nach Jahrgang und Seite)
iSv	im Sinne von
ivm	in Verbindung mit
iwS	im weiteren Sinne
JAV	Jugend- und Auszubildendenvertretung
Jg.	Jahrgang
JR	Juristische Rundschau (zitiert nach Jahrgang und Seite)
JStG	Jahressteuergesetz (mit Jahr)
JVEG	Justizvergütungs- und -entschädigungsgesetz vom 5.5.2004 (BGBl. I S. 718, 776), zuletzt geänd. d. G. v. 23.7.2013 (BGBl. I S. 2586)
Kap.	Kapitel
KG	Kammergericht Berlin
KonTraG	Gesetz zur Kontrolle und Transparenz im Unternehmensbereich (BGBl. I 1998 S. 786)
krit.	kritisch
KrV	Krankenversicherung
LAG	Landesarbeitsgericht
lit.	Buchstabe
LSA	Land Sachsen-Anhalt
LSG	Landessozialgericht
LStDV	Lohnsteuer-Durchführungsverordnung v. 10.10.1989 (BGBl. I S. 1848), zuletzt geänd. d. G. v. 25.7.2014 (BGBl. I S. 1266)
lt.	laut, gemäß
max.	maximal
MBl	Ministerialblatt
mE	meines Erachtens
MiArbG	Gesetz über die Festsetzung von Mindestarbeitsbedingungen (Mindestarbeitsbedingungengesetz) v. 11.01.52 (BGBl I, 78; III 802-2, aufgehoben d. G. v. 11.8.2014 (BGBl. I S. 1348)

Abkürzungsverzeichnis

MiLoAufzV	Verordnung zur Abwandlung der Pflicht zur Arbeitszeitaufzeichnung nach dem Mindestlohngesetz und dem Arbeitnehmer-Entsendegesetz (Mindestlohnaufzeichnungsverordnung) v. 26.11.2014 (BGBl. I S. 1824)
MiLoDokV	Mindestlohndokumentationspflichten-Verordnung vom 16.12.2014 (BAnz. AT 29.12.2014 V1)
MiLoG	Gesetz zur Regelung eines allgemeinen Mindestlohns (Mindestlohngesetz) v. 11.8.2014 (BGBl. I S. 1348)
MiLoGMeldStellV	Verordnung zur Bestimmung der zuständigen Behörde nach § 16 Absatz 6 des Mindestlohngesetzes v. 24.11.2014 (BGBl. I S. 1823)
MiLoMeldV	Verordnung über Meldepflichten nach dem Mindestlohngesetz, dem Arbeitnehmer-Entsendegesetz und dem Arbeitnehmerüberlassungsgesetz (Mindestlohnmeldeverordnung) v. 24.11.2014 (BGBl. I S. 1825)
mind.	mindestens
MiStra	Anordnung über Mitteilungen in Strafsachen AV BMJ v. 15.3.1985 (BAnz. 3053)
MiZi	Anordnung über die Mitteilungen in Zivilsachen
MüKo StGB	Münchener Kommentar zum StGB
MV	Mecklenburg-Vorpommern
mwN	mit weiteren Nachweisen
mWv	mit Wirkung vom
NachwG	Gesetz über den Nachweis der für ein Arbeitsverhältnis geltenden wesentlichen Bedingungen (Nachweisgesetz)
nF	neue Fassung
NJW	Neue Juristische Wochenzeitschrift
NJW-RR	Rechtsprechungsreport der Neuen Juristischen Wochenzeitschrift
Nr.	Nummer
NStZ	Neue Zeitschrift für Strafrecht
NStZ-RR	Rechtsprechungsreport der Neuen Zeitschrift für Strafrecht
NVwZ	Neue Zeitschrift für Verwaltungsrecht
NW	Nordrhein-Westfalen
NZA	Neue Zeitschrift für Arbeitsrecht
NZWiSt	Neue Zeitschrift für Wirtschafts-, Steuer- und Unternehmensstrafrecht
OFD	Oberfinanzdirektion
og	oben genannt
OWi	Ordnungswidrigkeit
PolG	Polizeigesetz
PStR	Praxis Steuerstrafrecht (zitiert nach Jahrgang und Seite)
RbDatA	Rahmenbeschlusses 2006/960/JI des Rates vom 18.11.2006 über die Vereinfachung des Austauschs von Informationen und Erkenntnissen zwischen Strafverfolgungsbehörden der Mitgliedstaa-

Abkürzungsverzeichnis

	ten der Europäischen Union (ABl 29.12.2006 L 386, 89 und 15.3.2007 L 75, 26
ReisegewVwV	Allgemeine Verwaltungsvorschrift für den Vollzug des Titels III der Gewerbeordnung v. 1.9.2009 (Amtsbl. SH. 2009 S. 988)
RhPf	Rheinland-Pfalz
RiStBV	Richtlinien für das Strafverfahren und das Bußgeldverfahren
RKnappschaftsG	Reichsknappschaftsgesetz v. 23.6.1923 (RGBl I S. 431), ausser Kraft d. G. v. 18.12.1989 (BGBl I S. 2261, 2362)
rkr.	rechtskräftig
RL	Richtlinie
Rn.	Randnummer
Rom-I-VO	Verordnung (EG) Nr. 593/2008 des Europäischen Parlaments und des Rates vom 17. Juni 2008 über das auf vertragliche Schuldverhältnisse anzuwendende Recht (ABl 4.7.2008 L 177, 6, ber. ABl. 24.11.2009 L 309, 87)
Rs.	Rechtssache
RV	Rentenversicherung
RVO	Reichsversicherungsordnung
S.	Seite
s.	siehe
S-Anh	Sachsen-Anhalt
SchwarzArbG	Gesetz zur Bekämpfung der Schwarzarbeit und illegalen Beschäftigung (Schwarzarbeitsbekämpfungsgesetz)
SDÜ	Übereinkommen zur Durchführung des Schengener Abkommens (Schengener Durchführungsübereinkommen v. 19.6.1990 (BGBl II 1993, 1013)
SG	Sozialgericht
SGB	Sozialgesetzbuch
SH	Schleswig-Holstein
Slg.	Sammlung
sog.	sogenannt
SOKA-Bau	Sozialkassen-Verfahren im Baugewerbe
SozR	Herausgebergesellschaft des Bundessozialgerichts, Sozialrecht, Loseblatt,
st. Rspr.	ständige Rechtsprechung
StA	Staatsanwaltschaft
Stbg	Die Steuerberatung (zitiert nach Jahr und Seite)
StBp	Steuerliche Betriebsprüfung (zitiert nach Jahr und Seite)
SteuK	Steuerrecht kurzgefaßt (zitiert nach Jahrgang und Seite)
SV	Sozialversicherung
TKG	Telekommunikationsgesetz v. 22.6.2004 (BGBl. I S. 1190), zuletzt geänd. d. G. v. 25.7.2014 (BGBl. I S. 1266)
TzBfG	Teilzeit- und Befristungsgesetz v. 21.12.2000 (BGBl. I S. 1966), zuletzt geänd. d. G. v. 20.12.2011 (BGBl. I S. 2854)

Abkürzungsverzeichnis

ua	unter anderem
uä	und ähnliche
UAbs.	Unterabsatz
Übk.	Übereinkommen
USK	Urteilssammlung für die gesetzliche Krankenversicherung
UStAE	Umsatzsteuer-Anwendungserlass vom 1.10.2010 (BStBl I S. 846)
UStDV	Umsatzsteuer-Durchführungsverordnung idF v. 21.2.2005 (BGBl. I S. 434), zuletzt geänd. d. VO v. 22.12.2014 (BGBl. I S. 2392)
UStG	Umsatzsteuergesetz idF v. 21.3.2005 (BGBl. I S. 386), zuletzt geänd. d. G. v. 22.12.2014 (BGBl. I S. 2417)
uU	unter Umständen
UV	Unfallversicherung
UWG	Gesetz gegen den unlauteren Wettbewerb idF v. 3.3.2010 (BGBl. I S. 254), zuletzt geänd. d. G. v. 1.10.2013 (BGBl. I S. 3714)

v.	von, vom
Var.	Variante
vgl.	vergleiche
VO (EG)	Verordnung der Europäischen Gemeinschaft
VO (EWG)	Verordnung der Europäischen Wirtschaftsgemeinschaft
VOB/A	Vergabe- und Vertragsordnung für Bauleistungen – Teil A
VOB/A- EG	Vergabe- und Vertragsordnung für Bauleistungen – Teil A, Abschnitt 2 – Vergabebestimmungen im Anwendungsbereich der Richtlinie 2004/18/EG
Vorb.	Vorbemerkung
VWDG	Gesetz zur Errichtung einer Visa-Warndatei (Visa-Warndateigesetz) v. 22.12.2011 (BGBl. I S. 3037)

wistra	Zeitschrift für Wirtschafts- und Steuerstrafrecht (zitiert nach Jahrgang und Seite)
2. WiKG	Zweites Gesetz zur Bekämpfung der Wirtschaftskriminalität v. 15.5.1986 (BGBl I S. 721)
WM	WM – Zeitschrift für Wirtschafts- und Bankrecht (zitiert nach Jahrgang und Seite)
II. WoBauG	Zweites Wohnungsbaugesetz
WoFG	Wohnraumförderungsgesetz

ZAR	Zeitschrift für Ausländerrecht und Ausländerpolitik (zitiert nach Jahr und Seite)
zB	zum Beispiel
ZFdG	Gesetz über das Zollkriminalamt und die Zollfahndungsämter (Zollfahndungsdienstgesetz) v. 16.8.2002 (BGBl. I S. 3202), zuletzt geänd. d. G. v. 12.6.2015 (BGBl. I S. 926)
ZfZ	Zeitschrift für Zollrecht (zitiert nach Jahrgang und Seite)
Ziff.	Ziffer
ZIP	Zeitschrift für Wirtschaftsrecht (zitiert nach Jahrgang und Seite)

Abkürzungsverzeichnis

ZollVG	Zollverwaltungsgesetz v. 21.12.1992 (BGBl. I S. 2125; 613-7; 1993 I S. 2493), zuletzt geänd. d. G. v. 12.6.2015 (BGBl. I S. 926)
zT	zum Teil
zul.	zuletzt
zust.	zustimmend

Literaturverzeichnis

kursiv gesetzte Autorennamen im Kommentar weisen die Bearbeiter aus

Achenbach/Ransiek	Handbuch Wirtschaftsstrafrecht, 3. Auflage 2012
GK-SGB III	Ambs/Wagner/Schweitzer/Rademacher/Müller-Kohlenberg/Marschner/Lampe/Hess/Götze/Feckler/Wurtmann Gemeinschaftskommentar zum Arbeitsförderungsrecht Loseblatt, 188. EL, Stand: September 2013
Bamberger/Roth	Kommentar zum Bürgerlichen Gesetzbuch: BGB, 2012
Baumbach/Hueck	GmbHG, 20. Auflage 2013
BeckOK ArbR	Rolfs/Giesen/Kreikebohm/Udsching (Hrsg.), Beck'scher Online-Kommentar Arbeitsrecht
Brüssow/Petri	Arbeitsstrafrecht, 2008
Büchting/Heussen	Beck'sches Rechtsanwalts-Handbuch, 10. Auflage 2011
Büttner	Illegale Beschäftigung, Schwarzarbeit, 2012
Dietmeier	Blankettstrafrecht, 2002
Eicher/Schlegel	SGB III – Arbeitsförderungsrecht, Kommentar mit Nebenrecht, Loseblatt
Erbs/Kohlhaas	Strafrechtliche Nebengesetze, Loseblatt
ErfK	Müller-Glöge/Preis/Schmidt, Erfurter Kommentar zum Arbeitsrecht, 15. Aufl. 2015
Fehn	Kommentar zum Gesetz zur Bekämpfung der Schwarzarbeit und illegalen Beschäftigung (Schwarzarbeitsbekämpfungsgesetz – SchwarzArbG), in: Das Deutsche Bundesrecht
Fischer	Strafgesetzbuch, 63. Aufl. 2016
FGJ	Franzen/Gast/Joecks, Steuerstrafrecht, 7. Aufl. 2009
Friauf	Kommentar zur Gewerbeordnung, Loseblatt 271. Ergänzungslieferung, Stand: August 2013
Fritz	Die Selbstanzeige im Beitragsstrafrecht nach § 266a Absatz 5 StGB, Diss, Mannheim 1997
GKR	Gercke/Kraft/Richter, Arbeitsstrafrecht, 2012
Göhler	Ordnungswidrigkeitengesetz, 16. Aufl. 2012
GJW	Graf/Jäger/Wittig, Wirtschafts- und Steuerstrafrecht, 2011
Grobys/Panzer	StichwortKommentar Arbeitsrecht, 2014
Hartenstein/Reuschle	Transport- und Speditionsrecht, 2012
Hauschka	Corporate Compliance: Handbuch der Haftungsvermeidung im Unternehmen, 2. Auflage 2010
Hofmann/Hoffmann	Handkommentar Ausländerrecht, 2008

Literaturverzeichnis

Ignor/Rixen	Handbuch Arbeitsstrafrecht – Die Tatbestände der einschlägigen Gesetze, 1. Auflage 2002
Jescheck/Weigend	Strafrecht AT, 5. Auflage 1996
Kilchling	Die Praxis der Gewinnabschöpfung in Europa, 2002
Kittner/Zwanziger/Deinert	Arbeitsrecht Handbuch für die Praxis
Klein	Abgabenordnung, 12. Auflage 2014
Koenig	Abgabenordnung, 3. Auflage 2014
Kohlmann	Steuerstrafrecht, Loseblatt
Krahmer	Sozialdatenschutz nach SGB I und X, 3. Auflage 2011
KSW	Kreikebohm/Spellbrink/Waltermann, Kommentar zum Sozialrecht, 3. Auflage 2013
Lackner/Kühl	Strafgesetzbuch, 28. Auflage 2014
Landmann/Rohmer	Gewerbeordnung und ergänzende Vorschriften; Loseblatt
Lübke/Müller/Bonenberger	Steuerfahndung: Situationen erkennen, vermeiden, richtig beraten, 2008
Marschall	Bekämpfung illegaler Beschäftigung, 3. Auflage 2003
Maunz/Dürig	Grundgesetz, Loseblatt
Meyer-Goßner/Schmitt	Strafprozessordnung: StPO, 57. Auflage 2014
MüKoStGB	Münchener Kommentar zum StGB, 2. Auflage 2011
Palandt	Bürgerliches Gesetzbuch: BGB, 75. Auflage 2016
Randt	Der Steuerfahndungsfall, 2004
Rebmann/Roth	Gesetz über Ordnungswidrigkeiten; Loseblatt
Roxin	Strafrecht AT I, 4. Auflage 2006
Schmidt	Einkommensteuergesetz: EStG, 35. Auflage 2016
Scholz	GmbHG, Band II, 11. Auflage 2012–2013
Schönke/Schröder	Strafgesetzbuch, 29. Auflage 2014
Schrell	Sicherung angemessenen Arbeitslohns durch Straf- und Ordnungswidrigkeitsrecht, 2014
Schüren/Hamann	Arbeitnehmerüberlassungsgesetz: AÜG, 4. Auflage 2015
TK	Tipke/Kruse, AO/FGO-Kommentar, Loseblatt
Wabnitz/Janovsky	Handbuch des Wirtschafts- und Steuerstrafrechts, 4. Aufl. 2014; Wilhelm Schmidt, Gewinnabschöpfung im Straf- und Bussgeldverfahren, 2006

Gesetz zur Bekämpfung
der Schwarzarbeit und illegalen Beschäftigung
(Schwarzarbeitsbekämpfungsgesetz – SchwarzArbG)

Vom 23. Juli 2004
(BGBl. I S. 1842)
FNA 453–22

geänd. durch Art. 5 G zur Änd. des AufenthaltsG und weiterer Gesetze v. 14.3.2005 (BGBl. I S. 721), Art. 6 G zur Umsetzung des BVerfG-Urteils „akustische Wohnraumüberwachung" v. 24.6.2005 (BGBl. I S. 1841), Art. 6 Abs. 7 EU-Aufenthalts- und AsylrechtsRL UmsetzungsG v. 19.8.2007 (BGBl. I S. 1970), Art. 4a Zweites Bürokratieabbau G v. 7.9.2007 (BGBl. I S. 2246), Art. 2 Zweites G zur Änd. des SGB IV und anderer Gesetze v. 21.12.2008 (BGBl. I S. 2933), Art. 2 Erstes G zur Änd. des G über die Festsetzung von Mindestarbeitsbedingungen v. 22.4.2009 (BGBl. I S. 818), Art. 2 G zur Änd. des ArbeitnehmerüberlassungsG und des SchwarzarbeitsbekämpfungsG v. 20.7.2011 (BGBl. I S. 1506), Art. 8 G zur Umsetzung aufenthaltsrechtlicher Richtlinien der EU und zur Anpassung nationaler Rechtsvorschriften an den EU-Visakodex v. 22.11.2011 (BGBl. I S. 2258), Art. 7 G über die Vereinfachung des Austauschs von Informationen und Erkenntnissen zwischen den Strafverfolgungsbehörden der Mitgliedstaaten der EU v. 21.7.2012 (BGBl. I S. 1566), Art. 3 TarifautonomiestärkungsG v. 11.8.2014 (BGBl. I S. 1348), Art. 2 G zur Änd. des FreizügigkeitsG/EU und weiterer Vorschriften v. 2.12.2014 (BGBl. I S. 1922)

Inhaltsübersicht

Abschnitt 1. Zweck
§ 1   Zweck des Gesetzes
Abschnitt 2. Prüfungen
§ 2   Prüfungsaufgaben
§ 2a Mitführungs- und Vorlagepflicht von Ausweispapieren
§ 3   Befugnisse bei der Prüfung von Personen
§ 4   Befugnisse bei der Prüfung von Geschäftsunterlagen
§ 5   Duldungs- und Mitwirkungspflichten
§ 6   Unterrichtung und Zusammenarbeit von Behörden
§ 6a Übermittlung personenbezogener Daten an Mitgliedstaaten der Europäischen Union
§ 7   Auskunftsansprüche bei anonymen Werbemaßnahmen
Abschnitt 3. Bußgeld- und Strafvorschriften
§ 8   Bußgeldvorschriften
§ 9   Erschleichen von Sozialleistungen im Zusammenhang mit der Erbringung von Dienst- oder Werkleistungen
§ 10 Beschäftigung von Ausländern ohne Genehmigung oder ohne Aufenthaltstitel und zu ungünstigen Arbeitsbedingungen
§ 10a Beschäftigung von Ausländern ohne Aufenthaltstitel, die Opfer von Menschenhandel sind
§ 11 Erwerbstätigkeit von Ausländern ohne Genehmigung oder ohne Aufenthaltstitel in größerem Umfang oder von minderjährigen Ausländern
Abschnitt 4. Ermittlungen
§ 12 Allgemeines zu den Ordnungswidrigkeiten
§ 13 Zusammenarbeit in Bußgeldverfahren
§ 14 Ermittlungsbefugnisse

Abschnitt 5. Datenschutz
§ 15 Allgemeines
§ 16 Zentrale Datenbank
§ 17 Auskunft an Behörden der Zollverwaltung, an die Polizeivollzugsbehörden des Bundes und der Länder, an die Finanzbehörden und an die Staatsanwaltschaften
§ 18 Auskunft an die betroffene Person
§ 19 Löschung
Abschnitt 6. Verwaltungsverfahren, Rechtsweg
§ 20 Entschädigung der Zeugen und Sachverständigen
§ 21 Ausschluss von öffentlichen Aufträgen
§ 22 Verwaltungsverfahren
§ 23 Rechtsweg

Abschnitt 1. Zweck

§ 1 Zweck des Gesetzes

(1) Zweck des Gesetzes ist die Intensivierung der Bekämpfung der Schwarzarbeit.

(2) Schwarzarbeit leistet, wer Dienst- oder Werkleistungen erbringt oder ausführen lässt und dabei
1. als Arbeitgeber, Unternehmer oder versicherungspflichtiger Selbstständiger seine sich auf Grund der Dienst- oder Werkleistungen ergebenden sozialversicherungsrechtlichen Melde-, Beitrags- oder Aufzeichnungspflichten nicht erfüllt,
2. als Steuerpflichtiger seine sich auf Grund der Dienst- oder Werkleistungen ergebenden steuerlichen Pflichten nicht erfüllt,
3. als Empfänger von Sozialleistungen seine sich auf Grund der Dienst- oder Werkleistungen ergebenden Mitteilungspflichten gegenüber dem Sozialleistungsträger nicht erfüllt,
4. als Erbringer von Dienst- oder Werkleistungen seiner sich daraus ergebenden Verpflichtung zur Anzeige vom Beginn des selbstständigen Betriebes eines stehenden Gewerbes (§ 14 der Gewerbeordnung) nicht nachgekommen ist oder die erforderliche Reisegewerbekarte (§ 55 der Gewerbeordnung) nicht erworben hat,
5. als Erbringer von Dienst- oder Werkleistungen ein zulassungspflichtiges Handwerk als stehendes Gewerbe selbstständig betreibt, ohne in der Handwerksrolle eingetragen zu sein (§ 1 der Handwerksordnung).

(3) [1]Absatz 2 findet keine Anwendung für nicht nachhaltig auf Gewinn gerichtete Dienst- oder Werkleistungen, die
1. von Angehörigen im Sinne des § 15 der Abgabenordnung oder Lebenspartnern,
2. aus Gefälligkeit,
3. im Wege der Nachbarschaftshilfe oder
4. im Wege der Selbsthilfe im Sinne des § 36 Abs. 2 und 4 des Zweiten Wohnungsbaugesetzes in der Fassung der Bekanntmachung vom 19. August 1994 (BGBl. I S. 2137) oder als Selbsthilfe im Sinne des § 12 Abs. 1 Satz 2

des Wohnraumförderungsgesetzes vom 13. September 2001 (BGBl. I S. 2376), zuletzt geändert durch Artikel 7 des Gesetzes vom 29. Dezember 2003 (BGBl. I S. 3076),

erbracht werden. ²Als nicht nachhaltig auf Gewinn gerichtet gilt insbesondere eine Tätigkeit, die gegen geringes Entgelt erbracht wird.

Abschnitt 2. Prüfungen

§ 2 Prüfungsaufgaben

(1) ¹Die Behörden der Zollverwaltung prüfen, ob
1. die sich aus den Dienst- oder Werkleistungen ergebenden Pflichten nach § 28a des Vierten Buches Sozialgesetzbuch erfüllt werden oder wurden,
2. auf Grund der Dienst- oder Werkleistungen Sozialleistungen nach dem Zweiten und Dritten Buch Sozialgesetzbuch oder Leistungen nach dem Altersteilzeitgesetz zu Unrecht bezogen werden oder wurden,
3. die Angaben des Arbeitgebers, die für die Sozialleistungen nach dem Dritten Buch Sozialgesetzbuch erheblich sind, zutreffend bescheinigt wurden,
4. Ausländer nicht
    a) entgegen § 284 Abs. 1 des Dritten Buches Sozialgesetzbuch oder § 4 Abs. 3 Satz 1 und 2 des Aufenthaltsgesetzes und nicht zu ungünstigeren Arbeitsbedingungen als vergleichbare deutsche Arbeitnehmer oder Arbeitnehmerinnen beschäftigt werden oder wurden, oder
    b) entgegen § 4 Abs. 3 Satz 1 und 2 des Aufenthaltsgesetzes mit entgeltlichen Dienst- oder Werkleistungen beauftragt werden oder wurden
    und
5. Arbeitsbedingungen nach Maßgabe des Mindestlohngesetzes, des Arbeitnehmer-Entsendegesetzes und des § 10 Absatz 5 des Arbeitnehmerüberlassungsgesetzes eingehalten werden oder wurden.

²Die Prüfung der Erfüllung steuerlicher Pflichten im Sinne von § 1 Abs. 2 Nr. 2 obliegt den zuständigen Landesfinanzbehörden. ³Die Behörden der Zollverwaltung sind zur Mitwirkung an Prüfungen der Landesfinanzbehörden berechtigt. ⁴Die Behörden der Zollverwaltung prüfen zur Erfüllung ihrer Mitteilungspflicht nach § 6 Abs. 1 Satz 1 in Verbindung mit Abs. 3 Nr. 4, ob Anhaltspunkte dafür bestehen, dass Steuerpflichtige den sich aus den Dienst- oder Werkleistungen ergebenden steuerlichen Pflichten nicht nachgekommen sind. ⁵Grundsätze der Zusammenarbeit werden von den obersten Finanzbehörden des Bundes und der Länder im gegenseitigen Einvernehmen geregelt.

(1a) Die nach Landesrecht für die Verfolgung und Ahndung von Ordnungswidrigkeiten nach diesem Gesetz zuständigen Behörden prüfen, ob
1. der Verpflichtung zur Anzeige vom Beginn des selbstständigen Betriebes eines stehenden Gewerbes (§ 14 der Gewerbeordnung) nachgekommen oder die erforderliche Reisegewerbekarte (§ 55 der Gewerbeordnung) erworben wurde,
2. ein zulassungspflichtiges Handwerk als stehendes Gewerbe selbstständig betrieben wird und die Eintragung in die Handwerksrolle vorliegt.

(2) ¹Die Behörden der Zollverwaltung werden bei den Prüfungen nach Absatz 1 unterstützt von
1. den Finanzbehörden,
2. der Bundesagentur für Arbeit,
2a. der Bundesnetzagentur für Elektrizität, Gas, Telekommunikation, Post und Eisenbahnen,
3. den Einzugsstellen (§ 28i des Vierten Buches Sozialgesetzbuch),
4. den Trägern der Rentenversicherung,
5. den Trägern der Unfallversicherung,
6. den gemeinsamen Einrichtungen und den zugelassenen kommunalen Trägern nach dem Zweiten Buch Sozialgesetzbuch sowie der Bundesagentur für Arbeit als verantwortliche Stelle für die zentral verwalteten IT-Verfahren nach § 50 Absatz 3 des Zweiten Buches Sozialgesetzbuch,
7. den nach dem Asylbewerberleistungsgesetz zuständigen Behörden,
8. den in § 71 Abs. 1 bis 3 des Aufenthaltsgesetzes genannten Behörden,
8a. dem Bundesamt für Güterverkehr,
9. den für den Arbeitsschutz zuständigen Landesbehörden,
10. den Polizeivollzugsbehörden des Bundes und der Länder auf Ersuchen im Einzelfall,
11. den nach Landesrecht für die Verfolgung und Ahndung von Ordnungswidrigkeiten nach diesem Gesetz zuständigen Behörden und
12. den nach § 14 der Gewerbeordnung für die Entgegennahme der Gewerbeanzeigen zuständigen Stellen.

²Die Aufgaben dieser Stellen nach anderen Rechtsvorschriften bleiben unberührt. ³Die Prüfungen können mit anderen Prüfungen der in diesem Absatz genannten Stellen verbunden werden; die Vorschriften über die Unterrichtung und Zusammenarbeit bleiben hiervon unberührt. ⁴Verwaltungskosten der unterstützenden Stellen werden nicht erstattet.

§ 2a Mitführungs- und Vorlagepflicht von Ausweispapieren

(1) Bei der Erbringung von Dienst- oder Werkleistungen sind die in folgenden Wirtschaftsbereichen oder Wirtschaftszweigen tätigen Personen verpflichtet, ihren Personalausweis, Pass, Passersatz oder Ausweisersatz mitzuführen und den Behörden der Zollverwaltung auf Verlangen vorzulegen:
1. im Baugewerbe,
2. im Gaststätten- und Beherbergungsgewerbe,
3. im Personenbeförderungsgewerbe,
4. im Speditions-, Transport- und damit verbundenen Logistikgewerbe,
5. im Schaustellergewerbe,
6. bei Unternehmen der Forstwirtschaft,
7. im Gebäudereinigungsgewerbe,
8. bei Unternehmen, die sich am Auf- und Abbau von Messen und Ausstellungen beteiligen,
9. in der Fleischwirtschaft.

(2) Der Arbeitgeber hat jeden und jede seiner Arbeitnehmer und Arbeitnehmerinnen nachweislich und schriftlich auf die Pflicht nach Absatz 1 hinzu-

weisen, diesen Hinweis für die Dauer der Erbringung der Dienst- oder Werkleistungen aufzubewahren und auf Verlangen bei den Prüfungen nach § 2 Abs. 1 vorzulegen.

§ 3 Befugnisse bei der Prüfung von Personen

(1) Zur Durchführung der Prüfungen nach § 2 Abs. 1 sind die Behörden der Zollverwaltung und die sie gemäß § 2 Abs. 2 unterstützenden Stellen befugt, Geschäftsräume und Grundstücke des Arbeitgebers und des Auftraggebers von selbstständig tätigen Personen sowie des Entleihers im Rahmen einer Prüfung nach § 2 Absatz 1 Nummer 5 während der Arbeitszeit der dort tätigen Personen zu betreten und dabei
1. von diesen Auskünfte hinsichtlich ihrer Beschäftigungsverhältnisse oder ihrer Tätigkeiten einzuholen und
2. Einsicht in von ihnen mitgeführte Unterlagen zu nehmen, von denen anzunehmen ist, dass aus ihnen Umfang, Art oder Dauer ihrer Beschäftigungsverhältnisse oder Tätigkeiten hervorgehen oder abgeleitet werden können.

(2) Ist eine Person zur Ausführung von Dienst- oder Werkleistungen bei Dritten tätig, gilt Absatz 1 entsprechend.

(3) ¹Die Behörden der Zollverwaltung und die sie gemäß § 2 Abs. 2 unterstützenden Stellen sind zur Durchführung der Prüfungen nach § 2 Abs. 1 ermächtigt, die Personalien der in den Geschäftsräumen oder auf dem Grundstück des Arbeitgebers, Auftraggebers oder des Dritten sowie des Entleihers im Rahmen einer Prüfung nach § 2 Absatz 1 Nummer 5 tätigen Personen zu überprüfen. ²Sie können zu diesem Zweck die in Satz 1 genannten Personen anhalten, sie nach ihren Personalien (Vor-, Familien- und Geburtsnamen, Ort und Tag der Geburt, Beruf, Wohnort, Wohnung und Staatsangehörigkeit) befragen und verlangen, dass sie mitgeführte Ausweispapiere zur Prüfung aushändigen.

(4) Im Verteidigungsbereich darf ein Betretensrecht nur im Einvernehmen mit dem Bundesministerium der Verteidigung ausgeübt werden.

(5) ¹Die Bediensteten der Zollverwaltung dürfen Beförderungsmittel anhalten. ²Führer von Beförderungsmitteln haben auf Verlangen zu halten und den Zollbediensteten zu ermöglichen, in das Beförderungsmittel zu gelangen und es wieder zu verlassen. ³Die Zollverwaltung unterrichtet die Polizeivollzugsbehörden der Länder über groß angelegte Kontrollen.

§ 4 Befugnisse bei der Prüfung von Geschäftsunterlagen

(1) Zur Durchführung der Prüfungen nach § 2 Abs. 1 sind die Behörden der Zollverwaltung und die sie gemäß § 2 Abs. 2 unterstützenden Stellen befugt, Geschäftsräume und Grundstücke des Arbeitgebers und Auftraggebers von Dienst- oder Werkleistungen sowie des Entleihers im Rahmen einer Prüfung nach § 2 Absatz 1 Nummer 5 während der Geschäftszeit zu betreten und dort Einsicht in die Lohn- und Meldeunterlagen, Bücher und andere Geschäftsunterlagen zu nehmen, aus denen Umfang, Art oder Dauer von Beschäftigungsverhältnissen hervorgehen oder abgeleitet werden können.

(2) ¹Die Behörden der Zollverwaltung sind zur Durchführung der Prüfungen nach § 2 Abs. 1 befugt, Einsicht in die Unterlagen zu nehmen, aus denen die Vergütung der Dienst- oder Werkleistungen hervorgeht, die natürliche oder juristische Personen oder Personenvereinigungen in Auftrag gegeben haben. ²Satz 1 gilt im Rahmen der Durchführung der Prüfung nach § 2 Absatz 1 Nummer 5 entsprechend für Unterlagen, aus denen die Vergütung des Leiharbeitsverhältnisses hervorgeht.

(3) Die Behörden der Zollverwaltung sind zur Durchführung der Prüfungen nach § 2 Abs. 1 befugt, bei dem Auftraggeber, der nicht Unternehmer im Sinne des § 2 des Umsatzsteuergesetzes 1999 ist, Einsicht in die Rechnungen, einen Zahlungsbeleg oder eine andere beweiskräftige Unterlage über ausgeführte Werklieferungen oder sonstige Leistungen im Zusammenhang mit einem Grundstück zu nehmen.

§ 5 Duldungs- und Mitwirkungspflichten

(1) ¹Arbeitgeber, Arbeitnehmer und Arbeitnehmerinnen, Auftraggeber und Dritte, die bei einer Prüfung nach § 2 Abs. 1, sowie Entleiher, die bei einer Prüfung nach § 2 Absatz 1 Nummer 5 angetroffen werden, haben die Prüfung zu dulden und dabei mitzuwirken, insbesondere für die Prüfung erhebliche Auskünfte zu erteilen und die in den §§ 3 und 4 genannten Unterlagen vorzulegen. ²In den Fällen des § 3 Abs. 1 und 2 sowie des § 4 Abs. 1 und 2 haben sie auch das Betreten der Grundstücke und der Geschäftsräume zu dulden. ³Auskünfte, die die verpflichtete Person oder eine ihr nahe stehende Person (§ 383 Abs. 1 Nr. 1 bis 3 der Zivilprozessordnung) der Gefahr aussetzen, wegen einer Straftat oder Ordnungswidrigkeit verfolgt zu werden, können verweigert werden. ⁴Ausländer sind ferner verpflichtet, ihren Pass, Passersatz oder Ausweisersatz und ihren Aufenthaltstitel, ihre Duldung oder ihre Aufenthaltsgestattung den Behörden der Zollverwaltung auf Verlangen vorzulegen und, sofern sich Anhaltspunkte für einen Verstoß gegen ausländerrechtliche Vorschriften ergeben, zur Weiterleitung an die zuständige Ausländerbehörde zu überlassen. ⁵Werden die Dokumente einbehalten, erhält der betroffene Ausländer eine Bescheinigung, welche die einbehaltenen Dokumente und die Ausländerbehörde bezeichnet, an die die Dokumente weitergeleitet werden. ⁶Der Ausländer ist verpflichtet, unverzüglich mit der Bescheinigung bei der Ausländerbehörde zu erscheinen. ⁷Darauf ist in der Bescheinigung hinzuweisen. ⁸Gibt die Ausländerbehörde die einbehaltenen Dokumente zurück oder werden Ersatzdokumente ausgestellt oder vorgelegt, behält die Ausländerbehörde die Bescheinigung ein.

(2) ¹In Fällen des § 4 Abs. 3 haben die Auftraggeber, die nicht Unternehmer im Sinne des § 2 des Umsatzsteuergesetzes 1999 sind, eine Prüfung nach § 2 Abs. 1 zu dulden und dabei mitzuwirken, insbesondere die für die Prüfung erheblichen Auskünfte zu erteilen und die in § 4 Abs. 3 genannten Unterlagen vorzulegen. ²Absatz 1 Satz 3 gilt entsprechend.

(3) ¹In Datenverarbeitungsanlagen gespeicherte Daten haben der Arbeitgeber und der Auftraggeber sowie der Entleiher im Rahmen einer Prüfung nach § 2 Absatz 1 Nummer 5 auszusondern und den Behörden der Zollverwaltung auf deren Verlangen auf automatisiert verarbeitbaren Datenträgern oder in Lis-

SchwarzArbG **§ 6**

ten zu übermitteln. ²Der Arbeitgeber und der Auftraggeber sowie der Entleiher im Rahmen einer Prüfung nach § 2 Absatz 1 Nummer 5 dürfen automatisiert verarbeitbare Datenträger oder Datenlisten, die die erforderlichen Daten enthalten, ungesondert zur Verfügung stellen, wenn die Aussonderung mit einem unverhältnismäßigen Aufwand verbunden wäre und überwiegende schutzwürdige Interessen des Betroffenen nicht entgegenstehen. ³In diesem Fall haben die Behörden der Zollverwaltung die Daten zu trennen und die nicht nach Satz 1 zu übermittelnden Daten zu löschen. ⁴Soweit die übermittelten Daten für Zwecke der Ermittlung von Straftaten oder Ordnungswidrigkeiten, der Ermittlung von steuerlich erheblichen Sachverhalten oder der Festsetzung von Sozialversicherungsbeiträgen oder Sozialleistungen nicht benötigt werden, sind die Datenträger oder Listen nach Abschluss der Prüfungen nach § 2 Abs. 1 auf Verlangen des Arbeitgebers oder des Auftraggebers zurückzugeben oder die Daten unverzüglich zu löschen.

§ 6 Unterrichtung und Zusammenarbeit von Behörden

(1) ¹Die Behörden der Zollverwaltung und die sie gemäß § 2 Abs. 2 unterstützenden Stellen sind verpflichtet, einander die für deren Prüfungen erforderlichen Informationen einschließlich personenbezogener Daten und die Ergebnisse der Prüfungen zu übermitteln, soweit deren Kenntnis für die Erfüllung der Aufgaben der Behörden oder Stellen erforderlich ist. ²Die Behörden der Zollverwaltung einerseits und die Strafverfolgungsbehörden und die Polizeivollzugsbehörden andererseits übermitteln einander die erforderlichen Informationen für die Verhütung und Verfolgung von Straftaten und Ordnungswidrigkeiten, die in Zusammenhang mit einem der in § 2 Abs. 1 genannten Prüfgegenstände stehen. ³An Strafverfolgungsbehörden und Polizeivollzugsbehörden dürfen personenbezogene Daten nur übermittelt werden, sofern tatsächliche Anhaltspunkte dafür vorliegen, dass die Daten für die Verhütung und Verfolgung von Straftaten oder Ordnungswidrigkeiten, die in Zusammenhang mit einem der in § 2 Abs. 1 genannten Prüfgegenstände stehen, erforderlich sind.

(2) ¹Die Behörden der Zollverwaltung dürfen zur Wahrnehmung ihrer Aufgaben nach § 2 Abs. 1 sowie zur Verfolgung von Straftaten oder Ordnungswidrigkeiten die Datenbestände der Bundesagentur für Arbeit über erteilte Arbeitsgenehmigungen-EU und Zustimmungen zur Beschäftigung sowie über im Rahmen von Werkvertragskontingenten beschäftigte ausländische Arbeitnehmer und Arbeitnehmerinnen automatisiert abrufen; die Strafverfolgungsbehörden sind zum automatisierten Abruf nur berechtigt, soweit dies zur Verfolgung von Straftaten oder Ordnungswidrigkeiten erforderlich ist. ²§ 79 Abs. 2 bis 4 des Zehnten Buches Sozialgesetzbuch gilt entsprechend.

(3) ¹Die Behörden der Zollverwaltung unterrichten die jeweils zuständigen Stellen, wenn sich bei der Durchführung ihrer Aufgaben nach diesem Gesetz Anhaltspunkte ergeben für Verstöße gegen
1. dieses Gesetz,
2. das Arbeitnehmerüberlassungsgesetz,
3. Bestimmungen des Vierten und Siebten Buches Sozialgesetzbuch zur Zahlung von Beiträgen,

4. die Steuergesetze,
5. das Aufenthaltsgesetz,
6. die Mitwirkungspflicht nach § 60 Abs. 1 Satz 1 Nr. 1 und 2 des Ersten Buches Sozialgesetzbuch oder die Meldepflicht nach § 8a des Asylbewerberleistungsgesetzes,
7. die Handwerks- oder Gewerbeordnung,
7a. das Güterkraftverkehrsgesetz,
8. sonstige Strafgesetze,
9. das Arbeitnehmer-Entsendegesetz oder
10. das Mindestlohngesetz.

²Nach § 5 Abs. 1 Satz 4 in Verwahrung genommene Urkunden sind der Ausländerbehörde unverzüglich zu übermitteln.

(4) Bestehen Anhaltspunkte dafür, dass eine nach § 5 Abs. 1 Satz 4 in Verwahrung genommene Urkunde unecht oder verfälscht ist, ist sie an die zuständige Polizeivollzugsbehörde zu übermitteln.

§ 6a Übermittlung personenbezogener Daten an Mitgliedstaaten der Europäischen Union

(1) ¹Die Behörden der Zollverwaltung können personenbezogene Daten, die in Zusammenhang mit einem der in § 2 Absatz 1 genannten Prüfgegenstände stehen, zum Zweck der Verhütung von Straftaten an eine für die Verhütung und Verfolgung zuständige Behörde eines Mitgliedstaates der Europäischen Union übermitteln. ²Dabei ist eine Übermittlung personenbezogener Daten ohne Ersuchen nur zulässig, wenn im Einzelfall die Gefahr der Begehung einer Straftat im Sinne des Artikels 2 Absatz 2 des Rahmenbeschlusses 2002/584/JI des Rates vom 13. Juni 2002 über den Europäischen Haftbefehl und die Übergabeverfahren zwischen den Mitgliedstaaten (ABl. L 190 vom 18.7.2002, S. 1), der zuletzt durch den Rahmenbeschluss 2009/299/JI (ABl. L 81 vom 27.3.2009, S. 24) geändert worden ist, besteht und konkrete Anhaltspunkte dafür vorliegen, dass die Übermittlung dieser personenbezogenen Daten dazu beitragen könnte, eine solche Straftat zu verhindern.

(2) Die Übermittlung personenbezogener Daten nach Absatz 1 ist nur zulässig, wenn das Ersuchen mindestens folgende Angaben enthält:
1. die Bezeichnung und die Anschrift der ersuchenden Behörde,
2. die Bezeichnung der Straftat, zu deren Verhütung die Daten benötigt werden,
3. die Beschreibung des Sachverhalts, der dem Ersuchen zugrunde liegt,
4. die Benennung des Zwecks, zu dem die Daten erbeten werden,
5. der Zusammenhang zwischen dem Zweck, zu dem die Informationen oder Erkenntnisse erbeten werden, und der Person, auf die sich diese Informationen beziehen,
6. Einzelheiten zur Identität der betroffenen Person, sofern sich das Ersuchen auf eine bekannte Person bezieht, und
7. Gründe für die Annahme, dass sachdienliche Informationen und Erkenntnisse im Inland vorliegen.

SchwarzArbG **§ 6a**

(3) Die Datenübermittlung nach Absatz 1 unterbleibt, wenn
1. hierdurch wesentliche Sicherheitsinteressen des Bundes oder der Länder beeinträchtigt würden,
2. die Übermittlung der Daten unverhältnismäßig wäre oder die Daten für die Zwecke, für die sie übermittelt werden sollen, nicht erforderlich sind,
3. die zu übermittelnden Daten bei der ersuchten Behörde nicht vorhanden sind und nur durchdas Ergreifen von Zwangsmaßnahmen erlangt werden können oder
4. besondere bundesgesetzliche Verwendungsregelungen entgegenstehen; die Verpflichtung zur Wahrung gesetzlicher Geheimhaltungspflichten oder von Berufs- oder besonderen Amtsgeheimnissen, die nicht auf gesetzlichen Vorschriften beruhen, bleibt unberührt.

(4) Die Übermittlung kann unterbleiben, wenn
1. die Tat, zu deren Verhütung die Daten übermittelt werden sollen, nach deutschem Recht mit einer Freiheitsstrafe von im Höchstmaß einem Jahr oder weniger bedroht ist,
2. die übermittelten Daten als Beweismittel vor einer Justizbehörde verwendet werden sollen,
3. die zu übermittelnden Daten bei der ersuchten Behörde nicht vorhanden sind, jedoch ohne das Ergreifen von Zwangsmaßnahmen erlangt werden können, oder
4. der Erfolg laufender Ermittlungen oder Leib, Leben oder Freiheit einer Person gefährdet würde.

(5) [1]Personenbezogene Daten, die nach dem Rahmenbeschluss 2006/960/JI des Rates vom 18. Dezember 2006 über die Vereinfachung des Austauschs von Informationen und Erkenntnissen zwischen den Strafverfolgungsbehörden der Mitgliedstaaten der Europäischen Union (ABl. L 386 vom 29.12.2006, S. 89, L 75 vom 15.3.2007, S. 26) an die Behörden der Zollverwaltung übermittelt worden sind, dürfen ohne Zustimmung des übermittelnden Staates nur für die Zwecke, für die sie übermittelt wurden, oder zur Abwehr einer gegenwärtigen und erheblichen Gefahr für die öffentliche Sicherheit verwendet werden. [2]Für einen anderen Zweck oder als Beweismittel in einem gerichtlichen Verfahren dürfen sie nur verwendet werden, wenn der übermittelnde Staat zugestimmt hat. [3]Von dem übermittelnden Staat für die Verwendung der Daten gestellte Bedingungen sind zu beachten.

(6) Die Behörden der Zollverwaltung erteilen dem übermittelnden Staat auf dessen Ersuchen zu Zwecken der Datenschutzkontrolle Auskunft darüber, wie die übermittelten Daten verwendet wurden.

(7) Die Absätze 1 bis 6 finden auch Anwendung auf die Übermittlung von personenbezogenen Daten an für die Verhütung und Verfolgung von Straftaten zuständige Behörden eines Schengen-assoziierten Staates im Sinne von § 91 Absatz 3 des Gesetzes über die internationale Rechtshilfe in Strafsachen.

§ 7 Auskunftsansprüche bei anonymen Werbemaßnahmen

Erfolgen Werbemaßnahmen ohne Angabe von Name und Anschrift unter einer Chiffre und bestehen in diesem Zusammenhang Anhaltspunkte für eine Schwarzarbeit nach § 1, ist derjenige, der die Chiffreanzeige veröffentlicht hat, verpflichtet, den Behörden der Zollverwaltung Namen und Anschrift des Auftraggebers der Chiffreanzeige unentgeltlich mitzuteilen.

Abschnitt 3. Bußgeld- und Strafvorschriften

§ 8 Bußgeldvorschriften

(1) Ordnungswidrig handelt, wer
1. a) entgegen § 60 Abs. 1 Satz 1 Nr. 1 des Ersten Buches Sozialgesetzbuch eine Tatsache, die für eine Leistung nach dem Sozialgesetzbuch erheblich ist, nicht richtig oder nicht vollständig anzeigt,
    b) entgegen § 60 Abs. 1 Satz 1 Nr. 2 des Ersten Buches Sozialgesetzbuch eine Änderung in den Verhältnissen, die für eine Leistung nach dem Sozialgesetzbuch erheblich ist, nicht, nicht richtig, nicht vollständig oder nicht rechtzeitig mitteilt,
    c) entgegen § 8a des Asylbewerberleistungsgesetzes die Aufnahme einer Erwerbstätigkeit nicht, nicht richtig, nicht vollständig oder nicht rechtzeitig meldet,
    d) der Verpflichtung zur Anzeige vom Beginn des selbstständigen Betriebes eines stehenden Gewerbes (§ 14 der Gewerbeordnung) nicht nachgekommen ist oder die erforderliche Reisegewerbekarte (§ 55 der Gewerbeordnung) nicht erworben hat oder
    e) ein zulassungspflichtiges Handwerk als stehendes Gewerbe selbstständig betreibt, ohne in die Handwerksrolle eingetragen zu sein (§ 1 der Handwerksordnung)
    und Dienst- oder Werkleistungen in erheblichem Umfang erbringt oder
2. Dienst- oder Werkleistungen in erheblichem Umfang ausführen lässt, indem er eine oder mehrere Personen beauftragt, die diese Leistungen unter vorsätzlichem Verstoß gegen eine in Nummer 1 genannte Vorschrift erbringen.

(2) Ordnungswidrig handelt, wer vorsätzlich oder fahrlässig
1. entgegen § 2a Abs. 1 ein dort genanntes Dokument nicht mitführt oder nicht oder nicht rechtzeitig vorlegt,
2. entgegen § 2a Abs. 2 den schriftlichen Hinweis nicht oder nicht für die vorgeschriebene Dauer aufbewahrt oder nicht oder nicht rechtzeitig vorlegt,
3. entgegen
    a) § 5 Abs. 1 Satz 1 oder 2 oder
    b) § 5 Abs. 2 Satz 1
    eine Prüfung oder das Betreten eines Grundstücks oder eines Geschäftsraumes nicht duldet oder bei einer Prüfung nicht mitwirkt,
4. entgegen § 5 Abs. 1 Satz 4 ein dort genanntes Dokument nicht oder nicht rechtzeitig vorlegt oder

SchwarzArbG **§§ 9, 10**

5. entgegen § 5 Abs. 3 Satz 1 Daten nicht, nicht richtig, nicht vollständig, nicht in der vorgeschriebenen Weise oder nicht rechtzeitig übermittelt.

(3) Die Ordnungswidrigkeit kann in den Fällen des Absatzes 1 Nr. 1 Buchstabe a bis c sowie Nr. 2 in Verbindung mit Nr. 1 Buchstabe a bis c mit einer Geldbuße bis zu dreihunderttausend Euro, in den Fällen des Absatzes 1 Nr. 1 Buchstabe d und e sowie Nr. 2 in Verbindung mit Nr. 1 Buchstabe d und e mit einer Geldbuße bis zu fünfzigtausend Euro, in den Fällen des Absatzes 2 Nr. 3 Buchstabe a und Nr. 5 mit einer Geldbuße bis zu dreißigtausend Euro, in den Fällen des Absatzes 2 Nr. 1 mit einer Geldbuße bis zu fünftausend Euro und in den übrigen Fällen mit einer Geldbuße bis zu tausend Euro geahndet werden.

(4) ¹Absatz 1 findet keine Anwendung für nicht nachhaltig auf Gewinn gerichtete Dienst- oder Werkleistungen, die
1. von Angehörigen im Sinne des § 15 der Abgabenordnung oder Lebenspartnern,
2. aus Gefälligkeit,
3. im Wege der Nachbarschaftshilfe oder
4. im Wege der Selbsthilfe im Sinne des § 36 Abs. 2 und 4 des Zweiten Wohnungsbaugesetzes in der Fassung der Bekanntmachung vom 19. August 1994 (BGBl. I S. 2137) oder als Selbsthilfe im Sinne des § 12 Abs. 1 Satz 2 des Wohnraumförderungsgesetzes vom 13. September 2001 (BGBl. I S. 2376), zuletzt geändert durch Artikel 7 des Gesetzes vom 29. Dezember 2003 (BGBl. I S. 3076),

erbracht werden. ²Als nicht nachhaltig auf Gewinn gerichtet gilt insbesondere eine Tätigkeit, die gegen geringes Entgelt erbracht wird.

(5) Das Bundesministerium der Finanzen wird ermächtigt, durch Rechtsverordnung mit Zustimmung des Bundesrates Vorschriften über Regelsätze für Geldbußen wegen einer Ordnungswidrigkeit nach Absatz 1 oder 2 zu erlassen.

§ 9 Erschleichen von Sozialleistungen im Zusammenhang mit der Erbringung von Dienst- oder Werkleistungen

Wer eine in § 8 Abs. 1 Nr. 1 Buchstabe a, b oder c bezeichnete Handlung begeht und dadurch bewirkt, dass ihm eine Leistung nach einem dort genannten Gesetz zu Unrecht gewährt wird, wird mit Freiheitsstrafe bis zu drei Jahren oder mit Geldstrafe bestraft, wenn die Tat nicht in § 263 des Strafgesetzbuches mit Strafe bedroht ist.

§ 10 Beschäftigung von Ausländern ohne Genehmigung oder ohne Aufenthaltstitel und zu ungünstigen Arbeitsbedingungen

(1) Wer vorsätzlich eine in § 404 Abs. 2 Nr. 3 des Dritten Buches Sozialgesetzbuch bezeichnete Handlung begeht und den Ausländer zu Arbeitsbedingungen beschäftigt, die in einem auffälligen Missverhältnis zu den Arbeitsbedingungen deutscher Arbeitnehmer und Arbeitnehmerinnen stehen, die die gleiche oder eine vergleichbare Tätigkeit ausüben, wird mit Freiheitsstrafe bis zu drei Jahren oder mit Geldstrafe bestraft.

(2) ¹In besonders schweren Fällen des Absatzes 1 ist die Strafe Freiheitsstrafe von sechs Monaten bis zu fünf Jahren. ²Ein besonders schwerer Fall liegt in der Regel vor, wenn der Täter gewerbsmäßig oder aus grobem Eigennutz handelt.

§ 10a Beschäftigung von Ausländern ohne Aufenthaltstitel, die Opfer von Menschenhandel sind

Mit Freiheitsstrafe bis zu drei Jahren oder mit Geldstrafe wird bestraft, wer entgegen § 4 Absatz 3 Satz 2 des Aufenthaltsgesetzes einen Ausländer beschäftigt und hierbei eine Lage ausnutzt, in der sich der Ausländer durch eine gegen ihn gerichtete Tat eines Dritten nach § 232 oder 233 des Strafgesetzbuchs befindet.

§ 11 Erwerbstätigkeit von Ausländern ohne Genehmigung oder ohne Aufenthaltstitel in größerem Umfang oder von minderjährigen Ausländern

(1) Wer
1. gleichzeitig mehr als fünf Ausländer entgegen § 284 Abs. 1 des Dritten Buches Sozialgesetzbuch beschäftigt oder entgegen § 4 Abs. 3 Satz 2 des Aufenthaltsgesetzes beschäftigt oder mit Dienst- oder Werkleistungen beauftragt,
2. eine in
   a) § 404 Abs. 2 Nr. 3 des Dritten Buches Sozialgesetzbuch,
   b) § 404 Abs. 2 Nr. 4 des Dritten Buches Sozialgesetzbuch,
   c) § 98 Abs. 2a des Aufenthaltsgesetzes oder
   d) § 98 Abs. 3 Nr. 1 des Aufenthaltsgesetzes
   bezeichnete vorsätzliche Handlung beharrlich wiederholt oder
3. entgegen § 4 Absatz 3 Satz 2 des Aufenthaltsgesetzes eine Person unter 18 Jahren beschäftigt,

wird mit Freiheitsstrafe bis zu einem Jahr oder mit Geldstrafe bestraft.

(2) Handelt der Täter in den Fällen des Absatzes 1 Nummer 1, Nummer 2 Buchstabe a oder Buchstabe c oder Nummer 3 aus grobem Eigennutz, ist die Strafe Freiheitsstrafe bis zu drei Jahren oder Geldstrafe.

Abschnitt 4. Ermittlungen

§ 12 Allgemeines zu den Ordnungswidrigkeiten

(1) Verwaltungsbehörden im Sinne des § 36 Abs. 1 Nr. 1 des Gesetzes über Ordnungswidrigkeiten sind
1. in den Fällen des § 8 Abs. 1 Nr. 1 Buchstabe a bis c und Nr. 2 in Verbindung mit Nr. 1 Buchstabe a bis c die Behörden der Zollverwaltung und die zuständigen Leistungsträger jeweils für ihren Geschäftsbereich,
2. in den Fällen des § 8 Abs. 1 Nr. 1 Buchstabe d und e und Nr. 2 in Verbindung mit Nr. 1 Buchstabe d und e die nach Landesrecht zuständige Behörde,
3. in den Fällen des § 8 Abs. 2 die Behörden der Zollverwaltung.

(2) Die Geldbußen fließen in die Kasse der Verwaltungsbehörde, die den Bußgeldbescheid erlassen hat.

(3) ¹Die nach Absatz 2 zuständige Kasse trägt abweichend von § 105 Abs. 2 des Gesetzes über Ordnungswidrigkeiten die notwendigen Auslagen. ²Sie ist auch ersatzpflichtig im Sinne des § 110 Abs. 4 des Gesetzes über Ordnungswidrigkeiten.

(4) Die Behörden der Zollverwaltung unterrichten das Gewerbezentralregister über rechtskräftige Bußgeldbescheide nach § 8 Abs. 2 Nr. 3 Buchstabe a und Nr. 5, sofern die Geldbuße mehr als zweihundert Euro beträgt.

§ 13 Zusammenarbeit in Bußgeldverfahren

(1) Die Behörden der Zollverwaltung arbeiten insbesondere mit den in § 2 Abs. 2 genannten unterstützenden Stellen zusammen.

(2) ¹Ergeben sich für die in § 2 Abs. 2 Nr. 2 bis 11 genannten unterstützenden Stellen im Zusammenhang mit der Erfüllung ihrer gesetzlichen Aufgaben Anhaltspunkte für in § 8 genannte Verstöße, unterrichten sie die für die Verfolgung und Ahndung von Ordnungswidrigkeiten nach diesem Gesetz zuständigen Behörden. ²§ 31a der Abgabenordnung bleibt unberührt.

(3) ¹Gerichte und Staatsanwaltschaften sollen den nach diesem Gesetz zuständigen Stellen Erkenntnisse übermitteln, die aus ihrer Sicht zur Verfolgung von Ordnungswidrigkeiten nach § 8 erforderlich sind, soweit nicht für das Gericht oder die Staatsanwaltschaft erkennbar ist, dass schutzwürdige Interessen des Betroffenen oder anderer Verfahrensbeteiligter an dem Ausschluss der Übermittlung überwiegen. ²Dabei ist zu berücksichtigen, wie gesichert die zu übermittelnden Erkenntnisse sind.

§ 14 Ermittlungsbefugnisse

(1) ¹Die Behörden der Zollverwaltung haben bei der Verfolgung von Straftaten und Ordnungswidrigkeiten, die mit einem der in § 2 Abs. 1 genannten Prüfgegenstände unmittelbar zusammenhängen, die gleichen Befugnisse wie die Polizeivollzugsbehörden nach der Strafprozessordnung und dem Gesetz über Ordnungswidrigkeiten. ²Ihre Beamten sind insoweit Ermittlungspersonen der Staatsanwaltschaft. ³In den Dienst der Zollverwaltung übergeleitete Angestellte nehmen die Befugnisse nach Satz 1 wahr und sind insoweit Ermittlungspersonen der Staatsanwaltschaft, wenn sie
1. das 21. Lebensjahr vollendet haben,
2. am 31. Dezember 2003 im Dienst der Bundesanstalt für Arbeit gestanden haben und
3. dort mindestens zwei Jahre lang zur Bekämpfung der Schwarzarbeit oder der illegalen Beschäftigung eingesetzt waren.

(2) Zur Bekämpfung von Schwarzarbeit und illegaler Beschäftigung können die Behörden der Zollverwaltung, die Polizeibehörden und die Landesfinanzbehörden in Abstimmung mit der Staatsanwaltschaft gemeinsame Ermittlungsgruppen bilden.

Abschnitt 5. Datenschutz

§ 15 Allgemeines

¹Für die Wahrnehmung der Aufgaben nach diesem Gesetz durch die Behörden der Zollverwaltung gelten hinsichtlich der Sozialdaten die Vorschriften des Zweiten Kapitels des Zehnten Buches Sozialgesetzbuch. ²Diese Aufgaben gelten in datenschutzrechtlicher Hinsicht auch als Aufgaben nach dem Sozialgesetzbuch. ³Die Vorschriften des Vierten Abschnitts des Ersten Teils der Abgabenordnung zum Steuergeheimnis bleiben unberührt.

§ 16 Zentrale Datenbank

(1) Zur Durchführung dieses Gesetzes führt der Arbeitsbereich Finanzkontrolle Schwarzarbeit der Zollverwaltung eine zentrale Prüfungs- und Ermittlungsdatenbank.

(2) In der zentralen Datenbank sind folgende Daten zu speichern, wenn sich tatsächliche Anhaltspunkte für das Vorliegen von Schwarzarbeit (§ 1 Abs. 2) oder von illegaler Beschäftigung (§ 404 Abs. 1, Abs. 2 Nr. 3, 4, 20 und 26 des Dritten Buches Sozialgesetzbuch, §§ 15, 15a, 16 Abs. 1 Nr. 1, 1a, 1b, 2, 2a und 7b des Arbeitnehmerüberlassungsgesetzes, § 23 Abs. 1 Nr. 1 und Abs. 2 des Arbeitnehmer-Entsendegesetzes, § 21 Absatz 1 Nummer 1 und Absatz 2 des Mindestlohngesetzes, §§ 10, 10a und 11) ergeben:
1. Familienname, Geburtsname, Vornamen, Geburtsdatum, Geburtsort und -bezirk, Geschlecht, Staatsangehörigkeiten, bei Unternehmen Name und Sitz der Person, bei der Anhaltspunkte für das Vorliegen von Schwarzarbeit oder von illegaler Beschäftigung bestehen,
2. die Stelle der Zollverwaltung, die die Überprüfung durchgeführt hat, und das Aktenzeichen,
3. die Darlegung der tatsächlichen Anhaltspunkte für das Vorliegen von Schwarzarbeit oder von illegaler Beschäftigung,
4. der Zeitpunkt der Einleitung und der Zeitpunkt der Erledigung des Verfahrens durch die Behörden der Zollverwaltung, im Fall des § 19 Abs. 2 Satz 1 auch der Zeitpunkt und die Art der Erledigung durch das Gericht oder die Staatsanwaltschaft.

(3) Die Daten dürfen nur für die Durchführung von Prüfungen nach § 2 Abs. 1 sowie für die Verhütung und Verfolgung von Straftaten und Ordnungswidrigkeiten im Zusammenhang mit den Prüfgegenständen nach § 2 Abs. 1 und für die Besteuerung, soweit sie im Zusammenhang mit der Erbringung von Dienst- oder Werkleistungen steht, verwendet werden.

(4) Die Behörden der Zollverwaltung übermitteln die in Absatz 2 genannten Daten dem Arbeitsbereich Finanzkontrolle Schwarzarbeit der Zollverwaltung zu dem in Absatz 3 genannten Zweck.

SchwarzArbG **§§ 17–19**

§ 17 Auskunft an Behörden der Zollverwaltung, an die Polizeivollzugsbehörden des Bundes und der Länder, an die Finanzbehörden und an die Staatsanwaltschaften

(1) ¹Auskunft aus der zentralen Datenbank wird auf Ersuchen erteilt
1. den Behörden der Zollverwaltung für die Durchführung von Prüfungen nach § 2 Abs. 1 sowie für die Verfolgung von Straftaten und Ordnungswidrigkeiten, die in unmittelbarem Zusammenhang mit einem der in § 2 Abs. 1 genannten Prüfgegenstände stehen,
2. den Staatsanwaltschaften für Zwecke der Strafverfolgung,
3. den Polizeivollzugsbehörden des Bundes und der Länder für die Verhütung und Verfolgung von Straftaten und Ordnungswidrigkeiten, die im Zusammenhang mit einem der in § 2 Abs. 1 genannten Prüfgegenstände stehen,
4. den Finanzbehörden der Länder zur Durchführung eines Steuerstraf- oder Steuerordnungswidrigkeitenverfahrens und für die Besteuerung, soweit sie im Zusammenhang mit der Erbringung von Dienst- oder Werkleistungen steht.

²Soweit durch eine Auskunft die Gefährdung des Untersuchungszwecks eines Ermittlungsverfahrens zu besorgen ist, kann die für dieses Verfahren zuständige Behörde der Zollverwaltung oder die zuständige Staatsanwaltschaft anordnen, dass keine Auskunft erteilt werden darf. ³§ 478 Abs. 1 Satz 1 und 2 der Strafprozessordnung findet Anwendung, wenn die Daten Verfahren betreffen, die zu einem Strafverfahren geführt haben.

(2) ¹Die Übermittlung der Daten erfolgt im Wege eines automatisierten Abrufverfahrens oder eines automatisierten Anfrage- und Auskunftsverfahrens, im Fall einer Störung der Datenfernübertragung oder bei außergewöhnlicher Dringlichkeit telefonisch oder durch Telefax. ²Die beteiligten Stellen haben zu gewährleisten, dass dem jeweiligen Stand der Technik entsprechende Maßnahmen zur Sicherstellung von Datenschutz und Datensicherheit getroffen werden, die insbesondere die Vertraulichkeit und Unversehrtheit der Daten gewährleisten; im Fall der Nutzung allgemein zugänglicher Netze sind dem jeweiligen Stand der Technik entsprechende Verschlüsselungsverfahren anzuwenden. ³Es gilt § 79 Abs. 2 bis 4 des Zehnten Buches Sozialgesetzbuch.

§ 18 Auskunft an die betroffene Person

¹Für die Auskunft an die betroffene Person gilt § 83 des Zehnten Buches Sozialgesetzbuch. ²Die Auskunft bedarf des Einvernehmens der zuständigen Staatsanwaltschaft, wenn sie Daten aus einem Verfahren betrifft, das zu einem Strafverfahren geführt hat.

§ 19 Löschung

(1) Daten in der zentralen Datenbank sind spätestens zu löschen,
1. wenn seit dem Abschluss der letzten von den Behörden der Zollverwaltung vorgenommenen Verfahrenshandlung ein Jahr vergangen ist, ohne dass ein Bußgeldverfahren eingeleitet oder die Sache an die Staatsanwaltschaft abgegeben wurde,

2. sofern ein Bußgeldverfahren eingeleitet oder die Sache an die Staatsanwaltschaft abgegeben wurde, fünf Jahre nach dem Zeitpunkt der Einleitung oder der Abgabe.

(2) ¹Wird den Behörden der Zollverwaltung bekannt, dass eine Person, über die Daten nach § 16 Abs. 2 gespeichert wurden, wegen der betreffenden Tat rechtskräftig freigesprochen, die Eröffnung des Hauptverfahrens gegen sie unanfechtbar abgelehnt oder das Verfahren nicht nur vorläufig eingestellt ist, teilen sie dies dem Arbeitsbereich Finanzkontrolle Schwarzarbeit der Zollverwaltung mit. ²Die betroffenen Daten sind zwei Jahre nach der Erledigung des Strafverfahrens zu löschen.

(3) § 84 Abs. 3 des Zehnten Buches Sozialgesetzbuch bleibt unberührt.

Abschnitt 6. Verwaltungsverfahren, Rechtsweg

§ 20 Entschädigung der Zeugen und Sachverständigen

Werden Zeugen und Sachverständige von den Behörden der Zollverwaltung herangezogen, so erhalten sie auf Antrag in entsprechender Anwendung des Justizvergütungs- und -entschädigungsgesetzes eine Entschädigung oder Vergütung.

§ 21 Ausschluss von öffentlichen Aufträgen

(1) ¹Von der Teilnahme an einem Wettbewerb um einen Bauauftrag der in § 98 Nr. 1 bis 3 und 5 des Gesetzes gegen Wettbewerbsbeschränkungen genannten Auftraggeber sollen Bewerber bis zu einer Dauer von drei Jahren ausgeschlossen werden, die oder deren nach Satzung oder Gesetz Vertretungsberechtigte nach
1. § 8 Abs. 1 Nr. 2, §§ 9 bis 11,
2. § 404 Abs. 1 oder 2 Nr. 3 des Dritten Buches Sozialgesetzbuch,
3. §§ 15, 15a, 16 Abs. 1 Nr. 1, 1b oder 2 des Arbeitnehmerüberlassungsgesetzes oder
4. § 266a Abs. 1 bis 4 des Strafgesetzbuches

zu einer Freiheitsstrafe von mehr als drei Monaten oder einer Geldstrafe von mehr als neunzig Tagessätzen verurteilt oder mit einer Geldbuße von wenigstens zweitausendfünfhundert Euro belegt worden sind. ²Das Gleiche gilt auch schon vor Durchführung eines Straf- oder Bußgeldverfahrens, wenn im Einzelfall angesichts der Beweislage kein vernünftiger Zweifel an einer schwerwiegenden Verfehlung nach Satz 1 besteht. ³Die für die Verfolgung oder Ahndung zuständigen Behörden nach Satz 1 Nr. 1 bis 4 dürfen den Vergabestellen auf Verlangen die erforderlichen Auskünfte geben. ⁴Öffentliche Auftraggeber nach Satz 1 fordern bei Bauaufträgen Auskünfte des Gewerbezentralregisters nach § 150a der Gewerbeordnung an oder verlangen vom Bewerber eine Erklärung, dass die Voraussetzungen für einen Ausschluss nach Satz 1 oder 2 nicht vorliegen; auch im Falle einer Erklärung des Bewerbers können öffentliche Auftraggeber Auskünfte des Gewerbezentralregisters nach § 150a der Gewerbeordnung jederzeit anfordern. ⁵Für den Bewerber, der den Zuschlag erhalten soll, fordert der öffentliche Auftraggeber nach Satz 1 bei Bauaufträgen ab einer Höhe von 30 000 Euro vor Zuschlagserteilung eine Auskunft aus dem Gewerbezentralregister nach § 150a der Gewerbeordnung an. ⁶Der Bewerber ist vor der Entscheidung über den Ausschluss zu hören.

(2) Eine Verfehlung nach Absatz 1 steht einer Verletzung von Pflichten nach § 241 Abs. 2 des Bürgerlichen Gesetzbuchs gleich.

§ 22 Verwaltungsverfahren

Soweit dieses Gesetz nichts anderes bestimmt, gelten die Vorschriften der Abgabenordnung sinngemäß für das Verwaltungsverfahren der Behörden der Zollverwaltung nach diesem Gesetz.

§ 23 Rechtsweg

In öffentlich-rechtlichen Streitigkeiten über Verwaltungshandeln der Behörden der Zollverwaltung nach diesem Gesetz ist der Finanzrechtsweg gegeben.

Einleitung

Inhaltsübersicht

	Rn.
I. Allgemeine Informationen	1
II. Ziel	5
1. Präventive Ziele	7
2. Repressive Ziele	9
III. Entstehungsgeschichte	10
IV. Inhalt und Aufbau	20
V. Hintergrund	27
VI. Ergebnisse und Zahlen	31
VII. Organisation	34

I. Allgemeine Informationen

Das Schwarzarbeitsbekämpfungsgesetz ist die Kernregelung des Gesetzes 1 zur Intensivierung der Bekämpfung der Schwarzarbeit und damit zusammenhängender Steuerhinterziehung und damit für die Arbeit der Finanzkontrolle Schwarzarbeit.

Das Gesetz zur Intensivierung der Bekämpfung der Schwarzarbeit und da- 2 mit zusammenhängender Steuerhinterziehung ist ein Artikelgesetz, durch das die bisher in verschiedenen Vorschriften enthaltenen Regelungen zur Schwarzarbeitsbekämpfung, ua im SGB III, im Wesentlichen in einem neuen Gesetz zur Bekämpfung der Schwarzarbeit und illegalen Beschäftigung (Schwarzarbeitsbekämpfungsgesetz – SchwarzArbG) zusammengeführt werden.

Die Gesetzgebungskompetenz des Bundes für die im Bereich der Bekämp- 3 fung der Schwarzarbeit ergriffenen Maßnahmen ergibt sich aus Art. 74 I Nr. 11 GG und für die Vorschriften zur Bußgeldbewehrung aus Art. 74 I 1 Nr. 1 GG. Bundesgesetzliche Regelungen für den Bereich der Bekämpfung der Schwarzarbeit und der illegalen Beschäftigung sind zur Wahrung der Wirtschaftseinheit im Sinne des Art. 72 II GG erforderlich. Zur Intensivierung der Bekämpfung der Schwarzarbeit werden die bisherigen bundesgesetzlichen Regelungen ausgebaut. Unterschiedliche Regelungen in den Ländern hätten zur Folge, dass die Bekämpfung der Schwarzarbeit innerhalb des Bundesgebiets unterschiedlich erfolgen würde. Dies würde zu unterschiedlichen Standortbedingungen für die Wirtschaftsunternehmen in den einzelnen Bundesländern und damit zu Wettbewerbsverzerrungen führen. Die Einheit des Wirtschaftsgefüges innerhalb der Bundesrepublik Deutschland wäre damit gefährdet. Der Erlass eines Bundesgesetzes liegt auch im gesamtstaatlichen Interesse, weil unterschiedliche landesrechtliche Regelungen erhebliche Nachteile für die Gesamtwirtschaft mit sich brächten. Eine bundesgesetzliche Regelung zur Bußgeldbewehrung ist darüber hinaus zur Wahrung der Rechtseinheit gemäß Art. 72 II GG erforderlich. Eine Gesetzesvielfalt auf Länderebene würde zu einer Rechtszersplitterung führen, weil gleichartige Rechtsverstöße je nach Bundesland unterschiedlich geahndet werden könnten (BR-Drs. 544/08, 19).

4 Das SchwarzArbG nennt an keiner Stelle die dadurch eingeschränkten Grundrechte. Die Regelungen des SchwarzArbG sind nicht insgesamt wegen eines Verstoßes gegen das Grundgesetz, insbesondere das Zitiergebot (Art. 19 I 2 GG) nichtig. Der BFH (23.10.2012 – VII R 41/10, BFH/NV 2013, 282) wendet die §§ 2 bis 5 an und geht offensichtlich nicht von deren Nichtigkeit aus (FG Münster 12.2.2014 – 6 K 2434/13 AO).

II. Ziel

5 Mit dem Gesetz zur Intensivierung der Bekämpfung der Schwarzarbeit und damit zusammenhängender Steuerhinterziehung beabsichtigte die Bundesregierung einen weiteren Schritt im Rahmen der Strategie zur Bekämpfung der Schwarzarbeit zu unternehmen,
– indem leistungsfähige Strukturen im Zoll zur Bekämpfung der gewerbsmäßigen Schwarzarbeit geschaffen werden;
– der Verfolgungsdruck im gewerblichen Bereich der Schwarzarbeit massiv verstärkt wird.

6 Das SchwarzArbG ist ein Polizeigesetz, da es die Tätigkeiten der FKS – einer Bundespolizei im materiell-rechtlichen Sinne – regelt (*Fehn* ZfZ 2004, 218, 221).

1. Präventive Ziele

7 Vorrangiges Ziel aller Maßnahmen im Arbeitsbereich FKS ist es, Schwarzarbeit zu verhindern und letztendlich dem Bürger den Weg in die legale Arbeit zu ebnen. Die Bekämpfungsmaßnahmen gelten zuvörderst der gewerblichen Schwarzarbeit. Im privaten Bereich setzt die Strategie zunächst auf die Prävention, insbesondere auch auf den Hinweis auf die Möglichkeiten, sich legal zu verhalten (zB Minijob-Regelungen; BT-Drs. 15/5934, 10).

8 Die Legalisierung soll hier in erster Linie erreicht werden durch (BT-Drs. 15/5934, 10):
– die Stärkung des Unrechtsbewusstseins (Abschreckung): Dies soll durch sichtbare flächendeckende Präsenz mit Hilfe von Streifenfahrzeugen, Spontanprüfungen, hinweisbezogene Prüfungen, bundesweite Schwerpunktprüfungen, gezielte Presse- und Öffentlichkeitsarbeit (Aufzeigen der Folgen für das soziale Sicherungssystem und Aufbau eines negativen Images für Schwarzarbeit sowie die Darstellung von Aufklärungserfolgen) erreicht werden.
– entsprechende Informationsangebote und Hilfestellungen.

2. Repressive Ziele

9 Der Bereich Prüfungen und Ermittlungen führt alle gesetzlichen Prüfaufträge und die entsprechenden Ermittlungsverfahren (Strafverfahren und Ordnungswidrigkeitenverfahren) durch. Ziel ist eine flächendeckende hohe Prüf- und Ermittlungsdichte. Der Bereich der Ahndung stellt sicher, dass aufgegriffene Fälle zeitnah im Ordnungswidrigkeitsverfahren abgeschlossen und der Schuld angemessen geahndet werden.

III. Entstehungsgeschichte

Das Gesetz zur Bekämpfung der Schwarzarbeit wurde am 30.5.1957 **10**
verkündet (BGBl. I S. 315). Es erfolgte eine Neufassung aufgrund von Art. 11
des G zur Bekämpfung der illegalen Beschäftigung v. 15.12.1981 (BGBl. I
S. 1390), die zum 1.1.1982 in Kraft trat (BGBl. I S. 1982, 109), dazu s. *Marschall* NJW 1982,1363.
Eine erneute Revision erfolgte durch Bekanntmachung vom 6.2.1995 **11**
(BGBl. I S. 165).
Am 2.7.2003 hat das Bundeskabinett beschlossen, flankierend zu den **12**
Reformanstrengungen auf dem Arbeitsmarkt (sog. Hartz-Reformen) die
Schwarzarbeitsbekämpfung durch ein umfassendes Maßnahmen- und Gesetzgebungspaket erheblich zu intensivieren. Dabei war der Ansatz der Bundesregierung mehrschichtig. Er zielte darauf ab, ein neues Unrechtsbewusstsein gegenüber der Schwarzarbeit zu schaffen und rechtmäßiges Verhalten zu fördern. Dies wurde verknüpft mit einer Erhöhung des Verfolgungsdrucks.
Um diese Ziele zu erreichen, wurde neben einem neuen Gesetz zur Intensivierung der Bekämpfung der Schwarzarbeit und damit zusammenhängender Steuerhinterziehung eine grundlegende organisatorische Neuausrichtung der im Bundesbereich zuständigen Behörden beschlossen. Die im Bundesbereich bis dahin von der Arbeitsmarktinspektion (AMI) der damaligen BA und dem Arbeitsbereich Bekämpfung der illegalen Beschäftigung durch die Zollverwaltung (BillBZ) gemeinsam wahrgenommenen Verfolgungszuständigkeiten für die Bekämpfung der Schwarzarbeit und der illegalen Beschäftigung wurden zum 1.1.2004 bei der Zollverwaltung zusammengeführt. Außerdem hat die Bundesregierung durch eine umfassende Aufklärungskampagne insbesondere im Jahre 2004 mit gezielter Presse- und Öffentlichkeitsarbeit (Zeitungsanzeigen, Plakatwände usw.) auf die Schädlichkeit und die finanziellen Folgen der Schwarzarbeit hingewiesen und den Tätern ihr hohes Entdeckungs- und Strafrisiko nochmals deutlich vor Augen geführt (BT-Drs. 15/5934).
Das in der jetzigen Form geltende SchwarzArbG wurde eingeführt durch **13**
Art. 1 des G zur Intensivierung der Bekämpfung der Schwarzarbeit und damit zusammenhängender Steuerhinterziehung (Gesetz zur Bekämpfung der Schwarzarbeit und illegalen Beschäftigung – Schwarzarbeitsbekämpfungsgesetz – vom 23.7.2004, BGBl. I S. 1842).
Die Regierungsvorlage vom 20.2.2004 des G wurde eingebracht als BR- **14**
Drs. 155/04. Der Gesetzentwurf (BT-Drs. 15/2948) ist textidentisch mit dem Entwurf der Fraktionen der SPD und Bündnis 90/Die Grünen BT-Drs. 15/2573.
Änderungen aufgrund der Ausschussempfehlung: Ausweitung der **15**
Betretungsbefugnis bei Dritten, umfassende Zusammenarbeit der Zollverwaltung mit Polizei und Strafverfolgungsbehörden auch im präventiven Bereich, Verordnungsermächtigung zum Erlass eines Bußgeldkatalogs bei Schwarzarbeit, gemeinsame Ermittlungsgruppen von Zollverwaltung und Polizei- sowie Landesfinanzbehörden, unmittelbarer Zugriff auf die Datenbank der Zollverwaltung.

16 **Änderungen durch das Vermittlungsverfahren:** Prüfung der Erfüllung steuerlicher Pflichten aufgrund von Dienst- oder Werkleistungen durch die zuständigen Landesbehörden, lediglich Mitwirkung der Zollbehörden, Vereinbarungen über ihre Zusammenarbeit zwischen obersten Finanzbehörden des Bundes und der Länder, Bildung gemeinsamer Ermittlungsgruppen in Abstimmung mit der Staatsanwaltschaft, Unterrichtung der zuständigen Stellen durch die Zollbehörden bei Verstößen gegen das Arbeitnehmer-Entsendegesetz, Erleichterungen bei der Aufbewahrungspflicht für Leistungsrechnungen im Zusammenhang mit einem Grundstück, Prüfungsaufgaben der Zollverwaltung bei geringfügiger Beschäftigung in Privathaushalten, Ergänzungen bei der Definition von Schwarzarbeit.

17 Der Bundestag hat am 6.5.2004 (BR-Drs. 386/04) und am 2.7.2004 (BR-Drs. 530/04) das Gesetz verabschiedet (BT-Drs. 15/2948, 15/2573 idF Drs. 15/3077).

18 Mit Beschluss vom 9.7.2004 (BR-Drs. 530/04) hat der Bundesrat seine Zustimmung erteilt gemäß Art. 84 I, Art. 105 III, Art. 108 V GG.

19 Das am 23.7.2004 ausgefertigte G wurde im BGBl. I 2004 S. 1842 verkündet. Es trat zum 1.8.2004 in Kraft.

IV. Inhalt und Aufbau

20 Das Gesetz gliedert sich in sechs Abschnitte. Den ersten Abschnitt bildet allein § 1 und bestimmt den Zweck des Gesetzes. Der zweite Abschnitt umfasst die §§ 2 bis 7 und regelt die Prüfungen. Der dritte Abschnitt von §§ 8 bis 11 enthält die Bußgeld- und Strafvorschriften. Die Vorschriften über das Ermittlungsverfahren im Straf- und Ordnungswidrigkeitenverfahren enthält der vierte Abschnitt von §§ 12 bis 14. Die Bestimmungen über den Datenschutz sind im fünften Abschnitt in den §§ 15 bis 19 festgehalten. Die Bestimmungen über das Verwaltungsverfahren und den Rechtsweg beinhaltet der sechste Abschnitt in §§ 20 bis 23.

21 Die Vorschriften sind mit Überschriften versehen. Die Überschriften sind Bestandteil des Gesetzes.

22 Durch die Konzentration der Verfolgungszuständigkeit bei der Zollverwaltung wird die Prüfungs- und Ermittlungsdichte deutlich erhöht. Mit dem Gesetz geschaffen wurde der neu strukturierte Arbeitsbereich „Finanzkontrolle Schwarzarbeit" bei der Zollverwaltung und dieser der Aufgabe zugewiesen, die Schwarzarbeit zu bekämpfen.

23 Die Zuständigkeiten bei der Bekämpfung der illegalen Beschäftigung und des Leistungsmissbrauchs nach dem SGB III und anderen Gesetzen wurden infolge des Dritten Gesetzes für moderne Dienstleistungen am Arbeitsmarkt vom 17.10.2003 (BGBl. I S. 2843) ab 1.8.2004 weitgehend bei der Zollverwaltung gebündelt. Zuvor waren die Kompetenzen auf die Bundesagentur für Arbeit´ (vormals: Bundesanstalt für Arbeit) und auf die Zollverwaltung aufgeteilt. Bei der Bundesagentur für Arbeit verbleibt lediglich die Verfolgung des Leistungsmissbrauchs, der durch Datenabgleich intern aufgedeckt wird und dessen Ahndung als Ordnungswidrigkeit keine Außenprüfung voraussetzt.

24 Das bei der BA vorhandene Personal, das Aufgaben der bisherigen Arbeitsmarktinspektionen wahrgenommen hat, wurde in den Dienst des Bundes über-

V. Hintergrund

wechseln und dort in der Zollverwaltung eingesetzt werden, um eine effiziente Wahrnehmung der Aufgabe sicherzustellen. Die Übertragung der Rechte und Pflichten der Polizeibeamten nach der StPO und der Eigenschaft von Ermittlungspersonen der StA auf die aus der BA übergeleiteten Angestellten durch § 14 I 3 macht deren Fachwissen für die Ermittlungspraxis fruchtbar (BT-Drs. 15/ 1515, 113).

Neben dem Übergang nahezu aller der bei der Bundesagentur für Arbeit im Bereich der Arbeitsmarktinspektion beschäftigten Mitarbeiter wurden weitere Personalverstärkungsmaßnahmen durchgeführt, sodass insgesamt 7.000 Beschäftigte im Arbeitsbereich „Finanzkontrolle Schwarzarbeit" tätig werden sollten. 25

Darüber hinaus beabsichtigt das Gesetz eine transparente Bündelung der Rechtsvorschriften zur Schwarzarbeit, wobei auch Regelungslücken geschlossen werden sollten. 26

V. Hintergrund

In vielen Ländern besteht eine zweigeteilte Volkswirtschaft aus einem offiziellen und einem inoffiziellen Sektor. Neben der Haushalts- und Selbstversorgungswirtschaft, deren Wertschöpfung gemäß internationalen Gepflogenheiten und wegen der Messprobleme im offiziellen Bruttoinlandsprodukt (BIP) nicht erfasst wird, gehören die Bereiche Schatten- und Untergrundwirtschaft zur inoffiziellen Wirtschaft. 27

Von der legalen Haushalts- und Selbstversorgungswirtschaft unterscheidet sich die illegale Schattenwirtschaft dadurch, dass zwar legale Waren und Dienstleistungen gehandelt werden, diese jedoch illegal erstellt werden. Dazu gehören etwa die nebenberuflichen oder die von Unternehmen nebenbei schwarz geleisteten Arbeitsstunden sowie die Abrechnung von Material ohne Rechnung. 28

In der Untergrundwirtschaft werden hingegen illegale Waren und Dienstleistungen illegal gehandelt. Dabei handelt es sich zB um Menschenhandel, illegale Prostitution oder Schmuggel. 29

Teilbereiche der inoffiziellen Wirtschaft im Überblick: 30

	Haushalts- und Selbstversorgungswirtschaft	**Schattenwirtschaft**	**Untergrundwirtschaft**
Güter	Legal	Legal	Illegal
Ausführung	Legal	Illegal	Illegal
Ausführung	• Eigenleistungen beim Hausbau, Reparaturen im Haushalt • Kinderbetreuung • Nachbarschaftshilfe • Arbeit in Selbsthilfeorganisationen	• Schwarzarbeit (Verstoß gegen Gewerbe-Handwerksordnung oder/und Steuer- und Abgabenhinterziehung)	• Hehlerei • Drogenhandel • Verbotene Glücksspiele • Betrug • Schmuggel • Menschenhandel

	Haushalts- und Selbstversorgungswirtschaft	Schattenwirtschaft	Untergrundwirtschaft
	• Ehrenamtliche Tätigkeiten • Realtausch	• Leistungsmissbrauch • Materialbeschaffung ohne Rechnung	

VI. Ergebnisse und Zahlen

31 Die FKS hat folgende Strafverfahren eingeleitet bzw. erledigt (BT-Drs. 17/5438, 2; Die Zollverwaltung, Jahresstatistiken):

	2005	2006	2007	2008	2009	2010	2011	2012	2013	2014
eingeleitete Strafverfahren	nicht erfasst	104 102	117 867	104 567	103 947	117 453	109 166	104 283	95 020	102 974
abgeschlossene Strafverfahren	81 290	91 820	117 441	106 960	104 003	115 980	112 474	105 680	94 962	100 763
Geldstrafen in Mio. EUR	21,2	19,8	25,4	33,9	33,7	29,8	30,6	27,2	26,1	28,2
Freiheitsstrafen in Jahren	995	1.123	1.398	1.556	1.813	1.981	2.110	2.082	1.927	1.917

32 Die FKS hat folgende Ordnungswidrigkeitenverfahren eingeleitet bzw. erledigt (BT-Drs. 17/5438, 2; Die Zollverwaltung, Jahresstatistiken):

	2005	2006	2007	2008	2009	2010	2011	2012	2013	2014
eingeleitete Ordnungswidrigkeitenverfahren	nicht erfasst	62 943	74 686	56 517	53 032	59 870	59 218	44 165	39 996	34 318
abgeschlossene Ordnungswidrigkeitenverfahren	53 852	54 087	72 969	63 274	61 531	70 146	76 367	62 175	53 993	53 007
Summe der festgesetzten Verwarnungsgelder, Geldbußen, Verfall in Mio. EUR	nicht erfasst	nicht erfasst	nicht erfasst	56,7	55,3	44,0	45,2	41,3	44,7	46,7

VII. Organisation

	2005	2006	2007	2008	2009	2010	2011	2012	2013	2014
vereinnahmt in Mio EUR	nicht erfasst	nicht erfasst	nicht erfasst	14,2	15,1	14,1	18,7	16,0	17,8	20,0

Zum jeweiligen Anteil der Fälle des Leistungsmissbrauchs, der Beitragsvorenthaltung, der Steuerhinterziehung, der Schleusungstatbestände und der Fälle der schweren Kriminalität an den Strafverfahren und Bußgeldverfahren betrug – soweit eine Auswertung möglich ist – prozentual an abgeschlossenen Verfahren s. BT-Drs. 17/5438, 2 für 2008 bis 2010.

VII. Organisation

Die Aufgaben der Zollverwaltung nach dem SchwarzArbG nimmt die FKS wahr. Die FKS ist keine selbstständige Behörde und wird als solche weder im FVG noch im SchwarzArbG erwähnt. Sie soll nach dem Willen des Gesetzgebers eine Dienststelle der Zollverwaltung sein. Eine gesetzliche Grundlage für die Organisation gibt es nicht. Zur Organisation → § 12 Rn. 8–12.

Abschnitt 1. Zweck

§ 1 Zweck des Gesetzes

(1) Zweck des Gesetzes ist die Intensivierung der Bekämpfung der Schwarzarbeit.

(2) Schwarzarbeit leistet, wer Dienst- oder Werkleistungen erbringt oder ausführen lässt und dabei
1. als Arbeitgeber, Unternehmer oder versicherungspflichtiger Selbstständiger seine sich auf Grund der Dienst- oder Werkleistungen ergebenden sozialversicherungsrechtlichen Melde-, Beitrags- oder Aufzeichnungspflichten nicht erfüllt,
2. als Steuerpflichtiger seine sich auf Grund der Dienst- oder Werkleistungen ergebenden steuerlichen Pflichten nicht erfüllt,
3. als Empfänger von Sozialleistungen seine sich auf Grund der Dienst- oder Werkleistungen ergebenden Mitteilungspflichten gegenüber dem Sozialleistungsträger nicht erfüllt,
4. als Erbringer von Dienst- oder Werkleistungen seiner sich daraus ergebenden Verpflichtung zur Anzeige vom Beginn des selbstständigen Betriebes eines stehenden Gewerbes (§ 14 der Gewerbeordnung) nicht nachgekommen ist oder die erforderliche Reisegewerbekarte (§ 55 der Gewerbeordnung) nicht erworben hat,
5. als Erbringer von Dienst- oder Werkleistungen ein zulassungspflichtiges Handwerk als stehendes Gewerbe selbstständig betreibt, ohne in der Handwerksrolle eingetragen zu sein (§ 1 der Handwerksordnung).

(3) [1]Absatz 2 findet keine Anwendung für nicht nachhaltig auf Gewinn gerichtete Dienst- oder Werkleistungen, die
1. von Angehörigen iSd § 15 der Abgabenordnung oder Lebenspartnern,
2. aus Gefälligkeit,
3. im Wege der Nachbarschaftshilfe oder
4. im Wege der Selbsthilfe iSd § 36 Abs. 2 und 4 des Zweiten Wohnungsbaugesetzes in der Fassung der Bekanntmachung vom 19. August 1994 (BGBl. I S. 2137) oder als Selbsthilfe iSd § 12 Abs. 1 Satz 2 des Wohnraumförderungsgesetzes vom 13. September 2001 (BGBl. I S. 2376), zuletzt geändert durch Artikel 7 des Gesetzes vom 29. Dezember 2003 (BGBl. I S. 3076),

erbracht werden. [2]Als nicht nachhaltig auf Gewinn gerichtet gilt insbesondere eine Tätigkeit, die gegen geringes Entgelt erbracht wird.

Literatur: Gesetzesentwurf der Bundesregierung: Entwurf eines Gesetzes zur Intensivierung der Bekämpfung der Schwarzarbeit und damit zusammenhängender Steuerhinterziehung, BR-Drs. 155/04; Kreikebohm/Spellbrink/Waltermann, Kommentar zum Sozialrecht (KSW); Erfurter Kommentar zum Arbeitsrecht; Bamberger/Roth/*Fuchs,* BGB, Rn. 39 zu § 611 mwN; *Krasney,* Die „Wie-Beschäftigten nach § 2 Abs. 2 Satz 1 SGB VII", NZS 1999, 577, 579; Lauterbach/*Schwerdtfeger,* Unfallversicherung – SGB VII, 2015; *Wank,* Arbeitnehmer und Selbständige, 1988; *Heuermann/Wagner,* Lohnsteuer,

54. Aufl. 2015; *Bauer/Diller/Lorenzen,* Das neue Gesetz zur Scheinselbständigkeit, NZA 1999, 169; *Pump,* Abwicklung der Scheinselbständigkeit in der Umsatzsteuer, StBp 2006, 111; *Obenhaus,* Umsatzsteuerliche Konsequenzen verdeckter Arbeitsverhältnisse, BB 2012, 1130

Rechtsprechung: Arbeitsrecht:
LAG SH NZA-RR 2007, 9; LAG RhPf 28.1.2002 – 7 Sa 1390/01

Zivilrecht:
BGH 31.5.1990 – VII ZR 336/89, BGHZ 111, 308; 1.8.2013 – VII ZR 6/13, NJW 13, 3167; 10.4.2014 – VII ZR 241/13; Schleswig-Holsteinisches OLG v. 21.12.2012 – 1 U 105/11 – n.rkr; BGH, NJW 1987, 2751

Strafrecht:
BGH 27.9.2011 – 1-StR-399/11, NJW 2012, 471: Anforderungen an das Vorliegen eines sozialversicherungs- und lohnsteuerpflichtigen Arbeitsverhältnisses bei der Vereinbarung von Werkverträgen zum Schein

Sozialrecht:
BSGE 3, 40, 50; BSG 5.4.1956; BSG 25.11.1976 – 11 RA 138/75; BSG 29.9.1992 – R RV 46/91, NJW 1993, 1221; BSG 5.4.1956; BSG 29; BSG 21.4.1993 – B 11 BAr 67/92, USK 9335; 23.6.1994 – 12 RK 50/93; 25.2.1997 – 12 RK 33/96, SozR 2200 § 8 Nr. 1227; 30.1.1990 – 11 RAr 47/88, SozR 3-2400, § 7 Nr. 1; 21.4.1993 – 11 RAr 67/92, SozR 3-4100, § 168 Nr. 11; 7.12.2002 – B 11 AL 34/02 R; 25.4.2012 – B 12 KR 24/2012; 11.3.2009 – B 12 KR 21/07 R; 21.4.1993 – 11 RAr 67/92, BSGE 3, 30; 28.7.2008 – B 1 KR 27/07 R, SozR III-2500 § 5 S. 60; 29.6.1972 – 2 RU 81/69; 23.6.1994 – 12 RK 50/93; 29.11.1990 – 2 RU 18/90, SozR § 539 Nr. 6; 28.5.2008 – B 12 KR 13/07 R; 24.1.2007 – B 12 KR 31/06 R; 25.1.2006 – B 12 KR 30/04 R; 18.12.2001 – B 12 KR 8/01 R; 25.1.2006 – B 12 KR 30/04 R, ZIP 2006, 678; 28.5.2008 – B 12 KR 13/07 R; 29.8.2012 – B 12 KR 25/10 R, SozR 4-2400 § 7 Nr. 17; 17.3.1992 – 2 RU 6/91, NJW 1990, S. 1558 = SozR 2200 § 539 Nr. 134; 27.6.2000 – B 2 U 21/99 R, SoR 3-2200 § 548 Nr. 37; 11.3.2009 – B 12 KR 21/07 R; 28.6.1984 – 2 RU 63/83, BSGE 57, 91; 24.1.1991 – 2 RU 44/90, SozR 3-2200 § 539 RVO Nr. 8, 15, 16; 29.11.1990 – 2 R U 18/90; BSG SozR 3-2200 § 539 RVO Nr. 25; Sächsisches SG 24.3.2010 – L 1 KR 175/07; LSG Hessen 27.10.2011 – L 8 KR 175/09; 27.10.2011 – L 8 KR 175/09; SG Berlin 2.6.2009 – S 36 KR 2382/07; LSG RhPf 26.7.2001 – L 1 AL 6/00 LSG NRW 9.3.2009 – L 16 11 B 4/07 R-ER, DATEV-Dok. 1420629; 25.3.2010 – L 16 (5) KR 190/08; LSG Bayern 29.7.2009 – L 17 U 350/06; LSG Bln-Bbg, 18.12.2008 L 31 U 479/08; LSG Bln-Bbg 29.9.2014, L 2 K 29/13

Steuerrecht
BFH 30.4.2009 – VI R 54/07, BStBl. 2010 II, 996; BFH 13.1.2011 – VI R 62/09; 2.9.2010 – VI R 3/09, BStBl. II S. 233; FG Hamburg 19.3.2007 – 5 K 193/05, EFG 07, 1437

Inhaltsübersicht

	Rn.
I. Allgemeines	1
II. Gesetzesmaterialien	4
III. Anwendungsbereich	5
1. Angehörige (§ 15 AO) und Lebenspartner (Mitarbeitende Familienangehörige)	6
2. Gefälligkeiten	22
3. Nachbarschaftshilfe	27
4. Selbsthilfe	28

§ 1 Zweck des Gesetzes

	Rn.
5. Gewinnerzielungsabsicht	31
6. Dienst- oder Werkleistungen	34
IV. Schwarzarbeit	35
1. Fallgruppen	36
2. Nichterfüllen von sozialversicherungsrechtlichen Melde-, Beitrags- oder Aufzeichnungspflichten (Absatz 2 Nr. 1)	37
a) Sozialversicherungsrechtliche Meldepflichten	38
b) Sozialversicherungsrechtliche Beitragspflichten	46
c) Sozialversicherungsrechtliche Aufzeichnungspflichten	53
3. Nichterfüllen von steuerlichen Pflichten (Absatz 2 Nr. 2)	59
4. Leistungsmissbrauch (Absatz 2 Nr. 3)	60
5. Verstöße gegen das Gewerberecht und das Handwerksrecht (Absatz 2 Nr. 4 und 5)	66
V. Scheinselbständigkeit und Beschäftigungsstatus	69
1. Einleitung zur Statusfrage	69
a) Problem der Scheinselbständigkeit	69
b) Aufdecken von Scheinselbständigkeit	74
2. Problem der Einordnung von Beschäftigungsverhältnissen	79
a) Keine Deckungsgleichheit der Bewertung in den einzelnen Rechtsgebieten	80
b) Kein abgeschlossener gesetzlicher Kriterienkatalog	85
3. Vertragliche Vereinbarungen als zentrales Element der Statusbeurteilung	109
4. Typisierende Merkmale einer Beschäftigung	120
a) Arbeit	122
b) Entgelt	123
c) Persönliche Abhängigkeit, Tätigkeit nach Weisungen	127
d) Eingliederung in die Arbeitsorganisation	136
e) Unternehmerisches Risiko	144
f) Prägende/ergänzende Kriterien	153
5. Überblick	159
6. Sonderformen der Beschäftigung/Problemkonstellationen	174
a) Organe von juristischen Personen	175
b) Versicherungspflichtigkeit selbständig Tätiger (arbeitnehmerähnliche Selbständige)	198
c) Familienhafte Mithilfe als Sonderform der Beschäftigung	229
d) Weitere Sonderformen	230
VI. Abgrenzung zu Dienst- und Werkverträgen	231
1. Abgrenzung zwischen Dienstvertrag und Werkvertrag	232
2. Abgrenzung des Arbeitsverhältnisses zum Werkvertrag	236
3. Abgrenzung des Arbeitsverhältnisses zum Dienstvertrag	248
4. Abgrenzung zwischen Arbeitnehmerüberlassung sowie Werk- und Dienstvertrag	255
a) Abgrenzung Werkvertrag – Arbeitnehmerüberlassung	256
b) Abgrenzung der Arbeitnehmerüberlassung vom Dienstvertrag	294
VII. Statusklärung	302
1. Statusfeststellung	309
a) Antragsberechtigte	317
b) Zulässigkeit eines Antrages auf Statusfeststellung	319
c) Zuständige Stelle	320
d) Form, Frist und Inhalt	321
e) Ablauf des Anfrageverfahrens	323
f) Eintritt der Versicherungspflicht	329

	Rn.
2. LSt-Anrufungsauskunft	332
a) Antragsberechtigte	333
b) Zuständige Stelle	334
c) Auskunftsgegenstand	335
d) Wirkung	337
3. Entscheidungsverfahren nach § 28h II SGB IV	340
4. Konkurrenz	341
5. Rechtsberatung	343
VIII. Illegale Beschäftigung	344
1. Illegale Ausländerbeschäftigung	353
2. Illegale Arbeitnehmerüberlassung	354
3. Verstöße gegen das Arbeitnehmer-Entsendegesetz (AEntG)	355
4. Menschenhandel	356
IX. Rechtsfolge von Schwarzarbeit	357
1. Zivilrechtliche Folgen	357
2. Strafrechtliche Folge	363
3. Sozialversicherungsrechtliche Folge	364
4. Steuerrechtliche Folge	382
5. Wettbewerbsrechtliche Folge	384

I. Allgemeines

Abs. 1 beinhaltet das Programm des SchwarzArbG, mit dem der Gesetzgeber der Schwarzarbeit und illegalen Beschäftigung den Kampf angesagt hat. Das Programm soll das Ziel verwirklichen, die Bekämpfung der Schwarzarbeit und der illegalen Beschäftigung zu intensivieren. Dies zieht sich wie ein roter Faden durch das Gesetz. **1**

Schwarzarbeit resultiert aus **2**
- Verstößen gegen das Sozialversicherungsrecht,
- Verstößen gegen das Steuerrecht,
- Leistungsmissbrauch,
- Verstößen gegen das Gewerberecht und das Handwerksrecht.

Illegale Beschäftigung besteht in **3**
- illegaler Ausländerbeschäftigung
- illegaler Arbeitnehmerüberlassung
- illegaler Arbeitnehmerentsendung.

II. Gesetzesmaterialien

Die Begründung im Regierungsentwurf (BR-Drs. 155/04, 47) führt zu § 1 (Zweck des Gesetzes) aus: **4**

Zu § 1 Abs. 1 (Zweck des Gesetzes):
§ 1 Abs. 1 enthält eine allgemeine Zweckbestimmung des Gesetzes.

Zu § 1 Abs. 2 (Vorbemerkung):
Bisher ist der Begriff der Schwarzarbeit nicht ausdrücklich gesetzlich festgelegt. Mit diesem Gesetz werden die verschiedenen Fallgestaltungen der Schwarzarbeit erstmalig dem allgemeinen Sprachgebrauch angepasst definiert. Die klare Beschreibung

§ 1 Zweck des Gesetzes

des Schwarzarbeitsbegriffs soll mit dazu beitragen, das Unrechtsbewusstsein in der Bevölkerung zu stärken und damit präventiv der Schwarzarbeit entgegenzuwirken. Die Definition stützt sich auf die im Sozialgesetzbuch und Steuerrecht vorgesehenen Melde-, Aufzeichnungs- und Zahlungspflichten. Die Verletzung dieser Pflichten führt dazu, dass in der Folge regelmäßig Sozialversicherungsbeiträge und Steuern nicht in gesetzlicher Höhe abgeführt werden bzw. Sozialleistungen zu Unrecht bezogen werden.

Von dem Begriff der Schwarzarbeit nicht erfasst werden die im bisherigen Gesetz zur Bekämpfung der Schwarzarbeit als Ordnungswidrigkeiten erfassten Fälle der handwerksrechtlichen Eintragungs- und gewerberechtlichen Anzeigepflichtverletzungen. Im allgemeinen Sprachgebrauch werden die Handwerksausübung ohne Eintragung in die Handwerksrolle sowie die bloßen gewerberechtlichen Pflichtverletzungen nicht als Schwarzarbeit verstanden. Durch die Änderung wird eine Gleichsetzung von Unternehmen, die ihre Steuern und Sozialversicherungsbeiträge ordnungsgemäß zahlen, mit Schwarzarbeitern vermieden. Gleichzeitig werden teure Doppelzuständigkeiten auf Seiten der Verwaltung abgebaut, die durch die Verfolgung als Schwarzarbeit neben der bußgeldrechtlichen Erfassung im Handwerks- und Gewerberecht entstanden sind.

Es entsteht weder eine Lücke bei der Verfolgung noch bei der Sanktion unerlaubter Handwerks- und Gewerbeausübung. Unerlaubte Handwerks- und Gewerbeausübung ist weiterhin durch die Handwerks- und Gewerbeordnung bußgeldbewehrt. Das Schwarzarbeitsbekämpfungsgesetz greift im Falle unerlaubter Handwerks- und Gewerbeausübung zusätzlich, wenn keine Steuern und Sozialversicherungsbeiträge geleistet wurden. In diesem Fall kommt es auch zu erheblichen Wettbewerbsverzerrungen, die hohe Bußgeldbewehrungen rechtfertigen.

In allen übrigen Fällen unerlaubter Handwerksausübung ist die Bußgeldbewehrung nach § 117 HwO mit einem Bußgeldrahmen von bis zu 10.000 EUR ausreichend. Der Bußgeldrahmen ist dort niedriger als im jetzigen Gesetz zur Bekämpfung der Schwarzarbeit. Dies ist gerechtfertigt, denn die Handwerksordnung enthält eine Vielzahl von unbestimmten Rechtsbegriffen. Es bestehen bei der Auslegung und Anwendung der Handwerksordnung zum Teil schwierige Abgrenzungsfragen, die für Existenzgründer und Unternehmen erhebliche Rechtsunsicherheit zur Folge haben, ob die beabsichtigte oder ausgeübte Tätigkeit eine Eintragung in die Handwerksrolle erforderlich macht. Eine Vielzahl von seit Jahren bestehenden Abgrenzungsproblemen konnte bislang keiner Lösung zugeführt werden. Aus diesem Grund hat der Gesetzgeber bei der Novellierung der Handwerksordnung in § 16 Absätze 3 bis 6 HwO bestimmt, dass Handwerkskammer und Industrie- und Handelskammer vor einer Betriebsschließung wegen unerlaubter Handwerksausübung zustimmen müssen. Können sich die Kammern nicht über das Vorliegen der Voraussetzungen für die Betriebsuntersagung einigen, entscheidet eine gesetzlich vorgesehene Schlichtungskommission.

Auch die Bußgeldbewehrung nach § 146 Abs. 2 Nr. 1 i. V. m. Abs. 3 der Gewerbeordnung von bis zu 1000 EUR erscheint ausreichend. Bei der Gewerbeanmeldung handelt es sich um eine reine Registrierungspflicht, deren Unrechtsgehalt auch im Hinblick auf andere Bußgeldtatbestände der GewO keine höhere Sanktionierung rechtfertigt. Die Anwendung des erheblich höheren Bußgeldrahmens des Schwarzarbeitsbekämpfungsgesetzes würde zu einer unerwünschten Kriminalisierung nicht angemeldeter Gewerbetreibender führen. Es würde unterstellt, dass mit der Nichtanmeldung zugleich eine Vorbereitung für die spätere Ausübung von Schwarzarbeit erfolgt.

II. Gesetzesmaterialien § 1

Auch die derzeit möglichen Sanktionen sind – ausweislich der Eintragungen im Gewerbezentralregister – bei weitem nicht ausgeschöpft worden. Insoweit ist unter rechtsstaatlichen Gesichtspunkten und der im Nebenstrafrecht gebotenen Beachtung des Grundsatzes der Verhältnismäßigkeit angezeigt, die einschlägigen Verletzungen gewerberechtlicher Tatbestände von der Bußgeldhöhe her zu differenzieren. Es sollte daher bei dem Grundtatbestand der GewO verbleiben, der bei fehlender Anmeldung ein Bußgeld bis zu 1000 EUR und bei Verletzung der Erlaubnispflicht im Reisegewerbe Bußgelder bis zu 5000 EUR ermöglicht. § 148 GewO eröffnet darüber hinaus die Qualifizierung als Straftatbestand, soweit es in diesen Fällen zu einer Gefährdung von Leben und Gesundheit eines anderen oder fremder Sachen von bedeutendem Wert kommt.

Die Verletzungen verschiedener sonstiger Pflichten aus dem Ausländer- und Arbeitsgenehmigungsrecht erfüllen ebenfalls für sich gesehen noch nicht den Tatbestand der Schwarzarbeit. Sie werden jedoch als Formen der illegalen Beschäftigung, die regelmäßig mit Schwarzarbeit einhergehen, im bisherigen Umfang verfolgt.

Der Begriff der Dienst- oder Werkleistungen ist dem bisher geltenden SchwarzArbG entnommen. Darunter wird sowohl die Tätigkeit des Arbeitnehmers als auch die Tätigkeit des selbständigen Unternehmers (zB selbständiger Handwerker, Bauunternehmen in der Form einer GmbH) verstanden. Mit dieser Regelung wird auch der Auftraggeber erfasst, der die Schwarzarbeit erst ermöglicht oder unterstützt. Ohne den Auftraggeber würde die Schwarzarbeit gar nicht vorkommen. Auftraggeber der Schwarzarbeit kann ein Unternehmen, eine Personenvereinigung oder eine natürliche Person sein.

Zu § 1 Abs. 2 Nr. 1

Ein Arbeitgeber hat nach § 28a SGB IV verschiedene Meldepflichten gegenüber der Einzugsstelle (§ 28i SGB IV). Gemäß § 28e SGB IV hat er den Gesamtsozialversicherungsbeitrag an die Einzugsstelle zu zahlen. Ihn treffen nach § 28f SGB IV verschiedene Aufzeichnungs- und Nachweispflichten, die für die Überwachung der ordnungsgemäßen Abführung der Sozialversicherungsbeiträge notwendig sind.

Die Beiträge zur gesetzlichen Unfallversicherung werden vom – in der Regel – monatlich zu entrichtenden Gesamtsozialversicherungsbeitrag nicht erfasst. Der Unternehmer iSv § 136 Abs. 3 SGB VII hat die Meldepflichten gemäß §§ 165 und 192 SGB VII zu erfüllen, wenn er Personen einsetzt, die gemäß § 2 SGB VII pflichtversichert sind. Dazu gehören insbesondere Beschäftigte iSd SGB IV. Die Beitragspflicht der Unternehmer (§ 150 SGB VII) erstreckt sich sowohl auf die Beschäftigten iSv § 7 Abs. 1 SGB IV als auch auf Versicherte nach § 2 Abs. 2 S. 1 SGB VII, die wie Beschäftigte – arbeitnehmerähnlich – tätig werden, was insbesondere im Bereich der privaten Bauherren von Bedeutung ist. Deswegen haben sowohl der gewerbliche Unternehmer als auch andere Personen (zB der private Bauherr oder der Arbeitgeber von Haushaltshilfen) gegenüber den Trägern der gesetzlichen Unfallversicherung Nachweispflichten nach den §§ 165 und 192 SGB VII.

Verstöße gegen die in § 1 Abs. 2 Nr. 1 genannten Melde- und Aufzeichnungspflichten können nicht isoliert als Formalverstöße betrachtet werden, sondern stehen erfahrungsgemäß im Zusammenhang mit einer vom Arbeitgeber beabsichtigten strafbaren Verkürzung von Sozialversicherungsbeiträgen. Dies gilt nicht für Mini-Jobs im privaten Haushalt.

§ 1 Zweck des Gesetzes

Zu § 1 Abs. 2 Nr. 2
Schwarzarbeit nach Abs. 2 Nr. 1 und Steuerhinterziehung (§ 370 Abgabenordnung) stehen in unmittelbarem Sachzusammenhang.
Steuerliche Pflichten im Zusammenhang mit Schwarzarbeit werden regelmäßig in der Absicht, Steuern zu hinterziehen, verletzt.
Zu den Steuern im Zusammenhang mit Dienst- oder Werkleistungen zählen insbesondere die Umsatzsteuer, die Einkommensteuer, die Körperschaftssteuer und die Gewerbesteuer. In den meisten Fällen der Beitragshinterziehung des Arbeitgebers führt dieser auch nicht die vorgeschriebene Lohnsteuer für seine Arbeitnehmer ab.
Außerdem werden regelmäßig erzielte Umsätze bei der Umsatzsteuervoranmeldung nicht berücksichtigt, wenn ein Arbeitgeber seine Beschäftigten schwarz entlohnt.
Die einzelnen Pflichten sind in der Abgabenordnung und den Einzelsteuergesetzen enthalten. Steuerpflichtiger gemäß § 33 Abgabenordnung ist nicht nur, wer eine Steuer schuldet, sondern auch, wer eine Steuer für einen Dritten einzubehalten und abzuführen hat (zB Arbeitgeberpflicht nach § 38 Abs. 3 Einkommensteuergesetz für die Lohnsteuer des Arbeitnehmers, Auftraggeberpflicht nach § 48 Einkommensteuergesetz für den Steuerabzug bei Bauleistungen des Auftragnehmers).
Exemplarische steuerliche Pflichten sind die Pflicht zur Berichtigung von Erklärungen (§ 153 Abgabenordnung), die Pflicht zur Anmeldung und Abführung der Lohnsteuer (§ 41a Einkommensteuergesetz), der Steuerabzug bei Bauleistungen (§ 48 Einkommensteuergesetz) oder die Vorauszahlungspflicht bei der Umsatzsteuer (§ 18 Umsatzsteuergesetz).

Zu § 1 Abs. 2 Nr. 3
Die Regelung ist angelehnt an die derzeit gültige Fassung aus § 1 Abs. 1 Nr. 1 des Gesetzes zur Bekämpfung der Schwarzarbeit. Empfänger von Leistungen sind nach den genannten Gesetzen verpflichtet, Änderungen in den wirtschaftlichen Verhältnissen, die für die Leistung erheblich sind, unverzüglich dem Leistungsträger mitzuteilen. Dies gilt vor allem für während des Leistungsbezugs ausgeübte Erwerbstätigkeiten. Erfolgt diese Mitteilung nicht, kann es zur Überzahlung von Sozialleistungen kommen. In diesem Fall werden Leistungen missbräuchlich in Anspruch genommen.
Eine vergleichbare Verpflichtung trifft auch bereits den Antragsteller im Zeitpunkt der Antragstellung. Er hat alle Tatsachen anzugeben, die für die Leistung erheblich sind. Die Erweiterung um diese Fallgestaltung ist folgerichtig, weil das Verschweigen von leistungserheblichen Tatsachen bereits bei Antragstellung nicht besser gestellt werden sollte als das nachträgliche Nichtmitteilen.
Der Leistungsmissbrauch (Erschleichen von Sozialleistungen im Zusammenhang mit der Erbringung von Dienst- oder Werkleistungen) stellt eine der häufigsten Erscheinungsformen der Schwarzarbeit durch Arbeitnehmer dar. Das Erschleichen von Sozialleistungen im Zusammenhang mit der Erbringung von Dienst- oder Werkleistungen wird gemäß § 9 unter Strafe gestellt. Die bloße Verletzung der Mitteilungspflichten kann mit Geldbuße geahndet werden (§ 8 Abs. 1 Nr. 1, § 404 Abs. 2 Nr. 26 SGB III und § 13 des Asylbewerberleistungsgesetzes).

Zu § 1 Abs. 3
Die bisher nicht als Schwarzarbeit erfassten Sachverhalte (§ 1 Abs. 3 des derzeit geltenden Gesetzes zur Bekämpfung der Schwarzarbeit) der Nachbarschaftshilfe, Gefälligkeit und Selbsthilfe werden auch zukünftig nicht als Schwarzarbeit verfolgt. Nachbarschaftshilfe liegt vor, wenn die Hilfeleistung von Personen erbracht wird, die

II. Gesetzesmaterialien § 1

zueinander in persönlichen Beziehungen stehen und in gewisser räumlicher Nähe wohnen. Gefälligkeit liegt vor, wenn Dienst – oder Werkleistungen aufgrund persönlichen Entgegenkommens im Rahmen gesellschaftlicher Gepflogenheiten oder in Notfällen erbracht werden. Die Selbsthilfe ist in § 36 Abs. 2 und 4 des Zweiten Wohnungsbaugesetzes und in § 12 Abs. 2 des Wohnraumförderungsgesetzes definiert.

Zur Klarstellung wurde außerdem geregelt, dass Leistungen durch Angehörige und Lebenspartner vom Begriff der Schwarzarbeit ausgenommen sind.

Gemeinsame Voraussetzung der Nummern 1 bis 4 ist, dass die Dienst- oder Werkleistungen nicht nachhaltig auf Gewinn gerichtet sind. Der gegenseitige Austausch von Dienst- oder Werkleistungen ist zwischen Angehörigen, Lebenspartnern sowie im Rahmen von Nachbarschaftshilfe, Gefälligkeit und Selbsthilfe zulässig.

Folglich löst nicht jede Tätigkeit Verpflichtungen nach dem Steuerrecht oder Sozialgesetzbuch aus. Wo Hilfeleistungen erbracht werden, bei denen Gefälligkeit und Hilfsbereitschaft deutlich im Vordergrund stehen, ist die Leistung nicht nachhaltig auf Gewinn gerichtet und deshalb steuerlich völlig irrelevant. Solche Hilfeleistungen begründen auch kein Arbeitsverhältnis und keine Unternehmereigenschaft und sind damit auch sozialversicherungsrechtlich ohne Bedeutung. Wo aber keine Pflichten entstehen, entfällt auch der Begriff der Schwarzarbeit.

Zur Abgrenzung derartiger Gefälligkeiten von steuer- oder sozialversicherungsrechtlichen Pflichten auslösenden Beschäftigungsverhältnissen oder selbständigen Tätigkeiten sind folgende Kriterien heranzuziehen:

Auch wenn eine Tätigkeit nicht regelmäßig wiederkehrend ausgeübt wird, können steuerliche Pflichten aufgrund eines Dienstverhältnisses entstehen. Dabei ist nicht entscheidend, ob eine erneute Tätigkeit bereits von vornherein vereinbart oder geplant worden ist. Bei einem auf Dauer angelegten Dienstverhältnis wird der Auftraggeber, beispielsweise der private Haushalt, unzweifelhaft Arbeitgeber mit Direktionsrecht, wenn er genau bestimmt, wo, wann und wie die Arbeit auszuführen ist.

Sozialversicherungsrechtlich entsteht iRe auf Dauer angelegten Mini-Jobs bis 400 EUR die Pflicht des Arbeitgebers zur Tragung von Pauschalbeiträgen zur gesetzlichen Rentenversicherung (12% im gewerblichen Bereich, 5% im Privathaushalt) und zur gesetzlichen Krankenversicherung (11% im gewerblichen Bereich, 5% im Privathaushalt). Der Arbeitgeber kann unter Verzicht auf die Vorlage einer Steuerkarte für das Arbeitsentgelt aus dem Mini-Job, für den er die Beiträge zur gesetzlichen Rentenversicherung zu entrichten hat, einen einheitlichen Pauschsteuersatz von 2% erheben (gilt für Mini-Job im gewerblichen Bereich und im Privathaushalt gleichermaßen). Hat der Arbeitgeber den pauschalen Beitrag zur gesetzlichen Rentenversicherung nicht zu entrichten, kann er die pauschale Lohnsteuer mit einem Steuersatz von 20% des Arbeitsentgelts erheben. Eine Beitragspflicht für den Arbeitnehmer entsteht nicht. Der Mini-Job ist bei der Bundesknappschaft als Mini Jobzentrale anzumelden. Bei einem Mini-Job im privaten Haushalt ist das vereinfachte Haushaltsscheckverfahren obligatorisch.

Damit sind durch die Neuregelung der geringfügigen Beschäftigung durch das Zweite Gesetz für moderne Dienstleistungen am Arbeitsmarkt vom 23. Dezember 2002, die am 1. April 2003 in Kraft getreten ist, erhebliche Erleichterungen vorgenommen worden, die zu einer weiteren Legalisierung von bisher an der Sozialversicherung vorbei ausgeübten Beschäftigungsverhältnissen führen.

Wer Arbeitnehmer ist, ist unter Beachtung der Vorschriften des§ 1 Lohnsteuer Durchführungsverordnung nach dem Gesamtbild der Verhältnisse zu beurteilen. Für

§ 1 Zweck des Gesetzes

eine Arbeitnehmereigenschaft können insbesondere folgende Merkmale sprechen: Persönliche Abhängigkeit, Weisungsgebundenheit hinsichtlich Ort, Zeit und Inhalt der Tätigkeit, feste Arbeitszeiten, Ausübung der Tätigkeit gleichbleibend an einem bestimmten Ort, feste Bezüge, Urlaubsanspruch, Anspruch auf sonstige Sozialleistungen, Fortzahlung der Bezüge im Krankheitsfall, Überstundenvergütung, zeitlicher Umfang der Dienstleistungen, Unselbständigkeit in Organisation und Durchführung der Tätigkeit, kein Unternehmerrisiko, keine Unternehmerinitiative, kein Kapitaleinsatz, keine Pflicht zur Beschaffung von Arbeitsmitteln, Notwendigkeit der engen ständigen Zusammenarbeit mit anderen Mitarbeitern, Eingliederung in den Betrieb, Schulden der Arbeitskraft und nicht eines Arbeitserfolges sowie das Ausführen von einfachen Tätigkeiten, bei denen eine Weisungsabhängigkeit die Regel ist.

Diese Merkmale ergeben sich regelmäßig aus dem der Beschäftigung zugrunde liegenden Vertragsverhältnis, sofern die Vereinbarungen ernsthaft gewollt sind und tatsächlich durchgeführt werden. Dabei sind die für oder gegen ein Dienstverhältnis sprechenden Merkmale ihrer Bedeutung entsprechend gegeneinander abzuwägen. Ein Dienstverhältnis liegt vor, wenn eine beschäftigte Person dem Arbeitgeber ihre Arbeitskraft schuldet. Dies ist regelmäßig der Fall, wenn die beschäftigte Person in der Betätigung ihres geschäftlichen Willens unter Leitung des Arbeitgebers steht oder im geschäftlichen Organismus des Arbeitgebers dessen Weisungen zu folgen verpflichtet ist.

Eine Person erzielt Einkünfte aus Gewerbebetrieb (§ 15 EStG) oder selbständiger Arbeit (§ 18 EStG), wenn sie selbständig, nachhaltig, unter Teilnahme am allgemeinen wirtschaftlichen Verkehr und mit der Absicht, Gewinn zu erzielen, tätig wird. Werden diese Kriterien nicht erfüllt und liegt auch kein Arbeitnehmerverhältnis vor, handelt es sich um steuerlich nicht relevante Tätigkeiten.

III. Anwendungsbereich

5 Gemäß § 1 II 1 finden die Bestimmungen über Schwarzarbeit keine Anwendung auf nicht nachhaltig auf Gewinn gerichtete Dienst- oder Werkleistungen, die (1) von Angehörigen iSd § 15 AO oder Lebenspartnern, (2) aus Gefälligkeit, (3) im Wege der Nachbarschaftshilfe oder (4) im Wege der Selbsthilfe iSd § 36 II und VI des zweiten Wohnungsbaugesetzes oder als Selbsthilfe iSd § 12 I 2 des Wohnraumförderungsgesetzes v. 13.9.2001 erbracht werden.

1. Angehörige (§ 15 AO) und Lebenspartner (Mitarbeitende Familienangehörige)

6 Nach § 1 II 1 sind mitarbeitende Familienangehörige vom Anwendungsbereich des Gesetzes ausgenommen. Mit dem Begriff mitarbeitende Familienangehörige spricht der Gesetzgeber einen Typus an, der im Sozialversicherungsrecht eindeutig besetzt ist. Es wird mit familienhafte Mithilfe das Merkmal beschrieben, dass die Mitarbeit eines Familienangehörigen von einem echten sozialversicherungspflichtigen Beschäftigungsverhältnis unterscheidet. Eine familienhafte Mithilfe hat bei einer Tätigkeit in diesem Rahmen weder Versicherungs- noch Beitragspflichten zur Folge. Auch bei der Abgrenzung von familienhafter, dh grundsätzlich verwandtschaftlicher Mithilfe zu einem echten sozialversicherungspflichtigen abhängigen Beschäftigungsverhältnis ist auf die

III. Anwendungsbereich § 1

von der Rechtsprechung herausgearbeiteten Merkmale zurückzugreifen. Ob jemand abhängig beschäftigt ist oder nicht, hängt auch hier davon ab, welche Merkmale überwiegen. Maßgeblich ist auch hier das Gesamtbild der Arbeitsleistung, welche sich nach den tatsächlichen Verhältnissen bestimmt, zu denen die rechtlich relevanten Umstände gehören, die im Einzelfall eine wertende Zuordnung zum Typus der abhängigen Beschäftigung erlauben (BSG 11.3.2009 – B 12 KR 21/07 R; 27.6.2000 – B 2 U 21/99 R, SozR 3-2200 § 548 Nr. 37 mwN). Eingehend zur familienhaften Mithilfe als Sonderform der Beschäftigung vgl. KSW/*Berchtold* SGB IV § 7 Rn. 32f. sowie zur familienrechtlichen Arbeitsleistung, ErfK/*Preis* BGB § 611 Rn. 133 mwN).

Nach § 1 II 1 zählen zu den mitarbeitenden Familienangehörigen die Angehörigen nach § 15 AO definiert, welche Personen für den Geltungsbereich der AO als Angehörige anzusehen sind. Angehörige iSd § 15 AO sind Verlobte, Ehegatten, Verwandte und Verschwägerte gerader Linie, Geschwister, Kinder der Geschwister, Ehegatten der Geschwister und Geschwister der Ehegatten, Geschwister der Eltern sowie Pflegeeltern und Pflegekinder. Ausgenommen sind auch Beschäftigungen mit Lebenspartnern nach dem Gesetz über die Eingetragene Lebenspartnerschaft (Lebenspartnerschaftsgesetz – LPartG). 7

Mitarbeitende Familienangehörige sind, wenn und soweit sie auf familienrechtlicher Grundlage Arbeitsleistungen im Haushalt und im Geschäft des Ehepartners erbringen, in der Regel wegen des Fehlens eines die persönliche Abhängigkeit begründenden Arbeitsvertrages keine Arbeitnehmer. Doch das schließt dies andererseits nicht aus, dass bereits nach dem Grundsatz der Vertragsfreiheit auch mit einem Ehepartner oder zwischen Eltern und Kindern ein Arbeitsverhältnis begründet wird (BSG 5.4.1956 – 3 RK 65/55, NJW 1957, 155; LSG NRW 7.1.2011, NZS 2011, 906; zur steuerrechtlichen Anerkennung des Ehegattenarbeitsverhältnisses vgl. BFH, NJW 1997, 1872). Bei einer (ausschließlich) familiären Mitarbeit fehlt es bereits an einem privatrechtlichen Vertrag als Grundlage der Leistungserbringung und damit auch an dem Merkmal entgeltlicher Tätigkeit iSe Beschäftigung (Bamberger/Roth/*Fuchs* BGB § 611 Rn. 39 mwN). Für die Beurteilung dieser Frage sind die gesamten Umstände des Einzelfalls zu berücksichtigen und zu bewerten (LAG SH 30.8.2006 – 3 Sa 156/06, NZA-RR 2007, 9; LAG RhPf 28.1.2002 – 7 Sa 1390/01). Danach gilt, insbesondere in Anlehnung an die Rechtsprechung des BSG (BSGE 3, 30; 12, 153), dass die Abgrenzung zwischen einem Arbeitsverhältnis und bloß familiärer Mithilfe davon abhängt, ob neben der Eingliederung des Familienmitglieds in den Betrieb und einem (ggf. abgeschwächten) Weisungsrecht des Arbeitgebers (§ 106 GewO) das Familienmitglied ein Entgelt erhält, das einen angemessenen Gegenwert für die geleistete Arbeit darstellt, mithin über einen freien Unterhalt, ein Taschengeld oder eine Anerkennung für Gefälligkeiten hinausgeht (Bamberger/Roth/*Fuchs* BGB § 611 Rn. 39). Weitere Abgrenzungskriterien sind, ob ein schriftlicher Arbeitsvertrag abgeschlossen worden ist, ob das gezahlte Entgelt der Lohnsteuerpflicht unterliegt, als Betriebsausgabe verbucht und dem Angehörigen zur freien Verfügung ausgezahlt wird, und schließlich, ob der Angehörige eine fremde Arbeitskraft ersetzt. Nicht entscheidend ist, dass das Familienmitglied wirtschaftlich auf das Entgelt angewiesen ist (Bamberger/Roth/*Fuchs* BGB § 611 Rn. 39; *Schulz*, NZA 2010, 75). Die gleichen Grundsätze gelten auch zwi- 8

§ 1 Zweck des Gesetzes

schen Partnern einer nichtehelichen Lebensgemeinschaft (BSG USK 9335). Das BSG hat bereits mehrfach entschieden, dass die Eltern-Kind-Beziehung als engstes verwandtschaftliches Gemeinschaftsverhältnis auch Tätigkeiten von erheblichem Umfang und größerer Zeitdauer ihr Gepräge geben kann (BSG 25.10.1989, NJW 1990, 1558 = SozR 2200 § 539 Nr. 134 – Pflegeleistungen einer Tochter; 24.1.1991 – 2 RU 44/90, SozR 2200 § 539 Nr. 108 – Abschleppen des Kraftfahrzeugs des Sohnes).

9 Auf welcher Rechtsgrundlage (Erfüllung von Unterhaltspflichten, Arbeitsverhältnis usw) erbrachte Leistungen letztendlich beruhen, muss durch eine bewertende Betrachtungsweise entschieden werden, bei der zB neben der Eingliederung in den Betrieb auch die Höhe der Bezüge im Verhältnis zu der zu verrichtenden Tätigkeit und der Vergleich mit fremden Arbeitskräften von entscheidender Bedeutung sein können (BSG 27.6.2000 – B 2 U 21/99 R, SoR 3-2200 § 548 Nr. 37; LAG RhPf 28.1.2002 – 7 Sa 1390/01). Zwar ist bei Ehegatten immer auch zu berücksichtigen, ob der Arbeitsvertrag möglicherweise nicht nur zum Schein abgeschlossen worden ist. Maßgeblich ist dabei allerdings auch die Eingliederung des Arbeitnehmers in den Betrieb, die Zahlung eines angemessenen Entgelts, das über freien Unterhalt, Taschengeld oder eine Anerkennung hinaus geht und zur freien Verfügung ausgezahlt wird, sowie das ggf. abgeschwächte Weisungsrecht des Arbeitgebers (LAG RhPf 28.1.2002 – 7 Sa 1390/01). Zur Abgrenzung der Arbeitnehmer- oder Unternehmereigenschaft bei Tätigkeit im Betrieb des Ehegatten s. BSG 21.4.1993 – 11 RAr 67/92).

10 Bei der Beschäftigung eines Familienangehörigen muss geprüft werden, ob der Arbeitsvertrag nur zum Schein geschlossen wurde (§ 117 BGB), der Familienangehörige Mitunternehmer oder Mitgesellschafter ist oder seine Tätigkeit eine versicherungs- und beitragsfreie familienhafte Mithilfe darstellt. Hierzu ist die Feststellung erforderlich, dass es sich um ein ernsthaft gewolltes und vereinbarungsgemäß durchgeführtes entgeltliches Beschäftigungsverhältnis handelt, das insbesondere auch die persönliche Abhängigkeit des Beschäftigten voraussetzt (BSGE 3, 30, 40). Der Annahme eines Beschäftigungsverhältnisses steht dabei grundsätzlich nicht entgegen, dass die Abhängigkeit in der Familie im Allgemeinen weniger stark ausgeprägt ist und deshalb das Weisungsrecht möglicherweise nur mit gewissen Einschränkungen ausgeübt wird (BSG 29.6.1972 – 2 RU 81/69; vgl. auch die Zusammenfassung der Rechtsprechung des BSG zu Geschäftsführern in Familiengesellschaften in SG Sachsen 24.3.2010 – L 1 KR 175/07, unter 1.c.(1) der Entscheidungsgründe).

11 Ein Beschäftigungsverhältnis ist auch unter Familienangehörigen anzunehmen, wenn der Familienangehörige in den Betrieb als Arbeitnehmer tatsächlich eingegliedert ist und für die tatsächliche Beschäftigung ein angemessenes Arbeitsentgelt geleistet wird. Hier ist zu beachten, dass § 1 II 1 nicht jeden Werk- und Dienstvertrag mit mitarbeitenden Familienangehörigen ausnimmt, sondern allein nicht nachhaltig auf Gewinn gerichtete Dienst- oder Werkleistungen. Dies umfasst nicht die regulären Arbeitsverhältnisse. Ein Beschäftigungsverhältnis wird insbesondere dann anzunehmen sein, wenn der Familienangehörige anstelle einer fremden Hilfskraft tätig wird (BSG 23.06.1994 – 12 RK 50/93 NZS 95, 31). Ein versicherungspflichtiges Beschäftigungsverhältnis ist auch nicht deshalb ausgeschlossen, weil ein naher Angehöriger ge-

III. Anwendungsbereich §1

pflegt wird (BSG 29.11.1990 – 2 RU 18/90, SozR 3-2200 § 539 Nr. 6; LSG RhPf 26.7.2001 – L 1 AL 6/00).

Ausgangspunkt der Prüfung ist auch hier das Vertragsverhältnis der Beteilig- 12
ten, so wie es sich aus den von ihnen getroffenen Vereinbarungen ergibt und sich aus ihrer gelebten Beziehung erschließen lässt. Eine im Widerspruch zu ursprünglich getroffenen Vereinbarungen stehende tatsächliche Beziehung und die sich hieraus ergebende Schlussfolgerung auf die tatsächlich gewollte Natur der Rechtsbeziehung geht aber der formellen Vereinbarung regelmäßig vor (BSG 18.12.2001 – B 12 KR 8/01 R; 25.1.2006, ZIP 2006, 678; 28.5.2008 – B 12 KR 13/07 R; 29.8.2012 – B 12 KR 25/10 R, SozR 4-2400 § 7 Nr. 17). Die Bewertung der Beziehung zwischen der (ggf. ausdrücklich geregelten) Vertragsabsprache zwischen den Beteiligten und ihrem tatsächlichen Vollzug ist nach der ständigen Rechtsprechung des BSG entscheidend für die Beantwortung der Frage, ob eine abhängige Beschäftigung vorliegt oder nicht. Dabei entscheidet letztlich wie ein Vertragsverhältnis im Rahmen des rechtlich Zulässigen tatsächlich vollzogen wird (vgl. hierzu ausführlich KSW/*Berchtold* SGB IV § 7 Rn. 11 ff. mwN). In diesem Sinne gilt auch im Bereich der Zusammenarbeit von Familienangehörigen, dass die tatsächlichen Verhältnisse den Ausschlag geben, wenn sie von den Vereinbarungen abweichen. Maßgeblich ist die Rechtsbeziehung danach so, wie sie praktiziert wird, und die praktizierte Beziehung so, wie sie rechtlich zulässig ist (BSG 28.5.2008 – B 12 KR 13/07 R; 24.1.2007 – B 12 KR 31/06 R; 25.1.2006 – B 12 KR 30/04 R).

Klarzustellen ist in dem Zusammenhang, dass es bei der Beurteilung der 13
praktisch gelebten Weisungsunterworfenheit und persönlichen Abhängigkeit nicht darauf ankommt, ob diese sich in tatsächlich erteilten Weisungen manifestiert haben. Dass keine Weisungen erteilt werden, solange die Tätigkeit entsprechend den Vorstellungen des Unternehmensträgers ausgeübt wird, spielt keine Rolle (LSG Hessen 27.10.2011 – L 8 KR 175/09). Das BSG hat hierzu entschieden, dass die Nichtausübung eines Rechts unbeachtlich ist, solange diese Rechtsposition nicht wirksam abbedungen ist. Zu den tatsächlichen Verhältnissen, die bei der Bewertung der Frage des Vorliegens einer abhängigen Beschäftigung zu berücksichtigen sind, gehöre daher unabhängig von ihrer Ausübung auch die einem Beteiligten zustehende Rechtsmacht (BSG 28.5.2008 – 12 KR 13/07 R; 29.8.2012 – B 12 KR 25/10 R, SozR 4-2400 § 7 Nr. 17 mwN).

Entscheidend ist, ob die nach außen hin objektivierbaren und während der 14
Tätigkeit auch tatsächlich nach außen hin dokumentierten Verhältnisse dem Betreffenden tatsächlich eine rechtliche oder wirtschaftliche Machtposition verleihen, die ihn in die Lage versetzt, im Falle eines Dissenses Weisungen abweichend von den vereinbarten Weisungskompetenzen zu unterbinden oder dem formal Weisungsberechtigten aufgrund der Einwirkungsmöglichkeit auf der Ebene des Unternehmensträgers den eigenen Willen aufzuzwingen, BSG, 30.4.2013, B 12 KR 19/11 R.

Jedoch ist Abhängigkeit unter Ehegatten weniger stark ausgeprägt (BSGE 15
74, 275), mithin ist Weisungsgebundenheit weniger schnell anzunehmen.

Brügge

§ 1 Zweck des Gesetzes

16 Vertiefend zu der familienhaften Mithilfe als Sonderform der Beschäftigung siehe auch KSW/*Berchtold* SGB IV § 7 Rn. 32 f.; ErfK/*Preis* BGB § 611 Rn. 133 f. mwN; ErfK/*Rolfs* SGB IV § 7 Rn. 25 f.; *Schulz* NZA 2010, S. 75 f.

17 Die Frage, ob zwischen Angehörigen eine Beschäftigung gegen Arbeitsentgelt vorliegt oder ggf. eine nichtversicherungspflichtige Mitarbeit auf familienrechtlicher Basis (familienhafte Mithilfe) erfolgt, beurteilt sich nach den gleichen Grundsätzen, wie sie allgemein für die Beurteilung der Versicherungspflicht maßgebend sind (LSG Hessen 27.10.2011 – L 8 KR 175/09).

18 Ein Beschäftigungsverhältnis zwischen Angehörigen kann nach den in der Rechtsprechung entwickelten Grundsätzen angenommen werden, wenn der Angehörige in den Betrieb des Arbeitgebers wie eine fremde Arbeitskraft eingegliedert ist und die Beschäftigung tatsächlich ausübt, der Angehörige dem Weisungsrecht des Arbeitgebers wenn auch in abgeschwächter Form unterliegt, der Angehörige anstelle einer fremden Arbeitskraft beschäftigt wird, ein der Arbeitsleistung angemessenes (dh im Regelfall ein tarifliches oder ortsübliches) Arbeitsentgelt vereinbart ist und auch regelmäßig gezahlt wird, von dem Arbeitsentgelt regelmäßig Lohnsteuer entrichtet wird und das Arbeitsentgelt als Betriebsausgabe gebucht wird.

19 Beim Fehlen einer (maßgeblichen) Unternehmensbeteiligung eines Familienangehörigen ist von einer abhängigen Beschäftigung auszugehen. Bei der Beschäftigung eines Familienangehörigen ist neben der Eingliederung des Beschäftigten in den Betrieb und dem ggf. abgeschwächten Weisungsrecht des Arbeitgebers von Bedeutung, ob der Beschäftigte ein Entgelt erhält, das einen angemessenen Gegenwert für die geleistete Arbeit darstellt, mithin über einen freien Unterhalt, Taschengeld oder eine Anerkennung für Gefälligkeiten hinausgeht. Zur Vergütung bei Mitarbeit von Ehegatten vgl. Palandt/Brudermüller, Rn. 9 zu § 1356 BGB, Gehaltszahlungen an Familienangehörige als Betriebsausgaben; BFH 10.3.1988 – IV R 214/85, NJW 1989, 318. Dabei kommt der Höhe des Entgeltes lediglich Indizwirkung zu. Es gilt nicht der Rechtssatz, dass eine untertarifliche oder eine erheblich übertarifliche Bezahlung die Annahme eines beitragspflichtigen Beschäftigungsverhältnisses ausschließt (BSG 17.12.2002 – B 11 AL 34/02 R).

20 Weitere Abgrenzungskriterien sind nach der Rechtsprechung, ob ein schriftlicher Arbeitsvertrag geschlossen ist, ob das gezahlte Entgelt der Lohnsteuerpflicht unterliegt, als Betriebsausgabe verbucht und dem Angehörigen zur freien Verfügung ausgezahlt wird, und schließlich, ob der Angehörige eine fremde Arbeitskraft ersetzt.

21 Sind die genannten Voraussetzungen erfüllt, ist es für die Bejahung eines Beschäftigungsverhältnisses nicht erforderlich, dass der Beschäftigte wirtschaftlich auf das Entgelt angewiesen ist (BSGE 74, 275). Der Annahme eines Beschäftigungsverhältnisses steht es grundsätzlich auch nicht entgegen, dass die Abhängigkeit in der Familie im Allgemeinen weniger stark ausgeprägt ist als zwischen nicht verwandten Personen und deshalb das Weisungsrecht möglicherweise nur mit gewissen Einschränkungen ausgeübt wird (BSG, SozR 3-2400, § 7 Nr. 1; SozR 3-4100, § 168 Nr. 11).

III. Anwendungsbereich §1

2. Gefälligkeiten

Bei so genannten Gefälligkeitsleistungen, die unentgeltlich, aufgrund von 22
persönlichem Entgegenkommen erbracht werden, handelt es sich nach § 1 II
1 nicht um Schwarzarbeit. Gefälligkeiten sind Leistungen, die im Rahmen
üblicher gesellschaftlicher Gepflogenheiten oder in Notfällen erbracht werden: Wenn Sie beispielsweise jemandem helfen, sein Auto abzuschleppen,
die tropfende Heizung eines Nachbars abdichten oder einer Bekannten, die
ihren Wohnungsschlüssel verloren hat, helfen, die Tür zu öffnen, handelt es
sich dabei um eine Gefälligkeit und nicht um Schwarzarbeit. Gefälligkeit liegt
in der Regel vor, wenn Dienst- oder Werkleistungen aufgrund persönlichen
Entgegenkommens, im Rahmen üblicher gesellschaftlicher Gepflogenheiten
oder in Notfällen erbracht werden (zB Pannenhilfe, provisorische Schadensbehebung an einer Wasserleitung und Ähnliches). Eine Leistung aus Gefälligkeit wird begriffsnotwendig grundsätzlich unentgeltlich oder gegen geringes
Entgelt erbracht. Auslagenersatz ist unschädlich (Palandt/*Sprau,* Einf 4 zu
§ 662 BGB).

In Anlehnung an die Rechtsprechung zu Arbeiten zwischen Personen mit 23
besonders engen persönlichen Bindungen und den Verrichtungen von Vereinsmitgliedern für den Verein sowie unter Vereinsmitgliedern ist davon auszugehen, dass es sich bei reinen, nach Art und Umfang geringfügigen Gefälligkeitshandlungen unter Nachbarn und Bekannten nicht um solche handelt,
die wie eine Beschäftigung verrichtet werden, sondern eben um Gefälligkeiten, die durch das Verhältnis unter guten Bekannten, Nachbarn und Freunden
geprägt sind (OLG Koblenz 9.3.1995 – 5 W 137/95, NJW-RR 1995, 1238).
Zur Abgrenzung einer arbeitnehmerähnlichen Mithilfe von einer bloßen Gefälligkeit kommt es auf Stärke und Intensität einer Beziehung an, in der diese
laufend praktiziert wird, wobei unter guten Freunden der Umfang von Gefälligkeitsleistungen umso größer ist, je enger das freundschaftliche Verhältnis
sich darstellt (LSG Bln-Bbg 29.9.2014 – L 2 U 29/13). Entscheidend hat sich
die sozialgerichtliche Rechtsprechung insbesondere bei der Frage des Eingreifens von Bestimmungen der gesetzlichen Unfallversicherung mit der Abgrenzung von der gewerbsmäßigen Erbringung von Leistungen in Relation zur
sog. Gefälligkeit befasst, und insoweit mit der Frage, ob jemand „wie ein Beschäftigter" tätig wird (LSG Bayern 29.7.2009 – L 17 U 350/06).

Die Frage, ob eine Person „wie ein Beschäftigter" tätig geworden ist, richtet 24
sich nach dem Wortlaut, der Formulierung im Kern nach den Kriterien
für eine Beschäftigung. § 2 II1 SGB VII will jedoch – ebenso wie die Vorgängerregelung des § 539 II Reichsversicherungsordnung (RVO) – aus sozialpolitischen und rechtssystematischen Gründen Versicherungsschutz auch dann gewähren, wenn die Voraussetzungen eines Beschäftigungsverhältnisses nicht
vollständig erfüllt sind. Voraussetzung hierfür ist, dass bei einer ggf. nur vorübergehenden Tätigkeit die Grundstruktur eines Beschäftigungsverhältnisses
gegeben ist, weil eine ernstliche Tätigkeit von wirtschaftlichem Wert vorliegt,
die einem fremden Unternehmen dienen soll (Handlungstendenz) und dem
wirklichen oder mutmaßlichen Willen des Unternehmers entspricht und
zwar unter solchen Umständen, die einer Tätigkeit aufgrund eines Beschäftigungsverhältnisses ähnlich sind und nicht auf einer Sonderbeziehung, zB als

Familienangehöriger oder Vereinsmitglied, beruhen (st. Rspr., BSGE 5, 168 mwN).

25 Wie ein nach § 2 Nr. 1 SGB VII Beschäftigter kann eine Person nur tätig werden, die Arbeiten verrichtet, die ihrer Art nach von Personen ausgeübt werden könnten, die in einem dem allgemeinen Arbeitsmarkt zuzurechnenden Beschäftigungsverhältnis stehen. Dieses Tatbestandsmerkmal ist in den letzten Jahrzehnten nach der Zahl der Fallgestaltungen, in denen § 2 II 1 SGB VII (§ 539 II RVO) maßgebend werden konnte, in seiner Bedeutung wesentlich zurückgegangen. Denn nahezu fast alle Tätigkeiten zB auch die Tätigkeit der Betreuung einschließlich Versorgung eines Hundes – kann faktisch auch aufgrund eines Beschäftigungsverhältnisses verrichtet werden (LSG Bayern 29.7.2009 – L 17 U 350/06; *Krasney* NZS 1999, 577, 579). Die Tätigkeit muss ferner unter solchen Umständen geleistet werden, daß sie einer Tätigkeit aufgrund eines Beschäftigungsverhältnisses ähnlich ist (s. BSGE 57, 91; BSG, SozR 3-2200 § 539 Nr. 8, 15, 16; SozR 2200 § 539 Nr. 43, 49, jeweils mwN).

26 Grundsätzlich schließen auch Freundschafts- und Gefälligkeitsdienste den Versicherungsschutz nicht aus, wenn die Tätigkeit einen wirtschaftlichen Wert für den Auftraggeber hat (BSG SozR 3-2200 § 539 RVO Nr. 25; Lauterbach/*Schwerdtfeger*, Anmerkung 641 zu § 2; *Franke,* Anmerkung 211 zu § 2). Der wirtschaftliche Wert für den betroffenen Auftraggeber ist zu bejahen, wenn die Handlung betrieblichen Belangen dient und einen zumindest geringen Nutzen bringt (BSGE 25, 102 (104)). Im Hinblick auf den mutmaßlichen Willen des Unternehmers ist entscheidend, wie der Handelnde bei vernünftiger Würdigung aller objektiven Umstände den Willen des Unternehmers auffassen durfte (BSG 29.11.1990 – 2 R U 18/90). Die Grenzziehung bei Hilfeleistung unter guten Bekannten, Nachbarn und Freunden ist besonders schwierig (dazu *Krasney* NZS 1999, 577 (582)).

3. Nachbarschaftshilfe

27 § 1 II 1 nimmt die Nachbarschaftshilfe, eine unentgeltliche Unterstützung innerhalb der Verwandtschaft, Nachbarschaft, des Freundeskreises, eines Vereins oder einer örtlichen Gesellschaft, von der sachlichen Anwendung des Gesetzes aus. Entscheidend ist dabei im Wesentlichen, dass die Tätigkeit keinesfalls der Gewinnerzielung dient, das heißt, sie darf nicht regelmäßig und allerhöchstens gegen ein geringes Entgelt ausgeführt werden. Nachbarschaftshilfe liegt regelmäßig dann vor, wenn Hilfeleistungen von Personen, die zueinander persönliche Beziehungen pflegen und in gewisser räumlicher Nähe wohnen unentgeltlich oder gegen geringes Entgelt erbracht werden. Unter Nachbarschaftshilfe fällt nicht nur die Mithilfe von Wohnungs- und Hausnachbarn desselben Straßenzugs oder Ortsbereichs, sondern auch die Unterstützung zwischen Personen, die persönliche Beziehungen zueinander pflegen (zB Mitgliedschaft beim gleichen Verein). Mit zunehmender räumlicher Entfernung müssen die Beziehungen zueinander enger sein. In der Regel wird man Nachbarschaftshilfe insbesondere dann annehmen können, wenn die Hilfe unentgeltlich oder gegen lediglich geringes Entgelt erfolgt, auf Gegenseitigkeit beruht oder dies zumindest unterstellt werden kann und sich die erbrachte Hilfe nicht als Beihilfe zu einer gewerblichen Tätigkeit erweist. Da

III. Anwendungsbereich § 1

Nachbarschaftshilfe ein Unterfall der Gefälligkeit oder dieser jedenfalls ähnlich ist, gelten die gleichen Abgrenzungskriterien (→ Rn. 23 ff.).

4. Selbsthilfe

In Anlehnung an § 12 I 2 Wohnraumförderungsgesetz (WoFG) und § 36 II und § 4 II. Wohnungsbaugesetz (WoBauG) werden zur Selbsthilfe die Arbeitsleistungen gerechnet, die zur Durchführung eines Bauvorhabens zu erbringen sind 28

– vom Bauherrn beziehungsweise Bewerber selbst,
– von seinen Angehörigen oder
– von anderen unentgeltlich oder auf Gegenseitigkeit.

Selbsthilfe wird verneint, wenn der Betroffene ein Haus zum Zwecke der späteren gewerblichen Nutzung (Vermietung, Verpachtung, Verkauf) errichtet. 29

Maßnahmen, bei denen Bauherren in Selbsthilfe tätig werden oder bei denen Mieter von Wohnraum Leistungen erbringen, durch die sie im Rahmen des Mietverhältnisses Vergünstigungen erlangen, können bei der Förderung von Wohnraum bevorzugt werden. Selbsthilfe sind die Arbeitsleistungen, die zur Durchführung der geförderten Maßnahmen vom Bauherrn selbst, seinen Angehörigen oder von anderen unentgeltlich oder auf Gegenseitigkeit oder von Mitgliedern von Genossenschaften erbracht werden. Leistungen von Mietern sind die von Mietern für die geförderten Maßnahmen erbrachten Finanzierungsanteile, Arbeitsleistungen oder Sachleistungen und Genossenschaftsmitgliedern übernommenen weiteren Geschäftsanteile, soweit sie für die geförderten Maßnahmen über die Pflichtanteile hinaus erbracht werden. Eine zusätzliche Förderung für notwendigen Mehraufwand kann insbesondere gewährt werden bei Ressourcen schonenden Bauweisen, die besonders wirksam zur Entlastung der Umwelt, zum Schutz der Gesundheit und zur rationellen Energieverwendung beitragen, besonderen baulichen Maßnahmen, mit denen Belangen behinderter oder älterer Menschen Rechnung getragen wird, einer organisierten Gruppenselbsthilfe für den bei der Vorbereitung und Durchführung der Maßnahmen entstehenden Aufwand, oder besonderen experimentellen Ansätzen zur Weiterentwicklung des Wohnungsbaus (§ 12 WoFG). 30

5. Gewinnerzielungsabsicht

Nach § 15 II 1 EStG ist Gewerbebetrieb eine selbstständige und nachhaltige Betätigung, die mit Gewinnerzielungsabsicht unternommen wird und sich als Teilnahme am allgemeinen wirtschaftlichen Verkehr darstellt. Darüber hinaus hat die Rechtsprechung das negative Erfordernis aufgestellt, dass es sich bei der Tätigkeit nicht um private Vermögensverwaltung handeln darf (BFH 1.12.2005 – IV R 65/04, BFHE 212, 106). 31

Nicht jede Tätigkeit löst Verpflichtungen nach dem Sozialgesetzbuch oder anderen Vorschriften aus. Erforderlich ist vielmehr eine fortdauernde Gewinnerzielungsabsicht. Der Gesetzgeber hat dies lediglich insoweit verdeutlicht, als insbesondere Tätigkeiten, die gegen kein oder nur ein geringes Entgelt erbracht werden, als nicht nachhaltig auf Gewinn gerichtet gelten. Eine konkrete Grenze ist bewusst nicht gesetzt worden, weil die nachhaltige Gewinnerzielungsabsicht in jedem Einzelfall variiert. 32

§ 1   Zweck des Gesetzes

33   Bei bestehender Wiederholungsabsicht liegt jedoch eine nachhaltige Gewinnerzielungsabsicht vor, sodass auch in der Regel gesetzliche Verpflichtungen entstehen, auch wenn nur ein geringes Entgelt bezahlt wird.

6. Dienst- oder Werkleistungen

34   Der Begriff der „**Dienst- oder Werkleistungen**" ist dem SchwarzArbG aF entnommen. Darunter wird sowohl die Tätigkeit des Arbeitnehmers als auch die Tätigkeit des selbstständigen Unternehmers verstanden. Der Begriff ist weit auszulegen (BT-Drs. 15/2573, 18) Er rekurriert auf die Begrifflichkeiten des BGB in §§ 611 ff. (Arbeitsvertrag als besondere Form des Dienstvertrages) bzw. in §§ 631 ff. (Werkvertrag). Da das Gesetz aber nicht von der Ausführung von „Dienst- oder Werkverträgen" spricht, ist – weitergehend – grundsätzlich jedes entgeltliche Handeln im Auftrag eines anderen, bei dem Dienst- oder Werkleistungen erbracht werden, erfasst. Dieses kann sich auch in anderen Vertragstypen ausdrücken, zB Verträge nach §§ 65la BGB (Reisevertrag), 652 BGB (Maklervertrag) oder nach § 407 HGB (Speditionsvertrag). Speziell im Zusammenhang mit der sozialrechtlichen Implikation, die § 2 I 1 Nr. 1 beinhaltet, sind des Weiteren die sozialrechtlich-begrifflichen „Äquivalente" der „Beschäftigung" und des „Arbeitsentgelts" (§§ 7 I 1, 14 SGB IV) bzw. der „selbstständigen Tätigkeit" und des „Arbeitseinkommens" (§§ 7 I, 15 SGB IV) von Interesse. Es stellt sich damit bereits die Frage der Abgrenzung des Beschäftigungsverhältnisses vom Dienst- oder Werkvertrag → Rn. 231.

IV. Schwarzarbeit

35   Abs. 2 enthält eine Legaldefinition von Schwarzarbeit. Dabei hat der Gesetzgeber besonders auf deren fiskalischen Aspekte abgestellt. Die Tatbestände des Handwerks- und Gewerberechts werden angemessen berücksichtigt. Hilfeleistungen durch Angehörige oder Lebenspartner sowie in Form der Nachbarschaftshilfe, Gefälligkeit oder Selbsthilfe bleiben dabei weiterhin zulässig – vorausgesetzt, dass die Dienst- oder Werkleistungen nicht nachhaltig auf Gewinn gerichtet sind.

1. Fallgruppen

36   Schwarzarbeit leistet danach derjenige, der Dienst- oder Werkleistungen erbringt oder ausführen lässt und dabei
a) als Arbeitgeber, Unternehmer oder versicherungspflichtiger Selbständiger seine sich auf Grund der Dienst- oder Werkleistungen ergebenden sozialversicherungsrechtlichen Melde-, Beitrags- oder Aufzeichnungspflichten nicht erfüllt (Abs. 2 Nr. 1) → Rn. 37,
b) als Steuerpflichtiger seine sich auf Grund der Dienst- oder Werkleistungen ergebenden steuerlichen Pflichten nicht erfüllt (Abs. 2 Nr. 2) → Rn. 59,
c) als Empfänger von Sozialleistungen seine sich auf Grund der Dienst- oder Werkleistungen ergebenden Mitteilungspflichten gegenüber dem Sozialleistungsträger nicht erfüllt, sog. Leistungsmissbrauch (Abs. 2 Nr. 3) → Rn. 60,

IV. Schwarzarbeit **§ 1**

d) als Erbringer von Dienst- oder Werkleistungen seiner sich daraus ergebenden Verpflichtung zur Anzeige vom Beginn des selbständigen Betriebes eines stehenden Gewerbes (§ 14 GewO) nicht nachgekommen ist oder die erforderliche Reisegewerbekarte (§ 55 GewO) nicht erworben hat (Abs. 2 Nr. 4) → Rn. 66,
e) als Erbringer von Dienst- oder Werkleistungen ein zulassungspflichtiges Handwerk als stehendes Gewerbe selbständig betreibt, ohne in der Handwerksrolle eingetragen zu sein (§ 1 HwO) (Abs. 2 Nr. 5) → Rn. 66.

2. Nichterfüllen von sozialversicherungsrechtlichen Melde-, Beitrags- oder Aufzeichnungspflichten (Absatz 2 Nr. 1)

Als Schwarzarbeit definiert § 1 II Nr. 1 das Nichterfüllen von sozialversicherungsrechtlichen Melde-, Beitrags- oder Aufzeichnungspflichten. Sozialversicherungsrechtliche Pflichten sind diejenigen, die die Arbeitgeber gegenüber den Sozialversicherungsträgern nach den Vorschriften des Sozialrechts zu erfüllen haben. In dem Sinne ist Sozialrecht das Recht, das in den zwölf Büchern des SGB und in denjenigen Gesetzen geregelt ist, die nach § 68 SGB I als besonderer Teil des SGB gelten (KSW/*Hänlein* SGB I §§ 1 – 10 Rn. 20). 37

a) Sozialversicherungsrechtliche Meldepflichten. Arbeitgeber unterliegen bei der Einstellung von Arbeitnehmern bestimmten gesetzlichen Meldepflichten gegenüber Sozialversicherungsträgern. Der Arbeitgeber hat gegenüber der zuständigen Einzugsstelle (§ 28i SGB IV) bezüglich jedes kraft Gesetzes in der Kranken, Pflege- und Rentenversicherung oder nach dem Recht der Arbeitsförderung versicherten Arbeitnehmers Mitteilung über Beginn und Ende der versicherungspflichtigen Tätigkeit zu machen, sowie entsprechende Beitragsnachweise einzureichen (§ 28a SGB IV). In § 28a I SGB IV sind die Meldeanlässe abschliessend aufgezählt (→ § 2 Rn. 16). Einzugsstelle ist die jeweilige Krankenkasse (§§ 28h, 28i SGB IV). Die betreffende Krankenkasse zieht den Gesamtsozialversicherungsbeitrag (§ 28d SGB IV) ein. Legt der Arbeitnehmer keine Mitgliedsbescheinigung vor, so meldet ihn der Arbeitgeber bei der Krankenkasse an, bei der der Arbeitnehmer zuletzt versichert war. Bestand keine Krankenversicherung und übt der Arbeitnehmer sein Kassenwahlrecht nicht aus, so wählt der Arbeitgeber selbst eine Krankenkasse aus, worüber der Arbeitnehmer zu unterrichten ist. Ab dem 1.1.2006 dürfen Meldungen zur Sozialversicherung nur durch gesicherte und verschlüsselte Datenübertragung aus systemgeprüften Programmen oder mittels maschinell erstellter Ausfüllhilfen abgegeben werden (§ 28c SGB IV iVm DEÜV). Die bis dahin mögliche Meldung in Papierform ist nicht mehr zulässig. Arbeitgeber, die kein systemgeprüftes Programm einsetzen, können die kostenlose Software sv.net nutzen. Der Arbeitgeber hat den Arbeitgeber zu Beginn des Arbeitsverhältnisses bei dieser Krankenkasse zu melden (§ 28a I Nr. 1 SGB IV), und zwar grds. innerhalb von zwei Wochen. Zur Bekämpfung der Schwarzarbeit und illegalen Beschäftigung besteht für Arbeitgeber bestimmter Wirtschaftsbereiche ab dem 1.1.2009 die Pflicht, neue Arbeitnehmer sofort elektronisch zu melden (**Sofortmeldung**, § 28a IV SGB IV). Für folgende Wirtschaftsbranchen ist eine Sofortmeldung erforderlich: 38

§ 1 Zweck des Gesetzes

- Baugewerbe Anh. 164,
- Gaststätten- und Beherbergungsgewerbe Anh. 206,
- Personenbeförderungsgewerbe Anh. 211,
- Speditions-, Transport- und damit verbundenen Logistikgewerbe Anh. 215,
- Schaustellergewerbe Anh. 219,
- Forstwirtschaft Anh. 222,
- Gebäudereinigungsgewerbe Anh. 227,
- Messebau Anh. 234,
- Fleischwirtschaft Anh. 237.

39 Für Beschäftigte in diesen Branchen bei ausländischen Arbeitgebern sieht § 16 MiLoG eine Meldepflicht vor (→ Anh. Rn. 52), die jedoch eine Mindestarbeitsbedingung iSd § 8 I 1 AEntG ist und keine sozialversicherungsrechtliche Pflicht.

40 Für **geringfügig Beschäftigte in privaten Haushalten** (§ 8a SGB IV) kann anstelle einer Meldung nach § 28a I SGB IV eine vereinfachte Meldung erfolgen (**Haushaltsscheckverfahren,** § 28a VII. VIII SGB IV).

41 Meldepflicht zur **gesetzlichen Unfallversicherung** in der Berufsgenossenschaft § 192 SGB VIII. Die Anmeldung des Betriebes bei der fachlich zuständigen Berufsgenossenschaft muss innerhalb einer Woche nach Eröffnung des Betriebes unabhängig von der Beschäftigung von Arbeitnehmern erfolgen. Jeder Unternehmer wird Mitglied nur einer Berufsgenossenschaft. Ebenso sind Veränderungen im Unternehmensgegenstand, Ausscheiden von Gesellschaftern bei Personengesellschaften und die Schließung des Betriebes mitzuteilen. Meldepflichtig ist immer der Unternehmer; bei der Gewerbeanmeldung leitet das Gewerbeamt in den meisten Fällen die Anzeige weiter (§ 14 GewO), was jedoch den Unternehmer nicht von der eigenen Meldepflicht befreit.

42 Meldepflicht zur **Künstlersozialkasse,** § 27 KSVG. Hinsichtlich der Rentenversicherungspflicht enthält § 4 Nr. 2 KSVG eine Konkurrenzregelung, wonach Versicherungsfreiheit in der Rentenversicherung nach dem KSVG (und damit nur Rentenversicherungspflicht nach § 1 I Nr. 1 SGB VI) erst dann eintritt, wenn das Arbeitsentgelt oder Arbeitseinkommen während des Kalenderjahres voraussichtlich mindestens die Hälfte der für dieses Jahr geltenden Beitragsbemessungsgrenze in der allgemeinen Rentenversicherung beträgt. Die Versicherungsfreiheit in einzelnen Zweigen der Sozialversicherung steht jedoch der Feststellung der Versicherungspflicht dem Grunde nach nicht entgegen SG Berlin, 2.6.2009 – S 36 KR 2382/07).

43 Meldepflichten im **tariflichen Sozialkassen-Verfahren („SOKA-Bau").** In einigen Branchen sind tarifliche Sozialkassen errichtet, die ein Urlaubs- und Lohnausgleichsverfahren durchführen. Das Sozialkassen-Verfahren beruht auf Tarifvertrag und unterliegt dem TVG. Das TVG ist kein Teil des Sozialgesetzbuches (vgl. § 68 I SGB I). Die Pflichten aus Tarifvertrag sind keine sozialversicherungsrechtliche Pflichten iSd § 1 II Nr. 1 (→ Anh. Rn. 182).

44 Meldepflicht bei **Arbeitnehmerüberlassung** nach § 17b AÜG. Die Anmeldepflicht bezieht sich nur auf Fälle der Arbeitnehmerüberlassung durch einen Verleiher mit Sitz im Ausland. Ob der Entleiher seinen Sitz im Inland oder im Ausland hat, ist für die Meldepflicht unbeachtlich (ErfK/*Schlachter* AEntG § 18 Rn 2). Auf das Arbeitsverhältnis muss eine Rechtsverordnung

IV. Schwarzarbeit §1

nach § 3a AÜG Anwendung finden. Am 21.12.2011 hat das BMAS die erste Verordnung über einer Lohnuntergrenze in der Arbeitnehmerüberlassung verabschiedet (LohnUGAÜV 1). Diese Pflicht dient der die Überwachung der Mindestarbeitsbedingungen (BeckOK/*Kock/Milenk* AÜG § 17b Rn. 1). Zudem ist das AÜG nicht in § 68 SGB I als besonderer Teil des SGB aufgeführt → Rn. 38. Damit handelt es nicht um eine sozialversicherungsrechtliche Meldepflicht iSd § 1 II Nr. 1.

Meldepflicht bei **Arbeitnehmer-Entsendung** nach § 18 AEntG. Diese **45** Pflicht dient der die Überwachung der Mindestarbeitsbedingungen (BT-Drs. 17/5761, 8; BeckOK/Gussen, AEntG § 18 Rn. 1). Zudem ist das AEntG nicht in § 68 SGB I als besonderer Teil des SGB aufgeführt (→ Rn. 38) Damit handelt es nicht um eine sozialversicherungsrechtliche Meldepflicht iSd § 1 II Nr. 1.

b) Sozialversicherungsrechtliche Beitragspflichten. Die Pflicht zur **46** Zahlung des Sozialversicherungsbeitrages ergibt sich aus § 28e SGB IV. Nach § 28e I SGB IV hat der Arbeitgeber den Gesamtsozialversicherungsbeitrag für die bei ihm Beschäftigten, d. h. die für einen versicherungspflichtigen Beschäftigten zu zahlenden Beiträge der Kranken-, Renten-, Arbeitslosen- und Pflegeversicherung (§ 28d S. 1 und 2 SGB IV), zu entrichten.

Der Eintritt von Versicherungspflicht in den einzelnen Zweigen der Sozial- **47** versicherung und nach dem Recht der Arbeitsförderung wegen Aufnahme einer abhängigen Tätigkeit bestimmt sich nach § 25 I 1 SGB III, § 5 I Nr. 1 SGB V, § 1 Nr. 1 SGB VI und § 20 I Nr. 1 SGB XI. Die für den Eintritt von Versicherungspflicht in der Arbeitslosenversicherung sowie der Kranken-, Renten- und sozialen Pflegeversicherung danach erforderliche Beschäftigung wird in § 7 I SGB IV näher definiert. Beschäftigung ist die nichtselbstständige Arbeit, insbesondere in einem Arbeitsverhältnis. Anhaltspunkte für eine Beschäftigung sind nach § 7 I 2 SGB IV eine Tätigkeit nach Weisungen und eine Eingliederung in die Arbeitsorganisation des Weisungsgebers.

Zum Beurteilungsmaßstab für das Vorliegen einer versicherungspflichtigen **48** Beschäftigung gemäß § 7 I 1 SGB IV → Rn. 85f.

Die zentrale Regelung der Versicherungspflicht in der Krankenversiche- **49** rung findet sich in § 5 SGB V. Zur Versicherungspflicht und den einzelnen Versicherungspflichttatbeständen vgl. eingehend mit umfangreichen Nachweisen aus der Rechtsprechung KSW/*Berchtold* SGB V § 5 Rn. 4ff. Zum Verhältnis der gesetzlichen Krankenversicherung zur privaten Krankenversicherung vgl. ebenfalls KSW/*Berchtold* SGB V § 5 Rn. 49; jüngst LSG Bln-Bbg 13.2.2015 – L 1 KR 2/15 B ER. Zur Beendigung der Versicherungspflicht in der Krankenversicherung als Student BSG 15.10.2014 – B 12 KR 1/13 R, NZS 2015, 141.

Die zentrale Bestimmung zur Versicherungspflicht in der gesetzlichen Ren- **50** tenversicherung findet sich in § 1 SGB VI. Zur Versicherungspflicht und den einzelnen Versicherungspflichttatbeständen, einschließlich Ausführungen zur Ausnahme von der Versicherungspflicht für Vorstandsmitglieder einer AG, vgl. eingehend mit umfangreichen Nachweisen aus der Rechtsprechung KSW/*Berchtold* SGB VI § 1 Rn. 3ff. Für die Gruppe der arbeitnehmerähnlichen Selbständigen nach § 2 S. 1 Nr. 9 SGB VI → Rn. 199.

§ 1 Zweck des Gesetzes

51 Für die Versicherungspflicht in der Arbeitslosenversicherung ist § 25 I 1 SGB III die zentrale Bestimmung. Zu Einzelheiten der Versicherungspflicht in der Arbeitslosenversicherung vgl. ebenfalls KSW/*Berchtold* SGB III § 25 Rn. 1 ff.

52 Die zentrale Bestimmung zur Versicherungspflicht in der gesetzlichen (sozialen) Pflegeversicherung findet sich in § 20 I SGB XI. Zu Einzelheiten betreffend die Versicherungspflicht und Abgrenzungstatbeständen vgl. eingehend KSW/*Berchtold* SGB XI § 20 Rn. 3 ff. mit umfangreichen Nachweisen aus der Rechtsprechung.

53 **c) Sozialversicherungsrechtliche Aufzeichnungspflichten** (→ Anh. 163). Allgemeine Aufzeichnungspflichten ergeben sich aus § 28 f SGB. §§ 8, 9 BVV konkretisiert, wie die Entgeltunterlagen zu führen sind. Zu besonderen Aufzeichnungspflichten iRd **Führung von Zeitwertkonten bzw. Wertguthaben** s. *Uckermann*, Die sozialversicherungsrechtlichen Aufzeichnungspflichten bei der Bildung von Wertguthaben im Rahmen flexibler Arbeitszeitregelungen, StB 2009, 439.

54 Aufzeichnungspflichten bei **Arbeitnehmer-Entsendung** nach § 19 AEntG dienen der Überwachung der Mindestarbeitsbedingungen. Damit sind es keine sozialversicherungsrechtliche Aufzeichnungspflichten iSd § 1 II Nr. 1.

55 Arbeitszeitaufzeichnungen bei **geringfügig Beschäftigten** sind Beginn, Ende und Dauer der Arbeitszeit aufzuzeichnen und mindestens 2 Jahre lang aufzubewahren (§ 17 MiLoG) (→ Anh. 55).

56 Bei Beschäftigten in folgenden Branchen sind Beginn, Ende und Dauer der Arbeitszeit aufzuzeichnen und mindestens 2 Jahre lang aufzubewahren (§ 17 MiLoG) (→ Anh. 56):
- Baugewerbe,
- Gaststätten- und Beherbergungsgewerbe,
- Personenbeförderungsgewerbe,
- Speditions-, Transport- und damit verbundenen Logistikgewerbe,
- Schaustellergewerbe,
- Forstwirtschaft,
- Gebäudereinigungsgewerbe,
- Messebau,
- Fleischwirtschaft.

57 **Pflichten zum Arbeitszeitnachweis nach § 16 II ArbZG** dienen der Überwachung von Mindestarbeitsbedingungen. Zudem ist das ArbZG nicht in § 68 SGB I als besonderer Teil des SGB aufgeführt. Damit handelt es nicht um eine sozialversicherungsrechtliche Aufzeichnungspflicht iSd § 1 II Nr. 1;

58 **Pflichten zum Erstellen und Bereithalten von Dokumenten** bei **Arbeitnehmerüberlassung** (§ 17c AÜG); diese dient der Überwachung von Mindestarbeitsbedingungen. Zudem ist das AÜG nicht in § 68 SGB I als besonderer Teil des SGB aufgeführt. Damit handelt es nicht um eine sozialversicherungsrechtliche Aufzeichnungspflicht iSd § 1 II Nr. 1.

3. Nichterfüllen von steuerlichen Pflichten (Absatz 2 Nr. 2)

Als Schwarzarbeit definiert § 1 II Nr. 2 das Nichterfüllen von steuerlichen 59
Pflichten, die sich auf Grund der Dienst- oder Werkleistungen ergeben.
Steuerliche Pflichten sind solche, die sich aus Steuergesetzen ergeben. Solche
steuerlichen Pflichten sind:
(1) die Pflichten bei der Erfassung des Steuerpflichtigen, insbesondere die Anzeigepflicht über die Erwerbstätigkeit (§ 138 AO);
(2) die Buchführungs- und Aufzeichnungspflichten nach §§ 140–148 AO und aus den jeweiligen Einzelgesetzen, namentlich für die
   (a) Lohnsteuer (§ 41 EStG, §§ 4, 5 LStDV) sowie Aufzeichnungen, die zur Pauschalierung berechtigen (Arbeitszeit, Rentenversicherungspflicht Sachzuwendungen nach § 37b EStG, Freistellungsbescheinigungen gem. DBA
   (b) Umsatzsteuer (§ 22 UStG, §§ 63–68 UStDV), zum Aufbewahren von Rechnungen (§ 14b UStG);
(3) die Pflicht zur Abgabe von Steuererklärungen und -anmeldungen (§ 149 AO),
   (a) Einkommensteuer (§ 25 EStG),
   (b) Lohnsteuer (§ 41a EStG),
   (c) Umsatzsteuer (§ 18 UStG);
(4) die Pflicht zum Einbehalt der Lohnsteuer (§§ 39b, 39c EStG) und Abführen (§ 41a EStG);
(5) die Pflicht zum Steuerabzug bei Bauleistungen (§§ 48–48b EStG) (→ Anh. Rn. 153)
(6) sowie allgemeine Mitwirkungspflichten des Steuerpflichtigen (§ 90 AO – iRv steuerlichen Aussenprüfungen nach § 200 AO), insb. zur Auskunft (§ 93 AO und zur Vorlage von Urkunden (§ 97 AO) und die allgemeine Berichtigungspflicht (§ 153 AO).

4. Leistungsmissbrauch (Absatz 2 Nr. 3)

Als Schwarzarbeit definiert § 1 II Nr. 3, wenn ein Empfänger von Sozialleis- 60
tungen seine sich auf Grund der Dienst- oder Werkleistungen ergebenden
Mitteilungspflichten gegenüber dem Sozialleistungsträger nicht erfüllt.

Empfänger von Sozialleistungen. Sozialleistungen sind die Dienst-, 61
Sach- und Geldleistungen, die nach dem SGB und aufgrund der Gesetze geleistet werden, die in § 68 SGB I als besonderer Bestandteil des SGB genannt sind (§ 11 S. 1 SGB I). **Mitteilungspflichten.** Empfänger von Leistungen sind verpflichtet, Änderungen in den wirtschaftlichen Verhältnissen, die für die Leistung erheblich sind, unverzüglich dem Leistungsträger mitzuteilen (§ 60 I 1 Nr. 2 SGB I). Dies gilt vor allem für während des Leistungsbezugs ausgeübte Erwerbstätigkeiten. Erfolgt diese Mitteilung nicht, kann es zur Überzahlung von Sozialleistungen kommen. In diesem Fall werden Leistungen missbräuchlich in Anspruch genommen. Eine vergleichbare Verpflichtung trifft bereits den Antragsteller im Zeitpunkt der Antragstellung (§ 60 I 1 Nr. 1 SGB I). Er hat alle Tatsachen anzugeben, die für die Leistung erheblich sind.

In beiden Fallgestaltungen werden Zuwiderhandlungen als Ordnungswid- 62
rigkeit mit Bußgeld belegt (→ § 8 I Nr. 1 Buchst. a und b).

§ 1 Zweck des Gesetzes

63 § 60 SGB I (Abdruck → § 8 Rn. 11) konstituiert eine entscheidende Mitwirkungspflicht des Leistungsberechtigten und ist die Einleitungsnorm zur Regelung seiner Mitwirkungspflichten insgesamt in den §§ 60–67 SGB I. Die Mitwirkungspflichten nach §§ 60–67 SGB I haben lediglich ergänzenden Charakter, denen die spezielleren Vorschriften in den besonderen Teilen des SGB (§ 68 SGB I) vorgehen (KSW/*Joussen* SGB I § 60 Rn. 1).

64 Die Mitteilungspflicht muss sich **aufgrund der Dienst- oder Werkleistungen** ergeben. Dies sind die Mitteilungspflichten, die während des Leistungsbezugs ausgeübte Erwerbstätigkeiten betreffen. insbesondere die Aufnahme einer solchen Tätigkeit, zB
- Mitteilung von zu berücksichtigendem Einkommen (§ 11 SGB II) des Leistungsbeziehers von Arbeitslosengeld II („Hartz IV"),
- Arbeitslosmeldung (§ 139 SGB III) trotz Erwerbstätigkeit,
- Mitteilung von anzurechnendem Nebeneinkommen (§ 155 SGB III) des Beziehers von Arbeitslosengeld. Die Ausübung der Erwerbstätigkeit ist nach § 60 I 2 Nr. 1 SGB I anzeigepflichtig (KSW/*Mutschler* SGB III § 155 Rn. 11).

65 Die Verletzung der Mitteilungspflichten ist regelmässig **ordnungswidrig** nach § 8 I Buchst. a–c (→ § 8 Rn. 11). Bewirkt der Verstoß die Leistungsgewährung, so kann dies eine Straftat nach § 9 oder § 263 StGB darstellen.

5. Verstöße gegen das Gewerberecht und das Handwerksrecht (Absatz 2 Nr. 4 und 5)

66 Als Schwarzarbeit definiert § 1 II Nr. 4, wenn ein Erbringer von Dienst- oder Werkleistungen seiner sich daraus ergebenden Verpflichtung zur Anzeige vom Beginn des selbständigen Betriebes eines stehenden Gewerbes (§ 14 GewO) nicht nachgekommen ist oder die erforderliche Reisegewerbekarte (§ 55 GewO) nicht erworben hat (Abs. 2 Nr. 4). Nach § 14 GewO hat der zuständigen Behörde anzuzeigen, wer den selbständigen Betrieb eines stehenden Gewerbes, einer Zweigniederlassung oder einer unselbständigen Zweigstelle anfängt. Wer ein Reisegewerbe betreiben will, bedarf nach § 55 II GewO der Erlaubnis (Reisegewerbekarte). Wird eine reisegewerbekartenfreie Tätigkeit ausgeübt (§ 55b GewO), so besteht lediglich eine Anzeigepflicht nach § 55c GewO, deren Verletzung § 1 II Nr. 4 nicht erfasst.

67 Als Schwarzarbeit definiert § 1 II Nr. 5, wenn ein Erbringer von Dienst- oder Werkleistungen ein zulassungspflichtiges Handwerk als stehendes Gewerbe selbständig betreibt, ohne in der Handwerksrolle eingetragen zu sein (§ 1 HwO). Es muss sich um einen Gewerbebetrieb iSd § 1 II HwO handeln. Ein Gewerbebetrieb ist ein Betrieb eines zulassungspflichtigen Handwerks, wenn er handwerksmäßig betrieben wird und ein Gewerbe vollständig umfasst, das in der Anlage A zur HwO aufgeführt ist, oder Tätigkeiten ausgeübt werden, die für dieses Gewerbe wesentlich sind (wesentliche Tätigkeiten). Ausgenommen ist die Ausübung von unwesentlichen Tätigkeiten nach § 1 II 2 HwO. Massgeblich ist der fehlende Eintrag in der Handwerksrolle. Die Handwerksrolle ist ein Verzeichnis, dass die jeweilige Handwerkskammer führt, in der die Inhaber von Betrieben zulassungspflichtiger Handwerke ihres Bezirks mit dem von ihnen zu betreibenden Handwerk oder bei Ausübung mehrerer Handwerke mit diesen Handwerken einzutragen sind (§ 6 HwO).

V. Scheinselbständigkeit und Beschäftigungsstatus § 1

Die Eintragung in die Handwerksrolle erfolgt auf Antrag oder von Amts wegen (§ 10 HwO) unter den Voraussetzungen der §§ 7–9 HwO. Wer den Betrieb eines zulassungspflichtigen Handwerks nach § 1 HwO anfängt, hat gleichzeitig mit der nach § 14 der Gewerbeordnung zu erstattenden Anzeige der hiernach zuständigen Behörde die über die Eintragung in die Handwerksrolle ausgestellte Handwerkskarte (§ 10 II HwO) vorzulegen (§ 16 I 1 HwO). Erfasst ist nur ein stehendes Gewerbe nach § 14 GewO, nicht aber Reisegewerbe iSd § 55 I GewO. Es muss sich um ein zulassungspflichtiges Handwerk handeln. Ausgenommen sind die zulassungsfreie Handwerke nach § 18 II HwO iVm Anlage B Abschnitt 1 und handwerksähnliche Gewerbe nach § 18 II HwO iVm Anlage B Abschnitt 2.

Die Verstösse erfüllen regelmässig einen Ordnungswidrigkeitentatbestand **68** nach § 8 I Buchst. d und e sowie nach GewO und HwO (→ § 8 Rn. 15, 28).

V. Scheinselbständigkeit und Beschäftigungsstatus

Literatur: *Kreikebohm/Spellbrink/Waltermann,* Kommentar zum Sozialrecht (K/S/W); Erfurter Kommentar zum Arbeitsrecht; Bennecke, Das gesetzlich begründete Arbeitsverhältnis nach § 24 BBiG, NZA 2009, 820; *Brand,* Die Behandlung des Problems „Scheinselbständigkeit" durch die Sozialgerichte, NZS 1997, 552; *Berndt,* Die sozialversicherungsrechtliche Betriebsprüfung der Rentenversicherungsträger nach § 28p SGB IV, DB 1998, 622; *ders.,* Von der Scheinselbständigkeit zur Förderung der Selbständigkeit – Neuregelungen in der Sozialversicherung für abhängig Beschäftigte und arbeitnehmerähnliche Selbständige, NJW 2000, 464 f.; *Bauer/Diller/Lorenzen,* Das neue Gesetz zur „Scheinselbständigkeit", NZA 1999, 169; *Fischer,* Die Fremdgeschäftsführerin und andere Organvertreter auf dem Weg zur Arbeitnehmereigenschaft, NJW 2011, 2329; *Franke/Molkentin,* Sozialgesetzbuch VII Gesetzliche Unfallversicherung Lehr- und Praxiskommentar, 2. Auflage; *Greiner,* Werkvertrag und Arbeitnehmerüberlassung – Abgrenzungsfragen und aktuelle Rechtspolitik, NZA 2013, 697; Grimm, Sozialversicherungspflicht des GmbH-Geschäftsführers und AG-Vorstands?, DB 2012, 175; *Grobys,* Abgrenzung von Arbeitnehmern und Selbstständigen, NJW-Spezial 2005, 81; *Hanau/Strick,* Die Abgrenzung von Selbständigen und Arbeitnehmern (Beschäftigten) im Versicherungsaußendienst, DB 1998, Beilage 14, 1; *Haupt/Wollenschläger,* Virtueller Arbeitsplatz – Scheinselbständigkeit bei einer modernen Arbeitsorganisationsform, NZA 2001, 289; *Kretschmer,* Die Regelungsvorhaben zur Bekämpfung der „Scheinselbständigkeit" aus Sicht der sozialgerichtlichen Praxis, RdA 1997, 327; *Lauterbach,* Gesetzliche Unfallversicherung, Kommentar; *Reinecke,* Der Kampf um die Arbeitnehmereigenschaft – prozessuale, materielle und taktische Probleme, NZA 1999, 729; *Reiserer/Freckmann,* Scheinselbständigkeit – heute noch ein schillernder Rechtsbegriff, NJW 2003, 181; *Rittweger,* Arbeits- und Beschäftigungsverhältnis – Kein Sozialversicherungsschutz bei endgültigen Freistellungen, NZA 2004, 590; *Rolfs,* Scheinselbständigkeit, geringfügige Beschäftigung und „Gleitzone" nach dem zweiten Hartz-Gesetz, NZA 2003, 65; *Seel,* Selbstständig oder doch Arbeitnehmer? – Eine Analyse der sozial- und steuerrechtlichen Behandlung von Beschäftigten, NZS 2011, 532; *Sommer,* Das Ende der Scheinselbstständigkeit? – Zur Neufassung des § 7 Abs. 4 SGB IV ab. 1.1.2003 als Folge der „Ich-AG" nach § 421 I SGB III, NZS 2003, 169

Rechtsprechung: BVerfG 20.5.1996 – 1 BvR 21/96, NJW 1996, 2644; BAG 19.11.1997 – 5 AZR 653/96, BAGE 87, 129; 25.4.2012 – B 12 KR 24/10 R; 28.9.2011 – B12 R 17/09 R; BFH 2.12.1998 – X R 83/86, BFHE 154, 566; BGH, 21.10.1998 – VIII ZB 54/97, NJW 1999, 648; BSG 5.4.1956 – 3 RK 65/55, NJW 1957 = BSGE 3, 30; 25.4.2012 – B 12 KR 24/10 R, SozR 4-2400 § 7 Nr. 15;

§ 1 Zweck des Gesetzes

12.2.2004 – B 12 KR 26/02 R, USK 2004–2; 11.3.2009 – B 12 KR 21/07 R, USK 2009–25; LSG Bln-Bbg 9.5.2014 – L 1 KR 465/12; 11.7.2014 – L 1 KR 256/12; LSG NRW 11.5.2015 – L 8 R 106/15 B ER LSG BW 26.6.2012 – L 11 KR 2769/11; 21.10.2014 – L 11 R 4761/13, juris; LSG HH 4.12.2013 – L 2 R 116/12; LAG Hessen 13.3.2015 – 10 Sa 575/14, juris; LSG Bayern 6.10.2015 – L 7 R 240/13, juris.

Verwaltungsanweisungen: GKV-Spitzenverband/DRV/Bundesagentur für Arbeit, gemeinsame Verlautbarung der Spitzenorganisationen der Sozialversicherungsträger v. 13.4.2010 zur Statusfeststellung von Erwerbstätigen; Sozialversicherungsträger, Beschäftigte Studenten, Praktikanten und ähnliche Personen – hier: Versicherungsrechtliche Beurteilung in der Kranken-, Pflege-, Renten- und Arbeitslosenversicherung, Bekanntmachung v. 27.7.2004, DATEV-Dok. 0208564; ders., Gem. Rundschreiben v. 23.7.2015 – Grundsätzliche Hinweise zum Begriff der hauptberuflich selbständigen Tätigkeit

1. Einleitung zur Statusfrage

69 **a) Problem der Scheinselbständigkeit.** Das SchwarzArbG will als ein vordringliches Ziel die sog. „Scheinselbständigkeit" bekämpfen. Der Begriff selbst taucht als solcher in der Gesetzgebung nicht auf. Erwähnung findet dieser Terminus beispielsweise im Organisationserlass des Bundeskanzlers v. 22.10.2002 (BGBl. I S. 4206), geändert durch Ziff. III Nr. 1 d. Organisationserlass v. 22.11.2005 (BGBl. I S. 3797), in dem davon die Rede ist, dass in „Fragen der Sozialversicherung besonderer Personengruppen, insbesondere geringfügig Beschäftigter und Scheinselbständiger" eine Abstimmung zwischen den verschiedenen Ministerien vorzunehmen ist. Einen gesetzlich definierten Rechtsbegriff der „Scheinselbstständigkeit" jedoch gibt es nicht (hier auch KSW/*Berchtold* SGB IV § 7 Rn. 5f. mit Verweis auf *Seel* NZS 2001, 532 ff.; *Kretschmer* RdA 1997, 327, 331).

70 Der Begriff der „Scheinselbstständigkeit" umschreibt die Situation, dass eine erwerbstätige Person als selbständiger Unternehmer auftritt, obgleich sich Art und Ausführung der ausgeübten Tätigkeit nicht von der Tätigkeit eines Arbeitnehmers bzw. von der eines abhängig Beschäftigten unterscheiden. Mit der Darstellung, es handele sich um eine selbständige Tätigkeit, wird somit ein Arbeitsverhältnis verschleiert bzw. nur der Schein der Selbständigkeit gewahrt.

71 Geschieht die Ausgestaltung von Beschäftigungsverhältnissen in der vorgenannten Form bewusst bzw. gewollt, erfolgt dies meist in dem Bestreben, sich den Vorgaben und Einschränkungen arbeitsrechtlicher Bestimmungen zu entziehen. Damit einher geht die Vermeidung von sozialversicherungsrechtlichen und steuerlichen Pflichten sowie den mit einer abhängigen Beschäftigung einhergehenden Abgaben- und Beitragszahlungen. Dies wiederum definiert den Begriff der Schwarzarbeit, § 1 II.

72 Die sog. Scheinselbständigen gelten sozialversicherungsrechtlich als Arbeitnehmer und damit als abhängig Beschäftigte. Somit gilt für diese Personen Beitragspflicht in der Sozialversicherung (Kranken-, Pflege-, Renten- und Arbeitslosenversicherung). Dabei kann eine Beschäftigung in der Form einer „Scheinselbständigkeit" entweder freiwillig durch den vermeintlich Selbständigen ausgenommen werden; meist, um auf diesem Wege die im Falle eines regulären abhängigen Beschäftigungsverhältnisses anfallenden Abgaben- und Beitragspflichten zu vermeiden. Oft genug jedoch werden Personen jedoch auch von Seiten Ihrer Auftraggeber in eine solche Situation (zB Tätigkeit als

50 *Brügge*

V. Scheinselbständigkeit und Beschäftigungsstatus § 1

freier Mitarbeiter oder sog. Freelancer) gedrängt, weil sich der Auftraggeber und damit potentiell Arbeitgeber den vorerwähnten Pflichten sowie den mit einem abhängigen Beschäftigungsverhältnis, namentlich meist Arbeitsverhältnis, verbundenen weiteren arbeitsrechtlichen Bestimmungen entziehen möchte.

Allerdings kommt das Problem der Scheinselbstständigen in sehr vielen Fällen auch gänzlich ungewollt vor. So sehen sich Unternehmer vor dem Hintergrund der mittlerweile sehr weitgehenden und umfassenden arbeitsrechtlichen Gesetzgebung und den hieraus resultierenden Beschränkungen vielfach veranlasst, Tätigkeiten extern an Dienstleister zu vergeben. Sind dann wiederum diese Dienstleister in einer Art und Weise für den Auftraggeber tätig, der sie im Sinne einer abhängigen Beschäftigung qualifiziert, so kommt es sehr oft vor dem Hintergrund dieser Bewertung der tatsächlichen Zusammenarbeit zu dem Ergebnis, dass Scheinselbstständigkeit vorliegt. 73

b) Aufdecken von Scheinselbständigkeit. Gerade Unternehmen beschäftigen oftmals eine Vielzahl von externen Dienstleistern. Dies birgt per se das Risiko von Scheinselbständigkeitssachverhalten. Dabei gilt: Je umfassender und detaillierter ein Auftrag geregelt bzw. vereinbart ist, umso größer ist das Risiko von Scheinselbständigkeit. Dabei ist vielen Unternehmen das Risiko von Tätigkeiten in Scheinselbständigkeit und die sich an das Aufdecken solcher Sachverhalte anknüpfenden Rechtsfolgen nicht bewusst (zu den Folgen von Schwarzarbeit → Rn. 357). 74

Aufgedeckt wird Scheinselbständigkeit meist durch Betriebsprüfungen der Rentenversicherungsträger. Die Prüfbehörden sind bei Arbeitgeberprüfungen nach § 28p SGB IV selbst in kleinen Betrieben zu einer vollständigen Überprüfung der versicherungsrechtlichen Verhältnisse aller Versicherten nicht verpflichtet. Betriebsprüfungen haben unmittelbar im Interesse der Versicherungsträger und mittelbar im Interesse der Versicherten den Zweck, die Beitragsentrichtung zu den einzelnen Zweigen der Sozialversicherung zu sichern. Sie sollen einerseits Beitragsausfälle verhindern helfen, andererseits die Versicherungsträger in der Rentenversicherung davor bewahren, dass aus der Annahme von Beiträgen für nicht versicherungspflichtige Personen Leistungsansprüche entstehen. Diese Betriebsprüfungen gem. § 28p SGB IV durch die DRV finden grds. alle 4 Jahre statt. Für diesen Zeitraum kann auch die Nachzahlung von Sozialversicherungsbeiträgen verlangt werden. 75

Aber auch anlässlich von Streitigkeiten zwischen den an einer Scheinselbständigkeit beteiligten Parteien, dh Auftraggeber und Auftragnehmer, zB in gerichtlichen Auseinandersetzungen, die nicht selten in einer Statusklärung enden, kann das Problem Scheinselbständigkeit aufgedeckt werden (möglich auch durch richterliche Mitteilungen in Strafsachen). 76

Regelmäßig kommt es zu solchen Auseinandersetzungen entweder bei der Beendigung einer Zusammenarbeit mit einem freien Mitarbeiter, der die Beendigung der bisherigen Zusammenarbeit nunmehr (vor dem Arbeitsgericht) angreift, oder weil ausgeschiedene Mitarbeiter an die Sozialversicherungsträger oder das Finanzamt herantreten und hierdurch Anlass für eine im Unternehmen durchzuführende Betriebsprüfung geben. Schließlich haben sowohl Auftraggeber als auch Auftragnehmer pro-aktiv oder in streitigen Fällen zur Klä- 77 rung des Beschäftigungsstatus ein sog. Statusfeststellungsverfahren bzw. Anfrageverfahren nach § 7a SGB IV bei der Clearingstelle der DRV Bund zu beantragen. Geht es um die Frage der Sozialversicherungspflicht, muss der zuständige Sozialversicherungsträger auf der Grundlage von § 7 I SGB IV (regelmäßig unter Mitwirkung von Auftraggeber und Auftragnehmer) die Tatsachen ermitteln, die für die Beantwortung der Frage, ob Selbständigkeit oder abhängige Beschäftigung vorliegt und damit Versicherungspflicht besteht, notwendig sind (zur Statusklärung vor der Clearingstelle vgl. eingehend KSW/*Berchtold* SGB IV § 7a Rn. 5 mwN; auch → Rn. 302 ff.).

78 Wird Scheinselbstständigkeit aufgedeckt, hat dies rechtlich in vielfacher Hinsicht, u. a in sozialversicherungsrechtlicher, arbeitsrechtlicher und steuerrechtlicher Hinsicht, Folgen (zu den Rechtsfolgen von Schwarzarbeit → Rn. 357 ff.).

2. Problem der Einordnung von Beschäftigungsverhältnissen

79 Wird von der DRV Bund ein sog. scheinselbständiges Beschäftigungsverhältnis festgestellt, setzt die Sozialversicherung- und Beitragspflicht grundsätzlich mit Aufnahme der Tätigkeit ein. Für einen Auftraggeber und damit potentiellen Arbeitgeber ist vielfach nicht sicher zu erkennen, ob der von ihm Beschäftigte bzw. Beauftragte tatsächlich selbständig ist oder nicht. Damit stehen Unternehmen nicht selten vor der Herausforderung, jeden Einzelfall eines Beschäftigungsverhältnisses eingehend anhand der Vertragskonstruktion sowie der tatsächlichen Vertragsabwicklung auf seine rechtliche Qualifikation hin zu überprüfen. Die Rechtsprechung hat in diesem Zusammenhang einen umfangreichen Katalog von Indizien entwickelt.

80 **a) Keine Deckungsgleichheit der Bewertung in den einzelnen Rechtsgebieten.** Problematisch ist dabei v. a., dass die Bewertung eines Beschäftigungsverhältnisses in einem Rechtsgebiet (Arbeitsrecht, Sozialversicherungsrecht bzw. Steuerrecht) für die Wertungen in den jeweils anderen Rechtsgebieten nicht immer bindend ist. So kann eine Tätigkeit, die unter sozialversicherungsrechtlichen Gesichtspunkten als abhängige Beschäftigung qualifiziert wird, unter steuerrechtlichen Gesichtspunkten vom Finanzamt als selbständig und durch ein Arbeitsgericht als freie Mitarbeit eingestuft werden.

81 Die Schwierigkeit ist darin belegen, dass sich zB der steuerrechtliche Begriff des Arbeitnehmers nicht vollends mit den Termini der anderen Rechtsgebiete deckt. So ist im Lohnsteuerrecht entscheidend, ob nach dem Gesamtbild des Einzelfalles ein unternehmerisches Risiko bzw. eine unternehmerische Initiative vorliegt (§ 15 EStG). Im Umsatzsteuerrecht ist ein Steuerpflichtiger dann als selbstständig und als Unternehmer einzustufen, wenn er die Tätigkeit auf eigene Rechnung und Verantwortung ausübt. Die einkommensteuerrechtliche Bewertung eines Steuerpflichtigen schlägt auch auf das Gewerbesteuerrecht durch, da dieses gewerbliche Tätigkeiten iSd Einkommensteuergesetzes erfasst (§ 1 I 2 GewStG). Die sozial- und arbeitsrechtliche Einordnung einer Tätigkeit als selbständig oder unselbständig ist nach der ständigen Rechtsprechung des BFH für die steuerrechtliche Beurteilung nicht bindend; sie kann allenfalls als Indiz gewertet werden (BFHE 154, 566; BFH 9. 11. 2004 – VI B 150/03; jüngst zum Scheingeschäft bei Mitarbeiter-KG FG Köln 24. 9. 2015 – 1 K 3185/12).

V. Scheinselbständigkeit und Beschäftigungsstatus §1

Umgekehrt besteht nach der Rechtsprechung in verfahrensrechtlicher Hinsicht keine Bindung der Sozialversicherungsträger an die Verwaltungsakte der Steuerbehörden bzw. die Entscheidungen der Finanzgerichte (BSGE 3, 30).

Nach der Rechtsprechung des BAG und des BGH unterscheidet sich das 82 Arbeitsverhältnis vom Rechtsverhältnis eines freien Dienstnehmers oder Werkunternehmers durch den Grad der persönlichen Abhängigkeit. Arbeitnehmer ist, wer weisungsgebunden eine vertraglich geschuldete Leistung iRe von seinem Vertragspartner bestimmten Arbeitsorganisation erbringt. Insoweit enthält § 84 I S HGB ein typisches und verallgemeinerungsfähiges Abgrenzungsmerkmal. Danach ist derjenige selbständig, der im Wesentlichen frei seine Tätigkeit gestalten und seine Arbeitszeit bestimmen kann. Hingegen ist unselbständig und deshalb persönlich abhängig der einige, dem dies nicht möglich ist, da er hinsichtlich Inhalt, Durchführung, Zeit, Dauer und Ort der Ausführung der versprochenen Dienste einem umfassenden Weisungsrecht unterliegt oder weil der Freiraum für die Erbringung der geschuldeten Leistung durch die rechtliche Vertragsgestaltung oder die tatsächliche Vertragsdurchführung stark eingeschränkt ist (BAGE 87, 129; BGH, NJW 1999, 648).

Obgleich zwischen den einzelnen Rechtsgebieten und den dort für maß- 83 geblich erachteten Abgrenzungskriterien keine Deckungsgleichheit besteht, kann die Bewertung in einem der genannten Rechtsgebiete durchaus Indizien liefern, die sich auf die anderen Bereiche auswirken können. So hat der Arbeitnehmerbegriff auch im Sozialversicherungs- und Steuerrecht Bedeutung. Allerdings ist der Begriff der Beschäftigung, also der nichtselbständigen Arbeit (v. a. in einem Arbeitsverhältnis, § 7 I1 SGB IV) nicht deckungsgleich. Obgleich das Arbeitsverhältnis der weitaus häufigste Fall des sozialversicherungsrechtlichen Beschäftigungsverhältnisses ist (ErfK/*Preis* BGB § 611 Rn. 103).

Der Rechtsprechung der in den jeweiligen Rechtsgebieten zuständigen 84 obersten Bundesgerichte BAG, BSG und BFH ist gemein, dass sie die Abgrenzung wesentlich am „Grad der persönlichen Abhängigkeit" des Auftragnehmers von seinem Auftraggeber festmachen. Dabei ist nach st. Rspr. von BAG, BSG und BFH das Gesamtbild des jeweiligen Rechtsverhältnisses wertend zu beurteilen. Es ist abzuwägen, ob die Elemente die für eine selbstständige Betätigung sprechen oder solche, die für eine nichtselbstständige Betätigung sprechen, überwiegen („Abwägung aller Umstände des Einzelfalls").

b) Kein abgeschlossener gesetzlicher Kriterienkatalog. Die früher 85 geltende Vermutungsregelung nach einem festen Katalog von fünf Kriterien, bei dem im Falle der Bestätigung von drei dieser Kriterien Scheinselbständigkeit bzw. eine abhängige Beschäftigung vermutet wurde, ist nicht mehr relevant (zur Entwicklung der gesetzlichen Bestimmungen vgl. *Berndt*, NJW 2000, 464f.).

Der Eintritt von Versicherungspflicht in der gesetzlichen Rentenversiche- 86 rung bestimmt sich nach § 1 Nr. 1 SGB VI. Die danach erforderliche Beschäftigung wird in § 7 I 1 SGB IV näher definiert. Beschäftigung ist danach die nichtselbständige Arbeit, insbesondere in einem Arbeitsverhältnis. Anders als ein Arbeitsverhältnis, welches durch den Arbeitsvertrag begründet wird, setzt ein sozialversicherungsrechtliches Beschäftigungsverhältnis die tatsächliche Aufnahme der Tätigkeit (Arbeit) voraus (hierzu auch *Rittweger* NZA 2004,

§ 1 Zweck des Gesetzes

591). Gemäß § 7 I S. 1 SGB IV ist Beschäftigung die nichtselbstständige Arbeit, „insbesondere in einem Arbeitsverhältnis". In der Praxis sind das sozialversicherungspflichtige Beschäftigungsverhältnis und das Arbeitsverhältnis deckungsgleich.

87 Anhaltspunkte für eine Beschäftigung sind nach § 7 I 2 SGB IV eine Tätigkeit nach Weisungen und eine Eingliederung in die Arbeitsorganisation des Weisungsgebers. Damit wird der rechtliche Rahmen für die Beschäftigung meist durch einen Arbeitsvertrag als besondere Form des Dienstvertrages gesetzt. Abzugrenzen ist eine die Versicherungspflicht begründende abhängige Beschäftigung von einer selbstständigen Tätigkeit.

88 Nach der Rechtsprechung des BSG liegt Beschäftigung vor, wenn die Tätigkeit in persönlicher Abhängigkeit erbracht wird. Dieses Merkmal ist bei einer Beschäftigung in einem fremden Betrieb gegeben, wenn der Beschäftigte in den Betrieb eingegliedert ist und mit seiner Tätigkeit einem Zeit, Dauer, Ort und Art der Ausführung erfassenden Weisungsrecht unterliegt. Dabei kann sich die Weisungsgebundenheit insbesondere bei Diensten höherer Art zu einer funktionsgerecht dienenden Teilhabe am Arbeitsprozess verfeinern. Dagegen ist eine selbstständige Tätigkeit durch ein eigenes Unternehmerrisiko, das Vorhandensein einer eigenen Betriebsstätte, die Verfügungsmöglichkeit über die eigene Arbeitskraft und die im Wesentlichen freie Gestaltung von Tätigkeit und Arbeitszeit gekennzeichnet. Ob eine abhängige Beschäftigung oder Selbstständigkeit vorliegt, richtet sich danach, welche der genannten Merkmale bei Betrachtung des Gesamtbilds der Verhältnisse überwiegen (BSG 25.4.2012 – B 12 KR 24/10 R). Manche Dienstleistungen, insbesondere solche, deren Gegenstand die persönlich geprägte Betreuung ist, können sowohl in der Form einer abhängigen Beschäftigung als auch in der einer selbstständigen Tätigkeit erbracht werden (BSG 25.4.2012 – B 12 KR 24/10 R; 28.9.2011 – B12 R 17/09 R; LSG Bln-Bbg 9.5.2014 – L 1 KR 465/12). Bei der Abwägung mussen alle nach Lage des Einzelfalles relevanten Indizien berücksichtigt und innerhalb einer Gesamtschau gewichtet und gegeneinander abgewogen werden. (jüngst LSG NRW 11.5.2015 – L 8 R 106/15 B ER).

89 Das Sozialgesetzbuch enthält keine aussagekräftige Definition des Arbeitnehmers und des Beschäftigten. Nach § 2 II SGB IV sind *„in allen Zweigen der Sozialversicherung nach Maßgabe der besonderen Vorschriften für die einzelnen Versicherungszweige versichert: 1. Personen, die gegen Entgelt oder zu ihrer Berufsausbildung beschäftigt sind ..."*. Nach § 7 I SGB IV ist „Beschäftigung ... die nichtselbständige Arbeit, insbesondere in einem Arbeitsverhältnis". Der Begriff des Beschäftigten iSd Sozialversicherungsrechts entspricht im Wesentlichen dem des Arbeitnehmers im Arbeitsrecht (*Bauer/Diller/Lorenzen* NZA 1999, 169) Entscheidend für das Sozialrecht war und ist aber letztlich der Begriff des Beschäftigten, der zumindest nach der sprachlichen Fassung des § 7 I SGB IV der Oberbegriff zu dem des Arbeitnehmers ist. Das Beschäftigungsverhältnis unterscheidet sich vom Rechtsverhältnis eines freien Dienstleisters oder Werkunternehmers durch den Grad der persönlichen Abhängigkeit bei der Erledigung der Dienst- oder Werkleistung. Arbeitnehmer ist, wer weisungsgebunden vertraglich geschuldete Leistungen iRe von seinem Vertragspartner bestimmten Arbeitsorganisation erbringt. Die wichtigsten Stichworte sind be-

V. Scheinselbständigkeit und Beschäftigungsstatus §1

reits genannt: Eingliederung in eine betriebliche Organisation und Weisungsgebundenheit (*Reinecke* NZA 1999, 729, 734).

Es bestehen keinerlei Vermutungsregeln für die Unselbständigkeit einer Beschäftigung (so noch § 7 IV SGB IV mWv 1.1.1999 des Gesetzes v. 20.12.1999 [BGBl. I 2000 S. 2] bis zur Änd. mWv 1.1.2003 durch das Zweite Hartz-G v. 23.12.2002 [BGBl. I S. 4621]). **90**

Den Einzugsstellen und Rentenversicherungsträgern obliegt damit iRd Beitragserhebung und -prüfung selbst dann, wenn der Erwerbstätige seine Mitwirkungspflichten nach den § 28 o SGB IV, § 206 SGB V oder § 196 SGB VI verletzt, die volle materielle Beweislast dafür, dass der Betreffende seine Tätigkeit in nichtselbständiger Arbeit verrichtet (*Rolfs* NZA 2003, 65; *Obenhaus* Stbg 2012, 548). **91**

Dabei stützt sich die Verwaltungspraxis jedoch auf Beweisanzeichen und reiht eine Vielzahl von Berufsgruppen katalogmäßig ein. Der Katalog bestimmter Berufsgruppen zur Abgrenzung zwischen abhängiger Beschäftigung und selbständiger Tätigkeit (Anlage 5 zur Bekanntmachung der Sozialversicherungsträger v. 13.4.2010 zur Statusfeststellung von Erwerbstätigen) begründet jedoch keine Vermutung, da Vermutungen nur der Gesetzgeber aufstellen darf. Es handelt sich um eine Verwaltungsanweisung iRd Statusfeststellung, die lediglich eine Selbstbindung der Verwaltung herbeiführt (*Pump* StBp 2006, 111; *Obenhaus* BB 2012, 1130). **92**

Die Frage, ob für eine Person Versicherungspflicht vorliegt, ist für die Krankenversicherung, die Pflegeversicherung, die Renten- und Arbeitslosenversicherung grundsätzlich getrennt zu prüfen. Der Eintritt von Versicherungspflicht in den einzelnen Zweigen der Sozialversicherung und der Arbeitsförderung wegen Aufnahme einer abhängigen Beschäftigung bestimmt sich nach § 25 I 1 SGB III, § 5 I Nr. 1 SGB V, § 1 Nr. 1 SGB VI und § 20 I Nr. 1 SGB XI. Die für den Eintritt von Versicherungspflicht in der Arbeitslosenversicherung sowie der Kranken-, Renten- und sozialen Pflegeversicherung danach erforderliche Beschäftigung wird in § 7 I SGB IV näher definiert (vgl. hierzu ausführlich KSW/*Berchtold* SGB VI § 7 Rn. 3f.; zur Versicherungspflicht in der gesetzlichen Krankenversicherung vgl. ausführlich unter Darstellung der einzelnen Versicherungspflichttatbestände KSW/*Berchtold* SGB V § 5 Rn. 4ff.; zur gesetzlichen Unfallversicherung eingehend KSW/*Holstraeter* SGB VII § 2 Rn. 2ff., jeweils mwN). **93**

Beschäftigung iSd Sozialversicherungsrechts ist die nichtselbstständige Arbeit, insbesondere in einem Arbeitsverhältnis (§ 7 I 1 SGB IV). Anhaltspunkte für eine Beschäftigung nach § 7 I 2 SGB IV eine Tätigkeit nach Weisungen und eine Eingliederung in die Arbeitsorganisation des Weisungsgebers. Beschäftigung liegt vor, wenn die Gesamtheit der insofern rechtlich relevanten Tatsachen eine zu persönlicher Abhängigkeit führende Beziehung zwischen den Beteiligten ergibt (BSG 25.4.2012 – B 12 KR 24/10 R, SozR 4-2400 § 7 Nr. 15). Zu Rechtsnatur, Funktion und Inhalt des Beschäftigungsverhältnisses eingehend KSW/*Berchtold* SGB IV § 7 Rn. 11ff., mwN aus der Rechtsprechung. **94**

Abzugrenzen ist eine Versicherungspflicht begründende abhängige Beschäftigung von einer selbstständigen Tätigkeit. Diese Abgrenzung vorzunehmen, gestaltet sich jedoch im Einzelfall schwierig (zu den Anhaltspunkten für **95**

Brügge 55

§ 1
Zweck des Gesetzes

eine Beschäftigung vgl. ausführlich KSW/*Berchtold* SGB IV § 7 Rn. 23 f. mwN; zur Abgrenzung des Arbeitnehmers zur selbständigen Tätigkeit eingehend auch ErfK/*Preis* BGB § 611 Rn. 34 ff. mwN). Da die gesetzlichen Vorschriften in den Versicherungszweigen der Sozialversicherung vielfach übereinstimmen, hat die Entscheidung zur Versicherungspflicht in einem Versicherungszweig regelmäßig auch das Vorliegen der Versicherungspflicht in einem anderen Versicherungszweig bzw. in sämtlichen anderen Versicherungszweigen zur Folge.

96 Dabei ist der Begriff der Beschäftigung, zumal aufgrund der sich ständig wandelnden Formen von Beschäftigung im modernen Wirtschaftsleben, diversifiziert zu verstehen.

97 Grundsätzlich kann jede Erwerbstätigkeit sowohl in Form einer abhängigen Beschäftigung als auch in Form selbstständiger Tätigkeit erbracht werden (für die Tätigkeit des Lehrers BSG 12.2.2004 – B 12 KR 26/02 R, USK 2004-2; für den Transportfahrer BSG 11.3.2009 – B 12 KR 21/07 R, USK 2009-25). Dabei wird in der Praxis gerne auf die auch von der DRV heraus gegebenen Berufsgruppen-Verzeichnisse Bezug genommen → Anh. 77. Diese können jedoch allenfalls eine erste Kategorisierung vornehmen, die – unter Berücksichtigung der vorzunehmenden Gesamtschau aller maßgeblichen Kriterien – selbstverständlich lediglich richtunggebend sein kann. Indes können diese Verzeichnisse keine rechtsverbindliche Statusbestimmung ermöglichen. Entsprechendes gilt auch für die seitens der Spitzenverbände der Sozialversicherungsträger herausgegebenen Besprechungsergebnisse, die nach der insoweit eindeutigen Rechtsprechung des BSG keine Rechtsnormqualität haben (so ausdrücklich BSG 18.12.2001 – B 12 KR 8/01 R, SozR 3-2400 § 7 Nr. 19).

98 Einordnungen eines Beschäftigungsverhältnisses nach einem Rechtsgebiet, zB dem Steuerrecht, stellen keine normative Vorgabe für die rechtliche Bewertung iSd Vorliegens einer sozialversicherungspflichten Beschäftigung dar. Das BSG hat beispielsweise eindeutig eine Unabhängigkeit der sozialrechtlichen Bewertung von der Entscheidung der Finanzbehörden betont (BSGE 3, 30). Dies wird zB bei der umsatzsteuerrechtlichen Betrachtung deutlich: Arbeitnehmer ist nicht, wer umsatzsteuerrechtlich Unternehmer ist (vgl. § 1 III LStDV). In dieser Hinsicht bedarf es einer negativen Abgrenzung zu § 2 UStG: Nach dieser Vorschrift ist Unternehmer, wer eine gewerbliche oder berufliche Tätigkeit selbständig ausübt. Die gewerbliche oder berufliche Tätigkeit wird nicht selbständig ausgeübt, soweit natürliche Personen, einzeln oder zusammengeschlossen, einem Unternehmen so eingegliedert sind, dass sie den Weisungen des Unternehmers zu folgen verpflichtet sind (§ 2 II 1 UStG). Der durch Auslegung ermittelte Inhalt dieser Vorschrift entspricht nach st. Rspr. des BFH der Definition des 1 II LStDV (vgl. BFHE 181, 240 mwN).

99 Für die steuerliche nicht ausschlaggebend ist die sozial- und arbeitsrechtliche Einordnung der Tätigkeit als selbständig oder unselbständig (BFHE 129, 565; BFHE 153, 437; zur Eigenständigkeit des Begriffs „Arbeitnehmer" auf den verschiedenen Rechtsgebieten vgl. auch BGH 15.12.1986 – StbSt(R) 2/86, NJW 1987, 2751; *Wank*, Arbeitnehmer und Selbständige, 1988, 356 ff. mwN). Zwar kann es im Rahmen der steuerlichen Beurteilung als Indiz gewertet werden, wenn das Arbeitsrecht bzw. das Sozialversicherungsrecht ein nichtselbständiges Beschäftigungsverhältnis annimmt. Es besteht jedoch in

V. Scheinselbständigkeit und Beschäftigungsstatus §1

dieser Frage keine Bindung zwischen Arbeits- und Sozialversicherungsrecht einerseits und Steuerrecht andererseits. Daher vermag die neuere zivil- und arbeitsrechtliche Rechtsprechung zur sog. Scheinselbständigkeit die steuerrechtliche Beurteilung nicht vorzuprägen (BFH 2.12.1998 – X R 83/96).

Wertungen in anderen Rechtsgebieten, zB dem Arbeits- und Steuerrecht **100** sowie dem Handelsrecht, können damit zwar Anhaltspunkte für den Status liefern. Im Ergebnis jedoch ist eine eigenständige sozialrechtliche bzw. sozialversicherungsrechtlichen Beurteilung vorzunehmen, die sich an typisieren Merkmalen orientiert, die über die Jahre durch die Rechtsprechung herausgearbeitet wurden.

Auch existiert kein abgeschlossener Kriterienkatalog, der, zahlenmäßig ge- **101** wichtet, eine quasi automatische Zuordnung einer Tätigkeit zu der Kategorie der abhängigen Beschäftigung ermöglichen würde. Klargestellt in der Rechtsprechung ist auch, dass bestimmten Umständen, die sich als typisieren Merkmalen etabliert haben, gleich bleibendes Gewicht zukommen würde oder sich das Ergebnis der Zuordnung aus einem quantitativ-numerischen Vergleich für und gegen das Vorliegen einer Beschäftigung sprechender Gesichtspunkte ergeben würde (KSW/*Berchtold* SGB IV § 7 Rn. 17, 18).

Nach der st. Rspr. des BSG (28.5.2008 – B 12 KR 13/07 R) setzt eine Be- **102** schäftigung voraus, dass der Arbeitnehmer vom Arbeitgeber persönlich abhängig ist. Bei einer Beschäftigung in einem fremden Betrieb ist dies der Fall, wenn der Beschäftigte in den Betrieb eingegliedert ist und dabei einem Zeit (BAG 6.5.1998 – 5 AZR 535/97, NZA 1999, 205), Ort (BAG 13.1.1983 AP BGB § 611 Abhängigkeit Nr. 42) und Art bzw. Inhalt der Ausführung (BAG 9.3.1971 AP BGB § 611 Abhängigkeit Nr. 21) umfassenden Weisungsrecht des Arbeitgebers unterliegt. Dabei kann die Weisungsgebundenheit insbesondere bei Diensten höherer Art zu einer funktionsgerecht dienenden Teilhabe am Arbeitsprozess verfeinert sein. Hingegen ist eine selbstständige Tätigkeit vornehmlich durch das eigene Unternehmerrisiko, das Vorhandensein einer eigenen Betriebsstätte, die Verfügungsmöglichkeit über die eigene Arbeitskraft und die im Wesentlichen frei gestaltete Tätigkeit und Arbeitszeit gekennzeichnet (BSG 29.8.2012 – B 12 R 14/10 R, SozR 4-2400,§ 7 Nr. 17). Auch hier richtet sich die Bewertung nach dem Gesamtbild der Arbeitsleistung und hängt davon ab, welche Merkmale überwiegen (st. Rspr. BSG 29.8.2012 – B 12 R 14/10 R).

Ein echtes Unternehmerrisiko entsteht erst dann, wenn wegen Arbeits- **103** mangels nicht nur kein Einkommen erzielt wird, sondern zusätzlich auch Kosten für betriebliche Investitionen anfallen. Eine umsatzabhängige Entlohnung mit dem Risiko eines geringeren Verdienstes in bestimmten Fällen stellt kein ausschlaggebendes unternehmerisches Risiko dar (LSG HH 4.12.2013 – L 2 R 116/12).

Zum Arbeitnehmerstatus judiziert das BAG in st. Rspr.: Arbeitnehmer und **104** freie Mitarbeiter unterscheiden sich durch den Grad der persönlichen Abhängigkeit, in der sich der zur Dienstleistung Verpflichtete befindet (BAG 14.3.2007 – 5 AZR 499/06; 20.5.2009 – 5 AZR 31/08; 22.2.1995 – 5 AZR 416/94; 30.11.1994 – 5 AZR 704/93). Eine wirtschaftliche Abhängigkeit ist weder erforderlich noch ausreichend. Arbeitnehmer derjenigen Mitarbeiter, der seine Dienstleistung iRe von Dritten bestimmten Arbeitsor-

Brügge 57

§ 1 Zweck des Gesetzes

ganisation erbringt. Insoweit enthält § 84 I 2 HGB ein typisches Abgrenzungsmerkmal. Nach dieser Bestimmung ist selbstständig, wer im Wesentlichen frei seine Tätigkeit gestalten und seine Arbeitszeit bestimmen kann. Unselbstständig und deswegen persönlich abhängig ist dagegen der Mitarbeiter, dem dies nicht möglich ist. Bei den Merkmalen, die für oder gegen die Selbständigkeit sprechen, ist zu unterscheiden zwischen den echten oder materiellen Merkmalen, die mehr oder weniger zwingende, unmittelbare Anzeichen der Selbständigkeit oder Unselbständigkeit enthalten, und den unechten oder formalen Merkmalen, die bei der Abgrenzung nur mit Vorbehalten anzuwenden sind. Zu den materiellen Merkmalen gehören die Weisungsfreiheit, die Freiheit im Einsatz der Arbeitskraft, das eigene Unternehmen und das eigene Unternehmerrisiko. Zu den formalen Merkmalen gehören vor allem diejenigen Umstände, die sich aus der äußeren Form des Vertrags herleiten lassen, zB die steuerliche und sozialversicherungsrechtliche Behandlung, die Regelung im Hinblick auf gewerbepolizeiliche und handelsregisterrechtliche Vorschriften einerseits und auf arbeitsrechtliche Grundsätze andererseits (BAG 21.1.1966 – 3 AZR 183/6).

105 Ob jemand abhängig beschäftigt oder selbstständig tätig ist, hängt davon ab, welche Merkmale überwiegen (zur Verfassungsmäßigkeit der Abgrenzung zwischen abhängiger Beschäftigung und selbstständiger Tätigkeit BVerfG 20.5.1996 – 1 BvR 21/96, NJW 1996, 2644). Maßgeblich ist dabei stets das Gesamtbild der Arbeitsleistung (dazu jüngst LSG Bln-Bbg 11.7.2014 – L 1 KR 256/12; LSG BW 26.6.2012 – L 11 KR 2769/11; BSG 25.4.2012 – B 12 KR 24/10 R; BSG, SozR4–2400 § 7 Nr. 7 Rn. 16).

106 Allerdings können manche Dienstleistungen, insbesondere solche, deren Gegenstand eine persönlich geprägte Betreuung ist, sowohl in der Form einer abhängigen Beschäftigung als auch in der Form einer selbständigen Tätigkeit erbracht werden (BSG 28.9.2011 – B 12 R 17/09 R Rn. 17).

107 Zur Klärung der Frage, ob es sich nun um eine abhängige Beschäftigung oder eine Dienstleistung in selbstständiger Tätigkeit handelt, müssen sämtliche nach der Lage des Einzelfalles relevanten Indizien berücksichtigt und innerhalb einer Gesamtschau gewichtet und gegeneinander abgewogen werden (BSG 18.12.2001 – B 12 KR 8/01 R, SozR 3-2400 § 7 Nr. 19). Das Gesamtbild bestimmt sich nach den tatsächlichen Verhältnissen. Tatsächliche Verhältnisse in diesem Sinne sind die rechtlich relevanten Umstände, die im Einzelfall eine wertende Zuordnung zum Typus der abhängigen Beschäftigung erlauben. Ob eine abhängige Beschäftigung vorliegt, ergibt sich aus dem Vertragsverhältnis der Beteiligten, so wie es im Rahmen des rechtlich Zulässigen tatsächlich vollzogen worden ist. Ausgangspunkt ist daher zunächst das Vertragsverhältnis der Beteiligten, so wie es sich aus den von ihnen getroffenen Vereinbarungen ergibt oder sich aus ihrer gelebten Beziehung erschließen lässt (hierzu eingehend ErfK/*Preis* BGB § 611 Rn. 36; ErfK/*Rolfs* SGB IV § 7 Rn. 17). Eine im Widerspruch zur ursprünglich getroffenen Vereinbarung stehende tatsächliche Beziehung und die sich hieraus ergebende Schlussfolgerung auf die tatsächlich gewollte Natur der Rechtsbeziehung geht der formellen Vereinbarung vor, soweit eine – formlose – Abbedingung rechtlich möglich ist. Umgekehrt gilt, dass die Nichtausübung eines Rechts unbeachtlich ist, solange diese Rechtsposition nicht wirksam abbedungen ist. Zu den tatsächlichen Verhältnissen in

V. Scheinselbständigkeit und Beschäftigungsstatus § 1

diesem Sinne gehört daher unabhängig von ihrer Ausübung auch die einem Beteiligten zustehende Rechtsmacht (BSG 8.8.1990 – 11 RAr 77/89, NZA 1991, 324, SozR 3-2400 § 7 Nr. 4; 8.12.1994 – 11 RAr 49/94, NZS 1995, 373 = SozR 3-4100 § 168 Nr. 18; LSG BW 26.6.2012 – L 11 KR 2769/11).

Maßgeblich ist somit die Rechtsbeziehung so wie sie praktiziert wird und **108** die praktizierte Beziehung so wie sie rechtlich zulässig ist (BSG 24.1.2007 – B 12 KR 31/06 R, SozR 4-2400 § 7 Nr. 7 Rn. 17; 25.1.2006 – B 12 KR 30/04 R; 28.5.2008 – B 12 KR 13/07 R, Rn. 18).

3. Vertragliche Vereinbarungen als zentrales Element der Statusbeurteilung

Die Prüfung, ob eine Beschäftigung vorliegt, ist wie erwähnt ausgehend **109** von den zwischen den Beteiligten getroffenen Vereinbarungen vorzunehmen. Dabei handelt es sich in der Regel um vertragliche Vereinbarungen (vgl. zur in Ausnahmefällen geregelten gesetzlichen Begründung von Arbeitsverhältnissen § 625 BGB, § 15 V TzBfG, § 24 BBiG; zur letztgenannten Vorschrift s. *Benecke* NZA 2009, 820).

Für den Beschäftigtenbegriff ist nicht allein der Wortlaut des Vertrages zwi- **110** schen dem Dienstverpflichteten und dem Dienstberechtigten ausschlaggebend. Jedoch sind die vertraglichen Abreden der Beteiligten zentrales Element der für die Statusbeurteilung maßgebenden tatsächlichen Verhältnisse. Dh, dass zum einen zunächst auf Form und Inhalt des zwischen den abgeschlossenen Vertrages zu schauen ist. Dies gilt jedoch nicht isoliert. Vielmehr ist auch die tatsächliche Durchführung des Vertrages maßgeblich (BSG 10.8.2000 – B 12 KR 21/98 R, NJW 2001, 1965; BSG 17.10.2007 – B 11a AL 25/06 R, NZS 2008, 499; BGH 27.9.2011 – 1 StR 399/11, NJW 2012, 471). Zu der wechselseitigen Bedingtheit von Vertragsgrundlage und Vollzug s. BSG 29.8.2012 – B 12 KR 25/10 R, SozR 4-2400 § 7 Nr. 17; KSW/*Berchtold* SGB IV § 7 Rn. 13.

Dabei ist zu beachten, dass sich selbstverständlich Verträge, die nicht im **111** Rahmen des rechtlich Zulässigen, dh innerhalb der Grenzen der Rechtsordnung, abgeschlossen sind, nicht für die Bewertung der Statusbeurteilung herangezogen werden können. In Fällen, in denen die Rechtsordnung die Anerkennung verweigert, ist ausschließlich auf die tatsächlichen Verhältnisse abzustellen (zB in den Fällen eines Verstoßes gegen die Bestimmungen der §§ 116 – 118 BGB, des Verstoßes gegen ein gesetzliches Verbot, § 134 BGB, des Verstoßes gegen die guten Sitten, § 138 BGB). Nur dort, wo die vertraglichen Abreden rechtlich wirksam sind, sind sie ihrerseits beachtliche Tatsachen für die Beurteilung des Vorliegens einer Beschäftigung (KSW/*Berchtold* SGB IV § 7 Rn. 23; ErfK/*Rolfs* SGB IV § 7 Rn. 17 mwN).

Das BSG hatte insoweit folgenden Obersatz geprägt: „Ob eine Beschäftigung **112** vorliegt, ergibt sich aus dem Vertragsverhältnis der beteiligten Parteien, so wie es im Rahmen des rechtlich Zulässigen tatsächlich vollzogen wird" (BSG 17.10.2007 BMa AL 25/06 R, NZS 2008, 499). Wirksame Vertragsabreden sind auch dann für die vertragsschließenden selbst verbindlich und können nicht nach Maßgabe ihrer jeweiligen individuellen Nützlichkeit auf bestimmte Rechtsgebiete oder Sachzusammenhänge beschränkt werden. Wenn eine ver-

§ 1 Zweck des Gesetzes

tragliche Regelung durch zwingende gesetzliche Regelungen vorgegeben ist, ist davon auszugehen, dass die tatsächlichen Verhältnisse hiervon nicht erheblich abweichen und deshalb bei Beurteilung der Versicherungspflicht diese vertragliche Gestaltung auch rechtlich maßgebend ist (BSG 24.1.2007 – B 12 KR 31/06 R, SozR 4-2400, § 7 Nr. 7). Maßgeblich ist damit die Rechtsbeziehung, soweit sie praktiziert wird, und die praktizierte Beziehung, soweit sie rechtlich zulässig ist (BSG 29.8.2012 – B 12 KR 25/10 R, NZA-RR 2013, 252). Damit ist vorgegeben, dass sich vertraglichen Vereinbarung und die tatsächlichen Verhältnisse der gelebten Rechtsbeziehung decken müssen. Indes kommt es für die Frage, ob eine abhängige Beschäftigung und damit eine Beitragspflicht zur Sozialversicherung vorliegt, auf die rechtliche Wirksamkeit einer vertraglichen Vereinbarung nicht an. Auch die Sittenwidrigkeit einer Tätigkeit schließt das Vorliegend einer abhängigen Beschäftigung nicht aus (BSG 10.8.2000 – B 12 KR 21/98 R, NJW 2001, 1965; BGH 8.11.2007 – IX ZR 140/07, NJW 2008, 140; ErfK/*Rolfs* SGB IV § 7 Rn. 6, 17).

113 Fehlt es an der rechtlichen Zulässigkeit einer vorliegenden vertraglichen Vereinbarung, so ist ausschließlich auf die tatsächlichen Verhältnisse abzustellen. Ergeben sich Abweichungen zwischen Vertragsinhalt und der tatsächlichen Vollziehung bzw. der gelebten Rechtsbeziehung, stellt sich zunächst die Frage der Abdingbarkeit nach Form und Inhalt. (BSG 22.6.2005 – B 12 KR 28/03 R. SozR 4-2400 § 7 Nr. 5; KSW/*Berchtold* SGB IV § 7 Rn. 23). Nach der Rechtsprechung des BSG ist es maßgeblich, welches Gesamtbild sich aus positiv feststellbaren Umständen ergibt.

114 Dabei ist zunächst von den zwischen den Beteiligten getroffenen vertraglichen Abreden auszugehen. Meist ergibt sich bereits aus der in den maßgeblichen Verträgen vorgenommenen Einordnung, ob es sich um eine Tätigkeit in selbstständiger Erbringung, mit freier Tätigkeit, oder um eine abhängige Beschäftigung handelt. Dabei kommt es freilich nicht auf die von den Beteiligten in ihrem Vertrag verwendeten Bezeichnungen an. Das Entstehen von Versicherungspflicht ergibt sich aus dem Gesetz und kann folglich nicht Gegenstand einzelvertraglicher Vereinbarungen sein. Entscheidend für das Vorliegen einer abhängigen Beschäftigung ist deswegen (auch) die tatsächliche Ausgestaltung der Verhältnisse, welche gegebenenfalls sogar stärkeres Gewicht als abweichenden vertraglichen Regelungen zukommen kann (BSG 28.5.2008 – B 12 KR 13/07 R; 24.1.2007 – B 12 KR 31/06 R).

115 Nach § 7 I 2 SGB IV entscheidet über das Bestehen einer abhängigen Beschäftigung insbesondere das Ausüben einer Beschäftigung nach Weisungen und eine Eingliederung in die fremde Arbeitsorganisation des Weisungsgebers. Auch hier gibt es Abgrenzungsschwierigkeiten im Einzelfall: sind beispielsweise in einem Vertrag über eine (laut Vertrag) freie Mitarbeit Berichtspflichten und eine Verpflichtung zur Supervision vereinbart, so vermag dies gegebenenfalls in rechtlicher Hinsicht aufgrund unzureichender inhaltlicher Bestimmtheit kein konkretes Weisungsrecht zu begründen (so LSG Bln-Bbg 11.7.2014 – L 1 KR 256/12 für einen als freien Mitarbeiter beschäftigten Einzelfallhelfer).

116 In der Rechtsprechung des BSG ist zudem etwa für die rechtliche Beurteilung von Lehrtätigkeiten anerkannt, dass eine abhängige Beschäftigung nicht bereits deswegen anzunehmen ist, weil dem Dozenten der äußere Ablauf seiner Lehrtätigkeit vorgegeben wird (BSG 12.2.2004 – B 12 KR 26/02 R).

V. Scheinselbständigkeit und Beschäftigungsstatus § 1

Auch der Zwang, sich inhaltlich an gewissen Vorgaben auszurichten, führt 117
nicht zwangsläufig zur Annahme einer die abhängige Beschäftigung begründenden Weisungsgebundenheit. So sind Tätigkeiten auch dann weisungsfrei, wenn zwar ihre Ziele vorgegeben werden, die Art und Weise der Ausführung aber dem Dienstleister überlassen bleibt. Es ist ja gerade der Wissensvorsprung oder ein bestimmtes Know-How bzw. bestimmte Fähigkeiten oder Kunstfertigkeiten, die einen Unternehmer auszeichnen, dessen Leistung durch einen Auftraggeber in Anspruch genommen wird. Gibt zB ein Auftraggeber einem Malermeister vor, dass ein Zimmer in der Farbe rot gestrichen werden soll, heißt nicht, diese bereits Weisungen für die Ausführung der dahingehenden Malerarbeiten im Hinblick auf ihre konkrete Vornahme zu erteilen. Wie ein Auftragnehmer seine Tätigkeiten ausführt, wenn gerade er über bestimmte Fertigkeiten verfügt, bleibt im Zweifelsfall ihm überlassen. Dies begründet noch keine Weisungsgebundenheit.

Für die Führer des Besucherdienstes des Bundesrates wurde beispielsweise 118
darauf abgestellt, dass diese als Honorarkräfte im Kernbereich ihrer Tätigkeit frei waren (LSG Bln-Bbg 15.7.2011 – L 1 KR 206/09). Auch für Einzelfallhelfer wurde dieses Kriterium bereits als maßgeblich herangezogen (LSG Bln-Bbg 17.1.2014 – L 1 KR 175/12).

Voraussetzung für die Versicherungspflicht von Arbeitnehmern in der Sozialversicherung ist einerseits der Bezug von Arbeitsentgelt (§ 14 SGB IV) und andererseits das Vorliegen eines abhängigen Beschäftigungsverhältnisses (§ 7 I SGB IV). Arbeitsentgelt ist dabei definiert als die Summe aller laufenden oder einmaligen Einnahmen aus einer Beschäftigung, gleichgültig, ob ein Rechtsanspruch auf die Einnahmen besteht, unter welcher Bezeichnung oder in welcher Form sie geleistet werden und ob sie unmittelbar aus der Beschäftigung oder im Zusammenhang mit dieser erzielt werden. Beschäftigung ist die nichtselbstständige Arbeit, insbesondere in einem Arbeitsverhältnis. Anhaltspunkte für eine Beschäftigung sind im Kern eine Tätigkeit nach Weisungen und eine Eingliederung in die Arbeitsorganisation des Weisungsgebers. Dabei ist darauf zu achten, dass der Begriff des Beschäftigungsverhältnisses weitergehender ist als der Begriff des Arbeitsverhältnisses. Das Beschäftigungsverhältnis umfasst auch solche Fälle, in denen ein Arbeitsverhältnis gerade nicht vorliegt (zB die Anstellung von GmbH-Geschäftsführer). Unabhängig von der Bezeichnung kann im sozialversicherungsrechtlichen Sinne alles Arbeitsentgelt sein.

4. Typisierende Merkmale einer Beschäftigung

Es sind typisierende Merkmale, die das Vorliegen einer abhängigen Beschäf- 120
tigung kennzeichnen. Gemäß § 7 I SGB IV sind die Weisungsgebundenheit der Erwerbspersonen und ihre betriebliche Eingliederung (in die Betriebsstruktur des Weisungsgebers bzw. des Auftraggebers) entscheidend. Dabei ist zu bedenken, dass diese Merkmale nicht zwingend kumulativ für das Bestehen eines Beschäftigungsverhältnisses erforderlich sind. Vielmehr sind sie lediglich als Anhaltspunkt erwähnt, ohne eine abschließende Bewertung vorzunehmen. Gerade im Falle der sogenannten Dienste höherer Art kann das Weisungsrecht eingeschränkt sein bzw. zur funktionsgerecht dienenden Teilhabe am Arbeitsprozess verfeinert sein.

Brügge

§ 1 Zweck des Gesetzes

121 Mit den beiden vorgenannten Merkmalen nennt das Gesetz relevante Aspekte der persönlichen Abhängigkeit eines Beschäftigten. Indes ist aufgrund der Vielgestaltigkeit denkbarer Beschäftigungsverhältnisse auch auf weitere Merkmale zurückzugreifen, die für die Beurteilung des Gesamtbildes relevante Aspekte der persönlichen Abhängigkeit eines Beschäftigten darstellen können. Zu den Typusmerkmalen der abhängigen Beschäftigung vgl. eingehend KSW/*Berchtold* SGB IV § 7 Rn. 19, 23 mwN.

122 **a) Arbeit.** Voraussetzung für eine Beschäftigung ist zunächst einmal Arbeit, dh jede planmäßige Betätigung der körperlichen und geistigen Kräfte. Der Begriff der Arbeit ist aber wirtschaftlich zu verstehen, wobei wirtschaftlich nicht im engeren Sinne von erwerbswirtschaftlich meint. Es genügt vielmehr jede Tätigkeit, die der Befriedigung eines fremden Bedürfnisses dient (ErfK/*Rolfs* SGB IV § 7 Rn. 5 mit Verweis auf BAG 22. 4. 2009 – 5 AZR 292/08, NZA-RR 2010, 231 f.). Es ist gleichgültig, welcher Art dieses Bedürfnis ist. Der Zweck der Arbeit braucht dabei auch kein materieller zu sein. Vielmehr kann auch ein rein ideeller Zweck mit ihr verfolgt werden, wobei die Betonung der Wirtschaftlichkeit der Abgrenzung der Beschäftigung zu einer ehrenamtlichen Tätigkeit dient (LSG SH 11. 1. 2006 – L 5 KR 18/05, NZS 2006, 320). Dasselbe Abgrenzungskriterium der Wirtschaftlichkeit dient auch der Trennung von Sport und Spiel (BSG 12. 7. 1979, SozR 2-1200 § 539 Nr. 60).

123 **b) Entgelt.** Versicherungspflichtig in der gesetzlichen Rentenversicherung und Krankenversicherung sowie der sozialen Pflegeversicherung sind insbesondere Arbeiter und Angestellte, die gegen Arbeitsentgelt beschäftigt sind (§ 5 I Nr. 1 SGB V, § 1 S. 1 Nr. 1 SGB VI, §§ 20 I 1 Nr. 1, 58 I 1 SGB XI).

124 Die Zahlung von Entgelt allein ist jedoch kein aussagekräftiges Kriterium, welches eine Abgrenzung zwischen selbstständiger Tätigkeit von abhängiger Beschäftigung ermöglichen würde. Die Erwerbstätigkeit eines Selbstständigen und eines abhängig Beschäftigten sind schließlich gleichermaßen auf die Erzielung von Entgelt gerichtet. Die Zahlung eines Entgelts erlaubt damit lediglich mittelbare Rückschlüsse auf das Vorliegen einer Beschäftigung und das Vorliegen entsprechender vertraglicher Abreden (KSW/*Berchtold* SGB IV Rn. 34 § 7). Es gilt nicht der Rechtssatz, dass eine untertarifliche oder eine erheblich übertarifliche Bezahlung die Annahme eines beitragspflichtigen Beschäftigungsverhältnisses ausschließt (BSG 17. 12. 2002 – B 11 AL 34/02 R nv).

125 Allerdings ist die Zahlung eines Entgelts schlechterdings ein Kriterium für das Vorliegen einer Erwerbstätigkeit überhaupt. An einer Beschäftigung fehlt es daher, wenn überhaupt kein Geld gezahlt wird (OLG Hamm 9. 10. 2007 – 4 Ss OWi 436/07, NStZ 2008, 532). Damit ist die Frage, ob ein Entgelt gezahlt wird, auch als Hilfskriterium für die Abgrenzung abhängiger Beschäftigung zu selbstständiger Tätigkeit nicht tauglich. Durch die Ausübung unentgeltlicher ehrenamtlicher Tätigkeit wird kein Arbeitsverhältnis begründet (BAG 29. 10. 2012 – 10 AZR 499/11, BAGE 143, 77).

126 Zu der Zahlung von Entgelt in seinen unterschiedlichen Ausprägungen vergleiche KSW/*Berchtold* SGB IV § 7 Rn. 23, 34 mwN.

V. Scheinselbständigkeit und Beschäftigungsstatus § 1

c) Persönliche Abhängigkeit, Tätigkeit nach Weisungen. Wesent- 127
liches Kriterium der Abgrenzung selbstständiger Tätigkeit von abhängiger Beschäftigung ist die unselbstständige Erbringung von Leistungen für einen anderen. Eine unvollständige Beschäftigung setzt voraus, dass der Arbeitnehmer vom Arbeitgeber persönlich abhängig ist, was in der Verfügungsbefugnis des Arbeitgebers und der Dienstbereitschaft des Arbeitnehmers seinen Ausdruck findet (BSG 18.4.1991 – 7 RAr 106/90, NZA 1991, 912).

Dass der zur Arbeitsleistung Verpflichtete eine Tätigkeit nicht im Wesent- 128
lichen selbst bestimmen kann, sondern hinsichtlich Ort, Zeit, Dauer und Art der Ausführung der Arbeit einen umfassenden Weisungsrecht ständigen Überwachung und Beaufsichtigung unterliegt, ist wesentliches Merkmal einer abhängigen Beschäftigung (KSW/*Berchtold* SGB IV § 7 Rn. 23; LSG BW 21.10.2014 – 11 R 4761/13, juris).

Charakteristisches Merkmal für die Annahme einer abhängigen Beschäfti- 129
gung ist die persönliche Weisungsgebundenheit und damit die Unterwerfung unter ein fremdes Direktionsrecht. Dh, der abhängig Beschäftigte ist, anders als der selbstständig Tätige, gerade nicht frei darin, Art, Ort, Inhalt und Zeit der von ihm erbrachten Leistungen zu bestimmen. Unerheblich für die Frage nach der Unselbstständigkeit iSv § 7 SGB IV ist das Kriterium der wirtschaftlichen Abhängigkeit (hierzu eingehend ErfK/*Rolfs* SGB IV § 7 Rn. 15).

Der abhängig Beschäftigte unterliegt einem umfassenden Direktionsrecht 130
seines Vertragspartners (Arbeitgebers), welches Inhalt, Durchführung, Zeit, Dauer, Ort oder sonstige Modalitäten der zu erbringenden Tätigkeit betreffen kann (BSG 28.1.1999 – B 3 KR 2/98 R, BSGE 83, 246 (251); 14.12.1999 – B 2 U 38/98 R, NZA-RR 2000, 434; 19.6.2001 – B 12 KR 44/00 R, NZA-RR 2002, 494. Vgl. zu Organisations- und Bestimmungshoheit über die Ausführungsmodalitäten einer Tätigkeit KSW/*Berchtold* SGB IV § 7 Rn. 23; BSG 18.12.2001, SozR 3-2400 § 7 Nr. 19: Bindung einer Sportlehrerin an die Hallenbelegungspläne des veranstaltenden Sportvereins; BSG 22.6.2005 – B 12 KR 28/03 R, SozR 4-2400 § 7 Nr. 5: Vorgabe von Terminen und Inhalt einer täglich gleich bleibenden Tour bei Transportfahrern).

Sofern lediglich die Ziele der Tätigkeit durch Regeln und Normen vorge- 131
geben sind, dh die Grenzen der Handlungsfreiheit mehr in abstrakter Weise umschrieben sind, die Art und Weise, wie diese Ziele erreicht werden, jedoch der Entscheidung des Arbeitenden überlassen bleiben, so sind solche Tätigkeiten weisungsfrei und damit als selbstständig zu werten (BSG 27.3.1980, SozR 2200 § 165 Nr. 45). Die eigenständige Gestaltung der Erbringung spricht gerade bei Diensten höherer Art nicht gegen persönliche Abhängigkeit, wenn der Dienstverpflichtete in die von einem anderen vorgegebene Organisation eingegliedert ist. Das Weisungsrecht kann hier nach st. Rspr. eingeschränkt und zur „funktionsgerecht dienenden Teilhabe am Arbeitsprozess verfeinert" sein (BSG 9.12.1981 – 12 R 4/81, SozR 2400 § 2 Nr. 19; 29.8.2012 – B 12 KR 25/10 R, SozR 4-2400, § 7 Nr. 17).

In Anlehnung an die Bestimmung des § 84 I 2 HGB ist es ausschlaggebend, 132
ob der Erwerbstätige im Wesentlichen frei seine Tätigkeit gestalten und seine Arbeitszeit bestimmen kann. Entscheidend ist die persönliche Freiheit, und zwar die rechtliche im Gegensatz zur „wirtschaftlichen", die bei jeder Art von Vertragsverhältnis und auch bei den Kaufleuten und Unternehmern vielfach

§ 1 Zweck des Gesetzes

fehlt (st. Rspr., unter anderem BGH 20.1.1964 – VII ZR 204/62, VersR 1964, 331). Persönliche Freiheit ist gemäß § 84 I 2 HGB die Möglichkeit, „im Wesentlichen frei seine Tätigkeit gestalten und seine Arbeitszeit bestimmen" zu können. Die Bestimmung ist ein typisches Abgrenzungsmerkmal mit allgemeiner Wertung über den unmittelbaren Anwendungsbereich hinaus (BGH 21.10.1998 – VIII ZB 54/97, ZIP 1998, 2178). Für die Abgrenzung zwischen einem selbstständigen und einem unselbstständigen Handelsvertreter ist die Intensität der Weisungsabhängigkeit entscheidend. Das Bundesarbeitsgericht stellt hier auf den sogenannten Kerngehalt ab. Insgesamt dürfen Weisungen nicht so sein, dass die Tätigkeit nicht mehr im Wesentlichen frei gestaltet wird (BAG 30.8.1994 – 1 ABR 3/94, NZA 1995, 649). Weisungsgebundenheit hinsichtlich des Geschäftsablaufs, der Arbeitszeit und der sonstigen Art und Weise der Tätigkeit ist typisch für den Arbeitnehmer (arbeitsrechtliches Direktionsrecht des Unternehmers). Weisungen hinsichtlich Art und Umfang der Kundenbesuche, über die Reiseroute und über einen Mindestumsatz sind tendenziell schädlich, dh sprechen für eine Beschäftigung. Ständige Dienstbereitschaft ist ein starkes Indiz für eine Arbeitnehmereigenschaft (BAG 19.11.1997 – 5 AZR 653/96, DB 1998, 624; *Baumbach/Hopt* HGB § 84 HGB Rn. 38).

133 Die Aufnahme in einen Dienstplan, der ohne vorherige Absprache mit dem Mitarbeiter erstellt wird, ist typisch für eine Weisungsgebundenheit. Selbst, wenn der Mitarbeiter berechtigt ist, einzelne Einsätze abzulehnen (BAG 12.10.1989 – 8 AZR 741/87, DB 1990, 47).

134 Jedoch lassen ausschließlich inhaltliche Vorgaben hinsichtlich der Erledigung übertragener Aufgaben keinen Schluss auf die Abhängigkeit des Dienstverpflichteten zu. Besteht die Möglichkeit, dass der Selbstständige ohne Gefährdung seines Status Weisungen hinsichtlich der Ausübung seiner Tätigkeit unterliegen kann (solange er im Kernbereich frei ist), kann er ohne Gefährdung seines Status ebenso einer Bindung unterworfen sein (KSW/*Berchtold* SGB IV § 7 Rn. 23).

135 Wesentlich entscheidungserheblicher als die Verpflichtung zur Beachtung von Zeitpunkten bzw. hinsichtlich zeitlicher Vorgaben sind hinsichtlich der Statusbestimmung Weisungen betreffend Wahl, Anordnung und Einsatz der Mittel innerhalb der zur Verfügung stehenden Zeitdauer. Diese betreffen den Kernbereich der Leistungserbringung (BSG 12.2.2004 – B 12 KR 26/02 R, juris). Unterliegt der Dienstverpflichtete daher bei einer umfassenden einseitigen Zuweisung von Inhalt und Umfang von Aufgaben festen Verpflichtungen hinsichtlich Anfang und Ende seiner Tätigkeit und dezidierten Vorgaben mit der Verpflichtung zur Einhaltung fixer Zeitpunkte (Termine) bei der Einhaltung von Teilzielen (zB der Belieferung einzelner Kunden), so spricht dies deutlich für eine abhängige Beschäftigung (BSG 19.8.2003 – B 2 U 38/02, SozR 4-2400 § 7 Nr. 2).

136 **d) Eingliederung in die Arbeitsorganisation.** Nach der ständigen Rechtsprechung des BSGs und des Bundesarbeitsgerichts setzt eine abhängige Beschäftigung voraus, dass der Arbeitnehmer vom Arbeitgeber persönlich abhängig ist. Bei einer Beschäftigung in einem fremden Betrieb ist dies der Fall, wenn der Beschäftigte in den Betrieb bzw. die in diesem vorgehaltene Arbeitsorganisation eingegliedert ist. Ob ein Beschäftigter in eine Arbeitsorganisation

V. Scheinselbständigkeit und Beschäftigungsstatus § 1

eingegliedert ist, drückt sich durch den betriebsorganisatorischen Zusammenhang aus, in dem eine bestimmte Tätigkeit steht bzw. zu erbringen ist (ErfK/ *Rolfs* SGB IV § 7 Rn. 12). Entscheidend ist, ob die tätig werdende Person Glied eines fremden Betriebes ist (BSG 12.11.1975 BSGE 41, 24 (25); 1.2.1979 – 12 RK 7/77, SozR 2200, § 165 Nr. 36; OLG Ffm 7.3.2014 – 1 Ws 179/13, juris).

Dabei ist auf den arbeitsrechtlichen Betriebsbegriff zurückzugreifen. Betrieb in diesem Sinne ist die organisatorische Einheit, innerhalb derer ein Arbeitgeber alleine oder zusammen mit den von ihm beschäftigten Arbeitnehmern bestimmte arbeitstechnische Zwecke fortgesetzt erfolgt, die sich nicht in der Befriedigung des Eigenbedarfs erschöpfen. Dazu müssen die in einer Betriebsstätte vorhandenen materiellen und immateriellen Betriebsmittel für den oder die verfolgten arbeitstechnische Zwecke zusammengefasst, geordnet, gezielt eingesetzt und die menschliche Arbeitskraft von einem einheitlichen Leitungsapparat gesteuert werden (BAG 14.5.1997 – 7 ABR 26/96, AP BetrVG 1972 § 8 Nr. 6; ErfK/*Koch* BetrVG § 1 Rn. 8). Im Vordergrund steht dabei die einheitliche Organisation (BSG 14.12.2000 – B 11 AL 19/00). **137**

Die Eingliederung setzt nicht notwendig die Einordnung in eine betriebliche Organisationseinheit, eine Betriebsstätte, eine Verwaltung oder einen Haushalt voraus, sondern kann sich in der Ausübung einer dem Betriebszweck dienenden und ihm untergeordneten Tätigkeit erschöpfen (ErfK/*Rolfs* SGB IV § 7 Rn. 12). **138**

Im Zusammenhang mit der Eingliederung in die Arbeitsorganisation stellen sich insbesondere anlässlich moderner Beschäftigungsformen wie zB Home Office, Telearbeitsplatz bzw. den sogenannten virtuellen Arbeitsplatz Abgrenzungsfragen. Gerade diese Formen moderner Beschäftigung bringen es mit sich, dass durch innovative Arbeitsorganisationsformen virtuellen Arbeitsplatzes infolge seiner Standortunabhängigkeit und wegen der grenzüberschreitenden Beschäftigungsformen Probleme bei der Zuordnung zu selbstständiger oder abhängiger Beschäftigung entstehen (hierzu eingehend *Haupt/Wollenschläger* NZA 2001, 289). **139**

Bereits die Vorgabe eines Qualitätshandbuches und eines Verhaltenskodex können eine Einbindung bewirken (SG Dortmund 11.9.2015 – S 34 R 934/14). Im entschiedenen Fall sah das SG eine enge Einbindung eines Paketfahrers als Subunternehmer in die Arbeitsorganisation des Logistikunternehmens gegeben durch (1.) die Verpflichtung auf die Vorgaben des Logistikunternehmens, (2.) die Nutzung von dessen Scanner, Formularen und Arbeitskleidung, (3.) die Begrenzung auf ein festgelegtes Zustellgebiet und (4.) die Nutzung der Betriebsstätte des Kurierdienstes. **140**

Anhaltspunkte sind zudem die Einbindung in die Urlaubsplanung oder in das allgemeine organisatorische Umfeld des Betriebes. Dabei spielt es keine Rolle, wenn im Einzelfall durch besondere Beziehungen (zB familiärer oder freundschaftlicher Natur) oder der Art der Tätigkeit größere Freiheiten bei der Gestaltung der Arbeit bestehen. **141**

Benutzung von Betriebsmitteln. Die Benutzung eines eigenen Kraftfahrzeuges und der damit einhergehenden Lastentragung können in Verbindung mit anderen Gesichtspunkten für eine selbstständige Tätigkeit sprechen (BSG 19.8.2003 – B 2 U 38/02 R, SozR 4-2700 § 2 Nr. 1). Allerdings gilt es **142**

§ 1 Zweck des Gesetzes

gerade im Bezug auf Heimarbeiter, die isd Arbeitsrechts Selbstständige sind, die Fiktion des § 12 II SGB IV zu beachten, wonach diese Personen auch dann, wenn sie Roh- oder Hilfsstoffe selbst beschaffen, als Beschäftigte gelten (ErfK/*Rolfs* SGB IV § 7 Rn. 14).

143 Dem klassischen Bild der Beschäftigung entspricht die Erbringung von Arbeit an den vom Arbeitgeber bestimmten und gestalteten Produktionsstandort. Zwar kann das Arbeiten in einer **fremden Betriebsstätte** – und nicht in den eigenen Räumlichkeiten – ein Indiz für das Vorliegen einer abhängigen Beschäftigung sein (KSW/*Berchtold* SGB IV § 7 Rn. 23). Allerdings macht die zunehmende Flexibilisierung und Virtualisierung des Wirtschaftslebens Modifikationen des Modells unumgänglich. Bereits seit Längerem ist anerkannt, dass das Arbeiten im eigenen räumlichen Umfeld zumindest in Ausnahmefällen unschädlich ist, falls besondere Gründe dafür stehen und sich der Charakter der Tätigkeit dadurch im Übrigen nicht verändert (BSG 17.2.1998 – B 2 3/97 R, SozR 3-2200 § 539 Nr. 40).

144 e) **Unternehmerisches Risiko.** Die selbstständige Tätigkeit ist in erster Linie durch das eigene Unternehmerrisiko, durch das Vorhandensein einer eigenen Betriebsstätte, die Verfügungsmöglichkeit über die eigene Arbeitskraft und die im Wesentlichen frei gestaltete Tätigkeit und Arbeitszeit gekennzeichnet (BSG SozR 3-2400 § 7). Maßgeblich ist insoweit, ob eigenes Kapital oder die eigene Arbeitskraft auch mit der Gefahr des Verlustes eingesetzt wird, dh der Erfolg des Einsatzes der sachlichen und persönlichen Mittel ungewiss ist (vgl. BSG 25.1.2001 – B 12 KR 17/00 R; 4.6.1998 – B 12 KR 5/97 R).

145 Dabei ist zu berücksichtigen, dass dies nicht bei jeder Dienstleistung tätigkeitsimmanent ist. Anders als der abhängig beschäftigte Arbeitnehmer trägt der selbstständige Unternehmer ein – dem Begriff bereits immanentes – Risiko, dass sich Erfolg und Misserfolg seiner Betätigung auf dem Markt unmittelbar bei ihm niederschlägt.

146 Nach den vom BSG entwickelten Grundsätzen ist maßgebliches Kriterium für die Bejahung der Übernahme eines solchen Risikos, die Frage, ob eigenes Kapital oder die eigene Arbeitskraft auch mit der Gefahr des Verlustes eingesetzt wird, der Erfolg des Einsatzes der sachlichen oder persönlichen Mittel also ungewiss ist (BSG 16.8.2010 – B 12 KR 100/09; BSG SozR 3-2400 § 7 Nr. 13; SozVers 2001, 329 (332); 28.5.2008 – B 12 KR 13/07; OLG Frankfurt a. M. 7.3.2014 – 1 Ws 179/13).

147 Allerdings ist ein unternehmerisches Risiko nur dann Hinweis auf eine selbstständige Tätigkeit, wenn diesem Risiko auch größere Freiheiten in der Gestaltung und der Bestimmung des Umfangs beim Einsatz der eigenen Arbeitskraft gegenüberstehen (BSG SozR 2200 § 1227 Nr. 17; OLG Frankfurt a. M. 7.3.2014 – 1 Ws 179/13).

148 Ein erheblicher Kapitaleinsatz zB durch Anmietung eigener Räume und Anschaffung eigener Betriebsmittel ist meist durchaus möglich und wegen des damit verbundenen unternehmerischen Risikos als ein entsprechendes Indiz für eine selbstständige Tätigkeit zu werten. Das Risiko, zeitweise die eigene Arbeitskraft nicht verwerten zu können, begründet jedoch kein Unternehmerrisiko während der Arbeitseinsätze (BSG 4.6.1998 – B 12 KR 5/97 R).

V. Scheinselbständigkeit und Beschäftigungsstatus §1

Maßgeblich ist damit, dass dem Risiko, bei krankheits- und urlaubsbeding- 149
tem Ausfall kein Honorar zu erhalten, auch eine größere Unabhängigkeit bzw. Verdienstchance gegenübersteht; nur dann bestehen Anhaltspunkte für eine Selbstständigkeit, die sich in dem entsprechenden unternehmerischen Risiko niederschlägt. Auch hinsichtlich der Marktähnlichkeit eines Produktes bzw. der Nachfrage nach diesem kann sich ein Risiko niederschlagen, die Nachfrage nach Grund und Höhe unmittelbar auf den Dienstverpflichteten auswirkt (KSW/*Berchtold* SGB IV § 7 Rn. 23).

Nach der Rechtsprechung des BSG kann ein Unternehmerrisiko auch 150
dann in Betracht kommen, wenn ein Kapitalrisiko zu erheblichen Ausfällen führen kann und dieses Risiko das tatsächliche Gesamtbild der Beziehungen zwischen den Parteien bestimmt (BSG 19.1.1968 – 3 RK 101/64).

Insgesamt lässt sich festhalten, dass ein **Unternehmerrisiko** dann besteht, 151
wenn der Erfolg eines eigenen wirtschaftlichen Einsatzes – unter mehreren Gesichtspunkten ungewiss ist. Regelmäßig bedeutet dies den Einsatz eigenen Kapitals, der auch mit der Gefahr des Verlustes verbunden sein kann. Das Bestehen eines Unternehmerrisikos ist jedoch für das Vorliegen einer unselbstständigen Beschäftigung nicht schlechthin entscheidend.

Zum Unternehmerrisiko in seinen unterschiedlichen Ausprägungen vgl. 152
eingehend KSW/*Berchtold* SGB IV § 7 Rn. 23 mwN ua; BSG 16.8.2010 – B 12 KR 100/09 B.

f) Prägende/ergänzende Kriterien. Über die beiden Kernkriterien 153
Weisungsgebundenheit und Eingliederung in eine Betriebsorganisation/Arbeitsorganisation hinaus hat die Rechtsprechung im Laufe der Jahre diverse weitere Kriterien und Indizien herausgearbeitet, die bei der Frage, ob ein Beschäftigungsverhältnis vorliegt Berücksichtigung finden können und im Rahmen der Gesamtwürdigung der Umstände auch Berücksichtigung finden sollten.

Gesprochen wird in diesem Zusammenhang auch von einer Gesamtwer- 154
tung der Indizien, die sich auch in § 7 IV SGB IV idF des Gesetzes v. 19.12.1998 (BGBl. I S. 3843) bis 31.12.2002 spiegelte. So hat hierzu beispielsweise das BSG in einem Urteil v. 25.1.2001 zur Versicherungspflicht und Beitragspflicht eines Rechtsanwalts Stellung genommen. Das BSG nannte hier vordringlich Kriterien wie die Verfügungsmöglichkeit über die eigene Arbeitskraft bei freier Gestaltung von Tätigkeit und Arbeitszeit, Unternehmerrisiko durch Gefahr des Verlustes von eigenem Kapital und eigene Arbeitskraft, Dauer der Arbeitszeit, Einbindung in den Arbeitsablauf sowie Art und Weise der Vergütung der Tätigkeit (BSG 25.1.2001 – B 12 KR 17/00 R, USK 2001, 25; 25.1.2001 – B 12 KR 18/00 R; BSGE 45, 199 ff.).

In einer weiteren Entscheidung aus dem Jahre 2001 hatte das BSG zur Versi- 155
cherungspflicht einer Sportlehrerin, die als Übungsleiterin Gymnastikkurse für einen Sportverein abhielt, Stellung genommen. In dieser Entscheidung v. 18.12.2001 wurden als prägende Kriterien unter anderem der Anspruch auf Entgeltfortzahlung und Organisation einer Vertretung im Krankheitsfall, finanzielle und unternehmerische Beteiligung, Einschränkungen des Weisungsrechts des Arbeitgebers bei Diensten höherer Art sowie die Versteuerung der Einkünfte herangezogen (BSG 18.12.2001 – B 12 KR 8/01 R, SozR 3-2400 § 7 Nr. 19).

Brügge 67

§ 1   Zweck des Gesetzes

156   In der Entscheidung betonte das BSG, dass es darauf ankommt, ob für oder gegen eine abhängige Beschäftigung sprechende Merkmale überwiegen. Dabei sei auf die Umstände des Einzelfalles Rücksicht zu nehmen. Maßgeblich sei stets das Gesamtbild der jeweiligen Arbeitsleistung unter Berücksichtigung der Verkehrsanschauung, die unter Beachtung der Ansicht der beteiligten Berufskreise und der interessierten Öffentlichkeit zu bestimmen seien (BSG 18.12.2001 – B 12 KR 8/01 R, SozR 3-2400 § 7 Nr. 19).

157   Eine Zusammenstellung von Kriterien und Indizien, die im Rahmen der vom BSG für eine Einordnung vorzunehmenden Gesamtabwägung ergänzend für bzw. gegen eine unselbstständige Tätigkeit zu berücksichtigen sind, finden sich bei ErfK/*Rolfs* SGB IV § 7 Rn. 14; *Brand* NZS 1997, 552 (554); *Hanau/Strick* DB 1998, Beilage 14, 1 (19); *Sommer* NZS 2003, 169 (171/172), *Reiserer/Freckmann* NJW 2003, 181.

158   **Unerheblich** für die Beantwortung der Frage, ob eine abhängige Beschäftigung vorliegt, und damit auch ohne Indizwirkung dafür, dass eine solche nicht vorliegt, sind **rein formale Kriterien/Merkmale** wie zB die Anmeldung eines Gewerbes auf Gewerbeschein, hierzu BSG 10.8.2000 – B 12 KR 21/98 R, NJW 2001, 1965; LSG Bayern 13.8.2012 – L 5 R 595/12 B ER, NZS 2013, 67, die Abrechnung von Umsatzsteuer (BSG 22.6.2005 – B 12 KR 28/03 R, NZS 2006, 318), die Nichtabführung von Sozialversicherungsbeiträgen (BSG 4.7.2007, SozR 4-2400 § 7 Nr. 8). Auch die vertragliche Bezeichnung der Tätigkeit durch die beteiligten Parteien ist grundsätzlich als rein formales Kriterium unerheblich für die rechtliche Beurteilung, ob eine abhängige Beschäftigung vorliegt (BSG 28.10.1960 AP RVO § 165 Nr. 1). Vergleiche zur sozialen Schutzbedürftigkeit als nicht relevantem Kriterium ErfK/*Rolfs* SGB IV § 7 Rn. 16.

5. Überblick

159   Kriterien, die für eine abhängige Beschäftigung sprechen sind:
(a) Persönliche Abhängigkeit (→ Rn. 68 ff)
(b) Weisungsbefugnis des Arbeitgebers hinsichtlich Zeit, Dauer, Ort und Art der Ausführung (→ Rn. 69)
(c) Eingliederung in den Betrieb (→ Rn. 77 ff)
 – Arbeitszeiterfassung/-kontrolle
 – Arbeitszeitgestaltung
 – Behandlung von Fehlzeiten/arbeitsrechtliche Konsequenzen
 – Fremde Arbeitsmittel, Gestellung wesentlicher Arbeitsmittel durch den Weisungsgeber (LSG Bayern 13.8.2012, NZS 2013, 67)
 – Fehlende Befugnis, Pflichten auf andere zu delegieren, Nichtbeschäftigung von Hilfskräften, fehlende Berechtigung, sich durch Dritte vertreten zu lassen
(d) Weitreichende Kontroll- und Mitspracherechte des Auftraggebers, Berichtspflichten des Erwerbstätigen,
 – bei Produktions- und Betriebsmitteln
 – bei der Ablehnung von Aufträgen
 – bei Preiskalkulationen
 – bei Werbemaßnahmen und Kundenakquisition

V. Scheinselbständigkeit und Beschäftigungsstatus § 1

- Existenz eines direkten Vorgesetzten
- jederzeitige Eingriffsmöglichkeiten des Auftraggebers, zB auch durch Vorgabe der EDV-Software
(e) Fehlendes Unternehmerrisiko, keine Einsatz eigenen Kapitals und eigene Arbeitskraft mit der Gefahr des Verlustes (→ Rn. 84 ff.)
(f) Fehlende eigene Betriebsmittel oder Beschaffung der Betriebsmittel aus Darlehen des Auftraggebers; Fehlen einer eigenen Betriebsstätte
(g) Bindung an nur einen Auftraggeber, Verbot der Tätigkeit für andere Auftraggeber
(h) Verbot, gegenüber Kunden mit einem eigenen Kennzeichen (Logo), im eigenen Namen oder für eigene Rechnung aufzutreten
(i) Vorherige Ausübung der gleichen bzw. ähnlichen Tätigkeit bei dem gleichen Arbeitgeber, ausnahmsweise auch die bisherige Stellung im Berufsleben
(j) Entlohnung durch festes Gehalt anstelle einer Gewinn- und Verlustbeteiligung; die Abführung von Lohnsteuer; Bewertung der Einkünfte als Einkünfte aus nichtselbstständiger Tätigkeit
(k) Die Gewährung von Entgeltfortzahlung bei Urlaub und im Krankheitsfall (BSG 29. 8. 2012 – B 12 KR 25/10 R, NZA-RR 2013, 252; LSG Bayern 13. 8. 2012 – L 5 R 595/12 B ER, NZS 2013, 67); tariflicher Urlaubs- und Lohnfortzahlungsanspruch
(l) Fehlende Mitgliedschaft zu Organisationen (zB Industrie- und Handelskammer, Handwerkskammer), aber nicht nur rein formale Kriterien (→ Rn. 158).

Gesamtschau. Ob eine abhängige Beschäftigung vorliegt, ergibt sich aus **160** dem Vertragsverhältnis der Beteiligten, so wie es im Rahmen des rechtlich Zulässigen tatsächlich vollzogen worden ist. Ausgangspunkt sind daher zunächst die vertraglichen Vereinbarungen der Beteiligten, so wie sie sich aus den von ihnen getroffenen Abreden ergeben oder sich aus ihrer gelebten Beziehung erschließen lassen. Eine im Widerspruch zu ursprünglich getroffenen Vereinbarungen stehende tatsächliche Beziehung und die sich hieraus ergebende Schlussfolgerung auf die tatsächlich gewollte Natur der Rechtsbeziehung gehen der nur formellen Vereinbarung vor, soweit eine – formlose – Abbedingung rechtlich möglich ist. Umgekehrt gilt, dass die Nichtausübung eines Rechts unbeachtlich ist, solange diese Rechtsposition nicht wirksam abbedungen ist. Zu den tatsächlichen Verhältnissen in diesem Sinne gehört daher unabhängig von ihrer Ausübung auch die einem Beteiligten zustehende Rechtsmacht. Maßgeblich ist die Rechtsbeziehung, so wie sie praktiziert wird, und die praktizierte Beziehung, so wie sie rechtlich zulässig ist (BSG 25. 1. 2006 – B 12 KR 30/04 R; 29. 8. 2012 – B 12 KR 25/10 R, NZA-RR 2013, 252; 29. 8. 2012 – B 12 R 14/10 R; LSG Bln-Bbg 17. 10. 2012 – L 9 KR 364/11 WA). Bei der Prüfung, ob ein versicherungspflichtiges Beschäftigungsverhältnis vorliegt, kommt der in vertraglichen Regelungen festgehaltenen Rechtsmacht des Arbeitgebers bzw. Arbeitnehmers jedenfalls dann vorrangige Bedeutung gegenüber den tatsächlichen Verhältnissen zu, wenn eine Änderung des Vertrags nur in schriftlicher Form möglich ist. Fehlen vertragliche Regelungen oder weichen die tatsächlichen Verhältnisse von Vereinbarungen ab, die nicht der Schriftformklausel unterliegen, sind insoweit die tatsächlichen

§ 1 Zweck des Gesetzes

Verhältnisse vorrangig im Rahmen der Gesamtwürdigung zu berücksichtigen (LSG RhPf 10.12.2013 – L 6 R 65/12 eingehend auf die Bedeutung der Rechtsmacht im Rahmen der Feststellung von Versicherungspflicht).

161 Für das Vorliegen einer abhängigen Beschäftigung ist maßgeblich, welches Gesamtbild sich aus den positiv feststellbaren Umständen ergibt (BSG 22.6.2005 – B 12 KR 28/03 R, SozR 4-2400 § 7 Nr. 5; BAG 11.8.2015 – 9 AZR 98/14, juris). Diese im Tatsächlichen feststellbaren Umstände sind mit den Bewegungskriterien, die von der Rechtsprechung für die Abgrenzung zwischen einer unselbstständigen und einer abhängigen Beschäftigung herausgearbeitet wurden, abzugleichen. Ob eine Tätigkeit als abhängige Beschäftigung oder als selbständig zu bewerten ist, entscheidet sich iRe Gesamtabwägung danach, welche Merkmale überwiegen (BSG 24.1.2007 – B 12 KR 31/06 R, NZS 2007, 648; 17.10.2007 – B 11a AL 25/06 R, NZS 2008, 499; 29.8.2012 – B 12 KR 25/10 R, NZA-RR 2013, 252).

162 Es ist nicht erforderlich, dass stets sämtliche als idealtypisch erkannten Merkmale vorliegen. Vielmehr können diese in unterschiedlichem Maße und in verschiedener Intensität gegeben sein. Indes hat sich hieraus ein Gesamtbild zu ergeben, welches einen Rückschluss auf die Rechtsnatur der Beschäftigung im konkreten Fall zulässt. Dabei haben die einzelnen Merkmale für sich genommen die Bedeutung von Indizien, die durch ihre Verbindung, die Intensität und die Häufigkeit ihres Auftretens im konkreten Fall eine Bewertung zulassen (BVerfG 20.5.1996 – 1 BvR 21/96, NZA 1996, 1063).

163 Dabei lässt sich keine starre Grenze dergestalt ziehen, dass das Ergebnis einer Bewertung davon abhänge, dass zahlenmäßig mehr Indizien für oder gegen eine abhängige Beschäftigung sprechen. Vielmehr ist entscheidend, dass zunächst sämtliche als Indizien in Betracht kommenden Merkmale in einem konkreten Fall festgestellt werden und aus ihrer jeweiligen Gewichtung und Tragweite heraus eine widerspruchsfreie Abwägung erfolgt, die sodann einen konkreten Rückschluss darauf zulässt, ob eine Tätigkeit abhängig oder selbstständig verrichtet wird (BSG 22.6.2005 – B 12 KR 28/03 R, NZS 2006, 318; 4.7.2007 – B 11a AL 5/06 R, SozR 4-2400, § 7 Nr. 8; 29.8.2012 – B 12 KR 25/10 R, NZA-RR 2013, 252). Wenn die vertraglich vereinbarte Tätigkeit typologisch sowohl in einem Arbeitsverhältnis als auch selbstständig erbracht werden kann und die tatsächliche Handhabung der Vertragsbeziehung nicht zwingend für ein Arbeitsverhältnis spricht, müssen sich die Vertragsparteien grundsätzlich an dem von ihnen gewählten Vertragstypus festhalten lassen (LAG Berlin-Brandenburg 9.1.2015 – 2 Sa 1762/14 mit Verweis auf BAG 9.6.2010 – 5 AZR 332/09).

164 Zur Bedeutung des tatsächlichen Vollzuges eines auf die Erbringung von Arbeit in persönlicher Abhängigkeit gerichteten Rechtsverhältnisses eingehend KSW/*Berchtold* SGB IV § 7 Rn. 24 mwN.

165 Der Zoll (Bereich Finanzkontrolle Schwarzarbeit, FKS) prüft turnusmäßig nach bestimmten Branchenschwerpunkten in unterschiedlichsten Wirtschaftszweigen, ob Verstöße gegen das Schwarzarbeitsbekämpfungsgesetz vorliegen und abhängige Beschäftigungsverhältnisse verschleiert werden (Scheinselbstständigkeit). Dabei hat sich gerade in einigen Branchenzweigen gezeigt, das Unternehmen, die vormals in erheblichem Umfang mit vermeintlich selbstständigen zusammengearbeitet haben, nunmehr vielfach dazu übergehen die

V. Scheinselbständigkeit und Beschäftigungsstatus § 1

bisherigen (vielfach identischen) Vertragspartner nunmehr im Rahmen privilegierter Beschäftigungsverhältnisse einzusetzen. Dabei stellt sich insbesondere der Bereich der **geringfügigen Beschäftigungsverhältnisse** (Mini Jobs), und in diesem Segment vornehmlich auch der kurzfristigen Beschäftigungsverhältnisse (§ 8 I Nr. 2 in Verbindung mit § 115 SGB IV), als Schwerpunkt dar.

Diese Beschäftigungsverhältnisse sind sozialversicherungsrechtlich privilegiert, dh in der Sozialversicherung frei. Die Versicherungsfreiheit ist in § 7 I SGB V für die gesetzliche Krankenversicherung, in § 5 II SGB VI für die gesetzliche Rentenversicherung sowie in § 27 II SGB III für die gesetzliche Arbeitslosenversicherung geregelt. In den Satzungen der Berufsgenossenschaften sind die Grundlagen für die Beitragsberechnungen zur Unfallversicherung festgelegt (S: hierzu §§ 153 SGB VII; zu den versicherungs-, beitrags- und melderechtlichen Besonderheiten vgl. die Richtlinien für die versicherungsrechtliche Beurteilung von geringfügigen Beschäftigungen (Geringfügigkeits-Richtlinien) v. 12.11.2014). **166**

Der Arbeitslohn für kurzfristige Beschäftigungen ist lohnsteuerpflichtig; es ist jedoch eine Lohnsteuerpauschalierung möglich, wenn die Beschäftigung nur gelegentlich ausgeübt wird, auf maximal 18 zusammenhängende Arbeitstage befristet ist und einen durchschnittlichen Arbeitslohn von 12 EUR je Stunde sowie von 68 EUR (bis 2014: 62 EUR) ihr Arbeitstag nicht überschreitet. **167**

Die Voraussetzungen für eine **kurzfristige Beschäftigung** iSd Sozialversicherung sind in § 8 I Nr. 2 iVm § 115 SGB IV ausgeführt. Danach ist sozialversicherungsrechtlich eine Beschäftigung kurzfristig, wenn sie von vornherein auf nicht mehr als 3 Monate (90 Kalendertage) bzw. insgesamt 70 Arbeitstage nach ihrer Eigenart begrenzt zu sein pflegt oder im Voraus vertraglich begrenzt ist. **168**

Mit den Regelungen, insbesondere auch den zeitlich erweiterten Einsatzmöglichkeiten seit dem 1.1.2015, für kurzfristige Beschäftigungsverhältnisse bieten diese, gerade in Branchenzweigen, die einer volatilen Auftragslage unterliegen, für viele Unternehmen eine willkommene Gelegenheit, Sozialversicherungsbeiträge zu sparen. Allerdings ist in diesem Bereich Vorsicht geboten. Zum einen ist festzuhalten, dass auf kurzfristig Beschäftigte grundsätzlich dieselben arbeitsrechtlichen Vorschriften anzuwenden sind, wie auf reguläre Beschäftigung bzw. Arbeitsverhältnisse. Die Kurzfristigkeit selbst stellt keinen fest umrissenen arbeitsrechtlichen, sondern vorrangig einen sozialversicherungsrechtlich Begriff dar. In arbeitsrechtlicher Hinsicht ist daher zu beachten, dass die Beschäftigungsverhältnisse von vornherein bzw. nach den gesetzlichen Bestimmungen auf zeitliche Höchstgrenzen angelegt sind (Kurzfristigkeit). Vor diesem Hintergrund sind auch die arbeitsrechtlichen Bestimmungen über die Befristung von Arbeitsverhältnissen zu beachten. Maßgeblich ist hier das Teilzeit-und Befristungsgesetz (TzBfG), welches in § 14 ff. dezidierte Vorgaben für die Befristung von Arbeitsverhältnissen enthält (zu den Regelungsinhalten vgl. ErfK/*Müller-Glöge* TzBfG § 14 Rn. 4 ff.). **169**

Neben den arbeitsrechtlichen Vorgaben für die wirksame Befristung von Beschäftigungsverhältnis haben Unternehmen zudem zwingend zu prüfen, dass die von Ihnen angestrebte Beschäftigung eines Mitarbeiters auf Grundlage **170**

§ 1 Zweck des Gesetzes

eines kurzfristigen Beschäftigungsverhältnisses den gesetzlichen Bestimmungen genügt. Insbesondere ist darauf zu achten, dass die Beschäftigung nicht berufsmäßig erfolgt. So erfüllt ein kurzfristiger Minijob nicht die Voraussetzungen einer geringfügigen Beschäftigung, wenn die Beschäftigung berufsmäßig ausgeübt wird und ihr Arbeitsentgelt regelmäßig 450 EUR pro Monat übersteigt, § 8 I Nr. 1 und 2 SGB IV.

171 Hier ist darauf zu achten, dass dieses weder auf das Arbeitsverhältnis für sich genommen noch kumulativ mit weiteren Beschäftigungen zutrifft. Für die Frage der Berufsmäßigkeit ist entscheidend, ob durch die Beschäftigung der Lebensunterhalt überwiegend oder doch jedenfalls in solchem Umfang erworben wird, dass hierauf die wirtschaftliche Stellung zu einem erheblichen Teil beruht (BSG 25.4.1991 – 12 KR 14/89, NZA 1992, 232). Dies sei jedenfalls gegeben, wenn mit der kurzfristigen Beschäftigung nur die Lücke zwischen zwei Arbeitsverhältnissen überbrückt wird, anderenfalls ist im Einzelfall zu prüfen, ob der Beschäftigte seinem gesamten Erscheinungsbild nach zum Kreise der Arbeitnehmer gehört (KSW/*Berchtold* SGB IV § 8 Rn. 10). Insofern sind Unternehmen gehalten, jemals eine Würdigung der gesamten Lebenssituation unter Einbeziehung aller Einzelfall Umstände vorzunehmen, was sich durch das Fehlen entsprechender Informationen für den jeweils beschäftigten durchaus schwierig gestalten kann. Dies entbindet Unternehmen jedoch nicht von der dahingehenden Überprüfungspflicht.

172 Da berufsmäßig eine Beschäftigung unter anderem nur dann ausgeübt wird, wenn sie nicht nur von untergeordneter wirtschaftlicher Bedeutung ist, folgt daraus auch, dass der Bezug von Grundsicherungsleistungen seitens des Jobcenters bzw. der Bundesagentur für Arbeit die Möglichkeit eines kurzfristigen Beschäftigungsverhältnisses ausschließt. Gleiches gilt für Personen, die beschäftigungslos sind und bei der Agentur für Arbeit für eine mehr als kurzfristige Beschäftigung als arbeitssuchend gemeldet sind. Diese Personen sind sodann unabhängig von der Dauer der angedachten kurzfristigen Beschäftigung versicherungspflichtig. Eine Ausnahme gilt für den Fall, dass die in § 8 I Nr. 1 SGB IV enthaltene Entgeltgrenze nicht überschritten wird. In diesem Kontext ist auch die Regelung zur Zusammenrechnung mehrerer Minijobs zu beachten. So sind bei der Prüfung, ob die durch die gesetzlichen Bestimmungen festgelegten Höchstzeiträume innerhalb eines Kalenderjahres überschritten werden, die Zeiten mehrerer aufeinanderfolgender kurzfristiger Minijobs ohne Rücksicht auf die Höhe des jeweiligen Verdienstes zusammenzurechnen, § 8 II SGB IV (zum Beginn der Versicherungspflicht bei Überschreiten der Geringfügigkeitsgrenzen durch Zusammenrechnung KSW/*Berchtold* SGB IV § 8 Rn. 22).

173 (Zur geringfügigen Beschäftigung und geringfügig selbständigen Tätigkeit siehe eingehend KSW/*Berchtold* SGB IV § 8 Rn. 2ff. mwN).

6. Sonderformen der Beschäftigung/Problemkonstellationen

174 Wie wichtig die Gesamtbewertung der durch die Rechtsprechung ausgearbeiteten Kriterien für die Abgrenzung abhängiger Beschäftigung von selbstständiger Tätigkeit ist, verdeutlicht sich insbesondere anhand bestimmter Problemkonstellationen, die als Sonderform der Beschäftigung beleuchtet werden sollen.

V. Scheinselbständigkeit und Beschäftigungsstatus § 1

a) **Organe von juristischen Personen.** Es wurde bereits dazu ausgeführt, 175
dass sich die Frage, ob jemand abhängig beschäftigt oder selbstständig tätig ist,
nach einer Vielzahl von Abgrenzungsmerkmalen beurteilt, wobei das Gesamtbild der Arbeitsleistung maßgeblich ist. Dabei gilt, dass die tatsächlichen Verhältnisse den Ausschlag geben (Rechtsbeziehung so wie sie praktiziert wird)
und die praktizierte Beziehung so wie sie rechtlich zulässig ist.

Personen, die gegen Arbeitsentgelt beschäftigt sind, unterliegen in der Ren- 176
tenversicherung und nach dem Recht der Arbeitsförderung der Versicherungs- bzw. Beitragspflicht (§ 1 S. 1 Nr. 1 SGB VI, § 25 I SGB III). Beurteilungsmaßstab für das Vorliegen einer abhängigen Beschäftigung ist § 7 I 1
SGB IV. Danach ist Beschäftigung die nicht selbstständige Arbeit, insbesondere
in einem Arbeitsverhältnis. Maßgebliches Kriterium ist die persönliche Weisungsgebundenheit. Diese Weisungsgebundenheit kann – vornehmlich bei
Diensten höherer Art – eingeschränkt und zur „funktionsgerecht dienenden
Teilhabe am Arbeitsprozess" verfeinert sein. Demgegenüber ist eine selbstständige Tätigkeit v. a. durch eigenes Unternehmerrisiko, das Vorhandensein einer
eigenen Betriebsstätte, die Verfügungsmöglichkeit über die eigene Arbeitskraft
und die im Wesentlichen frei gestaltete Tätigkeit und Arbeitszeit gekennzeichnet. Ob jemand abhängig beschäftigt oder selbstständig tätig ist, richtet sich
ausgehend von den genannten Umständen nach dem Gesamtbild der Arbeitsleistung und hängt davon ab, welche Merkmale überwiegen (st. Rspr. BSG
29. 8. 2012 – B 12 KR 14/10 R). Bei der Feststellung des Gesamtbilds kommt
den tatsächlichen Verhältnissen nicht voraussetzungslos ein Vorrang gegenüber
den vertraglichen Abreden zu (vgl. BSG 29.8.2012 – B 12 KR 14/10 R;
25.1.2006 – B 12 KR 30/04 R; 28.5.2008 – B 12 KR 13/07 R).

Dieser Bewertungsmaßstab erfasst auch die Organe juristischer Personen. 177
Auch der Geschäftsführer einer GmbH ist hiervon nicht ausgenommen. Weder seine Stellung als Organ der juristischen Personen GmbH noch der Umstand, dass er als Geschäftsführer selbst gegenüber Arbeitnehmern der GmbH
Arbeitgeberfunktionen ausübt, nehmen ihn von der Möglichkeit des Vorliegens einer abhängigen Beschäftigung aus. Auch Personen, die Arbeitgeberfunktionen ausüben, können ihrerseits gegenüber einem Dritten persönlich
abhängig beschäftigt sein. Im Hinblick auf die Person des Geschäftsführers ist
dabei insbesondere die Bindung an das willensbildende Organ, die Gesamtheit der Gesellschafter, von Bedeutung (BSG SozR 4-2400 § 7 Nr. § 1
mwN).

Bei der Erbringung von Diensten für eine Personengesamtheit oder juristi- 178
sche Person ist stets zu prüfen, ob eine Dienstleistung sich ausschließlich auf
den gesellschaftsrechtlichen Bereich beschränkt oder gegebenenfalls auch sozialversicherungsrechtliche Implikationen hat. Ausschließlich im Gesellschaftsrecht verordnete Tätigkeiten sind stets der Gesellschaft als eigenständiges
Rechtssubjekt zuzuordnen. Diese sind für die sozialversicherungsrechtliche
Einordnung der Tätigkeit des verrichtenden Gesellschafters ohne Bedeutung
(BSG 29.2.2012 – B 12 KR 4/10 R, SozR 4-2500 § 10 Nr. 10).

Für den Personenkreis der Vorstände und Geschäftsführer juristischer Per- 179
sonen hat die Rechtsprechung Kriterien erarbeitet, die sich grundlegend an
den Indizien des Sachverhalts orientieren und wie bei reguläre abhängig
beschäftigten Personen iRe Gesamtschau zu beurteilen sind. Auch hier ist

Brügge

§ 1 Zweck des Gesetzes

iRe wertenden Betrachtung die Frage zu beantworten, ob es sich um eine versicherungspflichtige Beschäftigung handelt oder Versicherungsfreiheit vorliegt.

180 Neben der gesellschaftsrechtlichen Verbindung zwischen dem Geschäftsführer und der GmbH als juristische Person können Organe weiter auch in einer persönlichen Abhängigkeit zu der juristischen Person stehen. Dies gilt in erster Linie selbstverständlich für den Fremdgeschäftsführer einer GmbH, der selbst keine Geschäftsanteile hält. Gemäß § 37 GmbHG unterliegen Geschäftsführer dem Weisungsrecht der Gesellschafter.

181 Ob ein Fremdgeschäftsführer abhängig Beschäftigter einer GmbH ist, hängt wesentlich davon ab, ob er nach seinem Anstellungsvertrag oder nach den tatsächlichen Verhältnissen einem Direktionsrecht der Gesellschafter bzw. eines Aufsichtsrats hinsichtlich Art, Ort, Zeit und Dauer der zu leistenden Tätigkeiten unterliegt (BSG 18.12.2001 – B 12 KR 10/01 R, NZA-RR 2003, 325; 19.6.2001 – B 12 KR 44/00 R, 3-2400 § 7 Nr. 18) oder ob er ohne Bindung an Weisungen und bei freier Gestaltung des Ablaufs durch seine Tätigkeit die Geschicke der Gesellschaft maßgebend bestimmt und die Unternehmensleitung wahrnimmt (BSG 14.12.1999 – BZU 48/98 R, BB 2000, 674; LSG Hessen 23.11.2006, ZIP 2007, 545). Entscheidend ist auch hier die Weisungsabhängigkeit. Dabei beantwortet sich auch in diesem Fall die Frage, ob eine abhängige Beschäftigung iSd Sozialversicherung vorliegt, nach der Ausgestaltung des Vertragsverhältnisses zwischen den Beteiligten, so wie es im Rahmen des rechtlich Zulässigen tatsächlich vollzogen wird. Ausgangspunkt ist daher zunächst das Vertragsverhältnis der Beteiligten, so wie es sich aus den von ihnen getroffenen Vereinbarungen ergibt oder sich aus ihrer gelebten Beziehung erschließen lässt. Eine im Widerspruch hierzu stehende tatsächliche Handhabung und die hieraus gezogene Schlussfolgerung auf die tatsächlich gewollte Natur der Rechtsbeziehung gehen der nur formellen Vereinbarung vor, soweit eine – formlose – Abbedingung rechtlich möglich ist. Umgekehrt gilt, dass die Nichtausübung eines Rechts unbeachtlich ist, solange diese Rechtsposition nicht wirksam abbedungen ist.

182 Zu den tatsächlichen Verhältnissen in diesem Sinne gehört daher unabhängig von ihrer Ausübung auch die einem Beteiligten zustehende **Rechtsmacht**. In diesem Sinne gilt, dass die tatsächlichen Verhältnisse den Ausschlag geben, wenn sie von Vereinbarungen abweichen. Maßgeblich ist die Rechtsbeziehung so, wie sie praktiziert wird, und die praktizierte Beziehung so, wie sie rechtlich zulässig ist (LSG NRW 17.10.2012 – L 8 R 545/11 mwN).

183 Nach diesen Grundsätzen ist zu beurteilen, ob der Geschäftsführer einer GmbH zu dieser in einem abhängigen Beschäftigungsverhältnis steht. Damit kommt dem Umstand, ob ein Geschäftsführer gleichzeitig **Gesellschafter** ist und aufgrund seiner Gesellschafterstellung maßgeblichen Einfluss auf die Willensbildung der GmbH hat und damit Beschlüsse und Einzelweisungen an sich jederzeit verhindern kann, entscheidende Bedeutung zu (BSG 8.8.1990 – 11 RAr 77/89, NZA 1991, 324).

184 Ist dies der Fall, ist ein abhängiges Beschäftigungsverhältnis grundsätzlich zu verneinen, weil der Geschäftsführer mit Hilfe seiner Gesellschafterrechte die für das Beschäftigungsverhältnis typische Abhängigkeit vermeiden kann (BSG 6.2.1992 – 7 RAr 134/90, NZA 1992, 1003). Darüber hinaus ist von Bedeu-

V. Scheinselbständigkeit und Beschäftigungsstatus § 1

tung, ob der Einfluss des Geschäftsführers auf die Willensbildung der GmbH aufgrund besonderer Einzelfallumstände unabhängig von seiner Gesellschafterstellung so erheblich ist, dass ihm nicht genehme Beschlüsse und jede Weisung ausgeschlossen sind und er die Geschäft nach eigenem Gutdünken führen, d. h. frei schalten und walten kann. Dann ist eine persönliche Abhängigkeit auch bei Diensten höherer Art zu verneinen, weil die Gesellschafter tatsächlich keinerlei Einfluss auf die Geschicke der Gesellschaft nehmen und sich der Geschäftsführer nur in der von ihm selbst gegebenen Ordnung des Betriebes einfügt (BSG 14.12.1999 – B 2 U 48/98 R; 11.2.1993 – 7 RAr 48/92).

Zum unionsrechtlichen Arbeitnehmerstatus einer schwangeren Geschäftsführerin vgl. EuGH 11.11.2010 – C-232/09 Rs. Dita Danosa/LKB SIA, NJW 2011, 2343: Für die Arbeitnehmereigenschaft iSd Unionsrechts ist es ohne Bedeutung, dass das Beschäftigungsverhältnis nach nationalem Recht ein Rechtsverhältnis sui generis ist (EuGH 20.9.2007 – C-116/06 Rs. Kiiski, NZA 2007, 1274) Die formale Einstufung als Selbstständiger nach innerstaatlichem Recht schließt nicht aus, dass eine Person als Arbeitnehmer iSd Richtlinie 92/85/EWG einzustufen ist, wenn ihre Selbstständigkeit nur fiktiv ist und damit ein Arbeitsverhältnis im Sinne dieser Richtlinie verschleiert (EuGH 13.1.2004 – C-256/01 Rs. Allonby, NZA 2004, 201). 185

Auch ein **Gesellschafter-Geschäftsführer** einer GmbH kann gleichzeitig in einem Beschäftigungsverhältnis stehen. Dies ist grundsätzlich neben seiner gesellschaftsrechtlichen Stellung möglich. Das bedeutet, dass die Versicherungspflicht des Geschäftsführers einer GmbH, der zugleich deren Gesellschafter ist, davon abhängt, ob wegen seiner Kapitalbeteiligung noch ein Verhältnis der persönlichen Abhängigkeit vorliegt. 186

Bei geschäftsführenden Gesellschaftern stellt die Rechtsprechung damit primär auf die Beteiligung am Gesellschaftskapital ab. Dabei gilt grundsätzlich, dass, sofern der Geschäftsführer über eine Mehrheitsbeteiligung (dh mehr als 50%) oder eine im Gesellschaftsvertrag vereinbarte Sperrminorität verfügt, er nicht abhängig Beschäftigter der GmbH ist. Hintergrund dieser Vorgabe ist, dass der geschäftsführende Gesellschafter somit die Möglichkeit hat, jeden Beschluss und jede ihm nicht genehme Weisung der Gesellschafter zu verhindern (BSG 4.6.2009 – B 12 KR 3/08 R, NJW 2010, 1836). 187

Schon wer auf Grund einer **Sperrminorität** oder weil er Mehrheitsgesellschafter ist kraft seiner gesellschaftsrechtlichen Stellung als Geschäftsführer-Gesellschafter in der Lage ist, ihm nicht genehme Entscheidungen der Gesellschaft gerade hinsichtlich Zeit, Dauer, Umfang und Ort der Tätigkeit zu verhindern, ist nicht abhängig beschäftigt (BSG 18.4.1991 – 7 RAr 32/90, NZA 1991, 869, 8.12.1994 – 11 RAr 49/94, NJW-RR 1995, 993; 30.6.1999 – B 2 U 35/98 R, NZS 2000, 147; BSG 24.11.2005 – B 12 RA 1/04 R, NJW 2006, 1162, NJW 2006, 1162 (1163); LSG BW 26.6.2012 – L 11 KR 2769/ 11 mwN). Erst recht ist in seiner dienstvertraglichen Stellung nicht persönlich abhängig, wem – wie dem Alleingesellschafter – gesellschaftsrechtlich und innerhalb der Grenzen des Rechts eine unbeschränkte Gestaltungsmacht zukommt. Seine Selbstständigkeit liegt damit umgekehrt auf der Hand. Der Umkehrschluss, dass mangels eines durch die Kapitalbeteiligung hervorgerufenen beherrschenden Einflusses auf die Gesellschaft regelmäßig ein Abhängigkeits- 188 verhältnis des Gesellschafter-Geschäftsführers anzunehmen ist, ist in der Rechtsprechung des BSGs nicht anerkannt (BSGE 13, 196 (200); LSG BW 26.6.2012 – L 11 KR 2769/11).

189 Das BSG betont dabei, dass auch ein maßgeblicher rechtlicher oder tatsächlicher Einfluss auf die Willensbildung der Gesellschaft aufgrund der Gesellschafterstellung ein Beschäftigungsverhältnis nur dann ausschließt, wenn der Gesellschafter damit Einzelanweisungen an sich im Bedarfsfall jederzeit verändern kann (BSG 23.6.1994 – 12 RR 72/92, NJW 1994, 2974; 17.5.2001 – B 12 KR 34/00 R, SozR 3-2400 § 7 Nr. 17).

190 Das Kriterium der rechtlichen Möglichkeiten, Weisungen der Gesellschafter in jedem Fall verhindern zu können, ist selbst dann ausschlaggebend, wenn der geschäftsführende Gesellschafter von den ihm aufgrund des gezeichneten Kapitals oder der im Gesellschaftsvertrag getroffenen Vereinbarungen eingeräumten Möglichkeiten tatsächlich keinen Gebrauch macht und die Entscheidung anderen überlässt (BSG 25.1.2006 – B 12 KR 30/04 R, ZIP 2006, 678).

191 Das BSG hat aus der qualitativen wie quantitativen Begrenzung abgeleitet, dass Minderheitsbeteiligungen von bis zu 10% des Gesellschaftskapitals in der Regel nicht zu einem maßgeblichen Einfluss auf die Gesellschaft führen und damit der an der GmbH beteiligte Geschäftsführer als Beschäftigter iSd § 7 I SGB IV gilt.

192 Eine Ausnahme hiervon ist durch das BSG lediglich für den Fall anerkannt, dass der Geschäftsführer wörtlich „Kopf und Seele" der Gesellschaft ist und keinem für die persönliche Abhängigkeit maßgeblichen Direktionsrecht der Gesellschafter im Hinblick auf seine Tätigkeit als Geschäftsführer unterliegt (BSG 8.8.1990 – 11 RAr 77/89, NZA 1991, 324; ErfK/*Rolfs* SGB IV § 7 Rn. 20).

193 Auch wenn der geschäftsführende Gesellschafter über keine Mehrheit am Stammkapital und auch nicht über eine Sperrminorität verfügt, kann eine abhängige Beschäftigung weiter dann ausgeschlossen sein, wenn es ihm sein tatsächlicher Einfluss auf die Willensbildung der GmbH gestattet, nicht genehme Weisungen der genannten Art zu verhindern. Eine abhängige Beschäftigung kann auch dann ausgeschlossen sein, wenn der Gesellschafter-Geschäftsführer „schalten und walten" kann, wie er will, weil er die Gesellschafter persönlich dominiert oder weil diese wirtschaftlich von ihm abhängig sind (BSG 14.12.1999 – B 2 U 48/98 R; 25.10.1989 – 2 RU 12/89). Der Geschäftsführer einer GmbH, der auch Gesellschafter ist, aber weder über eine Kapitalmehrheit noch über eine Sperrminorität verfügt, steht dennoch nicht in einem abhängigen Beschäftigungsverhältnis zur GmbH, wenn er als einziger über ein spezielles Fachwissen, von dem die GmbH wirtschaftlich abhängig ist (LSG BW 26.6.2012 – L 11 KR 2769/11).

194 Entscheidend ist damit die Rechtsmacht, dass der Gesellschafter-Geschäftsführer mit seinem Anteil ihm nicht genehme Entscheidungen verhindern kann. Konsequenterweise besitzt demgegenüber ein GmbH-Gesellschafter, der in der GmbH angestellt ist und nicht zum Geschäftsführer bestellt ist, allein aufgrund seiner gesetzlichen Gesellschaftsrechte nicht die Rechtsmacht, seine Weisungsgebundenheit als Angestellter der Gesellschaft aufzuheben oder gar abzuschwächen. Dies gilt selbst dann, wenn der formal angestellte Gesellschafter 50% der Geschäftsanteile innehat. Dies hat keine Auswirkungen auf die

V. Scheinselbständigkeit und Beschäftigungsstatus § 1

Dienstaufsicht und das Weisungsrecht über einen Angestellten der GmbH. Dies ist laufende Angelegenheit der Geschäftsführung und nicht der Gesellschafterversammlung.

Vor diesem Hintergrund ist selbst ein Gesellschafter mit 50% des Stammkapitals nicht in der Lage, im Angestelltenverhältnis Einzelanweisungen durch die Geschäftsführung an sich zu verhindern (*Sommer* NZS 2003, 169 (172)). Zum angestellten Gesellschafter und den denkbaren Fallgruppen s. KSW/ *Berchtold* SGB IV § 7 Rn. 48. 195

Damit ist eine versicherungspflichtige Beschäftigung eines Geschäftsführers zu verneinen, wenn dieser nach der Ausgestaltung der Vertragsbeziehungen zur GmbH bzw. der tatsächlichen Durchführung des Vertrages hinsichtlich Zeit, Dauer, Umfang und Ort der Tätigkeit im Wesentlichen weisungsfrei ist. Die gesellschaftsrechtliche Abhängigkeit kann durch den tatsächlich eingeräumten Einfluss aufgehoben werden (BSG 8.8.1990 – 11 RAr 77/89, NZA 1991, 324). 196

Zur Zulässigkeit der Aufnahme von **Stimmrechtsbindungsvereinbarungen,** die faktisch zu einem Einstimmigkeitsprinzip in der Gesellschafterversammlung führen, so dass dem Geschäftsführer auch dort gegen seinen Willen keine Weisungen erteilt werden können: OLG Frankfurt 16.9.1999 – 1 U 137/98; BGH 29.5.1967 – 11 ZR 105/66, NJW 1967, 1963ff; NJW 1983, 1910). Solche Vereinbarungen können daher sogar bei Fremdgeschäftsführern, je nach Fallgestaltung, maßgeblich für die Einstufung als Selbstständige sein (LSG Bln-Bbg 29.11.2012 – L 1 KR 355/12 B ER; aA für eine nur mündliche Stimmrechtsbindungsvereinbarung LSG Hamburg 7.8.2013 – L 2 R 31/10), erst Recht bei Gesellschafter-Geschäftsführern. 197

b) Versicherungspflichtigkeit selbständig Tätiger (arbeitnehmerähnliche Selbständige). § 2 SGB VI regelt die Rentenversicherungspflicht der sog. arbeitnehmerähnlichen Selbständigen. Diese zeichnen sich durch ihre soziale Schutzbedürftigkeit aus. Sie sind zwar Selbständige unter Berücksichtigung der vor dem Hintergrund der Bestimmung des § 7 I 1 SGB IV herausgearbeiteten Kriterien. Indes unterliegt dieser Personenkreis der Rentenversicherungspflicht. Da die arbeitnehmerähnlichen Selbständigen unter Berücksichtigung der Abgrenzungsmerkmale für das Vorliegen abhängiger Beschäftigung tatsächlich selbständig im Rechtssinne sind, sind sie von der Gruppe der Scheinselbständigen zu unterscheiden. Zu den arbeitnehmerähnlichen Selbständigen vgl. auch KSW/*Berchtold* SGB VI § 2 Rn. 15 mwN. Erfasst werden auch Handelsvertreter (sog. Einfirmenhandelsvertreter) von der Krankenversicherungspflicht nimmt § 5 V SGB V die hauptberuflich Selbständigen aus, dazu vgl. Gem. Rundschreiben des GKV-Spitzenverbandes v. 23.7.2015. 198

Zentrale Bestimmung für die arbeitnehmerähnlichen (versicherungspflichtigen) Selbständigen ist § 2 S. 1 Nr. 9 SGB VI. Durch Art. 2 Nr. 1 Buchst. a des Gesetzes zur Förderung der Selbstständigkeit v. 20.12.1999 (BGBl. I 2000 S. 2) wurde § 2 S. 1 Nr. 9 SGB VI in der Weise rückwirkend zum 1.1.1999 geändert, dass selbstständig tätige Personen versicherungspflichtig sind, die 199

– im Zusammenhang mit ihrer selbständigen Tätigkeit regelmäßig keinen versicherungspflichtigen Arbeitnehmer beschäftigen und

§ 1 Zweck des Gesetzes

— auf Dauer und im Wesentlichen nur für einen Auftraggeber tätig sind (vgl. zur Begründung BT-Drs. 14/1855, 8f.); bei Gesellschaftern gelten als Auftraggeber die Auftraggeber der Gesellschaft.

200 Seither sind Änderungen nur noch hinsichtlich der Entgeltgrenze in Buchst. a erfolgt (vgl. Art. 7 Nr. 2 4. Euro-Einführungsgesetz v. 21.12.2000, BGBl. I S. 1983, und Art. 4 Nr. 1 Buchst. a Doppelbuchst. bb des Zweiten Gesetzes für moderne Dienstleistungen am Arbeitsmarkt v. 23.12.2002 (BGBl. I S. 4621). Der Bestimmung liegt die Vermutung des Gesetzgebers zu Grunde, dass derjenige, der ohne versicherungspflichtig beschäftigte Arbeitnehmer selbständig arbeitet, auf Grund seiner Verdienstsituation typischerweise nicht in der Lage ist, sich außerhalb der gesetzlichen Rentenversicherung abzusichern. Hieraus folgt eine grundsätzliche soziale Schutzbedürftigkeit, die kennzeichnend für den arbeitnehmerähnlichen Selbständigen ist (hierzu BSG 23.11.2005 – B 12 RA 5/04 R; 29.8.2012 – B 12 R 7/10 R, SozR 4-2600 § 2 Nr. 16; 2.3.2010 – B 12 R 10/09; LSG Niedersachsen-Bremen 16.9.2009 – L 2 R 235/09).

201 Das Gesetz spricht davon, dass der Selbständige „auf Dauer und im Wesentlichen nur für einen Auftraggeber tätig ist". Von einer Tätigkeit auf Dauer ist auszugehen, wenn die Tätigkeit iRe Dauerauftragsverhältnisses oder eines regelmäßig widerkehrenden Auftragsverhältnisses erfolgt. Nach der Gesetzesbegründung sind bei der Beurteilung der Dauerhaftigkeit zeitliche und wirtschaftliche Kriterien sowie branchenspezifische Besonderheiten zu berücksichtigen (BT-Drs. 14/1855, 6). Das Kriterium der dauerhaften Tätigkeiten für einen Auftraggeber soll auch dann erfüllt sein, wenn der Erwerbstätige innerhalb eines bestimmten Zeitraums nacheinander für mehrere Auftraggeber tätig ist, jedoch nicht, wenn sich zeitlich begrenzte Auftragsverhältnisse mit demselben Auftraggeber regelmäßig wiederholen (BT-Drs. 14/1855, 6).

202 § 2 S. 1 Nr. 9a.) SGB VI nimmt denjenigen von der Rentenversicherungspflicht aus, der regelmäßig einen oder mehrere sozialversicherungspflichtige Arbeitnehmer beschäftigt. Personen, die dieses Kriterium erfüllen, sollen nicht zum Kreis der arbeitnehmerähnlichen Selbständigen gehören und damit auch nicht der Rentenversicherungspflicht unterfallen, selbst wenn sie auf Dauer und im Wesentlichen nur für einen Auftraggeber tätig sind. Dabei reicht nach der Rechtsprechung auch die Beschäftigung mehrerer Arbeitnehmer aus, deren Entgelt zusammengenommen die Geringfügigkeitsgrenze des § 8 I Nr. 1 SGB IV überschreiten (BSG 29.8.2012 – B 12 R 7/10 R, SozR 4-2600 § 2 Nr. 16). Die Beschäftigung nur eines geringfügig beschäftigten Arbeitnehmers wurde nicht für ausreichend erachtet (LSG Sachsen 21.1.2014 – L 5 R 712/11; BSG 23.11.2005 – B 12 RA 15/04 R: Unerheblich, ob nur ein versicherungspflichtiger Arbeitnehmer oder mehrere Arbeitnehmer, die zusammen in einem Versicherungspflicht begründenden Umfang arbeiten).

203 Die Voraussetzung, dass der Selbstständige auf Dauer und im Wesentlichen nur für einen Auftraggeber tätig ist, soll nach der erklärten Absicht des Gesetzgebers dann erfüllt sein, wenn der Betreffende rechtlich (vertraglich) oder tatsächlich (wirtschaftlich) an einen Auftraggeber gebunden bzw. von diesem abhängig ist (BT-Drs. 14/45, 20). Erfasst werden von vornherein nur „echte" Selbstständige, also Personen, die weisungsfrei (dh ohne in eine fremde Arbeitsorganisation integriert zu sein) auf eigene Rechnung und mit Gewinnerzielungsabsicht arbeiten (LSG LSA 16.2.2012 – L 1 R 213/08).

V. Scheinselbständigkeit und Beschäftigungsstatus § 1

Für den Begriff „Auftraggeber" findet sich keine Legaldefinition für das Rentenversicherungs- oder Sozialversicherungsrecht. Die Bedeutung des Wortes „Auftraggeber" ist offen (BSG 4.11.2009 – B 12 R 3/08 R). **204**

Die Tatbestandsvoraussetzung „ein Auftraggeber" ist nach der Rechtsprechung im Sinne „desselben Auftraggebers" zu verstehen. Von einer Tätigkeit auf Dauer nur für einen Auftraggeber ist auszugehen, wenn die Tätigkeit iRe Dauerauftragsverhältnisses oder eines regelmäßig wiederkehrenden Auftragsverhältnisses für denselben Auftraggeber erfolgt. Während die Tätigkeit „für einen Auftraggeber" in § 7 IV SGB IV die persönliche Abhängigkeit (von einem Arbeitgeber) beschreibt, ist die Tätigkeit „für einen Auftraggeber" in § 2 Satz 1 Nr. 9 SGB VI die wirtschaftliche Abhängigkeit (von einem Auftraggeber), LSG SH 5.12.2011 – L 1 R 59/11). **205**

Das Erfordernis, im Wesentlichen nur für einen Auftraggeber tätig zu sein, wird von der Praxis unter Bezugnahme auf das „Rundschreiben der Spitzenverbände der Sozialversicherungsträger zum Gesetz zur Förderung der Selbständigkeit" v. 20.12.1999 als erfüllt angesehen, wenn der Betroffene mindestens 5/6 seiner gesamten Einkünfte aus den zu beurteilenden Tätigkeiten alleine aus einer dieser Tätigkeiten erzielt (LSG SA 16.2.2012 – L 1 R 213/08). Es ist auf die tatsächliche wirtschaftliche Abhängigkeit abzustellen. Die Beurteilung ist auf der Grundlage der erzielten Brutto-Einkünfte vorzunehmen (LSG Saarland 1.12.2005 – L 1 RA 11/04; LSG Niedersachsen-Bremen 26.1.2006 – L 1 RA 105/04; Rundschreiben der Spitzenverbände der Sozialversicherungsträger, NZA 2000, 190 ff.). **206**

Zu der Bewertung der Zusammenarbeit von mehreren Unternehmen im Konzern und der Bewertung der Tätigkeit als „im Wesentlichen nur für einen Auftraggeber" vgl. auch BSG 9.11.2011 – B 12 R 1/10 R). Für den Bereich der Versicherungsvermittlung (Versicherungsmakler) vgl. LSG BW 1.2.2011 – L 11 R 2461/10). **207**

Zur Möglichkeit der Befreiung von der Rentenversicherungspflicht auf Antrag nach § 6 SGB VI und den einzelnen Befreiungstatbeständen siehe eingehend KSW/*Berchtold* SGB VI § 6 Rn. 3 ff. mwN). Zur Reichweite der Befreiung von der Rentenversicherungspflicht: BSG 31.10.2012 – B 12 R 3/11 R). **208**

Auch selbständig tätige geschäftsführende Gesellschafter einer juristischen Person können per se rentenversicherungspflichtige Selbständig iSd vorgenannten Bestimmungen sein. **209**

§ 2 S. 1 Nr. 9 SGB VI regelt allein die Versicherungspflicht natürlicher Personen. Die Vorschrift spricht mit „Personen" hinsichtlich der Rechtsfolge und ihrer tatbestandlichen Voraussetzungen jeweils denselben Kreis von Betroffenen an. Schon weil das gesamte Leistungsprogramm der gesetzlichen Rentenversicherung (§ 23 SGB I; §§ 9 ff. SGB VI) offensichtlich allein auf natürliche Personen abstellt, kann es sich hierbei jeweils nur einheitlich um natürliche Personen handeln (BSG 24.11.2005 – B 12 RA 1/04 R, NJW 2006, 1162 (1163)). **210**

Dieser Umstand schließt es gleichzeitig von vornherein aus, die Tatbestandsvoraussetzungen des § 2 S. 1 Nr. 9 SGB VI zunächst auch in Bezug auf eine juristische Person zu prüfen, um dann die Rechtsfolge der Versicherungspflicht bei einer beteiligten natürlichen Person eintreten zu lassen (idS aber etwa *Brand* DB 1999, 1162 (1168)). **211**

§ 1 Zweck des Gesetzes

212 Eigenständige Rechtssubjektivität von natürlicher und juristischer Person. Das BSG geht in seiner Rechtsprechung im Grundsatz von einer abhängigen Beschäftigung auch von Vorständen und Geschäftsführern aus (BSG 6.10.2010 – B 12 KR 20/9 R, SozR 4-2600 § 1 Nr. 5, Rn. 18). Es ist zwischen der gesellschaftsrechtlichen Verbindung bzw. dem körperschaftsrechtlichen Rechtsakt der Bestellung zum Organ einer Gesellschaft und dem schuldrechtlichen Anstellungsvertrag zu unterscheiden. Dh, dass neben der gesellschaftsrechtlichen Verbindung eine persönliche Abhängigkeit bestehen kann, die eine Sozialversicherungspflicht bzw. abhängige Beschäftigung begründet (eingehend hierzu *Grimm,* Sozialversicherungspflicht des GmbH-Geschäftsführers und AG-Vorstandes?, DB 2012, 175 ff.; zur Wechselbeziehung von Organbestellung und Anstellung vergleiche auch BGH 25.3.1991 – II ZR 169/90, NJW 1991, 1680; BSG 19.6.2001 – B 12 KR 44/00 R, 3-2400 § 7 Nr. 18; KSW/*Berchtold* SGB IV § 7 Rn. 44).

213 Die Versicherungspflicht des Geschäftsführers einer GmbH in seiner selbstständigen Tätigkeit ist nicht deshalb ausgeschlossen, weil er als Geschäftsführer für die GmbH tätig ist. Soweit Grundlage der Versicherungspflicht in § 2 S. 1 Nr. 9 SGB VI die Beziehung des Versicherungspflichtigen zu einem anderen Rechtssubjekt („Auftraggeber") ist, kommt auch eine juristische Person als Partner in Betracht. Versicherter und „Auftraggeber" bleiben auch dann zu unterscheiden (BSG NJW 2006, 1162 (1163)).

214 Trotz der „wirtschaftlichen Identität" zwischen der Ein-Mann-GmbH und dem Alleingesellschafter gilt hinsichtlich des Gesellschaftsvermögens und des Privatvermögens das Trennungsprinzip. Für Gesellschaftsschulden haftet nur die GmbH mit ihrem Vermögen (§ 13 II GmbHG), für persönliche Schulden allein der Gesellschafter selbst. GmbH und Alleingesellschafter sind voneinander grundsätzlich unabhängige Rechtsträger. Sie verfügen über gesonderte Vermögensmassen, die unterschiedlichen Gläubigern haften (BGH 16.10.2003 – IX ZR 55/02, NJW 2004, 217; BSG 24.11.2005 – B 12 RA 1/04 R, NJW 2006, 1162 (1166)). Zur Versicherungspflicht von Gesellschaftern und Geschäftsführern einer GmbH auf Grund abhängiger Beschäftigung (BSG 13.12.1960 – 3 RK 2/56, NJW 1961, 1134; 18.04.1991 – 7 RAr 32/90, NZA 1991, 869; 8.12.1994 – 11 RAr 49/94, NJW-RR 1995, 993, 23.6.1994 – 12 RR 72/92, NJW 1994, 2974; 18.12.2001 – B 12 KR 10/01 R, NJW-RR 2002, 758, 24.11.2005 – B 12 RA 1/04 R, NJW 2006, 1162 (1164)).

215 Die juristische Person erlangt Handlungsfähigkeit durch ihre Organe (§§ 35 ff. GmbHG), deren Funktion durch natürliche Personen ausgeübt wird. Soweit die Funktion des Geschäftsführers zur Vertretung der Gesellschaft nach außen berechtigt (§ 35 I GmbHG), handelt es sich um einen Fall gesetzlicher Vertretung. Dies gilt auch, soweit eine natürliche Person im Zusammenhang mit ein und derselben Beziehung gleichzeitig als Geschäftsführer der GmbH für diese wie auch für sich selbst handelt. Auch im Verhältnis einer **Ein-Mann-GmbH** zu ihrem Alleingesellschafter/-geschäftsführer sind daher die beteiligten Rechtssubjekte zu unterscheiden und die unterschiedliche Zuordnung der einzelnen Gegenstände zu beachten (hierzu BGH 16.10.2003 – IX ZR 55/02, NJW 2004, 217).

216 Das Sozialrecht folgt dem und entnimmt nicht etwa ausnahmsweise dem Zusammentreffen mehrerer Funktionen in ein und derselben natürlichen Per-

V. Scheinselbständigkeit und Beschäftigungsstatus § 1

son eine gleichzeitige „Verschmelzung" von natürlicher und juristischer Person. Etwas anderes gilt insbesondere auch nicht im Blick auf die so genannte Durchgriffshaftung (zu deren Voraussetzungen zusammenfassend BSG 26.1.1978 – 2 RU 90/77, NJW 1978, 2527; 27.9.1994 – 10 RAr 1/92, NJW-RR 1995, 730).

Zur persönlichen Inanspruchnahme eines Gesellschafters für Schulden der 217 Gesellschaft(vgl. zusammenfassend etwa BSG 27.9.1994 – 10 RAr 1/92, NJW-RR 1995, 730). Dies wird auch für die Ein-Mann-GmbH angenommen (vgl. etwa BSG 26.1.1978 – 2 RU 90/77, NJW 1978, 2527).

Soweit bei Anwendung des § 2 S. 1 Nr. 9 SGB VI ein Auftragsverhältnis 218 zwischen Geschäftsführer und GmbH wegen der Gesellschafterstellung verneint werden soll, wird kein außen stehender Dritter geschützt. Erfüllt der Geschäftsführer in seiner selbstständigen Tätigkeit alle Voraussetzungen der Versicherungspflicht nach § 2 S. 1 Nr. 9 SGB VI, bedarf es auch keiner zusätzlichen Prüfung seiner „Arbeitnehmerähnlichkeit" bzw. seiner konkreten „Schutzbedürftigkeit". Beide Aspekte haben in den tatbestandlichen Voraussetzungen von § 2 S. 1 Nr. 9 SGB VI abschließend ihren konkretisierenden Ausdruck gefunden.

Das Gesetz erfasst mit § 2 S. 1 Nr. 9 SGB VI einen Personenkreis, der typi- 219 sierend für so schutzbedürftig gehalten wird, dass dies einen Eingriff in die Vorsorgefreiheit (Art. 2 I GG) rechtfertigt (BSG 24.11.2005 – B 12 RA 1/04 R, NJW 2006, 1162 (1165)). Der Einschätzung, dass typischerweise dann, wenn Selbstständige im Zusammenhang mit ihrer selbstständigen Tätigkeit keine versicherungspflichtigen Arbeitnehmer beschäftigen und sie im Wesentlichen nur für einen Auftraggeber tätig sind, „diese nicht weniger sozial schutzbedürftig sind als die derzeit in § 2 S.1 Nrn. 1–7 SGB VI erfassten Selbstständigen" (BT-Drs. 14/45, 20), wurde während der Gesetzesberatungen – soweit ersichtlich – nicht widersprochen.

Für die Einbeziehung in die Rentenversicherung ist nicht die wirkliche, 220 sondern die mutmaßliche Versicherungsbedürftigkeit entscheidend, die sich aus allgemeinen Merkmalen und aus der durchschnittlichen Lebenslage der betroffenen Bevölkerungsgruppe ergibt (BSG 24.11.2005 – B 12 RA 1/04 R, NJW 2006, 1162 (1165)). Die Versicherungspflicht setzt nicht die individuelle soziale Schutzbedürftigkeit jedes einzelnen Versicherungspflichtigen voraus, sondern beruht auf der Erfüllung des formalen gesetzlichen Tatbestands, in dem nach Auffassung des Gesetzgebers die soziale Schutzbedürftigkeit typisierend zum Ausdruck kommt (BVerfG 26.11.1964 – 1 BvL 14/62, NJW 1965, 195).

Wie auch im Bereich der übrigen abhängig Beschäftigten ist Ausgangs- 221 punkt für die Prüfung, ob eine persönliche Abhängigkeit vorliegt, zunächst der zwischen den beteiligten Personen bestehende Vertrag, in diesem Fall der Gesellschaftsvertrag. Gemäß § 37 I GmbHG sind Geschäftsführer der Gesellschaft gegenüber verpflichtet, die Beschränkungen einzuhalten, welche für den Umfang ihrer Befugnis zur Vertretung der Gesellschaft durch Gesellschaftsvertrag oder die Beschlüsse der Gesellschafter festgesetzt sind. Es spricht ausgehend von der Rechtsmacht der Gesellschafter eine Vermutung für Abhängigkeit. Damit orientiert sich die Prüfung einer Abhängigkeit auch hier zunächst an der vertraglichen Dokumentation. Ob die Gesellschafterversammlung von einer ihr eingeräumten Weisungsbefugnis tatsächlich Gebrauch macht, ist für die Beurteilung des Gesamtbildes indes unerheblich. Hier kommt es vielmehr auf die „abstrakte Rechtsmacht" an, die der Gesellschaftsvertrag vermittelt. Diese Rechtsmacht kann durch tatsächlichen Gebrauch bestätigt werden. Indes geht sie nicht durch fehlenden Gebrauch verloren (KSW/*Berchtold* SGB IV § 7 Rn. 45 mwN).

222 Wesentlicher Unterschied bei der Abgrenzung zwischen weisungsgebundener abhängiger Beschäftigung und selbständiger Tätigkeit nach der Rechtsprechung des BAG und der Rechtsprechung zur Weisungsgebundenheit von Geschäftsführern ist, dass eine Unterscheidung zwischen einem unternehmerischen Weisungsrecht und der Abhängigkeit aus sonstigen Gründen (nach dem Anstellungsvertrag) nicht stattfindet. Der Gesellschaftsvertrag ist damit primäres Entscheidungskriterium. Der von der Gesellschafterversammlung und einem zuständigen Organ zu schließenden und gegebenenfalls allein von ihr auch zu ändernde Anstellungsvertrag des Geschäftsführers kann nicht mehr Kompetenzen vermitteln als dies der Gesellschaftsvertrag zulässt (BGH 25.3.1991 – II ZR 169/90, NJW 1991, 1680; KSW/*Berchtold* SGB IV § 7 Rn. 45).

223 Vorstandsmitglieder einer Aktiengesellschaft sind grundsätzlich abhängig beschäftigt (BSG 6.10.2010 – B 12 KR 20/09 R, SozR 4-2600 § 1 Nr. 5; für eine ausführliche Darstellung zur Versicherungspflicht von Vorstandsmitgliedern in der gesetzlichen Unfallversicherung vgl. BSG 14.12.1999 – B 2 U 38/98 R). Für die Mitglieder von Organen ausländischer Kapitalgesellschaften wurde ebenfalls das grundsätzliche Vorliegen abhängiger Beschäftigung angenommen (BSG 6.10.2010 – B 12 KR 20/09 R, SozR 4-2600 § 1 Nr. 5). Eingehend hierzu: KSW/*Berchtold* SGB IV § 7 Rn. 44 mwN). Zur qualifizierten Minderheitsbeteiligung sowie zur Rentenversicherungspflichtigkeit des Geschäftsführers gemäß § 2 I Nr. 9 SGB VI eingehend ErfK/*Rolfs* SGB IV § 7 Rn. 21; KSW/*Berchtold* SGB IV § 7 Rn. 44f.; Eingehend zu der Beurteilung des Fremd-/Geschäftsführers einer GmbH als abhängiger Beschäftigter s. *Grimm* DB 2012, 175; *Fischer* NJW 2011, 2329; KSW/*Berchtold* SGB IV § 7 Rn. 44, ErfK/*Rolfs* SGB IV § 7 Rn. 21.

224 Eine Zusammenfassung der wesentlichen Kriterien bei der Bewertung der Frage eines Beschäftigungsverhältnisses mit einer juristischen Person findet sich bei *Sommer* NZS 2003, 169 (172/173):

225 Kriterien bei der Bewertung der Frage eines Beschäftigungsverhältnisses mit einer juristischen Person
(1) Grundsätzlich gilt Versicherungspflicht auch bei Vorständen und Geschäftsführern juristischer Personen
(2) Gesetzliche Ausnahmen: für Vorstände einer Aktiengesellschaft: § 1 S. 4 SGB VI; § 27 I Nr. 5 S. 1 SGB III
(3) Im Übrigen ist eine Abwägung der Kriterien im Einzelfall vorzunehmen, wobei folgende Indizien zu gewichten sind:
 (a) Teilhabe am Geschäftskapital von mehr als 50%?
 (b) Treuhänderisches Halten von Anteilen?
 (c) Beträgt der Anteil am Geschäftskapital nicht mehr als 50%:
  – In der Regel ist vom Vorliegen einer abhängigen Beschäftigung auszugehen

V. Scheinselbständigkeit und Beschäftigungsstatus § 1

- Ausnahme: Es besteht die Möglichkeit der Verhinderung aller nicht genehmen Entscheidungen, zB durch Sperrminorität

(4) Zudem kommen folgende Bewertungs-Indizien/-Kriterien in Betracht, die unter dem unternehmerischen Risiko gefasst werden können:
   (a) Teilhabe am Gewinn und Verlust der Gesellschaft
   (b) Besteht Vergütung in Form von Gewinn-/Vorwegentnahmeansprüchen?
   (c) Erfolgt die Gutschrift des Nettoarbeitsentgelts auf einem Konto?
   (d) Darlehensgewährung an juristische Person nur für den Fall der Not bzw. wirtschaftlichen Bedrängnis?
   (e) Besteht eine feste monatliche Vergütung und Sonderzahlungen trotz Verlust der juristischen Person? Besteht Anspruch auf Vergütung im Krankheitsfall?
   (f) Wer trägt die Entscheidungsverantwortlichkeit für zB Personal und Finanzen?
   (g) Besteht eine Befreiung vom Verbot des Insichgeschäfts gemäß § 181 BGB?
   (h) Besteht eine Weisungsgebundenheit?
   (i) Erfolgt die Geschäftsführung faktisch wie bei einer inhabergeführten Gesellschaft?
   (j) Wer ist „Kopf und Seele" der Gesellschaft?
   (k) Besteht ein bestimmtes Fachwissen/Branchenkenntnisse/Know-How?

Persönlich haftende Gesellschafter von Personengesellschaften (oHG, KG) **226** sind als solche keine Beschäftigten (dazu BSGE 22, 87 (90)). Eine Ausnahme gilt jedoch für den Komplementär bzw. oHG-Gesellschafter, der sich außerhalb seiner gesellschaftsrechtlichen Verpflichtung Weisungen der Gesamthand unterwirft und für einen Arbeitnehmer typische Tätigkeiten verrichtet, die außerhalb des Bereichs der Geschäftsführung liegen. In derartigen Fällen kann es durchaus zu einem Verhältnis persönlicher Abhängigkeit zur Gesellschaft kommen (BSG 4.6.2009 – B 12 KR 3/08 R, NJW 2010, 1836). Demgegenüber kann der Kommanditist einer KG, der keinen maßgeblichen Einfluss auf die Gestaltung einer Tätigkeit bzw. die Geschicke der Gesellschaft innehat, aufgrund dieser fehlenden Einflussnahmemöglichkeit in einem Beschäftigungsverhältnis zur Gesellschaft stehen (BSG 24.1.2007 – B 12 KR 31/06 R, NZS 2007, 648).

Für bestimmte Personen ordnet § 2 S. 1 Nr. 1–8 SGB VI die Versicherungs- **227** pflicht in der gesetzlichen Rentenversicherung ausdrücklich an. Damit gelten als versicherungspflichtig in der gesetzlichen Rentenversicherung (neben den vorstehend behandelten Personen nach § 2 S. 1 Nr. 9) folgende selbständig Tätige als rentenversicherungspflichtig:
(1) Lehrer und Erzieher, die im Zusammenhang mit ihrer selbständigen Tätigkeit regelmäßig keinen versicherungspflichtigen Arbeitnehmer beschäftigen;
(2) Pflegepersonen, die in der Kranken-, Wochen-, Säuglings- oder Kinderpflege tätig sind und im Zusammenhang mit ihrer selbständigen Tätigkeit regelmäßig keinen versicherungspflichtigen Arbeitnehmer beschäftigen;
(3) Hebammen und Entbindungshelfer;

§ 1 Zweck des Gesetzes

(4) Seelotsen der Reviere iSd Gesetzes über das Seelotsenwesen;
(5) Künstler und Publizisten nach näherer Bestimmung des Künstlersozialversicherungsgesetzes;
(6) Hausgewerbetreibende;
(7) Küstenschiffer und Küstenfischer, die zur Besatzung ihres Fahrzeuges gehören oder als Küstenfischer ohne Fahrzeug fischen und regelmäßig nicht mehr als vier versicherungspflichtige Arbeitnehmer beschäftigen;
(8) Gewerbetreibende im Handwerksbetrieb, die in der Handwerksrolle eingetragen sind und in ihrer Person die für die Eintragung in die Handwerksrolle erforderlichen Voraussetzungen erfüllen; ist eine Personengesellschaft in die Handwerksrolle eingetragen, gilt als Gewerbetreibender, wer als Gesellschafter in seiner Person die Voraussetzungen für die Eintragung in die Handwerksrolle erfüllt.

228 Zu den einzelnen Gruppen versicherter Selbständiger gemäß § 2 S. 1 Nr. 1–8 SGB VI vgl. KSW/*Berchtold* SGB VI § 2 Rn. 4 ff. mwN aus der Rechtsprechung.

229 **c) Familienhafte Mithilfe als Sonderform der Beschäftigung.** Zur rechtlichen Einordnung der familienhaften Mithilfe bzw. der familienrechtlichen Arbeitsleistung vgl. eingehend KSW/*Berchtold* SGB IV § 7 Rn. 32 f. zu sowie ErfK/*Preis* BGB § 611 Rn. 133 jeweils mwN); → Rn. 6 ff.

230 **d) Weitere Sonderformen.** Zu weiteren Sonderformen der Beschäftigung, insbesondere auch im Kontext von Beschäftigung und gesellschaftsrechtlicher Beziehung eingehend mit umfangreichen Nachweisen aus der Rechtsprechung KSW/*Berchtold* SGB IV § 7 Rn. 35 ff.; ErfK/*Rolfs* SGB IV § 7 Rn. 19 ff.

VI. Abgrenzung zu Dienst- und Werkverträgen

Literatur: *Bauer/Heimann,* Leiharbeit und Werkvertrag – Achse des Bösen?, NJW 2013, 3287; *Dieckmann,* Der Status des Werkunternehmers als Beschäftigter iSd § 7 SGB IV, NZS 2013, 647; *Francken,* Die Darlegungs- und Beweislast bei der Abgrenzung der Arbeitnehmerüberlassung von Werk- und Dienstverträgen, NZA 2013, 985; *Goetzke,* Die Rechtsstellung des Honorararztes, Düsseldorfer Rechtswissenschaftliche Schriften, Bd. 126, 2014; *Greiner,* Werkvertrag und Arbeitnehmerüberlassung – Abgrenzungsfragen und aktuelle Rechtspolitik, NZA 2013, 697; *Plander/Schliek,* Forschung als Gegenstand von Werkverträgen, RdA 1990, 219; *Rothenhöfer,* LAG Berlin-Brandenburg: Werkvertrag – Abgrenzung zu Dienstvertrag, Arbeitnehmerüberlassung und Scheinwerkvertrag, BB 2013, 1020.; Schüren/Hamann, AÜG, 3. Aufl. 2007; *Ullrich,* in: Festschrift für Fikentscher, 1998, 298; *Uffmann,* Vertragstypenzuordnung zwischen Rechtsformzwang und Privatautonomie im Bereich der „Neuen Selbständigkeit" – dargestellt am Beispiel der Honorarärzte, ZfA Sonderdruck I/2012, 1–36

Verwaltungsanweisungen: BMF, Handbuch: Vorschriften für die Erbringung von Dienst- oder Werkleistungen im Bereich der EU-Dienstleistungs- und Niederlassungsfreiheit, http://www.bundesfinanzministerium.de/Content/DE/Downloads/001_a.pdf?__blob=publicationFile&v=8

231 Indem nach § 1 II 1 für die Schwarzarbeit Dienst- oder Werkleistungen vorgesetzt werden, sind die selbständig von unselbständig erbrachten Dienst- oder

VI. Abgrenzung zu Dienst- und Werkverträgen §1

Werkleistungen abzugrenzen. Besonders die sozialversicherungsrechtlichen Pflichten, deren Verletzung Schwarzarbeit darstellt, setzen ein unselbständiges Beschäftigungsverhältnis voraus (→ Rn. 302).

1. Abgrenzung zwischen Dienstvertrag und Werkvertrag

Für die Abgrenzung von Dienst- und Werkvertrag ist der im Vertrag zum Ausdruck kommende Wille der Parteien maßgebend. Es kommt darauf an, ob auf dieser Grundlage eine Dienstleistung als solche oder als Arbeitsergebnis deren Erfolg geschuldet wird (BGH 19.6.1984 – X ZR 93/83, NJW 1984, 2406). 232

Bei Fehlen einer ausdrücklichen Regelung sind die gesamten Umstände des Einzelfalls zu berücksichtigen (MükoBGB/*Soergel* § 631 Rn. 15; *Glanzmann* RGRK, 12. Aufl., Vorb. § 631 Rn. 3; *Soergel/Teichmann* BGB Vorb. § 631 Rn. 12; Staudinger/F. *Peters* BGB, Neubearb. 2000, Vorb. § 631 Rn. 24; vgl. auch BGH 25.5.1972 – VII ZR 49/71, WM 1972, 947). Was im Einzelfall geschuldet ist, unterliegt der Vereinbarung der Parteien. Sofern der Vertrag hierzu keine ausdrückliche Regelung enthält, kann für dessen Auslegung eine Vielzahl von Umständen von Bedeutung sein. Für das Vorliegen eines Werkvertrags kann es sprechen, wenn die Parteien die zu erledigende Aufgabe und den Umfang der Arbeiten konkret festlegen (*Ullrich* FS Fikentscher, 1998, 298 (305); *Plander/Schliek* RdA 1990, 219 (223); vgl. auch BGH 1.2.2000 – X ZR 198/97, NJW 2000, 1107). 233

Für die Frage, ob der Auftragnehmer für den Eintritt eines Erfolgs einstehen will, kann auch von Bedeutung sein, mit welcher Wahrscheinlichkeit nach der Vorstellung der Parteien mit dem Eintritt eines Erfolgs gerechnet werden kann. Zwar ist es weder logisch noch rechtlich ausgeschlossen, dass der Werkunternehmer das Erfolgsrisiko auch dann übernimmt, wenn der Eintritt des Erfolgs ungewiss ist (so zutreffend *Ullrich* FS Fikentscher, 1998, 298 (309f.); BGH 16.7.2002 – X ZR 27/01, NJW 2002, 3323 (3324)). 234

Je größer die mit der Tätigkeit erkennbar verbundenen Unwägbarkeiten sind, umso ferner kann es aber auch aus Sicht eines verständigen Bestellers liegen, dass der Unternehmer das Erfolgsrisiko dennoch übernehmen will. Unabhängig davon steht es den Vertragsparteien im Einzelfall frei, trotz eines relativ hohen Risikos einen Werkvertrag zu schließen (BGH 16.7.2002 – X ZR 27/01, NJW 2002, 3323 (3324) zum Forschungs- und Entwicklungsvertrag). Ferner können weitere Regelungen der vertraglichen Vereinbarung die Vorstellungen der Parteien darüber widerspiegeln, wer das – größere und geringere – Risiko tragen soll, dass das erstrebte Ziel nicht oder nicht mit dem bei Vertragsschluss erwarteten Aufwand erreicht wird. So kann die Vergütung eine „Risikoprämie" für den Unternehmer enthalten. Anderseits kann die Vergütung, insbesondere dann, wenn sie zeitaufwandsabhängig in Form von Raten oder regelmäßigen Abschlagszahlungen zu leisten ist, auch darauf hinweisen, dass der Unternehmer das Risiko eines Scheiterns des Vorhabens wirtschaftlich oder – etwa bei einem öffentlich-rechtlich gebundenen Werkunternehmer – rechtlich vernünftigerweise nicht übernehmen kann, was wiederum ein Indiz dafür sein kann, dass eine solche Risikoübernahme von den Vertragsparteien nicht gewollt ist. Die Zuordnung eines konkreten Vertrags ist nur unter Berücksichtigung und Abwägung aller insoweit bedeutsamen Gesichts- 235

§ 1 Zweck des Gesetzes

punkte des Einzelfalls möglich (BGH 16.7.2002 – X ZR 27/01, NJW 2002, 3323 (3324)).

2. Abgrenzung des Arbeitsverhältnisses zum Werkvertrag

236 Für die rechtliche Einordnung eines Vertrags ist weder die von den Parteien gewünschte Rechtsfolge noch die von ihnen gewählte Bezeichnung maßgeblich. Vielmehr bestimmt der sich aus dem Wortlaut des Vertrags und dessen praktischer Durchführung ergebende wirkliche Wille der Vertragspartner den Geschäftsinhalt und damit den Vertragstyp (BGH 25.6.2002 – X ZR 83/00, NJW 2002, 3317).

237 Der Werkvertrag ist in § § 631–651 BGB geregelt. Gemäß § 631 BGB wird der Unternehmer durch den Werkvertrag zur Herstellung des versprochenen Werkes, der Besteller zur Entrichtung der vereinbarten Vergütung verpflichtet. Gegenstand des Werkvertrages kann sowohl die Herstellung oder Veränderung einer Sache als auch ein anderer durch Arbeit oder Dienstleistung herbeizuführender Erfolg sein, § 631 II BGB. Damit können Vertragsnehmer von Werkverträgen sowohl Unternehmen als auch natürliche Personen sein. Handelt es sich beim Vertragsnehmer um eine natürliche Person, so spricht man auch von sog. **Soloselbständigkeit.**

238 Ein Arbeitsverhältnis unterscheidet sich von dem Rechtsverhältnis eines Werkunternehmers maßgeblich durch den Grad der persönlichen Abhängigkeit (jüngst zur Abgrenzung BAG 25.9.2013 – 10 AZR 282/12, NJW 2013, 3672 (3674), mit Verweis auf BGH 25.6.2002 – X ZR 83/00, NJW 2002, 3317). Arbeitnehmer ist, wer auf Grund eines privatrechtlichen Vertrags im Dienste eines anderen zur Leistung weisungsgebundener, fremdbestimmter Arbeit in persönlicher Abhängigkeit verpflichtet ist (BAG 15.2.2012 – 10 AZR 301/10, NJW 2012, 2903; 14.3.2007 – 5 AZR 499/06, NZA-RR 2007, 424 mwN). Das Weisungsrecht kann Inhalt, Durchführung, Zeit, Dauer und Ort der Tätigkeit betreffen. Arbeitnehmer ist derjenige Mitarbeiter, der nicht im Wesentlichen frei seine Tätigkeit gestalten und seine Arbeitszeit bestimmen kann (BAG 29.8.2012 – 10 AZR 499/11, NZA 2012, 1433; 25.05.2005 – 5 AZR 347/04, BAGE 115, 1). Der Grad der persönlichen Abhängigkeit hängt dabei auch von der Eigenart der jeweiligen Tätigkeit ab (BAG 29.8.2012 – 10 AZR 499/11, NZA 2012, 1433).

239 Dagegen ist der Werkunternehmer selbstständig. Er organisiert die für die Erreichung eines wirtschaftlichen Erfolgs notwendigen Handlungen nach eigenen betrieblichen Voraussetzungen und ist für die Herstellung des geschuldeten Werks gegenüber dem Besteller verantwortlich (BAG 18.1.2012 – 7 AZR 723/10, NZA-RR 2012, 455; 13.8.2008 – 7 AZR 269/07, BeckRS 2010, 71643).

240 Ob ein Werkvertrag, ein Dienst- oder ein Arbeitsverhältnis besteht, zeigt der wirkliche Geschäftsinhalt. Zwingende gesetzliche Regelungen für Arbeitsverhältnisse können nicht dadurch abbedungen werden, dass Parteien ihrem Arbeitsverhältnis eine andere Bezeichnung geben; ein abhängig beschäftigter Arbeitnehmer wird nicht durch Auferlegung einer Erfolgsgarantie zum Werkunternehmer (ErfK/*Preis* BGB § 611 Rn. 13; Palandt/*Sprau* BGB vor § 631 Rn. 8).

VI. Abgrenzung zu Dienst- und Werkverträgen §1

Welches Rechtsverhältnis vorliegt, ist anhand einer Gesamtwürdigung aller 241
maßgebenden Umstände des Einzelfalls zu ermitteln, der objektive Geschäftsinhalt ist den ausdrücklich getroffenen Vereinbarungen und der praktischen Durchführung des Vertrags zu entnehmen. Widersprechen sich Vereinbarung und tatsächliche Durchführung, ist Letztere maßgebend (BAG 29.8.2012 – 10 AZR 499/11, NZA 2012, 1433; 15.2.2012 – 10 AZR 301/10, NJW 2012, 2903; 20.5.2009 – 5 AZR 31/08, NZA-RR 2010, 172 mwN). Legen die Parteien die zu erledigende Aufgabe und den Umfang der Arbeiten konkret fest, kann das für das Vorliegen eines Werkvertrags sprechen (BGH 16.7.2002 – X ZR 27/01, NJW 2002, 3323). Fehlt es an einem abgrenzbaren, dem Auftragnehmer als eigene Leistung zurechenbaren und abnahmefähigen Werk, kommt ein Werkvertrag kaum in Betracht, weil der „Auftraggeber" durch weitere Weisungen den Gegenstand der vom „Auftragnehmer" zu erbringenden Leistung erst bestimmen und damit Arbeit und Einsatz erst bindend organisieren muss (BAG 9.11.1994 – 7 AZR 217/94, NZA 1995, 572). Richten sich die vom Auftragnehmer zu erbringenden Leistungen nach dem jeweiligen Bedarf des Auftraggebers, so kann auch darin ein Indiz gegen eine werk- und für eine arbeitsvertragliche Beziehung liegen, etwa wenn mit der Bestimmung von Leistungen auch über Inhalt, Durchführung, Zeit, Dauer und Ort der Tätigkeit entschieden wird.

Wesentlich ist, inwiefern Weisungsrechte ausgeübt werden und in welchem 242
Maß der Auftragnehmer in einen bestellerseitig organisierten Produktionsprozess eingegliedert ist (eingehend zu den Kriterien Weisungsrecht und Eingliederung, *Greiner* NZA 2013, 697 (699)).

Zwar steht auch einem Werkbesteller gegenüber dem Werkunternehmer 243
das Recht zu, Anweisungen für die Ausführung des Werks zu erteilen (vgl. § 645 I BGB zu den Auswirkungen auf die Vergütungsgefahr). Dieses werkvertragliche Weisungsrecht ist im Einzelfall von den iRe Arbeitsverhältnisses typischen Weisungen abzugrenzen. Eine ausschließlich auf die zu erbringende Werkleistung begrenzte Weisung spricht nicht gegen das Vorliegen eines Werkvertrages. Arbeitsvertragliche Weisungen qualifizieren sich dadurch, dass durch sie der Gegenstand der zu erbringenden Leistung definiert bzw. bestellt wird und sie auch persönlich bindend sind. Dh arbeitsvertragliche Weisungen organisieren den Einsatz und die Arbeit unmittelbar. Weisungen dieser Art sprechen für das tatsächliche Vorliegen eines Arbeitsverhältnisses bzw. gegebenenfalls eine Arbeitnehmerüberlassung (eingehend hierzu ErfK/*Preis* BGB § 611 Rn. 14f. mit Verweis auf unter anderem BAG 30.1.1991, AP AÜG § 10 Nr. 8; 6.8.2003 – 7 AZR 180/03, NZA 2004, 1182).

Wird die Tätigkeit aber durch den „Besteller" geplant und organisiert und 244
wird der „Werkunternehmer" in einen arbeitsteiligen Prozess in einer Weise eingegliedert, die das eigenverantwortliche Organisation der Erstellung des vereinbarten „Werks" faktisch ausschließt, liegt ein Arbeitsverhältnis nahe (BAG 25.9.2013 – 10 AZR 282/12, NJW 2013, 3672 (3674) spricht von fachlich tätigkeitsbezogenen Weisungen, die typisch für ein Arbeitsverhältnis sind). Auch in dem Fall, dass die Vertragspartner nur allgemein beschriebene Leistungen festlegen, spricht dies eher gegen das Vorliegen eines Werkvertrages, da Projekt- oder Erfolgsorientierung der Leistung fehlt. Werkvertragliche geschuldete Leistungen liegen insbesondere dann nicht vor, wenn fremde Un-

ternehmen mit ihren Mitarbeitern ohne besondere Unterscheidungskriterien in einen Betriebsablauf bzw. in die Betriebsorganisation des Auftraggebers eingegliedert werden (zB durch das Tragen einheitlicher Arbeitskleidung, das direkte Tätigwerden in der Betriebsorganisation des Auftraggebers, die Benutzung der Infrastruktur des Auftraggebers).

245 Es reicht für einen Werkvertrag nicht aus, vertragstypische Begleitregelungen wie Gewährleistung- oder Nachbesserungsvorschriften in die vertraglichen Vereinbarungen aufzunehmen. Vielmehr ist entscheidend, ob die zu erbringende Tätigkeit als solche ein abgrenzbares und abnahmefähiges Werk darstellt. Fehlt es an einem solchen, so kommt ein Werkvertrag kaum in Betracht, weil in diesem Fall der Auftraggeber dann durch weitere Weisungen den Gegenstand der vom Auftragnehmer zu erbringenden Leistung erst bestimmen und damit Arbeit und Einsatz erst bindend organisieren muss (BAG 25.9.2013 – 10 AZR 282/12, NJW 2013, 3672 (3674)).

246 Bei der im Arbeitnehmerüberlassungsgesetz (AÜG) geregelten Arbeitnehmerüberlassung überlässt der Vertragsnehmer (Verleiher) einem Auftraggeber (Entleiher) Leiharbeitnehmer. Diese können dann vom Entleiher faktisch wie eigene abhängig Beschäftigte im Betrieb eingesetzt werden. Sie stehen im Dienst des Entleihers und unterliegen vor Ort auch dessen fachlichen Weisungen. Die Abgrenzung zwischen einem Werkvertrag und Leiharbeit (einem Arbeitnehmerüberlassungsverhältnis) vollzieht sich wie bei der abhängigen Beschäftigung. Sind die Arbeitskräfte des Vertragsnehmers (Verleihers) persönlich vom Auftraggeber abhängig, handelt es sich um Arbeitnehmerüberlassung. Sind hingegen die Arbeitskräfte vom Auftraggeber (Entleiher) unabhängig, so dass der Vertragsnehmer im Auftraggeber statt der Überlassung der Arbeitskräfte die Erstellung eines Werks schuldet, so ist von einem Werkvertrag auszugehen. Damit entscheidet auch im vorliegenden Fall die persönliche Abhängigkeit der Arbeitskräfte hinsichtlich Inhalt, Durchführung, Zeit, Ort und sonstige Modalitäten der Auftragsausführung darüber, um welche Vertragsform es sich handelt.

247 Eingehend zur Abgrenzung von Werkverträgen und Leiharbeit vgl. *Bauer/ Heimann* NJW 2013, 3287; zur Darlegungs- und Beweislast bei der Abgrenzung der Arbeitnehmerüberlassung von Werk- und Dienstverträgen s. *Francken* NZA 2013, 985f. Zur Abgrenzung zwischen Werkvertrag und Arbeitnehmerüberlassung auch → Rn. 256.

3. Abgrenzung des Arbeitsverhältnisses zum Dienstvertrag

248 Der Arbeitsvertrag ist ein Unterfall des Dienstvertrages; er ist wie auch der Dienstvertrag auf den Austausch von Leistungen gegen Vergütung gerichtet (zu den anwendbaren schuldrechtlichen Bestimmungen und Konkurrenz spezifischer Regelungen des Arbeitsrechts s. ErfK/*Preis* BGB § 611 Rn. 3f.; Palandt/*Weidenkaff*, Einf. v. § 611 BGB, Rn. 1ff.). Nahezu jede Dienstleistung kann in abhängiger Stellung erbracht werden, einschließlich klassischer freier Berufe (§ 18 I EStG zB Mediziner, Rechtsanwälte, Architekten, Steuerberater, Wirtschaftsprüfer). Eingehend zu Honorarärzten *Uffmann* ZfA 2012, 1.

249 Arbeitsvertrag und Dienstvertrag finden gemeinsame gesetzliche Regelungen im Sechsten Titel des Bürgerlichen Gesetzbuches („Dienstvertrag"). Das

VI. Abgrenzung zu Dienst- und Werkverträgen §1

Gesetz setzt die Existenz von Arbeitsverhältnissen stillschweigend voraus, in dem es von Dienstverträgen, die keine Arbeitsverhältnisse sind, spricht (§ 621 BGB). Dienstverträge, die kein Arbeitsverhältnis darstellen, werden auch als freie Dienstverträge bzw. freie Mitarbeiterverträge bezeichnet (zu den freien Dienstverträgen vgl. ausführlich ErfK/*Preis* BGB § 611 Rn. 8f. mwN). Vertragsgegenstand von Arbeitsverträgen und freien Dienstverträgen können Dienste jeder Art sein, wobei aus der Art der vertragsgegenständlichen Dienste keine Entscheidung über die rechtliche Einordnung bzw. kein taugliches Abgrenzungskriterium folgt. Grundsätzlich gilt, dass freie Dienstverträge vorliegen, wenn die vertragsgegenständlichen Dienste in wirtschaftlicher und sozialer Selbstständigkeit und Unabhängigkeit geleistet werden, was insbesondere der Fall ist, wenn der Dienstverpflichtete selbst unternehmerischen Risiken und Chancen am Markt unterliegt ist oder einen klassischen freien Beruf ausübt (ErfK/*Preis* BGB § 611 Rn. 10).

Nach st. Rspr. des BAG unterscheidet sich das Arbeitsverhältnis von dem **250** Rechtsverhältnis eines freien Mitarbeiters durch den Grad der persönlichen Abhängigkeit, in der sich der zur Dienstleistung Verpflichtete befindet. Arbeitnehmer ist derjenige Mitarbeiter, der seine Dienstleistung iRe von Dritten bestimmten Arbeitsorganisation erbringt. Wer in eine fremde Arbeitsorganisation eingegliedert ist, ist – anders als der selbständige Unternehmer – typischerweise auf die Anwendung arbeitsrechtlicher Vorschriften angewiesen (BAG 12.9.1996 – 5 AZR 1066/94, NZA 1997, 194; 20.7.1994 – 5 AZR 627/93, NZA 1995, 161; 14.1.1982 – 2 AZR 254/81, NJW 1982, 1478 speziell für die rechtliche Einordnung von Lehrkräften an Universitäten und Hochschulen).

Dienstverpflichtete sind ua dann Arbeitnehmer, wenn im Einzelfall festzu- **251** stellende Umstände hinzutreten, aus denen sich ergibt, dass der für das Bestehen eines Arbeitsverhältnisses erforderliche Grad der persönlichen Abhängigkeit gegeben ist (BAG 24.6.1992 – 5 AZR 384/91, NJW 1993, 1156; 13.11.1991 – 7 AZR 31/91, NJW 1993, 86).

Das BAG hat in st. Rspr. ausgeführt, dass es für die rechtliche Einordnung **252** eines Vertrags als Arbeitsvertrag oder freier Mitarbeitervertrag nicht darauf ankommt, wie die Parteien das Arbeitsverhältnis bezeichnen. Der Status des Beschäftigten richtet sich nicht nach den subjektiven Vorstellungen der Vertragspartner, sondern danach, wie die Vertragsbeziehung nach ihrem objektiven Geschäftsinhalt einzuordnen ist (BAG 15.3.1980 AP BGB § 611 Abhängigkeit Nr. 34; 22.3.1995 – 5 AZB 21/94, NZA 1995, 823; 12.9.1996 – 5 AZR 104/95, NZA 1997, 600). Der wirkliche Geschäftsinhalt ist den ausdrücklich getroffenen Vereinbarungen und der praktischen Durchführung des Vertrags zu entnehmen. Wird der Vertrag abweichend von den ausdrücklich getroffenen Vereinbarungen vollzogen, ist die tatsächliche Durchführung maßgebend. Durch Parteivereinbarung kann die Bewertung einer Rechtsbeziehung als Arbeitsverhältnis nicht abbedungen und der Geltungsbereich des Arbeitnehmerschutzes nicht eingeschränkt werden (BAG 12.9.1996 – 5 AZR 1066/94, NZA 1997, 194 (195)).

Bereits aus dieser Begründung folgt, dass die dargestellten Grundsätze nur **253** für solche Fälle gelten, in denen die Parteien ihr Rechtsverhältnis gerade nicht als Arbeitsverhältnis bezeichnet haben, sondern etwa als freies Mitarbeiter-

§ 1 Zweck des Gesetzes

oder Dienstverhältnis (BAG 20.7.1994 – 5 AZR 627/93, NZA 1995, 161). Haben die Parteien dagegen ein Arbeitsverhältnis vereinbart, so ist es auch als solches einzuordnen (BAG 24.6.1992 – 5 AZR 384/91, NJW 1993, 1156).

254 Zur Abgrenzung des Arbeitsverhältnisses zu anderen Vertragstypen, ua Geschäftsbesorgungsverträgen, Franchising vgl. auch ErfK/*Preis* BGB § 611 Rn. 17 ff.; *Dieckmann* NZS 2013, 647.

4. Abgrenzung zwischen Arbeitnehmerüberlassung sowie Werk- und Dienstvertrag

255 Nach st. Rspr. des BAG ist nicht jeder drittbezogene Arbeitseinsatz eine Arbeitnehmerüberlassung iSd AÜG. Diese ist vielmehr durch eine spezifische Ausgestaltung der Vertragsbeziehungen zwischen Verleiher und Entleiher einerseits (dem Arbeitnehmerüberlassungsvertrag) und zwischen Verleiher und Arbeitnehmer andererseits (dem Leiharbeitsvertrag) sowie durch das Fehlen einer arbeitsvertraglichen Beziehung zwischen Arbeitnehmer und Entleiher gekennzeichnet (BAG 3.12.1997 – 7 AZR 764/96, AP AÜG § 1 Nr. 24 mwN). Inhalt eines Arbeitnehmerüberlassungsvertrages ist die Verpflichtung des Verleihers gegenüber dem Entleiher, diesem zur Förderung von Betriebszwecken Arbeitnehmer zur Verfügung zu stellen (BAG 24.5.2006 – 7 AZR 365/05, juris).

256 **a) Abgrenzung Werkvertrag – Arbeitnehmerüberlassung.** Von der Arbeitnehmerüberlassung zu unterscheiden ist die Tätigkeit eines Arbeitnehmers bei einem Dritten auf Grund eines Werk- oder Dienstvertrags. In diesen Fällen wird der Unternehmer für einen anderen tätig. Er organisiert die zur Erreichung eines wirtschaftlichen Erfolgs notwendigen Handlungen nach eigenen betrieblichen Voraussetzungen und bleibt für die Erfüllung der in dem Vertrag vorgesehenen Dienste oder für die Herstellung des geschuldeten Werks gegenüber dem Drittunternehmen verantwortlich.

257 Zur Abgrenzung zwischen dem Arbeitnehmerüberlassungsvertrag und dem Werk- bzw. Dienstvertrag legt die Rechtsprechung im Wesentlichen dieselben Abgrenzungskriterien zugrunde (LAG Düsseldorf 10.3.2008 – 17 Sa 856/07, juris). Mit der Frage der Bewertung und Klassifizierung des Fremdpersonaleinsatzes auf Werkvertragsbasis unter Berücksichtigung der Verschärfungen des AÜG setzt sich auch eingehend *Greiner* NZA 2013, 697 ff. auseinander.

258 Über die rechtliche Einordnung des Vertrages zwischen dem Dritten und dem Arbeitgeber entscheidet zunächst der Geschäftsinhalt und nicht die von den Parteien gewünschte Rechtsfolge oder eine Bezeichnung, die dem tatsächlichen Geschäftsinhalt nicht entspricht (BAG 25.9.2013 – 10 AZR 282/12, NJW 2013, 3672).

259 Das Eingreifen zwingender Vorschriften des AÜG kann nicht dadurch vermieden werden, dass ein vom Geschäftsinhalt nicht gedeckter Vertragstyp gewählt wird. Der Geschäftsinhalt kann sich allerdings sowohl aus den ausdrücklichen Vereinbarungen der Parteien als auch aus der praktischen Durchführung des Vertrages ergeben. Widersprechen sich beide, so ist die tatsächliche Durchführung des Vertrages maßgebend, weil sich aus der praktischen Handhabung der Vertragsbeziehungen am ehesten Rückschlüsse darauf ziehen lassen, von wel-

VI. Abgrenzung zu Dienst- und Werkverträgen § 1

chen Rechten und Pflichten die Vertragsparteien ausgegangen sind, was sie also wirklich gewollt haben. Der so ermittelte wirkliche Wille der Vertragsparteien bestimmt den Geschäftsinhalt und damit den Vertragstyp (BAG 30.1.1991 – 7 AZR 497/89, BB 1991, 2164; 25.9.2013 – 10 AZR 282/12, NJW 2013, 3672). Darüber hinaus muss eine abweichende Vertragspraxis den auf Seiten der Vertragspartner zum Vertragsabschluss berechtigten Personen bekannt gewesen und von ihnen zumindest geduldet worden sein. Sonst kann eine solche den schriftlichen Vereinbarungen widersprechende Vertragsdurchführung nicht als Ausdruck des wirklichen Geschäftswillens der Vertragspartner angesehen werden (BAG 6.8.2003 – 7 AZR 180/03, NZA 2004, 1182; 6.8.1997 – 7 AZR 663/96, BeckRS 1997, 30770062; 30.1.1991 – 7 AZR 497/89, BB 1991, 2164).

Im Kernsatz gilt, dass derjenige, der weisungsgebunden vertraglich geschul- **260** dete Leistungen iRe von seinen Vertragspartnern bestimmten Arbeitsorganisation erbringt, Arbeitnehmer und damit abhängig beschäftigt ist. Dabei zeigt sich die persönliche Abhängigkeit im Wesentlichen an den bereits dargestellten Merkmalen. Es muss eine persönliche Weisungsgebundenheit bezüglich Inhalt, Ort, Zeit, Dauer, Durchführung der zu erbringenden Tätigkeit vorliegen. Auf der anderen Seite ist von einer selbstständigen Tätigkeit auszugehen, wenn korrespondierend keine oder nur in Randbereichen eine Weisungsgebundenheit besteht, und insbesondere ein unternehmerisches Eigenrisiko und ein werbliches Auftreten vorliegen. Dies bestimmt sich in erster Linie in Anknüpfung an die vertraglichen Absprachen, im Rahmen des rechtlich Zulässigen, vorausgesetzt die tatsächliche Vertragsdurchführung deckt sich hiermit. Dabei ist zu beachten, dass es eine Vielzahl von Tätigkeiten gibt, die sowohl iRe Beschäftigungsverhältnisses als auch in Form freier Dienst- oder Werkverträge erbracht werden können

Die Abgrenzung der verschiedenen Formen des drittbezogenen Personal- **261** einsatzes richtet sich nach den nachfolgenden Kriterien, wobei nicht jeder Drittbezogene Arbeitseinsatz eine Arbeitnehmerüberlassung iSd AÜG ist.

aa) Charakteristika der Arbeitnehmerüberlassung. Eine Überlassung **262** zur Arbeitsleistung iSd § 1 II AÜG liegt vor, wenn einem Entleiher Arbeitskräfte zur Verfügung gestellt werden, die in dessen Betrieb eingegliedert sind und ihre Arbeit allein nach Weisungen des Entleihers und in dessen Interesse ausführen (BAG 6.8.2003 – 7 AZR 180/03, NZA 2004, 1182).

Notwendiger Inhalt eines Arbeitnehmerüberlassungsvertrags ist die Ver- **263** pflichtung des Verleihers gegenüber dem Entleiher, diesem zur Förderung von dessen Betriebszwecken Arbeitnehmer zur Verfügung zu stellen (LAG Düsseldorf 10.3.2008 – 17 Sa 856/07, juris). Die Vertragspflicht des Verleihers gegenüber dem Entleiher endet, wenn er den Arbeitnehmer ausgewählt und ihn dem Entleiher zur Verfügung gestellt hat. Nach st. Rspr. des BAG unterfällt nicht jeder in diesem Sinne drittbezogene Arbeitseinsatz dem AÜG. Arbeitnehmerüberlassung ist vielmehr durch eine spezifische Ausgestaltung der Vertragsbeziehungen zwischen Verleiher und Entleiher einerseits (dem Arbeitnehmerüberlassungsvertrag) und zwischen Verleiher und Arbeitnehmer andererseits (dem Leiharbeitsvertrag) sowie durch das Fehlen einer arbeitsvertraglichen Beziehung zwischen Arbeitnehmer und Entleiher gekennzeichnet (BAG 18.1.2012 – 7 AZR 723/10, NZA-RR 2012, 455).

§ 1 Zweck des Gesetzes

264 Die zur Ausführung des Dienst- oder Werkvertrags eingesetzten Arbeitnehmer unterliegen den Weisungen des Unternehmers und sind dessen Erfüllungsgehilfen (BAG 18.1.2012 – 7 AZR 723/10, NZA-RR 2012, 455). Der Werkbesteller kann jedoch, wie sich aus § 645 S. 1 BGB ergibt, dem Werkunternehmer selbst oder dessen Erfüllungsgehilfen Anweisungen für die Ausführungen des Werks erteilen. Entsprechendes gilt für Dienstverträge. Solche Dienst- oder Werkverträge werden vom AÜG nicht erfasst (BAG 18.1.2012 – 7 AZR 723/10,NZA-RR 2012, 455).

265 Die Arbeitnehmerüberlassung ist durch eine spezifische Ausgestaltung der Vertragsbeziehungen zwischen Verleiher und Entleiher einerseits (dem Arbeitnehmerüberlassungsvertrag) und zwischen Verleiher und Arbeitnehmer andererseits (dem Leiharbeitsvertrag) sowie durch das Fehlen einer arbeitsvertraglichen Beziehung zwischen Arbeitnehmer und Entleiher gekennzeichnet (BAG 24.5.2007 – 7 AZR 365/05 – nv; 19.3.2003 – 7 AZR 267/02; 3.12.1997 – 7 AZR 764/96). Notwendiger Inhalt eines Arbeitnehmerüberlassungsvertrages ist die Verpflichtung des Verleihers gegenüber dem Entleiher, diesem zur Förderung von Betriebszwecken Arbeitnehmer zur Verfügung zu stellen (BAG 19.1.2000 – 7 AZR 6/99 – nv; 3.12.1997 – 7 AZR 727/96,BB 1998, 1482). Seine Vertragspflicht gegenüber dem Entleiher endet, wenn er den Arbeitnehmer ausgewählt und ihn dem Entleiher zur Verfügung gestellt hat (BAG 22.6.1994 – 7 AZR 296/93). Damit tritt der Entleiher aus Sicht des Arbeitnehmers in die Arbeitgeberrolle ein. Das Leiharbeitsverhältnis ist gekennzeichnet durch die Dreiecksbeziehung zwischen dem Leiharbeitnehmer (Arbeitnehmer), dem Verleiher (Arbeitgeber) sowie dem Entleiher (Kundenbetrieb). Der Leiharbeitnehmer beschließt einen Arbeitsvertrag mit dem Verleiher, welcher den Leiharbeitnehmer sodann an einen Kunden, den Entleiher, überlässt. Charakteristisch ist dabei, dass die fachlichen Weisungen durch den Entleiher ausgeübt werden. Damit nimmt der Entleiher gegenüber dem Leiharbeitnehmer faktisch Arbeitgeberrechte wahr. Für den Leiharbeitnehmer, der selbst keine vertragliche Beziehung zum Entleiher hat, fallen faktischer Arbeitgeber (Entleiher) und Vertragsarbeitgeber (Verleiher) einander.

266 Bei der Abgrenzung zwischen Arbeitnehmerüberlassung und Werkvertrag ist erneut vor allem nach der Weisungsgebundenheit zu differenzieren. Arbeitnehmerüberlassung iSv § 1 AÜG liegt danach vor, „wenn einem Entleiher Arbeitskräfte zur Verfügung gestellt werden, die in dessen Betrieb eingegliedert sind und ihre Arbeit allein nach Weisungen des Entleihers und in dessen Interesse ausführen" (BAG 18.1.2012 – 7 AZR 723/10, NZA-RR 2012, 455; BGH 25.6.2002 – X ZR 83/00, NJW 2002, 3317).

267 Damit kommt der Eingliederung in die Betriebsabläufe und der Weisungsstruktur des Entleiherbetriebes entscheidendes Gewicht zu.

268 Demgegenüber zeichnet sich nach der jüngsten Rechtsprechung des BAG der Fremdpersonaleinsatz im Rahmen von Dienst- oder Werkverträgen insbesondere dadurch aus, dass der Werkunternehmer die zur Erreichung eines wirtschaftlichen Erfolgs notwendigen Handlungen nach eigenen betrieblichen Voraussetzungen organisiert und für die Erfüllung der in dem Vertrag vorgesehenen Dienste oder für die Herstellung des geschuldeten Werks gegenüber dem Drittunternehmen verantwortlich ist (BAG 18.1.2012 – 7 AZR 723/10, NZA-RR 2012, 455).

VI. Abgrenzung zu Dienst- und Werkverträgen §1

Der Umstand, dass die zur Ausführung des Dienst- oder Werkvertrags eingesetzten Arbeitnehmer den Weisungen des Unternehmers unterliegen und dessen Erfüllungsgehilfen sind, ist entscheidendes Kriterium. Die Weisungszuständigkeit und die Verantwortung für die Ausführung der Tätigkeit sind entscheidend. Neben der Frage, wem das Weisungsrecht im Hinblick auf die Vertragserfüllung zusteht, kommt es entscheidend auf die Frage an, wer das Risiko für die Erfüllung der zu verantwortenden Aufgaben trägt. Ein Werkvertrag iSv § 631 BGB setzt voraus, dass der beauftragte Subunternehmer einen eigenen Betrieb hat und damit eigenverantwortlich Aufgaben, dh definierte Werkserfolge bzw. -ergebnisse, übernehmen kann, die er mit eigenem Personal erfüllt und dafür auch die Haftung übernimmt. Entscheidend ist damit auch die Verantwortungsstruktur im Hinblick auf die zu verrichtende Aufgabe, die bei einem Werkvertrag gänzlich anders ausgestaltet ist als bei der Arbeitnehmerüberlassung (zu alledem *Greiner* NZA 2013, 697). 269

Demgegenüber wird beim Werkvertrag ein Unternehmer für einen anderen tätig. Gemäß § 631 I BGB wird der Unternehmer durch den Werkvertrag zur Herstellung des versprochenen Werkes, der Besteller zur Entrichtung der vereinbarten Vergütung verpflichtet. Die Einbindung des Leiharbeitnehmers in die fremde Organisation durch die Übertragung des Weisungsrechts fehlt beim Werkvertrag. Auch hier besteht zwar eine vertragliche Beziehung zwischen dem Auftraggeber und dem Auftragnehmer. Indes bleibt das Weisungsrecht beim Auftragnehmer. 270

Zur Abgrenzung zwischen einem Arbeitnehmerüberlassungsvertrag und einem Werk- oder Dienstvertrag ist eine umfassende Würdigung der Begleitumstände vorzunehmen, wobei entscheidend ist, ob der Arbeitnehmer in den Betrieb des Dritten eingegliedert ist und den Weisungen des Dritten unterliegt oder ob es sich bei den gegenüber dem Arbeitnehmer erteilten Weisungen um werkvertragliche Weisungen handelt (BAG 24.5.2006 – 7 AZR 365/05, BeckRS 2009, 67935; 30.1.1991 – 7 AZR 497/89, BB 91, 2164; LAG Düsseldorf 10.3.2008 – 17 Sa 856/07). Bei der Abgrenzung arbeitsrechtlicher zu werkvertraglicher Weisungen ist zu berücksichtigen, dass die Weisung des Werkbestellers gegenständlich begrenzt auf das konkrete Werk bezogen ist. 271

Fehlt es an einem abgrenzbaren, dem Werkunternehmer als eigene Leistung zurechenbaren und abnahmefähigen Werk, so deutet dies auf Arbeitnehmerüberlassung hin, weil der Besteller dann durch seine Anweisungen den Gegenstand der von dem Arbeitnehmer zu erbringenden Leistung überhaupt erst bestimmt und damit Arbeit und Einsatz für ihn bindend organisiert (BAG 9.11.1994 – 7 AZR 217/94). 272

Allerdings ist zu beachten, dass Arbeitnehmerüberlassung voraussetzt, dass das Arbeitgeberweisungsrecht während der Dauer des Fremdfirmeneinsatzes allein vom Inhaber des Einsatzbetriebes oder dessen Personal ausgeübt wird (BAG 6.8.2003 – 7 AZR 180/03; 6.8.1997 – 7 AZR 663/96 EzAÜG § 631 BGB Werkvertrag Nr. 39). 273

Weitere Indizien für das Vorliegen eines Arbeitnehmerüberlassungsvertrages können die Eingliederung in den Beschäftigungsbetrieb und die Zusammenarbeit mit Arbeitnehmern des Dritten, die Übernahme von Tätigkeiten, die früher Arbeitnehmer des Dritten ausgeführt haben sowie die Stellung von Ma- 274

§ 1 Zweck des Gesetzes

terial und von Arbeitskleidung durch den Dritten sein (BAG 30.1.1991 – 7 AZR 497/89, BB 91, 2164).

275 **bb) Anwendungsbereiche von Werkverträgen.** Gegenstand des Werkvertrages kann sowohl die Herstellung oder Veränderung einer Sache als auch ein anderer durch Arbeit oder Dienstleistung herbeizuführender Erfolg sein. § 631 II BGB.

276 In der Praxis kommen Werkverträge insbesondere im Bereich der Errichtung, des Umbaus oder der Reparatur von Bauwerken, bei der Reparatur und Wartung von Maschinen, im Anlagenbau (zB Heizung- oder Lüftungssysteme, Elektroanlagen, Alarmsystemen, Telefon- und Telekommunikationsanlagen) sowie im Bereich der verarbeitenden Industrie vor. Insbesondere der Baubereich ist geprägt durch eine Vielzahl von Werkverträgen, die von der Bauüberwachung, Planung über die Projektierung einzelner Gewerke bis hin zur Gebäudereinigung reichen.

277 Dabei ist zu beachten, dass gerade im Bausektor die Überlassung von Arbeitnehmern zur Verrichtung von Bauarbeitertätigkeiten gesetzlich verboten ist. Die gewerbsmäßige Arbeitnehmerüberlassung in Betrieben des Baugewerbes für Arbeiten, die üblicherweise von Arbeitern verrichtet werden, ist unzulässig. Sie ist gestattet a) zwischen Betrieben des Baugewerbes und anderen Betrieben, wenn diese Betriebe erfassende, für allgemein verbindlich erklärte Tarifverträge dies bestimmen, b) zwischen Betrieben des Baugewerbes, wenn der verleihende Betrieb nachweislich seit mindestens 3 Jahren von denselben Rahmen- und Sozialkassentarifverträgen oder von deren Allgemeinverbindlichkeit erfasst wird, § 1b S. 1 AÜG. Abweichend von S. 2 ist für Betriebe des Baugewerbes mit Geschäftssitz in einem anderen Mitgliedstaat des europäischen Wirtschaftsraumes Arbeitnehmerüberlassung auch gestattet, wenn die ausländischen Betriebe nicht von deutschen Rahmen- und Sozialkassentarifverträgen oder für allgemeinverbindlich erklärten Tarifverträgen erfasst werden, sie aber nachweislich seit mindestens 3 Jahren überwiegend Tätigkeiten ausüben, die unter den Geltungsbereich derselben Rahmen- und Sozialkassentarifverträge fallen, von denen der Betrieb des Entleihers erfasst wird.

278 Kritisch zu bewerten sind insbesondere Vorgehensweisen, bei denen betriebliche zum Kernbereich eines Unternehmens gehörende Aufgaben, die unmittelbar den Betriebszweck verwirklichen, dauerhaft auf der Grundlage von Werkverträgen an Dritte vergeben werden. Die Abgrenzung zwischen Werkvertrag und Arbeitnehmerüberlassung ist nur anhand einer Gesamtwürdigung aller maßgebenden Umstände des Einzelfalles möglich. Widersprechen sich Vereinbarung tatsächliche Durchführung, so entscheidet letztere (BAG 25.9.2013 – 10 AZR 282/12, NJW 2013, 3672).

279 Ausschließlich Arbeiten, die projekt- bzw. erfolgsbezogen sind, können Gegenstand werkvertraglicher Vereinbarungen sein. Wo lediglich allgemein beschriebenen Leistungen zu erbringen sind, die Ausgestaltung im Einzelnen also der Weisung des vermeintlichen Auftraggebers obliegt, ist nicht von Werkverträgen, sondern von Arbeitsverhältnissen auszugehen.

280 Insbesondere die enge Einbindung in eine betriebliche Arbeitsorganisation, die naturgemäß eine entsprechende persönliche Weisungsgebundenheit beinhaltet, führt zur Bewertung als abhängiges Beschäftigungsverhältnis. Dies wurde

VI. Abgrenzung zu Dienst- und Werkverträgen § 1

jüngst für Pflegekräfte auf Intensivstationen bestätigt (LSG Bayern 6.10.2015 – LZR 240/13, juris; LSG BW 19.10.2012 – LG R 761/11, juris). Setzt eine Klinik bei Belastungsspitzen im Pflegebereich vermeintlich selbständige Intensivpflegekräfte ein, so handelt es sich hierbei in Wahrheit um Arbeitnehmer, für die das Krankenhaus Sozialversicherungsbeiträge entrichten muss. Gerade Intensivpflegekräfte sind vollständig in die organisatorischen Abläufe der jeweiligen Intensivstation eingegliedert und unterliegen in entscheidenden Punkten ärztlichen Weisungen. Damit besteht gerade nicht genügend Raum für eine weisungsfreie und selbständige Tätigkeit (LSG NRW 26.11.2014 – L 8 R 573/12).

Negativ formuliert lässt sich der Obersatz aufstellen, dass insbesondere in **281** den Bereichen, in denen Mitarbeiter quasi ununterscheidbar in eine betriebliche Organisation eingebunden werden, nicht von einer Erbringung von Tätigkeiten aufgrund eines Werkvertrages ausgegangen werden kann. Die Eingliederung im vorgenannten Sinne kann dabei zB durch das Tätigwerden direkt in der Arbeitsorganisation des vermeintlichen Auftraggebers (zB in den Räumlichkeiten unter betrieblicher Leitung, ausführen von ständig anfallenden Tätigkeiten innerhalb eines Herstellungsprozesses, auch bei Aufsplitten dieses Prozesses), das Tragen gleicher Arbeitskleidung oder die verzahnte Einbindung in Herstellungsprozesse erfolgen. Davon zu unterscheiden ist jedoch die Ausübung von konkretisierenden Weisungsrechten bezüglich des Arbeitsvorgangs selbst oder der zeitlichen Einteilung.

Der Werkunternehmer organisiert die zur Erreichung eines wirtschaft- **282** lichen Erfolgs notwendigen Handlungen nach eigenen betrieblichen Voraussetzungen und bleibt für die Herstellung des geschuldeten Werks gegenüber dem Drittunternehmen verantwortlich. Die zur Ausführung des Werkvertrages eingesetzten Arbeitnehmer unterliegen den Weisungen des Unternehmers und sind dessen Erfüllungsgehilfen. Der Werkbesteller kann jedoch, wie sich aus § 645 S. 1 BGB ergibt, dem Werkunternehmer selbst oder dessen Erfüllungsgehilfen Anweisungen für die Ausführungen des Werkes erteilen. Solche Werkverträge werden nicht vom AÜG erfasst (BAG 22.6.1994 – 7 AZR 296/93; BAG 30.1.1991 – 7 AZR 497/89). Weisungen, die sich auf das vereinbarte Werk beziehen, können iRe Werkvertrages erteilt werden.

Ein Werkvertrag kommt dann jedenfalls nicht in Betracht, wenn es an **283** einem vertraglich festgelegten abgrenzbaren, dem Auftragnehmer als eigene Leistung zurechenbaren und abnahmefähigen Werk fehlt. In diesem Fall müsste der Auftraggeber den Vertragsgegenstand, dh den Gegenstand der vom Auftragnehmer zu erbringenden Leistung, ja erst konkret durch weitere Weisungen bestimmen und damit Arbeit und Leistung, dh Arbeitseinsatz, zunächst für den vermeintlichen Auftragnehmer bindend organisieren (BAG 25.9.2013 – 10 AZR 282/12, NJW 2013, 3672). Damit lässt sich festhalten, dass in den Fällen, in denen die Tätigkeit erst zunächst durch den vermeintlichen Auftraggeber geplant und organisiert werden muss und der vermeintliche Auftragnehmer/Werkunternehmer in einen arbeitsteiligen Prozess eingegliedert werden muss, dh faktisch eine eigenverantwortliche Erstellung des Werkes ausgeschlossen ist, ein abhängiges Beschäftigungsverhältnis vorliegt.

Diese an sich klare Abgrenzung wird durch atypische Gestaltungsformen, **284** wie sie in der Praxis regelmäßig vereinbart werden, erschwert. So kann der Werkunternehmer mit dem Dritten statt eines einzelnen konkreten Werkes eine Reihe von Einzelwerken aufgrund eines Rahmenvertrages anbieten. Ebenso kann die an den Werkunternehmer zu leistende Vergütung des Bestellers nach Zeitabschnitten statt nach einem Erfolg bemessen sein und die vom Werkunternehmer entsandten Arbeitnehmer können auch voll in die Organisation des Dritten einbezogen sein (ErfK/ *Wank* AÜG § 1 Rn. 14f.).

285 cc) Scheinwerkvertrag und dauerhafte Arbeitnehmerüberlassung. Gerade aufgrund der oftmals erheblichen Schwierigkeiten bei der Abgrenzung von Werkverträgen und Arbeitnehmerüberlassung ist es gängige Praxis, dass Werkunternehmer, deren sich Unternehmen mittels Werkverträgen bedienen, ohne eigenes Personal für die Leistungserbringung einsetzen zu müssen, vorsorglich eine Verleihererlaubnis nach § 1 AÜG vorhalten. Dies dient dem Zweck, für den Fall von Abgrenzungsschwierigkeiten die Begründung von Arbeitsverhältnissen zwischen den Arbeitnehmern des Werkunternehmers und dem Besteller der Leistung zu verhindern.

286 Dass in einem solchen Fall der Einsatz von Personal längerfristig, dh dauerhaft, erfolgt, spielt dabei auch im Falle einer vermuteten Arbeitnehmerüberlassung (noch) keine Rolle. Eine zu vermutende Arbeitsvermittlung hat nicht mehr zur Folge, dass ein Arbeitsverhältnis zwischen dem Leiharbeitnehmer und dem Entleiher begründet wird (BAG 28.6.2000 – 7 AZR 100/99, NZA 2000, 1160; 15.5.2013 – 7 AZR 494/11, NZA 2013, 1267).

287 Die Frage, welche Auswirkungen es hat, wenn Leih- oder Zeitarbeitskräfte über einen erheblichen Zeitraum bei dem Vertragspartner ihres formellen Arbeitgebers, dem Entleiherbetrieb, eingesetzt werden, beschäftigt bereits seit längerem die Arbeitsgerichte. Ausgangspunkt ist § 1 I 2 AÜG. Nach dieser Norm erfolgt die Überlassung von Arbeitnehmer an Entleiher „vorübergehend". Eine gesetzliche Definition dieses Begriffes weist das Gesetz nicht auf. Wesentlicher jedoch ist, dass das Gesetz keine Regelung für den Fall aufweist, dass ein Arbeitnehmer nicht mehr nur „vorübergehend", sondern länger als diese Phase bei einem Entleiherbetrieb eingesetzt wird. Die Mehrzahl der Landesarbeitsgerichte und auch das Bundesarbeitsgericht haben dies unter Hinweis auf die gesetzliche Regelung abgelehnt. Anders das LAG BW (22.11.2012 – 11 Sa 84/12), das im Wege einer richtlinienkonformen Auslegung analog § 10 I 1 AÜG ein Arbeitsverhältnis zwischen Arbeitnehmer und Entleiher annahm. Das LAG Bln-Bbg (9.1.2013 – 15 Sa 1635/12) nahm ebenfalls ein Arbeitsverhältnis zwischen Arbeitnehmer und Entleiher an, da eine nicht vorübergehende Arbeitnehmerüberlassung seit dem 1.12.2011 nicht mehr erlaubnisfähig sei und eine bereits bestehende Erlaubnis in ihrem Umfang von Gesetzes wegen auf die nur vorübergehende Arbeitnehmerüberlassung beschränkt werde. Zudem liege ein institutioneller Rechtsmissbrauch vor, wenn ein verleihendes Konzernunternehmen nur konzernintern dauerhaft Arbeitnehmer überlässt. Das LAG RhPf (1.8.2013 – 11 Sa 112/13) nahm ein Arbeitsverhältnis nach § 10 I 1 AÜG ebenfalls über den Grundsatz des institutionellen Rechtsmissbrauchs an. Mit Urteil v. 10.12.2013 hat das BAG (9 AZR 51/13, NJW 2014, 956) entschieden, dass bei nicht nur vorübergehender Arbeitnehmerüberlassung kein Arbeitsverhältnis zwischen Arbeitnehmer und Entleiher zustande kommt. Folgende Bewertungen liegen dem Urteil im Wesentlichen zugrunde:

VI. Abgrenzung zu Dienst- und Werkverträgen §1

- § 10 I 1 AÜG findet keine unmittelbare Anwendung, wenn der Verleiher die nach § 1 I 1 AÜG erforderliche Erlaubnis besitzt. Eine vor dem 1.12.2011 erteilte Erlaubnis zur Arbeitnehmerüberlassung umfasst auch eine nicht nur vorübergehende Überlassung von Leiharbeitnehmern. Gemäß § 5 I Nr. 4 AÜG kann die Erlaubnis nur für die Zukunft widerrufen werden, wenn die Erlaubnisbehörde aufgrund deiner geänderten Rechtslage berechtigt wäre, die Erlaubnis zu versagen. Anmerkung: Auch das allgemeine Verwaltungsrecht sieht die Erforderlichkeit eines Widerrufs vor, § 49 II 1 Nr. 5 VwVfG.
- Eine analoge Anwendung des § 10 I 1 AÜG scheidet mangels planwidriger Regelungslücke aus. Der Gesetzgeber des Missbrauchsverhinderungsgesetzes hat bewusst darauf verzichtet zu regeln, dass eine nicht nur vorübergehende Arbeitnehmerüberlassung das Zustandekommen eines Arbeitsverhältnisses zwischen Entleiher und Arbeitnehmer bewirkt.
- Zudem ist die Situation eines nicht nur vorübergehend überlassenen Leiharbeitnehmers mit der Situation eines ohne Erlaubnis überlassenen Arbeitnehmers, für den § 10 I 1 AÜG ein Arbeitsverhältnis mit dem Entleiher fingiert, nicht vergleichbar. Die Bestimmung des § 10 I 1 AÜG ist erforderlich, weil bei Fehlen der nach § 1 AÜG erforderlichen Erlaubnis der Vertrag des Leiharbeitnehmers mit dem Verleiher nach § 9 Nr. 1 AÜG unwirksam ist. Damit der Arbeitnehmer in diesem Fall überhaupt in einem Arbeitsverhältnis steht, fingiert § 10 I 1 AÜG ein solches zum Entleiher. Das AÜG regelt demgegenüber nicht, dass das Arbeitsverhältnis zwischen dem Leiharbeitnehmer und dem Verleiher unwirksam ist oder beendet wird, wenn der Leiharbeitnehmer vom Verleiher nicht nur vorübergehend überlassen wird.
- Zudem beeinträchtigt ein Arbeitgeberwechsel auch die durch Art. 12 GG geschützte Vertragsfreiheit. Die Entscheidung des Gesetzgebers zu einem solchen Eingriff muss im Gesetz hinreichend Ausdruck finden. Ein Zustimmungserfordernis des Arbeitnehmers wäre dann vom Gesetzgeber zu schaffen.
- Ferner liegt auch kein Rechtsmissbrauch vor. Ein solcher setzt voraus, dass ein Vertragspartner eine an sich rechtlich zulässige Gestaltung in einer mit Treu und Glauben unvereinbaren Weise nur dazu verwendet, sich zum Nachteil des anderen Vertragspartners Vorteile zu verschaffen, die nach dem Zweck der Norm oder des Rechtsinstituts nicht vorgesehen sind. Ab dem 1.12.2011 handelte es sich bei einer nicht nur vorübergehenden Arbeitnehmerüberlassung nicht mehr um eine rechtlich zulässige Gestaltung. Ein mehr als vorübergehender Einsatz eines Leiharbeitnehmers bei einem Entleiher ist seitdem verboten. Entleiher und Verleiher, die sich über die nicht nur vorübergehende Überlassung eines Leiharbeitnehmers einigen, missbrauchen damit aber kein Recht, sondern verstoßen gegen ein gesetzliches Verbot.

Hat sich der Gesetzgeber aber entschieden, einen solchen Verstoß nicht mit **288** der Sanktion der Begründung eines Arbeitsverhältnisses zum Entleiher zu versehen, darf diese Rechtsfolge nicht über § 242 BGB herbeigeführt werden. Dies würde bedeuten, sich über den klar erkennbaren Willen des Gesetzgebers hinwegzusetzen und unzulässig in die Kompetenzen des demokratisch legitimierten Gesetzgebers einzugreifen.

§ 1 Zweck des Gesetzes

289 Das BAG hat sich ausdrücklich gegen eine analoge sowie richtlinienkonforme Auslegung des § 10 I 1 AÜG ausgesprochen. Aber auch eine unmittelbare Anwendung des § 10 I 1 AÜG nach dem Grundsatz des institutionellen Rechtsmissbrauchs scheint das BAG abzulehnen. So hatte das BAG bereits in seiner Entscheidung v. 15.5.2013 (7 AZR 494/11) bei einer rechtsmissbräuchlichen Überlassung lediglich erwogen, dem Arbeitnehmer einzelne Ansprüche gegen den Entleiher zu geben. Ein Arbeitsverhältnis zwischen Arbeitnehmer und Entleiher würde jedenfalls nicht entstehen. Das BAG hat deutlich gemacht, dass dem Gesetzgeber die Entscheidung, ob ein Verstoß gegen das gesetzliche Verbot des § 1 I 2 AÜG zur Begründung eines Arbeitsverhältnisses führt, nicht durch die Anwendung des § 242 BGB abgenommen werden darf.

290 Der Gesetzgeber hat sich entschieden, einen solchen Verstoß nicht mit der Sanktion der Begründung eines Arbeitsverhältnisses zum Entleiher zu versehen. Der Gesetzgeber verzichtete bis zum 30.11.2011 bewusst darauf, die Dauer der Arbeitnehmerüberlassung zeitlich zu begrenzen. Das ergibt sich aus der Neukonzeption des Rechts der Arbeitnehmerüberlassung durch das Erste Gesetz für moderne Dienstleistungen am Arbeitsmarkt v. 23.12.2002 (BGBl. I S. 4607, im Folgenden: Erstes Dienstleistungsgesetz). Während das AÜG in der bis zum 31.12.2002 geltenden Fassung in § 3 I Nr. 6 noch eine Höchstüberlassungsdauer von 24 aufeinanderfolgenden Monaten vorsah, wurde diese Bestimmung durch Art. 6 Nr. 3 Buchst. b des Ersten Dienstleistungsgesetzes aufgehoben. Damit war klar, dass künftig eine zeitlich unbeschränkte Überlassung von Arbeitnehmern zulässig sein sollte (BAG 15.5.2013 – 7 AZR 494/11, NZA 2013, 1267). Sodann hat der Gesetzgeber durch Art. 1 Nr. 2 Buchst. a Doppelbuchst. bb des Ersten Gesetzes zur Änderung des AÜG – Verhinderung von Missbrauch der Arbeitnehmerüberlassung v. 28.4.2011 (BGBl. I S. 642, im Folgenden: Missbrauchsverhinderungsgesetz) als § 1 I 2 eine Regelung in das AÜG eingefügt, wonach die Überlassung von Arbeitnehmern an einen Entleiher vorübergehend erfolgt.

291 Ein Verstoß gegen das Verbot der nicht nur vorübergehenden Arbeitnehmerüberlassung in § 1 I 2 AÜG (zu diesem Verbot BAG 10.7.2013 NJW 2014, 331) führt nicht zum Zustandekommen eines Arbeitsverhältnisses zwischen dem Entleiher und dem Leiharbeitnehmer, wenn der Verleiher die erforderliche Erlaubnis hat, seine Arbeitnehmer Dritten zur Arbeitsleistung zu überlassen.

292 Besitzt ein Arbeitgeber die nach § 1 I 1 AÜG erforderliche Erlaubnis, als Verleiher Dritten Arbeitnehmer im Rahmen seiner wirtschaftlichen Tätigkeit zur Arbeitsleistung zu überlassen, hindert dies eine unmittelbare Anwendung des § 10 I 1 AÜG. Dies gilt auch, wenn der Einsatz des Leiharbeitnehmers entgegen der Regelung in § 1 I 2 AÜG nicht nur vorübergehend erfolgt (BAG 10.12.2013 – 9 AZR 51/13, NJW 2014, 956; anders jüngst LAG BW, 3.12.2014 – 4 Sa 41/14).

293 Der Bundesrat hatte am 20.9.2013 beschlossen, den Entwurf für ein „Gesetz zur Bekämpfung des Missbrauchs von Werkverträgen und zur Verhinderung und Umgehung von arbeitsrechtlichen Verpflichtungen" in den Bundestag einzubringen. Der Gesetzesentwurf sieht eine ausdrückliche Regelung vor, nach der in Fällen, in denen die Arbeitnehmerüberlassung nicht nur vorübergehend erfolgt, das Zustandekommen eines Arbeitsverhältnisses zwischen Ar-

VI. Abgrenzung zu Dienst- und Werkverträgen §1

beitnehmern und Entleiher fingiert wird, auch wenn eine Erlaubnis zur Arbeitnehmerüberlassung besteht. Ein mehr als vorübergehender Einsatz eines Leiharbeitnehmers bei einem Entleiher ist danach verboten. Entleiher und Verleiher, die sich über die nicht nur vorübergehende Überlassung eines Leiharbeitnehmers einigen, missbrauchen damit kein Recht, sondern verstoßen gegen ein gesetzliches Verbot.

b) Abgrenzung der Arbeitnehmerüberlassung vom Dienstvertrag. 294
In ihrer reinen Form lassen sich auch der Dienstvertrag mit Erfüllungsgehilfen und der Arbeitnehmerüberlassungsvertrag klar unterscheiden. Beim Dienstvertrag schuldet der Dienstnehmer eine bestimmte Dienstleistung, die er, wenn ihm das nach dem Vertrag entgegen § 613 S. 1 BGB erlaubt ist, auch durch Erfüllungsgehilfen erbringen kann. Die Erfüllungsgehilfen arbeiten dabei nach Weisungen des Dienstnehmers.

Demgegenüber stellt bei einem Arbeitnehmerüberlassungsvertrag der Verleiher die Arbeitnehmer für bestimmte (Werk- oder) Dienstleistungen zur Verfügung, die sie nach Weisung des Entleihers verrichten. Dabei steht der Dienstvertrag mit Erfüllungsgehilfen dem Arbeitnehmerüberlassungsvertrag noch näher als der Werkvertrag (ErfK/*Wank* AÜG § 1 Rn. 28 f.). 295

Die Abgrenzung zwischen Arbeitnehmerüberlassungsvertrag und Dienstvertrag gestaltet sich schwieriger, da die Abgrenzungskriterien Erfolg, Gewährleistung und Vergütung für ein Werk nicht herangezogen werden können (ErfK/*Wank* AÜG § 1 Rn. 29). 296

Insoweit kommt es für die Abgrenzung des Fremdpersonaleinsatzes iRe freien Dienstvertrags von der Arbeitnehmerüberlassung entscheidend auf die Frage an, wem das Weisungsrecht bei der Aufgabenerfüllung obliegt und wie sich die Eingliederung des Auftragnehmers in die Arbeitsstruktur des Auftraggebers darstellt. Es ist also zu prüfen, wer die für einen Arbeitsvertrag charakteristischen Weisungen erteilt. 297

Anders als für die Abgrenzung zwischen Arbeitnehmerüberlassung und die Erbringung von Tätigkeiten auf Grund eines Werkvertrages ist das Gelingensrisiko, also die wirtschaftliche Verantwortlichkeit für den Eintritt des angestrebten Erfolges, kein geeignetes Abgrenzungskriterium, da dieses in beiden Fällen beim Auftraggeber liegt. 298

Wie der iRe Arbeitnehmerüberlassungsvertrages überlassene Leiharbeitnehmer schuldet auch der freie Dienstverpflichtete allein das Erbringen der Tätigkeit, mithin das „Bemühen". Anders als beim Werkvertrag ist hier kein Erfüllungsrisiko, verbunden mit entsprechender gewährleistungsrechtlicher Absicherung, gegeben. 299

Auch der Verleiher übernimmt keine Gewähr für den Erfolg der durch die überlassenen Arbeitnehmer auszuführenden bzw. erbrachten Tätigkeiten. Damit weist der Dienstvertrag mit Einsatz von Erfüllungsgehilfen eine große Nähe zur Arbeitnehmerüberlassung auf. 300

Gerade wegen dieser problematischen Nähe von auf „Überlassung von Diensten" gerichteter Arbeitnehmerüberlassung und dienstvertraglicher Leistung unter Einsatz ihrerseits dienstverpflichteter Erfüllungsgehilfen scheint der werkvertragliche Fremdpersonaleinsatz aus Unternehmenssicht oft wesentlich attraktiver. Dies liegt wesentlich in der Annahme, dass man sich mit dem 301

§ 1 Zweck des Gesetzes

Werkvertrag deutlich mehr von der erlaubnispflichtigen Arbeitnehmerüberlassung abzugrenzen vermag (hierzu unter umfassender Darstellung der einzelnen von Literatur und Rechtsprechung herausgearbeiteten Abgrenzungskriterien und Darstellung von Zweifelsfällen *Greiner* NZA 2013, 697 ff.).

VII. Statusklärung

Literatur: *Kreikebohm/Spellbrink/Waltermann*, Kommentar zum Sozialrecht (K/S/W); *Berchtold*, Verfahrensrechtliche Probleme des § 7a SGB IV, NZS 2014, 885; *Brandt*, Aufhebung einer Anrufungsauskunft mit Wirkung für die Zukunft, StBp 2011, 120; *Berndt*, Die sozialversicherungsrechtliche Betriebsprüfung der Rentenversicherungsträger nach § 28p SGB IV, DB 1998, 622; *Dißars/Dißars*, Die Anrufungsauskunft nach § 42e EStG – Schutz des Arbeitgebers vor der Lohnsteuerhaftung, DStR 1995, 1817; *Gahle*, Sozialversicherungsrechtliche Statusfeststellung, DB 2011, 1622; *Klafke*, Haftungsfalle Statusfeststellung: BSG stärkt Rechte von Arbeitgebern und Arbeitnehmern gegen Drittanfechtungsklagen – „Konsensuales Vorgehen" der Deutschen Rentenversicherung ist rechtswidrig, DStR 2014, 336; *Martin*, Die Anrufauskunft nach § 42e EStG, NWB 2012, 3700, *Zieglmeier*, Das Problem von Mehrfachverfahren bei einheitlicher Statusfeststellung nach § 7a SGB IV, NZS 2013, 854

302 Es ist die Aufgabe des Auftraggebers und damit potentiellen Arbeitgebers, bei seinen Mitarbeitern zu prüfen, ob eine abhängige Beschäftigung vorliegt oder nicht. Dieses Interesse ist sein ureigenes, um für sich selbst Risiken abschätzen und erkennen und zur Abstellung dieser Risiken geeignete Maßnahmen ergreifen zu können. Ist ein Auftraggeber der Auffassung, dass im konkreten Fall keine abhängige Beschäftigung vorliegt, so trifft ihn zwar kein unmittelbarer Handlungszwang. Es besteht jedoch stets latent das Risiko, dass im Falle von Betriebsprüfungen durch Versicherungsträger, durch die zuständigen Ordnungsbehörden/Polizeibehörden sowie den Zoll und gegebenenfalls im weiteren Rechtsweg bei der Anfechtung von Bescheiden durch die Sozialgerichtsbarkeit eine andere Bewertung der Frage der abhängigen Beschäftigung vorgenommen wird und damit die Nachzahlung von Beiträgen erforderlich wird.

303 Nach der Definition sind Scheinselbstständige (bzw. sogenannte neue Selbstständige) Personen, die für einen anderen (oder einige wenige andere) dauernd Dienst- oder Werkdienstleistungen erbringen und dabei wie ein Arbeitnehmer weisungsgemäß oder wirtschaftliche Abhängigkeit von dem (oder einem der) Auftraggeber tätig werden, obwohl sie als Vertragspartner ausdrücklich Dienst- oder Werkverträge abgeschlossen haben (Palandt/ *Weidenkaff* BGB vor § 611 Rn. 11).

304 Für den Auftraggeber ist vielfach nicht sicher zu erkennen, ob der von ihm Beschäftigte tatsächlich selbständig ist oder ggf. eine abhängige Beschäftigung vorliegt. Aus Sicht der Deutsche Rentenversicherung gilt als scheinselbständig, wer zwar vertraglich als selbständig bezeichnet wird, indes wie ein Arbeitnehmer im Beschäftigungsverhältnis handelt. Das Sozialgesetzbuch enthält keine aussagekräftige Definition des Arbeitnehmers und des Beschäftigten. Nach § 2 II SGB IV sind „in allen Zweigen der Sozialversicherung nach Maßgabe der besonderen Vorschriften für die einzelnen Versicherungszweige versichert: 1. Personen, die gegen Entgelt oder zu ihrer Berufsausbildung beschäftigt

VII. Statusklärung **§ 1**

sind ...". Nach § 7 I SGB IV ist „Beschäftigung ... die nichtselbständige Arbeit, insbesondere in einem Arbeitsverhältnis". Der Begriff des Beschäftigten iSd Sozialversicherungsrechts entspricht im Wesentlichen dem des Arbeitnehmers im Arbeitsrecht (*Bauer/Diller/Lorenzen* NZA 1999, 169). Entscheidend für das Sozialrecht war und ist aber letztlich der Begriff des Beschäftigten, der zumindest nach der sprachlichen Fassung des § § 7 I SGB IV der Oberbegriff zu dem des Arbeitnehmers ist. Für Auftraggeber, die vermeintlich Selbständige beschäftigen, ist die Frage der rechtlich zutreffenden Einordnung der Personen essentiell, da die sich an die Einordnung als abhängige Beschäftigung anknüpfende Versicherungspflicht mit der Aufnahme der Beschäftigung beginn. Lediglich die Bestimmung in § 7a VI SGB IV trifft eine Sonderregelung für den Fall, dass bereits innerhalb eines Monats nach Aufnahme der Tätigkeit ein Antrag zur Entscheidung über den Beschäftigungsstatus bei der Deutsche Rentenversicherung gestellt wurde. Diese entscheidet auf Grund einer Gesamtwürdigung alles Umstände des Einzelfalles, ob eine Beschäftigung vorliegt (§ 7a II SGB IV). Dies ist nach der Rechtsprechung des BSG der Fall, wenn die Gesamtheit der insofern rechtlich relevanten Tatsachen eine zu persönlicher Abhängigkeit führende Beziehung zwischen den Beteiligten ergibt (BSG 25.4.2012 – B 12 KR 24/10R, SozR 4-2400 § 7 Nr. 15).

Gemäß § 7a VI SGB IV tritt die Versicherungspflicht erst mit der Bekanntgabe der Entscheidung ein, wenn der Beschäftigte (1.) zustimmt und (2.) der Beschäftigte für den Zeitraum zwischen der Aufnahme der Beschäftigung und der Entscheidung eine Absicherung gegen das finanzielle Risiko von Krankheit und zur Altersversorgung vorgenommen hat, die der Art nach den Leistungen der gesetzlichen Krankenversicherung und der gesetzlichen Rentenversicherung entspricht. Die Pflicht zur Entrichtung der Gesamtsozialversicherungsbeiträge wird in diesem Fall erst fällig zu dem Zeitpunkt, zu dem die Entscheidung, dass eine Beschäftigung vorliegt, unanfechtbar geworden ist (§ 7a VI 2 SGB IV). Ansonsten gilt, dass der Gesamtsozialversicherungsbeitrag rückwirkend zu dem Zeitpunkt fällig wird, zu dem die Statusentscheidung unanfechtbar geworden ist (§ 7a VI SGB IV). Da das Gesetz hohe Anforderungen an den Arbeitgeber stellt, namentlich von ihm auch fordert, sich über seine Pflicht zur Beitragszahlung zu informieren und ggf. verbindliche Auskünfte der Sozialversicherungsträger einzuholen, ist die rechtlich zutreffende Bestimmung des Beschäftigungsstatus für Auftraggeber und damit potentielle Arbeitgeber eine in ihrer Bedeutung nicht zu unterschätzende Aufgabe (zu den Aufgaben des GmbH-Geschäftsführers bei der Erfüllung der Beitragspflicht vgl. BGH 15.10.1996, NJW 1997, 130f.). **305**

Das Beschäftigungsverhältnis unterscheidet sich vom Rechtsverhältnis eines **306** freien Dienstleisters oder Werkunternehmers durch den Grad der persönlichen Abhängigkeit bei der Erledigung der Dienst- oder Werkleistung. Arbeitnehmer ist, wer weisungsgebunden vertraglich geschuldete Leistungen iRe von seinem Vertragspartner bestimmten Arbeitsorganisation erbringt. Die wichtigsten Stichworte sind bereits genannt: Eingliederung in eine betriebliche Organisation und Weisungsgebundenheit (*Reinecke* NZA 1999, 729, 734).

Es bestehen keinerlei Vermutungsregeln für die Unselbständigkeit einer **307** Beschäftigung (so noch § 7 IV SGB IV mWv 1.1.1999 des Gesetzes v. 20.12.1999 [BGBl. I 2000 S. 2] bis zur Änderung mWv 1.1.03 durch das

Brügge 101

§ 1 Zweck des Gesetzes

Zweites Hartz-G v. 23.12.02 [BGBl. I S. 4621]). Den Einzugsstellen und Rentenversicherungsträgern obliegt damit iRd Beitragserhebung und -prüfung selbst dann, wenn der Erwerbstätige seine Mitwirkungspflichten nach den § 28o SGB IV, § 206 SGB V oder § 196 SGB VI verletzt, die volle materielle Beweislast dafür, dass der Betreffende seine Tätigkeit in nichtselbständiger Arbeit verrichtet (*Rolfs* NZA 2003, 65; *Obenhaus* Stbg 12, 548). Dabei stützt sich die Verwaltungspraxis jedoch auf Beweisanzeichen und reiht eine Vielzahl von Berufsgruppen katalogmäßig ein. Der Katalog bestimmter Berufsgruppen zur Abgrenzung zwischen abhängiger Beschäftigung und selbständiger Tätigkeit (Anlage 5 zur Bekanntmachung der Sozialversicherungsträger v. 13.4.2010 zur Statusfeststellung von Erwerbstätigen) begründet jedoch keine Vermutung, da Vermutungen nur der Gesetzgeber aufstellen darf. Es handelt sich um eine Verwaltungsanweisung iRd Statusfeststellung, die lediglich eine Selbstbindung der Verwaltung herbeiführt (*Pump* StBp 2006, 111; *Obenhaus* BB 2012, 1130).

308 Hier kann es für einen Auftraggeber von Vorteil sein, sich zur rechtssicheren Vermeidung entsprechender Risiken in Zweifelsfällen des Anfrageverfahrens zur Statusklärung bei der DRV zu bedienen.

1. Statusfeststellung

309 Nach § 7a I 1 SGB IV können die Beteiligten bei der Deutschen Rentenversicherung Bund beantragen, den Status des Erwerbstätigen feststellen zu lassen. Mit dem Anfrageverfahren soll den Beteiligten Rechtssicherheit darüber verschafft werden, ob der Auftragnehmer selbständig tätig oder abhängig beschäftigt und aufgrund der Beschäftigung sozialversicherungspflichtig ist. Es schließt die Entscheidung über die Versicherungspflicht in der Kranken-, Pflege-, Renten- und Arbeitslosenversicherung ein. Durch das G zur Förderung der Selbständigkeit v. 20.12.1999 (BGBl. I 2000 S. 2) wurde das Anfrageverfahren nach § 7a SGB IV zur Statusfeststellung Erwerbstätiger eingeführt. Mit dem optionalen Anfrageverfahren nach § 7a SGB IV kann abweichend vom Grundsatz in § 28h II SGB IV, nach der die Einzugsstelle über die Versicherungspflicht und Beitragshöhe in der Kranken-, Pflege-, Renten- und Arbeitslosenversicherung entscheidet, jeder Beteiligte eine Entscheidung über den Status des Erwerbstätigen auf Antrag bei der Deutschen Rentenversicherung Bund herbeiführen. Das Anfrageverfahren tritt gleichwertig neben die Verfahren der Einzugsstellen (§ 28h II SGB IV) und der Rentenversicherungsträger als Prüfstellen (§ 28p SGB IV). Die Statusfeststellung erfolgt jeweils für ein konkretes Beschäftigungsverhältnis. Eine Statusfeststellung für eine Mehrzahl gleichartiger Beschäftigungsverhältnisse ist der Gesetzgeber nicht vorgesehen.

310 § 7 I 2 SGB IV nennt die Weisungsgebundenheit und die Eingliederung in die Arbeitsorganisation des Weisungsgebers als Anhaltspunkte für eine abhängige Beschäftigung. Das Statusfeststellungsverfahren dient der Feststellung, ob ein Auftragnehmer seine Tätigkeit für einen Auftraggeber im Einzelfall selbständig oder iRe abhängigen sozialversicherungspflichtigen Beschäftigungsverhältnisses ausübt.

311 Nach den Ausführungen der DRV ist es das Ziel, mit dem Statusfeststellungsverfahren den Beteiligten Rechtssicherheit darüber zu verschaffen, ob

VII. Statusklärung §1

der Auftragnehmer selbstständig tätig oder abhängig beschäftigt oder aufgrund der Beschäftigung versicherungspflichtig ist. Es soll also auch geklärt werden, ob in dieser Beschäftigung Versicherungspflicht in der Krankenversicherung, Pflegeversicherung, Rentenversicherung und Arbeitslosenversicherung besteht. Dabei können nur konkrete, also tatsächlich praktizierte Vertragsverhältnisse beurteilt werden. Pauschalentscheidungen oder Vorabentscheidungen können nicht getroffen werden (Verwaltungsanweisung DRV unter http://www.deutsche-rentenversicherung.de).

Die obergerichtliche Rechtsprechung geht mittlerweile in st. Rspr. davon **312** aus, dass auch § 7a SGB IV nicht zu isolierten Entscheidungen über das (Nicht-) Vorliegen einer Beschäftigung (sog. Elementenfeststellung) ermächtigt (BSG 11.3.2009 – B 12 R 11/07 R; 4.6.2009 – B 12 KR 31/07; KSW/ *Berchtold* SGB IV § 7a Rn. 2). So können auch auf der Grundlage von § 7a Verwaltungsakte nicht allein zum (Nicht-) Bestehen von Versicherungspflicht ergehen.

Hat ein Auftragnehmer gleichzeitig mehrere Auftraggeber, so ist jedes Ver- **313** tragsverhältnis für sich zu beurteilen. Einer Entscheidung im Statusfeststellungsverfahren bedarf es nicht, wenn sich die Vertragsparteien einig sind, dass ein abhängiges Beschäftigungsverhältnis besteht. Der Arbeitgeber muss in diesen Fällen seinen Arbeitnehmer mit der ersten folgenden Lohnabrechnung oder Gehaltsabrechnung, spätestens jedoch innerhalb von sechs Wochen nach Beginn der Beschäftigung bei der Einzugsstelle (Krankenkasse) anmelden.

Ein Statusfeststellungsverfahren wird zudem nicht durchgeführt, wenn **314** durch eine Krankenkasse (zB im Rahmen der Entscheidung über eine freiwillige Versicherung bzw. eine Familienversicherung), einen Rentenversicherungsträger (im Rahmen der Betriebsprüfung oder der Prüfung einer Versicherungspflicht – kraft Gesetzes oder auf Antrag – als selbstständig Tätiger) oder die Künstlersozialkasse (durch Feststellung einer selbständigen künstlerischen oder publizistischen Tätigkeit) bereits eine Statusentscheidung zu der ausgeübten Tätigkeit getroffen oder ein Verwaltungsverfahren eingeleitet wurde, in dem auch über den sozialversicherungsrechtlichen Status des Auftragnehmers entschieden wird (Verwaltungsanweisung DRV unter http://www.deutsche-rentenversicherung.de).

Im Zeitpunkt der Antragstellung bei der DRV bereits anhängige Verfahren **315** der Einzugsstelle (§ 28a II SGB IV) bzw. des Rentenversicherungsträgers (§ 28p I 5 SGB IV) zur Prüfung der Versicherungspflicht in der Beschäftigtenversicherung und grundsätzlich erst recht der nach Abschluss eines Verwaltungsverfahrens dieser Stellen ergangene Verwaltungsakte (LSG Sachsen 14.8.2006 – L 1 B 205/05) stehen der Durchführung des Anfrageverfahrens entgegen (KSW/*Berchtold* SGB IV § 7a Rn. 5).

In den vorgenannten Fällen muss die sogenannte Clearingstelle den Antrag **316** auf Durchführung eines Statusfeststellungsverfahrens ablehnen. Die Prüfung, ob Versicherungspflicht aufgrund einer Verständlichkeit vorliegt und gegebenenfalls eine Befreiungsmöglichkeit von dieser Versicherungspflicht besteht, ist nicht Gegenstand des Statusfeststellungsverfahrens und erfolgt in einem gesonderten Verfahren.

§ 1 Zweck des Gesetzes

317 a) **Antragsberechtigte.** Antragsberechtigt sind ausschließlich die Vertragspartner der zu beurteilenden Tätigkeit, also Arbeitgeber und Arbeitnehmer bzw. Auftraggeber und Auftragnehmer, mithin nur die unmittelbaren Beteiligten eines auf Erbringung von Arbeit gerichteten Rechtsverhältnisses (KSW/*Berchtold* SGB IV § 7a Rn. 5). In Betracht kommen alle Rechtsverhältnisse, die bei Inkrafttreten des Gesetzes am 1.1.1999 bereits bestanden haben (LSG Bln-Bbg 15.2.2008 – L 1 KR 276/06) oder nach dem 31.12.1998 begründet wurden. Dabei reicht es aus, wenn einer der Beteiligten die Statusentscheidung beantragt. Es ist nicht erforderlich, dass sich die Beteiligten über die Einleitung des Anfrageverfahrens einig sind. Es ist ausreichend, wenn einer der beteiligten das Anfrageverfahren beantragt. Der andere Beteiligte wird dann zum Verfahren hinzugezogen. Eine Beteiligung des anderen Vertragspartners ist jedoch gesetzlich zwingend vorgeschrieben und erfolgt ggf. durch die Clearingstelle.

318 Wird der Antrag durch eine andere Person gestellt, ist zur Vertretung im Statusfeststellungsverfahren eine schriftliche Vollmacht im Original vorzulegen. Als Bevollmächtigte können nur Personen akzeptiert werden, die nach dem Rechtsdienstleistungsgesetz zur Vertretung in rentenrechtlichen Angelegenheiten befugt sind. Der Antrag muss dennoch mindestens von einem Vertragspartner unterschrieben werden. Ohne Vorlage einer gültigen Vollmacht kann der Bevollmächtigte nicht in das Verwaltungsverfahren einbezogen werden

319 b) **Zulässigkeit eines Antrages auf Statusfeststellung.** Das Verfahren nach § 7a I 1 SGB IV ist ursprünglich alternativ neben demjenigen der Einzugsstelle eröffnet (LSG BW 19.2.2008 – L 11 KR 5528/07). Das Statusstellungsverfahren ist solchen Fällen vorbehalten, in denen ein dem Rechtsschutzbedürfnis vergleichbares Klärungsbedürfnis überhaupt besteht. Eine „objektive" Zweifelslage ist wohl nicht Voraussetzung (KSW/*Berchtold* SGB IV § 7a Rn. 5). Ein Antrag auf Statusfeststellung sollte daher gestellt werden, wenn Unsicherheit über den rechtlichen Status des Auftragnehmers besteht. Ein entsprechendes Anfrageverfahren kann daher grundsätzlich nicht beantragt werden in Fällen, in denen das Ergebnis – wie bei § 7 IV 2 SGG IV – bereits feststeht (KSW/*Berchthold* SGB IV § 7a Rn. 5. Das Anfrageverfahren bei der Deutschen Rentenversicherung Bund ist ausgeschlossen, wenn bereits durch eine Einzugsstelle (zB iRe Prüfung nach § 28h II SGB IV) oder einen Rentenversicherungsträger (iRe Betriebsprüfung nach § 28p I SGB IV) ein Verfahren zur Feststellung des Status der Erwerbsperson durchgeführt oder eingeleitet wurde, zB durch Übersendung eines Fragebogens oder durch Ankündigung einer Betriebsprüfung (§ 7a I 2 SGB IV). Durch das Anfrageverfahren können die Beteiligten eine für die anderen Sozialversicherungsträger verbindliche Entscheidung der Clearingstelle zum Bestehen oder Nichtbestehen eines abhängigen Beschäftigungsverhältnisses und ggf. zur Versicherungspflicht, Versicherungsfreiheit bzw. zum Vorliegen von Ausschlusstatbeständen von der Versicherungspflicht in den einzelnen Zweigen der Sozialversicherung herbeiführen. Seit dem 1.1.2005 ist auch die Bundesagentur für Arbeit leistungsrechtlich an die Entscheidung der Clearingstelle gebunden.

320 c) **Zuständige Stelle.** Zuständige Stelle ist die DRV (§ 7a I 3 SGB IV). Das Anfrageverfahren führt dort die Clearingstelle durch. Das Statusfeststel-

VII. Statusklärung **§ 1**

lungsverfahren tritt gleichwertig neben die Verfahren der Einzugsstellen (§ 28h II SGB IV) und der Rentenversicherungsträger als Prüfstellen (§ 28p SGB IV).

d) Form, Frist und Inhalt. Aus Beweisgründen ist für das Anfrageverfahren bei der Deutschen Rentenversicherung Bund die Schriftform vorgeschrieben. 321

Für die iRe Statusfeststellungsverfahrens nach § 7a I 1 SGB IV erforderliche Prüfung, ob eine sozialversicherungspflichtige abhängige Beschäftigung vorliegt, haben die Beteiligten einen Antrag auszufüllen. Die in dem Antrag geforderten Angaben sind notwendig, damit das Gesamtbild der Tätigkeit ermittelt werden kann und weitgehend sichergestellt ist, dass die für die Entscheidung maßgeblichen Kriterien einheitlich erhoben werden. Der aktuelle „Antrag auf Feststellung des sozialversicherungsrechtlichen Status" kann von der für das Statusfeststellungsverfahren zuständigen Clearingstelle der Deutschen Rentenversicherung Bund angefordert werden. 322

e) Ablauf des Anfrageverfahrens. Für die Antragstellung steht der Antragsvordruck (Vordruck V027) mit Anlagen (Vordrucke C0031, C0032 oder C0033) zur Verfügung. Der Antragsvordruck und die entsprechenden Anlagen zum Antrag sollten von Auftragnehmer und Auftraggeber gemeinsam vollständig ausgefüllt und unterschrieben werden. Dem Antrag sind Kopien aller Verträge, die das bestehende Auftragsverhältnis betreffen (zB Vertrag über die Tätigkeit als freier Mitarbeiter oder Handelsvertreter, Honorarvertrag, Lehrvertrag) einschließlich aller ggf. bestehenden Zusatzvereinbarungen, Änderungsvereinbarungen oder Ergänzungsvereinbarungen beizufügen. 323

Sofern der Auftragnehmer nicht möchte, dass der Auftraggeber Kenntnis über seine Angaben – insbesondere zu weiteren Auftraggebern – erhält, kann er den Antrag direkt an die DRV senden. Der Auftraggeber wird dann unter Berücksichtigung der maßgebenden Vorschriften zur Wahrung des Sozialgeheimnisses mit einem gesonderten Vordruck am Verfahren beteiligt. 324

Das Anfrageverfahren bei der Deutschen Rentenversicherung Bund ist ausgeschlossen, wenn bereits durch eine Einzugsstelle (zB iRe Prüfung nach § 28h II SGB IV) oder einen Rentenversicherungsträger (iRe Betriebsprüfung nach § 28p I SGB IV) ein Verfahren zur Feststellung des Status der Erwerbsperson durchgeführt oder eingeleitet wurde, z. B. durch Übersendung eines Fragebogens oder durch Ankündigung einer Betriebsprüfung. 325

Anhörung. Bevor die DRV den beantragten Statusbescheid erlässt, teilt sie den Beteiligten die Tatsachen, auf die sie ihre Entscheidung stützen will, mit und gibt ihnen Gelegenheit, sich hierzu zu äußern (§ 7a IV SGB IV). Sofern die DRV von der beantragten Statusfeststellung abweichen will, teilt sie dies ebenfalls mit. Die Bekanntgabe der beabsichtigten Entscheidung ermöglicht es den Beteiligten, vor Erlass des Statusbescheides weitere Tatsachen vorzubringen. Beabsichtigt die DRV von der beantragten Statusfeststellung abzuweichen, teilt sie den Beteiligten mit, auf welche Tatsachen sie ihre Entscheidung stützen will, und gibt ihnen Gelegenheit sich hierzu zu äußern. 326

Anschließend wird – ggf. nach Prüfung der vorgebrachten Einwände – beiden Beteiligten ein rechtsmittelfähiger Bescheid über das Vorliegen bzw. Nichtvorliegen eines abhängigen Beschäftigungsverhältnisses und die ggf. be- 327 stehende Versicherungspflicht oder Versicherungsfreiheit bzw. das Vorliegen von Ausschlusstatbeständen von der Versicherungspflicht in den einzelnen Zweigen der Sozialversicherung erteilt.

328 Wird ein versicherungspflichtiges abhängiges Beschäftigungsverhältnis festgestellt, ist der Arbeitgeber gesetzlich verpflichtet, seinen Arbeitnehmer bei der zuständigen Einzugsstelle anzumelden und dorthin die entsprechenden Sozialversicherungsbeiträge abzuführen.

329 **f) Eintritt der Versicherungspflicht.** Grundsätzlich beginnt die Versicherungspflicht mit Aufnahme einer abhängigen Beschäftigung. Abweichend davon und statt unmittelbar kraft Gesetzes mit der Verwirklichung des Versicherungspflicht begründenden Sachverhaltes beginnt eine im Statusfeststellungsverfahren festgestellte Versicherungspflicht erst mit der Bekanntgabe der Entscheidung der Deutschen Rentenversicherung Bund (KSW/*Berchtold* SGB IV § 7a Rn. 10). Damit hängt der Eintritt von Versicherungspflicht mit Bekanntgabe des Verwaltungsaktes der DRV davon ab, dass der Betroffene ausnahmsweise trotz Vorliegen aller Voraussetzungen der Versicherungspflicht weder subjektiv noch objektiv schutzbedürftig ist. Hinsichtlich des subjektiven Aspekts wird dies durch seine Zustimmung (§ 7a VI 1 Nr. 1 SGB IV), hinsichtlich des objektiven Aspekts durch den Nachweis eines anderweitigen adäquaten Schutzes gegen die sonst von der gesetzlichen Kranken- und Rentenversicherung erfassten Risiken der Krankheit und des Alters (§ 7a VI 1 Nr. 2 SGB IV) belegt. Ein ausreichender Krankenversicherungsschutz wird dabei neben der freiwilligen Mitgliedschaft bei einem Träger der gesetzlichen Krankenversicherung insbesondere durch eine private Absicherung gewährleistet, die zumindest bei der Krankenbehandlung den Vorgaben von § 21 I Nr. 2 SGB I entspricht (KSW/*Berchtold* SGB IV § 7a Rn. 10).

330 Voraussetzung ist, dass der Antrag innerhalb eines Monats nach Aufnahme der Beschäftigung gestellt wird, der Arbeitnehmer dem späteren Eintritt der Versicherungspflicht zustimmt und der Arbeitnehmer nachweist, dass er für den Zeitraum zwischen Aufnahme der Beschäftigung und der Entscheidung der Clearingstelle eine Absicherung gegen das finanzielle Risiko von Krankheit und zur Altersvorsorge vorgenommen hat, die der Art nach den Leistungen der gesetzlichen Krankenversicherung und Rentenversicherung entspricht.

331 Die Zustimmungserklärung zum späteren Beginn der Versicherungspflicht ist gegenüber der Deutschen Rentenversicherung Bund abzugeben und kann wirksam erst dann erfolgen, wenn ein versicherungspflichtiges abhängiges Beschäftigungsverhältnis festgestellt wurde. Eine ggf. gegenüber dem Auftraggeber – etwa bei Aufnahme der Beschäftigung – abgegebene Zustimmungserklärung (zB iRe Vertrags zwischen Auftraggeber und Auftragnehmer) ist gemäß § 32 SGB I unwirksam und bindet die DRV nicht.

2. LSt-Anrufungsauskunft

332 Führt der Arbeitgeber Lohnsteuer nicht ab, haftet er nach § 42d EStG. Ein Auftraggeber kann deshalb eine Anrufungsauskunft beim Betriebstätten-Finanzamt einholen (§ 42e EStG). Mithilfe der Lohnsteuer-Anrufungsauskunft nach § 42e EStG kann vorab geklärt werden, wie das Finanzamt einen bestimmt Sachverhalt lohnsteuerlich einschätzt. Die Anrufungsauskunft bezieht

VII. Statusklärung **§ 1**

sich auf alle Rechtsfragen zum Lohnsteuerverfahren. Gegenstand der Auskunft kann auch die Arbeitnehmereigenschaft von Beschäftigten sein (FG Hamburg 19.3.2007 – 5 K 193/05, EFG 2007, 1437; *Schmidt/Drenseck* EStG § 42e Rn. 6).

a) Antragsberechtigte. Auskunftsberechtigt sind „die Beteiligten", also 333 zunächst der Arbeitgeber und alle die Personen, die als Haftende für den Arbeitgeber in Anspruch genommen werden können. Dies sind insbesondere die in den §§ 34, 35 und 69 AO genannten gesetzlichen Vertreter und Geschäftsführer, die in § 71 AO genannten Steuerhinterzieher und Steuerhehler sowie der Erwerber nach § 75 AO (*Dißers/Dißars* DStR 1995, 1817). Statt des Arbeitgebers ist der Dritte berechtigt, wenn er nach § 38 IIIa EStG die Pflichten des ArbG hat (→ *Heuermann/Wagner*, Lohnsteuer G Rn. 11 ff.). Überdies besitzt auch der Arbeitnehmer als Schuldner der Lohnsteuer (§ 38 II 1 EStG) ein Auskunftsrecht (BFH 9.10.1992 – VI R 97/90, BStBl. II 1993, 166). Dies folgt bereits aus dem Wortlaut der Vorschrift; denn am Verfahren über den Lohnsteuerabzug ist auch der Arbeitnehmer „beteiligt" (Heuermann/*Wagner* Lohnsteuer K. Rn. 8).

b) Zuständige Stelle. Zuständig zur Erteilung der Anrufungsauskunft ist 334 das Betriebsstätten-FA. Das Finanzamt kann die Auskunft nur für seinen Zuständigkeitsbereich erteilen. Hat ein Arbeitgeber mehrere Betriebsstätten und wird eine Auskunft beantragt, die für alle Betriebsstätten gilt, haben sich die Finanzämter untereinander zu verständigen oder eine Entscheidung der übergeordneten Dienststelle herbeizuführen. Wird die Auskunft nur für eine Betriebsstätte erteilt, verfährt der Arbeitgeber aber auch für andere Betriebsstätten entsprechend der Auskunft, sind die anderen Betriebsstättenfinanzämter nicht gebunden. Erteilt das Wohnsitzfinanzamt eine Auskunft, ist das Betriebsstättenfinanzamt nicht gebunden (*Dißars/Dißars* DStR 1995, 1817).

c) Auskunftsgegenstand. Die Auskunft muss einen konkreten Anlass 335 haben. Sie kann sich auf alles beziehen, was mit der Einbehaltung und Abführung von LSt zusammenhängt. Die Anfrage ist darauf zu richten, ob und inwieweit im einzelnen Fall die Vorschriften über die Lohnsteuer anzuwenden sind (Heuermann/*Wagner* Lohnsteuer K. Rn. 9). Vorschriften über die Lohnsteuer iSd § 42e EStG sind überdies nur solche, die der Beteiligte, also der Arbeitgeber oder der Arbeitnehmer „anzuwenden" hat. Das Auskunftsbegehren muss sich auf eine konkrete Rechtsfrage beziehen („im einzelnen Fall") (Heuermann/*Wagner* Lohnsteuer K. Rn. 10). Die Frage muss aus einem konkreten betrieblichen Anlass gestellt werden, sie braucht sich nicht auf einen bestimmten Arbeitnehmer zu beziehen; ausreichend ist vielmehr für eine Auskunft „im einzelnen Fall", wenn sie einen bestimmten Falltypus oder eine Fallgruppe betrifft (so BFH 9.10.1992 – VI R 97/90, BStBl. II 1993, 166). Die Beteiligten müssen den Sachverhalt, den das FA lohnsteuerlich beurteilen soll, genau und bestimmt darlegen. Sie haben dann einen Rechtsanspruch darauf, dass das FA ihnen eine vorbehaltlose und eindeutige Auskunft erteilt (Heuermann/*Wagner* Lohnsteuer K. Rn. 11).

Das Muster einer Anfrage ist abgedruckt bei: Heuermann/*Wagner* Lohn- 336 steuer K. Rn. 15.

§ 1   Zweck des Gesetzes

337   **d) Wirkung.** Der Zweck des § 42e EStG ist es, die Haftung zu begrenzen (*Dißars/Dißars* DStR 1995, 1817). Gleich, ob die Auskunft gegenüber dem Arbeitgeber oder dem Arbeitnehmer erteilt wird, entfaltet sie Bindungswirkung im LSt-Abzugsverfahren. Gebunden ist das Betriebsstätten-Finanzamt. Der Arbeitgeber ist nicht an die Auskunft rechtlich gebunden. Beachtet er die Auskunft jedoch nicht, so geht er ein Haftungsrisiko ein.

338   § 42e EStG gilt sachlich für Lohnsteuer iSd § 38 I EStG und persönlich für den Arbeitgeber, die Lohnsteuer einzubehalten und abzuführen haben sowie für Arbeitnehmer, die nach § 38 II 1 EStG Schuldner der Lohnsteuer sind (Heuermann/*Wagner* Lohnsteuer K. Rn. 4).

339   Die Anfrage ist auf den Erlass eines feststellenden Verwaltungsaktes gerichtet und damit materiell ein Antrag (*Seer* in Tipke/Kruse AO Vor § 204 Rn. 64).

3. Entscheidungsverfahren nach § 28h II SGB IV

340   Im Entscheidungsverfahren haben nach § 28h II SGB IV die Einzugsstellen über die Versicherungspflicht und Beitragshöhe in der Kranken-, Pflege- und Rentenversicherung sowie nach dem Recht der Arbeitsförderung zu befinden. Die Einzugsstelle ist außerhalb des Anfrageverfahrens nach § 7a SGB IV und außerhalb von Betriebsprüfungen nach § 28p SGB IV allein entscheidungsbefugt (KWS/*Roßbach* SGB IV § 28h Rn. 6).

4. Konkurrenz

341   Das Anfrageverfahren zur Statusklärung gemäß § 7a SGB IV ist mWv 1.1.2000 eingeführt worden. Die Anrufungsauskunft nach § 42e EStG hingegen gibt es schon wesentlich länger. Daraus könnte man den Schluss ziehen, dass die Statusfeststellung als jüngeres Instrument spezieller ist. Tatsächlich stehen beide nebeneinander. Dies ist der Wirkung zu entnehmen, die den beiden Instrumenten zukommt. Beide Instrumente verwirklichen Vertrauensschutz durch eine Bindungswirkung. Dabei entfaltet jedes Instrument nur Bindungswirkung für den jeweiligen Bereich, also Lohnsteuer einerseits bzw. Sozialversicherung andererseits.

342   Aus Sicht der Praxis erscheint dies redundant. Schließlich haben beide Instrumente den gleichen Gegenstand – jedenfalls wenn die Anrufungsauskunft zur Frage der Arbeitnehmereigenschaft eingeholt wird. Mit Blick darauf, dass die Beurteilung idR einheitlich zu treffen sein wird, erscheint die Durchführung von zwei Verfahren unverhältnismäßig. Da könnte man auf den Gedanken kommen, nur ein Verfahren durchzuführen und, wenn im anderen Bereich später die Frage aufgeworfen wird, diese Beurteilung anzuführen. Man kann dann zwar keine Bindungswirkung herleiten, ist aber nicht dem Vorwurf ausgesetzt, die Statusfrage ungeklärt gelassen zu haben.

5. Rechtsberatung

343   Den Steuerberater trifft in sozialversicherungsrechtlichen Statusfragen eine Prüfungs- und Beratungspflicht (BGH 12.2.2004 – IX ZR 246/02; *Gahle* DB 2011, 1622). Der Verzicht einer Statusklärung kann eine Haftung auslösen (BSG 9.11.2001 – B 12 R 18/09 R, BSGE 109, 254). Steuerberater dürfen

ihre Mandanten im Statusfeststellungsverfahren nach § 7a SGB IV nicht vertreten (BSG 5.3.2014 – B 12 R 4/12 R, DStR 2014, 2030; and. zuvor noch: SG Kassel 9.12.2009 – S 12 KR 27/09; *Gahle* DB 2011, 1622; *Rieker* NZS 2014, 815).

VIII. Illegale Beschäftigung

Literatur: *Bast,* Illegaler Aufenthalt und europarechtliche Gesetzgebung, ZAR 2012, 1; *Berchtold,* Illegale Ausländerbeschäftigung nach der Neufassung von § 7 SGB IV, NZS 2012, 481; *Heil,* Die Ordnungswidrigkeit des Unternehmers bei der illegalen Ausländerbeschäftigung durch Nachunternehmer, BB 1999, 2609; *Huber,* Das Arbeitsrecht der illegal beschäftigten Drittstaatsangehörigen, NZA 2012, 477; *Mosbacher,* Straffreie illegale Ausländerbeschäftigung (und andere Überraschungen zum neuen Jahr), wistra 2005, 54; *Mügge,* Zuständigkeitskarussell bei der Bekämpfung illegaler Beschäftigung, ZRP 2004, 73; *Thum/Selzer,* Die Strafbarkeit des Arbeitgebers bei illegaler Beschäftigung im Lichte der neuen Rechtsprechung des BGH, wistra 11, 290; *Tuengerthal/Rothenhöfer,* Die Strafbarkeit von Altfällen illegaler Beschäftigung von Rumänen und Bulgaren im Lichte des Europarechts, wistra 2014, 417

Rechtsprechung: BSG 9.11.11 – B 12 R 18/09 R, DStR 12, 662; LSG RPf 29.7.09 – L 6 R 105/09

Verwaltungsanweisungen: Maßnahmen gegen den Prostitutionstourismus; Menschenhandel mit ausländischen Frauen und Mädchen, RdErl. d. Innenministeriums v. 11.4.1994 – I C 2/43.33 (MBl. NRW. 1994 S. 624); Gemeinsamen Runderlass zur Zusammenarbeit zwischen Polizei, Staatsanwaltschaft, Ausländer- und Leistungsbehörden, Jugendämtern, Agenturen für Arbeit und Fachberatungsstellen zum Schutz der Betroffenen des auf die sexuelle Ausbeutung gerichteten Menschenhandels (Gem. RdErl. d. MI, d. MS u. d. MJ v. 11.7.2008 – P 23.23-12334/15-4 – Kooperationserlass).

Anders als den Begriff „Schwarzarbeit" in § 1 II hat der Gesetzgeber den vom Gesetz hierzu parallel verwendeten und deshalb hiervon zu unterscheidenden Begriff „illegales Beschäftigungsverhältnis" nicht legal definiert. **344**

Nach der Begründung des Gesetzgebers ist die illegale Beschäftigung ein „Sammelbegriff für eine Vielzahl von verschiedenen Ordnungswidrigkeitentatbeständen oder Straftaten, von Verstößen gegen das Arbeitnehmerüberlassungsrecht bis hin zu Verstößen gegen das Steuerrecht oder zum Leistungsmissbrauch" BT-Drs. 14/8221, 11). Unter Berücksichtigung der Intention des Gesetzgebers, nämlich die Eindämmung des insbesondere durch die Vorenthaltung der gesetzlich vorgesehenen Abgaben (Steuern und Sozialversicherungsbeiträge) entstehenden volkswirtschaftlichen Schadens (BT-Drs. 14/8221, 11) ist der Begriff der Illegalität dahingehend zu verstehen, dass die Nichtzahlung der geschuldeten Steuern und Abgaben unter Verstoß gegen die maßgeblichen Vorschriften bereits die Gesetzeswidrigkeit des Beschäftigungsverhältnisses bewirkt (KassKomm/*Seewald* SGB IV § 14 Rn. 140). **345**

Der Begriffsinhalt ist daher ein im Wege der Auslegung zu ermitteln. Bei offenem Wortlaut ist unter (gesetzes)systematischen und teleologischen Gesichtspunkten eine Auslegung des Begriffs „illegales Beschäftigungsverhältnis" geboten, die – auf der Ebene des objektiven Tatbestands – den Verstoß gegen zentrale arbeitgeberbezogene Pflichten des Sozialversicherungsrechts (und des Steuerrechts) erfasst (BSG 9.11.2011 – B 12 R 18/09 R, DStR 12, 662; zur **346**

§ 1 Zweck des Gesetzes

praxisbezogenen Wertung der deutschen Rentenversicherung: http://www.eservice-drv.de/Raa/Raa.do?f=SGB4_14R3.1). Zum Begriff der illegalen Beschäftigung s. auch § 404 SGB III, §§ 15, 15a, 16 AÜG und § 5 AEntG.

347 Illegale Beschäftigung liegt vor, wenn die ausländischen Arbeitnehmer die für ihre Tätigkeit erforderliche Arbeitserlaubnis (§ 284 SGB III) oder Arbeitsberechtigung (§ 286 SGB III) nicht besitzen.

348 Des Weiteren wird darunter die Beschäftigung von (ausländischen und deutschen) Arbeitnehmern verstanden, ohne diese bei der zuständigen Einzugsstelle (Krankenkasse) anzumelden. Es werden in diesen Fällen keine Beiträge zur Kranken-, Pflege-, Renten- und Arbeitslosenversicherung abgeführt sowie keine Steuern entrichtet (OFD Hannover 10.9.2008 – S 0132 – 1 – StO 142).

349 Unter dem Begriff illegale Beschäftigung versteht man auch die nicht gemeldete Arbeitsaufnahme eines (ausländischen und deutschen) Leistungsempfängers. Es werden also neben Lohn/Gehalt aus einer Beschäftigung weiterhin Leistungen bezogen. Dem „Leistungsgeber" (Arbeitsagentur, Sozialamt) werden falsche Tatsachen vorgetäuscht (OFD Hannover 10.9.2008 – S 0132 – 1 – StO 142).

350 Ein illegales Beschäftigungsverhältnis liegt auch dann vor, wenn der Arbeitgeber gegen gesetzliche Vorschriften verstößt, ohne dass ihm Vorsatz oder Fahrlässigkeit vorgeworfen werden können (LSG RhPf 29.7.2009 – L 6 R 105/09). Die Illegalität – dh Gesetzeswidrigkeit – bezieht sich hier nicht nur auf die Beschäftigung als solche (dh, etwa auf die Frage ob die Beschäftigung eines Baggerfahrers als solche illegal ist), sondern insbesondere auch darauf, unter welchen Umständen die Beschäftigung ausgeübt wird (LSG RhPf 29.7.2009 – L 6 R 105/09 mit Verweis auf SG Dortmund 8.9.2008 – S 25 R 129/06).

351 Nicht erforderlich für die Qualifikation als illegales Beschäftigungsverhältnis ist nach der Rechtsprechung das kumulative Vorliegen mehrere Gesetzesverstöße (etwa die Vorenthaltung von Steuern und Beiträgen). Maßgebend sind allein die objektiven Gegebenheiten im Hinblick auf die Nichtzahlung der Abgaben; die Notwendigkeit eines zusätzlichen subjektiven Elementes der Illegalität ist – anders als bei anderen Vorschriften (vgl. z. B. § 24 II oder § 25 I 2 SGB IV) – weder dem Gesetzeswortlaut zu entnehmen, noch würde dies dem Sinn und Zweck der Regelung entsprechen (LSG RhPf 29.7.2009 – L 6 R 105/09; aA *Werner* in juris PK-SGB IV § 14 Rn. 292). Schlichte Berechnungsfehler oder beitragsrechtliche Fehlbeurteilungen sind aus dem Anwendungsbereich der Vorschrift auszunehmen (LSG RhPf 29.7.2009 – L 6 R 105/09).

352 Die Legaldefinition der Schwarzarbeit nach § 1 II SchwarzArbG ist auf das illegale Handeln als versicherungspflichtiger Selbstständiger, Arbeitgeber oder Unternehmer ausgerichtet, der seine sozialversicherungsrechtlichen Melde-, Beitrags- oder Aufzeichnungspflichten, die er aufgrund der Werk- oder Dienstleistung zu erbringen hat, nicht erfüllt. Erfasst ist der Einsatz nicht gemeldeter Arbeitnehmer bei der Auftragsausführung, zB auf Baustellen und im Dienstleistungssektor (*Werner* in juris PK-SGB IV § 14 Rn. 290).

VIII. Illegale Beschäftigung　　　　　　　　　　　　　　　§ 1

1. Illegale Ausländerbeschäftigung

Ausländer/-innen, die in die Bundesrepublik Deutschland einreisen und 353
sich im Bundesgebiet aufhalten wollen, bedürfen grundsätzlich eines Aufenthaltstitels (§ 4 I AufenthG), sofern nicht durch Recht der Europäischen Union (EU) oder durch Rechtsverordnung etwas anderes bestimmt ist oder auf Grund des Abkommens v. 12.9.1963 zur Gründung einer Assoziation zwischen der Europäischen Wirtschaftsgemeinschaft und der Türkei (BGBl. II 1964 S. 509) ein Aufenthaltsrecht besteht. Nach § 4 III AufenthG dürfen Ausländer/-innen eine selbständige oder nichtselbständige Erwerbstätigkeit nur ausüben, wenn der Aufenthaltstitel sie hierzu berechtigt.

2. Illegale Arbeitnehmerüberlassung

Grundsätzlich bedürfen Arbeitgeber/-innen (Verleiher/-innen) nach § 1 354
AÜG der Erlaubnis der Bundesagentur für Arbeit (BA), wenn sie Dritten (Entleiher/-innen) Arbeitnehmer/-innen (Leiharbeitnehmer/-innen) gewerbsmäßig zur Arbeitsleistung überlassen wollen. Keiner Erlaubnis bedürfen gemäß § 1a AÜG Arbeitgeber/-innen mit weniger als 50 Beschäftigten, die zur Vermeidung von Kurzarbeit oder Entlassungen Arbeitnehmer/-innen an Arbeitgeber/-innen bis zur Dauer von 12 Monaten überlassen, wenn die Überlassung vorher bei der zuständigen Regionaldirektion der Bundesagentur für Arbeit angezeigt wird.

3. Verstöße gegen das Arbeitnehmer-Entsendegesetz (AEntG)

Arbeitnehmer/-innen im Ausland ansässiger Unternehmen, die nur vorü- 355
bergehend in Deutschland zur Erbringung grenzüberschreitender Dienstleistungen tätig sind, sind grundsätzlich weiterhin an das im Heimatland des ausländischen Unternehmens geltende Arbeitsrecht gebunden. Das AEntG sieht jedoch Ausnahmen von diesem Grundsatz vor. In das AEntG sind gemäß § 4 AEntG und §§ 10ff. AEntG derzeit folgende Branchen einbezogen:
- Bauhaupt- und Baunebengewerbe,
- Gebäudereinigung,
- Briefdienstleistungen,
- Sicherheitsdienstleistungen,
- Bergbauspezialarbeiten auf Steinkohlebergwerken,
- Wäschereidienstleistungen im Objektkundengeschäft,
- Abfallwirtschaft einschließlich Straßenreinigung und Winterdienst,
- Aus- und Weiterbildungsdienstleistungen nach dem SGB II und SGB III,
- Pflegebranche.

4. Menschenhandel

Menschenhandel zum Zweck der Arbeitsausbeutung gilt als das Gegenteil 356
von menschenwürdiger Arbeit. Völkerrechtlich verbindlich wird „Menschenhandel" in Art. 3a) des Zusatzprotokolls zur Verhütung, Bekämpfung und Bestrafung des Menschenhandels, insbesondere des Frauen- und Kinderhandels, zum Übereinkommen der Vereinten Nationen gegen die grenzüberschrei-

§ 1 Zweck des Gesetzes

tende organisierte Kriminalität (sog. Palermo-Protokoll, ABl. 22.9.2006 L 262, 45) definiert.

IX. Rechtsfolge von Schwarzarbeit

Literatur: *Floeth,* Strafbarkeit wegen Vorenthaltens und Veruntreuens von Arbeitsentgelt (§ 266a StGB) im Falle des Einsatzes vermeintlicher Subunternehmer – Besprechung des Urteils des BGH v. 4.9.2013 – 1 StR 94/13, NZS 2014, 207; *Körner,* Haftungsrisiko Sozialversicherung – Beitragsrechtliche Folgen der Schwarzarbeit, NJW 2014, 584; *Lorenz,* „Brauchen Sie eine Rechnung?": Ein Irrweg und sein gutes Ende, NJW 2013, 3132; *Obenhaus,* Umsatzsteuerliche Konsequenzen verdeckter Arbeitsverhältnisse, BB 2012, 1130; ders. Haftungs- und Strafbarkeitsrisiken durch Ignorieren möglicher Scheinselbständigkeit, Stbg 12, 548; *Pump,* Die Abwicklung der Scheinselbständigkeit bei der Umsatzsteuer, StBp 2006, 80 (Teil I), 110 (Teil II), 159 (Teil III); *Schulz,* Die Strafbarkeit des Arbeitgebers nach § 266a StGB bei der Beschäftigung von Scheinselbstständigen, NJW 2006, 183; *Neumann,* Last Minute: Beitrags-Amnestie für Scheinselbstständige, BB 2000, 1138ff.; *Schaper/Hentschel,* Anm. zu BGH 1.8.2013 – VII ZR 6/13, Rechtsfolgen einer Schwarzarbeitsabrede, LMK 2013, 352368 mit Verweis auf *Bosch,* NJOZ 2008, 3044 (3049); *Stamm,* NZBau 2009, 78 (86); *Jerger,* NZBau 2014, 415

Rechtsprechung: LSG NRW 11.05.2015 – L 8 R 106/15 B ER; 7.1.2011 – L 8 R 864/10 B ER, NZS 2011, 906; 10.5.2012 – L 8 R 164/12 B ER; 8.4.2014 – L 8 R 737/13 B ER; 28.1.2015 – L 8 R 1166/13 B ER; LSG Bayern 7.1.2010 – L 5 R 881/09 B ER; LSG Hamburg 25.10.2000 – L 3 B 80/00 ER; LAG Hessen 17.10.2014 – 10 Sa 816/14; BAG 14.12.2011 – 10 AZR 517/10; BGH NJW 1968, 1329, NJW-RR 1993, 1457, NJW 2014, 1805; BGH 2.12.2008 – 1 StR 416/08; OLG Köln 22.4.2015 – 11 U 94/14

Verwaltungsanweisung: Besprechung des GKV-Spitzenverbandes, der Deutschen Rentenversicherung Bund und der Bundesagentur für Arbeit über Fragen des gemeinsamen Beitragseinzugs am 14./15.11.2012

1. Zivilrechtliche Folgen

357 Sinn und Zweck des SchwarzArbG ist nach der Rechtsprechung, dem zu Grunde liegenden Rechtsgeschäft die rechtliche Wirkung zu versagen, um auf diese Weise Schwarzarbeit zu verhindern (so BGH 1.8.2013 – VII ZR 6/13). § 1 II Nr. 2 enthält das Verbot zum Abschluss eines Dienst- oder Werkvertrages, wenn dieser Regelungen enthält, die dazu dienen, dass eine Vertragspartei als Steuerpflichtige ihre sich aufgrund der nach dem Vertrag geschuldeten Werkleistungen ergebenden steuerlichen Pflichten nicht erfüllt. Das Verbot führt jedenfalls dann zur Nichtigkeit des Vertrages gemäß § 134 BGB, wenn der Unternehmer vorsätzlich hiergegen verstößt und der Besteller den Verstoß des Unternehmers kennt und bewusst zum eigenen Vorteil ausnutzt. Für die Annahme der Nichtigkeit des Vertrages ist es nach Rechtsprechung ausreichend, dass der Auftragnehmer verbotene Schwarzarbeit gem. § 1 II Nr. 2 SchwarzArbG leistet und der Auftraggeber den Gesetzesverstoß des Unternehmers kennt sowie diesen bewusst zum eigenen Vorteil ausnutzt. Mängelansprüche des Bestellers bestehen in diesem Fall grundsätzlich nicht (BGH 1.8.2013 – VII ZR 6/13, NJW 2013, 3167; 10.4.2014 – VII ZR 241/13; OLG Schleswig 21.12.2012 – 1 U 105/11, BeckRS 2013, 02701; *Lorenz,* NJW 2013, 3132).

IX. Rechtsfolge von Schwarzarbeit §1

§ 1 II Nr. 2 SchwarzArbG ist ein Verbotsgesetz i. S. von § 134 BGB (*Schaper/Hentschel*, Anm. zu BGH 1.8.2013 – VII ZR 6/13, Rechtsfolgen einer Schwarzarbeitsabrede, LMK 2013, 352368 mit Verweis auf *Bosch* NJOZ 2008, 3044 (3049); *Stamm* NZBau 2009, 78 (86); OLG Karlsruhe 26.10.1976 – 8 U 111/75, NJW 1977, 2076). Die Nichtigkeit der Abrede nach § 134 BGB kann allenfalls in eng begrenzten Ausnahmefällen nach Treu und Glauben überwunden werden. Das Berufen des Unternehmers auf die Nichtigkeit des Vertrages, nachdem dieser Leistungen „schwarz" im Auftrag des Bestellers erbracht hat, genügt hierfür nach BGH nicht (BGH 1.8.2013 – VII ZR 6/13, NJW 2013, 3167). **358**

Der sich gegen Mängelansprüche des Bestellers mit einer Schwarzarbeitsabrede verteidigende Bauunternehmer trägt für diese Abrede die Darlegungs- und Beweislast (OLG Köln 22.4.2015 – 11 U 94/14). Die Nichteintragung eines Betriebs in die Handwerksrolle – Schwarzarbeit iSd § 1 II Nr. 5 – hat jedoch weder die Nichtigkeit noch die Anfechtbarkeit wegen Irrtums oder arglistiger Täuschung eines über den Einbau von Heizungen geschlossenen Vertrags zur Folge (LG Görlitz 5.10.1993 – 1 O 0315/93, NJW-RR 1994, 117). Der Rücktritt vom Werkvertrag ist berechtigt im Hinblick auf eine Abmeldung des Gewerbes und die Austragung aus der Handwerksrolle (AG Mettmann 22.05.2014 – 20 C 420/13). **359**

Dem Beschäftigten steht auch kein Anspruch auf Ausgleich der Bereicherung des Auftraggebers zu, die darin besteht, dass er die Dienst- oder Werkleistung erhalten hat. Zwar kann ein Unternehmer, der aufgrund eines nichtigen Vertrags Leistungen erbracht hat, von dem Besteller grundsätzlich die Herausgabe dieser Leistungen, und wenn dies nicht möglich ist, Wertersatz verlangen. Dies gilt jedoch gemäß § 817 S. 2 BGB nicht, wenn der Unternehmer mit seiner Leistung gegen ein gesetzliches Verbot verstoßen hat. Das ist hier der Fall. Entsprechend der Zielsetzung des Schwarzarbeitsbekämpfungsgesetzes, die Schwarzarbeit zu verhindern, verstößt nicht nur die vertragliche Vereinbarung der Parteien gegen ein gesetzliches Verbot, sondern auch die in Ausführung dieser Vereinbarung erfolgende Leistung (*Lorenz* NJW 2013, 3132). **360**

Gem. § 817 S. 1 BGB ist der Empfänger zur Herausgabe verpflichtet, wenn der Zweck einer Leistung in der Art bestimmt war, dass der Empfänger durch die Annahme gegen ein gesetzliches Verbot verstoßen hat. Satz 2 dieser Vorschrift schließt die Rückforderung aus, wenn dem Leistenden gleichfalls ein solcher Verstoß zur Last fällt. Der Anwendung des § 817 S. 2 BGB stehen die Grundsätze von Treu und Glauben nicht entgegen. Die Durchsetzung der vom Gesetzgeber mit dem Schwarzarbeitsbekämpfungsgesetz verfolgten Ziele, die Schwarzarbeit effektiv einzudämmen, erfordert eine strikte Anwendung dieser Vorschrift. Insoweit ist eine andere Sicht geboten, als sie der BGH (31.5.1990 – VII ZR 336/89, BGHZ 111, 308) noch zum Bereicherungsanspruch nach einer Schwarzarbeiterleistung vertreten wurde, die nach der alten Fassung des Gesetzes zur Bekämpfung der Schwarzarbeit zu beurteilen war (BGH 10.4.2014 – VII ZR 241/13). Der Ausschluss des Rückforderungsanspruchs setzt einen beiderseitigen Gesetzesverstoß nicht voraus, sondern greift auch, wenn lediglich der Leistende verwerflich gehandelt hat (BGH, NJW 1968, 1329; BGH, NJW-RR 1993, 1457; Palandt/*Sprau* BGB, 74. Aufl., § 817 Rn. 12). **361**

§ 1 Zweck des Gesetzes

362 Zu den zivilrechtlichen Ausgleichsansprüchen bei Schwarzarbeit s. *Jerger* NZBau 2014, 415; Zum (verneinten) Wertersatz für Schwarzarbeit s. BGH 10.4.2014 – VII ZR 241/13, NJW 2014, 1805.

2. Strafrechtliche Folge

363 Schwarzarbeit verwirklicht regelmäßig Straftatbestände oder zumindest Ordnungswidrigkeiten.

3. Sozialversicherungsrechtliche Folge

364 Bei unerkannter abhängiger Beschäftigung droht die Sozialversicherungspflicht. Der Auftraggeber kann daher vorbeugend eine Statusklärung durch die DRV einholen (§ 7a SGB IV), um den sozialversicherungsrechtlichen Status klären zu lassen (→ Rn. 214 ff).

365 Der Gesetzgeber hat mit der Einführung des § 14 II 2 SGB IV im Rahmen des Gesetzes zur Erleichterung der Bekämpfung von illegaler Beschäftigung und Schwarzarbeit v. 23.7.2002 (BGBl. I 2002, 2787) dem Umstand Rechnung getragen, dass bei illegaler Beschäftigung Steuern und Sozialversicherungsbeiträge nicht gezahlt werden (BGH 2.12.2008 – 1 StR 416/08).

366 Er hat daher bestimmt, dass in solchen Fällen für die Berechnung der Sozialversicherungsbeiträge zwischen den Beteiligten die Zahlung eines Nettoarbeitsentgelts als vereinbart gilt, weil dem Arbeitnehmer auch wirtschaftlich ein Nettoarbeitsentgelt zufließt (BT-Drs. 14/8221, 14). Neben der Beseitigung von Beweisschwierigkeiten zum Inhalt von Lohnvereinbarungen bei illegaler Beschäftigung (BT-Drs. 14/8221, 14) war die Verhinderung von Wettbewerbsvorteilen, die sich die Beteiligten von illegalen Beschäftigungsverhältnissen verschaffen, ein wesentliches Anliegen des Gesetzgebers bei der Schaffung des Gesetzes zur Erleichterung der Bekämpfung von illegaler Beschäftigung und Schwarzarbeit (BT-Drs. 14/8221, 11, 16).

367 Wurden infolge von Schwarzarbeit Sozialversicherungsbeiträge nicht gezahlt, so sind diese grds. nachzuentrichten. Die Sozialbeiträge, die richtigerweise zu zahlen waren, sind zu ermitteln (LSG BW 21.10.2014 – L 11 R 4761/13, juris). Hierbei kann die sog. Nettolohnfiktion zur Anwendung gelangen. Als Ausgangspunkt und Rechtsgrundlage für die Beitragsberechnung kommt damit § 14 II 2 SGB IV in Betracht. Dieser wurde eingeführt durch Art. 3 Nr. 2 SchwarzArbG v. 23.7.2002 (BGBl. I S. 2787) und stellte die „Schwarzgeldabrede" bei „illegalen Beschäftigungsverhältnissen" mit der (legalen) Nettoarbeitsentgeltvereinbarung gleich. Mit der darin enthaltenen Fiktion einer Nettoarbeitsentgeltvereinbarung sollten vor allem in der Praxis bestehende Feststellungsschwierigkeiten wegen des „Übernahmewillens" zur Tragung der auf das gezahlte „Schwarzgeld" entfallenden Steuern und Arbeitnehmeranteile beim Arbeitgeber beseitigt werden (BT-Drs. 14/8221, 14 zu Nr. 2 (§ 14 II)). Insoweit sollten mit der in dem neuen § 14 II 2 SGB IV aufgestellten (unwiderlegbaren) Vermutung einer Nettoarbeitsentgeltvereinbarung vor allem aufgrund der Rechtsprechung des BSG zum früheren Recht (BSGE 64, 110, SozR 2100 § 14 Nr. 22) bestehende Schwierigkeiten beim Nachweis einer solchen (legalen) Vereinbarung beseitigt und so die Abwicklung aufgedeckter Fälle erleichtert werden (BT-Drs. 14/8221, 14 zu Art. 3 Nr. 2).

IX. Rechtsfolge von Schwarzarbeit § 1

Nach § 14 II 2 SGB IV gilt ein Nettoarbeitsentgelt als vereinbart, wenn bei 368
illegalen Beschäftigungsverhältnissen keine Beiträge zur Sozialversicherung
und zur Arbeitsförderung gezahlt worden sind. Daraus folgt, dass auch in solchen Fällen – wie nach § 14 II 1 SGB IV bei einer (legalen) Nettoarbeitsentgeltvereinbarung – die Gesamtsozialversicherungsbeiträge nach dem sog Abtastverfahren zu ermitteln sind. Als beitragspflichtiges Arbeitsentgelt gelten danach die Einnahmen des Beschäftigten iSv § 14 I SGB IV zuzüglich der auf sie entfallenden (direkten) Steuern und des gesetzlichen Arbeitnehmeranteils an den Beiträgen zur Sozialversicherung und zur Arbeitsförderung → Vor § 8 Rn. 22.

Besteht Streit über die Höhe der Beitragsschuld, so obliegt grds. dem Sozi- 369
alversicherungsträger die Darlegungs- und Beweislast, dass ein höherer Anspruch besteht, als er sich aus der vom Arbeitgeber erteilten Beitragsmeldung ergibt (vgl. zur Beweislast bei der Berechnung der Bruttolöhne im Falle von Schwarzarbeit LAG Hessen 17.10.2014 – 10 Sa 816/14 mit Verweis auf BAG 14.12.2011 – 10 AZR 517/10). Erklärt sich der Arbeitgeber, so obliegt ihm regelmäßig die Last des substantiierten Bestreitens, weil der Sozialversicherungsträger außerhalb des Geschehensablaufs steht und keine nähere Kenntnis der maßgebenden Tatsachen hat, während der Arbeitgeber diese kennt und ihm die entsprechenden Angaben zuzumuten sind. Es gilt eine abgestufte Darlegungs- und Beweislast (vgl. BAG 14.12.2011 – 10 AZR 517/10). Zur Berechnung vorenthaltener Sozialversicherungsbeiträge sowie zur Strafzumessung bei der Steuerhinterziehung auch BGH 2.12.2008 – 1 StR 416/08.

Vgl. zu den bei grenzüberschreitenden Sachverhalten mit zu berücksichti- 370
genden Maßstäben für die Abgrenzung zwischen Beschäftigung und selbstständiger Tätigkeit nach dem Recht der EU sowie zu den Einschränkungen der Arbeitnehmerfreizügigkeit für Staatsangehörige der Beitrittsstaaten – BGH 27.9.2011 – 1 StR 399/11, NStZ-RR 2012, 13).

Nach dem Wortlaut des § 14 II 2 SGB IV führt bereits ein Verstoß gegen 371
den objektiven Tatbestand zur Anwendung der Norm, ohne dass subjektive Tatbestandsmerkmale wie Vorsatz bzw. Fahrlässigkeit erfüllt sein müssen. Das BSG hat klargestellt, dass für die Anwendung des § 14 II 2 SGB IV nicht nur die „objektive" Verletzung von Zahlungspflichten sowie hiermit zusammenhängender Pflichten vorliegen, sondern neben der Feststellung eines solchen objektiven Verstoßes ein auf die Verletzung der Arbeitgeberpflichten gerichteter (mindestens bedingter) Vorsatz bestehen muss (BSG 9.11.2011 – B 12 R 18/09 R, USK 2011-142).

Die Nettolohnvereinbarung setzt die „Illegalität" des Beschäftigungsver- 372
hältnisses voraus. Eine solche „Illegalität" iSd § 14 II 2 SGB IV liegt nicht bereits dann vor, wenn die Nichtzahlung von Steuern und Beiträgen zur Sozialversicherung und zur Arbeitsförderung (allein) aus Anlass („bei") einer objektiven Verletzung dieser Zahlungspflichten und mit ihnen einhergehender, hierauf bezogener Pflichten erfolgt, also darauf beruht. Vielmehr kann ein illegales Beschäftigungsverhältnis dann angenommen werden, wenn der Arbeitgeber zentrale arbeitgeberbezogene Pflichten des Sozialversicherungsrechts wie die Nichtzahlung von Beiträgen und die vorausgehenden Melde-, Aufzeichnungs- und Nachweispflichten verletzt (BSG 9.11.2011 – B 12 R 18/09 R, NJOZ 2012, 1860). Für die Frage, in welchem Maße die Pflichtver-

§ 1 Zweck des Gesetzes

stöße von einem subjektiven Element getragen sein müssen, ist in Ermangelung anderer Maßstäbe an die für die Anwendung der dreißigjährigen Verjährungsfrist (§ 25 I 2 SGB IV) und die Erhebung von Säumniszuschlägen bei Beitragsnachforderungen (§ 24 II SGB IV) maßgebenden Kriterien (BSG 30.3.2000 – B 12 KR 14/99 R, USK 2000-9), anzuknüpfen. Die Nichtzahlung von Beiträgen muss demnach zumindest billigend in Kauf genommen worden sein, das heißt, der Arbeitgeber hätte wissen müssen, dass Beiträge zu zahlen waren bzw. das Nichtwissen resultierte aus der unterbliebenen Einholung von Auskünften oder Entscheidungen bei den Einzugsstellen bzw. den Trägern der Rentenversicherung. Auf den subjektiven Maßstab hat das BSG auch in anderen Zusammenhängen – etwa für die Erhebung von Säumniszuschlägen bei Beitragsnachforderungen – abgestellt, soweit es nämlich darum geht zu ermitteln (BSG SozR 4-2400 § 14 Nr. 7 Rn. 28).

373 Nach der Auffassung der Sozialversicherungsträger kommt der Entscheidung des BSG v. 9.11.2011 grundsätzliche Bedeutung bei der Frage der Anwendbarkeit des § 14 II 2 SGB IV zur Ermittlung der maßgeblichen Beitragsbemessungsgrundlage bei illegalen Beschäftigungsverhältnissen zu. Für die Frage, ob ein illegales Beschäftigungsverhältnis iSv § 14 II 2 SGB IV vorliegt s. GKV-Spitzenverband v. 14./15.11.2012, 11, 12.

374 Nachzuentrichten sind die rückständigen Beiträge. (Zur Schadensberechnung → Vor § 8 Rn. 22 – 28) Dies umfasst die Beiträge seit Beginn der Versicherungspflicht, sofern sie nicht verjährt sind. Der Unternehmer muss rückwirkend für mindestens vier Jahre die gesamten Arbeitgeber- und Arbeitnehmer-Sozialversicherungsbeträge nachentrichten. Ansprüche der Sozialversicherungsträger verjähren grundsätzlich nach vier Jahren nach § 25 I 1 SGB IV. Vorsätzlich vorenthaltene Beiträge verjähren gemäß § 25 I 2 StGB IV erst 30 Jahre nach Ablauf des Kalenderjahres, in dem sie fällig geworden sind. Vom Arbeitnehmer kann er jedoch davon für höchstens drei Monate eine Zuzahlung verlangen (*Pump* StBp 2006 S. 85; *Berndt* DB 1998, 622, 623; *Obenhaus* Stbg 12, 548). Beitragsnachforderungen sind sofort vollziehbar. Widerspruch und Klage haben gemäß § 86a II Nr. 1 SGG keine aufschiebende Wirkung.

375 Die Entscheidung, ob die aufschiebende Wirkung ausnahmsweise dennoch durch das Gericht angeordnet wird, erfolgt aufgrund einer umfassenden Abwägung des Aufschubinteresses des Antragstellers einerseits und des öffentlichen Interesses an der Vollziehung des Verwaltungsaktes andererseits. Im Rahmen dieser Interessenabwägung ist in Anlehnung an § 86a III 2 SGG zu berücksichtigen, in welchem Ausmaß Zweifel an der Rechtmäßigkeit des angegriffenen Verwaltungsaktes bestehen oder ob die Vollziehung für den Antragsteller eine unbillige, nicht durch überwiegende öffentliche Interessen gebotene Härte zur Folge hätte (LSG NRW 11.5.2015 – L 8 R 106/15 B ER).

376 Da § 86a II Nr. 1 SGG das Vollzugsrisiko bei Beitragsbescheiden grundsätzlich auf den Adressaten verlagert, können nur solche Zweifel an der Rechtmäßigkeit des Bescheides ein überwiegendes Aufschubinteresse begründen, die einen Erfolg des Rechtsbehelfs zumindest überwiegend wahrscheinlich erscheinen lassen (LSG NRW 11.5.2015 – L 8 R 106/15 B ER).

377 Hierfür reicht es nicht schon aus, dass im Rechtsbehelfsverfahren möglicherweise noch ergänzende Tatsachenfeststellungen zu treffen sind. Maßgebend ist vielmehr, ob nach der Sach- und Rechtslage zum Zeitpunkt der

IX. Rechtsfolge von Schwarzarbeit **§ 1**

Eilentscheidung mehr für als gegen die Rechtswidrigkeit des angefochtenen Bescheides spricht (vgl. LSG NRW 7.1.2011 – L 8 R 864/10 B ER, NZS 2011, https://beck-online.beck.de/Default.aspx?typ=reference&y=300&b=2011 &s=906&z= NZS 906, 907f.; LSG NRW 10.5.2012 – L 8 R 164/12 B ER; LSG NRW 8.4.2014 – L 8 R 737/13 B ER; LSG NRW 28.1.2015 – L 8 R 1166/13 B ER).

Zu beachten ist, dass bei Betriebsprüfungen wegen Schwarzarbeit die Bestimmung des § 7a VII SGB IV keine Anwendung findet und damit Rechtsmittel auch keine aufschiebende Wirkung entfalten. Das Privileg der aufschiebenden Wirkung von Rechtsmittel greift nach der Rechtsprechung auch nicht bei Scheinselbstständigkeit (LSG Bayern 7.1.2010 – L 5 R 881/09 B ER; für die Fälle der Schwarzarbeit iSv § 1 II Nr. 1 SchwarzArbG; vgl. auch zur aufschiebenden Wirkung von Widerspruch und Klage gegen Beitragsbescheid des Rentenversicherungsträgers LSG Hamburg 25.10.2000 – L 3 B 80/00 ER; im Überblick auch *Neumann,* Last Minute: Beitrags-Amnestie für Scheinselbstständige, BB 2000, 1138ff. **378**

In der Praxis zeigt sich, dass betroffene Unternehmer häufig darauf verweisen, für sie würden doch Studenten und Schüler oder geringfügig Beschäftigte tätig. Damit berufen sie sich also auf die Tatbestände für studentische Praktikanten nach § 6 I Nr. 3 SGB V sowie für geringfügige Beschäftigung nach § 7 I GBV V iVm § 8 SGB IV. Dabei handelt es sich um Befreiungen von der Versicherungspflicht, für die derjenige beweis- und feststellungsbelastet ist, der sich darauf beruft (→ Vor § 8 Rn. 28; SG Lüneburg 11.4.2008 – S 13 R 518/07 ER; DATEV-Dok. 1405694; *Obenhaus* Stbg 2012, 548). **379**

Eine Festsetzung des nachzuentrichtenden Gesamtsozialversicherungsbeitrags gemäß § 28e SGV IV kann ggf. durch Summenbeitragsbescheid gemäß § 28f II 1 SGB IV ergehen, soweit eine Schätzung zulässig ist → Vor § 8 Rn. 27. **380**

Darüber hinaus ist der Unternehmer, der ein illegales Beschäftigungsverhältnis durchgeführt hat, im Falle von bereits durch einen Sozialversicherungsträger erbrachten Leistungen regresspflichtig (BGH 14.4.2015 – VI ZB 50/14). Kommt es beispielsweise bei Ausübung einer Tätigkeit in Schwarzarbeit zu einem Arbeitsunfall, in Folge dessen der Schwarzarbeits-Arbeitnehmer Leistungen aus der gesetzlichen Unfallversicherung erhält, so kann der Schwarzarbeits-Unternehmer Erstattungsansprüchen des Unfallversicherungsträgers ausgesetzt sein (§ 110 Ia SGB VII); vgl. hierzu eingehend KassKomm/*Ricke,* Rn. 10f. zu § 110 SGB VII). **381**

4. Steuerrechtliche Folge

Hand in Hand mit der Sozialversicherungspflicht geht im Regelfall die Lohnsteuer. Somit besteht auch hier die Lohnsteuernachzahlung im Raum. Diese kann, wenn konkrete Aufzeichnungen fehlen, per Schätzungsbescheid gemäß § 162 AO erfolgen. Die infolge von Schwarzarbeit verkürzten Steuern sind grds. nachzuentrichten. Für den zeitlichen Rückgriff ist die Festsetzungsverjährung nach §§ 169 – 171 AO maßgeblich. Diese beträgt bei Steuerhinterziehung zehn Jahre (§ 169 II 2 und 3 AO) mit der bis zu dreijährigen Anlaufhemmung nach § 170 II Nr. 1 AO. **382**

383 Hat ein unzutreffend als Selbständiger agierender Arbeitnehmer Rechnungen erteilt, so ergeben sich daraus umsatzsteuerliche Folgen. Soweit er nicht als Kleinunternehmer nach § 19 UStG auftritt und daher die Eingangsrechnungen die Umsatzsteuer gesondert ausweisen, so folgt aus der Beurteilung des Beschäftigungsverhältnisses als abhängig, dass die Leistung nicht umsatzsteuerbar war. Die Voraussetzungen für den Vorsteuerabzug aus den Rechnungen nach § 15 I 1 Nr. 1 UStG lagen nicht vor und der Vorsteuerabzug ist rückwirkend zu berichtigen (*Pump* StBp 2006, 80, 110, 159; *Obenhaus* BB 2012, 1130).

5. Wettbewerbsrechtliche Folge

384 Folge von Schwarzarbeit kann der Ausschluss von öffentlichen Aufträgen sein. Beispielsweise sind bei einem hinreichenden Nachweis von iRe unternehmerischen Betätigung begangenen Rechtsverstößen gegen § 8 I Nr. 2, §§ 9 – 11 SchwarzArbG, § 23 AEntG Eintragungen in das Korruptionsregister vorgesehen (vgl. zB § 3 Bremisches Korruptionsregister-Gesetz, BremKorG).

385 Eingehend zu den wettbewerbsrechtlichen bzw. vergaberechtlichen Folgen von Schwarzarbeit → § 21 Rn. 4 ff.

Abschnitt 2. Prüfungen

§ 2 Prüfungsaufgaben

(1) ¹Die Behörden der Zollverwaltung prüfen, ob
1. die sich aus den Dienst- oder Werkleistungen ergebenden Pflichten nach § 28a des Vierten Buches Sozialgesetzbuch erfüllt werden oder wurden,
2. auf Grund der Dienst- oder Werkleistungen Sozialleistungen nach dem Zweiten und Dritten Buch Sozialgesetzbuch oder Leistungen nach dem Altersteilzeitgesetz zu Unrecht bezogen werden oder wurden,
3. die Angaben des Arbeitgebers, die für die Sozialleistungen nach dem Dritten Buch Sozialgesetzbuch erheblich sind, zutreffend bescheinigt wurden,
4. Ausländer nicht
   a) entgegen § 284 Abs. 1 des Dritten Buches Sozialgesetzbuch oder § 4 Abs. 3 Satz 1 und 2 des Aufenthaltsgesetzes und nicht zu ungünstigeren Arbeitsbedingungen als vergleichbare deutsche Arbeitnehmer oder Arbeitnehmerinnen beschäftigt werden oder wurden, oder
   b) entgegen § 4 Abs. 3 Satz 1 und 2 des Aufenthaltsgesetzes mit entgeltlichen Dienst- oder Werkleistungen beauftragt werden oder wurden

   und
5. Arbeitsbedingungen nach Maßgabe des Mindestlohngesetzes des Arbeitnehmer-Entsendegesetzes und des § 10 Absatz 5 des Arbeitnehmerüberlassungsgesetzes eingehalten werden oder wurden.

²Die Prüfung der Erfüllung steuerlicher Pflichten im Sinne von § 1 Abs. 2 Nr. 2 obliegt den zuständigen Landesfinanzbehörden. ³Die Behörden der Zollverwaltung sind zur Mitwirkung an Prüfungen der Landesfinanzbehörden berechtigt. ⁴Die Behörden der Zollverwaltung prüfen zur Erfüllung ihrer Mitteilungspflicht nach § 6 Abs. 1 Satz 1 in Verbindung mit Abs. 3 Nr. 4, ob Anhaltspunkte dafür bestehen, dass Steuerpflichtige den sich aus den Dienst- oder Werkleistungen ergebenden steuerlichen Pflichten nicht nachgekommen sind. ⁵Grundsätze der Zusammenarbeit werden von den obersten Finanzbehörden des Bundes und der Länder im gegenseitigen Einvernehmen geregelt.

(1a) Die nach Landesrecht für die Verfolgung und Ahndung von Ordnungswidrigkeiten nach diesem Gesetz zuständigen Behörden prüfen, ob
1. der Verpflichtung zur Anzeige vom Beginn des selbstständigen Betriebes eines stehenden Gewerbes (§ 14 der Gewerbeordnung) nachgekommen oder die erforderliche Reisegewerbekarte (§ 55 der Gewerbeordnung) erworben wurde,

§ 2 Prüfungsaufgaben

2. ein zulassungspflichtiges Handwerk als stehendes Gewerbe selbstständig betrieben wird und die Eintragung in die Handwerksrolle vorliegt.

(2) ¹Die Behörden der Zollverwaltung werden bei den Prüfungen nach Absatz 1 unterstützt von
1. den Finanzbehörden,
2. der Bundesagentur für Arbeit,
2a. der Bundesnetzagentur für Elektrizität, Gas, Telekommunikation, Post und Eisenbahnen,
3. den Einzugsstellen (§ 28i des Vierten Buches Sozialgesetzbuch),
4. den Trägern der Rentenversicherung,
5. den Trägern der Unfallversicherung,
6. den gemeinsamen Einrichtungen und den zugelassenen kommunalen Trägern nach dem zweiten Buch Sozialgesetzbuch sowie der Bundesagentur für Arbeit als verantwortliche Stelle für die zentral verwalteten IT-Verfahren nach § 50 Absatz 3 des Zweiten Buches Sozialgesetzbuch,
7. den nach dem Asylbewerberleistungsgesetz zuständigen Behörden,
8. den in § 71 Abs. 1 bis 3 des Aufenthaltsgesetzes genannten Behörden,
8a. dem Bundesamt für Güterverkehr,
9. den für den Arbeitsschutz zuständigen Landesbehörden,
10. den Polizeivollzugsbehörden des Bundes und der Länder auf Ersuchen im Einzelfall,
11. den nach Landesrecht für die Verfolgung und Ahndung von Ordnungswidrigkeiten nach diesem Gesetz zuständigen Behörden und
12. den nach § 14 der Gewerbeordnung für die Entgegennahme der Gewerbeanzeigen zuständigen Stellen.

²Die Aufgaben dieser Stellen nach anderen Rechtsvorschriften bleiben unberührt. ³Die Prüfungen können mit anderen Prüfungen der in diesem Absatz genannten Stellen verbunden werden; die Vorschriften über die Unterrichtung und Zusammenarbeit bleiben hiervon unberührt. ⁴Verwaltungskosten der unterstützenden Stellen werden nicht erstattet.

Literatur: Berwanger, Kommentar zum Gesetz zur Bekämpfung der Schwarzarbeit und illegalen Beschäftigung (Schwarzarbeitsbekämpfungsgesetz – SchwarzArbG), in: Das Deutsche Bundesrecht; *Brüssow/Petri,* Arbeitsstrafrecht, 2. Aufl. 2015; von Briel, Folgen der Bekämpfung der Schwarzarbeit und einhergehender Steuerhinterziehung, PStR 04, 226; Bundesregierung, Zwölfter Bericht der Bundesregierung über die Auswirkungen des Gesetzes zur Bekämpfung der illegalen Beschäftigung, BT-Drs. 17/14800 (27.9.2013); Fehn, Die Novellierung des Schwarzarbeitsbekämpfungsgesetzes – ein wichtiger Schritt in die zutreffende Richtung, ZfZ 2004, 218; Holewa, Durchsuchung durch FKS mit Beteiligung der Steuerfahndung – Selbstanzeige gesperrt? PStR 2013, 121; Kossens, Das Gesetz zur Intensivierung der Bekämpfung der Schwarzarbeit und damit zusammenhängender Steuerhinterziehung, BB-Beilage Nr. 6 (zu BB 2004 Heft 35), 2; Neufang, in: Harten-

§ 2

stein/Reuschle, Transport- und Speditionsrecht, 2012; Kohlmann, Steuerstrafrecht, Loseblatt; Obenhaus, Haftungs- und Strafbarkeitsrisiken durch Ignorieren möglicher Scheinselbständigkeit, Stbg 2012, 548; ders., Umsatzsteuerliche Konsequenzen verdeckter Arbeitsverhältnisse, BB 2012, 1130; Randt, Der Steuerfahndungsfall, 2004; Richtarsky, in: Wabnitz/Janovsky, Handbuch des Wirtschafts- und Steuerstrafrechts, 4. Aufl. 2014; Romanowski, Betriebsprüfung der Deutschen Rentenversicherung, Steuerberaterverband Niedersachsen Sachsen-Anhalt, 2011; Schmidt-Jorzig, NJW 1989, 129; Wegner, DB 2004, 758; Wölfl, Vorermittlungen der Staatsanwaltschaft, JuS 2001, 478

Rechtsprechung: BFH 23.10.2012 – VII R 41/10, BFHE 239, 10 zum auskunftspflichtigen Auftraggeber; vom 17.4.2013 – VII B 42/12, BFH/NV 2013, 1130 zum Ort der Prüfung;
FG Hamburg 26.11.2008 – 4 K 73/08; 20.10.2010 – 4 K 34/10: Voraussetzungen für den Erlass einer Prüfungsanordnung gemäß §§ 2ff. SchwarzArbG; 21.9.2011 – 4 V 148/11; vom 22.6.2012 – 4 K 46/12 zur Bekanntgabe einer Prüfungsanordnung; FG Berlin-Brandenburg vom 4.11.2009 – 7 K 7024/07, EFG 2010 463: Schwarzarbeitskontrolle keine Außenprüfung i. S. d. §§ 193ff. AO – Kein Ankündigungs- noch Schriftlichkeitsgebot; FG Berlin-Brandenburg 25.11.2009 – 7-K-1213/07, EFG 2010, 610; FG Baden-Württemberg 4.11.2009 – 7 K 7024/07, EFG 2010, 463; FG Düsseldorf 16.6.2010 – 4 K 904/10 AO; FG Hamburg 20.10.2010 – 4 K 34/10
BSG 28.8.2007 – B 7/7a AL 16/06 R, BeckRS 2007, 48096, LSK 2008, 31006: Unangekündigte Außenprüfung, Betretungsrecht; LSG Bayern 28.7.2005 – L 11 AL 128/04: Geschäftsräume, illegale Ausländerbeschäftigung, Vorenthalten von Arbeitsentgelt, Steuerhinterziehung, Prüfungsverfügung, Außenprüfung, Feststellungsinteresse, Rehabilitationsinteresse; 10.12.2008 – L 10 AL 330/07 ZVW: Fortsetzungsfeststellungsklage, Prüfungsverfügung,
BAG 21.1.2004 – 6 AZR 583/02, NZA 2005, 61 = BAGE 109, 207; BayObLG 22.5.2002 – 3 ObOWi 22/2002, BayObLGSt 2002, 83:
BVerwG 23.11.2005 – 6 C 2/05, NJW 05, 1225

Verwaltungsanweisungen:
– Vereinbarung über die Grundsätze der Zusammenarbeit im Rechtskreis Sozialgesetzbuch II zwischen der Finanzkontrolle Schwarzarbeit der Zollverwaltung und der **Bundesagentur für Arbeit** – Agenturen für Arbeit in getrennter Aufgabenwahrnehmung – zwischen BMF und BA (n. v.)
– Vereinbarung über die Grundsätze der Zusammenarbeit der FKS der Zollverwaltung mit den Trägern der **Rentenversicherung** bei der Bekämpfung der Schwarzarbeit und illegalen Beschäftigung (n. v.)
– Vereinbarung über die Grundsätze der Zusammenarbeit zwischen der Finanzkontrolle Schwarzarbeit der Zollverwaltung und den für den **Arbeitsschutz** zuständigen Behörden der Länder **(Abdruck)**
– Vereinbarung über die Grundsätze der Zusammenarbeit der FKS mit den Gewerbebehörden und den nach Landesrecht zuständigen Schwarzarbeitsbekämpfungsbehörden auf dem Gebiet des **Handwerks- und Gewerberechts** zwischen dem BMF und den Wirtschaftsministerien der Länder **(Abdruck)**
– Leitfaden über die Grundsätze der Zusammenarbeit der Finanzkontrolle Schwarzarbeit mit den **Ausländerbehörden** des BMF und der Innenministerien der Länder (n. v.)
– Zusammenarbeitsregelung Schwarzarbeitsbekämpfung zwischen der FKS und den Behörden der Landesfinanzverwaltung (VS-NfD),
– BMF, Merkblatt über die Zusammenarbeit zwischen den Dienststellen Steuer und Zoll, Erlass vom 22.3.2004 – IV D 2 – S 1515 – 1/04, III B 7 – S 0060 – 2/04 (n. v.)
– Rechtliche Arbeitsanweisung der deutschen Rentenversicherung für die gemeinsamen Vorschriften der Sozialversicherungsträger des SGB IV

§ 2 Prüfungsaufgaben

Inhaltsübersicht

	Rn.
I. Allgemeines	1
II. Gesetzesmaterialien	12
III. Prüfungsaufgaben und Prüfungszweck	13
1. Erfüllen von Meldepflichten (Abs. 1 S. 1 Nr. 1)	14
a) Meldepflichten nach § 28a SGB IV	15
b) Pflichten aus Dienst- oder Werkleistungen	18
2. Sozialleistungsbezug (Abs. 1 S. 1 Nr. 2)	21
3. Arbeitgeberangaben zu Sozialleistungen (Abs. 1 S. 1 Nr. 3)	24
4. Beschäftigung von Ausländern (Abs. 1 S. 1 Nr. 4)	27
5. Arbeitsbedingungen (Abs. 1 S. 1 Nr. 5)	28
6. Steuerliche Prüfung (Abs. 1 S. 2)	29
IV. Befugnisse der FKS	33
1. Prüfung und präventive Gefahrenabwehr	36
2. Repressive Verfolgung von Straftaten und Ordnungswidrigkeiten	39
a) Strafverfolgung	40
b) Ordnungswidrigkeitenbehörde	41
c) Verhältnis zu den zuständigen Leistungsträgern	42
d) Verhältnis zu den zuständigen Landesbehörden	43
e) Alleinige Zuständigkeit	44
V. Prüfungsdurchführung	45
1. Prüfungsanordnung	46
2. Prüfungsanlass	48
3. Prüfungsmittel	49
4. Umfang und Grenzen der Prüfung	50
5. Ort der Prüfung	57
6. Zeit der Prüfung	58
7. Beendigung der Prüfung	59
8. Gemeinsame Prüfungen	62
VI. Mitteilungspflichten	65
VII. Zusammenarbeitsstellen	66
1. Finanzbehörden (Abs. 2 S. 1 Nr. 1)	67
2. Bundesagentur für Arbeit – BA – (Abs. 2 S. 1 Nr. 2)	69
a) Arbeitnehmerüberlassung	71
b) Leistungsmissbrauch	72
3. Bundesnetzagentur (Abs. 2 S. 1 Nr. 2a)	73
4. Einzugstellen (Abs. 2 S. 1 Nr. 3)	74
5. Rentenversicherungsträger (Abs. 2 S. 1 Nr. 4)	76
6. Unfallversicherungsträger (Abs. 2 S. 1 Nr. 5)	83
7. Leistungsträger der Grundsicherungsleistung (Abs. 2 S. 1 Nr. 6)	84
8. Asylbewerberleistungsbezug (Abs. 2 S. 1 Nr. 7)	87
9. Ausländerbehörden (Abs. 2 S. 1 Nr. 8)	88
10. Bundesamt für Güterverkehr – BAG – (Abs. 2 S. 1 Nr. 8a)	89
11. Arbeitsschutzbehörden (Abs. 2 S. 1 Nr. 9)	91
12. Polizeivollzugsbehörden (Abs. 2 S. 1 Nr. 10)	92
13. Bundespolizei	94
14. Ordnungsbehörden (Abs. 2 S. 1 Nr. 11)	95
15. Gewerbeämter (Abs. 2 S. 1 Nr. 12)	97
16. Berufsverbände und berufsständische Organisationen	98

I. Allgemeines

§ 2 enthält Regelungen, die vormals in § 3 aF ("Zusammenarbeit der Behörden") und in anderen Gesetzen enthalten gewesen sind. So wurden die zuvor im SGB III und SGB IV sowie im AEntG enthaltenen Prüfungsaufgaben in § 2 als Zuständigkeitsnorm aufgenommen. 1

§ 2 ist Ausdruck des gesetzgeberischen Gedankens, die in verschiedenen Gesetzes enthaltenen Vorschriften zur Bekämpfung von Schwarzarbeit und illegaler Beschäftigung zusammenzuführen (*Fehn* ZfZ 04, 223). 2

Es handelt sich bei § 2 um die zentrale Vorschrift des SchwarzArbG, wie sie aus der hervorgehobenen Stellung am Anfang des zweiten Abschnitts des Gesetzes ("Prüfungen") zum Ausdruck kommt. § 2 ist die zentrale Kompetenznorm, auf denen die nachfolgenden Vorschriften dieses G aufsetzen. § 2 lehnt sich bei der Beschreibung der Prüfungsaufgaben an den Katalog in § 1 II an und dient damit der Umsetzung des Gesetzesprogramms in Kompetenzen. Die Prüfungsaufgaben des § 2 I 1 Nr. 1 bis 3 und S. 2 umfassen zunächst die Tatbestände der Schwarzarbeit gemäß § 1 II Nr. 1 bis 3. Darüber hinaus sind typische Formen der illegalen Beschäftigung, die regelmäßig mit Schwarzarbeit einhergehen, Prüfungsgegenstand der Zollverwaltung (§ 2 I Nr. 4 und 5). 3

Die Kompetenzen weist § 2 den Adressaten zu. Dies sind die verschiedenen, mit der Schwarzarbeitsbekämpfung beauftragten Behörden des Bunds und der Länder, denen die Verfolgung von Verstößen gegen die in § 1 II bezeichneten Tatbestände jeweils als Zuständigkeitsbereiche zugewiesen werden. Das sind die 4

– Bundesbehörden der Zollverwaltung,
– die jeweils zuständigen Sozialversicherungsträger und Fachbehörden,
– die zuständigen Länderfinanzbehörden und
– die nach Landesrecht für die Verfolgung und Ahndung von Verstößen gegen gewerberechtliche und handwerksrechtliche Tatbestände zuständigen Stellen.

Des Weiteren regelt § 2 grundsätzliche Fragen der Zusammenarbeit zwischen diesen und anderen Behörden. Den Behörden der Zollverwaltung weist die Zuständigkeitsverteilung in § 2 eine herausgehobene Rolle zu, indem es dort die Prüfungs- und Ermittlungsaufgaben bündelt (BT-Drs. 15/3079, 2). Damit bringt das Gesetz zum Ausdruck, dass eine Unterstützung der Zollverwaltung gewünscht ist. Nach dem Willen des Gesetzgebers soll der Zoll „mit erweiterten Befugnissen ausgestattet werden, um die Verfolgung effektiver wahrnehmen zu können." (BT-Drs. 15/2573, 2; *Wegner* DB 04, 758). 5

Das schließt allerdings nicht aus, dass sich aus anderen Gesetzen überlappende bzw. **parallele Prüfungszuständigkeiten** verschiedener Behörden im Hinblick auf die gleichen Sachverhalte ergeben. Dieses Zuständigkeitsgeflecht hat seine Ursache in der materiell-rechtlichen Verwobenheit des Sozialrechts, das vielfache Quellenverweise und Abhängigkeiten zwischen den verschiedenen Büchern des SGB und weiterer Einzelgesetze aufweist. Die mehrfachen Prüfungszuständigkeiten sind vom Gesetzgeber sogar gewünscht (BT-Drs. 15/2573, 21). Bestätigt wird dies nicht zuletzt durch das Postulat der gegenseitigen Verpflichtung zur Zusammenarbeit und den Mitwirkungsrechten. 6

7 Das Postulat der Zusammenarbeit ist Ausdruck des gesetzgeberischen Willens zur Steigerung der Verwaltungseffizienz. Der Gedanke der Verwaltungseffizienz ist somit maßgebliches Kriterium bei der Entscheidung darüber, wie die Zusammenarbeit auszuüben ist.

8 Mit der Beteiligung unterschiedlicher Behörden will der Gesetzgeber eine möglichst hohe Kontrolldichte sicherstellen. Das darf jedoch nicht zu einer Aufwandsverdoppelung führen, weshalb entgegen dem ursprünglichen Entwurf die Prüfungskompetenz bei Steuersachen nicht dem Zoll zugesprochen wurde (BT-Drs. 15/2948, 8). Die parallelen Zuständigkeiten können zu einer **Zufälligkeit des Rechtswegs** führen. Ist gegen Maßnahmen der FKS nach § 23 der Finanzrechtsweg gegeben, so ist gegen Maßnahmen anderer Stellen die Sozialgerichtsbarkeit eröffnet (→ § 23 Rn. 4).

9 § 2 brachte eine Neuordnung der behördlichen Zuständigkeitsverteilung mit sich. Daher kam es im Laufe des Gesetzgebungsverfahrens zu politisch und verfassungsrechtlich motivierten Kompetenzstreitigkeiten (BT-Drs. 15/3298, 2), die zur Befassung des Vermittlungsausschusses führten. Das Ergebnis ist die Aufnahme des Abs. 1 a und der S. 2 bis 5 in Abs. 1 (Beschlussempfehlungen des Vermittlungsausschusses, Anl. zu BT-Drs. 15/3497).

10 Durch Art. 6 VII des G vom 19.8.2007 (BGBl. I S. 1970) wurde § 2 I Nr. 4 neu gefasst und in § 2 II Nr. 8a neu eingefügt. Durch G v. 11.8.2014 (BGBl. I S. 1348) wurde anlässlich der Einführung des MiLoG § 2 I 1 Nr. 5 mWv 16.8.2014 geänd. Durch G v. 2.12.2014 (BGBl. I S. 1922) wurde mWv 9.12.2014 § 2 II 1 Nrn. 6 und 10 neu gefasst und Nr. 12 neu eingefügt.

11 Eine Rechtsfolgenverweisung auf die Norm enthalten § 17 AEntG, § 17a AÜG, § 12 MiArbG (bis 2014), § 15 MiLoG.

II. Gesetzesmaterialien

12 Die Begründung im Regierungsentwurf (BR-Drs. 155/04, 54) führt zu § 2 aus:

Vorbemerkung zu § 2

Die Behörden der Zollverwaltung führen bereits nach geltendem Recht Prüfungen gemäß § 304 SGB III, § 107 SGB IV und § 2 AEntG durch. Die Aufgaben nach dem SGB III und SGB IV werden in dieses Gesetz übernommen. Darüber hinaus werden die Zollbehörden ermächtigt, Prüfungen im Zusammenhang mit Dienst- oder Werkleistungen durchzuführen, um die Finanzbehörden über Sachverhalte, die zu einer Steuernacherhebung führen können, zu unterrichten (§ 2 Abs. 1 Nr. 2 und § 6 Abs. 1 S. 1).

Die Prüfungsaufgaben des § 2 Abs. 1 Nr. 1 bis 4 umfassen zunächst die Tatbestände der Schwarzarbeit gem. § 1 Abs. 2 Nr. 1 bis 3. Darüber hinaus sind typische Formen der illegalen Beschäftigung, die regelmäßig mit Schwarzarbeit einhergehen, Prüfungsgegenstand der Zollverwaltung (§ 2 Abs. 1 Nr. 5 und 6).

Zu § 2 Abs. 1 Nr. 1
Die Vorschrift wurde aus § 107 S. 1 SGB IV übernommen.

II. Gesetzesmaterialien §2

Zu § 2 Abs. 1 Nr. 2
Prüfungen zur Bekämpfung der Schwarzarbeit können nicht losgelöst von steuerlichen Aspekten erfolgen, da sich die festgestellten Verstöße fast ausnahmslos auch auf die Steuerpflichten auswirken. Neben den unmittelbaren Auswirkungen von Schwarzarbeit auf die Lohnsteuer werden zur Verschleierung in der Finanzbuchhaltung beispielsweise auch die erzielten Einnahmen manipuliert (zB mittels Scheinrechnungen), was zwangsläufig zu einer Hinterziehung der Umsatzsteuer führt.

Die Verwaltungszuständigkeit der Länder bleibt unberührt, die Kompetenz der Zollverwaltung auf steuerlichem Gebiet beschränkt sich auf das Ausmaß der Prüfung, das ausreicht, um die Finanzämter über steuerlich relevante Sachverhalte informieren zu können. Auf diese Weise wird eine wesentliche Verbesserung der Koordination der prüfenden Behörden erreicht. Sie dient weiterhin der Erfüllung der in § 116 AO niedergelegten Informationspflicht. Prüfungseffizienz und Kontrolldichte werden erhöht.

Zu § 2 Abs. 1 Nr. 3
Die Vorschrift wurde teilweise aus § 304 Abs. 1 Nr. 1 SGB III übernommen. Siehe auch Begründung zu § 1 Abs. 1 Nr. 3.

Zur Klarstellung des Prüfungsumfangs der Zollbehörden bei den Außenprüfungen wurde auch die bisher im Altersteilzeitgesetz enthaltene Prüfungskompetenz mit aufgenommen. Daneben bleibt es bei der originären Prüfkompetenz der Agenturen für Arbeit, die mit der Durchführung des Altersteilzeitgesetzes beauftragt sind. Die speziellen Ordnungswidrigkeitentatbestände sind wie bisher im Altersteilzeitgesetz enthalten.

In die Prüfungen wurden auch die neuen Leistungen nach dem SGB II (u. a. Arbeitslosengeld II) mit einbezogen. Hierbei handelt es sich wie bei der ehemaligen Arbeitslosenhilfe um Sozialleistungen, die aufgrund von Dienst- oder Werkleistungen des Leistungsempfängers zu Unrecht bezogen sein können. Die Leistungen nach dem SGB II sind deshalb nach den gleichen Prüfungskriterien in die Prüfung der Zollverwaltung mit einzubeziehen.

Zu § 2 Abs. 1 Nr. 4
Die Vorschrift wurde aus § 304 Abs. 1 NL 3 SGB III übernommen. § 313 SGB III sieht die Verpflichtung für den Arbeitgeber oder Auftraggeber vor, das von ihm an den Leistungsempfänger entrichtete Entgelt zu bescheinigen. Der Leistungsempfänger ist verpflichtet, diese Bescheinigung beim Leistungsträger vorzulegen. Häufig wirken Arbeitgeber/Auftraggeber und Leistungsbezieher einvernehmlich zusammen. Der Arbeitgeber bescheinigt wissentlich ein zu geringes oder kein Nebeneinkommen, um Leistungskürzungen oder -einstellungen beim Arbeitnehmer zu vermeiden. Durch diese Verfahrensweise erzielt auch der Arbeitgeber einen finanziellen Vorteil: In der ersten Variante führt er Sozialversicherungsbeiträge und Lohnsteuern nur auf der Basis des bescheinigten Entgelts ab. Im zweiten Fall entrichtet er keine lohnbezogenen Abgaben.

Das Verhalten des Arbeitgebers oder Auftraggebers ist kriminelles Unrecht. Es kann wegen Anstiftung oder Beihilfe zum Erschleichen von Sozialleistungen im Zusammenhang mit der Erbringung von Dienst- oder Werkleistungen des Leistungsempfängers gemäß § 9 bestraft werden. Die bloße Verletzung der Bescheinigungspflicht kann mit Geldbuße gemäß § 404 Abs. 2 Nr. 20 SGB III geahndet werden.

§ 2 Prüfungsaufgaben

Zu § 2 Abs. 1 Nr. 5
Die Vorschrift wurde aus§ 304 Abs. 1 Nr. 2 SGB III übernommen.
Vor der Erteilung der Arbeitsgenehmigung muss das Arbeitsamt die Arbeitsbedingungen des Ausländers prüfen (§§ 285 Abs. 1 Nr. 3 und 286 Abs. 1 Nr. 2 SGB III). Die erteilte Arbeitserlaubnis kann widerrufen werden, wenn der Ausländer zu ungünstigeren Arbeitsbedingungen als vergleichbare deutsche Arbeitnehmer beschäftigt wird (§ 7 Abs. 1 Arbeitsgenehmigungsverordnung). Die ausbeuterische Beschäftigung von Ausländern ist besonders verwerflich, weil häufig die Notlage von Ausländern, die sich illegal zum Zwecke ihrer Existenzsicherung im Bundesgebiet aufhalten, ausgenutzt wird. Darüber hinaus verdrängen zu ausbeuterischen Arbeitsbedingungen beschäftigte ausländische Arbeitskräfte regulär beschäftigte Arbeitnehmer aus dem Arbeitsmarkt. Der Arbeitgeber ist wegen der hohen Lohnnebenkosten bemüht, seine Personalkosten zu reduzieren und beschäftigt deswegen irreguläre „billige" Ausländer. Die ausbeuterische Ausländerbeschäftigung geht regelmäßig mit der Hinterziehung von Sozialversicherungsbeiträgen und der Lohnsteuer einher. Hierdurch werden zunehmend legal arbeitende Unternehmen vom Markt gedrängt oder in die Schattenwirtschaft gezwungen.

Die Beschäftigung von Ausländern ohne Arbeitsgenehmigung zu ausbeuterischen Arbeitsbedingungen stellt eine Straftat gemäß § 10 dar.

Die Beschäftigung von Ausländern ohne erforderliche Aufenthaltsgenehmigung stellt eine Beihilfe des Arbeitgebers zur Straftat des Ausländers dar (§ 27 StGB i. V. m. § 92 Abs. 1 Nr. 1, § 92a AuslG).

Zu § 2 Abs. 1 Nr. 6
Die Vorschrift entspricht der Regelung des § 2 Abs. 1 AEntG und betrifft einen Bereich der illegalen Beschäftigung, der oft mit Schwarzarbeit einhergeht.

Zu § 2 Abs. 2
Die Vorschrift wurde im Wesentlichen aus§ 107 S. 2 SGB IV und§ 304 Abs. 2 SGB III übernommen. Der bisher im § 304 Abs. 2 SGB III verwendete Begriff „Behörden" ist missverständlich, da es sich bei den Sozialversicherungsträgern nicht um Behörden im Sinne des Gesetzes handelt. Für die unterstützenden Behörden und Sozialversicherungsträger wird deshalb die allgemeine Bezeichnung der „Stellen" eingeführt. Die Behörden der Zollverwaltung sind regelmäßig auf das Fachwissen der sie unterstützenden Stellen nach S. 1 im Rahmen der Prüfungen nach § 2 angewiesen.

Die bisher in § 304 Abs. 2 Nr. 1 SGB III genannten nach Landesrecht für die Verfolgung und Ahndung von Ordnungswidrigkeiten nach dem Gesetz zur Bekämpfung der Schwarzarbeit zuständigen Behörden werden als unterstützende Behörde nicht mehr aufgeführt, da die zugrunde liegenden Ordnungswidrigkeiten wegfallen. Stattdessen werden die für die Verfolgung von Ordnungswidrigkeiten nach Handwerks- und Gewerbeordnung zuständigen Behörden als unterstützende Behörden aufgenommen. Die bisherige Zusammenarbeit mit den Landesbehörden bleibt damit erhalten.

Den für die Verfolgung von Ordnungswidrigkeiten nach Handwerks- und Gewerbeordnung zuständigen Behörden wird durch § 2 Abs. 3 außerdem die Zuständigkeit für Prüfungen im Bereich der geringfügigen Beschäftigungen in Privathaushalten nach § 8a SGB IV übertragen.

In S. 3 wurde § 304 Abs. 3 SGB III übertragen.

III. Prüfungsaufgaben und Prüfungszweck § 2

Zu § 2 Abs. 3
Die Prüfungen hinsichtlich geringfügiger Beschäftigung in Privathaushalten im Sinne von § 8a SGB IV obliegen nicht den Behörden der Zollverwaltung, sondern den nach Landesrecht für die Verfolgung von Ordnungswidrigkeiten nach der Handwerksordnung und nach der Gewerbeordnung zuständigen Behörden.

III. Prüfungsaufgaben und Prüfungszweck

Zentrale Zuständigkeitsregelung für die Prüfungen der FKS ist der § 2. Die **13** Vorschrift fasst die vormaligen Prüfaufträge aus § 304 SGB III, aus § 107 SGB IV hinsichtlich der Prüfungen der Pflichten nach § 28a SGB IV und aus § 2 AEntG und darüber hinaus den schon zuvor bestehenden Prüfungsauftrag aus § 13 AltTZG katalogmäßig zusammen. § 2 I 1 Nrn. 1 bis 5 enthält einen abschließenden Katalog derjenigen Prüfungsaufgaben, deren Erledigung den Behörden der Zollverwaltung aufgetragen wird (*Kossens* BB-Special 2/2004, 4).

1. Erfüllen von Meldepflichten (Abs. 1 S. 1 Nr. 1)

§ 2 I 1 Nr. 1 macht die Meldepflichten des Arbeitgebers nach § 28a SGB IV **14** zum Gegenstand der Prüfung. Die Norm wurde aus § 107 S. 1 SGB IV übernommen (BR-Drs. 155/04, 54).

a) Meldepflichten nach § 28a SGB IV. Von zentraler Bedeutung für die **15** Prüfungsaufgaben dieser Vorschrift ist die zugrunde liegende Norm des **§ 28a SGB IV** mit dessen Pflichtenkatalog, dessen Überwachung durch § 2 I 1 Nr. 1 sichergestellt werden soll. Bei § 28a SGB IV handelt es sich um eine zentrale sozialversicherungsrechtliche Meldevorschrift im Sinne einer Ordnungsvorschrift, die der Sicherstellung einer ordnungsgemäßen Durchführung der Sozialversicherung durch die Versicherungsträger dient. Zur Feststellung der Versicherungspflicht und der Versicherungsberechtigung und der daraus folgenden Rechte und Pflichten aus dem (Sozial-) Versicherungsverhältnis sind die Versicherungsträger einschließlich der BA auf Daten angewiesen, die ihnen in der Regel nicht von Amts wegen zugänglich sind.

Meldepflichten auslösende Anlässe (Meldeanlässe) sind nach § 28a I SGB **16** IV:
- bei Beginn der versicherungspflichtigen Beschäftigung,
- bei Ende der versicherungspflichtigen Beschäftigung,
- bei Eintritt eines Insolvenzereignisses,
- (weggefallen)
- bei Änderungen in der Beitragspflicht,
- bei Wechsel der Einzugsstelle,
- bei Anträgen auf Altersrenten oder Auskunftsersuchen des Familiengerichts in Versorgungsausgleichsverfahren,
- bei Unterbrechung der Entgeltzahlung,
- bei Auflösung des Arbeitsverhältnisses,
- bei Beschäftigung bei mehreren Arbeitgebern, für unständig Beschäftigte, in den Fällen des § 242b II 4 SGB V und in den Fällen, in denen der oder

§ 2 Prüfungsaufgaben

die Beschäftigte weitere in der gesetzlichen Krankenversicherung beitragspflichtige Einnahmen erzielt, soweit bekannt,
- bei Antrag des geringfügig Beschäftigten nach § 6 Ib SGB VI auf Befreiung von der Versicherungspflicht,
- bei einmalig gezahltem Arbeitsentgelt, soweit es nicht in einer Meldung aus anderem Anlass erfasst werden kann,
- bei Beginn der Berufsausbildung,
- bei Ende der Berufsausbildung,
- bei Wechsel von einer Betriebsstätte im Beitrittsgebiet zu einer Betriebsstätte im übrigen Bundesgebiet oder umgekehrt,
- bei Beginn der Altersteilzeitarbeit,
- bei Ende der Altersteilzeitarbeit,
- bei Änderung des Arbeitsentgelts, wenn die in § 8 I Nr. 1 SGB IV genannte Grenze über- oder unterschritten wird,
- bei nach § 23b II bis III SGB IV gezahltem Arbeitsentgelt oder
- bei Wechsel von einem Wertguthaben, das im Beitrittsgebiet und einem Wertguthaben, das im übrigen Bundesgebiet erzielt wurde.

17 Der Arbeitgeber hat die Jahresmeldung nach § 28a II SGB IV zu erstatten. Andere sozialversicherungsrechtliche Pflichten als diejenigen nach § 28a SGB IV sind nicht umfasst. Erst recht sind Pflichten, die sich nicht aus sozialversicherungsrechtlichen Vorschriften ergeben, nicht umfasst. Das betrifft vor allem die Mindestarbeitsbedingungen. Diese sind nach § 8 I 1 AEntG geschützt. Die Prüfbefugnis ergibt sich aus der Anordnung in § 2 I 1 Nr. 5.

18 **b) Pflichten aus Dienst- oder Werkleistungen.** Die Prüfungsaufgaben nach § 2 I 1 Nr. 1 iZm § 28a SGB IV beziehen sich auf **Pflichten,** die sich speziell **aus „Dienst- oder Werkleistungen"** ergeben. Zum Begriff der Dienst- oder Werkleistungen → § 1 Rn. 237, 248.

19 Soweit diese Prüfungen in die Ermittlung/Verfolgung von Straftaten bzw. Ordnungswidrigkeiten münden – die Übergänge werden in konkreten Fällen oft fließend sein –, sind weitere Vorschriften dieses Gesetzes zu beachten. Dazu gehören insbesondere die §§ 14, 16 und 17.

20 Der Wortlaut des Gesetzes „... werden oder wurden ..." stellt klar, dass die Prüfungsbefugnis auch **vergangenheitsbezogene Sachverhalte** umfasst. Eine zeitliche Grenze gibt es dabei grundsätzlich nicht, insoweit bestehen Ermessens- bzw. Beurteilungsspielräume des Zolls. Soweit es bei einer konkreten Prüfung auch um die Ermittlung von möglichen Verstößen gegen Schwarzarbeitstatbestände des § 1 II (iVm §§ 8ff.) geht, wird er sich bei der Wahl der Prüfungstiefe ua vom Ablauf von damit verbundenen Verjährungsfristen für die Verfolgung von Ordnungswidrigkeiten und Straftaten und evtl. finanzieller Rückforderungsansprüche leiten lassen. Auch mögliche sonstige Wirkungen eines aufgedeckten Schwarzarbeitsfalles aus der Vergangenheit, so etwa, wenn ein Ausschluss von öffentlichen Aufträgen nach § 21 in Betracht kommt, können dabei eine Rolle spielen.

2. Sozialleistungsbezug (Abs. 1 S. 1 Nr. 2)

21 § 2 I 1 Nr. 2 macht die Prüfung des Missbrauchs von Leistungen nach dem SGB II und SGB III und dem AltTzG bei Dienst- und Werkleistungen zur

III. Prüfungsaufgaben und Prüfungszweck   § 2

Aufgabe. Diese Vorschrift führte zum Wegfall von § 304 SGB III (aufgeh. mWv 1.8.2004 durch SchwarzArbG v. 23.7.2004, BGBl. I S. 1842). Sie hat einen generalklauselartigen Charakter und reflektiert auf die drei genannten sozialrechtlichen Regelkomplexe (vgl. Art. 3 des ArtikelG, BT-Drs. 15/2573, 10). Der im Gesetzgebungsverfahren vorgebrachte Vorschlag des Bundesrats, den Tatbestand auch auf die Sozialhilfe nach SGB XII auszudehnen (BT-Drs. 15/2948, 9), wurde nicht umgesetzt. § 2 I Nr. 2 knüpft im Übrigen an den Schwarzarbeitstatbestand des § 1 II Nr. 3 an und zielt teilweise auch auf mögliche Schwarzarbeitsfälle nach § 1 II Nr. 1.

Leistungen nach dem SGB II und SGB III und dem AltTzG. Nach dem 22 SGB II wird Arbeitslosengeld II (**„Hartz IV"**), nach dem SGB II wird **Arbeitslosenhilfe** geleistet. Nach dem AltTzG wird die sog. **Frührente** in Form von Aufstockungsbeträgen, die die BA auf die Rente leistet (§ 4 I AltTzG) gewährt.

Zum Begriff der Dienst- oder Werkleistungen → § 1 Rn. 237, 248.   23

3. Arbeitgeberangaben zu Sozialleistungen (Abs. 1 S. 1 Nr. 3)

Nach § 2 I 1 Nr. 3 sind die Angaben des Arbeitgebers im Zusammenhang mit 24 Sozialleistungen nach dem SGB III zu prüfen. Die Vorschrift wurde teilweise aus § 304 I Nr. 1 SGB III (aufgeh. mWv 1.8.2004 durch G v. 23.7.2004, BGBl. I S. 1842) übernommen.

Zur Klarstellung des Prüfungsumfangs der Zollbehörden bei den Außen- 25 prüfungen wurde die bisher im AltTzG enthaltene Prüfungskompetenz mit aufgenommen. Daneben bleibt es bei der originären Prüfkompetenz der Agenturen für Arbeit, die mit der Durchführung des Altersteilzeitgesetzes beauftragt sind. Die speziellen Ordnungswidrigkeitentatbestände sind wie bisher im Altersteilzeitgesetz enthalten (BR-Drs. 155/04, 55).

In die Prüfungen wurden auch die neuen Leistungen nach dem SGB II (ua 26 Arbeitslosengeld II) mit einbezogen. Hierbei handelt es sich wie bei der ehemaligen Arbeitslosenhilfe um Sozialleistungen, die aufgrund von Dienst- oder Werkleistungen des Leistungsempfängers zu Unrecht bezogen sein können. Die Leistungen nach dem SGB II sind deshalb nach den gleichen Prüfungskriterien in die Prüfung der Zollverwaltung mit einzubeziehen (BR-Drs. 155/04, 55).

4. Beschäftigung von Ausländern (Abs. 1 S. 1 Nr. 4)

§ 2 I 1 Nr. 4 Buchst. a und b gibt der FKS die Prüfung der Beschäftigung 27 von Ausländern im Hinblick auf § 284 I SGB III oder § 4 III 1 und 2 des Aufenthaltsgesetzes auf. Die Vorschrift wurde aus § 304 I Nr. 2 SGB III (aufgeh. mWv 1.8.2004 durch SchwarzArbG v. 23.7.2004, BGBl. I S. 1842) übernommen. Vor der Erteilung der Arbeitsgenehmigung muss das Arbeitsamt die Arbeitsbedingungen des Ausländers prüfen (§§ 285 I Nr. 3 und 286 I Nr. 2 SGB III). Die erteilte Arbeitserlaubnis kann widerrufen werden, wenn der Ausländer zu ungünstigeren Arbeitsbedingungen als vergleichbare deutsche Arbeitnehmer beschäftigt wird (§ 7 I Arbeitsgenehmigungsverordnung).

§ 2 Prüfungsaufgaben

5. Arbeitsbedingungen (Abs. 1 S. 1 Nr. 5)

28 Nach § 2 I 1 Nr. 5 gehört die Prüfung der Arbeitsbedingungen nach dem AEntG, des MiArbG und des § 10 V AÜG zu den Aufgaben. Die Vorschrift entspricht der Regelung des § 2 I AEntG. Durch G v. 11.8.2014 (BGBl. I S. 1348) mWv 16.8.2014 wurde das MiArbG aufgehoben und das MiLoG eingeführt. Dementsprechend erfolgte eine Anpassung des Wortlautes des § 2 I 1 Nr. 5 dahingehend, dass anstelle der Einhaltung der Arbeitsbedingungen nach dem MiArbG nunmehr diejenigen nach dem MiLoG zu prüfen sind. Damit gehört die Einhaltung von Arbeitsbedingungen nach dem MiArbG ab dem 16.8.2014 nicht mehr zum Prüfungsauftrag der FKS und ist auch rückbezogen nicht zu prüfen. Eine vor dem 16.8.2014 begonnene Prüfung bezieht sich nicht auf die Arbeitsbedingungen nach dem MiLoG.

6. Steuerliche Prüfung (Abs. 1 S. 2)

29 Schwarzarbeit ist nach § 1 II Nr. 2 auch die Verletzung steuerlicher Pflichten bei der Erbringung von Dienst- oder Werkleistungen. Die diesbezügliche Prüfung der Pflichten des Steuerpflichtigen regelt § 2 I 2.

30 Zwar bezweckt das Gesetz, die Nichterfüllung steuerlicher Pflichten aus Dienst- und Werkleistungen zu bekämpfen (§ 1 I und II Nr. 1). Prüfungen zur Bekämpfung der Schwarzarbeit können nicht losgelöst von steuerlichen Aspekten erfolgen, da sich die festgestellten Verstöße fast ausnahmslos auch auf die Steuerpflichten auswirken. Neben den unmittelbaren Auswirkungen von Schwarzarbeit auf die Lohnsteuer werden zur Verschleierung in der Finanzbuchhaltung beispielsweise auch die erzielten Einnahmen manipuliert (zB mittels Scheinrechnungen), was zwangsläufig zu einer Hinterziehung der Umsatzsteuer führt.

31 Die Prüfung der Erfüllung dieser Steuerpflichten obliegt nach § 2 I 2 nicht dem Zoll, sondern den Landesfinanzbehörden. Die Beamten der FKS treffen lediglich Mitteilungspflichten, wenn sich Anhaltspunkte für steuerliche Verfehlungen ergeben (§ 6 I 1). Dementsprechend ist in § 2 I der Prüfungsauftrag an die Behörden der Zollverwaltung aufgenommen zur Erfüllung ihrer Mitteilungspflichten gegenüber der Länderfinanzverwaltung, ob Anhaltspunkte dafür bestehen, dass Steuerpflichtige den sich aus den Dienst- oder Werkleistungen ergebenden steuerlichen Pflichten nicht nachgekommen sind (eingeschränkter Prüfungsauftrag). Es dient zugleich der Erfüllung der in § 116 AO niedergelegten Informationspflicht (BR-Drs. 155/04, 55). Das BMF und stimmt mit den obersten Finanzbehörden der Grundsätze zur Zusammenarbeit mit den Landesfinanzbehörden ab (→ Rn. 66).

32 Steuerstraftaten oder Steuerordnungswidrigkeiten iZm Schwarzarbeit werden nicht nach diesem Gesetz, sondern nach der AO verfolgt (BR-Drs. 155/04, 71). Die Prüfung nach § 2 umfasst jedoch, ob Anhaltspunkte für eine Steuerstraftat oder Steuerordnungswidrigkeit iZm Schwarzarbeit vorliegen.

IV. Befugnisse der FKS

Die Prüfungsaufgaben erhalten die Behörden der Zollverwaltung übertragen. Der Begriff bezeichnet neben den Hauptzollämtern die bundesweit über verschiedene Außenstellen tätige FKS. 33

Materiell-rechtlich sind die genannten Stellen Polizeien des Bundes (*Fehn* ZfZ 04, 221). 34

Der FKS kommt eine Doppelfunktion zu, sie ist Zuständigkeitssubjekt sowohl der präventiven Gefahrenabwehr wie der repressiven Strafverfolgung. Da für beide Bereiche unterschiedliche, und zwar nicht nur andersartige, einander ausschließende, sondern auch gleichartige, aber schärfere/mildere Zulässigkeitsvoraussetzungen bestehen, ist es ein Gebot der Gesetzmäßigkeit der Verwaltung, die konkret maßgeblichen Normativregeln für solche Maßnahmen zu bestimmen, welche objektiv beide Funktionen erfüllen („doppelfunktionale Maßnahmen") (*Schmidt-Jorzig* NJW 1989, 129). Als dritter Kompetenzkreis der Polizei gilt die vorbeugende Verbrechensbekämpfung, die Maßnahmen der vorsorgenden Strafrechtspflege. Die Zuständigkeit für polizeiliche Maßnahmen der Strafverfolgungsvorsorge nach § 81b Alt. 2 StPO beurteilt sich nicht nach der StPO, sondern nach den Polizeigesetzen (BVerwG 23.11.2005 – 6 C 2/05, NJW 2005, 1225). Der FKS sind solche Aufgaben nicht zugewiesen. 35

1. Prüfung und präventive Gefahrenabwehr

Aufgabe der FKS ist die Bekämpfung von Schwarzarbeit und illegaler Beschäftigung. Die Prüfungen dienen der Ermittlung von Ordnungswidrigkeiten (BR-Drs. 815/05, 6). Es handelt sich jedoch nicht um eine Maßnahme der Strafverfolgung, sondern um eine präventive polizeiliche Maßnahme (FG Hamburg 20.10.2010 – 4 K 34/10). 36

Als Bundespolizei steht der FKS keine Notkompetenz (Eilkompetenz) zur allgemeinen Gefahrenabwehr (zB zur Verhinderung bevorstehender Schwarzarbeit) zu. Dabei beinhaltet der erste Zugriff die notwendigen Maßnahmen, die zur Beseitigung einer bereits eingetretenen Störung der öffentlichen Sicherheit sowie zur Abwehr einer unmittelbar bevorstehenden Gefahr zu treffen und aufrechtzuerhalten sind, bis die sachlich zuständige Behörde eingreifen kann (*Fehn* ZfZ 04, 221). 37

Anders als der Zollfahndungsdienst auf die im ZFdG geregelten präventivpolizeilichen Befugnisse und die Länderpolizeien auf ihre jeweiligen Landespolizeigesetze zugreifen können, ist der FKS keine hinreichende Ermächtigungsgrundlage in einem fachspezifischen Polizeirecht an die Hand gegeben. So enthält das SchwarzArbG keine rechtliche Handhabe für die erkennungsdienstliche Behandlung nicht identifizierbarer Personen iRd Prüfungstätigkeit nach §§ 2ff. Ferner ist es in Ermangelung entsprechender Rechtsgrundlagen nicht zulässig, seitens der FKS operative Maßnahmen in Form von Datenerhebungen mit besonderen Mitteln zur Verhütung von Straftaten von erheblicher Bedeutung durchzuführen. Derartige Eingriffsermächtigungen finden sich iRd jeweiligen Aufgabenbereichs für den Zollfahndungsdienst in §§ 18 bis 21 38

§ 2   Prüfungsaufgaben

und §§ 28 bis 31 ZFdG, für das BKA in § 23 BKAG, für die Bundespolizei in § 21 BPolG und für die Polizeien der Länder in den jeweiligen Landespolizeigesetzen. Der FKS sind *de lege lata* verwehrt:
- Datenerhebung durch längerfristige Observation (vgl. §§ 18, 28 ZFdG),
- Datenerhebung durch präventive Überwachung der Telekommunikation,
- Datenerhebung durch den Einsatz von Vertrauenspersonen (vgl. §§ 21, 31 ZFdG),
- Datenerhebung durch den präventiven Einsatz von verdeckten Ermittlern (vgl. § 20 PolG NRW).

2. Repressive Verfolgung von Straftaten und Ordnungswidrigkeiten

39   Des Weiteren gehört zu den Aufgaben der FKS auch die Verfolgung von Straftaten und Ordnungswidrigkeiten, die mit einem der Prüfgegenstände unmittelbar zusammenhängen. Diese Tätigkeit ist von dem Prüfungshandeln nach §§ 2 bis 6 abzugrenzen. Es handelt sich um Handeln iRd §§ 12 bis 14.

40   **a) Strafverfolgung.** Die FKS nimmt polizeiliche Aufgaben auf dem Gebiet der Strafverfolgung (§§ 161, 163 StPO) wahr. Die Zollbeamten sind Ermittlungspersonen (§ 152 I GVG), die für Eilfälle mit besonderen, sonst dem Richter oder der StA vorbehaltenen Befugnissen ausgestattet sind (Graf/Jäger/Wittig/*Mosbacher* SchwarzArbG § 8 Rn. 3).

41   **b) Ordnungswidrigkeitenbehörde.** Soweit die FKS Verwaltungsbehörde iSd § 36 OWiG ist, ist sie für die Ahndung festgestellter Ordnungswidrigkeiten zuständig. § 12 I weist der FKS die Stellung als Verwaltungsbehörde für die Ordnungswidrigkeiten gemäß § 8 I Nr. 1 und Nr. 2, II zu. Für die Fälle nach § 8 II ist sie allein zuständig. In den Fällen der § 8 I Nr. 1 Buchst. a bis c, Nr. 2 iVm Nr. 1 Buchst. a bis c kommt der FKS die Rolle neben den zuständigen Leistungsträgern und in den Fällen des § 8 I Nr. 1 Buchst. d und e, Nr. 2 iVm Nr. 1 Buchst. d und e zusammen mit den nach Landesrecht zuständigen Landesbehörden zu.

42   **c) Verhältnis zu den zuständigen Leistungsträgern.** In den Fällen der § 8 I Nr. 1 Buchst. a bis c und Nr. 2 iVm Nr. 1 Buchst. a bis c – das sind die Fälle des Leistungsmissbrauchs und damit zusammenhängender Verletzung der Mitwirkungspflichten – ist die FKS neben den zuständigen Leistungsträgern Ordnungswidrigkeitenbehörde. Jedoch schränkt § 12 I Nr. 1 dies dahin gehend ein, dass dies jeweils für ihren Geschäftsbereich gilt. Neben der BA ist die FKS im Rechtskreis SGB II insbesondere Verfolgungsbehörde für die Verfolgung und Ahndung von Ordnungswidrigkeiten wegen Leistungsmissbrauchs nach § 63 I Nr. 6 SGB II sowie § 8 I Nr. 1 a und b, Nr. 2 iVm. Nr. 1 a und 1 b für den eigenen Geschäftsbereich gemäß § 64 II Nr. 2 SGB II sowie § 12 I Nr. 1.

43   **d) Verhältnis zu den zuständigen Landesbehörden.** In den Fällen der § 8 I Nr. 1 Buchst. d und e und Nr. 2 iVm Nr. 1 Buchst. d und e – das sind die Fälle illegaler Gewerbeausübung und damit zusammenhängender Verletzung der Mitwirkungspflichten – ist die FKS Ordnungswidrigkeitenbehörde zu-

V. Prüfungsdurchführung § 2

sammen mit den nach Landesrecht zuständigen Landesbehörden zu. Es ist die unterschiedliche Verbandskompetenz zu beachten. Die FKS ist Bundespolizei, die Gewerbebehörden leiten ihre Zuständigkeit aus dem Landesrecht ab. Somit kommt es letztlich darauf an, ob für eine Aufgabe der Bundes- oder Landesgesetzgeber die Verwaltungskompetenz hat.

e) Alleinige Zuständigkeit. Für die Fälle nach § 8 II ist die FKS alleinige 44 Ordnungswidrigkeitenbehörde. Das sind die Ordnungswidrigkeiten, die allein in der Verletzung der Mitwirkungspflichten bei Prüfungen bestehen.

V. Prüfungsdurchführung

§ 2 weist der FKS einen Prüfungsauftrag zu (→ Rn. 34). Dieser Auftrag ist 45 die Richtschnur zur Bestimmung der Befugnisse und deren Umfang.

1. Prüfungsanordnung

§ 2 ermächtigt nicht ausdrücklich zum Erlass einer Prüfungsanordnung, lis- 46 tet jedoch die Prüfungsaufgaben der Zollverwaltung im Einzelnen auf und setzt damit gleichsam die Möglichkeit voraus, eine solche Prüfung anzuordnen. Dient die angeordnete Prüfung ersichtlich der Erfüllung der Aufgaben nach § 2, so findet die Prüfungsanordnung darin ihre Rechtsgrundlage (BFH 23.10.2012 – VII R 41/10, BFHE 239, 10; FG Hamburg 20.10.2010 – 4 K 34/10; 21.9.2011 – 4 V 148/11).

Eine Prüfungsanordnung nach § 2 kann auch mündlich ergehen (FG Ham- 47 burg 20.10.2010 – 4 K 34/10). In der Praxis kündigt die FKS anlasslose Geschäftsunterlagenprüfungen unter Beifügung einer Rechtsbehelfsbelehrung und ggf. eines Hinweisblattes zum Prüfverfahren oftmals schriftlich vorab an und führt die zur Einsicht vorzulegenden Unterlagen auf (*Richtarsky* Schwarz-ArbG Rn. 10). Zwischen der Prüfungsanordnung und der Durchführung der Prüfung muss keine Frist eingehalten werden. Mangels entsprechender Regelungen im SchwarzArbG ist es zulässig, wenn die Prüfung unmittelbar nach Bekanntgabe der Prüfungsanordnung erfolgt. Ebenso wenig ist ein Prüfungszeitraum mitzuteilen. Die Vorschriften der Abgabenordnung über die Anordnung einer Außenprüfung mit den dort geregelten Formerfordernissen (§§ 196 ff. AO) kommen nicht zur Anwendung. Die Prüfung richtet sich nicht nach den Vorschriften über die Außenprüfung (§§ 193 ff. AO) oder denen über die Nachschau (§§ 210 ff. AO), sondern beruht allein auf § 2 I. Besondere Anforderungen an die Prüfungsanordnung stellt das Gesetz nicht. Die Prüfungen nach dem SchwarzArbG dienen nicht unmittelbar dazu, steuerliche Sachverhalte zu ermitteln, wie sich aus dem Prüfungsaufgabenkatalog in § 2 ergibt (BFH 23.10.2012 – VII R 41/10, BFHE 239, 10; FG Hamburg 26.11.2008 – 4 K 73/08; 20.10.2010 – 4 K 34/10; 21.9.2011 – 4 V 148/11; FG Bln-Bbg 4.11.2009 – 7 K 7024/07; FG Düsseldorf 16.6.2010 – 4 K 904/10 AO).

2. Prüfungsanlass

Es steht im Ermessen der Zollbehörden, in welcher Weise sie ihre gesetz- 48 lichen Aufgaben nach Abs. 1 erfüllen, insbesondere wann und in welcher

Form sie Prüfungen vornehmen. Gesetzlich vorgegebener Rahmen der Ermessensausübung sind die §§ 2 bis 6 (*Richtarsky* SchwarzArbG Rn. 10). Die Anordnung der Prüfung setzt nicht voraus, dass ein Anfangsverdacht iSd § 152 II StPO gegeben ist (BR-Drs. 815/05, 6). Bei der Prüfung nach § 2 handelt es sich nicht um eine Maßnahme der Strafverfolgung, sondern um eine präventive polizeiliche Maßnahme (FG Hamburg 26.11.2008 – 4 K 73/08). Das SchwarzArbG bestimmt nicht, dass die Anordnung einer Prüfung vom Vorliegen bestimmter Verdachtsmomente abhängig ist, lässt also grundsätzlich auch verdachtsunabhängige Kontrollen zu (FG Bln-Bbg 25.11.2009 – 7-K-1213/07, EFG 2010, 610; FG Hamburg 20.10.2010 – 4 K 34/10). Eine Prüfung ist jedoch nicht voraussetzungslos eröffnet. Es sind die Erwägungen heranzuziehen, die für Ermittlungen der Steuerfahndung zur Aufdeckung unbekannter Steuerfälle nach §§ 93, 208 I 1 Nr. 3 AO einen hinreichenden Anlass verlangen **(Vorfeldermittlungen)** → Rn. 51. Es muss die Möglichkeit von Schwarzarbeit bestehen. Die Möglichkeit besteht entweder aufgrund besonderer Anhaltspunkte oder allgemeiner Erfahrung. So genügt als ein hinreichender Anlass für eine Prüfung nach §§ 2 ff., dass eine Person auf einem Grundstück mit Bauarbeiten beschäftigt ist (FG Bln-Bbg 25.11.2009 – 7-K-1213/07, EFG 2010, 610).

3. Prüfungsmittel

49   Die Wahl der Prüfungsmittel ist der FKS überlassen (§ 92 AO iVm § 22) (*Möllert* StBp 2006, 176). Ob und welche Maßnahmen danach die FKS im Rahmen ihrer Aufgabe der Gefahrenabwehr zu treffen hat, liegt grundsätzlich in ihrem pflichtmäßigen Ermessen. Entsprechend allgemeinen Grundsätzen des Polizeirechts hat die FKS ihre Maßnahmen so einzurichten, dass die sich daraus für dritte Personen möglicherweise ergebenden Nachteile tunlichst gering bleiben. Polizeiliche Maßnahmen beschränken sich in ihren Wirkungen häufig nicht auf die Beseitigung und Verhütung der konkreten Gefahr, deren Abwehr sie dienen sollen. Vielmehr lösen diese Maßnahmen vielfach unvermeidbare Nebenwirkungen aus und bringen für unbeteiligte Dritte (einzelne Personen oder Personengruppen) Störungen und Nachteile in ihrer privaten Rechts- und Interessensphäre mit sich. Die Polizei darf daher ihre der Gefahrenabwehr dienenden Maßnahmen, soweit sie mit erkennbaren Nachteilen für unbeteiligte Dritte verbunden sind, nicht ohne Rücksicht auf deren Folgen für diese Dritten treffen. Wiegen die Dritten drohenden Nachteile schwerer als die zu beseitigende oder zu verhütende Gefahr, so hat die FKS von den beabsichtigten Maßnahmen überhaupt abzusehen, falls nicht durch besondere Sicherungsmaßnahmen dem Schutz der unbeteiligten Dritten hinreichend gedient werden kann. Auf ihre Zweckmäßigkeit hin dürfen daher die polizeilichen Maßnahmen vor den ordentlichen Gerichten nicht nachgeprüft werden und eine Amtspflichtverletzung kann, in diesem Zusammenhang nach der vom BGH fortgeführten Rspr. des RG nur dann festgestellt werden, wenn der Beamte willkürlich oder in so hohem Maße fehlsam gehandelt hat, dass sein Verhalten mit den an eine ordnungsmäßige Verwaltung zu stellenden Anforderungen schlechterdings unvereinbar ist (BGH 1.2.1954 – III ZR 299/52, NJW 1954, 715).

V. Prüfungsdurchführung §2

4. Umfang und Grenzen der Prüfung

Die Prüfung nach § 2 I 1 der FKS beschränkt sich darauf, Sachverhalte auf 50
Anhaltspunkte für Schwarzarbeitsfälle zu untersuchen. Die weitergehende
Prüfung ist dem strafprozessualen Bereich zuzurechnen (*von Briel* PStR 01,
226). Damit bewegen sich solch weitergehenden Prüfungshandlungen außerhalb der Prüfung nach § 2, die allein den polizeilichen Bereich umfasst. Eine
Grauzone zwischen polizeilicher Prüfungstätigkeit und strafrechtlichen Ermittlungen ist aus Gründen der Rechtssicherheit zwingend zu vermeiden.

Vorfeldermittlungen sind entsprechend Nr. 12 AStBV (St) 2014 geboten, 51
wenn noch keine konkreten Anhaltspunkte für eine Straftat oder Ordnungswidrigkeit gegeben sind, jedoch die Möglichkeit von Schwarzarbeit besteht.

Vorermittlungen liegen entsprechend Nr. 13 AStBV (St) 2014 vor, wenn 52
die Strafverfolgungsbehörden tätig werden, um das Vorliegen eines Anfangsverdachts zu klären. Hierzu kann es kommen, wenn die Strafverfolgungsbehörden auf Grund einer Anzeige oder sonstiger Umstände wie etwa Berichte
in den Medien vom Vorliegen eines möglicherweise strafrechtlich relevanten
Vorganges Kenntnis erlangen. Zur Verdachtsschwelle bei Vorfeldermittlungen:
Randt C 29. Drängt sich hier die Annahme auf, dass eine Pflicht zum Einschreiten gegeben sein könnte, so soll versucht werden, festzustellen, ob und
inwieweit ein Anfangsverdacht besteht, der zu weiterem Tätigwerden verpflichtet. Die Vorermittlungen sind somit Teil staatsanwaltlicher Tätigkeit. Da
jedoch bis dahin kein Anfangsverdacht festgestellt wurde, stehen sie aber noch
vor dem Ermittlungsverfahren. Im Gegensatz dazu steht die präventive Tätigkeit mit dem Ziel, bislang unbekannte Straftaten zu erforschen. Bei Vorermittlungen ist ein schädigendes Ereignis bereits bekannt und es ist hier nur erforderlich zu klären, ob es sich hierbei um eine Straftat handelt. Dies ist
gleichzeitig der Unterschied zur Informationsbeschaffung innerhalb eines Ermittlungsverfahrens, das darauf gerichtet ist, bei einem bereits bestehenden
Verdacht zu klären, welche Person als Verdächtiger in Frage kommt (*Wölfl* JuS
2001, 479).

Vorfeldermittlungen/Prüfung (wie § 208 I Nr. 3 AO, Nr. 12 AStBV [St] 2014)	Möglichkeit von Schwarzarbeit, noch keine konkreten Anhaltspunkte für eine Straftat oder Ordnungswidrigkeit	präventiv-polizeiliches Handeln, § 2 SchwarzArbG	53
konkrete Anhaltspunkte:	konkrete Anhaltspunkte legen einen Verstoß nahe, diese reichen für einen Anfangsverdacht nicht aus	präventiv-polizeiliches Handeln, § 16 SchwarzArbG	
Vorermittlungen (Nr. 13 AStBV [St] 2014)	schädigendes Ereignis ist bereits bekannt und es ist zu klären, ob es sich hierbei um eine Straftat/ OWi handelt	strafprozessuales Handeln, § 160 iVm § 161 S. 1 Alt. 2 StPO	

§ 2 Prüfungsaufgaben

Anfangsverdacht:	zureichende tatsächliche Anhaltspunkte für eine Straftat oder Ordnungswidrigkeit	
Ermittlungsverfahren	Anfangsverdacht besteht, Klärung der Strafbarkeit Klärung des Täters	strafprozessuales Handeln

54 Für Nachforschungen muss ein hinreichender Anlass bestehen (st. Rspr. seit BFH 29.10.1986, BFHE 148, 108 = BStBl. II 1988 S. 359 = NJW 1987, 1040). Ein hinreichender Anlass liegt vor, wenn auf Grund konkreter Anhaltspunkte oder auf Grund allgemeiner Erfahrung oder einer mit Tatsachen unterlegten kriminalistischen Erfahrung für bestimmte Gebiete die Möglichkeit von Schwarzarbeit in Betracht kommt. ZB sind Abdeckrechnungen ein Indiz für Schwarzlohnzahlungen (NdsFG 17.4.2008 – 11 K 425/06, DStRE 2009, 308). Eine fehlende Sofortmeldung nach § 28a IV SGB IV gilt nach der Gesetzesbegründung (BT-Drs. 16/10488, 13) als eindeutiges Verdachtsmoment für Schwarzarbeit. Ermittlungen „ins Blaue hinein", Rasterfahndungen, Ausforschungsdurchsuchungen oder ähnliche Ermittlungsmaßnahmen sind unzulässig (BFHE 198, 42 = BStBl II 2002, 495 NJW 2002, 2340).

55 Sobald Anhaltspunkte für einen Fall von Schwarzarbeit vorliegen, die Erkenntnisse jedoch keinen Anfangsverdacht begründen, sind ggf. Vorermittlungen durchzuführen (vgl. Nr. 13 AStBV [St] 2014). Dies ist aber auch der Zeitpunkt für eine Mitteilung an die Zusammenarbeitsstellen nach § 6 III 1. Die FKS unterrichtet die jeweils zuständigen Stellen, wenn sich bei der Durchführung ihrer Aufgaben nach diesem Gesetz Anhaltspunkte ergeben für die in § 6 III und IV genannten Verstöße (BT-Drs. 17/5438, 7; Nr. 4.1.2 Gem. RdErl NRW, MBl. NRW 1999, 340, geändert durch RdErl. 30.10.2001, MBl. NRW 2001, 1418) → § 6 Rn. 9–11.

56 Ergeben die Prüfungen Anhaltspunkte für Straftaten oder Ordnungswidrigkeiten **(Anfangsverdacht)**, so ist in ein Straf- oder Bußgeldverfahren (Ermittlungsverfahren) überzuleiten, wenn die mutmaßlichen Taten in unmittelbarem Zusammenhang mit Schwarzarbeit und illegaler Beschäftigung stehen. Die FKS hat die Prüfung nach § 2 sofort abzubrechen und in den Ermittlungsakten einen Einleitungsvermerk zu fertigen (*Brüssow/Petri*, Rn. 501; *Richtarsky* SchwarzArbG Rn. 11; *Möllert* StBp 2006, 176). Es besteht eine Mitteilungspflicht nach § 13 II. Liegen der FKS Hinweise auf Unregelmäßigkeiten vor, so hat sie vor Beginn einer Prüfung abzuwägen, ob die Schwelle zum Anfangsverdacht für Straftaten oder Ordnungswidrigkeiten bereits erreicht und mithin ein Ermittlungsverfahren einzuleiten ist (*Richtarsky* SchwarzArbG Rn. 11). Bei Ein- und Überleitung in ein Strafverfahren kann die FKS – in Strafsachen über die StA – sogleich bei Gericht eine Durchsuchungsanordnung beantragen. Diese kann das Gericht aufgrund Eilbedürftigkeit mündlich erlassen. Es entfallen sämtliche Mitwirkungspflichten des Geprüften nach den §§ 3 bis 5. Zugleich entfallen auch etwaige steuerliche Mitwirkungspflichten. Er hat dann die Stellung als Beschuldigter oder Betroffener und ist spätestens vor einem

V. Prüfungsdurchführung **§ 2**

weiteren Auskunftsverlangen gemäß §§ 136, 163a StPO, §§ 46 II, 55 OWiG zu belehren (*Brüssow/Petri,* Rn. 501; *Richtarsky* SchwarzArbG Rn. 11). Verlangt die FKS Unterlagen zur Einsicht oder gar zur Herausgabe, so ist der Betroffene darüber zu belehren (§ 136 I 2 StPO), dass er nicht durch aktive Handlungen (wie die Herausgabe von Beweisgegenständen) an seiner Überführung mitwirken muss (LG Kiel 11.2.2014 – 3 Qs 1/14).

5. Ort der Prüfung

Ort der Prüfung sind die Geschäftsräume und Grundstücke → § 4 Rn. 5. **57**
Das sind die in §§ 3 I, 4 I, 5 I 2 genannten Orte, an denen eine Prüfung durchzuführen und zu dulden ist. Ein Anspruch auf Prüfung an einem anderen Ort (zB Büro des Steuerberaters) kann sich nur bei Vorliegen besonderer Umstände geben. Dem Zoll ist nicht verwehrt, die Prüfung an einem atypischen Prüfungsort von bestimmten Voraussetzungen abhängig zu machen. Welche Anforderungen der Zoll im Einzelfall stellen darf, ist grundsätzlich der Beurteilung des Tatrichters vorbehalten (BFH vom 17.4.2013 – VII B 42/12, BFH/NV 13, 1130).

6. Zeit der Prüfung

Zeit der Prüfung sind für die Personenprüfung die Arbeitszeit der dort täti- **58**
gen Personen (§ 3 I) und die Geschäftszeit zur Einsicht in Unterlagen (§ 4 I). Diese Zeiten können divergieren. Nur zu diesen Zeit ist die Prüfung zu dulden (§ 5 I 2).

7. Beendigung der Prüfung

Prüfung endet bei Anfangsverdacht. Eine Prüfung kann nur soweit rei- **59**
chen, wie die gesetzlich zugewiesenen Kompetenzen reichen. Die Prüfung ist dem Bereich der präventiven Gefahrenabwehr zuzurechnen. Werden Tatsachen und Anhaltspunkte bekannt, die eine gewisse, wenn auch zweifelhafte Wahrscheinlichkeit einer Straftat begründen (Anfangsverdacht), hat die FKS das Strafverfahren einzuleiten. Im Strafverfahren gilt das Legalitätsprinzip (§ 152 II, § 160 I StPO). Beim Verdacht einer Ordnungswidrigkeit steht die Einleitung eines Bußgeldverfahrens im pflichtgemäßen Ermessen der Finanzbehörde. Es gilt insoweit das Opportunitätsprinzip (§ 47 OWiG). Ein Verdacht ist gegeben, wenn über die bloße Vermutung oder den Argwohn hinaus konkrete Anhaltspunkte für eine Straftat sowohl hinsichtlich der objektiven Tatbestandsmerkmale als auch hinsichtlich der Schuldfrage bestehen. Die Einleitung des Straf- oder Ordnungswidrigkeitenverfahrens hat durch die zuständige Behörde zu erfolgen. Ist die FKS nicht selbst zuständige Behörde, so hat sie den Fall an die zuständige Behörde abzugeben. Liegt ein Anfangsverdacht für eine Steuerstraftat oder Steuerordnungswidrigkeit vor, hat die FKS die Sache nach § 2 I 2 bis 4 an die zuständigen Finanzämter abzugeben. Es sind die Erwägungen entsprechend heranzuziehen, die Niederschlag in § 10 BpO 2000 gefunden haben.

Ergibt die Prüfung **keinen Anfangsverdacht,** so ist die Prüfung nicht un- **60**
begrenzt fortzuführen. Es ist nach pflichtgemässem Ermessen zu entscheiden,

ob der Sachverhalt ausermittelt ist oder nicht. Das Nichtvorliegen von Anhaltspunkten für eine Schwarzarbeit kann nicht mit absoluter Gewissheit festgestellt werden. Das Nichtvorliegen muss wahrscheinlich sein. Es ist zu beachten, dass die Prüfung ohne Anlass erfolgen kann. Spiegelbildlich zum Anfangsverdacht (→ Rn. 50), führt die zweifelhafte Wahrscheinlichkeit für das Nichtvorliegen von Schwarzarbeit zum Ende der Prüfung. Das SchwarzArbG sieht keinen Akt vor, der die Prüfung erkennbar abschließt wie etwa die Schlussbesprechung in § 201 AO und die Bekanntgabe des Prüfungsberichts in § 202 AO. Diese Vorschriften sind nicht entsprechend heranzuziehen (→ Rn. 45). Jedoch erfordert die Transparenz hoheitlichen Handelns, dass das Ende der Prüfung nach außen wahrnehmbar hervortritt. Im Zweifel manifestiert sich dies durch Untätigkeit. Zu beachten ist die gesetzliche Wertung in § 171 IV 2 AO, wonach die Unterbrechung einer steuerlichen Außenprüfung von mehr als sechs Monaten eine Ablaufhemmung nicht eintreten lässt.

61 Am Ende der Prüfung bzw. der Vorermittlungen ist die Rechtsfrage zu klären, ob die tatsächlichen Anhaltspunkte für den Verdacht einer verfolgbaren Straftat ausreichen und deswegen ein Ermittlungsverfahren einzuleiten ist. Ist das der Fall, besteht Ermessen, welche Ermittlungsmaßnahme nach Lage der Umstände des Einzelfalles sachgerecht und zweckmäßig ist. Keine Ermessensentscheidung ist die Frage, ob ein Anfangsverdacht vorliegt. Ergeben sich bei der Prüfung, ob ein aufgegriffener Sachverhalt strafrechtlich relevant ist, Umstände, nach denen die Handlung eindeutig als rechtmäßig oder der Täter als schuldunfähig oder schuldlos erweist, kommt die Einleitung eines Ermittlungsverfahrens nicht mehr in Betracht (FGJ/*Jäger*, § 397 Rn. 49a).

8. Gemeinsame Prüfungen

62 Nach § 2 III 2 1. Hs. können die FKS-Prüfungen mit anderen Prüfungen der in § 2 III genannten Stellen verbunden werden; die Vorschriften über die Unterrichtung und Zusammenarbeit (§ 6) bleiben hiervon unberührt. Gemeinsame Prüfungen stellen nicht eine einzige Prüfung dar. Jede Prüfung behält ihre Eigenständigkeit und muss die für sie geltenden Rechtmäßigkeitserfordernisse einhalten.

63 Wenn andere Zusammenarbeitsstellen an der FKS-Prüfung mitwirken, so kann dies eine bloße Unterstützungshandlung oder aber eine eigene Prüfung der mitwirkenden Stelle sein. Die Mitwirkung der Steuerfahndung an der FKS-Durchsuchung kann eine steuerliche Prüfung darstellen mit der Folge, dass ein Sperrgrund nach § 371 II Nr. 1 Buchst. c AO eine Selbstanzeige ausschließt. Eine bloße Beteiligung an der FKS-Prüfung liegt vor, wenn die mitwirkende Stelle vor Ort lediglich ihr Fachwissen einzubringen und so die Prüfung der Zollbehörde unterstützen will – beispielsweise durch Aussagen zur Beweiserheblichkeit vorgefundener Unterlagen (OLG Celle 27.3.2000 – 2 Ws 33/00, PStR 2000, 199; Kohlmann/*Schauf* AO § 371, Rn. 135; *Holewa* PStR 13, 121).

64 Von gemeinsamen Prüfungen zu unterscheiden sind **gemeinsame Ermittlungsgruppen.** Diese können die FKS und die Polizeien von Bund und Ländern – nach Maßgabe der sachleitenden Staatsanwaltschaft – anlassbezogen und zeitlich begrenzt bilden, wenn die zu ermittelnden Straftaten die

VII. Zusammenarbeitsstellen §2

Strafverfolgungskompetenz dieser Behörden berühren. Die gesetzlich geregelten Zuständigkeiten der jeweiligen Behörden bleiben davon unberührt (BT-Drs. 17/5238, 7). Das Handeln in gemeinsamen Ermittlungsgruppen ist nicht der Prüfungsdurchführung nach § 2 zuzurechnen. Es handelt sich um repressives Handeln als Strafverfolgungsbehörde und richtet sich nach dem vierten Abschnitt dieses Gesetzes.

VI. Mitteilungspflichten

Die Verwaltungszuständigkeit der Länder bleibt unberührt. (BR-Drs. 155/ 04, 55). Damit stellt § 2 I 2 klar, dass diese Prüfung den zuständigen Landesfinanzbehörden obliegt. **65**

VII. Zusammenarbeitsstellen

§ 2 II 1 nennt die Stellen, die den Zoll bei den Prüfungen unterstützen. Es ist ein Katalog der Zusammenarbeitsstellen. Unterstützung leistet dabei die jeweils zuständige Zusammenarbeitsstelle. § 2 II begründet keine neuen Kompetenzen der dort genannten Stellen, sondern setzt die jeweils bestehende Kompetenz voraus. **66**

1. Finanzbehörden (Abs. 2 S. 1 Nr. 1)

Die Bestimmung korrespondiert mit der Mitteilungspflicht nach § 6 III 1 Nr. 4 bei Anhaltspunkten für Verstöße gegen Steuergesetze. Die Finanzbehörden sind die Bundesfinanzbehörden (§ 1 FVG) und die Finanzbehörden der Länder (§ 2 FVG). Einige Länder haben bei den Finanzämtern für Steuerstrafsachen und Steuerfahndung zur Bekämpfung illegaler Beschäftigung und Scheinselbstständigkeit im Zusammenhang mit ausländischen Unternehmern und ausländischen Arbeitnehmern Sonderermittlungsgruppen eingerichtet, die als Ansprechpartner zur Verfügung stehen und in einschlägigen Fällen vordringlich zu unterrichten sind, zB in NRW (Nr. 4.1.1 Gem. RdErl NRW, MBl. NRW 1999, 340, geändert durch RdErl. 30.10.2001, MBl. NRW 2001, 1418), in SH (SH LT-Drs. 16/1847, 26). **67**

Die „Zusammenarbeitsregelung Schwarzarbeitsbekämpfung" (VS-NfD), die die Grundsätze der Zusammenarbeit zwischen der FKS und den Behörden der Landesfinanzverwaltung regelt, wurde im Berichtszeitraum mehrfach – letztmalig im Oktober 2012 – aktualisiert (BT-Drs. 17/14800, 20). Die Zusammenarbeit hat das BMF auch im Merkblatt über die Zusammenarbeit zwischen den Dienststellen Steuer und Zoll (Erlass 22.3.2004 – IV D 2 – S 1515 – 1/04, III B 7 – S 0060 – 2/04) geregelt. Zur Offenbarung von Daten der Steuerbehörden → § 15 Rn. 30. **68**

2. Bundesagentur für Arbeit – BA – (Abs. 2 S. 1 Nr. 2)

Die Bestimmung korrespondiert mit der Mitteilungspflicht nach § 6 III 1 Nr. 2 bei Anhaltspunkten für Verstöße gegen das AÜG. **69**

§ 2   Prüfungsaufgaben

70   Die BA ist die Verwaltungsträgerin der deutschen Arbeitslosenversicherung. Sie ist eine bundesunmittelbare Körperschaft des öffentlichen Rechts mit Selbstverwaltung und Anstaltscharakter. Die BA unterliegt der Rechtsaufsicht durch das Bundesministerium für Arbeit und Soziales (§ 393 I SGB III). Die Aufgaben der BA sind ua im SGB III festgelegt.

71   **a) Arbeitnehmerüberlassung.** Die BA ist für die Ausführung der Bestimmungen der Arbeitnehmerüberlassung nach dem AÜG zuständig (§ 17 I AÜG).

72   **b) Leistungsmissbrauch.** Die Arbeitsagenturen der BA sind im Wesentlichen für die Verfolgung und Ahndung von Rechtsverstößen gemäß § 404 SGB III zuständig, den sog. Leistungsmissbrauch (→ § 1 Rn. 60). Dieser liegt dann vor, wenn Leistungen wie Arbeitslosengeld I, Unterhaltsgeld oder sonstige Leistungen der BA bezogen werden und die Leistungsempfängerinnen und -empfänger zugleich sozialversicherungspflichtig beschäftigt sind, ohne die Beschäftigung angezeigt zu haben. Sofern der Verdacht auf das Vorliegen einer Ordnungswidrigkeit besteht, werden die aufgegriffenen Fälle entweder selbst verfolgt oder entsprechend der Zuständigkeiten an die Zollverwaltung weitergeleitet. Die Zollverwaltung ist für alle Fälle von Leistungsmissbrauch zuständig, die im Zusammenhang mit Beschäftigung stehen. Sobald sich im Rahmen der Ermittlungen Anhaltspunkte für ein strafbares Verhalten ergeben haben, werden die Vorgänge an die StA zur weiteren Verfolgung abgegeben.

3. Bundesnetzagentur (Abs. 2 S. 1 Nr. 2a)

73   Die Bundesnetzagentur für Elektrizität, Gas, Telekommunikation, Post und Eisenbahnen (Bundesnetzagentur) ist für die Lizenzerteilung an die Briefdienstleister zuständig. In dem Zusammenhang ist die Bundesnetzagentur Zusammenarbeitsstelle, da durch G v. 28.12.2007 (BGBl. I S. 3140) das AEntG auch für Tarifverträge für Briefdienstleistungen gilt. Die Behörden der Zollverwaltung sind für die Prüfung der Arbeitsbedingungen nach § 1 AEntG zuständig. Insbesondere hinsichtlich der Einhaltung der Voraussetzungen nach § 6 III PostG im Postdienstleistungsbereich und der Mindestarbeitsbedingungen nach dem AEntG ist eine intensive Zusammenarbeit der Behörden der Zollverwaltung mit der Bundesnetzagentur sinnvoll und notwendig (BT-Drs. 16/10488, 16).

4. Einzugstellen (Abs. 2 S. 1 Nr. 3)

74   Die Einzugsstellen (§ 28i SGB IV) verfolgen die Verstöße gegen die Pflichten zur Zahlung von Beiträgen nach SGB IV (Gesamtsozialversicherungsbeitrag) und SGB VII (Unfallversicherung). Die Einzugsstelle überwacht die Einreichung des Beitragsnachweises und die Zahlung des Gesamtsozialversicherungsbeitrags. Beitragsansprüche, die nicht rechtzeitig erfüllt worden sind, hat die Einzugsstelle geltend zu machen (§ 28h I SGB IV). Die nach § 28i S. 5 SGB IV zuständige Einzugsstelle prüft die Einhaltung der Arbeitsentgeltgrenze bei geringfügiger Beschäftigung nach den §§ 8 und 8a SGB IV (§ 28h II 4 SGB IV).

VII. Zusammenarbeitsstellen §2

§ 28i SGB IV bestimmt die zuständige Einzugsstelle. Das ist für den Gesamtsozialversicherungsbeitrag die Krankenkasse, von der die Krankenversicherung durchgeführt wird. Für Beschäftigte, die bei keiner Krankenkasse versichert sind, werden Beiträge zur Rentenversicherung und zur Arbeitsförderung an die Einzugsstelle gezahlt, die der Arbeitgeber in entsprechender Anwendung des § 175 III 2 SGB V gewählt hat. Zuständige Einzugsstelle ist in den Fällen des § 28f II SGB IV die nach § 175 III 3 SGB V bestimmte Krankenkasse. Zuständige Einzugsstelle ist in den Fällen des § 2 III SGB IV die Deutsche Rentenversicherung Knappschaft-Bahn-See. Bei geringfügigen Beschäftigungen ist zuständige Einzugsstelle die Deutsche Rentenversicherung Knappschaft-Bahn-See als Träger der Rentenversicherung.

5. Rentenversicherungsträger (Abs. 2 S. 1 Nr. 4)

Die Träger der Rentenversicherung. Durch das G zur Organisationsreform in der gesetzlichen Rentenversicherung vom 9.12.2004 (BGBl. I S. 3242) werden seit dem 1.10.2005 die Aufgaben der gesetzlichen Rentenversicherung in Deutschland unter dem Namen Deutsche Rentenversicherung wahrgenommen, § 125 SGB VI. Dabei handelt es sich nicht um eine einheitliche Behörde, sondern eine gemeinsame Bezeichnung für die in Bundesträger und Regionalträger zu unterscheidenden Körperschaften des öffentlichen Rechts. Bundesträger sind die Deutsche Rentenversicherung Bund und die Deutsche Rentenversicherung Knappschaft-Bahn-See. Die Namen der Regionalträger bestehen aus der Bezeichnung „Deutsche Rentenversicherung" und einem Zusatz für ihre jeweilige regionale Zuständigkeit. Im Arbeitnehmer-Entsendegesetz wurde die bisherige Doppelzuständigkeit von BfA und Zollverwaltung bei Prüfungen der Arbeitsbedingungen zugunsten der Alleinzuständigkeit der Zollverwaltung aufgegeben.

Zum 23.4.2012 wurden die Gemeinsamen Grundsätze über die bei der Datenstelle der Träger der Rentenversicherung eingerichtete zentrale Datenbank, in der die Daten der von ausländischen Sozialversicherungsträgern übersandten Entsendebescheinigungen (A1-Bescheinigung/vormals E101-Bescheinigung) erfasst werden → § 16 Rn. 24, überarbeitet und vom BMAS im Einvernehmen mit dem BMF nach § 150 III SGB VI genehmigt (BT-Drs. 17/14800, 20). Zum 14.9.2012 trat die Vereinbarung über die Grundsätze der Zusammenarbeit der FKS der Zollverwaltung mit den Trägern der Rentenversicherung bei der Bekämpfung der Schwarzarbeit und illegalen Beschäftigung in Kraft. Die neue Vereinbarung löste mit Wirkung zum 14.9.2012 die Verwaltungsvereinbarung zwischen der Datenstelle der Träger der Rentenversicherung in Würzburg und dem HZA vom 6.1.2000 sowie die Gemeinsame Verlautbarung zur Zusammenarbeit der Träger der Rentenversicherung mit den Behörden der Zollverwaltung bei Prüfungen und Ermittlungen nach §§ 2 und 6 und illegalen Beschäftigung vom 15.6.2005 ab. Zur Optimierung der Zusammenarbeit legt die Vereinbarung ua eine beiderseitige Reaktionszeit von maximal drei Monaten fest. Darüber hinaus wurde für die Zukunft eine nahezu ausschließliche Kommunikation der Behörden der Zollverwaltung mit den Rentenversicherungsträgern aus elektronischer Basis vereinbart (sog. bidirektionaler Datenkanal) (BT-Drs. 17/14800, 20).

§ 2   Prüfungsaufgaben

78   **Betriebsprüfung der Rentenversicherung.** Nach § 28p SGB IV führen die Träger der Rentenversicherung die Betriebsprüfung bei den Arbeitgebern durch. Seit Beginn des Jahres 1999 ist die Betriebsprüfung alleine den Rentenversicherungsträgern zugewiesen. Dabei prüfen sie, ob die Arbeitgeber ihre Meldepflichten und ihre sonstigen Pflichten nach dem SGB, die im Zusammenhang mit dem Gesamtsozialversicherungsbeitrag stehen, ordnungsgemäß erfüllen; sie prüfen insbesondere die Richtigkeit der Beitragszahlungen und der Meldungen (§ 28a SGB IV).

79   Die Rentenversicherungsträger nach § 28p I 5 SGB IV erlassen iRv Betriebsprüfungen Verwaltungsakte zur Versicherungspflicht und zur Beitragshöhe in der Rentenversicherung, Kranken- und Pflegeversicherung sowie nach dem Recht der Arbeitsförderung. Dabei verwenden die Rentenversicherungsträger regelmässig Datenmaterial, das ihnen die FKS zur Auswertung überlassen hat (*Zieglmeier,* DStR-Beih 2015, 78).

80   Soweit die DRV-Bp die ihr überlassenen Daten für die FKS auswertet, so fehlt es an einer Datenübermittlung. Diese ist dann gegeben, wenn die DRV-Bp die Daten zu eigenen Zwecken verwendet. Diese Übermittlung ist nach § 6 I 1 eröffnet.

81   Verwendet der Träger der Rentenversicherung ihm zur Auswertung überlassenes Datenmaterial, so führt er keine Prüfung nach § 28p SGB IV durch, sondern unterstützt die FKS nach § 2 II 1 Nr. 4. Eine Betriebsprüfung ist nach dem eindeutigen Wortlaut von § 28p I 1 SGB IV allein die Prüfung „bei den Arbeitgebern", also in deren Betrieb oder bei den in § 28p VI SGB IV genannten Einrichtungen. Die Prüfung nach § 28p SGB IV erfordert eine eigenständige Informationsbeschaffung „bei den Arbeitgebern". Die Ermittlungen des Zolls entbinden den Rentenversicherungsträger nicht davon, vor Erlass des Beitragsbescheids eine eigene Prüfung mit eigenen Ermittlungen nach § 20 SGB X durchzuführen (BayLSG 21.10.2013 – L 5 R 605/13 B ER, BeckRS 2013, 73448). Ohne eine eigene Prüfung nach § 28p SGB IV fehlt der DRV die Kompetenz zum Erlass von Verwaltungsakten zur Versicherungspflicht und zur Beitragshöhe.

82   Zu beobachten ist in der Praxis, dass die DRV-Bp ihr Handeln als „Betriebsprüfung nach § 28p I SGB IV iVm § 2 II SchwarzArbG" bezeichnet (so zB im Fall LSG Thüringen 18.2.2015 – L 6 R 808/14 B, BeckRS 2015, 66752). Diese Bezeichnung enthält eine Vermengung von Kompetenzen und Rechtsgrundlagen: Die den Rentenversicherungsträgern nach § 28p SGB IV zugewiesene Betriebsprüfung ist eigenständig von der Prüfung nach § 2, zu der allein die FKS berufen ist. Bezeichnet die DRV-Bp ihr Handeln als „Betriebsprüfung nach § 28p I SGB IV iVm § 2 II SchwarzArbG", so deutet dies darauf hin, dass die DRV keine eigenständigen Ermittlungen durchführt, sondern die FKS lediglich unterstützt.

6. Unfallversicherungsträger (Abs. 2 S. 1 Nr. 5)

83   Die Bestimmung korrespondiert mit der Mitteilungspflicht nach § 6 III 1 Nr. 3 bei Anhaltspunkten für Verstöße gegen Bestimmungen des SGB VII zur Zahlung von Beiträgen. Die Träger der Unfallversicherung sind (§ 114 I SGB VII)

VII. Zusammenarbeitsstellen §2

- die gewerblichen Berufsgenossenschaften (Anlage 1 zum SGB VII),
- die landwirtschaftliche Berufsgenossenschaften (Anlage 2 zum SGB VII),
- die Unfallkasse des Bundes,
- die Eisenbahn-Unfallkasse,
- die Unfallkasse Post und Telekom,
- die Unfallkassen der Länder,
- die Gemeindeunfallversicherungsverbände und Unfallkassen der Gemeinden,
- die Feuerwehr-Unfallkassen,
- die gemeinsamen Unfallkassen für den Landes- und den kommunalen Bereich.

7. Leistungsträger der Grundsicherungsleistung (Abs. 2 S. 1 Nr. 6)

Die Bestimmung korrespondiert mit der Mitteilungspflicht nach § 6 III 1 **84** Nr. 6, 1. Var. bei Verstößen gegen die Mitwirkungspflicht nach § 60 I 1 Nr. 1 und 2 SGB I. § 60 I 1 Nrn. 1 und 2 SGB I verpflichten denjenigen, der Sozialleistungen beantragt oder erhält dazu, alle Tatsachen anzugeben, die für die Leistung erheblich sind, und auf Verlangen des zuständigen Leistungsträgers der Erteilung der erforderlichen Auskünfte durch Dritte zuzustimmen, sowie Änderungen in den Verhältnissen, die für die Leistung erheblich sind oder über die im Zusammenhang mit der Leistung Erklärungen abgegeben worden sind, unverzüglich mitzuteilen.

Die Sozialhilfe wird von örtlichen und überörtlichen Trägern geleistet (§ 3 I **85** SGB XII). Für den Regelfall der **Sozialhilfe,** der Hilfe zum Lebensunterhalt, sind dies als örtliche Träger die Landkreise, kreisfreien Städte und Sonderstatusstädte (§ 3 I 1 SGB XII). Für bestimmte Menschen in besonderen Lebenslagen (zB Behinderte, die dauerhaft in Wohnheimen untergebracht sind) bestehen je nach Bundesland spezielle Zuständigkeiten von Behörden oder Trägern mit einem größeren räumlichen Zuständigkeitsbereich (bsw. in NRW die Landschaftsverbände). Die überörtlichen Träger der Sozialhilfe werden aufgrund der Verwaltungshoheit durch die Länder bestimmt (§ 3 II SGB XII). Die Urfassung benannte die Sozialhilfeträger als Zusammenarbeitsstellen. Durch G v. 2.12.2014 (BGBl. I S. 1922) sind mWv 9.12.2014 die gemeinsamen Einrichtungen und die zugelassenen kommunalen Trägern nach dem SGB II sowie die BA als verantwortliche Stelle für die zentral verwalteten IT-Verfahren nach § 50 III SGB II als Zusammenarbeitsstellen berufen. Die zugelassenen kommunalen Trägern sind nach § 6a SGB II die sog. Optionskommunen (oder Optierende Kommunen, Optierer oder Optionskreise). Sie führen nach § 6d SGB II die Bezeichnung **Jobcenter.** Im gesetzlichen Regelfall sind – überall dort, wo es keine optierende Kommune gibt – die BA und die jeweilige Kommune Leistungsträger der Grundsicherungsleistungen nach dem SGB II. Sie bilden jeweils eine gemeinsame Einrichtung nach § 44b SGB II, welche nach § 6d SGB II ebenfalls die Bezeichnung Jobcenter führt. Zum zentral verwalteten IT-Verfahren nach § 50 III SGB II → § 16 Rn. 20.

Bei Anhaltspunkten für das Vorliegen von Leistungsmissbrauch führt der **86** Außendienst der SGB II – Träger Hausbesuche bei den Leistungsempfängerinnen und -empfängern durch. Werden im Rahmen dieser Außenprüfungen

§ 2 Prüfungsaufgaben

Verdachtsmomente für Leistungsmissbrauch im Zusammenhang mit der Ausübung einer Beschäftigung festgestellt, werden diese Fälle der FKS gemeldet. Dies gilt auch für anonyme Anzeigen, die ebenfalls an die FKS weitergeleitet werden (LT LSA Drs. 5/1649, 18).

8. Asylbewerberleistungsbezug (Abs. 2 S. 1 Nr. 7)

87 Die Bestimmung korrespondiert mit der Mitteilungspflicht nach § 6 III 1 Nr. 6, 1. Var. bei Anhaltspunkten für Verstöße gegen Mitwirkungspflichten nach § 8a Asylbewerberleistungsgesetz (AsylbLG). Die zuständigen Behörden nach dem AsylbLG bestimmen sich nach Landesrecht (§ 10 AsylbLG). Das Gesetz regelt den Leistungsbezug von Ausländern, die sich als Asylbewerber, als Asylberechtigte oder derjenigen, die sich zur Abschiebung im Inland aufhalten.

9. Ausländerbehörden (Abs. 2 S. 1 Nr. 8)

88 Die Bestimmung korrespondiert mit der Mitteilungspflicht nach § 6 III 1 Nr. 5 bei Anhaltspunkten für Verstöße gegen das AufenthG. Zusammenarbeitsstellen nach Nr. 8 sind die Ausländerbehörden nach § 71 I bis III AufenthG. Mit polizeilichen Kontrolle des grenzüberschreitenden Verkehrs beauftragte Behörde iSd § 71 III AufenthG ist grds. die Bundespolizei nach § 2 BPolG. Im Ausland sind nach § 71 II AufenthG für Pass- und Visaangelegenheiten die vom Auswärtigen Amt ermächtigten Auslandsvertretungen zuständig und somit Zusammenarbeitsstelle. Die Ausländerbehörden nach § 71 I AufenthG sind durch Landesgesetz bestimmt.

- Baden-Württemberg: § 14 Aufenthalts- und Asyl-Zuständigkeitsverordnung (AAZuVO, GBl 2008, 465)
- Bayern: § § 1 I Verordnung über die Ausführung des Aufenthaltsgesetzes und ausländerrechtlicher Bestimmungen in anderen Gesetzen (Zuständigkeitsverordnung Ausländerrecht – ZustVAuslR)
- Berlin: Landesamt für Bürger- und Ordnungsangelegenheiten
- Brandenburg: § 1 Verordnung über Zuständigkeiten im Ausländer- und Asylverfahrensrecht (Ausländer- und Asyl-Zuständigkeitsverordnung – AAZV)
- Bremen: § 1 Verordnung über die Zuständigkeit der Verwaltungsbehörden nach dem Aufenthaltsgesetz (AufhGZustV)
- Hamburg: Anordnung über die Zuständigkeiten im Ausländer- und Asylverfahrensrecht (Amtl. Anz. 2004, S. 2621)
- Hessen: § 1 Verordnung über die Zuständigkeiten der Ausländerbehörden (GVBl I 1993, 260)
- Mecklenburg-Vorpommern: Zuwanderungszuständigkeitslandesverordnung (ZuwZLVO – MV)
- Niedersachsen: Allgemeine Zuständigkeitsverordnung für die Gemeinden und Landkreise zur Ausführung von Bundesrecht (AllgZustVO-Kom, NDS BGVl 2004, 589)
- Nordrhein-Westfalen: § 1 Verordnung über Zuständigkeiten im Ausländerwesen (ZustAVO, GV NRW 2004, 50)
- Rheinland-Pfalz: LandesVO über die Zuständigkeit der allgemeinen Ordnungsbehörden (GVBl 1978, 695)

VII. Zusammenarbeitsstellen　　　　　　　　　　　　　　　　　　§ 2

- Saarland: Saarländische Aufenthaltsverordnung (AFSVO, Amtsbl. I 2014, 14)
- Sachsen: §§ 1–3 Sächsische Aufenthalts- und Asylverfahrenszuständigkeitsverordnung (SächsAAisächs GVBl. 2009, 39)
- Sachsen-Anhalt: § 1 Abs. 1 VwVfG LSA
- Schleswig-Holstein: § 3 Ausländer- und Aufnahmeverordnung – AuslAufnVO (GVOBl. SH 2000, 101)
- Thüringen: Thüringer Verordnung zur Bestimmung von Zuständigkeiten im Geschäftsbereich des Innenministeriums (InMinZustV TH 2008, GVBl. 2008, 102)

Zum 1.1.2011 wurde der vom BMF und der Innenministerien der Länder beschlossene Leitfaden über die Grundsätze der Zusammenarbeit der Finanzkontrolle Schwarzarbeit mit den Ausländerbehörden angepasst (BT-Drs. 17/14800, 20).

10. Bundesamt für Güterverkehr – BAG – (Abs. 2 S. 1 Nr. 8 a)

Die Bestimmung korrespondiert mit der Mitteilungspflicht nach § 6 III 1　**89**
Nr. 7 a bei Anhaltspunkten für Verstöße nach dem GüKG. Das BAG ist die für das (gewerbliche) Güter-Verkehrswesen in Deutschland zuständige selbstständige Bundesoberbehörde, § 10 GüKG. Die Aufgaben richten sich nach § 11 GüKG. Das umfasst die Überwachung der Beschäftigung und der Tätigkeiten des Fahrpersonals auf Kraftfahrzeugen einschließlich der aufenthalts-, arbeitsgenehmigungs- und sozialversicherungsrechtlichen Vorschriften (§ 11 II Nr. 3 GüKG). Zu diesem Zwecke kann das BAG nach § 12 I GüKG insbesondere auf Straßen, auf Autohöfen und an Tankstellen Überwachungsmaßnahmen im Wege von Stichproben durchführen. Zu diesem Zweck dürfen seine Beauftragten Kraftfahrzeuge zur Güterbeförderung anhalten, die Identität des Fahrpersonals durch Überprüfung der mitgeführten Ausweispapiere feststellen sowie verlangen, dass die Zulassungsdokumente des Fahrzeugs, der Führerschein des Fahrpersonals und die nach diesem Gesetz oder sonstigen Rechtsvorschriften bei Fahrten im Güterkraftverkehr mitzuführenden Nachweise, Berechtigungen oder Bescheinigungen zur Prüfung ausgehändigt werden. Das Fahrpersonal hat, soweit erforderlich, den Beauftragten des Bundesamtes unverzüglich die zur Erfüllung der Überwachungsaufgabe erforderlichen Auskünfte wahrheitsgemäß nach bestem Wissen und Gewissen zu erteilen, vorhandene Hilfsmittel zur Verfügung zu stellen, Zutritt zum Fahrzeug zu gestatten sowie Hilfsdienste zu leisten.

Das BAG kann weiterhin „bei allen an der Beförderung oder an den Handels-　**90**
geschäften über die beförderten Güter Beteiligten" Ermittlungen anstellen (§ 12 IV GüKG). Dies erfasst ua Spediteure, Frachtführer und deren Auftragsgeber, Werkverkehr betreibende Unternehmen, Verkäufer oder Käufer der beförderten Waren, Kommissionäre, Handelsvertreter. Bei diesen kann das BAG Ermittlungen anstellen. Regelmäßig erfolgt dies in Form von Betriebsprüfungen (Hartenstein/Reuschle/*Neufang* Kap. 1 Rn. 96). Das BAG ist dabei befugt, Grundstücke und Geschäftsräume innerhalb der üblichen Geschäfts- und Arbeitsstunden betreten sowie alle geschäftlichen Schriftstücke und Datenträger, insbesondere Aufzeichnungen, Frachtbriefe und Unterlagen über den Fahrzeugeinsatz einsehen und hieraus Abschriften, Auszüge, Ausdrucke und Kopien anfertigen oder elektronisch gespeicherte Daten auf eigene Datenträger übertragen.

§ 2 Prüfungsaufgaben

11. Arbeitsschutzbehörden (Abs. 2 S. 1 Nr. 9)

91 Die Bestimmung korrespondiert mit der Mitteilungspflicht nach § 6 III 1 Nr. 10 bei Anhaltspunkten für Verstöße gegen das MiArbG. Die für den Arbeitsschutz zuständigen Landesbehörden. Die Überwachung des Arbeitsschutzes richtet sich nach dem ArbSchG.

– Baden-Württemberg: Ministerium für Arbeit hat die unmittelbare Fachaufsicht über die Arbeitsschutzdezernate der Regierungspräsidien
– Bayern: Staatsministerium für Umwelt und Gesundheit hat die unmittelbare Fachaufsicht über die Arbeitsschutzdezernate der Bezirksregierungen; Bay. Landesamt für Gesundheit und Lebensmittelsicherheit
– Berlin: Senatsverwaltung für Arbeit, Landesamt für Arbeitsschutz, Gesundheitsschutz und technische Sicherheit (LAGetSi)
– Brandenburg: Ministerium für Arbeit hat die unmittelbare Fachaufsicht über das Landesamt für Arbeitsschutz
– Bremen: Senatorin für Bildung und Wissenschaft, Gewerbeaufsicht
– Hamburg: Amt für Arbeitsschutz bei der Behörde für Gesundheit und Verbraucherschutz
– Hessen: Sozialministerium hat die unmittelbare Fachaufsicht über die Arbeitsschutzdezernate der Regierungspräsidien
– Mecklenburg-Vorpommern: Ministerium für Soziales und Gesundheit hat die unmittelbare Fachaufsicht über die Landesämter für Arbeitsschutz
– Niedersachsen: Ministerium für Soziales und Gesundheit hat die unmittelbare Fachaufsicht über die Gewerbeaufsichtsämter
– Nordrhein-Westfalen: Ministerium für Arbeit hat die unmittelbare Fachaufsicht über die Arbeitsschutzdezernate der Bezirksregierungen
– Rheinland-Pfalz: Ministerium für Arbeit sowie Ministerium für Umwelt, Landwirtschaft, Ernährung, Weinbau und Forsten, beide haben die unmittelbare Fachaufsicht über die Gewerbeaufsicht bei den Struktur- und Genehmigungsdirektionen
– Saarland: Ministerium für Umwelt und Verbraucherschutz hat die unmittelbare Fachaufsicht über das Landesamt für Umwelt und Arbeitsschutz
– Sachsen: Ministerium für Wirtschaft, Arbeit und Verkehr hat die unmittelbare Fachaufsicht über die Arbeitsschutzabteilungen bei den Landesdirektionen
– Sachsen-Anhalt: Ministerium für Arbeit und Soziales hat die unmittelbare Fachaufsicht über die Gewerbeaufsichtsdezernate beim Landesamt für Verbraucherschutz
– Schleswig-Holstein: Staatliche Arbeitsschutzbehörde bei der Unfallkasse Nord (StAUK)
– Thüringen: Thüringer Landesamt für Verbraucherschutz

Zum 1.6.2010 trat die Vereinbarung über die Grundsätze der Zusammenarbeit zwischen der Finanzkontrolle Schwarzarbeit der Zollverwaltung und den für den Arbeitsschutz zuständigen Behörden der Länder in Kraft. Diese war bis zum 31.5.2013 befristet. Entsprechend dem Ergebnis der jährlichen Evaluation wird entschieden, ob und in welcher Form die Vereinbarung fortgeschrieben wird (BT-Drs. 17/1480, 20).

VII. Zusammenarbeitsstellen §2

12. Polizeivollzugsbehörden (Abs. 2 S. 1 Nr. 10)

Die Bestimmung korrespondiert mit der Mitteilungspflicht nach § 6 III 1   92
Nr. 8 bei Anhaltspunkten für Verstöße gegen sonstige Strafgesetze. Gemäß § 2
II wird die FKS bei ihren Prüfungen von verschiedenen Behörden unterstützt,
so auch von den Polizeivollzugsbehörden der Länder gemäß § 2 II Nr. 10.
- Baden-Württemberg: § 1 Polizeigesetz (PolG) (GBl. 1992, 1)
- Bayern: § 2 Gesetz über Aufgaben und Befugnisse der Polizei Bayern (PAG) (GVBl 1990, 397)
- Berlin: § 1 Allgemeines Sicherheits- und Ordnungsgesetz (ASOG Bln) (GVBl. 2006, 930)
- Brandenburg: § 1 Polizeigesetz – BbgPolG (GVBl. I/96, [Nr. 07], 74)
- Bremen: § 1 Polizeigesetz (BremPolG)
- Hamburg: § 3 Gesetz zum Schutz der öffentlichen Sicherheit und Ordnung (SOG) (HmbGVBl. 1966, 77)
- Hessen: §§ 1, 2 Gesetz über die öffentliche Sicherheit und Ordnung (HSOG) (GVBl. I 2005, 14)
- Mecklenburg-Vorpommern: §§ 1, 2 Sicherheits- und Ordnungsgesetz (SOG M-V) (GVOBl. M-V 2011, 176)
- Niedersachsen: § 1 Gesetz über die öffentliche Sicherheit und Ordnung (Nds. SOG) (Nds.GVBl. 2/2005, 9)
- Nordrhein-Westfalen: § 1 Polizeigesetz (PolG NRW) (GV. NRW. 2003, 410)
- Rheinland-Pfalz: § 1 Polizei- und Ordnungsbehördengesetz (POG) (GVBl. 1993, 595)
- Saarland: § 1 Polizeigesetz (SPolG) (Amtsbl. 2001, 1074)
- Sachsen: § 1 Polizeigesetz (SächsPolG) (SächsGVBl. 2004, 148)
- Sachsen-Anhalt: §§ 1, 2 Sicherheits- und Ordnungsgesetz (SOG LSA) (GVBl. LSA 2003, 214)
- Schleswig-Holstein: §§ 25, 163, 168 Landesverwaltungsgesetz – LVwG – (GVOBl. SH 1992, 243, 534)
- Thüringen: § 2 Polizeiaufgabengesetz – PAG – (GVBl 1992, 199)

Zur Erforschung von Ordnungswidrigkeiten iZm Schwarzarbeit ist die Po-   93
lizei gemäß § 53 OWiG iVm § 1 IV PolG NRW nach pflichtgemäßem Ermessen verpflichtet, sofern ein konkreter Verdacht vorliegt (Nr. 3.3 Gem. RdErl NRW, MBl. NRW 1999, 340, geändert durch RdErl. 30.10.2001, MBl. NRW 2001, 1418). Die Zusammenarbeit der FKS mit der Bundespolizei und den Polizeien der Länder soll nach dem gesetzgeberischen Willen gut und vertrauensvoll sein. Dabei findet die Zusammenarbeit mit den Polizeien der Länder häufiger statt, da zumeist deren gesetzliche Zuständigkeiten berührt sind. Die Zusammenarbeit/Kooperation aller Sicherheitsbehörden auch aus präventiven Gesichtspunkten ist sinnvoll und notwendig. Die beteiligten Behörden ergänzen sich mit ihren unterschiedlichen Aufgaben, Befugnissen und Fähigkeiten und tragen gemeinsam zu einer effizienten und effektiven Aufgabenerledigung bei (BT-Drs. 17/5238, 7). Die Dienststellen der Landespolizei vor Ort unterstützen die Angehörigen der FKS im Wege der Amtshilfe nur in Einzelfällen. Maßgebend sind die für die ersuchende Stelle geltenden Amtshilfevorschriften, also für die Landespolizeien nach den Landespolizei- oder -verwaltungsverfahrensgesetzen. Diese Unterstützung bezieht sich in der

§ 2 Prüfungsaufgaben

Regel auf Sicherungs- und Absperrmaßnahmen auf Baustellen, bei erkennungsdienstlichen Behandlungen zur Identitätsfeststellung, bei vorläufigen Festnahmen, Zuführungen, Vernehmungen und durch Bereitstellung von Gewahrsams- und Vernehmungsräumen.

13. Bundespolizei

94 Die FKS wird bei ihren Prüfungen bei der Wahrnehmung von polizeilichen Kontrollen des grenzüberschreitenden Verkehrs gemäß § 2 II Nr. 8 iVm § 71 I, III AufenthG, § 2 BPolG von der Bundespolizei unterstützt. Die Bundespolizei ist mWv 9.2.2014 durch G v. 2.12.2014 (BGBl I S. 1922) auch allgemein als Zusammenarbeitsstelle berufen).

14. Ordnungsbehörden (Abs. 2 S. 1 Nr. 11)

95 Die nach Landesrecht für die Verfolgung und Ahndung von Ordnungswidrigkeiten nach dem SchwarzArbG zuständigen Behörden.
- Baden-Württemberg: § 2 Verordnung der Landesregierung über Zuständigkeiten nach dem Gesetz über Ordnungswidrigkeiten (OWiZuVO).
- Bayern: § 3 Abs. 1 Nr. 1 ZuVOWiG.
- Berlin: § 1 Nr. 8b Verordnung über sachliche Zuständigkeiten für die Verfolgung und Ahndung von Ordnungswidrigkeiten (Zust-VO OWiG).
- Brandenburg: § 1 Verordnung über die Bestimmung von Zuständigkeiten nach dem Gesetz zur Bekämpfung der Schwarzarbeit und illegalen Beschäftigung (Schwarzarbeitsgesetzzuständigkeitsverordnung – SchwAGZV).
- Bremen: § 10 Verordnung über die Zuständigkeit für die Verfolgung und Ahndung von Ordnungswidrigkeiten (OWiGZustV)
- Hamburg: Anordnung über die Zuständigkeit für die Verfolgung von Ordnungswidrigkeiten nach dem SchwarzArbG (SchwarzArbGOWiZustAnO HA 2005), Amtl. Anz. 2005, 49.
- Hessen: § 1 Verordnung über die Zuständigkeit für die Verfolgung und Ahndung von Ordnungswidrigkeiten nach dem Gesetz zur Bekämpfung der Schwarzarbeit (SchwarzArbGOWiZustV)
- Mecklenburg-Vorpommern: Gesetz über die Zuständigkeiten für die Verfolgung und Ahndung von Ordnugnswidrigkeiten nach SchwarzArbG und für die Aufgaben nach der HwO (SchwArbOWiHWO ZuStG MV, GVOBl. MV 2011, 415).
- Niedersachsen: § 6 I Nr. 13 und II ZustVO-OWi vom 1.12.2004 (Nds. GVBl. 522). Unter dem Namen OWiSch – Datenbank für Erfassung von Ordnungswidrigkeiten im Bereich der Schwarzarbeitsbekämpfung der niedersächsischen Kommunen wird in Niedersachsen ein automatisiertes Verfahren betrieben, in dem anhängige oder beendete Bußgeldverfahren im Hinblick auf Schwarzarbeit und unzulässige Handwerksausübung gespeichert werden (RdErl. MW 23.12.2004 – 21-32142–1015 [Nds.MBl. Nr. 3/2005, 65], geändert durch RdErl. 4.2.2009 [Nds.MBl. Nr. 8/2009, 225] – VORIS 71380).
- Nordrhein-Westfalen: Zuständig für die Verfolgung und Ahndung von Ordnungswidrigkeiten nach den §§ 1 I Nr. 2 und 3, II und IV sind die Ordnungsbehörden der Großen kreisangehörigen Städte, im Übrigen die

VII. Zusammenarbeitsstellen §2

Kreisordnungsbehörden (§ 1 IV der VO zur Bestimmung der für die Verfolgung und Ahndung von Ordnungswidrigkeiten nach wirtschaftsrechtlichen Vorschriften zuständigen Verwaltungsbehörden vom 6.7.1993 – WiRO-WiBestV – [GV. NRW. S. 465]). Zuständig für die Verfolgung und Ahndung der Ordnungswidrigkeiten nach § 117 I Nr. 1 HwO und für die Untersagung eines Handwerksbetriebes nach § 16 III, IV HwO sind die Ordnungsbehörden der Großen kreisangehörigen Städte, im Übrigen die Kreisordnungsbehörden (§ 2 I VO über die Zuständigkeiten nach der Handwerksordnung und der EWG/EWR-Handwerk-Verordnung vom 16.11.1979 [GV. NRW. S. 872]). Zuständig für die Verfolgung und Ahndung der Ordnungswidrigkeiten nach § 145 I Nr. 1 und § 146 II Nr. 1 GewO sind die örtlichen Ordnungsbehörden (§ 1 III VO zur Regelung von Zuständigkeiten auf dem Gebiet der Gewerbeüberwachung vom 10.12.1974 [GV. NRW. S. 1558]). Die örtlichen Ordnungsbehörden der kreisangehörigen Gemeinden ohne die Großen kreisangehörigen Städte besitzen keine Zuständigkeit zur Verfolgung und Ahndung der Ordnungswidrigkeiten nach diesem Gesetz (Nr. 3.2 Gem. RdErl NRW, MBl. NRW 1999, 340, geändert durch RdErl. v. 30.10.2001, MBl. NRW 2001, 1418).
– Rheinland-Pfalz: § 1 Landesverordnung zur Übertragung der Zuständigkeit zur Verfolgung und Ahndung von Ordnungswidrigkeiten nach dem Gesetz zur Bekämpfung der Schwarzarbeit:
– Saarland: § 1 Verordnung zur Übertragung von Zuständigkeiten nach dem Gesetz über Ordnungswidrigkeiten.
– Sachsen: § 12 Sächsisches Ordnungswidrigkeitengesetz (SächsOWiG): Ortspolizeibehörden.
– Sachsen-Anhalt: § 4 Nr. 18 ZustVO OWi. Vgl. auch Gem. RdErl. MW, MI, MJ, MF, MS, MLV 1.7.2008 – 41-32124, Anlage 4 zu LT-LSA Drs. 5/1649
– Schleswig-Holstein: Richtlinie für die Durchführung des Gesetzes zur Bekämpfung der Schwarzarbeit (Amtsbl SH 1996, 608)
– Thüringen: § 8 Thüringer Verordnung zur Bestimmung von Zuständigkeiten im Geschäftsbereich des Innenministeriums: Ministerium für Wirtschaft, Wissenschaft und digitale Gesellschaft (InMinZustVTH GVBl 2008, 102).

Da die Verwirklichung eines Bußgeldtatbestandes eine Störung der öffentlichen Sicherheit und Ordnung bedeutet, können die örtlichen Ordnungsbehörden beim Vorliegen einer Ordnungswidrigkeit Maßnahmen zur Gefahrenabwehr ergreifen, dh insbesondere gegen noch andauernde Ordnungswidrigkeiten einschreiten mit dem Ziel, solche Dauerdelikte zu beenden. Hierzu stehen auch ihnen die Befugnisse gemäß Ordnungsbehördengesetz (zB § 14 OBG NRW) und ggf. der dort genannten Befugnisse des Landespolizeigesetzes zu. Unter den Voraussetzungen des § 41 PolG NRW können die örtlichen Ordnungsbehörden auch Grundstücke oder Wohnungen zur Gefahrenabwehr betreten und durchsuchen. Darüber hinaus kann jede örtliche Ordnungsbehörde nach § 6 II OBG NRW in benachbarten Bezirken die notwendigen unaufschiebbaren Maßnahmen zur Gefahrenabwehr treffen, wenn zur Erfüllung ihrer Aufgaben solche Maßnahmen in benachbarten Bezirken erforderlich sind und die rechtzeitige Mitwirkung der dort örtlich zuständigen Ordnungsbehörde nicht zu erreichen ist und deshalb der Erfolg der Maßnahmen beeinträchtigt würde. Bei Gefahr im Verzug oder in den

96

gesetzlich vorgesehenen Fällen kann gemäß § 6 I OBG NRW jede Ordnungsbehörde in ihrem Bezirk die Befugnisse einer anderen Ordnungsbehörde zur Gefahrenabwehr ausüben. Gefahr im Verzug liegt vor, wenn ein rechtzeitiges Eingreifen der allgemein zuständigen Instanz zur Gefahrenabwehr objektiv nicht mehr möglich ist und wenn ohne sofortiges Einschreiten der an sich zuständigen Stelle der drohende Schaden tatsächlich entstünde bzw. der eingetretene Schaden weiterhin Auswirkungen zeigt. Stellen die örtlichen Ordnungsbehörden bei ihren Maßnahmen zur Gefahrenabwehr fest, dass Ordnungswidrigkeiten nach den §§ 1, 2 oder 4 oder nach § 117 I Nr. 1 HwO begangen worden sind, haben sie diese Ordnungswidrigkeiten bei der für die Verfolgung und Ahndung zuständigen Behörde zur Anzeige zu bringen. Schwarzarbeit stört als Ordnungswidrigkeit die öffentliche Sicherheit (§ 1 OBG NRW und § 1 PolG NRW) (Nr. 3.2 Gem. RdErl NRW, MBl. NRW 1999, 340, geändert durch RdErl. v. 30.10.2001, MBl. NRW 2001, 1418). Die Kreisordnungsbehörden und die Ordnungsbehörden der großen selbstständigen sowie der kreisfreien Städte sind in den Bundesländern ausschließlich für die Verfehlungen von Selbstständigen tätig, die zum einen ihren gewerblichen und handwerklichen Anzeigepflichten nicht nachgekommen sind, oder die zum anderen zulassungspflichtige handwerkliche Tätigkeiten ausführen, obwohl sie nicht über die entsprechenden Qualifikationen oder Eintragungen verfügen. Diese Verstöße stellen Ordnungswidrigkeiten dar, die nach den Vorschriften des Ordnungswidrigkeitenrechts, dem Gesetz zur Bekämpfung der Schwarzarbeit und der illegalen Beschäftigung sowie der Handwerksordnung verfolgt und geahndet werden. Gerade umfangreiche Schwarzarbeitsfälle betreffen vielfach sowohl die Zuständigkeit der Kommunen als auch die des Bundes. Die enge Zusammenarbeit dieser Institutionen ist unverzichtbar. Daher wurde im Jahr 2007 zwischen dem BMF und den Wirtschaftsministerien der Länder eine Vereinbarung geschlossen, mit der die Grundsätze der Zusammenarbeit der FKS mit den Gewerbebehörden und den nach Landesrecht zuständigen Schwarzarbeitsbekämpfungsbehörden auf dem Gebiet des Handwerks- und Gewerberechts festgelegt werden. Diese Zusammenarbeitsvereinbarung enthält neben Ausführungen über die Zusammenarbeit der Behörden auch Hinweise und Bestimmungen über die gegenseitigen Mitteilungs- und Informationspflichten nach diesem G.

15. Gewerbeämter (Abs. 2 S. 1 Nr. 12)

97 Nr. 12 wurde durch G v. 2.12.2014 (BGBl. I S. 1922) mWv 9.12.2014 eingefügt. Die nach § 14 der Gewerbeordnung für die Entgegennahme der Gewerbeanzeigen zuständigen Stellen sind die Gewerbeämter. Diese bestimmen sich nach Landesrecht. Dies korrespondiert mit der mWv 15.7.2011 durch G v. 11.7.2011 (BGBl. I S. 1341) eingeführten Bestimmung des § 14 XIII 1 Nr. 7 GewO, wonach die Gewerbeämter die Daten aus der Gewerbeanzeige routinemäßig an die FKS übermitteln. Indem die Gewerbeämter nunmehr zur Zusammenarbeitsstelle berufen sind, ist der gegenseitige Informationsaustausch nach § 6 I 1 eröffnet.

VII. Zusammenarbeitsstellen § 2

16. Berufsverbände und berufsständische Organisationen

Die Berufsverbände und berufsständische Organisationen sind keine Zusammenarbeitsstellen iSd § 2 II. Im Rahmen der Förderung der wirtschaftlichen Interessen des Handwerks haben die Handwerkskammern die Aufgabe, Schwarzarbeit selbst in geeigneter Weise zu verhindern, zu erforschen und zu bekämpfen (§ 91 I Nrn. 1 und 9 HwO). Dies gilt auch für die Kreishandwerkerschaften, Handwerksinnungen und Landesinnungsverbände (§ 54 I 1 und IV, § 81 I Nr. 1, § 87 Nrn. 1 und 4 HwO). Diese sind keine Zusammenarbeitsbehörden. Die Industrie- und Handelskammern sind iRd Wahrnehmung des Gesamtinteresses der ihnen zugehörigen Gewerbetreibenden (§ 1 I IHKG) ebenfalls zur Bekämpfung der Schwarzarbeit und illegalen Beschäftigung aufgerufen. 98

Aus Gründen der Solidarität aller legal arbeitenden Unternehmer und Arbeitnehmer haben sich Berufsverbände und berufsständische Organisationen aktiv in die Bekämpfung der Schwarzarbeit eingeschaltet und sog. branchenbezogene **Aktionsbündnisse** geschaffen. Die Bekämpfung von Schwarzarbeit und illegaler Beschäftigung ist nicht ausschließlich eine staatliche, sondern auch eine gesellschaftliche Aufgabe. Dazu wurden und werden auf Bundes- wie Regionalebene Aktionsbündnisse gegen Schwarzarbeit und illegale Beschäftigung mit dem Ziel eines gemeinsamen Vorgehens geschlossen (BT-Drs. 17/14800, 20). Die Partner der Aktionsbündnisse sind keine Zusammenarbeitsstellen. Es handelt sich nicht um eine Zusammenarbeit auf Grundlage dieses Gesetzes. Das generelle Tätigwerden der Berufsverbände und berufsständische Organisationen ist nach den für ihre Betätigung geltenden Bestimmungen zu beurteilen. Für die Weitergabe von Informationen an einen Berufsverband oder eine berufsständische Organisation iRd Aktionsbündnisses gelten die allgemeinen datenschutzrechtlichen Bestimmungen gegenüber Dritten. Diese Bündnisse gegen Schwarzarbeit und illegale Beschäftigung dienen dazu, deutlich zu machen, dass die Bekämpfung von Schwarzarbeit nicht allein eine staatliche Aufgabe ist. Bereits durch den Abschluss eines Bündnisses machen die Vertragspartner des BMF deutlich, dass auch sie nicht gewillt sind, Schwarzarbeit in dem von ihnen repräsentierten Wirtschaftszweig zu dulden. Die Bündnisse belegen damit auch den wachsenden gesamtgesellschaftlichen Konsens über die negativen Folgen der Schwarzarbeit. IRd Bündnisse findet ein institutionalisierter Dialog mit den jeweiligen Partnern statt, der die Erörterung aktueller Problemstellungen, Entwicklungen und die Weitergabe von Informationen zum Gegenstand hat. Die Arbeit in den Bündnissen hat unter anderem dazu geführt, dass branchenbezogene Merkblätter für Arbeitgeber und Arbeitnehmer erarbeitet wurden. Diese erläutern branchenbezogen, was die FKS iRd § 2 prüft, wie Arbeitgeber, Arbeitnehmer und Arbeitnehmerinnen die Zollverwaltung unterstützen können und welche Unterlagen bei den Prüfungen der Zollverwaltung vorgelegt werden müssen. Die Bündnisse bilden den Rahmen für eine Diskussion und gegenseitige Information neuerer Entwicklungen in der Branche. Darüber hinaus haben die Bündnispartner einen wichtigen Beitrag dazu geleistet, dass Arbeitgeber und Arbeitnehmer umfassend über aktuelle gesetzliche Änderungen informiert werden konnten, zB bei der Einführung der Sofortmeldepflicht zur Sozialversicherung und der Mitführungspflicht für Ausweisdokumente (BT-Drs. 17/2311, 5f.). 99

§ 2a Mitführungs- und Vorlagepflicht von Ausweispapieren

(1) Bei der Erbringung von Dienst- oder Werkleistungen sind die in folgenden Wirtschaftsbereichen oder Wirtschaftszweigen tätigen Personen verpflichtet, ihren Personalausweis, Pass, Passersatz oder Ausweisersatz mitzuführen und den Behörden der Zollverwaltung auf Verlangen vorzulegen:
1. im Baugewerbe,
2. im Gaststätten- und Beherbergungsgewerbe,
3. im Personenbeförderungsgewerbe,
4. im Speditions-, Transport- und damit verbundenen Logistikgewerbe,
5. im Schaustellergewerbe,
6. bei Unternehmen der Forstwirtschaft,
7. im Gebäudereinigungsgewerbe,
8. bei Unternehmen, die sich am Auf- und Abbau von Messen und Ausstellungen beteiligen,
9. in der Fleischwirtschaft.

(2) Der Arbeitgeber hat jeden und jede seiner Arbeitnehmer und Arbeitnehmerinnen nachweislich und schriftlich auf die Pflicht nach Absatz 1 hinzuweisen, diesen Hinweis für die Dauer der Erbringung der Dienst- oder Werkleistungen aufzubewahren und auf Verlangen bei den Prüfungen nach § 2 Abs. 1 vorzulegen.

Literatur: Preis, in: Müller-Glöge/Preis/Schmidt, Erfurter Kommentar zum Arbeitsrecht, 14. Aufl. 2014; Roßbach, in: Kreikebohm/Spellbrink/Waltermann, Kommentar zum Sozialrecht, 2. Aufl. 2013

Verwaltungsanweisungen: Zoll, Informationen zur „Sofortmeldepflicht" und zur „Mitführungs- und Vorlagepflicht von Ausweispapieren", www.zoll.de/SharedDocs/Downloads/DE/FormulareMerkblaetter/Arbeit/Bekaempfung-Schwarzarbeit-ille gale-Beschaeftigung/mb_sofortmeldepflicht_ausweispapiere.pdf?__blob=publication File

Inhaltsübersicht

	Rn.
I. Allgemeines	1
II. Gesetzesmaterialien	3
III. Ausweispapiere	4
IV. Wirtschaftsbereiche oder Wirtschaftszweige	5
1. Baugewerbe	7
2. Gaststätten- und Beherbergungsgewerbe	8
3. Personenbeförderungsgewerbe	9
4. Speditions-, Transport- und damit verbundenen Logistikgewerbe	10
5. Schaustellergewerbe	11
6. Unternehmen der Forstwirtschaft	13
7. Gebäudereinigungsgewerbe	14
8. Unternehmen, die sich am Auf- und Abbau von Messen und Ausstellungen beteiligen	15
9. Fleischwirtschaft	16
V. Hinweis	17

II. Gesetzesmaterialien   § 2a

I. Allgemeines

Die besondere Pflicht zum Mitführen und zur Vorlage von Ausweispapieren **1**
steht in Zusammenhang mit den Befugnissen der FKS zur Personalienfeststellung nach § 3 III.
Die Norm wurde eingefügt durch Art. 2 des G vom 21.12.2008 (BGBl. I **2**
S. 2933). Sie gilt ab dem 1.1.2009. Eine Rechtsfolgenverweisung auf die
Norm enthalten § 17 AEntG, § 17a AÜG, § 12 MiArbG (bis 2014), § 15
MiLoG. Die §§ 16, 17 MiLoG knüpfen an diese Norm an, indem Sie für die
hierin genannten Wirtschaftsbereiche oder Wirtschaftszweige besondere
Melde- und Aufzeichnungspflichten auferlegen.

II. Gesetzesmaterialien

Die Gesetzesbegründung (BR-Drucks. 544/08, 23 f.) führt aus: **3**

"Der Gesetzentwurf sieht weiter die Einführung einer Mitführungs- und Vorlagepflicht von Personaldokumenten bei der Erbringung von Dienst- oder Werkleistungen in den Branchen vor, in denen ein erhöhtes Risiko für Schwarzarbeit und illegale Beschäftigung besteht. Schon heute muss zur eindeutigen Personenidentifikation, insbesondere bei ausländischen Beschäftigten, auf ein Personaldokument zurückgegriffen werden. Weitere Ausweise, wie der Sozialversicherungsausweis oder die Fahrerlaubnis, können nur im eingeschränkten Maße zur Identitätsfeststellung herangezogen werden. Der Sozialversicherungsausweis ist nur bei den sozialversicherungspflichtigen Beschäftigten vorhanden und überdies nicht fälschungssicher. Die Einführung einer Pflicht des Arbeitgebers zur einmaligen nachweislichen und schriftlichen Belehrung seiner Arbeitnehmer und Arbeitnehmerinnen über die Mitführungs- und Vorlagepflicht von Personaldokumenten mit entsprechender bußgeldbewehrter Pflicht zur Aufbewahrung und Vorlage dieser Belehrung dient der Sicherstellung, dass der den Weisungen des Arbeitgebers unterliegende Beschäftigte tatsächlich seine Ausweispapiere bei sich führt.

...

Zunächst sind die Branchen erfasst, denen der Gesetzgeber bereits in der Vergangenheit ein erhöhtes Risiko für Schwarzarbeit bescheinigt hat. Dies ist der Fall in den Branchen, in denen aufgrund von § 18h Abs. 6 des Vierten Buches Sozialgesetzbuch bisher der Sozialversicherungsausweis mitführungspflichtig war. Neu aufgenommen wurde die Fleischwirtschaft, in der das Bundesministerium der Finanzen mit den Wirtschaftsverbänden und den Gewerkschaften ein Aktionsbündnis gegen Schwarzarbeit und illegale Beschäftigung geschlossen hat. Die Bündnispartner haben wesentliche Informationen hierzu beigetragen. Überragenden Anteil haben jedoch die Erfahrungen der Finanzkontrolle Schwarzarbeit der Zollverwaltung bei ihrer täglichen Arbeit. Letztlich hat sich die Bundesregierung jedoch nicht nur eigener Erkenntnisse zur Festlegung der Branchen bedient. So finden sich zB im Zehnten Bericht der Bundesregierung über die Auswirkungen des Gesetzes zur Bekämpfung der illegalen Beschäftigung – BillBG – (Bundestag Drs. 15/5934) wichtige Einschätzungen der Länder, welche Branchen von Schwarzarbeit und illegaler Beschäftigung besonders betroffen sind.

§ 2a Mitführungs- und Vorlagepflicht von Ausweispapieren

Zu Nummer 3 (§ 2a) (BR-Drucks. 544/08, 23f.)
Um die Identitätsfeststellung bei Prüfungen nach § 2 Abs. 1 Schwarzarbeitsbekämpfungsgesetz zu erleichtern, wird eine Pflicht zur Mitführung und Vorlage von Ausweispapieren bei der Erbringung von Dienst- oder Werkleistungen in Wirtschaftsbereichen, in denen ein erhöhtes Risiko für Schwarzarbeit und illegale Beschäftigung besteht, im Schwarzarbeitsbekämpfungsgesetz gesetzlich verankert.
  Bei Prüfungen nach § 2 Abs. 1 Schwarzarbeitsbekämpfungsgesetz müssen alle bei der Erbringung einer Dienst- oder Werkleistung angetroffenen Personen identifiziert werden.
  Die Identität einer Person wird grundsätzlich mit einem amtlichen Lichtbildausweis nachgewiesen. Die eindeutige Identifikation aller Personen ist mit Hilfe eines Personalausweises, eines Passes oder eines Ausweisersatzdokumentes möglich. Weitere Ausweise, wie der Sozialversicherungsausweis oder die Fahrerlaubnis, können nur in eingeschränktem Maße zur Identitätsfeststellung herangezogen werden. Der Sozialversicherungsausweis ist nur bei den sozialversicherungspflichtig Beschäftigten vorhanden und überdies nicht fälschungssicher. Eine Fahrerlaubnis ist ebenfalls nicht bei allen angetroffenen Personen vorhanden. Außerdem ist es unter Umständen schwierig, ihre Echtheit zu beurteilen.
  Weiterhin ist es für eine zügige Identitätsfeststellung erforderlich, dass die kontrollierten Personen die Ausweispapiere tatsächlich mitführen und vorweisen. Andernfalls muss die Identität in einem zeitaufwändigen Verfahren ermittelt werden, durch Anfragen bei den Einwohnermeldeämtern oder örtlichen Polizeidienststellen. Ein Onlinezugriff auf die kommunalen Melderegister besteht nicht.
  Ziel ist es daher, das derzeitige Prüfverfahren der Behörden der Zollverwaltung durch eine schnellere und zweifelsfreie Identifikation der kontrollierten Personen zu vereinfachen und zu beschleunigen. Der Personalausweis, der Pass oder ein Ausweisersatzdokument sind für die Identitätsfeststellung am besten geeignet, weil in der Regel alle Personen unabhängig von der Art der von ihnen erbrachten Dienst- oder Werkleistungen und ihrer Herkunft über diese Ausweispapiere verfügen. Daneben ist sicherzustellen, dass die geprüften Personen den Personalausweis, Pass oder ggf. ein Ausweisersatzdokument tatsächlich mitführen, um sie bei den Kontrollen vorzuweisen.
  Die Einführung einer Pflicht des Arbeitgebers zur einmaligen schriftlichen und nachweislichen Belehrung seiner Arbeitnehmer und Arbeitnehmerinnen über die Mitführungs- und Vorlagepflicht von Personaldokumenten mit entsprechender bußgeldbewehrter Pflicht zur Aufbewahrung und Vorlage dieser Belehrung dient der Sicherstellung, dass der den Weisungen des Arbeitgebers unterliegende Beschäftigte tatsächlich seine Ausweispapiere bei sich führt."

III. Ausweispapiere

4 Die Begriffe Personalausweis, Pass, Passersatz oder Ausweisersatz richten sich nach den pass- und aufenthaltsrechtlichen Bestimmungen. Die Personalausweispflicht für Deutsche bestimmt § 1 PAuswG. Nach § 1 I 2 PAuswG müssen Ausweispflichtige den Personalausweis auf Verlangen einer zur Feststellung der Identität berechtigten Behörde vorlegen. § 2a regelt eine solche Berechtigung zur Vorlage des Personalausweises. Die Passpflicht für Deutsche bestimmt § 1 PaßG. Sie gilt im Fall der Ein-und Ausreise aus dem Bundesgebiet. Nach § 3 I AufenthG dürfen Ausländer nur in das Bundesgebiet einreisen oder sich darin aufhalten, wenn sie einen anerkannten und gültigen Pass oder Passersatz besitzen, sofern sie von der Passpflicht nicht durch Rechtsverordnung befreit sind. Für den Aufenthalt im Bundesgebiet erfüllen sie die Passpflicht auch durch den Besitz eines Ausweisersatzes (§ 48 II AufenthG), zu **Ausländerpapieren** → § 5 Rn. 25.

IV. Wirtschaftsbereiche oder Wirtschaftszweige

Die in § 2a I aufgeführten Wirtschaftsbereiche oder Wirtschaftszweige 5 stimmen mit denjenigen überein, für die § 28a IV SGB IV eine Sofortmeldung bei Beschäftigungsbeginn anordnet. Beide Vorschriften wurden durch dasselbe G v. 21.12.2008 (BGBl. I S. 2933) mWv 1.1.2009 eingefügt und gehen Hand in Hand. Die Mitführungs- und Vorlagepflicht von Ausweispapieren nach § 2a besteht in den Wirtschaftsbereichen oder Wirtschaftszweigen, die im Wesentlichen denen entsprechen, in denen der Arbeitnehmer bisher den Sozialversicherungsausweis mitführen musste. Die Wirtschaftsbereiche oder Wirtschaftszweige definiert der Gesetzgeber nicht näher. Maßgeblich zur Bestimmung der Branche ist nicht die von der Person verrichtete Tätigkeit. Es kommt nach dem Wortlaut auf die Zugehörigkeit des Auftraggebers bzw. Arbeitgebers zu einem der genannten Wirtschaftszweige an. Somit ist unerheblich, was Gegenstand der konkreten Tätigkeit ist. Entscheidend sind hierfür die tatsächlichen Verhältnisse im jeweiligen Betrieb. Bei einem Unternehmen mit mehreren Betriebsteilen ist die Branchenzugehörigkeit für jeden Betriebsteil gesondert zu beurteilen (KSW/*Roßbach* SGB IV § 28a Rn. 26). Es ist dem Gesetz nicht zu entnehmen, dass die Zugehörigkeit zu einem Wirtschaftsbereich oder Wirtschaftszweig voraussetzt, dass Tätigkeiten dieser Branche einen betrieblichen Schwerpunkt bilden oder zumindest nicht von untergeordneter Tätigkeit sind noch einen selbstständigen Betriebsteil bilden muss. Dies wird zu Abgrenzungsschwierigkeiten führen, wie folgende Beispiele verdeutlichen sollen: Ein Einzelhandelsunternehmen, das auch Fleisch verkauft, ist der Fleischwirtschaft zuzuordnen (so auch DRV Bund, Fachinfos zur Sofortmeldung unter www.deutsche-rentenversicherung.de). Da das Gesetz nicht auf die einzelne Beschäftigung abstellt, gilt dies für alle Beschäftigten beispielsweise eines Einzelhandelsunternehmens einschließlich Beschäftigten in Stabs- und Hilfsfunktionen. Wenn untergeordnete Aktivitäten aber nicht für den Branchenzweig maßgeblich sein sollten, so ist nicht erkennbar, weshalb der auch Fleisch verkaufende Einzelhandel anders als der Metzger zu beurteilen ist (so aber DRV Bund, Fachinfos zur Sofortmeldung unter www.deutsche-rentenversicherung.de). Insgesamt begegnet die Unbestimmtheit der benannten Wirtschaftsbereiche oder Wirtschaftszweige erheblichen Bedenken. Schließlich geht es um die Auferlegung Bußgeld bewehrter Pflichten, ggf. gar strafrechtlicher Ahndung. Es ist nicht erkennbar, dass sich für die aufgeführten, gesetzlich nicht vorgeprägten Wirtschaftszweige hinreichend abgrenzbare Branchenbilder nach der allgemeinen Verkehrsauffassung gebildet haben.

§ 2a   Mitführungs- und Vorlagepflicht von Ausweispapieren

6   Die Feststellungslast für die Branchenzugehörigkeit trifft die Behörde. Die Pflicht zum Mitführen und Vorlegen von Ausweispapieren ist ein belastender hoheitlicher Eingriff. Die Voraussetzung dieses Eingriffs hat die Behörde darzulegen und festzustellen, die sich auf die Pflicht beruft. Für die Pflicht zum Mitführen und Vorlegen der Ausweispapiere kommt nicht darauf an, ob die Tätigkeit des Beschäftigten der Branche zuzuordnen ist. Maßgeblich ist die Zugehörigkeit des Arbeitgebers zu einer der Branchen → Rn. 5. Die prüfenden Beamten sollten im Zweifelsfall die Tatsachen aktenkundig machen, aus denen sich die Zugehörigkeit des Unternehmens zu einem der genannten Wirtschaftsbereiche oder Wirtschaftszweige ergibt. Zweifel gehen zu Lasten der Behörde.

1. Baugewerbe

7   Ein gesetzlich vorgeprägtes Bild des Baugewerbes gibt es nicht. Das Steuerrecht enthält Vorschriften zu Bauleistungen, die mit diesem Gesetz die Zielrichtung der Schwarzarbeitsbekämpfung teilen. Mit dem G zur Eindämmung illegaler Betätigung im Baugewerbe vom 30.8.2001 (BGBl. I S. 2267) wurde zur Sicherung von Steueransprüchen bei Bauleistungen ein Steuerabzug (§§ 48 bis 48d EStG) eingeführt → Anhang Rn. 152. Zum Zwecke der Betrugsbekämpfung sind die Regelungen zur Steuerschuldnerschaft des Leistungsempfängers durch Art. 14 Nr. 2 HbeglG 2004 (BStBl 2004 I S. 120) ua auf bestimmte Bauleistungen von im Inland ansässigen Unternehmern ausgedehnt worden (§ 13b II Nr. 4 UStG) → Anhang Rn. 154. Die Finanzverwaltung stellt für die steuerlichen Vorschriften auf § 1 II und § 2 der Baubetriebe-Verordnung (BGBl. 1980 I S. 2033) und die darin genannten Leistungen ab (Abschnitt 13b.2. II UStAE).

2. Gaststätten- und Beherbergungsgewerbe

8   Den Begriff des Gaststättengewerbes definiert § 1 GastG. Die Beherbergung ist gesetzlich nicht vorgeprägt. Hierunter sind jedoch gewerblich erbrachte Leistungen iSd § 4 Nr. 12 S. 2, 1. Var. UStG zu fassen, nämlich die Vermietung von Wohn- und Schlafräumen, die ein Unternehmer zur kurzfristigen Beherbergung von Fremden bereithält.

3. Personenbeförderungsgewerbe

9   Dem Personenbeförderungsgewerbe ist eine Tätigkeit im sachlichen Geltungsbereich des § 1 PBefG zuzurechnen. Es reicht vom Omnibusunternehmen über öffentliche Nahverkehrs-, Taxi- und Mietwagenbetriebe bis hin zur Personenbeförderung im Bereich der Eisenbahn und der Binnenschifffahrt, bis hin zu Flughafenbetrieben und Reiseveranstaltern einschließlich Veranstaltern von Fremdenführungen (KSW/*Roßbach* SGB IV § 28a Rn. 27).

IV. Wirtschaftsbereiche oder Wirtschaftszweige § 2a

4. Speditions-, Transport- und damit verbundenen Logistikgewerbe

Das Geschäftsbild des Speditions- und Transportgewerbes ist gesetzlich defi- 10
niert. Darunter fallen Speditionen, soweit sie über eigene Beförderungsmittel verfügen, Transport- und Logistikunternehmen, dh insbesondere die Güterbeförderung im Eisenbahnverkehr, im Straßenverkehr (Straßen-Güternahverkehr, Straßen-Güterfernverkehr, Umzugsverkehr mit Kraftfahrzeugen, Abschleppdienste, Entsorgungsdienste, wenn der Transport des zu entsorgenden Materials vom Entstehungsort zur Entsorgungsanlage im Vordergrund steht) und in der Binnenschifffahrt (Güterbeförderung in der Binnenschifffahrt durch Reedereien und Partikuliere, Fluss- und Kanalfähren, Hafenschifffahrt), Flughafenbetriebe, Binnen- und Seehafenbetriebe, der Frachtumschlag, Lagereibetriebe (einschließlich Kühlhäusern) sowie gewerbliche Kurier-, Express- und Postdienste (Brief-, Zeitungs-, Paket-, Liefer- und Botendienste). Ausgenommen sind Unternehmen der See- und Küstenschifffahrt (KSW/*Roßbach* SGB IV § 28a Rn. 27). Eine Spedition ist ein Dienstleistungsunternehmen, das die Versendung von Waren besorgt. Erfasst ist das Geschäft, das auf die Leistungserbringung aus einem Speditionsvertrag (§ 453 HGB) gerichtet ist und umfasst originär die Organisation der Beförderung im Güterverkehr. Der Spediteur ist dabei Anbieter der von Frachtführern (§§ 437 und 441 HGB) ausgeführten Transportleistungen. Transportgeschäft ist das Geschäft der Frachtführer, die aus einem Frachtvertrag (§ 407 HGB) verpflichtet sind. Das Geschäftsbild des Logistikgewerbes ist nicht gesetzlich vorgeprägt.

5. Schaustellergewerbe

Das Schaustellergewerbe ist eine Branche, die einer ständigen Entwicklung 11
unterliegt. Insoweit kann sie nicht abschließend und dauerhaft definiert werden. Unter § 55 I Nr. 2 GewO fallen nur unterhaltende Tätigkeiten „als Schausteller oder nach Schaustellerart". Damit hat der Gesetzgeber zum Ausdruck gebracht, dass nur die bei Volksfesten und ähnlichen Veranstaltungen (zB Zirkus, Varieté, Bungee Jumping) üblichen Vergnügungen erfasst werden sollen und nicht Veranstaltungen mit überwiegend musikalischem, künstlerischem oder sportlichen Charakter (zB Popkonzerte, Theater-, Folklore-, Sportveranstaltungen) oder Straßenmusikantinnen bzw. Straßenmusikanten. Unterhaltende Tätigkeiten im Sinne des § 55 I Nr. 2 GewO sind auch die Veranstaltungen von Spielen nach § 60a II GewO; hierbei sind zusätzlich die besonderen spielrechtlichen Vorschriften zu beachten. Schaustellerinnen bzw. Schausteller können nicht nur unterhaltende Tätigkeiten anbieten (§ 55 I Nr. 2 GewO), sondern auch Waren (§ 55 I Nr. 1 GewO). Von einer Schaustellereigenschaft ist dann auszugehen, wenn eine Gewerbetreibende bzw. ein Gewerbetreibender

– mit einer oder mehreren Betriebsstätten,
– mit nach äußerer Aufmachung und Gestaltung volksfesttypischen Geschäften aus den Bereichen
– Fahrgeschäfte,
– Verkaufsgeschäfte,

- Zeltgaststätten, Imbiss und Ausschank (als Reisegewerbe),
- Schau- und Belustigungsgeschäfte,
- Schießgeschäfte,
- Ausspielungsgeschäfte
- ausschließlich oder überwiegend ihrer bzw. seine Reisegewerbetätigkeit an wechselnden Orten auf Volksfesten, Jahrmärkten, Schützenfesten, Kirchweihen und ähnlichen Veranstaltungen ausübt.

12 Als Indiz für die Schaustellereigenschaft kann dabei die entsprechende Eintragung in einer Reisegewerbekarte herangezogen werden. Nr. 1.2.1 der Allgemeinen Verwaltungsvorschrift für den Vollzug des Titels III der Gewerbeordnung (ReisegewVwV, Amtsbl. SH 2009, 988).

6. Unternehmen der Forstwirtschaft

13 Ein gesetzlich vorgeprägtes Bild der Forstwirtschaft findet sich in § 13 EStG. Das Einkommensteuerrecht grenzt darin die Land- und Forstwirtschaft jedoch vom Gewerbebetrieb ab. Zu den gewerblichen Unternehmen der Forstwirtschaft zählen insbesondere die Einschlags- und Rückunternehmen (KSW/*Roßbach* SGB IV § 28 a Rn. 27).

7. Gebäudereinigungsgewerbe

14 Das Geschäftsbild des Gebäudereinigungsgewerbes ist nicht gesetzlich klar definiert. Die Tätigkeiten des Reinigens von Gebäuden und Gebäudeteilen findet sich auch in § 13b II 1 Nr. 8 UStG → Anhang Rn. 213. Diese Bestimmung zur Umkehr der Steuerschuldnerschaft steht iZm der Schwarzarbeitsbekämpfung. Sie sind daher deckungsgleich auszulegen.

8. Unternehmen, die sich am Auf- und Abbau von Messen und Ausstellungen beteiligen

15 Das Geschäftsbild von Unternehmen, die sich am Auf- und Abbau von Messen und Ausstellungen beteiligen, ist gesetzlich weder vorgeprägt noch definiert. Die Tätigkeit des Unternehmens muss sich als Beteiligung am Auf- oder Abbau der Messe oder Aufstellung darstellen. Den Begriff der Messe definiert § 64 I GewO, denjenigen der Ausstellung § 65 GewO. Die Durchführung von Messen und Ausstellung ist davon nicht umfasst (KSW/*Roßbach* SGB IV § 28 a Rn. 27). Es sind auch helfende Tätigkeiten erfasst.

9. Fleischwirtschaft

16 Das Geschäftsbild der Fleischwirtschaft ist nicht gesetzlich definiert. Der Begriff der Fleischwirtschaft umfasst die Fleischproduktion. Davon umfasst ist die landwirtschaftliche Tierhaltung und Tierzucht. Es kommt nicht auf eine Gewerblichkeit der Tätigkeit an. Steuerliche Privilegierungen der Landwirtschaft bleiben daher außer Acht. Fleischwirtschaft umfasst alle Wertschöpfungsketten bis zum Verkauf an den Endverbraucher, insbesondere Schlachthöfe, Fleisch verarbeitende Betriebe sowie der Groß- und Einzelhandel mit Fleisch und Fleischwaren (KSW/*Roßbach* SGB IV § 28 a Rn. 27).

V. Hinweis

Nach § 2a II hat der Arbeitgeber jeden und jede seiner Arbeitnehmer und Arbeitnehmerinnen nachweislich und schriftlich auf die Pflicht zum Mitführen und zur Vorlage der Ausweispapiere hinzuweisen. 17

Verpflichteter ist der Arbeitgeber, nicht der Auftraggeber eines selbstständig Tätigen. 18

Aufbewahrungspflicht. Der Arbeitgeber hat den Hinweis für die Dauer der Erbringung der Dienst- oder Werkleistungen aufzubewahren und auf Verlangen bei den Prüfungen nach § 2 I vorzulegen. Da der Arbeitgeber den Hinweis schriftlich zu geben hat, ist das Aufbewahren des ausgehändigten Schriftstücks nicht möglich. Daraus folgt, dass zum einen der Hinweis nicht auszuhändigen ist, also zB durch Aushang erfolgen kann. Zum anderen genügt es, eine Kopie des ausgehändigten Hinweises aufzubewahren. 19

Ein Verstoß gegen das Mitführen der amtlichen Ausweispapiere bei der Ausübung der Tätigkeit für den Arbeitgeber ist ordnungswidrig (§ 8 II Nr. 1). Das gilt ebenso für einen Verstoß gegen die Vorlagepflicht. 20

Verletzung der Hinweispflicht. Kommt der Arbeitgeber seiner Hinweispflicht nicht nach, so stellt das die Verletzung einer arbeitsvertraglichen Nebenpflicht dar (dazu eingehend ErfK/*Preis* BGB § 611 Rn. 610ff, zu Sanktionen: ErfK/*Preis* BGB § 611 Rn. 617, zur Haftung: ErfK/*Preis* BGB § 619a Rn. 48). Die schriftliche Aufklärung hat der Arbeitgeber zu dokumentieren, etwa durch Notiz in der Personalakte. Erfolgt keine Dokumentation oder wird diese nicht vorgelegt, ist dies ordnungswidrig (§ 8 II Nr. 2). 21

§ 3 Befugnisse bei der Prüfung von Personen

(1) **Zur Durchführung der Prüfungen nach § 2 Abs. 1 sind die Behörden der Zollverwaltung und die sie gemäß § 2 Abs. 2 unterstützenden Stellen befugt, Geschäftsräume und Grundstücke des Arbeitgebers und des Auftraggebers von selbstständig tätigen Personen sowie des Entleihers im Rahmen einer Prüfung nach § 2 Absatz 1 Nummer 5 während der Arbeitszeit der dort tätigen Personen zu betreten und dabei**
1. **von diesen Auskünfte hinsichtlich ihrer Beschäftigungsverhältnisse oder ihrer Tätigkeiten einzuholen und**
2. **Einsicht in von ihnen mitgeführte Unterlagen zu nehmen, von denen anzunehmen ist, dass aus ihnen Umfang, Art oder Dauer ihrer Beschäftigungsverhältnisse oder Tätigkeiten hervorgehen oder abgeleitet werden können.**

(2) **Ist eine Person zur Ausführung von Dienst- oder Werkleistungen bei Dritten tätig, gilt Absatz 1 entsprechend.**

(3) ¹**Die Behörden der Zollverwaltung und die sie gemäß § 2 Abs. 2 unterstützenden Stellen sind zur Durchführung der Prüfungen nach § 2 Abs. 1 ermächtigt, die Personalien der in den Geschäftsräumen oder auf dem Grundstück des Arbeitgebers, Auftraggebers oder des**

§ 3   Befugnisse bei der Prüfung von Personen

Dritten sowie des Entleihers im Rahmen einer Prüfung nach § 2 Absatz 1 Nummer 5 tätigen Personen zu überprüfen. [2]**Sie können zu diesem Zweck die in Satz 1 genannten Personen anhalten, sie nach ihren Personalien (Vor-, Familien- und Geburtsnamen, Ort und Tag der Geburt, Beruf, Wohnort, Wohnung und Staatsangehörigkeit) befragen und verlangen, dass sie mitgeführte Ausweispapiere zur Prüfung aushändigen.**

(4) **Im Verteidigungsbereich darf ein Betretensrecht nur im Einvernehmen mit dem Bundesministerium der Verteidigung ausgeübt werden.**

(5) [1]**Die Bediensteten der Zollverwaltung dürfen Beförderungsmittel anhalten.** [2]**Führer von Beförderungsmitteln haben auf Verlangen zu halten und den Zollbediensteten zu ermöglichen, in das Beförderungsmittel zu gelangen und es wieder zu verlassen.** [3]**Die Zollverwaltung unterrichtet die Polizeivollzugsbehörden der Länder über groß angelegte Kontrollen.**

Literatur: Randt, Der Steuerfahndungsfall, 2004; Wamers, Kommentar zum Gesetz zur Bekämpfung der Schwarzarbeit und illegalen Beschäftigung (Schwarzarbeitsbekämpfungsgesetz – SchwarzArbG), in: Das Deutsche Bundesrecht;

Rechtsprechung: BVerfG 3.4.1979 – 1 BvR 994/76, BVerfGE 51, 97; 26.3.2007 – 2 BvR 1006/01, NVwZ 07, 1047:; BFH 3.6.2009 – VII B 4/09, BFH/NV 2009, 1668; 23.10.12 – VII R 41/10; FG Düsseldorf 16.6.2010 -4 K 904/10 AO, ZfZ 2011 Beilage 1, 14; FG Münster 12.2.2014 – 6 K 2434/13 AO; FG Hamburg 26.11.2008 – 4 K 73/08

Inhaltsübersicht

		Rn.
I.	Allgemeines	1
II.	Gesetzesmaterialien	4
III.	Personenprüfung	5
	1. Personenkreis	6
	a) Arbeitgeber	6
	b) Auftraggeber	7
	c) Arbeitnehmer	10
	d) Angetroffene Dritte	11
	2. Durchführung der Personenprüfung	12
	3. Einsichtsrecht	18
	a) Unterlagen	19
	b) Schranken	26
	c) Vorlageverlangen	30
	4. Zutrittsrecht	31
	5. Anhalterecht	36

I. Allgemeines

1   In § 3 werden die Befugnisse bei der Überprüfung von Personen benannt, allerdings nur für Prüfungen nach § 2 I. Die Befugnis nach § 3 zur Identitätsfeststellung umfasst nicht die Prüfungen anderer Behörden nach § 2 Ia. Die

II. Gesetzesmaterialien **§ 3**

Befugnisse ergeben sich nur im Rückgriff auf das OWiG und die StPO (BR-Drs. 815/05, 5).

Die Befugnis nach § 3 zur Identitätsfeststellung umfasst nicht das Tätigwerden im Straf- und Ordnungswidrigkeitenverfahren. Handeln die Zollbeamte iRd strafprozessualen Befugnisse, so sind sie nach § 163b I, II iVm 127 I S. 2 StPO befugt, die notwendigen Maßnahmen zur Feststellung der Identität einer Person zu ergreifen. Die Maßnahmen müssen darauf gerichtet sein, entweder die Identität eines bereits bekannten Beschuldigten zu klären oder die Person eines Tatverdächtigen festzustellen, dessen Identität bisher unbekannt ist. Die Zollbeamten dürfen den Tatverdächtige festhalten, wenn seine Identität sonst nicht oder nur unter erheblichen Schwierigkeiten festgestellt werden kann. Das umfasst erkennungsdienstliche Maßnahmen ebenso wie die Durchsuchung der Person des Verdächtigen und der von ihm mitgeführten Sachen (*Randt*, C 83). 2

Eine Rechtsfolgenverweisung auf die Norm enthalten § 17 AEntG, § 17a AÜG, § 12 MiArbG (bis 2014), § 15 MiLoG. Bei Prüfungen der Handwerkskammern (→ § 2 Rn. 91) gewährt § 17 HandwO ähnliche Prüfungsbefugnisse (→ Rn. 33). 3

II. Gesetzesmaterialien

Die Begründung im Regierungsentwurf (BR-Drs. 155/04, 58 ff.) führt zu § 3 aus: 4

Vorbemerkung zu § 3
Das Prüfungsrecht des § 305 Abs. 1 SGB III wurde im Wesentlichen übernommen. Zur besseren Übersichtlichkeit und aufgrund der verschiedenen rechtlichen Befugnisse in den einzelnen Teilbereichen wurden die einzelnen Prüfungsrechte jedoch getrennt dargestellt: § 3 enthält die Regelungen für die Personenbefragung, § 4 für die Geschäftsprüfung.

Die in § 3 niedergelegten Befugnisse ermächtigen nicht zum Betreten von Wohnungen gegen den Willen des Wohnungsinhabers.

Zu § 3 Abs. 1
Die Vorschrift erlaubt es wie bisher, in den Geschäftsräumen oder auf dem Grundstück unmittelbar beim gewerblichen Arbeitgeber oder auf dem Grundstück des privaten Arbeitgebers tätige Arbeitnehmer zu überprüfen. Darüber hinaus können Schwarzarbeiter auch als selbstständig Tätige unmittelbar in den Geschäftsräumen oder auf dem Grundstück eines gewerblichen Auftraggebers oder auf dem Grundstück des privaten Auftraggebers mit der Ausführung von Dienst- oder Werkleistungen tätig werden. Deshalb sind wie bisher auch Auftraggeber von selbstständig tätigen Personen mit in die Prüfung einzubeziehen. Anders als in der bisherigen Regelung des § 305 Abs. 2 SGB III betrifft dies jedoch nicht nur Auftraggeber, die juristische Personen oder im Handelsregister eingetragen sind.

Die Vorschrift stellt anders als bisher anstelle der Geschäftszeit auf die Arbeitszeit ab. Unter Arbeitszeiten sind die tatsächlichen Arbeitszeiten der beim Arbeitgeber oder Auftraggeber abhängig oder selbstständig tätigen Personen zu verstehen. Der Sinn und Zweck der Vorschrift liegt darin begründet, den Behörden der Zollverwaltung und den

§ 3 Befugnisse bei der Prüfung von Personen

sie unterstützenden Stellen die Möglichkeit einzuräumen, abhängige oder selbstständig tätige Personen während ihrer Arbeitsausführung vor Ort zu kontrollieren.

Die von den überprüften Personen mitgeführten Unterlagen werden in das Recht zur Einsichtnahme mit aufgenommen. Die Erfahrungen aus der Praxis haben gezeigt, dass kontrollierte Personen häufig Unterlagen mit sich führen, die Aufschluss über ihre tatsächlichen Beschäftigungsverhältnisse geben (zB Lohnhöhe, geleistete Arbeitsstunden). Der Vergleich der Unterlagen mit der Lohnbuchhaltung kann Aufschluss darüber geben, ob Schwarzarbeit vorliegt.

Die die Zollverwaltung unterstützenden Stellen können die in § 3 Abs. 1 genannten Befugnisse nicht eigenständig, sondern nur im Rahmen gemeinsamer Prüfungen unter Federführung der Behörden der Zollverwaltung ausüben.

Zu § 3 Abs. 2

Um nicht nur Arbeitnehmer erfassen zu können, sondern auch selbstständig tätige Personen, werden anders als in§ 305 Abs. 1 SGB III alle Personen, die zur Ausführung von Dienst oder Werkleistungen bei Dritten tätig sind, in das Prüfungsrecht einbezogen.

Die Vorschrift erlaubt die Personenbefragung wie bisher, wenn die zu überprüfenden Personen nicht in den Geschäftsräumen oder auf dem Grundstück des Arbeitgebers oder des Auftraggebers von selbstständig tätigen Personen eingesetzt werden, sondern bei Dritten (zB Baustelle des Bauherrn, der nicht Arbeitgeber bzw. Auftraggeber der tätigen Personen ist, Leiharbeiter in der Betriebsstätte des Entleihers, betriebsfremdes Personal in der Betriebsstätte des Auftraggebers).

Zu § 3 Abs. 3

Die Vorschrift wurde im Wesentlichen aus§ 305 Abs. 1 S. 3 SGB III übernommen. Folgerichtig zu den bisherigen Änderungen in § 3 Abs. 1 wurde auch in diesen Absatz der Auftraggeber von selbstständig tätigen Personen aufgenommen. Die aufgenommene Pflicht zur Aushändigung mitgeführter Ausweispapiere zur Prüfung dient zur Verdeutlichung der bereits jetzt geltenden Rechtslage. Die Aushandigungspflicht ergibt sich aus der Befugnis, die Personalien zu überprüfen.

Zu § 3 Abs. 4

Die Vorschrift wurde aus§ 305 Abs. 3 SGB III übernommen.

Zu § 3 Abs. 5

Die Bestimmung wurde angelehnt an § 10 Zollverwaltungsgesetz.

Auch Beförderungsmittel können Arbeitsplatz zur Begehung von Schwarzarbeit sein (zB LKW, Bus). Hierbei ist es für den Nachweis einer Beschäftigungsaufnahme oder den Nachweis über das Erbringen einer Dienstleistung zum Teil erforderlich, Arbeitnehmer fahrend auf ihren Fahrzeugen anzutreffen und aus dem fahrenden Verkehr heraus zu kontrollieren. Eine Prüfung der Arbeitnehmer während der Fahrt kann nur erfolgen, wenn ein Recht zum Anhalten vorliegt.

Im Sinne einer dauerhaften Präsenz in den betroffenen Gewerbezweigen ist das Anhalterecht ein notwendiges Instrument.

Die praktische Durchführbarkeit des Anhalterechts wird durch den Einsatz von grün-weißen Dienst-PKW mit blauem Blinklicht und Einsatzhorn sowie Hinweis „Zoll – Bitte folgen/Follow Me" sichergestellt.

Der Einsatz des blauen Blinklichts und des Einsatzhorns wird durch§ 38 StVO, die erforderlichen Sonderrechte durch § 35 StVO geregelt.

III. Personenprüfung

§ 3 regelt die Befugnisse bei der Prüfung von Personen. Die Befugnisse bei der Prüfung von Geschäftsunterlagen regelt § 4. Die Normen sind anwendbar für die polizeiliche Tätigkeit, die allein auf die Aufdeckung bereits begangener, aber noch unbekannter Straftaten zielt. Demgegenüber ist für Zwecke des Strafverfahrens § 163b StPO iVm § 14 I anzuwenden, das heißt für die aufklärende und verfolgende Tätigkeit in Bezug auf eine bestimmte Straftat, hinsichtlich derer mindestens ein Anfangsverdacht besteht.

1. Personenkreis

a) Arbeitgeber. Das SchwarzArbG kennt keinen eigenständigen Arbeitgeberbegriff. Der Begriff ist identisch mit demjenigen des Sozialversicherungsrechts → § 5 Rn. 17.

b) Auftraggeber. Der Begriff Auftraggeber iSd §§ 3 bis 5 erfasst jeden, der eine Dienst- oder Werkleistung durch Personen ausführen lässt, die ihm dafür zur Verfügung stehen und die er verpflichtend einsetzen kann. Nicht erforderlich ist dabei, dass die Dienst- oder Werkleistung, die vom HZA überprüft werden soll, aufgrund eines Vertrags zwischen dem Auftraggeber und dem Beauftragten erbracht wird und die Leistung selbst im eigenen wirtschaftlichen Interesse des Auftraggebers liegt. (BFH 23.10.2012 – VII R 41/10; FG Düsseldorf 16.6.2010 – 4 K 904/10 AO, ZfZ 2011 Beilage 1, 14; FG Münster 12.2.2014 – 6 K 2434/13 AO) → § 5 Rn. 17.

Die Schwarzarbeit hat ihre Grundlage in einer Leistungsbeziehung, sei es zwischen Arbeitgeber und Arbeitnehmer, sei es in einem Auftrag an selbstständige Unternehmer (zB selbstständige Handwerker, Bauunternehmen in der Form einer GmbH; BT-Drs. 15/2573, Begründung A, 17 und Begründung B, zu § 1 II, 18).

Nicht nur ein an dieser Leistungsbeziehung unmittelbar Beteiligter kann Auftraggeber iSd §§ 3 bis 5 sein. Auch derjenige, der in das Zustandekommen eines Dienst- oder Werkvertrags derart eingeschaltet ist, dass er Bestellungen nicht nur unverbindlich weiterleitet, sondern die betreffenden Bestellungen in Wahrnehmung der ihm vom Auftragnehmer übertragenen Aufgaben entgegennimmt und diesen damit verpflichtend zum Einsatz bringt, trägt dazu bei, dass ggf. Schwarzarbeit geleistet bzw. ermöglicht wird (BT-Drs. 15/2573, Begründung B, zu § 1 II, 18 aE). Die bloße Weitergabe eines Auftrags ohne Verpflichtung des Vermittelten zum Tätigwerden reicht demgegenüber nicht aus (BFH 23.10.2012 – VII R 41/10; FG Münster 12.2.2014 – 6 K 2434/13 AO).

c) Arbeitnehmer. Das SchwarzArbG kennt keinen eigenständigen Arbeitnehmerbegriff. Der Begriff ist identisch mit demjenigen des Sozialversicherungsrechts → § 1 Rn. 80 ff.

11 **d) Angetroffene Dritte.** Dritte sind alle Personen, die nicht Arbeitgeber, Auftraggeber oder Arbeitnehmer sind. Die Begrenzung des Personenkreises erfolgt dadurch, dass es sich um angetroffene Personen handelt. Angetroffen ist ein Person, die sich am Ort der Prüfung (→ § 2 Rn. 55) aufhält.

2. Durchführung der Personenprüfung

12 **Zielrichtung** Die Personenprüfung ist eine präventiv-polizeiliche Prüfungshandlung. Die Zielrichtung der Personenprüfung ist die Feststellung der Identität des Betroffenen sowie seines Beschäftigungsstatus

13 **Maßnahmen, Personalienfeststellung.** Nach der Vorschrift kann der Betroffene hierzu insbesondere angehalten und nach seinen Personalien befragt sowie zur Aushändigung mitgeführter Ausweispapiere zur Prüfung aufgefordert werden.

14 **Festhalten.** Das Festalten von Personen ist Teil der Personalienfeststellung, soweit sie zu deren Durchführung erforderlich ist. Das Festhalten darf sich nicht als Ingewahrsamnahme darstellen. Unterbinden die Zollbeamten den am Prüfungsort (→ § 4 Rn. 19) Anwesenden, diesen zu verlassen, so ist dies Ausübung polizeilichen Zwangs (§ 22 iVm § 331 AO).

15 Entscheidend für die Zulässigkeit des Zwangs ist, ob dies zeitweilig geschieht, um die Personalienfeststellung zu ermöglichen. Ein darüber hinausgehendes Festhalten ist als unzulässige Ingewahrsamnahme seiner Person nicht mehr gedeckt. Da eine Ingewahrsamnahme als eine zweckgerichtete polizeiliche Maßnahme anzusehen ist, die ein freies Fortbewegen einer Person gezielt unterbinden soll, setzt diese begrifflich voraus, dass die Zollbeamten sie zur Verfolgung eines bestimmten polizeilichen Zweckes bewusst anordnen (VG Würzburg 2.4.1980 – Nr. W 2122 II/77, NJW 1980, 2541).

16 **Keine Durchsuchung.** Für eine Durchsuchung der Personen fehlt es an einer Ermachtigungsgrundlage (vgl. etwa § 10 III ZollVG). Gleiches gilt für die Durchsuchung von Sachen.

17 **Zeit.** Die Personenprüfung, die zuvor auf die Geschäftszeit des Arbeitgebers beschränkt war, ist während der gesamten Arbeitszeit der tätigen Personen möglich (§ 3 I, II). Das bedeutet, dass eine Prüfung stattfinden darf, solange jemand Dienst- oder Werkleistungen ausführt. Dies umfasst auch Ruhepausen. Auch vorübergehende Abwesenheiten zB zur Besorgung von Arbeitsmitteln, dürften umfasst sein. Jedoch müssen objektive Anhaltspunkte dafür gegeben sein, dass die betreffende Person mit dem Verrichten der Tätigkeit noch befasst ist. Die Feststellungslast dafür obliegt der Behörde. Zu anderen Zeiten besteht keine Pflicht, die Prüfung zu dulden (§ 5 I 2).

3. Einsichtsrecht

18 § 3 I Nr. 2 gestattet es, Einsicht in vom Geprüften mitgeführte Unterlagen zu nehmen. Nach der Erfahrung führen Beschäftigte Aufzeichnungen, die sie bei sich führen und die Anhaltspunkte für Schwarzarbeit liefern können.

19 **a) Unterlagen.** Unterlagen, die von Arbeitnehmern und Selbstständigen vorgelegt werden müssen:

III. Personenprüfung § 3

- Personalausweis, Pass, Passersatz oder Ausweisersatz bei Ausländern: Pass, Passersatz, Ausweisersatz, Aufenthaltstitel, Duldung, Aufenthaltsgestattung
Arbeitgebern: Der Zoll ist befugt, Einsicht in die Lohn- und Meldeunterlagen, Bücher und andere Geschäftsunterlagen zu nehmen, aus denen Umfang, Art oder Dauer von Beschäftigungsverhältnissen oder Tätigkeiten hervorgehen oder abgeleitet werden können. Hierzu gehören zB
- Nachweise über Meldungen zur Sozialversicherung im Inland und Ausland
- Lohnabrechnungen
- Nachweise über erfolgte Lohnzahlungen einschließlich Auslösungen und Urlaubskassenbeiträgen (Quittungen, Lohnzettel)
- Arbeitsverträge bzw. Dokumente, die dem Arbeitsvertrag nach den Regelungen des Heimatlandes entsprechen
- Arbeitszeitnachweise (zB Stundenzettel, Anwesenheitslisten, Urlaubslisten etc.)
- Nachweise über steuerfreie Zuschläge
- Konten, Buchungsbelege
- ggf. Verträge mit Subunternehmen
- Werkvertrag mit Leistungsverzeichnis

Arbeitgeber müssen Beginn, Ende und Dauer der täglichen Arbeitszeit sowie Pausen der Arbeitnehmer aufzeichnen und diese Aufzeichnungen mindestens zwei Jahre aufbewahren (§ 2 NachwG), s. Übersicht → Anhang Rn. 151. 20

Darüber hinaus hat der Arbeitgeber jeden seiner Arbeitnehmer nachweislich und schriftlich auf die Mitführungs- und Vorlagepflicht des Personalausweises, Passes, Passersatzes oder Ausweisersatzes hinzuweisen, diesen Hinweis für die Dauer der Erbringung der Dienst- oder Werkleistungen aufzubewahren und auf Verlangen vorzulegen → § 2 Rn. 16. 21

Ergänzende Unterlagen, die die Prüfung beschleunigen: 22
Arbeitnehmer: 23
- Arbeitsgenehmigung EU
- Nebeneinkommensbescheinigung
- Entsendebescheinigung E 101/A1

Arbeitgeber: 24
- Namenslisten der eingesetzten Arbeitnehmer
- Kopien der Meldungen nach dem Arbeitnehmer-Entsendegesetz
- Bautagebücher
- Betonlieferscheine

Ausführender Unternehmer: 25
- Unterlagen, die Aufschluss über das Vertragsverhältnis zum Auftraggeber geben

b) Schranken. Das Recht zur Einsicht erfasst nur mitgeführte Unterlagen. 26
Die Rechtsfolgenverweisungen in § 17 S. 1 Nr. 1 AEntG modifizieren den Kreis der Unterlagen dahin gehend „... 1. die dort genannten Behörden auch Einsicht in Arbeitsverträge, Niederschriften nach § 2 des Nachweisgesetzes und andere Geschäftsunterlagen nehmen können, die mittelbar oder unmittelbar Auskunft über die Einhaltung der Arbeitsbedingungen nach § 8 geben, und 2. die nach § 5 I des Schwarzarbeitsbekämpfungsgesetzes zur Mitwirkung Verpflichteten diese Unterlagen vorzulegen haben." 27

§ 3 Befugnisse bei der Prüfung von Personen

28 Nach dem Gesetzeswortlaut umfasst das Einsichtsrecht nicht die Befugnis zur Mitnahme von Unterlagen. Eine Besonderheit gilt für Ausweispapiere von Ausländern. Diese darf die FKS nach Maßgabe der § 5 I 4–5 einbehalten, hat dies zu bescheinigen (§ 5 I 6) und der Ausländer hat mit dieser Bescheinigung unverzüglich bei der Ausländerbehörde zu erscheinen (§ 5 I 7).

29 Es sind die Vorlageverweigerungsrechte nach §§ 104 iVm 101 bis 103 AO zu beachten. (§ 5 I 3).

30 c) **Vorlageverlangen.** Die Behörde kann die Vorlage an Amtsstelle nach § 97 AO iVm § 22 verlangen. Ein Vorlageverlangen nach § 97 AO ist ein eigenständiger VA und nicht Prüfungshandlung.

4. Zutrittsrecht

31 Das Recht zur Betretung gilt für Geschäftsräume und Grundstücke des Arbeitgebers und Auftraggebers von Dienst- oder Werkleistungen sowie des Entleihers. Die Betretensbefugnis bezieht sich auch auf Wohnhäuser als wesentlicher Bestandteil der Grundstücke, soweit keine Wohnung iSd. Art. 13 I GG vorhanden ist (FG Hamburg 26.11.2008 – 4 K 73/08). Für andere Räume gilt § 99 AO iVm § 22. „Betreten" bedeutet nur das Eintreten oder Eindringen, um etwas zu sehen, zu hören, wahrzunehmen. Insoweit gewährt Art 13 VII GG Schutz (BVerwG 7.6.2006 – 4 B 36/06, NJW 2006, 2504).

32 Für Wohnungen ist Art. 13 GG zu beachten. Die Prüfung nach § 2 ist keine Durchsuchung iSd Art. 13 II GG (FG Hamburg 26.11.2008 – 4 K 73/08). Eine Durchsuchung iSd Art. 13 II GG ist das ziel- und zweckgerichtete Suchen staatlicher Organe nach Personen oder Sachen oder zur Ermittlung eines Sachverhalts, um etwas aufzuspüren, was der Inhaber der Wohnung von sich aus nicht offenlegen oder herausgeben will (BVerfG 3.4.1979 – 1 BvR 994/76, BVerfGE 51, 97). „Durchsuchung" bedeutet, schon nach dem Wortsinn, etwas zu „suchen", was nicht bereits bei dem Betreten wahrgenommen werden kann. Das bloße Betreten der Geschäftsräume zum „Ausforschen" der im Geschäftsraum anwesenden Personen durch Zollbeamte erfüllt nicht die Voraussetzungen einer Durchsuchung. Auch das Hinzutreten der mit dem Betreten von vornherein bezweckten weiteren Maßnahme der Personenkontrolle führt nicht zur Annahme einer Durchsuchung. Bei dieser weiteren Maßnahme handelte es sich nicht um das eine Durchsuchung kennzeichnende Element des Eindringens in die private räumliche Sphäre des Geschäftsinhabers im Wege eines ziel- und zweckgerichteten Suchens in den Räumlichkeiten. Das Betreten mit dem Ziel der Durchführung von Identitätsfeststellungen ist keine Verfolgung eines Zwecks, wie er der Durchsuchung eigen ist. Massgebend ist, dass nicht die Räumlichkeiten das"Ausforschungsobjekt" sind, sondern die überprüften Personen, die in den Räumlichkeiten nicht verborgen, sondern offen anwesend sind (BVerwG 25.8.2004 – 6 C 26/03, NJW 2005, 454). Mit dem Betreten des Grundstücks und des Hauses verfolgen die Zollbeamten keine solche Zielsetzung, sondern führen entsprechend dem Prüfungsauftrags gemäß § 2 eine allgemeine Kontrolle der Einhaltung der dort genannten Vorschriften aus. Solche Betretungs- und Besichtigungsrechte (sog. Nachschau) stellen keine Durchsuchungen iSd Art. 13 II GG dar (*Jarras/Pieroth* Art. 13 GG Rn. 9a).

III. Personenprüfung §4

Als Wohnung iSd Art. 13 I GG sind alle Räume einzustufen, die der allgemeinen Zugänglichkeit durch eine räumliche Abschottung entzogen und zur Stätte privaten Lebens und Wirkens gemacht sind (BGH 24.7.1998 – 3 StR 78/98, BGHSt 44, 138, 140). Ist ein zu betretendes Haus im Zeitpunkt der Prüfung wegen Bauarbeiten nicht zum Wohnen geeignet und auch tatsächlich nicht bewohnt, so kommt der Grundrechtsschutz aus Art. 13 I GG nicht in Betracht, die Rechtmäßigkeit des Betretens beurteilt sich allein nach § 3 I. Eine Einschränkung des Betretensrechts für Gebäude, die zum Aufenthalt von Menschen zwar geeignet, jedoch keine Wohnung iSv Art. 13 I GG sind, enthält das Gesetz offenkundig nicht (BFH 3.6.2009 – VII B 4/09) 33

Vom Betretungsrecht darf nur Gebrauch gemacht werden, um die in § 3 I Nrn. 1 und 2 genannten Aufgaben wahrzunehmen. 34

Handwerkskammern haben kein Recht auf Besichtigung des Betriebs eines Gewerbetreibenden, um dem Verdacht von „Schwarzarbeit" nachzugehen (→ § 2 Rn. 98). Das ihnen durch die HwO eingeräumte Betriebsbesichtigungsrecht dient nach einem Beschluss des Bundesverfassungsgerichts lediglich der Prüfung der Eintragungsvoraussetzungen in die Handwerksrolle (BVerfG 15.3.2007 – 1 BvR 2138/05). 35

5. Anhalterecht

Zur Durchführung von Prüfungen, zB im Güter- bzw. Personenbeförderungsgewerbe, gibt § 3 V den Behörden der Zollverwaltung ein Anhalterecht für Beförderungsmittel. Vgl. § 10 I ZollVG. 36

§4 Befugnisse bei der Prüfung von Geschäftsunterlagen

(1) **Zur Durchführung der Prüfungen nach § 2 Abs. 1 sind die Behörden der Zollverwaltung und die sie gemäß § 2 Abs. 2 unterstützenden Stellen befugt, Geschäftsräume und Grundstücke des Arbeitgebers und Auftraggebers von Dienst- oder Werkleistungen sowie des Entleihers im Rahmen einer Prüfung nach § 2 Absatz 1 Nummer 5 während der Geschäftszeit zu betreten und dort Einsicht in die Lohn- und Meldeunterlagen, Bücher und andere Geschäftsunterlagen zu nehmen, aus denen Umfang, Art oder Dauer von Beschäftigungsverhältnissen hervorgehen oder abgeleitet werden können.**

(2) **¹Die Behörden der Zollverwaltung sind zur Durchführung der Prüfung nach § 2 Abs. 1 befugt, Einsicht in die Unterlagen zu nehmen, aus denen die Vergütung der Dienst- oder Werkleistungen hervorgeht, die natürliche oder juristische Personen oder Personenvereinigungen in Auftrag gegeben haben. ²Satz 1 gilt im Rahmen der Durchführung der Prüfung nach § 2 Absatz 1 Nummer 5 entsprechend für Unterlagen, aus denen die Vergütung des Leiharbeitsverhältnisses hervorgeht.**

(3) **Die Behörden der Zollverwaltung sind zur Durchführung der Prüfungen nach § 2 Abs. 1 befugt, bei dem Auftraggeber, der nicht Unternehmer im Sinne des § 2 des Umsatzsteuergesetzes 1999 ist, Ein-**

§ 4 Befugnisse bei der Prüfung von Geschäftsunterlagen

sicht in die Rechnungen, einen Zahlungsbeleg oder eine andere beweiskräftige Unterlage über ausgeführte Werklieferungen oder sonstige Leistungen im Zusammenhang mit einem Grundstück zu nehmen.

Literatur: Kreikebohm/Spellbrink/Waltermann, Kommentar zum Sozialrecht, 3. Aufl. 2013; Neufang, in: Hartenstein/Reuschle, Transport- und Speditionsrecht, 2012; Serafini, SchwarzArbG: Anwendungsschreiben zum Ausstellen und Aufbewahren von Rechnungen, GStB 2005, 69; Spatschek/Wulf, PStR 05, 40; Tipke/Kruse, AO/FGO; Wamers, Kommentar zum Gesetz zur Bekämpfung der Schwarzarbeit und illegalen Beschäftigung (Schwarzarbeitsbekämpfungsgesetz – SchwarzArbG), in: Das Deutsche Bundesrecht

Inhaltsübersicht

	Rn.
I. Allgemeines	1
II. Gesetzesmaterialien	4
III. Zutrittrecht	5
IV. Einsichtsrecht	12
1. Lohn- und Meldeunterlagen	13
2. Bücher und andere Geschäftsunterlagen	14
3. Vergütungsunterlagen (Abs. 2)	15
4. Prüfung bei Privatleuten als Auftraggeber (Abs. 3)	16
V. Schranken	17
1. Zeit	17
2. Ort der Prüfung	19
3. Umfang	20

I. Allgemeines

1 Die FKS darf die Beschäftigten zu den von ihnen ausgeübten Tätigkeiten befragen, die von den Beschäftigten mitgeführten Unterlagen einsehen (§ 3 I) und ihre Personalien feststellen (§ 3 III). Weiter dürfen sie die Geschäftsunterlagen des Arbeit- oder Auftragsgebers einsehen (§ 4 I). In Computern gespeicherte Daten muss der Arbeitgeber zugänglich machen (*Spatschek/Wulf,* PStR 05, 40). Zum Zweck der Kontrolle der Beschäftigten dürfen sie die Geschäftsräume und die Grundstücke des Arbeitgebers betreten (§ 4 I).

2 § 4 gewährt der FKS die Einsichtnahme im Verwaltungsverfahren und ohne richterlichen Beschluss. Das Einsichtsrecht dient der bloßen Überprüfung. Dient die Massnahme zum Auffinden von bestimmten Unterlagen und Informationen so stellt dies eine Durchsuchungshandlung dar → § 3 Rn. 31. Eine Durchsuchung der Räumlichkeiten zum Zweck der Einsichtnahme in Geschäftsunterlagen bedarf nach § 287 IV 1 AO einer richterlichen Durchsuchungsanordnung (Tipke/Kruse/*Kruse,* § 331 AO Tz. 5). Eine solche nicht strafprozessuale Durchsuchung kommt in Betracht bei Ersatzvornahme der Vorlage von Unterlagen.

3 Eine Rechtsfolgenverweisung auf die Norm enthalten § 17 AEntG, § 17a AÜG, § 12 MiArbG (bis 2014), § 15 MiLoG.

II. Gesetzesmaterialien

Die Begründung im Regierungsentwurf (BR-Drs. 155/04, 60f.) führt zu **4**
§ 4 aus:

Zu § 4 Abs. 1
Die Vorschrift beinhaltet die aus§ 305 Abs. 1 SGB III entnommene Geschäftsprüfung beim Arbeitgeber.
Die die Zollverwaltung unterstützenden Stellen können die in § 4 Abs. 1 genannten Befugnisse nicht eigenständig, sondern nur im Rahmen gemeinsamer Prüfungen unter Federführung der Behörden der Zollverwaltung ausüben.

Zu § 4 Abs. 2
Ausgangspunkt für diese neue Regelung ist die Erkenntnis, dass Schwarzarbeit u. a. im gewerblichen Bereich nicht vollständig im Verborgenen ausgeführt wird. Insbesondere Schwarzarbeit in der Subunternehmerkette kennzeichnet sich dadurch, dass General- bzw. Hauptunternehmer auch von Subunternehmen, die Schwarzarbeit ausführen, in der Regel eine Rechnung über die ausgeführten Bauleistungen erhalten. Diese Rechnung wird beim General- bzw. Hauptunternehmer ordnungsgemäß in dessen Finanzbuchhaltung eingebucht. Die Rechnung kann eine wertvolle Grundlage für entsprechende Nachprüfungen bei dem Subunternehmer sein. Der Vergleich zwischen der offiziell beim Generalunternehmer verbuchten Rechnungssumme und den beim Subunternehmer festgestellten Lohnaufwendungen ermöglicht Rückschlüsse, ob vom Subunternehmer Arbeiten schwarz ausgeführt wurden.

Zu § 4 Abs. 3
In § 14 Abs. 2 Umsatzsteuergesetz wird die Verpflichtung des Unternehmers aufgenommen, für ausgeführte Werklieferungen oder sonstige Leistungen im Zusammenhang mit einem Grundstück eine Rechnung auszustellen. Eine entsprechende Aufbewahrungspflicht der Rechnungen für den Leistungsempfänger wird in § 14b Abs. 1 UStG aufgenommen (vgl. Artikel 12). Die Regelung in § 4 Abs. 3 enthält die dementsprechende Prüfungsbefugnis beim Auftraggeber (Leistungsempfänger). Auftraggeber, die nicht Unternehmer im Sinne des § 2 UStG sind (zB private Bauherren), werden verpflichtet, den Behörden der Zollverwaltung Einsicht in die ihnen vom Auftragnehmer erteilten Rechnungen über die ausgeführten Werklieferungen oder sonstigen Leistungen im Zusammenhang mit einem Grundstück zu gewähren. Damit besteht ein Prüfungsrecht der Zollverwaltung auch nach Beendigung der ausgeführten Werklieferungen oder sonstigen Leistungen im Zusammenhang mit einem Grundstück. Das Entdeckungsrisiko wird damit wesentlich erhöht.
Die in Abs. 3 niedergelegten Befugnisse ermächtigen nicht zum Betreten von Wohnungen gegen den Willen des Wohnungsinhabers.

III. Zutrittrecht

5 Das Zutrittrecht besteht für den Ort der Prüfung → § 2 Rn. 57.

6 Das Zutrittrecht → § 3 Rn. 31 besteht für **Geschäftsräume und Grundstücke** des Arbeitgebers und Auftraggebers von Dienst- oder Werkleistungen sowie des Entleihers. Die Begriffe sind ebenso auszulegen wie diejenigen der Grundstücke und Betriebsräume in § 200 III 2 AO.

7 Zwar unterliegen Geschäftsräume dem Schutzbereich des Art. 13 GG. Es ist für den Schutzbereich des Art. 13 GG zwischen Wohnräumen § 3 Rn. 29 einerseits und Geschäftsräumen andererseits zu differenzieren. Für Geschäftsräume ist der Schutzbereich insoweit abgeschwächt, als dass gesetzliche Zutrittsrechte im Rahmen der generellen Öffnung dieser Räume gegenüber dem geschäftlichen Verkehr als zulässiger Eingriff angesehen werden (BVerfG 13.10.1971, BVerfGE 75, 75; BVerfG 17.2.1998, BVerfGE 97, 266; *Jarass/Pieroth* Art. 13 Rn. 4, 30). Dies gilt allerdings nicht für zugleich geschäftlich und privat genutzte Räumlichkeiten (BVerfG 13.10.1971, BVerfGE 75, 75).

8 Das Betreten von Privaträumen ist den Zollbeamten trotz der teilweise betrieblichen Nutzung jedenfalls nicht gestattet, denn insoweit ist der Bereich der besonders geschützten Wohnung iSd Art. 13 GG betroffen. Dies erfordert einen Durchsuchungsbeschluss: Ein Durchsuchungsbeschluss muss die zur Last gelegte Tat hinreichend benennen und umschreiben. Dazu sind das tatsächlich vorgeworfene Verhalten sowie der Tatzeitraum so zu beschreiben, das deutlich ist, woraus sich der Verdacht einer Ordnungswidrigkeit nach § 8 ergibt. Nicht ausreichend ist die Beschreibung „Arbeiten des Dachdecker-Handwerks ... unter Verstoß gegen § 1 II Nr. 4 u. 5 des Gesetzes zur Intensivierung der Bekämpfung der Schwarzarbeit und damit zusammenhängender Steuerhinterziehung". Das lässt offen, welcher Verstoß dem Betroffenen angelastet wird, weil § 1 II Nr. 4 einerseits und § 1 II Nr. 5 andererseits unterschiedliche Formen von Schwarzarbeit beschreiben und die Angabe eines Bußgeldtatbestands im Durchsuchungsbeschluss gänzlich fehlt (BVerfG 5.3.2012 – 2 BvR 1345/08, NJW 2012, 2097, Rn. 15f.).

9 Abs. 2 bezweckt die gezielte Prüfung bei Generalunternehmern. Durch eine Prüfung der Buchhaltung lassen sich regelmäßig Hinweise für die Schwarzarbeit von Subunternehmern finden.

10 Das Zutrittsrecht gilt unabhängig von den Geschäftszeiten für den Zeitraum, währenddessen die zu kontrollierenden Beschäftigten sich dort aufhalten (§ 3 I). Das Betreten zur Kontrolle der Geschäftsunterlagen ist nur während der Geschäftszeiten zulässig (§ 4 I). Während abendlicher Geschäftszeiten und während sich zB Aushilfen dort aufhalten, hat die FKS demnach das Recht zum Betreten von Räumlichkeiten des Geschäftsinhabers und zur Kontrolle von Personen und Unterlagen (*Spatschek/Wulf* PStR 2005, 40).

11 Soweit erlaubnisbedürftige Gewerbe betroffen sind, stehen auch den Beauftragten der zuständigen öffentlichen Stellen insbesondere nach § 29 GewO Auskunftsansprüche und Befugnisse zum Betreten von Grundstücken und Geschäftsräumen zu.

IV. Einsichtsrecht

Zur Einsicht befugt sind die Zollbeamten in die Lohn- und Meldeunterla- 12
gen, Bücher und andere Geschäftsunterlagen zu nehmen, aus denen Umfang,
Art oder Dauer von Beschäftigungsverhältnissen hervorgehen oder abgeleitet
werden können (§ 4 I) sowie in die Unterlagen zu nehmen, aus denen die Vergütung der Dienst- oder Werkleistungen hervorgeht, die natürliche oder juristische Personen oder Personenvereinigungen in Auftrag gegeben haben (§ 4 II
1). Ist Gegenstand der Prüfung nach § 2 I Nr. 5, ob Arbeitsbedingungen nach
AEntG, des MiArbG und des § 10 V AÜG eingehalten werden oder wurden,
dürfen die Zollbeamte Unterlagen einsehen, aus denen die Vergütung des
Leiharbeitsverhältnisses hervorgeht (§ 4 IV 2).

1. Lohn- und Meldeunterlagen

Lohn- und Meldeunterlagen sind: 13
- Meldungen nach § 28a I SGB IV iVm § 2 DEÜV. § 28a I und II SGB IV
  legt fest, wer und bei welchen Anlässen für wen Meldungen zu erstatten
  hat, § 3 III legt die wesentlichen Inhalte dieser Meldungen fest (KSW/*Roßbach* SGB IV § 28 Rn. 1 ff.).
- Entgeltunterlagen nach § 28f I SGB IV iVm § 8 BVV (KSW/*Roßbach* SGB
  IV § 28f Rn. 2 bis 6).
- Beitragsabrechnungen nach § 28f I 4, Ia SGB IV iVm § 9 BVV (KSW/*Roßbach* SGB IV § 28f Rn. 7–8).
- Aufzeichnungen für LSt-Zwecke (§§ 39b bis 39d, 41, 41a EStG, §§ 4, 5
  LStDV).

2. Bücher und andere Geschäftsunterlagen

Der Begriff der Bücher ergibt sich aus § 238 HGB. Geschäftsunterlagen sind 14
die sonstigen Aufzeichnungen nach §§ 146, 147 AO sowie § 28f SGB IV. Die
Befugnis zur Einsicht umfasst nur Geschäftsunterlagen mit Relevanz für das
Beschäftigungsverhältnis. Sie haben Relevanz, wenn sich aus Ihnen Umfang,
Art oder Dauer von Beschäftigungsverhältnissen ergeben oder jedenfalls abgeleitet werden können (BFH 23.10.2012 – VII R 41/10).

3. Vergütungsunterlagen (Abs. 2)

§ 4 II bezweckt lt. Gesetzesbegründung die gezielte Prüfung bei General- 15
unternehmern (→ Rn. 4). Durch eine Prüfung der Buchhaltung lassen sich regelmäßig Hinweise für die Schwarzarbeit von Subunternehmern finden.

4. Prüfung bei Privatleuten als Auftraggeber (Abs. 3)

Rechnungsprüfung bei Privatleuten als Auftraggeber (§ 4 III) steht iZm der 16
Aufbewahrungspflicht nach § 14b I 5 Nrn. 1 und 2 iVm § 14 II 1 Nr. 1 UStG.
Privatpersonen, die Werklieferungen oder sonstige Leistungen im Zusammenhang mit einem Grundstück empfangen, verpflichtet § 14b I 5 UStG, die erhaltenen Rechnungen zwei Jahre aufzubewahren. Der Verstoß gegen diese

§ 4 Befugnisse bei der Prüfung von Geschäftsunterlagen

Aufbewahrungspflicht ist nach § 26a I Nr. 3, II UStG mit einem Bußgeld bis zu 1.000 EUR belegt (*Serafini* GStB 05, 69). Einsicht darf genommen werden in die Rechnungen, Zahlungsbelege oder andere beweiskräftige Unterlagen, die erteilt wurden über ausgeführte Werklieferungen oder sonstige Leistungen im Zusammenhang mit einem Grundstück. Die Vorschrift ist erforderlich, da bei Unternehmern die genannten Unterlagen bereits von den Aufzeichnungspflichten umfasst sind.

V. Schranken

1. Zeit

17 Zeit der Prüfung (→ § 2 Rn. 58) ist die Geschäftszeit des Auftraggebers bzw. Entleihers (§ 4 I). Geschäftszeit ist die Zeit, in der ein Geschäft geöffnet ist, also die Öffnungszeit für das Publikum (Duden). Bei Geschäften ohne Publikumsverkehr sind Geschäftszeiten die Zeiten, in denen die Ansprechpartner des Unternehmens erreichbar sind. Maßgebend ist die Erreichbarkeit für Außenstehende. Unerheblich ist, ob im Betrieb jemand tätig ist. Diese Zeit kann mit derjenigen für die Personenprüfung nach § 3 I divergieren. Nur zur Geschäftszeit ist die Unterlagenprüfung zu dulden (§ 5 I 2).

18 Für die Prüfung bei Privatleuten als Arbeitgeber ist – da diese keine Geschäftszeiten haben – keine zeitliche Begrenzung vorgesehen. Damit ist die Prüfung nicht zu jeder Zeit eröffnet. Die Schranken ergeben sich hier aus dem allgemeinen Verhältnismäßigkeitsgrundsatz.

2. Ort der Prüfung

19 → § 2 Rn. 57, → Rn. 6

3. Umfang

20 Ein Auftraggeber ist iRd Prüfung nach § 2 zur Übermittlung relevanter Daten verpflichtet, diese Verpflichtung beschränkt sich aber auf Daten, die im Prüfungszeitpunkt beim Auftraggeber vorhanden sind. Der Auftraggeber ist nicht verpflichtet, künftig entstehende Daten über einen bestimmten Zeitraum zu sammeln, zu speichern und diese sodann der prüfenden Behörde zur Verfügung zu stellen (FG Münster 12.2.2014 – 6 K 2434/13 AO).

21 Das Einsichtsrecht befugt nicht zur Mitnahme der bezeichneten Unterlagen. Die überprüften Personen müssen die Bücher oder Geschäftspapiere nicht aus der Hand geben. Will das FKS Gewahrsam an den Unterlagen erlangen, ist dies nur nach Maßgabe der strafprozessualen Vorschriften über die Herausgabe und Beschlagnahme (§§ 94ff. StPO) möglich (vgl. zu § 12 GüKG: Hartenstein/Reuschle/*Neufang* Kap. 21 Rn. 96).

22 Daneben kommt ein Vorlageverlangen nach § 97 A iVm § 22 in Betracht → 3 Rn. 30.

§ 5 Duldungs- und Mitwirkungspflichten

(1) ¹Arbeitgeber, Arbeitnehmer und Arbeitnehmerinnen, Auftraggeber und Dritte, die bei einer Prüfung nach § 2 Abs. 1, sowie Entleiher, die bei einer Prüfung nach § 2 Absatz 1 Nummer 5 angetroffen werden, haben die Prüfung zu dulden und dabei mitzuwirken, insbesondere für die Prüfung erhebliche Auskünfte zu erteilen und die in den §§ 3 und 4 genannten Unterlagen vorzulegen. ²In den Fällen des § 3 Abs. 1 und 2 sowie des § 4 Abs. 1 und 2 haben sie auch das Betreten der Grundstücke und der Geschäftsräume zu dulden. ³Auskünfte, die die verpflichtete Person oder eine ihr nahe stehende Person (§ 383 Abs. 1 Nr. 1 bis 3 der Zivilprozessordnung) der Gefahr aussetzen, wegen einer Straftat oder Ordnungswidrigkeit verfolgt zu werden, können verweigert werden. ⁴Ausländer sind ferner verpflichtet, ihren Pass, Passersatz oder Ausweisersatz und ihren Aufenthaltstitel, ihre Duldung oder ihre Aufenthaltsgestattung den Behörden der Zollverwaltung auf Verlangen vorzulegen und, sofern sich Anhaltspunkte für einen Verstoß gegen ausländerrechtliche Vorschriften ergeben, zur Weiterleitung an die zuständige Ausländerbehörde zu überlassen. ⁵Werden die Dokumente einbehalten, erhält der betroffene Ausländer eine Bescheinigung, welche die einbehaltenen Dokumente und die Ausländerbehörde bezeichnet, an die die Dokumente weitergeleitet werden. ⁶Der Ausländer ist verpflichtet, unverzüglich mit der Bescheinigung bei der Ausländerbehörde zu erscheinen. ⁷Darauf ist in der Bescheinigung hinzuweisen. ⁸Gibt die Ausländerbehörde die einbehaltenen Dokumente zurück oder werden Ersatzdokumente ausgestellt oder vorgelegt, behält die Ausländerbehörde die Bescheinigung ein.

(2) ¹In Fällen des § 4 Abs. 3 haben die Auftraggeber, die nicht Unternehmer im Sinne des § 2 des Umsatzsteuergesetzes 1999 sind, eine Prüfung nach § 2 Abs. 1 zu dulden und dabei mitzuwirken, insbesondere die für die Prüfung erheblichen Auskünfte zu erteilen und die in § 4 Abs. 3 genannten Unterlagen vorzulegen. ²Absatz 1 Satz 3 gilt entsprechend.

(3) ¹In Datenverarbeitungsanlagen gespeicherte Daten haben der Arbeitgeber und der Auftraggeber sowie der Entleiher im Rahmen einer Prüfung nach § 2 Absatz 1 Nummer 5 auszusondern und den Behörden der Zollverwaltung auf deren Verlangen auf automatisiert verarbeitbaren Datenträgern oder in Listen zu übermitteln. ²Der Arbeitgeber und der Auftraggeber sowie der Entleiher im Rahmen einer Prüfung nach § 2 Absatz 1 Nummer 5 dürfen automatisiert verarbeitbare Datenträger oder Datenlisten, die die erforderlichen Daten enthalten, ungesondert zur Verfügung stellen, wenn die Aussonderung mit einem unverhältnismäßigen Aufwand verbunden wäre und überwiegende schutzwürdige Interessen des Betroffenen nicht entgegenstehen. ³In diesem Fall haben die Behörden der Zollverwaltung die Daten zu trennen und die nicht nach Satz 1 zu übermittelnden Daten zu löschen. ⁴Soweit die übermittelten Daten für Zwecke der Ermitt-

§ 5 Duldungs- und Mitwirkungspflichten

lung von Straftaten oder Ordnungswidrigkeiten, der Ermittlung von steuerlich erheblichen Sachverhalten oder der Festsetzung von Sozialversicherungsbeiträgen oder Sozialleistungen nicht benötigt werden, sind die Datenträger oder Listen nach Abschluss der Prüfungen nach § 2 Abs. 1 auf Verlangen des Arbeitgebers oder des Auftraggebers zurückzugeben oder die Daten unverzüglich zu löschen.

Literatur: Kreikebohm/Spellbrink/Waltermann, Kommentar zum Sozialrecht, 3. Aufl. 2013; Lübbersmann, PStR 2013, 178; Möllert, Bekämpfung der Schwarzarbeit, StBp 2006, 173; Wamers, Kommentar zum Gesetz zur Bekämpfung der Schwarzarbeit und illegalen Beschäftigung (Schwarzarbeitsbekämpfungsgesetz – SchwarzArbG), in: Das Deutsche Bundesrecht; Richtarsky, in: Wabnitz/Janovsky, Handbuch des Wirtschafts- und Steuerstrafrechts, 4. Aufl. 2014; Spatschek/Wulf, PStR 2005, 40; Tipke/Kruse, AO/FGO

Rechtsprechung: BFH 23.10.2012 – VII R 41/10, NZA-RR 2013, 148, zum Begriff des Auftraggebers; FG Münster 12.2.2014 – 6 K 2434/13 AO, NRWE (Rechtsprechungsdatenbank NRW), zur Aufforderung zur Datenübermittlung; OLG Bamberg 15.1.2013 – 2 Ss OWi 897/12, BayernRecht, zum Auskunftsverweigerungsrecht

Verwaltungsanweisungen: Bekanntmachung der Sozialversicherungsträger vom 13.4.2010 zur Statusfeststellung von Erwerbstätigen

Inhaltsübersicht

	Rn.
I. Allgemeines	1
II. Gesetzesmaterialien	3
III. Duldungs- und Mitwirkungspflichten	4
1. Duldungspflicht	8
2. Die Mitwirkungspflichten	9
3. Verpflichtete	17
4. Verletzung und Durchsetzung von Mitwirkungspflichten	18
IV. Auskunftsverweigerungsrecht	24
V. Ausländerpapiere	25

I. Allgemeines

1 Eine Rechtsfolgenverweisung auf die Norm enthalten § 17 AEntG, § 17a AÜG, § 12 MiArbG (bis 2014), § 15 MiLoG.

2 Eine ähnliche Regelung zur Leistung der Arbeitsförderung enthält § 319 SGB III.

II. Gesetzesmaterialien

3 Die Begründung im Regierungsentwurf (BR-Drs. 155/04, 62f.) führt zu § 5 aus:

Zu § 5 Abs. 1
Die Vorschrift wurde im Kern aus § 306 Abs. 1 SGB III übernommen. Der Prüfungsumfang beinhaltet alle in § 2 genannten Prüfungsaufgaben. Aufgrund der Erweiterung der Prüfungsmöglichkeiten beim Auftraggeber wurde die Vorschrift entsprechend angepasst.

Für die Prüfung erhebliche Auskünfte, die aufgrund dieser Vorschrift erteilt werden müssen, sind zB Name und Anschrift des Arbeitgebers, Dauer des Arbeitsverhältnisses, Entlohnung, evtl. Leistungsbezug, Arbeitsbedingungen.

Die Vorschrift wurde ergänzt um eine Beschreibung des Verfahrens der Einbehaltung der genannten Dokumente von Ausländern. Der Ausländer erfüllt auch nach der Einbehaltung der genannten Dokumente weiterhin vorübergehend seine ausweisrechtlichen Verpflichtungen, weil er aufgrund einer rechtlichen Verpflichtung vorübergehend die Dokumente einer amtlichen Stelle überlassen hat.

Bei weiteren Kontrollen im Inland – etwa auch polizeilichen Kontrollen ohne Zusammenhang mit der Bekämpfung der Schwarzarbeit – wäre ein Ausländer jedoch ohne Ausweis. Dies würde routinemäßig zu einer aufwändigen erkennungsdienstlichen Behandlung und Überprüfung der Behauptung führen, die Dokumente des Ausländers seien weitergeleitet worden. Während der Laufzeiten der Weiterübermittlung an die Ausländerbehörde könnte diese Behauptung auch nicht sofort überprüft werden, oder es ist dem Ausländer nicht bekannt, an genau welche Behörde die Dokumente weitergeleitet worden sind. Eine schriftliche amtliche Bescheinigung, die der Ausländer bei weiteren Kontrollen vorzeigen kann, ermöglicht es dem Ausländer, bei weiteren Kontrollen seinen Vortrag zu untermauern und enthält zugleich eine eindeutige Bezeichnung der weiterleitenden Stelle und der Behörde, an welche die Weiterleitung erfolgte.

Dem Ausländer wäre nach Einbehalt der Papiere nur vorübergehend nicht vorzuwerfen, dass er seine Ausweispflicht (§ 25 Verordnung zur Durchführung des Ausländergesetzes) bzw. Passpflicht (§ 4 Ausländergesetz) nicht erfüllt, wenn die Dokumente einbehalten und weitergeleitet wurden. Denn er ist nach den genannten Vorschriften zur unverzüglichen Neubeschaffung verpflichtet. Hierzu muss er sich zur Ausländerbehörde begeben, die für ihn zuständig ist. Der Ausländer ist hierauf hinzuweisen, um zu vermeiden, dass er sich im Zusammenhang mit einem Strafverfahren (§ 92 Abs. 1 Nr. 2 AuslG) auf einen Rechtsirrtum oder aber auf das Abwarten einer Vorladung der Ausländerbehörde beruft.

Ausländer sollen sich möglichst mit einem einheitlichen Papier (Pass, Passersatz, Ausweisersatz) ausweisen, aus dem der gegenwärtige ausländerrechtliche Status hervorgeht. Es ist allgemein zu vermeiden, dass Ausländer mit mehreren Dokumenten, die sie parallel besitzen, gleichsam mehrere ausländerrechtliche Identitäten vorgeben können. Daher ist die Bescheinigung, die vorübergehend die Funktion eines Dokumentenersatzes erfüllen soll, wieder einzubehalten, wenn ein Ersatzdokument ausgestellt oder – etwa in Form eines neuen ausländischen Passes – vorgelegt wird.

Für diese Einbehaltung bedarf es einer Rechtsgrundlage, um klarzustellen, dass es sich gerade nicht um eine Unterlage handelt, über die der Ausländer frei verfügen darf.

Zu § 5 Abs. 2
Die Vorschrift stellt klar, dass insbesondere auch Privatpersonen eine Überprüfung der Rechnungen über Werklieferungen oder sonstige Leistungen im Zusammenhang mit einem Grundstück dulden und dabei mitwirken müssen. Das Betreten von Wohnungen gegen den Willen des Wohnungsinhabers ist nicht zulässig.

Zu § 5 Abs. 3
Die Vorschrift wurde im Wesentlichen aus § 306 Abs. 2 SGB III übernommen.
Die kostenpflichtige Aussonderung von Daten wurde gestrichen. Bei vergleichbaren Außenprüfungen der Finanzämter gibt es keinen Anspruch des Steuerpflichtigen,

§ 5 Duldungs- und Mitwirkungspflichten

der Finanzbehörde die Aussonderung von Daten in Rechnung zu stellen (§§ 200, 97 Abs. 3 AO).
Im Rahmen der Mitwirkungspflicht nach Abs. 1 muss der Arbeitgeber auf seine Kosten die Aussonderung von Daten vornehmen.
Die Vorschrift über die Löschung der übermittelten Daten wurde der neuen Aufgabenbeschreibung in § 2 angepasst.

III. Duldungs- und Mitwirkungspflichten

4 Mit den Prüfungsrechten korrespondieren die Mitwirkungs- und Duldungspflichten für Auftraggeber und Arbeitgeber, Auftragnehmer und Arbeitnehmer sowie Dritte, die bei einer Prüfung angetroffen werden, § 5 I 1 (*Möllert* StBp 06, 176).

5 Die Aufforderung zur Datenübermittlung ist ein eigenständiger Verwaltungsakt. Dieser ist gleichwohl mit der Prüfungsanordnung derart verbunden, dass er sich mit deren Beendigung erledigt (FG Münster 12.2.2014 – 6 K 2434/13 AO). § 5 III stellt grds. eine ausreichende Grundlage für die Anforderung von Daten durch die prüfende Behörde dar, und zwar auch in elektronischer Form. Das rechtfertigt jedoch nicht jedwede Datenübermittlung. Nicht gedeckt ist die Anforderung von erst künftig entstehenden Daten. Zudem muss eine entsprechende Anforderung zur Datenübermittlung hinreichend konkret sein (FG Münster 12.2.2014 – 6 K 2434/13 AO).

6 § 90 AO behandelt Mitwirkungspflichten im Besteuerungsverfahren, § 200 I AO ist eine spezielle Norm für die steuerliche Außenprüfung; beide finden bei Prüfungen nach § 2 I keine Anwendung → § 22 Rn. 5.

7 § 5 gibt nur iRd Prüfungen nach § 2 I. Sobald ein Straf- oder Ordnungswidrigkeitenverfahren eingeleitet wird, gelten allein die strafprozessualen Rechte und Pflichten. Die Mitwirkungspflichten nach § 5 sind dann suspendiert.

1. Duldungspflicht

8 § 5 I 1 statuiert eine bußgeldbedrohte Pflicht zu Duldung der Prüfung.

2. Die Mitwirkungspflichten

9 § 5 I 1 statuiert eine bußgeldbedrohte Pflicht zu Mitwirkung. Danach haben die benannten Personen bei der Prüfung mitzuwirken. Als Mitwirkungspflichten werden ausdrücklich die Auskunftserteilung und die Vorlage von Unterlagen sowie das Aussondern von Daten genannt. Es kommen aber auch andere Mitwirkungshandlungen in Betracht.

10 **Auskunftspflicht.** Vgl. § 93 AO. Es ist der *nemo tenetur*-Grundsatz zu beachten: Niemand darf durch die staatliche Gewalt zu einer Selbstbelastung gezwungen werden. Die angetroffenen Personen haben daher das Recht, Auskünfte zu verweigern, mit denen sie sich selbst – oder nahestehende Personen iSd § 383 I ZPO – belasten würden (→ Rn. 21). Es besteht keine generelle Belehrungspflicht im Prüfverfahren. Drängt sich die Vermutung einer Straftat oder Ordnungswidrigkeit auf, so wird eine Belehrung naheliegen (*Richtarsky*

III. Duldungs- und Mitwirkungspflichten §5

SchwarzArbG Rn. 9). In dem Fall wäre jedoch das Prüfverfahren ohnehin zu beenden und ein Straf- oder OWI-Verfahren einzuleiten → § 2 Rn. 56.
Vorlagepflicht. Vgl. § 97 AO. Die Vorlagepflicht nach § 5 I bezieht sich 11 auf die in §§ 3 und 4 genannten Unterlagen.

Sind diese Daten in Datenverarbeitungsanlagen gespeichert, so sind die 12 Daten nach § 5 III 1, 2 auf Datenträger zur Verfügung zu stellen. Dazu sind in Datenverarbeitungsanlagen gespeicherten Daten auszusondern. Datenverarbeitungsanlage (vgl. § 3 II 1 BDSG) ist eine Anlage zum automatisierten Handhaben von Daten. Davon sind elektronische Speichermedien iSd § 110 III StPO zu unterscheiden. Hierunter fallen etwa CDs oder Speicherkarten, die als reine Speichermedien nicht dem Anlagenbegriff genügen. § 5 III 1 differenziert selbst zwischen der Datenverarbeitungsanlage und dem automatisiert verarbeitbaren Datenträger. Somit sind die darauf gespeicherten Daten nicht vom Einsichtsrecht umfasst.

Die auszusondernden und zu übermittelnden Daten spezifiziert das Gesetz 13 nicht näher, benennt aber Arbeitgeber oder Auftraggeber als Verpflichtete. Aus dem Sachzusammenhang ergibt sich jedoch, dass es sich um die Daten handeln muss, die nach § 5 I vorzulegen sind, also die Daten, die den in §§ 3 und 4 genannten Unterlagen entsprechen. Ist das Aussondern nicht möglich oder unzumutbar, so können die Gesamtdaten übermittelt werden (§ 5 III 2). Die FKS hat dann die überschießenden Daten auszusondern und zu löschen (§ 5 III 3). Es handelt sich um eine Einschränkung der Mitwirkungspflicht, auf die sich der Betroffene berufen und deren Voraussetzungen er nötigenfalls darlegen muss.

Die Mitwirkung ist auf das Aussondern von Daten gerichtet. Aussondern 14 meint keine Herausgabe von Daten. Die Daten sind so bereit zu stellen, dass darin Einsicht genommen werden kann. Die Daten sind also lesbar zu machen. Die Bereitstellung erfolgt durch das Übermitteln auf (1.) automatisiert verarbeitbaren Datenträgern oder (2.) in Listen. Übermitteln meint dabei zugänglich machen am Ort der Prüfung und begründet keine Pflicht, Daten an einen anderen Ort zu senden.

Die FKS ist befugt, durch Ersatzvornahme die Lesbarkeit von nicht lesbar 15 gemachten Daten herzustellen. Die Ersatzvornahme ist anzudrohen nach § 147 V AO iVm § 4 I und § 22 und Androhung gemäß §§ 332 I 1, 328 I, 330 I AO.

§ 5 III 4 ordnet die Rückgabe oder Löschung der Daten an, sobald der Prü- 16 fungszweck endet. Es besteht also ein Anspruch wahlweise auf Rückgabe oder Löschung. Die Rückgabe ist am Ort der Prüfung zu erfüllen entsprechend § 269 I BGB. Rückgabe und Löschung sind ausgeschlossen, soweit die Unterlagen zur Ermittlung von Straftaten oder Ordnungswidrigkeiten, der Ermittlung von steuerlich erheblichen Sachverhalten oder der Festsetzung von Sozialversicherungsbeiträgen oder Sozialleistungen benötigt werden. Die Ermittlung von steuerlich erheblichen Sachverhalten (vgl. § 208 I 1 Nrn. 2, 3 AO) umfasst nicht jedes Besteuerungsverfahren. Eine Prüfung des Sozialversicherungsträgers ist kein Verfahren zur Festsetzung von Sozialversicherungsbeiträgen oder Sozialleistungen.

§ 5 Duldungs- und Mitwirkungspflichten

3. Verpflichtete

17 Verpflichtet zur Mitwirkung sind die in § 5 I 1 genannten Personen:
- Arbeitgeber. Als Arbeitgeber im sozialversicherungsrechtlichen Sinne ist regelmäßig derjenige anzusehen, zu dem ein anderer – der Beschäftigte – in einem persönlichen Abhängigkeitsverhältnis steht. Nach § 7 I 1 SGB IV ist Beschäftigung die nicht selbstständige Arbeit, insbesondere in einem Arbeitsverhältnis (BSG 27.7.2011 – B 12 KR 10/09 R, SozR 4 – 2000, § 28e Nr. 4; s. ausführlich bei KSW/*Berchthold,* § 7 SGB IV Rn. 20ff.; s. auch Bekanntmachung der Sozialversicherungsträger v. 13.4.2010 zur Statusfeststellung von Erwerbstätigen, Ziff. 4.5.).
- Arbeitnehmer und Arbeitnehmerinnen → § 1 Rn. 81.
- Auftraggeber. Der Begriff Auftraggeber erfasst jeden, der eine Dienst- oder Werkleistung durch Personen ausführen lässt, die ihm dafür vereinbarungsgemäß zur Verfügung stehen. Auftraggeber ist auch, wem die Steuerung von Personen verbindlich übertragen worden ist, sodass er den konkreten Einsatz dieser Personen frei von näheren Weisungen bestimmen kann und dadurch dazu beiträgt, dass gegebenenfalls Schwarzarbeit geleistet bzw. ermöglicht wird. Die bloße Weitergabe eines Auftrags ohne Verpflichtung des Vermittelten zum Tätigwerden reicht hingegen nicht aus (BFH 23.10.2012 – VII R 41/10 → § 3 Rn. 7).
- Auftraggeber können auch solche sein, die nicht Unternehmer iSv § 2 UStG sind. Dies stellt § 5 IV iVm § 4 III klar. Es müssen also nicht die Tatbestandsmerkmale nach § 2 UStG zusammen erfüllt sein. Die Tätigkeit muss nicht nachhaltig ausgeübt werden. Auf eine Einnahmeerzielungsabsicht kommt es nicht an → § 3 Rn. 7.
- Dritte, die bei einer Prüfung nach § 2 I angetroffen werden.
- Entleiher, die bei einer Prüfung nach § 2 I Nr. 5 angetroffen werden. Der Begriff des Entleihers knüpft an das AÜG an und ist somit deckungsgleich.

4. Verletzung und Durchsetzung von Mitwirkungspflichten

18 Eine Verletzung der Mitwirkungspflichten setzt voraus, dass eine Mitwirkung im Rahmen einer Prüfung nach § 2 I begehrt wird. Für die Durchführung des Gesetzes gelten nach § 22 die Vorschriften der AO entsprechend. Im Falle der Weigerung kann der Zoll eine Mitwirkung der Betroffenen nach den Vorschriften der § 22 iVm §§ 328ff. AO zu erzwingen versuchen, wenn die Behörde der Auffassung ist, dem Betroffenen stehe kein Mitwirkungsverweigerungsrecht zu.

19 Die Durchsetzung mit Zwangsmitteln nach §§ 328ff. AO setzt aber in jedem Falle voraus, dass der Betroffene zunächst durch Verwaltungsakt zur Erfüllung seiner gesetzlichen Pflicht aufgefordert wird (§ 254 I 1 AO). Der Verwaltungsakt kann mündlich ergehen. § 328 I 1 AO erfasst als Handlungsformen sowohl aktives Handeln als auch passives Dulden oder Unterlassen (*Kruse* in: Tipke/Kruse, § 328 AO, Tz. 2). Unzweifelhaft stellt die Prüfungsanordnung einen Verwaltungsakt dar (→ § 2 Rn. 45). Deren Durchführung hat der Betroffene zu dulden.

20 Die durch §§ 3, 4 allgemein statuierten Mitwirkungspflichten werden erst durch das jeweilige Mitwirkungsverlangen für den Einzelfall konkretisiert.

IV. Auskunftsverweigerungsrecht **§ 5**

Dies ist ein Verwaltungsakt, sofern aus der Aufforderung des Prüfers ausreichend deutlich wird, dass eine rechtlich verbindliche Forderung an den Betroffenen gerichtet wird (BFH 28.10.2009 – VIII R 78/05 DStR 2010, 326; Koenig/ Zöllner AO § 200 Rn. 8). In dem Fall sind die Mitwirkungen nach §§ 3, 4 bei der Personalienprüfung, dem Dulden des Betretens von Geschäftsräumen und Grundstücken und der Vorlage von Urkunden zur Einsicht erzwingbar nach § 22 iVm § 3.

Die gesetzlichen Zwangsmittel sind sodann jeweils gesondert anzudrohen **21** (§ 22 iVm § 332 AO), festzusetzen (§ 22 iVm § 333 AO) und zu vollziehen. § 328 I 1 AO sieht drei Zwangsmittel vor: Zwangsgeld (§ 329 AO), Ersatzvornahme (§ 330 AO) und unmittelbarer Zwang (§ 331 AO). Diese Aufzählung ist, abgesehen von § 336 AO, abschließend. Andere Zwangsmittel dürfen nicht angewendet werden (*Kruse* in Tipke/Kruse, § 328 AO Tz. 24). Gegen jeden der Verfahrensschritte (Androhung, Festsetzung, Vornahme) ist der Einspruch (§ 22 iVm § 347 AO) statthaft. Daneben kann Aussetzung der Vollziehung (§ 22 iVm § 369 AO) beantragt werden (*Spatschek/Wulf* PStR 2005, 40). Konsequenz ist eine finanzgerichtliche Klage gegen die Mitwirkungsanordnung und Zwangsmittelandrohung. Grundsätzlich soll in Verwaltungsverfahren eine Vollstreckung und damit auch eine Vollziehung von Zwangsmitteln regelmäßig solange unterbleiben, bis über einen gestellten Antrag auf Aussetzung der Vollziehung entschieden ist (AEAO, Nr. 3.1 zu § 361; *Kruse* in Tipke/Kruse, § 328 AO Tz. 8). Soweit der Betroffene seine Rechtsbehelfsmöglichkeiten ausnutzt, wird eine Erzwingung der Mitwirkung über die Vorschriften der Abgabenordnung daher im Regelfall wenig zweckmäßig sein (*Spatschek/Wulf* PStR 2005, 40).

Bei Duldungs- oder Unterlassungspflichten als unvertretbare Handlungen **22** ist eine Ersatzvornahme nicht statthaft (Koenig/Zöllner, AO, § 330 Rn. 2; Klein/*Brockmeyer* AO § 330 Rn. 2). Unmittelbarer Zwang (§ 331 AO) kommt in Betracht zur Erzwingung des Betretens von Grundstücken und Räumen (§ 4 I), Erzwingung der Vorlage von Urkunden (§ 3 I Nr. 2, § 4 II, III), zum Durchführen von Maßnahmen, um die Vernichtung von Beweismitteln zu verhindern. Unmittelbarer Zwang ist nicht zulässig zur Wegnahme von Geschäftsbüchern; nur Einsicht kann erzwungen werden, sonst ist (Zulässigkeit vorausgesetzt) Beschlagnahme erforderlich (*Kruse* in Tipke/Kruse, § 331 AO Tz. 3).

Den Verstoß gegen die Mitwirkungspflichten sanktioniert § 8 II als Ord- **23** nungswidrigkeit. Die Zollbehörden können die Verhängung eines solchen Bußgelds androhen, um eine Mitwirkung zu erzwingen. Besteht ein Mitwirkungsverweigerungsrecht iSd § 5 I 3, so entfällt die Mitwirkungspflicht und damit auch die Bußgeldbewehrung (*Spatschek/Wulf* PStR 2005, 40).

IV. Auskunftsverweigerungsrecht

Das Schweigerecht nach § 5 I 2 ist Ausdruck des *nemo-tenetur*-Grundsatzes. **24** Sobald der Betroffene sich durch eine der möglichen Antworten selbst belasten könnte, besteht bereits ein Mitwirkungsverweigerungsrecht iSd § 5 I 3 (*Spatschek/Wulf,* PStR 2005, 40). Das Schweigerecht steht dem Betroffenen zu. Die Ausübung des Schweigerechtes wegen der Gefahr einer Selbstbelastung erfordert die ausdrückliche Berufung auf das Auskunftsverweigerungsrecht des § 5 I 3, andernfalls liegt eine ordnungswidrige Verletzung der Mitwirkungspflicht vor. Dem steht nicht entgegen, dass der Betroffene zuvor nicht über sein Auskunftsverweigerungsrecht nach § 5 I 3 belehrt wurde, da das Gesetz eine Belehrungspflicht – anders als in § 55 II StPO – nicht vorsieht (OLG Bamberg 15.1.2013 – 2 Ss OWi 897/12; *Lübbersmann* PStR 2013, 178).

V. Ausländerpapiere

25 Für Ausländerpapiere (Ausweispapiere von Ausländern → 2a Rn. 4) besteht eine Vorlagepflicht, § 5 I 3. Dies dient dem Prüfungsauftrag aus § 2 I Nr. 4. Bestehen Anhaltspunkte für einen Verstoß gegen ausländerrechtliche Vorschriften sind die Papiere zur Weiterleitung an die zuständige Ausländerbehörde → § 2 Rn. 82 zu überlassen. Darüber ist eine Quittung zu erteilen, § 5 I 4.

26 Bestehen daneben Anhaltspunkte dafür, dass die Urkunde unecht oder verfälscht ist, so ist § 6 IV zu beachten. Die Ausweispapiere sind an die zuständige Polizeivollzugsbehörde → § 2 Rn. 92 weiterzuleiten. Ohne dass das Gesetz dies ausdrücklich anordnet, ergibt sich aus der Zusammenarbeit die Pflicht, die Ausländerbehörde darüber jedoch zu unterrichten. Zudem ist in der Quittung nach § 5 I 5 anstelle der Ausländerbehörde entsprechend die empfangende Polizeibehörde zu benennen.

§ 6 Unterrichtung und Zusammenarbeit von Behörden

(1) ¹**Die Behörden der Zollverwaltung und die sie gemäß § 2 Abs. 2 unterstützenden Stellen sind verpflichtet, einander die für deren Prüfungen erforderlichen Informationen einschließlich personenbezogener Daten und die Ergebnisse der Prüfungen zu übermitteln, soweit deren Kenntnis für die Erfüllung der Aufgaben der Behörden oder Stellen erforderlich ist.** ²**Die Behörden der Zollverwaltung einerseits und die Strafverfolgungsbehörden und die Polizeivollzugsbehörden andererseits übermitteln einander die erforderlichen Informationen für die Verhütung und Verfolgung von Straftaten und Ordnungswidrigkeiten, die in Zusammenhang mit einem der in § 2 Abs. 1 genannten Prüfgegenstände stehen.** ³**An Strafverfolgungsbehörden und Polizeivollzugsbehörden dürfen personenbezogene Daten nur übermittelt werden, sofern tatsächliche Anhaltspunkte dafür vorliegen, dass die Daten für die Verhütung und Verfolgung von Straftaten oder Ordnungswidrigkeiten, die in Zusammenhang mit einem der in § 2 Abs. 1 genannten Prüfgegenstände stehen, erforderlich sind.**

(2) ¹**Die Behörden der Zollverwaltung dürfen zur Wahrnehmung ihrer Aufgaben nach § 2 Abs. 1 sowie zur Verfolgung von Straftaten oder Ordnungswidrigkeiten die Datenbestände der Bundesagentur für Arbeit über erteilte Arbeitsgenehmigungen-EU und Zustimmungen zur Beschäftigung sowie über im Rahmen von Werkvertragskontingenten beschäftigte ausländische Arbeitnehmer und Arbeitnehme-**

rinnen automatisiert abrufen; die Strafverfolgungsbehörden sind zum automatisierten Abruf nur berechtigt, soweit dies zur Verfolgung von Straftaten oder Ordnungswidrigkeiten erforderlich ist. ²§ 79 Abs. 2 bis 4 des Zehnten Buches Sozialgesetzbuch gilt entsprechend.

(3) ¹Die Behörden der Zollverwaltung unterrichten die jeweils zuständigen Stellen, wenn sich bei der Durchführung ihrer Aufgaben nach diesem Gesetz Anhaltspunkte ergeben für Verstöße gegen
1. dieses Gesetz,
2. das Arbeitnehmerüberlassungsgesetz,
3. Bestimmungen des Vierten und Siebten Buches Sozialgesetzbuch zur Zahlung von Beiträgen,
4. die Steuergesetze,
5. das Aufenthaltsgesetz,
6. die Mitwirkungspflicht nach § 60 Abs. 1 Satz 1 Nr. 1 und 2 des Ersten Buches Sozialgesetzbuch oder die Meldepflicht nach § 8a des Asylbewerberleistungsgesetzes,
7. die Handwerks- oder Gewerbeordnung,
7a. das Güterkraftverkehrsgesetz,
8. sonstige Strafgesetze,
9. das Arbeitnehmer-Entsendegesetz oder
10. das Mindestlohngesetz.

²Nach § 5 Abs. 1 Satz 4 in Verwahrung genommene Urkunden sind der Ausländerbehörde unverzüglich zu übermitteln.

(4) Bestehen Anhaltspunkte dafür, dass eine nach § 5 Abs. 1 Satz 4 in Verwahrung genommene Urkunde unecht oder verfälscht ist, ist sie an die zuständige Polizeivollzugsbehörde zu übermitteln.

Literatur: Hardtung, Auskunftspflicht der Sozialbehörden nach § 69 I Nr. 1 SGB X im staatsanwaltschaftlichen Ermittlungsverfahren, NJW 1992, 211; Krahmer, Sozialdatenschutz nach SGB I und X, 3. Aufl. 2011, Wamers, Kommentar zum Gesetz zur Bekämpfung der Schwarzarbeit und illegalen Beschäftigung (Schwarzarbeitsbekämpfungsgesetz – SchwarzArbG), in: Das Deutsche Bundesrecht; Randt, Der Steuerfahndungsfall, 2004

Verwaltungsanweisungen: Anweisungen für das Straf- und Bußgeldverfahren (Steuer) – AStBV (St) 2014 (BStBl I 2013, 1394)

Inhaltsübersicht

	Rn.
I. Allgemeines	1
II. Gesetzesmaterialien	4
III. Unterrichtung und Zusammenarbeit	5
1. Zusammenarbeit	8
2. Unterstützung	10
3. Informationsaustausch (Abs. 1)	11
4. Automatisierter Datenabruf (Abs. 2)	21
5. Gegenseitige Unterrichtung (Abs. 3)	23
6. Information bei Urkundsdelikten (Abs. 4)	25
7. Zuständige Stellen	27

§ 6 Unterrichtung und Zusammenarbeit von Behörden

I. Allgemeines

1 Das SchwarzArbG ist geprägt vom Grundsatz der Zusammenarbeit aller mit der Bekämpfung von Schwarzarbeit und illegaler Beschäftigung befassten Dienststellen (Zusammenarbeitsstellen) → § 2 Rn. 64. Es enthält ganz wesentliche Änderungen der vorangegangenen Regelwerke und verpflichtet damit zu einer intensiveren, teilweise im Gesetz eigens vorgeschriebenen Zusammenarbeit.

2 Durch Art. 6 VII des Gesetzes vom 19.8.2007 (BGBl. I S. 1970) wurde § 6 III Nr. 7a neu eingefügt.

3 Eine Rechtsfolgenverweisung auf die Norm enthalten § 17 AEntG, § 17a AÜG, § 12 MiArbG (bis 2014), § 15 MiLoG.

II. Gesetzesmaterialien

4 Die Begründung im Regierungsentwurf (BR-Drs. 155/04, 63 ff.) führt zu § 6 aus:

Zu § 6 Abs. 1
Die Vorschrift wurde im Wesentlichen aus § 308 Abs. 1 SGB III übernommen.

Zu den die Behörden der Zollverwaltung unterstützenden Stellen gehören gemäß § 2 Abs. 2 Nr. 1 auch die Finanzbehörden. Die Behörden der Zollverwaltung trifft eine besondere Informationspflicht gegenüber den Finanzbehörden der Länder, da aufgrund des enormen Steuerausfalls im Zusammenhang mit Schwarzarbeit eine intensive Zusammenarbeit dringend notwendig ist. Die Behörden der Zollverwaltung sind verpflichtet, die Finanzbehörden der Länder über Sachverhalte zu unterrichten, die zu einer Steuernacherhebung führen können.

Die Polizeivollzugsbehörden sind abweichend von § 308 Abs. 1 SGB III nicht mehr ausdrücklich aufgeführt. Bei der Übermittlung von Daten zu Zwecken der Strafverfolgung sind die Polizeivollzugsbehörden bereits unter den Begriff der Strafverfolgungsbehörden zu subsumieren. Eine Übermittlung von personenbezogenen Daten zu Präventionszwecken von und an die Polizeivollzugsbehörden ist nicht mehr vorgesehen, da hierfür hinsichtlich Straftaten und Ordnungswidrigkeiten, die in unmittelbarem Zusammenhang mit einem der in § 2 Abs. 1 genannten Prüfgegenstände stehen, kein Bedarf besteht.

Zu § 6 Abs. 2
Die Vorschrift wurde im Wesentlichen aus § 308 Abs. 2 SGB III übernommen.

Der Halbsatz „soweit dies zur Verfolgung von Straftaten oder Ordnungswidrigkeiten erforderlich ist" wurde gestrichen, weil die genannten Datenbestände auch zur Vorbereitung von Prüfungen erforderlich sind. Darüber hinaus können die Behörden der Zollverwaltung mit Hilfe dieser Informationen auch risikoorientiert Prüfobjekte auswählen.

Zu § 6 Abs. 3
Die Vorschrift wurde im Wesentlichen aus § 308 Abs. 3 SGB III übernommen.

Der Fall des Verstoßes gegen die Mitwirkungspflicht gemäß § 60 Abs. 1 S. 1 Nr. 1 des SGB 1 wurde zusätzlich aufgenommen. Siehe hierzu auch Begründung zu § 1 Abs. 2 Nr. 3.

III. Unterrichtung und Zusammenarbeit § 6

Außerdem wurde auf die Nennung der einzelnen Sozialleistungsträger als Adressaten der Mitteilungen nach § 60 Abs. 1 S. 1 Nr. 1 und 2 des SGB 1 verzichtet. Der Kreis der Adressaten erweitert sich damit auf alle Träger von Sozialleistungen nach dem Sozialgesetzbuch.

Zusätzlich wurde der Fall des Verstoßes gegen die Handwerks- und Gewerbeordnung aufgenommen, damit eine gegenseitige Unterrichtung der Behörden der Zollverwaltung und der in § 2 Abs. 2 Nr. 11 genannten Stellen gewährleistet ist

III. Unterrichtung und Zusammenarbeit

§ 6 regelt ausweislich seiner Überschrift die Unterrichtung und Zusammenarbeit von Behörden. Damit regelt § 6 etwas vordergründig Ähnliches wie § 2 II, der die Unterstützung der Zollbehörden durch die dort genannten Stellen anordnet. 5

Die Aufklärung von unbekannten Sachverhalten erfolgt durch das Beschaffen von Informationen, die erlangt werden durch 6
– nach außen gerichtete Maßnahmen, insbesondere Prüfungshandlungen;

Indem das SchwarzArbG die Prüfungshandlungen bei der FKS konzentriert, eine Zusammenarbeit mit den jeweiligen Fachstellen anordnet, schafft es ein Instrumentarium, mit dem die Informationen beschafft werden sollen, die die Sozialversicherungsträger benötigen, um unbekannte Sachverhalte aufzudecken. Konzept des Gesetzes ist es, dass eine Stelle – die FKS-Informationen beschafft und diese weitergibt. Die Weitergabe ist Informations-(amts)-hilfe. § 2 regelt die nach außen gerichteten Prüfungshandlungen, während § 6 die gegenseitige Unterstützung durch Informations(-amts-)hilfe bestimmt. Demgegenüber behandelt § 13 die Hilfeleistung im Bereich des Ermittlungshandelns. 7

1. Zusammenarbeit

Das Gesetz legt die Formen der Zusammenarbeit nicht fest. Zusammenarbeit bedeutet begrifflich, dass zwei oder mehrere Stellen gemeinsam tätig werden und nicht einer für den anderen tätig wird. Damit ist Zusammenarbeit keine Amtshilfe. Amtshilfe ist ihrem Wesen nach Unterstützung oder Beistand bei der Durchführung von Aufgaben der ersuchenden Behörde (§ 111 II Nr. 2 AO). Sie setzt also begrifflich voraus, dass der hilfeleistenden Behörde die Vornahme der betreffenden Amtshandlung nicht aus eigener gesetzlicher Aufgabenzuweisung obliegt (BFH 25.1.1988 – VII B 85/87, BStBl. 1988 II S. 566). Amtshilfe ist also das Tätigwerden der helfenden Behörde im Aufgabenkreis der ersuchenden Behörde. Jedoch ist Zusammenarbeit auch eine (Amts-)Hilfeleistung. Der Gesetzgeber setzt gerade dort an, dass die Zusammenarbeitsstellen sich gegenseitig unterstützen, also helfen, und nicht jede Stelle parallel ihre Aufgaben wahrnimmt. Zusammenarbeit ist also gekennzeichnet sowohl vom Tätigwerden im eigenen Aufgabenkreis als auch von der gegenseitigen Hilfeleistung. 8

Zusammenarbeitsanlass Sobald Anhaltspunkte für einen Fall von Schwarzarbeit vorliegen, die Erkenntnisse jedoch keinen Anfangsverdacht be- 9 gründen, sind ggf. **Vorermittlungen** durchzuführen → § 2 Rn. 52. Dies ist aber auch der späteste Zeitpunkt für eine Mitteilung an die Zusammenarbeitsstellen nach § 6 III 1.

2. Unterstützung

10 Nach § 2 II 2 „werden die Behörden der Zollverwaltung bei den Prüfungen nach Abs. 1 unterstützt von" den genannten Stellen. § 2 II 2, 1. Hs. erwähnt, dass die bezeichneten Stellen ihre Prüfungen verbinden können (gemeinsame Prüfungen). § 2 II 2, 2. Hs. hält fest, dass die Vorschriften über die Unterrichtung und Zusammenarbeit von der Befugnis zu gemeinsamen Prüfungen unberührt bleiben. Demnach ist Unterstützung nicht deckungsgleich mit Zusammenarbeit. Unterstützung ist synonym zu Hilfeleisten. Zur Hilfeleistung sind die dort benannten Stellen jedoch schon aus Amtshilfegrundsätzen verpflichtet. Somit macht die Vorschrift nur Sinn, wenn sie über die Amtshilfepflicht hinausgeht. Die **Unterstützung** sieht das Gesetz offenbar als eigenständige Aufgabe an, wie aus der Formulierung von § 2 II 2 folgt. Bleiben Aufgaben nach anderen Rechtsvorschriften unberührt, so muss es sich bei der in S. 1 genannten Unterstützungsleistung um eine eigene Aufgabe handeln. Handelt es sich um eine eigene Aufgabe, so ist die Unterstützung nicht reine Amtshilfe. Für diese Wertung spricht auch die Bestimmung des § 2 II 4, wonach die Verwaltungskosten der unterstützenden Stellen nicht zu erstatten sind. Dies ist gegensätzlich zum Grundsatz der Kostentragung durch die ersuchende Behörde bei der Amtshilfe. Danach ist die Unterstützungsleistung eine eigenständige Aufgabe. § 6 II 1 ist eine Kompetenz begründende und zuweisende Norm.

3. Informationsaustausch (Abs. 1)

11 § 6 I wurde im Wesentlichen aus § 308 I SGB III (aufgeh. mWv 1.8.2004 durch SchwarzArbG v. 23.7.2004, BGBl. I S. 1842). übernommen.

12 Die Norm ordnet die gegenseitige Unterrichtung der Zusammenarbeitsstellen an. Dem Informationsaustausch liegt eine vom Gesetzgeber gewollte Pflicht zugrunde, um die Bekämpfung von Schwarzarbeit und illegaler Beschäftigung zu intensivieren, indem bei einer Stelle verfügbare Informationen die jeweils spezifisch zuständige Stelle erreichen. Diese Informationen unterfallen regelmäßig dem Sozialdatenschutz gemäß § 35 SGB I, §§ 67 ff. SGB X (→ § 15 Rn. 4). § 6 I behandelt allein die Übermittlung von Informationen. Übermitteln ist Datenverarbeitung durch Weitergabe von Daten (§ 67 VI Nr. 3 SGB X). Über die Datenerhebung und die Nutzung im Anschluss an die Übermittlung sagt die Norm nichts aus. Diese richten sich nach den allgemeinen Vorschriften der §§ 67 ff. SGB X oder – wenn die Daten von einer Finanzbehörde stammen oder von einer solchen genutzt werden – nach den §§ 30 ff. AO (→ § 15 Rn. 10).

13 Zur gegenseitigen Übermittlung von Informationen regelt § 6 I zwei wesentliche Unterfälle, nämlich
– den Informationsaustausch mit den Zusammenarbeitsstellen (§ 6 I 1) und
– den Informationsaustausch mit Straf- und Ordnungswidrigkeitenbehörden und Polizeivollzugsbehörden (§ 6 I 2 und 3).

III. Unterrichtung und Zusammenarbeit § 6

Die Unterrichtung der Finanzämter durch die Zollbehörden bezeichnet die 14
Gesetzesbegründung als „besondere Informationspflicht" (BR-Drs. 155/04,
64). Somit handelt es sich in den übrigen Fällen um eine einfache aber doch
verpflichtende Unterrichtung. Die Unterrichtung ist keine Kulanzamtshilfeleistung. Sie zu leisten steht nicht im Ermessen.

Die Schranke findet das Gebot zur gegenseitigen Unterrichtung durch 15
Datenübermittlung durch den Übermittlungszweck und die Zweckbindung
sowie den Erforderlichkeitsgrundsatz. Dem Grundsatz der **Erforderlichkeit**
unterliegt jede Datenübermittlung im sozialen Bereich (*Krahmer* SGB I § 35
Rn. 5.1). Dieses Prinzip hält Satz 1 fest, und zwar durch eine doppelstufige
Erforderlichkeit: Die Norm befugt allein zur Übermittlung von Informationen, die (1.) für die Prüfungen der empfangenden Zusammenarbeitsstelle
erforderlich sind und (2.) für die Erfüllung der Ausgaben der jeweiligen empfangenden Zusammenarbeitsstelle. Die zweite Stufe hat grds. keinen eigenständigen Regelungsgehalt. Die Informationen können für eine Prüfung der
empfangenden Zusammenarbeitsstelle nur dann erforderlich sein, wenn diese
zugleich in Erfüllung der Aufgaben der empfangenden Stelle liegt. Somit hält
die zweite Stufe allein fest, was sich bereits aus dem Erforderlichkeitsgrundsatz ergibt. Eine Übermittlung iRd der Amtshilfe ist nicht von § 6 gedeckt,
da diese nicht zur Erfüllung von Aufgaben der empfangenden Stelle erfolgt.
Der Erforderlichkeitsgrundsatz umschreibt das Gebot der sachlichen Notwendigkeit: eine Übermittlung ist nur gestattet, wenn und soweit die übermittelnde oder die empfangende Stelle ihre Aufgaben nicht ohne die Information erfüllen kann. Die Erforderlichkeit verwirklicht als allgemeines
Zulässigkeitskriterium bei jeder Art von Datenspeicherung, -weitergabe,
-änderung und -nutzung – nicht nur im Sozialdatenrecht, sondern nach allgemeinem Datenschutzrecht – das verfassungsmäßige Recht auf informationelle Selbstbestimmung (BVerfGE 65, 1). Maßgebend ist die Lage im Einzelfall. Dabei ist zu erwägen, ob nicht der Betroffene selbst im Wege der
Mitwirkung die betreffenden Informationen selbst beschaffen kann (Krahmer/*Höfer* § 69 SGB X Rn. 5.3). Die Übersendung vollständiger Akten ist
regelmässig nicht erforderlich zur Erfüllung von Aufgaben der empfangenden
Stelle. Bei der Übermittlung von Akten mit „überschießenden" Daten ist
§ 67d III SGB X zu beachten, eine Abwägung der schutzwürdigen Interessen vorzunehmen und die Änderung und Nutzung „überschießender" Daten
ist untersagt. Es ist eine Abwägung im Einzelfall dahin gehend vorzunehmen,
ob schutzwürdige Interessen des Betroffenen oder Dritter entgegenstehen.
Schutzwürdige Interessen werden berührt, wenn ein unvoreingenommener
Betrachter dies so sehen würde, zB intime Informationen an den Nachbarn
oder einen Arbeitgeber gehen würden oder aber, wenn die sog. weiteren
Personen bezogenen Daten Informationen enthalten, die die empfangende
Stelle zum Nachteil des Betroffenen nutzen könnte (*Gola/Schomerus* § 15
Rn. 7.2; Krahmer/*Stähler* § 67d SGB X Rn. 9). Diese Voraussetzungen sind
im Bereich des § 6 regelmässig erfüllt. Prüfungen zur Bekämpfung von
Schwarzarbeit und illegaler Beschäftigung bergen die nicht nur abstrakte
Gefahr, Nachteile für den Betroffenen nach sich zu ziehen. Jedoch ist das
Interesse an der Nichtaufdeckung und -verfolgung von Straftaten und
Ordnungswidrigkeiten grds. nicht schutzwürdig. Allerdings geht aus der

§ 6 Unterrichtung und Zusammenarbeit von Behörden

Schranke in § 6 I 3 hervor, dass auch dies nicht uneingeschränkt der Fall ist. Die Mitübermittlung von besonders schutzwürdigen Daten iSd § 76 SGB V wird regelmässig nicht zulässig sein (Krahmer/*Stähler* § 67d SGB X Rn. 9). Diese Abwägung muss überprüfbar nach außen erkennbar sein. Die übermittelnde Stelle stützt sich schließlich auf einen Befugnistatbestand, für deren Vorliegen sie feststellungsbelastet ist.

16 § 6 I 2 setzt eine Schranke für die Übermittlung von Informationen an und durch Strafverfolgungs- und Polizeibehörden. Die Übermittlung von Informationen erfolgt nur dann befugt, wenn die Informationen für die Verhütung und Verfolgung von Straftaten und Ordnungswidrigkeiten erforderlich sind, die in Zusammenhang mit einem der in § 2 I genannten Prüfgegenstände stehen. Dieser ausdrücklichen Schranke bedarf es bei der Übermittlung an Zusammenarbeitsstellen schon daher nicht, da sie sich aus der Kompetenz der empfangenden Stelle ergibt. Das ist bei den Strafverfolgungs- und Polizeibehörden nicht der Fall. Die in § 6 I 2 gesetzte Schranke verdichtet § 6 I 3 für die Übermittlung an Strafverfolgungsbehörden. Der Grundsatz, dass die Erforderlichkeit im Einzelfall zu beurteilen ist, wird dahin gehend ausgefüllt, das tatsächliche Anhaltspunkte dafür gegeben sein müssen, dass die Daten für die Verhütung und Verfolgung von Straftaten oder Ordnungswidrigkeiten, die in Zusammenhang mit einem der in § 2 I genannten Prüfgegenstände stehen, erforderlich sind. Die tatsächlichen Anhaltspunkte müssen einen Verstoß gegen die durch das SchwarzArbG geschützten Rechtsgüter nahe legen.

17 Weitere Befugnisnorm zur Datenübermittlung im Bereich der Schwarzarbeitsbekämpfung ist § 67e SGB X. § 67e SGB X regelt neben der Übermittlung von Daten auch die Datenerhebung. Danach ist bei der Prüfung nach § 2 oder der Betriebsprüfung der Rentenversicherungsträger nach § 28p SGB IV eine weitergehende Datenerhebung zulässig. Über die nach § 67a SGB X zulässig zu erhebenden Daten dürfen die FKS bei der der Prüfung nach § 2 oder der Rentenversicherungsträger bei der Betriebsprüfung nach § 28p SGB IV → § 2 Rn. 78 erfragen:
1. ob und welche Art von Sozialleistungen nach dem SGB oder Leistungen nach dem Asylbewerberleistungsgesetz die überprüfte Person bezieht und von welcher Stelle sie diese Leistungen bezieht,
2. bei welcher Krankenkasse die überprüfte Person versichert oder ob sie als Selbstständige tätig ist,
3. ob und welche Art von Beiträgen nach dem SGB die überprüfte Person abführt und
4. ob und welche ausländischen Arbeitnehmer die überprüfte Person mit einer für ihre Tätigkeit erforderlichen Genehmigung und nicht zu ungünstigeren Arbeitsbedingungen als vergleichbare deutsche Arbeitnehmer beschäftigt.

18 Die nach § 67e S. 1 Nr. 1 SGB X erhobenen Daten darüber, ob und welche Art von Sozialleistungen nach diesem Gesetzbuch oder Leistungen nach dem Asylbewerberleistungsgesetz die überprüfte Person bezieht und von welcher Stelle sie diese Leistungen bezieht, dürfen an den jeweiligen Leistungsträger übermittelt werden. Die nach § 67e S. 1 Nrn. 2–4 SGB X erhobenen Daten dürfen an die jeweils zuständige Einzugsstelle (§ 28i SGB IV) und die BA

III. Unterrichtung und Zusammenarbeit   § 6

übermittelt werden. Liegen die Voraussetzungen des § 67e SGB X vor, ist die in § 67d III SGB X vorgesehene Abwägung dahin gehend, ob schutzwürdige Interessen des Betroffenen oder Dritter der Datenübermittlung entgegenstehen, nur bei entsprechenden Anhaltspunkten vorzunehmen. In jedem Fall ist die Übermittlung nur zu Prüfzwecken zulässig. § 67e SGB X enthält keine grds. Vermutung der Erforderlichkeit (→ Rn. 14) und entbindet nicht von diesem grds. Kriterium (Krahmer/Stähler SGB X § 67e Rn. 5, 10). Besteht also ein Anfangsverdacht (→ § 2 Rn. 54) ist eine Übermittlung nach § 67e S. 2 SGB X nicht zulässig.

Für die Übermittlung an ausländische Stellen in anderen EU-Mitgliedstaa- 19 ten und sog. Schengen-Staaten ist § 6a die speziellere Norm. Für die Übermittlung an ausländische Stellen in Drittstaaten ist gilt § 77 SGB X. Für die Datenübermittlung durch Abruf aus der Zentralen Datenbank nach § 16 richtet sich die Zulässigkeit allein nach § 16 III, IV.

Danach sind Datenübermittlungen zulässig wie folgt: 20

Übermittelnder	Empfänger	Befugnisnorm	Daten	Verwendungszweck
FKS	Zusammenarbeitsstelle nach § 2 II	§ 6 I 1	Informationen, die für Prüfungen der Zusammenarbeitsstelle erforderlich sind; Ergebnisse der Prüfungen	Durchführung einer Prüfung (Verwaltungsverfahren)
Zusammenarbeitsstelle nach § 2 II	FKS	§ 6 I 1	wie vor	wie vor
FKS	Strafverfolgungs- und Polizeivollzugsbehörden	§ 6 I 2 und 3	iRd Prüfung erlangte Informationen	Verhütung (Gefahrenabwehr) und Verfolgung von Straftaten und OWi (Ermittlungsverfahren) iZm Schwarzarbeit
Strafverfolgungs- und Polizeivollzugsbehörden	FKS	§ 6 I 2	wie vor	wie vor
BA	FKS	§ 6 II	Datenbestände über erteilte Arbeitsgenehmigun-	zur Prüfung nach § 2 I; zur Verfolgung

Übermittelnder	Empfänger	Befugnisnorm	Daten	Verwendungszweck
			gen-EU, Zustimmungen zur Beschäftigung, iRv Werkvertragskontingenten beschäftigte ausländische Arbeitnehmer und Arbeitnehmerinnen	von Straftaten und OWi (Ermittlungsverfahren) iZm Schwarzarbeit
BA	Strafverfolgungsbehörden	§ 6 II	Datenbestände über erteilte Arbeitsgenehmigungen-EU, Zustimmungen zur Beschäftigung, iRv Werkvertragskontingenten beschäftigte ausländische Arbeitnehmer und Arbeitnehmerinnen	zur Verfolgung von Straftaten und OWi (Ermittlungsverfahren) iZm Schwarzarbeit
FKS	jew. zust. Stelle	§ 6 III	Verdachtsmomente	zur Verfolgung von Straftaten und OWi (Ermittlungsverfahren)
FKS	Polizei	§ 6 IV	in Verwahrung genommene Urkunde bei Fälschungsverdacht	zur Verfolgung von Straftaten und OWi (Ermittlungsverfahren)
FKS DRV-Bp	jew. zust. Leistungsträger	§ 67e S. 1 und 2 Nr. 1 SGB X	ob und welche Art von Sozialleistungen nach dem SGB oder Leistungen nach dem Asylbewerberleistungsgesetz die überprüfte Person bezieht und von welcher Stelle sie diese Leistungen bezieht	zu Prüfzwecken (Verwaltungsverfahren)

III. Unterrichtung und Zusammenarbeit § 6

Übermittelnder	Empfänger	Befugnisnorm	Daten	Verwendungszweck
FKS DRV-Bp	jew. zust. Einzugsstelle	§ 67e S. 1 und 2 Nr. 2 SGB X	zust. Krankenkasse oder als Selbstständiger tätig ist	zu Prüfzwecken (Verwaltungsverfahren)
FKS DRV-Bp	jew. zust. Einzugsstelle	§ 67e S. 1 und 2 Nr. 3 SGB X	ob und welche Art von Beiträgen nach SGB abgeführt werden	zu Prüfzwecken (Verwaltungsverfahren)
FKS DRV-Bp	jew. zust. Einzugsstelle	§ 67e S. 1 und 2 Nr. 4 SGB X	Beschäftigung von ausländ. Arbeitnehmern mit Genehmigung und zu gleichen Konditionen	zu Prüfzwecken (Verwaltungsverfahren)
FKS	ausländ. Stelle EU/EWR/Schweiz	§ 6a iZm § 77 I Nr. 1 SGB X	Daten iZm Prüfgegenstand nach § 2 I	zur Verhütung von Straftaten (Gefahrenabwehr)
inländ. Stelle nach § 35 I SGB I	ausländ. Stelle EU/EWR	§ 77 I SGB X	Sozialdaten	Erfüllung von Aufgaben nach SGB bzw. vergleichbarem Gesetz
inländ. Stelle nach § 35 I SGB I	ausländ. Stelle Nicht-EU/EWR	§ 77 II SGB X	Sozialdaten	Erfüllung von Aufgaben nach SGB bzw. vergleichbarem Gesetz
Finanzamt	alle Behörden und Gerichte, die für die Bekämpfung der illegalen Beschäftigung oder des Leistungsmissbrauchs zuständig sind	§§ 30 IV Nr. 2, 31a AO	nach § 30 AO geschützte Verhältnisse des Betroffenen	die Durchführung eines Straf- oder OWi-Verfahrens, oder eines anderen gerichtlichen oder Verwaltungsverfahrens

Obenhaus

4. Automatisierter Datenabruf (Abs. 2)

21 Insgesamt wurde die Zusammenarbeit der Behörden und der Informationsaustausch auch durch die Einrichtung einer zentralen Datenbank verbessert (→ § 16 Rn. 15). Es besteht darüber hinaus der automatisierte Zugriff auf die Datenbestände der BA→ § 16 Rn. 22 über
- erteilte Arbeitsgenehmigungen-EU und
- Zustimmungen zur Beschäftigung sowie
- über im Rahmen von Werkvertragskontingenten beschäftigte ausländische Arbeitnehmer und Arbeitnehmerinnen

22 Für Strafverfolgungsbehörden ist die Schranke nach § 6 II 1, 2 Hs. zu beachten. Der Verweis in § 6 II 2 auf § 79 II bis IV SGB X verpflichtet die beteiligten Stellen zur Kontrolle der Zulässigkeit (§ 79 II SGB X), was durch den Datenschutzbeauftragten beaufsichtigt wird (§ 79 III SGB X) und weist die Verantwortlichkeit zu (§ 79 IV SGB X). Die Verantwortlichkeit für die Zulässigkeit des einzelnen Abrufs – insbesondere hinsichtlich seiner Erforderlichkeit – trägt nach § 79 IV 1 SGB X grds. der Empfänger iSd § 67 X 1 SGB X (Krahmer/ Rixen § 79 SGB X Rn. 10).

5. Gegenseitige Unterrichtung (Abs. 3)

23 Gemäß § 6 III unterrichtet die FKS die jeweils zuständigen Stellen, wenn sich Anhaltspunkte für Verstöße ergeben, deren Verfolgung in den Zuständigkeitsbereich der jeweiligen anderen Stelle fällt. Unterrichtung ist das Übermitteln von Informationen an eine andere Stelle. Die gegenseitige Übermittlung von Informationen ist der Hauptfall der nach § 6 angeordneten Zusammenarbeit. Sie ist in § 6 I besonders behandelt. Somit ist die Unterrichtung ein Unterfall der Zusammenarbeit. Das Übermitteln von Informationen dient dazu, dass die empfangende Behörde ihre Aufgaben wahrnehmen kann. Dies wird allgemein als Informationshilfe, also einen Fall der Amtshilfe, verstanden.

24 **Form und Inhalt der Mitteilungen.** Wie diese Mitteilungspflicht zu erfüllen ist, ist in der aufgrund § 2 I 5 erlassenen Regelung über die Grundsätze der Zusammenarbeit zwischen der Finanzkontrolle Schwarzarbeit der Zollverwaltung (FKS) und den Landesfinanzbehörden (Zusammenarbeitsregelung Schwarzarbeitsbekämpfung) ausgestaltet. Die mitzuteilenden Sachverhalte sind in dem als Anlage zu der vorgenannten Zusammenarbeitsregelung erstellten Typologiepapier über den Austausch von Informationen konkret benannt. Die Unterrichtung nach § 6 III beschreibt keinen Fall der Abgabe eines Verfahrens an die zuständige Stelle. Es geht um die Übermittlung von Informationen, damit die empfangende Stelle pflichtgemäß prüfen kann, ob sie tätig wird. Es handelt sich somit bei der Unterrichtung um einen Unterfall des Informationsaustauschs mit Straf- und Ordnungswidrigkeitenbehörden (§ 6 I 2). Sie erfolgt nicht auf Ersuchen, es handelt sich um sog. Spontanauskünfte. Eine Mitteilung ist geboten, wenn Anhaltspunkte für einen Verstoß vorliegen → § 2 Rn. 55, § 13 Rn. 6.

III. Unterrichtung und Zusammenarbeit § 6

6. Information bei Urkundsdelikten (Abs. 4)

§ 6 IV sieht vor, verfälschte Ausweispapiere (→ § 5 Rn. 25) weiterzureichen. Dies betrifft den Pass, Passersatz oder Ausweisersatz und den Aufenthaltstitel, die Duldung oder die Aufenthaltsgestattung von Ausländern, und zwar nur, wenn diese in Verwahrung genommen sind. Diese Papiere sind nach § 5 I 4 in Verwahrung zu nehmen, wenn Anhaltspunkte für Verstöße gegen ausländerrechtliche Vorschriften bestehen. Zu diesen müssen Anhaltspunkte dafür hinzutreten, dass die Urkunde unecht oder verfälscht ist. Die Anhaltspunkte müssen im Einzelfall konkret gegeben sein; die Qualität eines Anfangsverdachts für ein Urkundsdelikt (zB §§ 267, 275 iVm 276a, 276 iVm 276a StGB) müssen sie nicht aufweisen (→ § 2 Rn. 53).

Die Ausweispapiere sind an die zuständige Polizeivollzugsbehörde (→ § 2 Rn. 86) weiterzuleiten. Damit unterbleibt die in § 5 I 4 angeordnete Weiterleitung an die an die zuständige Ausländerbehörde.

7. Zuständige Stellen

Zuständige Stelle ist bei Verstößen gegen:
- dieses Gesetz (§ 6 III 1 Nr. 1): FKS
- das AÜG (S. 1 Nr. 2): Bundesagentur für Arbeit (§ 17 I AÜG),
- Bestimmungen des SGB IV (Gemeinsame Vorschriften für die Sozialversicherung); § 113 SGB IV: Die Einzugsstellen (§ 28h SGB IV) und die Träger der Rentenversicherung
- und SGB VII (Gesetzliche Unfallversicherung) zur Zahlung von Beiträgen (§ 6 III 1 Nr. 3) der Betriebsprüfungsdienst des Rentenversicherungsträgers (§ 28p I 1 SGB IV, für die Unfallversicherung iVm § 166 II 1 SGB VII),
- die Steuergesetze (§ 6 III 1 Nr. 4): die Zollbehörden haben die zuständige Steuerbehörde über Anhaltspunkte für Verstöße gegen die Steuergesetze zu unterrichten. Zuständige Steuerbehörde ist die Strafsachen- und Bußgeldstelle (§ 397 AO)
- das AufenthG (§ 6 III 1 Nr. 5): Ausländerbehörden nach Landesrecht (§ 71 I AufenthG),
- die Mitwirkungspflicht nach § 60 I 1 Nr. 1 und 2 SGB I oder die Meldepflicht nach § 8a des Asylbewerberleistungsgesetzes (§ 6 III 1 Nr. 6),
- die Handwerks- oder Gewerbeordnung (§ 6 III 1 Nr. 7):
- das Güterkraftverkehrsgesetz – GüKG – (§ 6 III 1 Nr. 7a): Bundesamt für Güterverkehr (§ 20 GüKG), Abs. 3 Nr. 7a steht iZm § 2 II Nr. 8a
- sonstige Strafgesetze (§ 6 III 1 Nr. 8): Staatsanwaltschaft,
- das AEntG (§ 6 III 1 Nr. 9): Behörden der Zollverwaltung (§ 16 AEntG),
- bis 2014: das Mindestarbeitsbedingungengesetz – MiArbG – (§ 6 III 1 Nr. 10): Behörden der Zollverwaltung (§ 11 MiArbG)

§ 6 Unterrichtung und Zusammenarbeit von Behörden

Prüfungsgegenstand beim Erbringen oder Ausführenlassen von illegalen nachhaltig auf Gewinn gerichteten Dienst- oder Werkleistungen	OWi-Tatbestand	Prüfungsbehörde §§ 2, 6	Ermittlungs- und Bußgeldbehörde, §§ 8, 13
1. **Nichtanzeige** eines selbstständigen Betriebs **eines stehenden Gewerbes** (§ 14 GewO)	§ 8 I Nr. 1 Buchst. d (bzw. § 146 II Nr. 1 GewO)	Die nach Landesrecht zuständige Verwaltungsbehörde (§ 2 Ia Nr. 1 iVm § 36 II OWiG) in Bayern: Kreisverwaltungsbehörde (§ 3 Nr. 3 ZuVOWiG)	Die nach Landesrecht zuständige Verwaltungsbehörde (§ 12 I Nr. 2 iVm § 36 II OWiG) in Bayern: Kreisverwaltungsbehörde (§ 3 III ZuVOWiG)
2. Betreibung eines **Reisegewerbes** ohne die erforderliche Reisegewerbekarte (§ 55 II GewO)	§ 8 Abs. 1 Nr. 1 Buchst. d (bzw. § 145 I Nr. 1 GewO) 1	wie vor	wie vor
3. Unbefugte (unberechtigte) selbstständige Ausübung vollhandwerklicher Tätigkeiten eines zulassungspflichtigen Handwerks im stehenden Gewerbe **ohne** die erforderliche **Eintragung in die Handwerksrolle** (§ 1 I 1 oder § 9 II 1 HwO)	§ 8 I Nr. 1 Buchst. e (bzw. § 117 I Nr. 1 HwO)	Die nach Landesrecht zuständige Verwaltungsbehörde (§ 2 Ia Nr. 2 iVm § 36 II OWiG) zB in Bayern: Kreisverwaltungsbehörde (§ 3 I Nr. 1 ZuVOWiG)	Die nach Landesrecht zuständige Verwaltungsbehörde (§ 12 I Nr. 2 iVm § 36 II OWiG) zB in Bayern: Kreisverwaltungsbehörde (§ 3 I Nr. 1 ZuVOWiG)
4. Verletzung sozialversicherungsrechtlicher **Meldepflichten** gegenüber der Einzugsstelle (§ 28i SGB IV) in der Kranken-, Pflege-, Rentenversicherung oder nach dem Recht der Ar-	§ 8 I Nr. 1 Buchst. a oder b (bzw. § 111 I Nr. 2 oder Nr. 2a SGB IV)	Behörden der Zollverwaltung (§ 2 I, II sowie §§ 3, 4, 5, 6 und 7)	FKS oder die zuständigen Versicherungsträger (§ 12 I Nr. 1 iVm § 112 I Nrn. 1 o. 2 SGB IV)

III. Unterrichtung und Zusammenarbeit § 6

beitsförderung (§ 28a SGB IV iVm § 60 I 1 Nr. 1 o. Nr. 2 SGB I)			
5. Unrechtmäßiger Bezug von Sozialleistungen nach dem SGB II-Grundsicherung für Arbeitsuchende – **(Leistungsmissbrauch)** (§ 60 I 1 Nr. 2 SGB I)	§ 8 I Nr. 1 Buchst. b (bzw. § 63 I Nr. 6 SGB II)	FKS (§ 2 I, II sowie §§ 3, 4, 5, 6 und 7)	FKS oder die zuständigen Leistungsträger für ihren Geschäftsbereich (§ 12 I Nr. 1) (bzw. BA – Innendienst – oder die FKS – Außendienst – (§ 64 II Nr. 2 iVm § 63 I Nr. 6 SGB II sowie § 60 I 1 Nr. 2 SGB I)
6. Ausführung von Dienst- oder Werkleistungen durch einen **illegal beschäftigten Ausländer** oder durch einen über einen Nachunternehmer illegal beschäftigten Ausländer (§ 284 I SGB III oder § 4 III 1 AufenthG)	§ 404 I SGB III	FKS (§§ 2 I Nr. 4, II sowie 3, 4, 5, 6 und 7)	FKS (§ 405 I Nr. 1 SGB III)
7. Verletzung steuerlicher Pflichten als **Steuerordnungswidrigkeiten** beim Erbringen oder Ausführen von Dienst oder Werkleistungen (§ 370 I und IV – VII AO)	§§ 378, 379 AO	FKS (bedingt) und die Finanzämter (§ 2 I 2, 3 u. 4 bzw. §§ 208 I 1 Nr. 3, 16, 17 AO)	Die sachlich und örtlich zuständigen Finanzämter (§§ 386 ff. AO)
8. Verletzung **altersteilzeitgesetzlicher Mitwirkungspflichten** eines Erbringers von Dienst- oder Werkleistungen (§ 11 I und § 13 S. 1 AltTzG)	§§ 315 und 319 SGB III	FKS (§ 2 I Nr. 2)	BA (§ 405 I Nr. 2 iVm § 404 II Nrn. 23 und 24 SGB III)
9. Verletzung **asylbewerberleistungsgesetzlicher Meldepflichten** Leistungs-	§ 8 I Nr. 1 Buchst. c und § 13 AsylbLG	FKS (§ 2)	FKS – Außendienst – und die zuständigen Leistungsträger – In-

Obenhaus

berechtigter beim Erbringen von Dienst- oder Werkleistungen (§ 8a AsylbLG)			nendienst – (§ 12 I Nr. 1 iVm § 8 I Nr. 1 Buchst. c)
10. **Illegale Arbeitnehmerüberlassung** eines Leiharbeitnehmers ohne Erlaubnis an einen Dritten (§§ 1, 1a und 1b AÜG)	§ 16 I Nrn. 1, 1a, 1b, 2 und 2a AÜG	FKS (§ 2)	FKS (§ 16 III AÜG)
11. **Nichtgewährung zwingen- der Arbeitsbedingungen** (Mindestentgeltsätze, Dauer des Erholungsurlaubs, Urlaubsentgelt, Urlaubsgeld) **im Bauhaupt-** und **Baunebengewerbe** (§§ 1, § 2 I AEntG)	§ 5 I Nrn. 1, 1a und 2 AEntG	FKS (§ 2 I, II AEntG iVm §§ 2 bis 6) FKS (§ 5 IV iVm § 2 I AEntG)	
12. Verletzung der Verpflichtung zur Mitführung des **Sozialversicherungsausweises** oder des Ersatzausweises durch Beschäftigte – im Baugewerbe, – im Gaststätten- und Beherbergungsgewerbe, – im Personen- und Güterbeförderungsgewerbe, – im Schaustellergewerbe, – in der Forstwirtschaft und – im Gebäudereinigungsgewerbe (§ 99 II und § 109 II SGB IV)	§ 111 I Nr. 6 SGB IV	FKS (§§ 2, 2a, 3 III iVm § 107 S. 1 und 4 SGB IV)	FKS (§ 112 I Nr. 3 SGB IV) bzw. bei Beschäftigten im Güterbeförderungsgewerbe das BAG (§ 107 S. 3 iVm § 99 II und § 111 I Nr. 6 sowie § 112 I Nr. 3 SGB IV)

§ 6a Übermittlung personenbezogener Daten an Mitgliedstaaten der Europäischen Union

(1) ¹Die Behörden der Zollverwaltung können personenbezogene Daten, die in Zusammenhang mit einem der in § 2 Absatz 1 genannten Prüfgegenstände stehen, zum Zweck der Verhütung von Straftaten an eine für die Verhütung und Verfolgung zuständige Behörde eines Mitgliedstaates der Europäischen Union übermitteln. ²Dabei ist eine Übermittlung personenbezogener Daten ohne Ersuchen nur zulässig, wenn im Einzelfall die Gefahr der Begehung einer Straftat im Sinne des Artikels 2 Absatz 2 des Rahmenbeschlusses 2002/584/JI des Rates vom 13. Juni 2002 über den Europäischen Haftbefehl und die Übergabeverfahren zwischen den Mitgliedstaaten (ABl. L 190 vom 18.7.2002, S. 1), der zuletzt durch den Rahmenbeschluss 2009/299/JI (ABl. L 81 vom 27.3.2009, S. 24) geändert worden ist, besteht und konkrete Anhaltspunkte dafür vorliegen, dass die Übermittlung dieser personenbezogenen Daten dazu beitragen könnte, eine solche Straftat zu verhindern.

(2) Die Übermittlung personenbezogener Daten nach Absatz 1 ist nur zulässig, wenn das Ersuchen mindestens folgende Angaben enthält:
1. die Bezeichnung und die Anschrift der ersuchenden Behörde,
2. die Bezeichnung der Straftat, zu deren Verhütung die Daten benötigt werden,
3. die Beschreibung des Sachverhalts, der dem Ersuchen zugrunde liegt,
4. die Benennung des Zwecks, zu dem die Daten erbeten werden,
5. der Zusammenhang zwischen dem Zweck, zu dem die Informationen oder Erkenntnisse erbeten werden, und der Person, auf die sich diese Informationen beziehen,
6. Einzelheiten zur Identität der betroffenen Person, sofern sich das Ersuchen auf eine bekannte Person bezieht, und
7. Gründe für die Annahme, dass sachdienliche Informationen und Erkenntnisse im Inland vorliegen.

(3) Die Datenübermittlung nach Absatz 1 unterbleibt, wenn
1. hierdurch wesentliche Sicherheitsinteressen des Bundes oder der Länder beeinträchtigt würden,
2. die Übermittlung der Daten unverhältnismäßig wäre oder die Daten für die Zwecke, für die sie übermittelt werden sollen, nicht erforderlich sind,
3. die zu übermittelnden Daten bei der ersuchten Behörde nicht vorhanden sind und nur durch das Ergreifen von Zwangsmaßnahmen erlangt werden können oder
4. besondere bundesgesetzliche Verwendungsregelungen entgegenstehen; die Verpflichtung zur Wahrung gesetzlicher Geheimhaltungspflichten oder von Berufs- oder besonderen Amtsgeheimnissen, die nicht auf gesetzlichen Vorschriften beruhen, bleibt unberührt.

§ 6a Übermittlung personenbezogener Daten an Mitgliedstaaten der EU

(4) Die Übermittlung kann unterbleiben, wenn
1. die Tat, zu deren Verhütung die Daten übermittelt werden sollen, nach deutschem Recht mit einer Freiheitsstrafe von im Höchstmaß einem Jahr oder weniger bedroht ist,
2. die übermittelten Daten als Beweismittel vor einer Justizbehörde verwendet werden sollen,
3. die zu übermittelnden Daten bei der ersuchten Behörde nicht vorhanden sind, jedoch ohne das Ergreifen von Zwangsmaßnahmen erlangt werden können, oder
4. der Erfolg laufender Ermittlungen oder Leib, Leben oder Freiheit einer Person gefährdet würde.

(5) ¹Personenbezogene Daten, die nach dem Rahmenbeschluss 2006/960/JI des Rates vom 18. Dezember 2006 über die Vereinfachung des Austauschs von Informationen und Erkenntnissen zwischen den Strafverfolgungsbehörden der Mitgliedstaaten der Europäischen Union (ABl. L 386 vom 29.12.2006, S. 89, L 75 vom 15.3.2007, S. 26) an die Behörden der Zollverwaltung übermittelt worden sind, dürfen ohne Zustimmung des übermittelnden Staates nur für die Zwecke, für die sie übermittelt wurden, oder zur Abwehr einer gegenwärtigen und erheblichen Gefahr für die öffentliche Sicherheit verwendet werden. ²Für einen anderen Zweck oder als Beweismittel in einem gerichtlichen Verfahren dürfen sie nur verwendet werden, wenn der übermittelnde Staat zugestimmt hat. ³Von dem übermittelnden Staat für die Verwendung der Daten gestellte Bedingungen sind zu beachten.

(6) Die Behörden der Zollverwaltung erteilen dem übermittelnden Staat auf dessen Ersuchen zu Zwecken der Datenschutzkontrolle Auskunft darüber, wie die übermittelten Daten verwendet wurden.

(7) Die Absätze 1 bis 6 finden auch Anwendung auf die Übermittlung von personenbezogenen Daten an für die Verhütung und Verfolgung von Straftaten zuständige Behörden eines Schengen-assoziierten Staates im Sinne von § 91 Absatz 3 des Gesetzes über die internationale Rechtshilfe in Strafsachen.

Literatur: Krahmer, Sozialdatenschutz nach SGB I und X, 3. Aufl. 2011

Inhaltsübersicht

	Rn.
I. Allgemeines	1
II. Gesetzesmaterialien	5
III. Informationshilfe zwischen EU-Staaten	6
1. Übermittlungszweck (Abs. 1)	7
2. Form und Inhalt des Ersuchens (Abs. 2)	10
3. Auskunftsverbote (Abs. 3)	11
4. Weigerungsrechte (Abs. 4)	13
5. Zweckbindung (Abs. 5)	14
6. Auskunft über die Verwendung (Abs. 6)	15
7. Erstreckung auf Schengen-Staaten (Abs. 7)	16
IV. Zwischenstaatliche Verträge	17
1. Vertragsmuster	18
2. Frankreich	20

I. Allgemeines §6a

	Rn.
3. Bulgarien	22
4. Tschechien	23
5. Niederlande	24
6. Österreich	27
V. Informationsaustausch mit Drittstaaten	28

I. Allgemeines

Die Vorschrift wurde eingeführt durch Art. 7 des G v. 21.7.2012 (BGBl. I **1** S. 1566). Die Norm ist in Kraft seit dem 26.7.2012. Sie dient der Umsetzung des Rahmenbeschlusses 2006/960/JI des Rates v. 18.11.2006 über die Vereinfachung des Austauschs von Informationen und Erkenntnissen zwischen Strafverfolgungsbehörden der Mitgliedstaaten der Europäischen Union (RbDatA – ABl 29.12.2006 L 386, 89 und 15.3.2007 L 75, 26). Die Vorschrift gilt damit allein für den präventiven Bereich des Verhütens von Straftaten, also das Prüfungshandeln nach §§ 2 bis 6. Für die Datenübermittlung zum Zwecke der Verfolgung von Straftaten und Ordnungswidrigkeiten richtet sich die Informations(-rechts-)hilfe nach dem IRG. Die von § 6a erfassten personenbezogenen Daten sind Sozialdaten (§ 67 I 1 SGB X) und unterliegen dem Sozialgeheimnis (§ 35 I SGB I). Die Datenübermittlung bedarf als Datenverarbeitung (§ 67 VI 1, 2 Nr. 3 SGB X) der gesetzlichen Erlaubnis (§ 35 II SGB I iVm §§ 67 ff., 67 b, 67 d SGB X), andernfalls ist sie unbefugt. § 6a ist iZm § 77 I Nr. 1 SGB X der Erlaubnistatbestand iSd § 67 d I SGB X. Die Norm findet für das Besteuerungsverfahren seine Entsprechung in § 117a AO.

Die Bekämpfung von Schwarzarbeit und illegaler Beschäftigung erfordert **2** immer stärker eine funktionierende Zusammenarbeit über nationale Grenzen hinweg. Den europarechtlichen Rahmen für eine erfolgreiche grenzüberschreitende Zusammenarbeit bilden Art. 4 II RL 96/71/EG (Entsenderichtlinie) und Art. 76 II und III VO (EG) Nr. 883/2004 (bis 30.4.2010: Art. 84 II und III VO [EWG] Nr. 1408/71). Art. 4 II RL 96/71/EG sieht die Zusammenarbeit der Behörden vor, die für die Überwachung der in der Entsenderichtlinie aufgeführten Arbeits- und Beschäftigungsbedingungen zuständig sind. Insbesondere sind Anfragen dieser Behörden zu beantworten, etwa bei länderübergreifendem Einsatz von Arbeitnehmern, einschließlich offenkundiger Verstöße oder Verdachtsfälle von unzulässigen grenzüberschreitenden Tätigkeiten betreffen. Zur Vereinfachung der Zusammenarbeit sind von allen EU-Mitgliedstaaten Verbindungsbüros zu benennen. Für die Bundesrepublik Deutschland ist die BFD West – Abteilung Zentrale Facheinheit – zuständiges Verbindungsbüro (BT-Drs. 17/14800, 5).

Die VO (EG) Nr. 883/2004 (ab 1.5.2010) bzw. die VO (EWG) Nr. 1408/71 **3** (bis 30.4.2010) regeln unter anderem, unter welchen Voraussetzungen Arbeitnehmer von ihrem Arbeitgeber zur Ausübung von Arbeitsleistungen in einen anderen Staat innerhalb der Europäischen Union entsandt werden können mit der Folge, dass auf das Arbeitsverhältnis weiterhin die sozialversicherungsrechtlichen Vorschriften des Sitzstaates des Arbeitgebers anwendbar bleiben. Die zuständigen Stellen prüfen die Voraussetzungen der entsendebedingten Befreiung

§ 6a   Übermittlung personenbezogener Daten an Mitgliedstaaten der EU

von Arbeitnehmern von der Sozialversicherungspflicht im Beschäftigungsstaat und führen die für die Prüfung erforderlichen Kontrollen durch. Um illegalen Entsendungen gegenzusteuern, sind die zuständigen Stellen der Entsendestaaten und der Beschäftigungsstaaten verpflichtet, zusammenzuarbeiten.

4   Eine Rechtsfolgenverweisung auf die Norm enthalten § 17 AEntG, § 17a AÜG, § 12 MiArbG (bis 2014), § 15 MiLoG. Daneben enthält § 18 MiLoG eine Ermächtigung zum zwischenstaatlichen Informationsaustausch, der darauf gerichtet ist, die Einhaltung des Mindestlohns zu prüfen. Danach ist der Informationsaustausch mit den EWR-Staaten (EU und Liechtenstein, Island, Norwegen, nicht: Schweiz, Monaco → Rn. 16) eröffnet.

II. Gesetzesmaterialien

5   Die Begründung im Regierungsentwurf (BR-Drs 853/10 und BT-Drs 17/5096) führt aus:

BR-Drs. 853/10, 20f. und BT-Drs. 17/5096, 17f.:

„Der RbDatA regelt den Austausch von Informationen und Erkenntnissen zwischen Strafverfolgungsbehörden der Mitgliedstaaten. Dieser Bereich wird bislang in den Polizei- und Spezialgesetzen des Bundes, der Länder sowie im Gesetz über die internationale Rechtshilfe in Strafsachen (IRG) geregelt.

Dabei wird hinsichtlich des Verwendungszwecks der übermittelten Daten differenziert. Dienen die Daten der Abwehr oder Verhütung einer Straftat, dh präventiven Zwecken, findet die Datenübermittlung ihre Rechtsgrundlage in den einschlägigen Spezialgesetzen. Auf Ebene des Bundes sind dies das Bundeskriminalamtgesetz (BKAG), das Bundespolizeigesetz (BPolG), das Zollfahndungsdienstgesetz (ZFdG), das Zollverwaltungsgesetz (ZollVG), die Abgabenordnung (AO) und das Schwarzarbeitsbekämpfungsgesetz (SchwarzArbG).

Sollen dagegen mit der Datenübermittlung bereits begangene Straftaten aufgeklärt werden, dh erfolgt sie zu repressiven Zwecken, handelt es sich um einen Fall der Rechtshilfe in Strafsachen. Hierunter ist die Unterstützung eines ausländischen Strafverfahrens zu verstehen (vgl. § 59 Abs. 2 IRG). In diesem Fall richtet sich die Datenübermittlung nach den Vorschriften des IRG.

In den damit skizzierten rechtlichen Rahmen ist auch der RbDatA einzuordnen. Hinsichtlich der Datenübermittlung zu Zwecken der Verhütung von Straftaten sind daher das BKAG, das BPolG, das ZfDG, das ZollVG, die AO und das SchwarzArbG, in repressiver Hinsicht das IRG anzupassen.

. . .

In das SchwarzArbG wird zur Umsetzung des RbDatA ein neuer § 6a eingefügt, der die Übermittlung von personenbezogenen Daten durch die Behörden der Zollverwaltung zum Zwecke der Verhütung von Straftaten sowie die Verwendung von im Zusammenhang mit der Umsetzung des RbDatA von ausländischen Staaten an die Behörden der Zollverwaltung übermittelten Daten regelt. Soweit die Datenübermittlung zum Zwecke der Verfolgung von Straftaten erfolgen soll, sind die Vorschriften über die internationale Rechtshilfe in Strafsachen zu beachten. Im Übrigen richtet sich der Datenaustausch mit ausländischen Stellen im Anwendungsbereich des SchwarzArbG nach den Vorschriften des Sozialgesetzbuches.

. . .

II. Gesetzesmaterialien § 6a

Die Gesetzgebungskompetenz zur Ergänzung des Schwarzarbeitsbekämpfungsgesetzes ergibt sich aus Artikel 74 Abs. 1 Nummer 11 GG (Recht der Wirtschaft).
...
BR-Drs. 853/10, 46f. und BT-Drs. 17/5096, 30f.:

Zu Artikel 7 – Änderung des SchwarzArbG Zu Nummer 1
Nummer 1 betrifft die Anpassung der Inhaltsübersicht.

Zu Nummer 2 (§ 6a SchwarzArbG)
§ 6a Abs. 1 S. 1 bestimmt, dass die Behörden der Zollverwaltung zum Zwecke der Verhütung von Straftaten, die in Zusammenhang mit einem der in § 2 Schwarz-ArbG genannten Prüfgegenstände stehen, personenbezogene Daten an eine für die Verhütung und Verfolgung von Straftaten zuständige Behörde eines Mitgliedstaates der Europäischen Union – also eine Strafverfolgungsbehörde i. S. des Artikels 2 Buchstabe a) RbDatA – übermitteln können. Dabei wird auch entsprechend Artikel 7 RbDatA der Gleichbehandlungsgrundsatz für Spontanübermittlungen personenbezogener Daten – bezogen auf die Verhütung von Straftaten im Sinne des Artikels 2 Abs. 2 des Rahmenbeschlusses 2002/584/JI des Rates vom 13. Juni 2002 über den Europäischen Haftbefehl und die Übergabeverfahren zwischen den Mitgliedstaaten – normiert.

Soweit die Datenübermittlung zum Zwecke der Verfolgung von Straftaten erfolgen soll, sind die Vorschriften über die internationale Rechtshilfe in Strafsachen zu beachten. Im Übrigen richtet sich der Datenaustausch mit ausländischen Stellen im Anwendungsbereich des Schwarzarbeitsbekämpfungsgesetzes nach den Vorschriften des Sozialgesetzbuches (§ 15 SchwarzArbG i. V. m. § 77 SGB X).

§ 6a Abs. 2 setzt Artikel 5 Abs. 3 RbDatA um und regelt die formellen Anforderungen, denen ein Ersuchen genügen muss, damit der in Abs. 1 verankerte Gleichbehandlungsgrundsatz zur Anwendung kommt.

§ 6a Abs. 3 legt fest, in welchen Fällen eine Übermittlung nicht zulässig ist. Die Gründe hierfür entsprechen den Vorgaben des RbDatA.

Nummer 1 setzt Artikel 10 Abs. 1 Buchstabe a) RbDatA um, nach dem dann keine Auskunft erteilt werden muss, wenn wesentliche nationale Sicherheitsinteressen des ersuchten Mitgliedstaates beeinträchtigt sind. Die Verwendung des Begriffs ‚wesentlich' deutet darauf hin, dass die Datenübermittlung unzulässig ist, wenn grundlegende Beeinträchtigungen der nationalen Sicherheit zu befürchten sind.

Nummer 2 beruht auf Artikel 10 Abs. 1 Buchstabe c) RbDatA und stellt eine Ausprägung des Verhältnismäßigkeitsgrundsatzes dar. Eine Datenübermittlung ist dann als unverhältnismäßig anzusehen, wenn sie für die benötigten Zwecke nicht erforderlich, nicht geeignet oder im Hinblick auf die Schwere der dem Ersuchen zugrunde liegenden Straftat als nicht angemessen anzusehen ist.

Mit Nummer 3 wird die Regelung in Artikel 2 Buchstabe d) ii) RbDatA umgesetzt. Damit wird die Übermittlung von Daten ausgeschlossen, die erst durch Zwangsmaßnahmen erhoben werden müssten. Diese Regelung beruht auf Artikel 1 Abs. 5 RbDatA, wonach der Rahmenbeschluss die Mitgliedstaaten nicht verpflichtet, Informationen und Erkenntnisse durch Zwangsmaßnahmen im Sinne des nationalen Rechts zu erlangen. Zwangsmaßnahmen in diesem Sinne sind Maßnahmen, die gegen oder ohne den Willen der betroffenen Person durchgesetzt werden und die aufgrund des damit einhergehenden wesentlichen Grundrechtseingriffs einer speziellen gesetzlichen Grundlage bedürfen.

§ 6a Übermittlung personenbezogener Daten an Mitgliedstaaten der EU

Mit Nummer 4 wird der Vorgabe des Artikels 9 RbDatA Rechnung getragen, der die Gewährleistung der Vertraulichkeit aller zur Verfügung gestellten Informationen nach Maßgabe des nationalen Rechts verlangt.

§ 6a Abs. 4 eröffnet den Behörden der Zollverwaltung darüber hinaus in bestimmten Fällen ein Ermessen, ob Auskunft erteilt wird.

Nummer 1 beruht auf Artikel 10 Abs. 2 RbDatA, wonach die Datenübermittlung auch dann unterbleiben kann, wenn sie d e Verhütung von Straftaten betrifft, die nach deutschem Recht mit einer Freiheitsstrafe von im Höchstmaß einem Jahr oder weniger bedroht sind. Nummer 2 setzt Artikel 1 Nummer 4 RbDatA um, wonach keine Verpflichtung besteht, Daten zu übermitteln, die als Beweismittel vor einer Justizbehörde verwendet werden sollen.

Nummer 2 setzt Artikel 1 Nummer 4 RbDatA um, wonach keine Verpflichtung besteht, Daten zu übermitteln, die als Beweismittel vor einer Justizbehörde verwendet werden sollen.

Nummer 3 beruht auf Artikel 3 Abs. 3 in Verbindung mit Artikel 2 Buchstabe d) RbDatA, wonach sich der Gleichbehandlungsgrundsatz lediglich auf die bei den Strafverfolgungsbehörden vorhandenen oder verfügbaren Informationen und Erkenntnisse erstreckt. Wie bereits oben zu § 6a Abs. 3 ausführlich ausgeführt, verpflichtet der Rahmenbeschluss die Mitgliedstaaten nicht, Daten durch strafprozessuale oder polizeirechtliche Maßnahmen erst zu erheben. Ziel des Rahmenbeschlusses ist es vielmehr, den grenzüberschreiten- den Austausch von bei den Strafverfolgungsbehörden vorhandenen oder für diese ohne weiteres verfügbaren Informationen zu erleichtern.

Grundlage für Nummer 4 ist Artikel 10 Abs. 1 Buchstabe b) RbDatA. Danach kann die zuständige Strafverfolgungsbehörde die Datenübermittlung auch dann verweigern, wenn der Erfolg laufender Ermittlungen oder die Sicherheit von Personen gefährdet würde. Wie bereits zu der entsprechenden Regelung in § 92 Abs. 4 Nummer 2 IRG ausgeführt, wird der Spielraum für das insoweit grundsätzlich eröffnete Ermessen der übermittelnden Behörde umso kleiner, je größer die Gefahr schwerwiegender Beeinträchtigungen für grund gesetzlich geschützte Positionen wird.

§ 6a Abs. 5 regelt schließlich die Verwendung von Daten, die den Behörden der Zollverwaltung zur Verfügung gestellt wurden und setzt die Regelung des Artikel 1 Abs. 4 und 8 Abs. 3 und 4 RbDatA um. Danach dürfen übermittelte Daten ohne Zustimmung des übermittelnden Staates nur für den Zweck, für den sie übermittelt wurden oder zur Abwehr einer unmittelbaren und ernsthaften Gefahr für die öffentliche Sicherheit verwendet werden. Damit ist die Verwendung als Beweismittel in einem Prozess ohne Zustimmung des übermittelnden Staates ebenso ausgeschlossen wie eine Umwidmung von präventiven in repressive Zwecke. Weiterhin sind Bedingungen, die die übermittelnde Strafverfolgungsbehörde für die Verwendung der Informationen und Erkenntnisse festgelegt hat, von der empfangenden Strafverfolgungsbehörde zu beachten.

§ 6a Abs. 6 setzt Artikel 8 Abs. 4 S. 5 RbDatA um, wonach der empfangende Mitgliedstaat dem übermittelnden Mitgliedstaat auf dessen Ersuchen Auskunft über die Verwendung und weitere Verarbeitung der übermittelten Informationen und Erkenntnisse zu erteilen hat.

Bei § 6a Abs. 7 handelt es sich um einen Verweis auf § 91 Abs. 3 IRG. Damit wird geregelt, dass die Regelungen des § 6a auch für Schengen-assoziierte Staaten gilt. Dies entspricht den Vorgaben des RbDatA."

III. Informationshilfe zwischen EU-Staaten

Gegenstand der Vorschrift ist die Übermittlung von Daten an andere Stellen in einem EU-Mitgliedstaat. Die empfangende Stelle muss eine für die Verhütung und Verfolgung von Straftaten zuständige Behörde sein (Polizei oder Staatsanwaltschaft im funktionellen Sinne). Die Norm gewährt unter den genannten Voraussetzungen einen Auskunftsanspruch. Der Grundsatz ist die Auskunft auf Ersuchen. Spontanauskünfte sind unter den Voraussetzungen des § 6a I 2 zulässig.

1. Übermittlungszweck (Abs. 1)

§ 6a I 1 bestimmt, dass die Behörden der Zollverwaltung zum Zwecke der Verhütung von Straftaten, die in Zusammenhang mit einem der in § 2 genannten Prüfgegenstände stehen, personenbezogene Daten an eine für die Verhütung und Verfolgung von Straftaten zuständige Behörde eines EU-Mitgliedstaates – also eine Strafverfolgungsbehörde iSd Art. 2a RbDatA – übermitteln können. Der Grundsatz ist die Übermittlung auf Ersuchen.

Die Übermittlung ist nur zu den ausdrücklich genannten Zwecken zulässig (Zweckbindungsgebot). Zulässiger Zweck ist allein die Verhütung von Straftaten. Es ist nur eine Verwendung im Bereich präventiven Polizeihandelns eröffnet, nicht aber für Zwecke der Strafverfolgung. → aber § 6a V.

§ 6a I 2 regelt die Zulässigkeit von Spontanübermittlungen und entspricht § 117a III AO. Entsprechend Art. 7 RbDatA wird der Gleichbehandlungsgrundsatz für Spontanübermittlungen personenbezogener Daten – bezogen auf die Verhütung von Straftaten iSd Art. 2 II des Rahmenbeschlusses 2002/584/JI des Rates vom 13.6.2012 über den Europäischen Haftbefehl und die Übergabeverfahren zwischen den Mitgliedstaaten (Abl. 18.7.2012 L 190, 1) – normiert. Spontanauskünfte sind zulässig, wenn die Begehung einer Straftat droht und konkrete Anhaltspunkte dafür vorliegen, dass die Übermittlung zum Verhindern der drohenden Tat beitragen kann. Die zu verhütende, drohende Tat muss eine nach dem Katalog in Art. 2 II des Rahmenbeschlusses 2002/584/JI sein:

- Beteiligung an einer kriminellen Vereinigung,
- Terrorismus,
- Menschenhandel,
- sexuelle Ausbeutung von Kindern und Kinderpornografie,
- illegaler Handel mit Drogen und psychotropen Stoffen,
- illegaler Handel mit Waffen, Munition und Sprengstoffen,
- Korruption,
- Betrugsdelikte, einschließlich Betrug zum Nachteil der finanziellen Interessen der Europäischen Gemeinschaften im Sinne des Übereinkommens vom 26.7.1995 über den Schutz der finanziellen Interessen der Europäischen Gemeinschaften,
- Wäsche von Erträgen aus Straftaten,
- Geldfälschung, einschließlich der Euro-Fälschung,
- Cyberkriminalität,

§ 6a Übermittlung personenbezogener Daten an Mitgliedstaaten der EU

- Umweltkriminalität, einschließlich des illegalen Handels mit bedrohten Tierarten oder mit bedrohten Pflanzen- und Baumarten,
- Beihilfe zur illegalen Einreise und zum illegalen Aufenthalt,
- vorsätzliche Tötung, schwere Körperverletzung,
- illegaler Handel mit Organen und menschlichem Gewebe,
- Entführung, Freiheitsberaubung und Geiselnahme,
- Rassismus und Fremdenfeindlichkeit,
- Diebstahl in organisierter Form oder mit Waffen,
- illegaler Handel mit Kulturgütern, einschließlich Antiquitäten und Kunstgegenstände,
- Betrug,
- Erpressung und Schutzgelderpressung,
- Nachahmung und Produktpiraterie,
- Fälschung von amtlichen Dokumenten und Handel damit,
- Fälschung von Zahlungsmitteln,
- illegaler Handel mit Hormonen und anderen Wachstumsförderern,
- illegaler Handel mit nuklearen und radioaktiven Substanzen,
- Handel mit gestohlenen Kraftfahrzeugen,
- Vergewaltigung,
- Brandstiftung,
- Verbrechen, die in die Zuständigkeit des Internationalen Strafgerichtshofs fallen,
- Flugzeug- und Schiffsentführung,
- Sabotage.

Maßgeblich ist die Strafbarkeit nach dem Recht des empfangenden Staats.

2. Form und Inhalt des Ersuchens (Abs. 2)

10 § 6a II entspricht § 117a II AO. § 6a II standardisiert die formellen Anforderungen, denen ein Ersuchen genügen muss, damit der in Abs. 1 verankerte Gleichbehandlungsgrundsatz zur Anwendung kommt. Es handelt sich nach dem Wortlaut um Mindestanforderungen. Die formellen Anforderungen sollen der ersuchten Stelle ermöglichen, die Rechtmäßigkeit des Ersuchens und damit der Datenübermittlung zu beurteilen. Die Datenübermittlung durch Deutsche Behörden setzt die vollständige Einhaltung der formellen Kriterien voraus. Nur dann ist die gesetzliche Rechtfertigung für die Durchbrechung des grds. Sozialdatengeheimnisses erfüllt.

3. Auskunftsverbote (Abs. 3)

11 § 6a III enthält eine Auflistung von Fällen, in denen die Übermittlung unzulässig ist, zB im Falle einer potenziellen Verletzung des Verhältnismäßigkeitsgrundsatzes. § 6a III entspricht § 117a V AO.

12 Für § 6a gilt der in § 77 SGB X niedergelegte Unionsrechtliche *Ordre-public*-Vorbehalt aus Art. 6 EUV (BR-Drs 853/10, 19). Der Unionsrechtliche *Ordre public* schützt die Rechte, Freiheiten und Grundsätze, die in der Charta der Grundrechte der Europäischen Union verbürgt sowie die Grundrechte, wie sie in der Europäischen Konvention zum Schutz der Menschenrechte und Grundfreiheiten sind.

III. Informationshilfe zwischen EU-Staaten § 6a

4. Weigerungsrechte (Abs. 4)

Die Übermittlung kann in den in § 6a IV genannten Fällen unterbleiben. **13**
Die übermittelnde Stelle hat nach pflichtgemäßem Ermessen über die Datenübermittlung zu befinden. § 6a IV entspricht § 117a VI AO, wobei die AO nicht die Weigerung zur Übermittlung von Daten enthält, die eine Justizbehörde zu Beweiszwecken verwendet (Nr. 2), mit Blick auf die Doppelfunktion der Strafsachen- und Bußgeldstellen (§§ 386 II, 399 I AO). Weigerungsrechte sind:
– Beeinträchtigung wesentlicher Sicherheitsinteressen des Bundes oder der Länder;
– Unverhältnismäßigkeit der Datenübermittlung der Daten oder fehlende Erforderlichkeit;
– der nationale Ermittlungsrahmen;
– entgegenstehende besondere bundesgesetzliche Verwendungsregelungen, insbesondere Geheimhaltungspflichten oder Berufs- oder Amtsgeheimnisse.

5. Zweckbindung (Abs. 5)

§ 6a V 2 schreibt das Gebot der Zweckbindung fest: Die übermittelten **14**
Daten dürfen ohne Zustimmung des übermittelnden Staates nur für den Zweck, für den sie übermittelt wurden, verwendet werden. § 6a V 1 enthält eine Ausnahme von der strengen Zweckbindung (vgl. auch § 117b I AO). Die Verwendung von Daten, die die FKS als Strafverfolgungsbehörde erhalten hat, ist auch zum Zwecke der Gefahrenabwehr zulässig. Es muss sich um die Abwehr einer gegenwärtigen und erheblichen Gefahr handeln. Empfangende Stelle muss eine Behörde der Zollverwaltung sein. Zusammenarbeitsstellen nach § 2 II sind nicht erfasst. Die Übermittlung der Daten muss iRd Rahmenbeschluss 2006/960/JI erfolgt sein. Das sind Daten, die sich Strafverfolgungsbehörden verschiedener Mitgliedstaaten untereinander mitgeteilt haben. Daten, die zur Verwendung einer Prüfung nach § 2 als polizeilichem Erkenntnisgewinnungsverfahren übermittelt werden, dürfen nicht zur Strafverfolgung und damit nicht in einem straf- oder ordnungswidrigkeitenrechtlichen Ermittlungsverfahren nach § 13 verwendet werden.

6. Auskunft über die Verwendung (Abs. 6)

Der empfangende Mitgliedstaat hat dem übermittelnden Mitgliedstaat auf **15**
dessen Ersuchen Auskunft über die Verwendung und weitere Verarbeitung der übermittelten Informationen und Erkenntnisse zu geben. § 6a VI entspricht § 117b II AO.

7. Erstreckung auf Schengen-Staaten (Abs. 7)

Die Geltung der Regelungen des § 6a erstreckt sich nach VII auf die asso- **16**
ziierten Vertragsstaaten des SDÜ (BGBl. II 1993 S. 1013). § 6a VII entspricht § 117a VIII AO. Das SDÜ gilt in der Schweiz (ABl 27.2.2008 L 53, 1), Liech-

§ 6a Übermittlung personenbezogener Daten an Mitgliedstaaten der EU

tenstein (ABl. 18.6.2011 L 160, 1), Monaco (über Frankreich), Island und Norwegen (ABl 10.7.1999 L 176, 35). San Marino, Vatikanstaat und Andorra sind nicht Vertragsstaaten des SDÜ.

IV. Zwischenstaatliche Verträge

17 Eine grenzüberschreitende Zusammenarbeit regeln folgende bilaterale Verträge:
- deutsch-französische Verwaltungsvereinbarung vom 31.5.2001,
- deutsch-bulgarischer Staatsvertrag vom 12.11.2008,
- deutsch-tschechisches Ressortabkommen vom 28.8.2009,
- deutsch-niederländischer Vertrag zur Bekämpfung grenzüberschreitender Schwarzarbeit vom 12.1.2012,
- deutsch-österreichischer Staatsvertrag gegen grenzüberschreitende Schwarzarbeit und illegale grenzüberschreitende Leiharbeit vom 11.6.2012.

1. Vertragsmuster

18 Das BMF hat einen Musterentwurf einer Vereinbarung über die Zusammenarbeit bei der Bekämpfung grenzüberschreitender Schwarzarbeit und illegaler Beschäftigung erarbeitet und auf der Grundlage mit verschiedenen Staaten Vertragsverhandlungen aufgenommen. Der Entwurf orientiert sich in wesentlichen Punkten an der Entschließung des Rates und der im Rat vereinigten Vertreter der Regierungen der Mitgliedstaaten der Europäischen Union vom 22.4.1999 über einen „Verhaltenskodex für die Verbesserung der Zusammenarbeit der Behörden der Mitgliedstaaten bei der Bekämpfung des grenzüberschreitenden Missbrauchs bei Sozialversicherungsleistungen und -beiträgen und von nicht angemeldeter Erwerbstätigkeit sowie bei grenzüberschreitender Leiharbeit" (Verhaltenskodex) (ABl. 6.5.1999 C 125, 1).

19 Diese Vereinbarungen können insbesondere Formen und Ebenen der jeweiligen Zusammenarbeit festlegen, die Grundlagen des wechselseitigen Informationsaustauschs regeln und zentrale Ansprechpartner in den beteiligten Staaten benennen (BR-Drs. 669/12, 13).

2. Frankreich

20 Zwischen Deutschland und Frankreich besteht eine Verwaltungsvereinbarung *(arrangement franco-allemand en matière de contrôle des règles du détachement, de lutte contre le travail illégal et de fraudes en matière de sécurité sociale)* vom 31.5.2001. Diese sieht als Formen der Zusammenarbeit sind vor:
- Allgemeiner Informationsaustausch,
- Amtshilfeersuchen und Spontanmitteilungen,
- Präventive Maßnahmen,
- Gegenseitige Hospitation,
- Beobachtende Teilnahme an Prüfungen,
- Unterrichtung über den Fortgang.

IV. Zwischenstaatliche Verträge § 6a

Die Zentrale Facheinheit der BFD West in Köln hat grundsätzlich die 21
Funktion des Verbindungsbüros für ganz Deutschland mit Ausnahme für das
deutsch-französische Grenzgebiet; hier sind die Hauptzollämter Saarbrücken,
Karlsruhe, Lörrach direkte Ansprechpartner. Auf französischer Seite ist die *DI-RECCTE Alsace (Directions régionales des entreprises, de la concurrence, de la consommation, du travail et de l'emploi)* in Straßburg für den Informationsaustausch mit
Deutschland als Verbindungsbüro benannt.

3. Bulgarien

Mit dem am 12.12.2008 in Sofia unterzeichneten Staatsvertrag (BGBl. II 22
2009 S. 771) wird die bilaterale Zusammenarbeit der Behörden der Zollverwaltung der Bundesrepublik Deutschland, die für Kontrollen, Prüfungen und
Ermittlungen im Bereich der Bekämpfung von Schwarzarbeit und illegaler
Beschäftigung auf Bundesebene zuständig sind, mit den zuständigen Stellen
der Republik Bulgarien auf eine verlässliche Grundlage gestellt (BR-Drs.
183/09).

4. Tschechien

Deutschland und Tschechien haben die Vereinbarung vom 28.8.2009 über 23
die Zusammenarbeit bei der Bekämpfung illegaler Beschäftigung, nicht angemeldeter Erwerbstätigkeit und illegaler grenzüberschreitender Leiharbeit sowie damit in Zusammenhang stehendem grenzüberschreitenden Missbrauch
von Sozialleistungen und der Nichtabführung von Sozialversicherungsbeiträgen (BGBl. II 2010 S. 154, 155) geschlossen. Dabei handelt es sich um eine
Verwaltungsvereinbarung. Diese ist am 25.5.2010 in Kraft getreten (BGBl II
2010, 865).

5. Niederlande

Mit dem am 12.1.2012 in Den Haag unterzeichneten Deutsch-Nieder- 24
ländischen Vertrag zur Bekämpfung grenzüberschreitender Schwarzarbeit
(BGBl. II 2013 S. 378) wird die bilaterale Zusammenarbeit der Behörden in
den Geschäftsbereichen des BMF und des Bundesministeriums für Arbeit
und Soziales, die auf Bundesebene für Kontrollen, Prüfungen und Ermittlungen im Bereich der Bekämpfung von Schwarzarbeit und illegaler Beschäftigung zuständig sind, mit den zuständigen Stellen des Königreichs der
Niederlande verbessert und auf eine verlässliche Grundlage gestellt (BR-Drs. 669/12). Der Vertrag sieht in Art. 10 I und II 2 eine Verordnungsermächtigung vor.

Der Vertrag ist ein Amtshilfevertrag. Er ist in Kraft getreten am 1.10.2013 25
(Bek. v. 2.8.2013, BGBl. II S. 1222). Der Vertrag sieht in Art. 5 die kleine
Amtshilfe vor, also die unmittelbare Unterrichtung über wesentliche Änderungen der Rechts- und Verwaltungsvorschriften, die im Anwendungsbereich
dieses Vertrags erfolgen (Art. 5 I) sowie über organisatorische Fragen (Art. 5 II
Nrn. 1–3 u. 7). Darüber hinaus eröffnet der Vertrag die Informationsrechtshilfe
durch Übermittlung von zur ordnungsgemäßen Aufgabenerfüllung erforderlichen Informationen einschließlich personenbezogener Daten auf Ersuchen

§ 6a   Übermittlung personenbezogener Daten an Mitgliedstaaten der EU

im Wege der Amtshilfe und Übersendung von Dokumenten (Art. 5 II Nr. 4) und durch Spontanmitteilungen (Art. 5 II Nr. 6).

26   Für die Informationsrechtshilfe haben sich die Vertragsstaaten in Art. 6 auf Mindesterfordernisse für ein Auskunftsersuchen verständigt. Art. 6 I legt bestimmte Angaben fest, die unbedingt erforderlich sind, um eine zeitnahe und effiziente Bearbeitung von Ersuchen und Spontanmitteilungen gewährleisten zu können (BR-Drs. 669/12, 14). Durch Art. 6 II werden die ersuchten Stellen darüber hinaus berechtigt, weitere für die Bearbeitung eines Ersuchens erforderliche Informationen anzufordern. Art. 6 III regelt die Art und Weise der Übermittlung von Ersuchen und Spontanmitteilungen (schriftlich, fernschriftlich, elektronisch). Die Übermittlung von Ersuchen und Spontanmitteilungen erfolgt formlos und ist damit nicht an einen Vordruck gebunden (BR-Drs. 669/12, 14). Art. 6 IV enthält Auskunftsverbote. Art. 6 IV begrenzt die Amtshilfe auf den nationalen Ermittlungsrahmen. Art. 8 enthält spezielle Regelungen zum Datenschutz, vor allem durch die Gewährleistung der bereichsspezifischen Verwendung (Art. 8 I Nr. 2) und die Grundsätze der Erforderlichkeit und der Verhältnismäßigkeit (Art. 8 I Nr. 3) (BR-Drs. 669/12, 15).

6. Österreich

27   Deutschland hat mit der Republik Österreich am 11.6.2012 den Staatsvertrag gegen grenzüberschreitende Schwarzarbeit und illegale grenzüberschreitende Leiharbeit geschlossen (BGBl. II 2013 S. 105). Nach dem Austausch der Ratifikationsurkunde am 14.5.2013 trat der Vertrag gemäß seinem Art. 13 II mit 1.8.2013 in Kraft. Der Vertrag sieht insbesondere die Regelungen zum Informationsaustausch (einschließlich personenbezogene Daten) und die Benennung zentraler Ansprechpartner in beiden Ländern vor, um die grenzüberschreitende Arbeit der Verfolgungsbehörden beider Staaten erheblich vereinfachen und effektiver zu gestalten.

V. Informationsaustausch mit Drittstaaten

28   Die Übermittlung von Informationen an Drittstaaten ist nach Maßgabe der § 77 II bis V SGB X eröffnet. Drittstaaten können um Informationen ersucht werden. Es handelt sich um Kulanzauskünfte, auf die kein Anspruch besteht. Das Auskunftsersuchen ist jedenfalls unzulässig, sofern die Daten nach innerstaatlichem Recht nicht verwendet werden dürfen. Soweit die Datenübermittlung zum Zwecke der Verfolgung von Straftaten erfolgt, sind die Vorschriften über die internationale Rechtshilfe in Strafsachen zu beachten.

§ 7 Auskunftsansprüche bei anonymen Werbemaßnahmen

Erfolgen Werbemaßnahmen ohne Angabe von Name und Anschrift unter einer Chiffre und bestehen in diesem Zusammenhang Anhaltspunkte für eine Schwarzarbeit nach § 1, ist derjenige, der die Chiffreanzeige veröffentlicht hat, verpflichtet, den Behörden der Zollverwaltung Namen und Anschrift des Auftraggebers der Chiffreanzeige unentgeltlich mitzuteilen.

Literatur: Erdmann, Unlautere Werbung mit handwerklichen Leistungen in Medien als eigener Ordnungswidrigkeitstatbestand, GewA 1998, 272; Gesetzentwurf der Fraktionen der CDU/CSU und F.D.P.: Entwurf eines Gesetzes zur Änderung des Gesetzes zur Bekämpfung der Schwarzarbeit und zur Änderung anderer Gesetze, BT-Drs. 12/7563 (17.5.1994); Gesetzentwurf des Bundesrates: Entwurf eines Gesetzes zur Änderung des Schwarzarbeitsbekämpfungsgesetzes und des Telekommunikationsgesetzes BT-Drs. 17/6855 (25.8.2011); Ambs, in: Erbs/Kohlhaas, Strafrechtliche Nebengesetze, S 34, Schwarzarbeitsbekämpfungsgesetz, Loseblatt 197. EL 2014; Gesetzesentwurf der Bundesregierung: Entwurf eines Gesetzes zur Intensivierung der Bekämpfung der Schwarzarbeit und damit zusammenhängender Steuerhinterziehung, BR-Drs. 155/04 (22.2.2004); Fehn, Kommentar zum Gesetz zur Bekämpfung der Schwarzarbeit und illegalen Beschäftigung (Schwarzarbeitsbekämpfungsgesetz – SchwarzArbG), in: Das Deutsche Bundesrecht; Marschall, Bekämpfung illegaler Beschäftigung, 3. Auflage 2003; Köhler, in: Köhler/Bornkamm, Gesetz gegen den unlauteren Wettbewerb UWG, 32. Auflage 2014; Erdmann, in: Achenbach/Ransiek, Handbuch Wirtschaftsstrafrecht, 3. Auflage 2012; Kossens, Das Gesetz zur Intensivierung der Bekämpfung der Schwarzarbeit und damit zusammenhängender Steuerhinterziehung, BB-Special 2/2004, 2

Rechtsprechung: OLG Düsseldorf 20.9.2000 – 2b Ss OWi 30/00, NStZ 2001, 260

I. Allgemeines

Da Schwarzarbeiter häufig einen ersten Kontakt zu ihren Kunden über 1 Chiffreanzeigen in Printmedien, Internet und sonstigen Medien herstellen und hierdurch einen relativ großen Adressatenkreis erreichen, soll über diese Vorschrift die Durchbrechung des Anzeigengeheimnisses ermöglicht werden (*Erdmann* GewA 1998, 272 (273)). So kann der anonyme Auftraggeber einer Anzeige im Falle von Anhaltspunkten für geplante Schwarzarbeit auch ohne Angabe von Namen und Anschrift ermittelt und bereits dieser Vorbereitungshandlung zur Schwarzarbeit nachgegangen werden (BT-Drs. 12/7563, 10 zur Vorgängervorschrift § 4 SchwarzArbG aF; BT-Drs. 17/6855, 11; OLG Düsseldorf NStZ 2001, 260; Erbs/Kohlhass/*Ambs* S 34 § 7 Rn. 2, 3).

II. Gesetzesmaterialien

Die Begründung im Regierungsentwurf (BR-Drs. 155/04, 65) führt zu § 7 2 aus:

Zu § 7 (Auskunftsansprüche bei anonymen Werbemaßnahmen)
Entsprechend der Neudefinition der Schwarzarbeit, unter die bloße handwerks- und gewerberechtliche Anzeige- und Eintragungspflichtverletzungen nicht mehr fal-

len, stehen die Kompetenzen aus § 4 Abs. 3 des bisherigen Gesetzes zur Bekämpfung der Schwarzarbeit nur den Behörden der Zollverwaltung zu. Die bisherige Mitteilungspflicht des Anbieters der Telekommunikationsleistung oder des Herausgebers der Chiffreanzeige gegenüber den Handwerkskammern nach § 4 Abs. 3 des Gesetzes zur Bekämpfung der Schwarzarbeit entfällt, da Ordnungswidrigkeiten, die im Zusammenhang mit Schwarzarbeit von nach Landesrecht zuständigen Behörden zu verfolgen wären, aufgrund der Neudefinition der Schwarzarbeit nicht mehr in Betracht kommen.

Die Mitteilungspflicht des Anbieters der Telekommunikationsleistung gegenüber den Behörden der Zollverwaltung wird in das Telekommunikationsgesetz aufgenommen, so dass sie im § 7 nicht erfasst werden muss (vgl. Art. 23).

III. Kommentierung

1. Chiffreanzeige ohne Angabe von Namen und Anschrift

3   Der Auftraggeber einer Chiffreanzeige möchte regelmäßig weder namentlich genannt werden, noch sonstige Kontaktinformationen wie Anschrift, Telefonnummer oder E-Mail-Adresse hinterlassen, die einen Rückschluss auf seine Person zulassen. Vielmehr findet die Kommunikation mit etwaigen Interessenten über einen anonymen und zu diesem Zwecke vergebenen Chiffre-Code statt, der lediglich dem Anzeigenanbieter bekannt ist und eben diese Rückschlüsse auf die Person des Auftraggebers verhindern soll. Der Herausgeber des Mediums leitet sodann die Erklärungen der Interessenten an den Auftraggeber weiter.

2. Werbemaßnahme

4   Für eine Werbemaßnahme im Sinne der Vorschrift ist es ausreichend, dass der Werbende auf andere einwirkt, um diese zu einer Inanspruchnahme der von ihm beworbenen Werk- und Dienstleistungen zu bewegen (*Fehn* S. 122; *Marschall* Rn. 673). Dies deckt sich im Wesentlichen mit der im UWG verwendeten Begrifflichkeit. So ist gemäß Art. 2a) der RL 2006/114/EG unter „Werbung" jede Äußerung bei der Ausübung eines Handels, Gewerbes, Handwerks oder freien Berufs zu verstehen mit dem Ziel, den Absatz von Waren oder die Erbringung von Dienstleistungen, einschließlich unbeweglicher Sachen, Rechte und Verpflichtungen, zu fördern (vgl. Köhler/Bornkamm/*Köhler* § 2 Rn. 15). Ein konkretes Angebot oder die Aufforderung an die Empfänger, ein konkretes Angebot zum Vertragsschluss abzugeben, ist daher ebenso wenig erforderlich wie über alle die Ausführung der Leistung betreffenden Details (zB Vergütung) abschließend zu informieren (*Erdmann* GewA 1998, 272f.; *Fehn* S. 122; *Marschall* Rn. 673). Die Werbemaßnahme kann unter Angabe der Chiffre in Printmedien wie Zeitungen und Zeitschriften, in Funk und Fernsehen, sowie im Internet oder sonstigen Medien (zB Lautsprecherdurchsagen) geschaltet werden. Auch die Verteilung von Flyern oä, auch handschriftlich, kommt in Betracht (Erbs/Kohlhass/*Ambs* S 34 § 7 Rn. 2; *Fehn* S. 122; *Marschall* Rn. 673, 677).

III. Kommentierung § 7

3. Anhaltspunkte für Schwarzarbeit

Von § 7 nF wird jede Art von Schwarzarbeit iSd § 1 II SchwarzArbG erfasst 5 (Erbs/Kohlhass/*Ambs* S 34 § 7 Rn. 1; → § 1). Als Anhaltspunkte für Schwarzarbeit reichen allgemeine Hinweise aus; ein Anfangsverdacht im strafrechtlichen Sinne ist für die Mitteilungspflicht nicht erforderlich, damit dem Willen des Gesetzgebers, möglichst frühzeitig gegen Schwarzarbeit vorzugehen, entsprochen werden kann (Erbs/Kohlhass/*Ambs* S 34 § 7 Rn. 4, *Marschall* Rn. 678).

4. Auskunftsberechtigte

Auskunftsberechtigte sind die Behörden der Zollverwaltung. 6

5. Auskunftspflichtige

Die Mitteilung von Namen und Anschrift des Auftraggebers einer anony- 7 men Chiffreanzeige ist unentgeltlich durch denjenigen zu erteilen, der die Chiffreanzeige veröffentlicht hat, zB den Herausgeber einer Zeitung, den Sender, Internetdienst oder bei Handzetteln auch einen gewerblichen Verteilungsdienst (Erbs/Kohlhass/*Ambs* S 34 § 7 Rn. 1, 4). Der Herausgeber von Printmedien sowie der Anbieter von Internetseiten kann dem Impressum entnommen werden; ansonsten ist derjenige zur Auskunft verpflichtet, an den sich die Interessenten unter der Chiffre richten müssen, da diesem der Auftraggeber der Chiffre bekannt ist (*Marschall* Rn. 680).

Die Auskunft hat nach hM nur auf Ersuchen der Behörden der Zollverwal- 8 tung zu erfolgen (Erbs/Kohlhass/*Ambs* S 34 § 7 Rn. 1, 4; *Fehn* § 7 S. 124; Achenbach/Ransiek/*Erdmann* 5. Kap. Rn. 105; aA *Kossens* BB-Special 2/2004, 2 (5)). Auch wenn in § 7 selbst von einer Mitteilungspflicht die Rede ist, sprechen sowohl der Wortlaut des § 4 aF, als auch die Gesetzesüberschrift und Gesetzesbegründung dafür, dass eine proaktive Information der Behörden der Zollverwaltung nicht erforderlich ist. So hieß es in § 4 III aF ausdrücklich, dass Name und Anschrift des Werbenden nur „auf Verlangen" mitzuteilen seien. Dafür, dass im Zuge der folgenden Anpassungen des § 4 III aF der Regelungsgehalt grundsätzlich nicht geändert werden sollte, spricht die amtliche Überschrift des § 7. Diese sieht lediglich „Auskunftsansprüche" der Behörden der Zollverwaltung vor, was wiederum dem Wortlaut nach mit den Auskunftsansprüchen der Behörden der Zollverwaltung gegenüber den Telekommunikationsanbietern gemäß § 112 II Nr. 7 TKG korrespondiert (vgl. *Fehn* S. 124; → Rn. 9). Auch in der Gesetzesbegründung werden die Begrifflichkeiten „Auskunftsansprüche" und „Mitteilungspflicht" gleichbedeutend verwendet (BR-Drs. 155/04, 10, 65). Da „Auskunft" im grammatikalischen Sinne „Antwort auf eine Anfrage" bedeutet, ist vor diesem Hintergrund eine generelle Informationspflicht abzulehnen (*Fehn* S. 124 mwN). Darüber hinaus würde eine generelle Mitteilungspflicht ohne Verlangen der Behörde zu einem Missverhältnis zwischen der Pflicht des Staates zur Aufklärung von Straf- und Ordnungswidrigkeiten und der Pflicht des Bürgers zur Mitwirkung führen, die die betroffenen Auskunftsverpflichteten durch den damit einhergehenden Prüfungsaufwand bezüglich etwaiger Anhaltspunkte von Schwarzarbeit unverhältnismäßig belasten würden (*Fehn* S. 124).

6. Auskunftsansprüche nach dem TKG

9 Die nach § 4 III 1 SchwarzArbG aF bis 2004 zusätzlich bestehenden Mitteilungspflichten des Anbieters einer Telekommunikationsleistung sind mittlerweile aus § 112 II Nr. 7 TKG herzuleiten. Hiernach werden den Behörden der Zollverwaltung für die in § 2 I SchwarzArbG genannten Zwecke über zentrale Abfragestellen jederzeit Auskünfte über die nach § 111 TKG erhobenen Daten aus den Kundendateien erteilt, soweit die Auskünfte zur Erfüllung der gesetzlichen Aufgaben der Behörden der Zollverwaltung erforderlich sind und die Ersuchen an die Bundesnetzagentur im automatisierten Verfahren vorgelegt werden. Zu den nach § 111 I TKG erhobenen Daten zählen insbesondere die Rufnummern und anderen Anschlusskennungen, Name und Anschrift des Anschlussinhabers, Geburtsdatum, Anschrift des Anschlusses, Gerätenummer eines eventuell überlassenen Mobilfunkendgeräts und das Datum des Vertragsbeginns. Nicht benötigte Daten hat die ersuchende Stelle gemäß § 112 I 8 TKG unverzüglich zu löschen.

7. Sonstiges

10 § 7 hat durch den normierten Auskunftsanspruch präventiven Charakter und zieht weder für den Verfasser einer Chiffreanzeige noch den Mitteilungspflichtigen straf- oder ordnungswidrigkeitsrechtlichen Schritte nach sich, zumal die Werbung als Vorbereitungshandlung im Vergleich zur späteren ebenfalls strafbewehrten unzulässigen Tätigkeit eher als gering einzustufen ist (BT-Drs. 17/6855, 11; Erbs/Kohlhass/*Ambs* S 34 § 7 Rn. 4).

Abschnitt 3. Bußgeld- und Strafvorschriften

Vor § 8 Bußgeld- und Strafvorschriften

Literatur: Büttner, Illegale Beschäftigung, Schwarzarbeit, 2012; Drüen, Inanspruchnahme Dritter für den Steuervollzug, DStJG Bd. 31, 167; Fehn, Kommentar zum Gesetz zur Bekämpfung der Schwarzarbeit und illegalen Beschäftigung (Schwarzarbeitsbekämpfungsgesetz – SchwarzArbG), in: Das Deutsche Bundesrecht; Franzen/Gast/Joecks, Steuerstrafrecht, 7. Aufl. 2009; Fritz, Die Selbstanzeige im Beitragsstrafrecht nach § 266a Abs. 5 StGB, Diss, Mannheim 1997; Gast-de Haan, Lohnsteuerschuld und Arbeitgeberhaftung, DStJG Bd. 9, 141; Kohlmann, Steuerstrafrecht; Laitenberger, Beitragsvorenthaltung, Minijobs und Schwarzarbeitsbekämpfung – Zu den Änderungen des § 266a StGB durch das Gesetz zur Intensivierung der Bekämpfung der Schwarzarbeit und damit zusammenhängender Steuerhinterziehung, NJW 2004, 2703; Möllert, Bekämpfung der Schwarzarbeit, StBp 2006, 173; Mosbacher, in: Graf/Jäger/Wittig, Wirtschafts- und Steuerstrafrecht, 2011; Obenhaus, Haftungs- und Strafbarkeitsrisiken durch Ignorieren möglicher Scheinselbständigkeit, Stbg 2012, 548; ders., Umsatzsteuerliche Konsequenzen verdeckter Arbeitsverhältnisse, BB 2012, 1130; Randt, Der Steuerfahndungsfall, 2004; Ranft: „Vorenthalten" von Arbeitnehmerbeiträgen – Bemerkungen zur Auslegung des § 266a Abs. 1 StGB, DStR 2001, 132; Rolfs, Scheinselbständigkeit, geringfügige Beschäftigung und „Gleitzone" nach dem zweiten Hartz-Gesetz, NZA 2003, 65; Rübenstahl/Zinser, Die „Schwarzlohnabrede" – Lohnsteuerhinterziehung, Strafzumessungsrecht und obiter dicta, NJW 2011, 2481; Spatschek/Wulf/Friedrich, Schwarzarbeit heute – die neue Rechtslage aus steuer- und strafrechtlicher Sicht, DStR 2005; 129; Spatschek/Wulf, „Schwere Steuerhinterziehung" gemäß § 370a AO – Zwischenbilanz zur Diskussion über eine missglückte Strafvorschrift, NJW 02, 2983; dies., Praktische Fragen zu den Verfahrensvorschriften des SchwarzArbG, PStR 2005, 40; Trüg, Die Schwarzlohnabrede – Faktizität und Geltung, DStR 2011, 727; Richtarsky, in: Wabnitz/Janovsky, Handbuch des Wirtschafts- und Steuerstrafrechts, 4. Aufl. 2014; Wilhelm Schmidt, Gewinnabschöpfung im Straf- und Bussgeldverfahren, 2006; Westphal/Stoppa, Straftaten im Zusammenhang mit der unerlaubten Einreise und dem unerlaubten Aufenthalt von Ausländern nach dem Aufenthaltsgesetz, NJW 1999, 2137; Widmann, Vollzugsdefizite und Vollzugslasten im Umsatzsteuerrecht, DStJG Bd. 32, 103; Wittig, Zur Auslegung eines missglückten Tatbestandes – Die neue Rechtsprechung des BGH zu § 266a Abs. 2 StGB und deren Folgen für § 266a Abs. 1 StGB, HRRS 12, 63.

Rechtsprechung: BGH 28.10.2004 – 5 StR 276/04, NJW 2005, 374 zu Bauleistungs-Abrechnung über Scheinfirmen – „Steuerhinterziehung als Gewerbe"; 2.12.2008 – 1 StR 416/08, NJW 2009, 528: Berechnung vorenthaltener Sozialversicherungsbeiträge, Strafzumessung bei Steuerhinterziehung; vom 17.3.2009 – 1 StR 627/08, NJW 2009, 1979: Schadensberechnung bei Umsatzsteuerhinterziehung – Strafzumessung bei Tatserien; vom 10.11.2009 – 1 StR 283/09, NJW-Spezial 2010, 89: Ermittlung der Höhe gezahlten Schwarzlohns durch Schätzung; 8.2.2011 – 1 StR 651/10, NJW 2011, 2526: Verurteilung des Arbeitgebers nach Schwarzlohnabrede; 27.9.2011 – 1 StR 399/11, NJW 12, 471 zu: Vorenthalten von Arbeitsentgelt bei Schein-Werkverträgen – Beschränkte Arbeitnehmerfreizügigkeit; 5.6.2013 – 1 StR 626/12, NJW 2013, 3595 (Ls.): Vorenthalten und Veruntreuen von Arbeitsentgelt – Begriff des Arbeitgebers; 16.4.2014 – 1 StR 516/13, NJW 2014, 1975 zur Abgrenzung von Arbeitgeberbegriff und Arbnehmerüberlassung sowie zur Verwertung von Kontrollmitteilungen aus dem Besteuerungsverfahren; OLG Düsseldorf vom 3.8.2007 – IV-OWi-16/07-III zur Anwendung des OWiG bei Schwarzarbeit

Vor § 8 Bußgeld- und Strafvorschriften

Inhaltsübersicht

	Rn.
I. Allgemeines	1
II. Ordnungswidrigkeiten	5
III. Einzelne Straftaten	8
1. Spezifische Anmerkungen zu § 266a StGB	8
a) Allgemeines	8
b) Tathandlungen	16
c) Täterkreis	25
d) Vorsatz	27
e) Schadensberechnung	28
f) Besonders schwere Fälle (Abs. 4)	37
g) Konkurrenzen	38
2. Spezifische Anmerkungen zu § 370 AO	40
a) Lohnsteuer-Hinterziehung	41
b) Umsatzsteuer-Hinterziehung	49
c) Kompensationsverbot	52
d) Strafschärfungen	53
3. Selbstanzeige	54
4. Vermögensabschöpfung	58

I. Allgemeines

1 Die Bußgeld- und Strafvorschriften nach §§ 8 ff. ahnden Zuwiderhandlungen in den folgenden Bereichen:
– Schwarzarbeit,
– illegale Beschäftigung,
– Menschenhandel.

2 Neben den Bußgeld- und Strafvorschriften nach §§ 8 ff. fallen auch Ordnungswidrigkeiten in anderen Gesetzen, wie dem SGB III, dem AEntG und dem AÜG in die Zuständigkeit der Behörden der Zollverwaltung, nämlich
– unerlaubter Aufenthalt,
– Arbeitsaufnahme ohne Arbeitserlaubnis,
– keine Sozialversicherungsabgaben.

3 Darüber hinaus wurden die Strafvorschriften zur Beschäftigung von Ausländern ohne Genehmigung und zu ungünstigen Arbeitsbedingungen (§ 406 SGB III aF) und die Beschäftigung von Ausländern ohne Genehmigung in größerem Umfang (§ 407 SGB III aF) in die §§ 10 und 11 übernommen.

4 Straftatbestände iZm Schwarzarbeit enthalten die Vorschriften des Steuerrechts und Sozialversicherungsrechts, des Strafgesetzbuches und anderer Gesetze. Mit dem SchwarzArbG vom 23.7.2004 (BGBl. I S. 1842) hat der Gesetzgeber zur Schließung von Strafbarkeitslücken den § 266a StGB um die Nichtabführung von Arbeitgeberanteilen an Sozialversicherungsbeiträgen ergänzt und mit § 9 über das Erschleichen von Sozialleistungen iZm der Erbringung von Dienst- oder Werkleistungen einen ergänzenden Straftatbestand geschaffen. Die bisherigen Strafvorschriften zur Beschäftigung von Ausländern ohne Genehmigung und zu ungünstigen Arbeitsbedingungen sind aus dem Sozialgesetzbuch entfernt und in §§ 10, 11 übernommen worden. Der für die Kompetenz der FKS erforderliche „unmittelbare Zusammenhang" mit den Prüfungsgegenständen nach § 2 I ergibt sich aus dem Tatbestand der Strafvor-

II. Ordnungswidrigkeiten **Vor § 8**

schriften §§ 266a II, 263 StGB, §§ 15 und 15a AÜG und §§ 10, 11. Bei anderen Strafnormen – zB der Steuerhinterziehung gemäß § 370 AO, dem Wucher zu Lasten des Arbeitnehmers gemäß § 291 StGB – besteht der „unmittelbare Zusammenhang" mit den Prüfungsgegenständen nach § 2 I, wenn der festgestellte Verstoß in einem einheitlichen Zusammenhang mit einer der vorgenannten Straftatbestände steht und die FKS wegen des Verdachts einer solchen Straftat bereits ermittelt (*Möllert,* StBp 06, 176).

II. Ordnungswidrigkeiten

Gemäß § 46 II OWiG haben die Verfolgungsbehörden im Bußgeldverfahren, soweit das OWiG nichts anderes bestimmt, dieselben Rechte und Pflichten wie die Staatsanwaltschaft bei der Verfolgung von Straftaten. Die zuständigen Behörden haben nach pflichtgemäßem Ermessen und unter Beachtung des Grundsatzes der Verhältnismäßigkeit alle erforderlichen Maßnahmen zu treffen, um Ordnungswidrigkeiten aufzuklären. Hierzu gehören insbesondere die Feststellung der Identität von Personen, die sich der Schwarzarbeit verdächtig machen, und von Zeugen sowie die Sicherstellung von Tatwerkzeugen. Werden die Gegenstände nicht freiwillig herausgegeben, so kommt ihre Beschlagnahme in Betracht. Die Verwaltungsbehörde darf die Beschlagnahme nur bei Gefahr im Verzug anordnen. Gefahr im Verzug besteht, wenn die richterliche Anordnung nicht eingeholt werden kann, ohne dass der Zweck der Maßnahme gefährdet wird. Ob das der Fall ist, entscheidet der Zollbeamte nach pflichtgemäßem Ermessen. 5

Bei schwerwiegenden Verstößen, insbesondere bei wiederholter oder organisierter Schwarzarbeit, ist zu prüfen, ob Handwerksbetrieben die Fortsetzung des Betriebs nach § 16 III HwO untersagt werden soll oder eine Gewerbeuntersagung nach § 35 GewO wegen persönlicher Unzuverlässigkeit in Betracht kommt. Wegen der existenzgefährdenden Auswirkung dieser Maßnahmen ist dabei allerdings der Grundsatz der Verhältnismäßigkeit besonders zu beachten. In der Regel wird zunächst ein Bußgeld zu verhängen sein. Verhält sich der bzw. die Betroffene trotz wiederholt auferlegter Bußgelder weiterhin verbotswidrig, kann die Untersagung gerechtfertigt sein. Die zuständige Verfolgungsbehörde hat die jeweils zuständige Handwerkskammer über die Einleitung von und die abschließende Entscheidung in Verfahren wegen Ordnungswidrigkeiten nach den §§ 117 und 118 HwO und nach diesem Gesetz, soweit Gegenstand des Verfahrens eine handwerkliche Tätigkeit ist, zu unterrichten (§ 118a HwO). 6

Ergeben sich im Laufe des Ermittlungsverfahrens Anhaltspunkte dafür, dass neben der Ordnungswidrigkeit auch ein Straftatbestand erfüllt sein könnte, ist der Vorgang gemäß § 41 I OWiG an die Staatsanwaltschaft abzugeben. 7

III. Einzelne Straftaten

1. Spezifische Anmerkungen zu § 266a StGB

8 **a) Allgemeines.** Die Norm hat der Gesetzgeber mit dem 2. WiKG (BGBl. I 1986 S. 721) eingeführt. Darin hat er die vorherigen §§ 529, 1428 RVO, § 225 AGF, § 150 AngVersG, § 234 RKnappschaftsG zusammengefasst (*Martens,* wistra 1985, 51, 53). § 266a II und IV wurden durch SchwarzArbG vom 23.7.2004 (BGBl. I S. 1842) mWv 1.8.2004 eingefügt.

§ 266a StGB Vorenthalten und Veruntreuen von Arbeitsentgelt

(1) Wer als Arbeitgeber der Einzugsstelle Beiträge des Arbeitnehmers zur Sozialversicherung einschließlich der Arbeitsförderung, unabhängig davon, ob Arbeitsentgelt gezahlt wird, vorenthält, wird mit Freiheitsstrafe bis zu fünf Jahren oder mit Geldstrafe bestraft.

(2) Ebenso wird bestraft, wer als Arbeitgeber

1. der für den Einzug der Beiträge zuständigen Stelle über sozialversicherungsrechtlich erhebliche Tatsachen unrichtige oder unvollständige Angaben macht oder
2. die für den Einzug der Beiträge zuständige Stelle pflichtwidrig über sozialversicherungsrechtlich erhebliche Tatsachen in Unkenntnis lässt

und dadurch dieser Stelle vom Arbeitgeber zu tragende Beiträge zur Sozialversicherung einschließlich der Arbeitsförderung, unabhängig davon, ob Arbeitsentgelt gezahlt wird, vorenthält.

(3) ¹Wer als Arbeitgeber sonst Teile des Arbeitsentgelts, die er für den Arbeitnehmer an einen anderen zu zahlen hat, dem Arbeitnehmer einbehält, sie jedoch an den anderen nicht zahlt und es unterlässt, den Arbeitnehmer spätestens im Zeitpunkt der Fälligkeit oder unverzüglich danach über das Unterlassen der Zahlung an den anderen zu unterrichten, wird mit Freiheitsstrafe bis zu fünf Jahren oder mit Geldstrafe bestraft. ²Satz 1 gilt nicht für Teile des Arbeitsentgelts, die als Lohnsteuer einbehalten werden.

(4) ¹In besonders schweren Fällen der Absätze 1 und 2 ist die Strafe Freiheitsstrafe von sechs Monaten bis zu zehn Jahren. ²Ein besonders schwerer Fall liegt in der Regel vor, wenn der Täter

1. aus grobem Eigennutz in großem Ausmaß Beiträge vorenthält,
2. unter Verwendung nachgemachter oder verfälschter Belege fortgesetzt Beiträge vorenthält oder
3. die Mithilfe eines Amtsträgers ausnutzt, der seine Befugnisse oder seine Stellung missbraucht.

(5) Dem Arbeitgeber stehen der Auftraggeber eines Heimarbeiters, Hausgewerbetreibenden oder einer Person, die im Sinne des Heimarbeitsgesetzes diesen gleichgestellt ist, sowie der Zwischenmeister gleich.

(6) ¹In den Fällen der Absätze 1 und 2 kann das Gericht von einer Bestrafung nach dieser Vorschrift absehen, wenn der Arbeitgeber spätestens im Zeitpunkt der Fälligkeit oder unverzüglich danach der Einzugsstelle schriftlich

1. die Höhe der vorenthaltenen Beiträge mitteilt und
2. darlegt, warum die fristgemäße Zahlung nicht möglich ist, obwohl er sich darum ernsthaft bemüht hat.

²Liegen die Voraussetzungen des Satzes 1 vor und werden die Beiträge dann nachträglich innerhalb der von der Einzugsstelle bestimmten angemessenen Frist entrichtet, wird der Täter insoweit nicht bestraft. ³In den Fällen des Absatzes 3 gelten die Sätze 1 und 2 entsprechend.

9 Geschütztes Rechtsgut ist in § 266a I und II StGB vor allem das Interesse der Solidargemeinschaft an der Sicherstellung des Aufkommens für die Sozialversicherung (BGH 29.10.2009 – 1 StR 501/09, HRRS 09 Nr. 1094). § 266a StGB ist Schutzgesetz iSd § 823 II BGB zugunsten der Sozialversicherungsträ-

III. Einzelne Straftaten **Vor § 8**

ger (OLG Saarbrücken 27.5.15 – 1 U 89/14, BeckRS 2015, 11584). § 266a III StGB schützt das Vermögen der Arbeitnehmer. Nach hM schützt § 266a I StGB nicht das Vermögen des Arbeitnehmers, der folglich nicht Verletzter iSd § 172 StPO ist (OLG Köln, NStZ-RR 03, 212, 213).

Schwarzarbeit im Bereich der sozialversicherungsrechtlichen Verstöße tritt **10** schwerpunktmäßig in Form der Beschäftigung von Arbeitnehmern ohne Meldung (§ 28a SGB IV) und Beitragsabführung zur Sozialversicherung bzw. falscher Meldung und nicht vollständiger Beitragsabführung auf. Ein Verstoß gegen § 28a SGB IV kann bußgeldrechtliche und strafrechtliche Konsequenzen haben. Die Nichtmeldung bzw. die nicht richtige, nicht rechtzeitige oder nicht vollständige Meldung ist nach § 111 I 1 Nr. 2 und 2a SGB IV mit Geldbuße bedroht. § 266a StGB bedroht das Vorenthalten und Veruntreuen von Arbeitsentgelt mit Freiheitsstrafe bis zu fünf Jahren oder mit Geldstrafe; in besonders schweren Fällen ist die Strafe Freiheitsstrafe von sechs Monaten bis zu zehn Jahren.

Die Norm des § 266a StGB ist streng **sozialrechtsakzessorisch.** Nur die **11** nach materiellen Sozialversicherungsrecht geschuldeten Beträge sind „vorenthalten" (*Fischer* § 266a Rn. 9a). Daher ist notwendig festzustellen, dass eine inländische sozialversicherungspflichtige Beschäftigung gegeben ist.

Die durch einen ausländischen Sozialversicherungsträger ausgestellten **12** E 101- (VO [EWG] 1408/71) bzw. **A-Bescheinigungen** (Art. 19 II VO [EG] 987/09) entfalten eine strenge Bindungswirkung sowohl für die Sozialversicherungsträger und Arbeits- und Sozialgerichte als auch für die Strafgerichte und Strafverfolgungsbehörden im Beschäftigungsstaat. Liegen E 101- bzw. A-Bescheinigungen vor, so scheiden strafrechtliche Ermittlungen wegen des Verdachts des Vorenthaltens von Arbeitsentgelt gemäß § 266a StGB sowie Beitragsfestsetzungen durch die Sozialversicherungsträger solange aus, bis die in Rede stehenden Bescheinigungen E 101 bzw. A- → § 16 Rn. 23 vom Sozialversicherungsträger des Entsendestaates zurückgenommen worden sind. Davon zu unterscheiden ist allerdings der Fall, dass eine solche Bescheinigung nicht vorliegt. Eine nicht erteilte Bescheinigung begründet keine irgendwie geartete Vermutung, vor allem nicht für ein Nichtbestehen einer Entsendung. Dann ist zu prüfen, ob die Beschäftigung im Inland ausgeübt wurde. Ist das der Fall, ist bei grenzüberschreitenden Sachverhalten sodann zu prüfen, ob die Sozialversicherungspflicht zu koordinieren war und mithin im Inland Sozialversicherungsbeiträge geschuldet waren. Dies ist nach den Bestimmungen der VO (EWG) 1408/71 iVm Durchführungs-VO (EWG) 574/72 (bis 2009 innerhalb der EU, bis 31.3.2012 für Schweiz, gilt für EWR fort) oder VO(EG) 883/04 iVm Durchführungs-VO (EG) 987/09 (ab 1.1.2010 für EU, für Schweiz ab 1.4.2012) bzw. Durchführungs-VO (EG) 465/12 (gilt innerhalb der EU ab 28.6.2012, für Schweiz ab 1.1.2015) oder bilateralen Abkommen zu bestimmen. Die Regelungen gelten für Unionsbürger (Staatsangehörige der EU-Staaten) sowie für Flüchtlinge und Staatenlose, die in einem EU-Staat wohnen. Nach der VO (EU) 1231/2010 sind sie auch auf Drittstaatsangehörige anzuwenden, die legal in einem EU-Mitgliedstaat wohnen. Ausnahmen gibt es aber in Bezug auf Dänemark und Großbritannien.

Vor § 8 — Bußgeld- und Strafvorschriften

13 Koordinationsregelungen nach VO (EG) 883/04 für Arbeitnehmer:

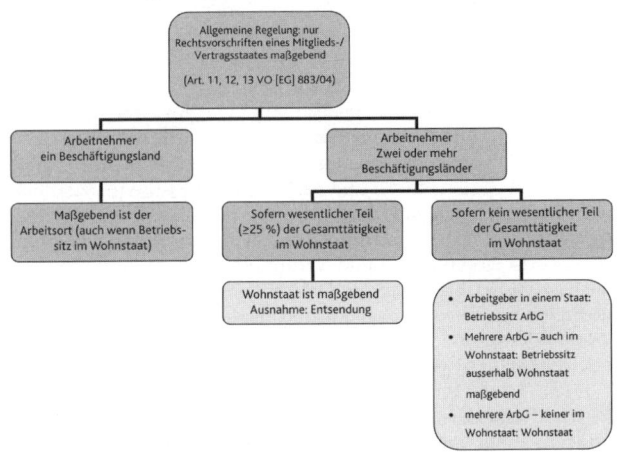

```
Allgemeine Regelung: nur Rechtsvorschriften eines Mitglieds-/Vertragsstaates maßgebend
(Art. 11, 12, 13 VO [EG] 883/04)
```

- **Arbeitnehmer ein Beschäftigungsland**
  - Maßgebend ist der Arbeitsort (auch wenn Betriebssitz im Wohnstaat)
- **Arbeitnehmer Zwei oder mehr Beschäftigungsländer**
  - Sofern wesentlicher Teil (≥25 %) der Gesamttätigkeit im Wohnstaat
    - Wohnstaat ist maßgebend. Ausnahme: Entsendung
  - Sofern kein wesentlicher Teil der Gesamttätigkeit im Wohnstaat
    - Arbeitgeber in einem Staat: Betriebssitz ArbG
    - Mehrere ArbG – auch im Wohnstaat: Betriebssitz ausserhalb Wohnstaat maßgebend
    - mehrere ArbG – keiner im Wohnstaat: Wohnstaat

14 Ausnahme: unbedeutende Tätigkeiten von weniger als 2 Stunden wöchentlich bzw. weniger als 5% der Gesamttätigkeit in einem Drei-Monats-Zeitraum werden nicht koodiniert. Die Beitragsabrechnung erfolgt im Tätigkeitsstaat.

15 Koordinationsregelungen nach VO (EG) 883/04 für selbstständig Erwerbende:

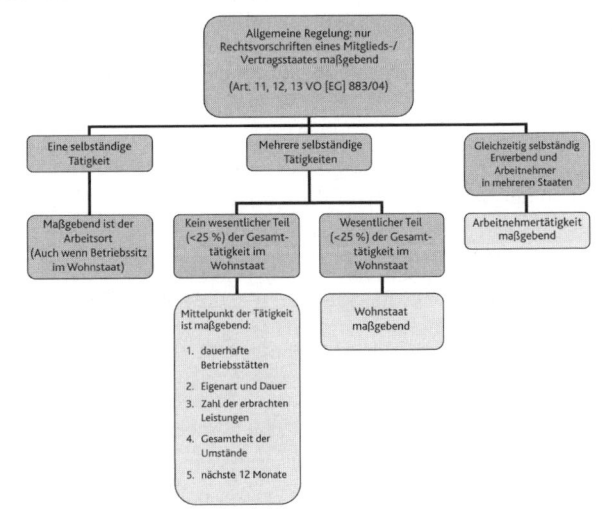

```
Allgemeine Regelung: nur Rechtsvorschriften eines Mitglieds-/Vertragsstaates maßgebend
(Art. 11, 12, 13 VO [EG] 883/04)
```

- **Eine selbständige Tätigkeit**
  - Maßgebend ist der Arbeitsort (Auch wenn Betriebssitz im Wohnstaat)
- **Mehrere selbständige Tätigkeiten**
  - Kein wesentlicher Teil (<25 %) der Gesamttätigkeit im Wohnstaat
    - Mittelpunkt der Tätigkeit ist maßgebend:
      1. dauerhafte Betriebstätten
      2. Eigenart und Dauer
      3. Zahl der erbrachten Leistungen
      4. Gesamtheit der Umstände
      5. nächste 12 Monate
  - Wesentlicher Teil (<25 %) der Gesamttätigkeit im Wohnstaat
    - Wohnstaat maßgebend
- **Gleichzeitig selbständig Erwerbend und Arbeitnehmer in mehreren Staaten**
  - Arbeitnehmertätigkeit maßgebend

III. Einzelne Straftaten	Vor § 8

b) Tathandlungen. § 266a StGB sanktioniert das Vorenthalten des Sozial- 16
versicherungsbeitrages. Abs. 1 erfasst das Nichtzahlen des Arbeitnehmerbeitrages am Gesamtsozialversicherungsbeitrag. Da der Arbeitgeber insoweit treuhänderisch für den Arbeitnehmer tätig ist, ist das Nichtzahlen dieser Anteile ein Vorenthalten. Abs. 2 stellt das Vorenthalten des Arbeitgeberanteils von Beiträgen zur Sozialversicherung unter Strafe (*Fischer* StGB, § 266a Rn. 19). Tathandlung ist bei Abs. 2 die Verletzung von Melde- und Erklärungspflichten. Der Tatbestand des Abs. 3 sanktioniert das heimliche Nichtabführen eines Teils des Arbeitsentgelts, den der Arbeitgeber für den Arbeitnehmer an einen Dritten zu zahlen hat (zB Pfändungen, Abtretungen, Entgeltumwandlung).

Wegen der Sozialrechtsakzessorietät von § 266a StGB sind „vorenthaltene" 17
Beiträge iSd Norm nur solche, die nach materiellem Sozialversicherungsrecht geschuldet sind (*Fischer,* StGB, § 266a Rn. 9a), also solche Beiträge, die ein Arbeitgeber aufgrund von sozialversicherungsrechtlicher Pflichten zu entrichten hat (→ § 1 Rn. 37). Sozialversicherungsrechtliche Pflichten sind diejenigen, die die Arbeitgeber gegenüber den Sozialversicherungsträgern nach den Vorschriften des Sozialrechts zu erfüllen haben. In dem Sinne ist Sozialrecht das Recht, das in den zwölf Büchern des SGB und in denjenigen Gesetzen geregelt ist, die nach § 68 SGB I als besonderer Teil des SGB gelten (KSW/*Hänlein,* SGB I Rn. 20 zu §§ 1 bis 10). Das sind die Beiträge zur Kranken-, Pflege-, Arbeitslosen- und Rentenversicherung. Dies umfasst nicht zB
- die Künstlersozialabgabe (§§ 23 bis 26 KSVG, da kein Arbeitsverhältnis),
- die Beiträge an Einrichtungen der Tarifvertragsparteien (Sozialkassen-Verfahren, →Anhang Baugewerbe Rn. 182);
- Beiträge zu berufsständischen Versorgungswerken.

Bewusst ausgenommen hat der Gesetzgeber aus dem Tatbestand (allein des 18
§ 266a II StGB, da nur vom Arbeitgeber zu entrichten) die Nichtabführung der Beiträge zur Sozialversicherung bei geringfügig Beschäftigten in Privathaushalten iSd § 8a SGB IV (vgl. § 111 I SGB V, § 209 I SGB VII), weil dies einen regelmäßig geringeren Unrechtsgehalt habe (BT-Drs. 15/2573 S. 28; dazu *Fischer,* StGB, § 266a Rn. 19).

aa) Vorenthalten von Arbeitnehmer-Beiträgen (§ 266a I 1). Den be- 19
deutsamsten Anwendungsfall regelt § 266a I StGB mit dem Vorenthalten von fälligen Arbeitnehmer-Beiträgen. Erfasst sind allein die Arbeitnehmerbeiträge am Gesamtsozialversicherungsbeitrag iSd § 28d SGB IV, die der Arbeitgeber durch Abzug vom Arbeitsentgelt einzubehalten und rechtzeitig an die Einzugsstelle (§§ 28h, 28i SGB IV) abzuführen hat. Alleiniger Schuldner des Arbeitnehmeranteils ist gemäß § 28e I SGB IV der Arbeitgeber. Das Vorenthalten ist ein echtes Unterlassungsdelikt (BGHSt 47, 318, 320; BGH 24.10.2006 – 1 StR 44/06, NStZ 07, 218). Das strafbedrohte Unterlassen liegt bei § 266a StGB in der schlichten Nichtzahlung bei Fälligkeit. Zur Tatbestandsverwirklichung bedarf es keiner weiteren (Täuschungs-)Handlung oä (*Fritz,* 19f.; *Randt,* D 375; *Fischer* StGB, § 266a Rn. 13). Die Unmöglichkeit der Beitragsentrichtung zum Fälligkeitszeitpunkt schließt bei § 266a I StGB (außerhalb der Fälle der *omissio libera in causa,* dazu BGHSt 47, 318, 320ff.) den Tatbestand aus (BGH 11.8.2011 – 1 StR 295/11, NJW 2011, 3047).

Vor § 8   Bußgeld- und Strafvorschriften

20   Die Fälligkeit bestimmt sich nach § 23 SGB IV. Sozialversicherungsbeiträge sind zu den gesetzlich Fälligkeitsterminen zu leisten. Eine vorzeitige Zahlung ist zulässig. Die Fälligkeit für laufende Beiträge zur Kranken-, Pflege-, Renten- und Arbeitslosenversicherung, insb. derjenigen, die nach dem Arbeitsentgelt (§ 14 SGB IV) oder Arbeitseinkommen (§ 15 SGB IV) bemessen werden, bestimmt § 23 I SGB IV. § 23 II SGB IV enthält eine Sonderregelung für die Fälligkeit von Beiträgen für Sozialleistungen. Der mWv 1.4.2003 eingeführte § 23 II a SGB IV normiert die Fälligkeit der iRd Haushaltscheckverfahrens (§ 28a VII SGB IV) zu leistenden Beiträge. § 23 SGB IV lässt von § 23 I–III SGB IV abweichende Bestimmungen und mithin besondere Fälligkeitsregelungen zu (KSW/*Roßbach* § 23 SGB IV Rn. 2). Für die Beitragsfälligkeit bei Wertguthabenvereinbarungen nach § 7b SGB IV gelten die besonderen Regelungen des § 23b SGB IV. Sonderregelungen bestehen beim Anfrageverfahren zur Statusfeststellungen nach § 7a SGB IV. Für laufende Beiträge steht die Befugnis zur Regelung der Fälligkeit dem Spitzenverband Bund der Krankenkassen zu (§ 23 I 1 SGB IV idF ab 1.1.2009, § 217f III 1 SGB IV, BT-Drs. 16/3100, 182). Die Feststellung der jeweiligen Fälligkeitstermine steht somit im Ermessen des Spitzenverbandes Bund der Krankenkassen. Dabei gelten die von diesem festgelegten Fälligkeitstermine nicht allein für Beiträge zur Kranken- und Pflegeversicherung, sondern auch für die Beiträge zur RV und AV, soweit diese als Gesamtsozialversicherungsbeitrag (§ 28d SGB IV) zu zahlen sind. Die Grenze findet diese Befugnis in § 23 I 2 bis 5 SGB IV. Die darin genannten spätesten Fälligkeitszeitpunkte sind unabdingbar (KSW/*Roßbach* § 23 SGB IV Rn. 5).

21   Zahlungstermin ist grds. der 15. des auf den Beschäftigungsmonat folgenden Monats. Die Fälligkeit kann auch durch Stundung hinausgeschoben sein. Die Einzugsstellen können Stundungsvereinbarungen nach § 76 II 1 Nr. 1, 2, III SGB IV schliessen.

22   **bb) Nichtabführen von Arbeitgeber-Beiträgen (§ 266a II).** § 266a II StGB stellt das Vorenthalten von Arbeitgeberanteilen zur Sozialversicherung unter Strafe, wenn dieses auf der Verletzung von Erklärungspflichten beruht. Der Tatbestand ist § 370 AO → Rn. 33 nachgebildet, nimmt aber dennoch mit dem Begriff des Vorenthaltens auf § 266a I StGB Bezug (*Wittig* HRRS 12, 63). Die Unmöglichkeit der Beitragsentrichtung zum Fälligkeitszeitpunkt → Rn. 13 schließt bei § 266a II StGB den Tatbestand nicht aus (BGH 11.8.2011 – 1 StR 295/11, NJW 11, 3047). Vielmehr ist der Umstand, dass dem Täter die rechtzeitige Zahlung unmöglich ist, bei der Kausalitätsprüfung zu berücksichtigen (*Wittig* HRRS 12, 67).

23   Bei dem Tatbestand des § 266a II Nr. 1 StGB handelt es sich dabei um ein Erfolgsdelikt, das an einem aktiven Tun anknüpft (BGH 11.8.2011 – 1 StR 295/11, NJW 2011, 3047 Rn. 6). Tathandlung nach § 266a II Nr. 1 StGB ist, dass der Arbeitgeber gegenüber der zuständigen Einzugsstelle (§ 28i SGB IV) unrichtige oder unvollständige Angaben über Tatsachen macht, die Einfluss auf Grund und/oder Höhe der Sozialversicherungsbeiträge haben können. Die (Un-)Richtigkeit hängt von den objektiven Gegebenheiten ab; Unvollständigkeit liegt vor, wenn die Angaben entgegen dem Anschein der Vollständigkeit in wesentlichen Punkten lückenhaft sind (*Gercke/Leimenstoll* HRRS 09, 443).

III. Einzelne Straftaten **Vor § 8**

Nach § 266a II Nr. 2 StGB ist das Unterlassen verbindlich vorgeschriebener 24
Angaben gegenüber den Sozialversicherungsträgern mit Strafe bewährt.
§ 266a II Nr. 2 StGB ist ein echtes Unterlassungsdelikt, der Tatbestand enthält
keine über die Nichtzahlung hinausgehende Unrechtselemente. Eine Täuschung oder Irrtumserregung bei der Einzugsstelle ist nicht erforderlich (BT-Drs. 15/2573, 28; BGH 11.8.2011 – 1 StR 295/11, NJW 2011, 3047 Rn. 6; *Gercke/Leimenstoll* HRRS 09, 448). Der Arbeitgeber hat gegenüber der zuständigen Einzugsstelle (§ 28i SGB IV) bezüglich jedes kraft Gesetzes in der Kranken, Pflege- und Rentenversicherung oder nach dem Recht der Arbeitsförderung versicherten Arbeitnehmers Mitteilung über Beginn und Ende der versicherungspflichtigen Tätigkeit zu machen, sowie entsprechende Beitragsnachweise einzureichen (→ § 1 Rn. 38). Das Merkmal des in Unkenntnis Lassens ist dann erfüllt, wenn der Arbeitgeber als Mitteilungspflichtiger Tatsachen gar nicht oder nicht rechtzeitig übermittelt.

c) Täterkreis. § 266a StGB ist ein Sonderdelikt (*U. Weber,* NStZ 1986, 25
487). Täter können nur Arbeitgeber oder die in § 266a V StGB ausdrücklich
benannten Personen sein. Für Teilnehmer gilt § 28 I StGB (*Fischer* StGB,
§ 266a Rn. 3; *Gercke/Leimenstoll* HRRS 09, 443). Bei kollusiv verabredeter
Schwarzarbeit kommt eine Strafbarkeit des Arbeitnehmers als Täter nach § 263
StGB in Betracht. Da er nicht tauglicher Täter ist, ist die Spezialität von § 266a
I, II StGB insoweit fraglich. Jedoch soll § 266a I und II StGB als selbstständige
Sonderregelung gegenüber § 263 StGB verstanden werden (BT-Drs. 15/2573,
28).

Eine eigenständige strafrechtliche Bestimmung des Arbeitgeberbegriffs exis- 26
tiert nicht. Wer Arbeitgeber iSd § 266a StGB ist, richtet sich nach dem Sozialversicherungsrecht, das seinerseits diesbezüglich auf das Dienstvertragsrecht der §§ 611 ff. BGB abstellt. Arbeitgeber ist danach derjenige, dem gegenüber der Arbeitnehmer zur Erbringung von Arbeitsleistungen verpflichtet ist und zu dem er in einem persönlichen Abhängigkeitsverhältnis steht, das sich vor allem durch die Eingliederung des Arbeitnehmers in den Betrieb des Arbeitgebers ausdrückt. Das Bestehen eines solchen Beschäftigungsverhältnisses zum Arbeitgeber bestimmt sich dabei nach den tatsächlichen Gegebenheiten, die einer wertenden Gesamtbetrachtung zu unterziehen sind. In diese Gesamtbetrachtung sind vor allem das Vorliegen eines umfassenden arbeitsrechtlichen Weisungsrechts, die Gestaltung des Entgelts und seiner Berechnung (etwa Entlohnung nach festen Stundensätzen), Art und Ausmaß der Einbindung in den Betriebsablauf des Arbeitgeberbetriebes sowie die Festlegung des täglichen Beginns und des Endes der konkreten Tätigkeit einzustellen. Die Vertragsparteien können aus einem nach den tatsächlichen Verhältnissen bestehenden Beschäftigungsverhältnis resultierende sozialversicherungsrechtliche Abführungspflichten nicht durch eine abweichende Vertragsgestaltung beseitigen.§ 266a StGB knüpft allein an den Umstand der Anstellung sozialversicherungspflichtiger Arbeitnehmer an, die in persönlicher Abhängigkeit Dienste gegen Lohnzahlung leisten (BGH 5.6.2013 – 1 StR 626/12, NJW 2013, 3595; 16.4.2014 – 1 StR 516/13, NJW 2014, 1975). Es genügt ein faktisches Arbeitsverhältnis, unabhängig vom Bestehen eines wirksamen Arbeitsvertrags. Maßgeblich sind die tatsächlichen Verhältnisse, nicht die vertragliche Bezeichnung. Auch in Fällen

der sog. Scheinselbstständigkeit, in denen *de facto* ein sozialversicherungspflichtiges Arbeitsverhältnis besteht, ist daher die Arbeitgebereigenschaft iSd § 266a StGB zu bejahen (*Gercke/Leimenstoll*, HRRS 09, 443; *Obenhaus* Stbg 12, 548).

27 **d) Vorsatz.** Alle Fälle des I bis III setzen Vorsatz voraus (§ 15 StGB). Es genügt bedingter Vorsatz (*Fischer* § 266a Rn. 23). Der Vorsatz muss sich auf sämtliche Merkmale des objektiven Tatbestands, also die Arbeitgebereigenschaft, die Fälligkeit der Beiträge, die Nichtzahlung sowie die Möglichkeit zur Zahlung, beziehen (BGH 1.10.1991 – VI ZR 374/90, NJW 1992, 177, 178; *Fischer* StGB § 266a Rn. 23). Die Unkenntnis eines Beschäftigungsverhältnisses schließt den Vorsatz aus (§ 16 StGB). Ein Irrtum über das Vorliegen und den Umfang der Rechtspflicht, die Beitragsteile (I, II) oder Entgeltsteile (III) abzuführen, ist nach hM Verbotsirrtum (BGHZ 133, 381). Es kommt damit auf die Vermeidbarkeit an (§ 17 StGB). In der Praxis wird das Vorliegen einer abhängigen Beschäftigung vielfach nicht geprüft. In der Folge unterbleiben die sozialversicherungsrechtlichen und lohnsteuerlichen Meldungen und Zahlungen. Die verletzten Melde- (§ 28a SGB IV, § 200 I SGB V, §§ 190 bis 194 und § 281c SGB VI, DEÜV) → § 1 Rn. 38 und Entrichtungspflichten (§ 28e SGB IV) → § 1 Rn. 46 knüpfen an den Status des abhängig Beschäftigten an. Dieser Status ist folglich zunächst festzustellen, was eine vorherige Prüfung nahezu zwangsläufig voraussetzt. Soweit behauptet wird (Bekanntmachung der Sozialversicherungsträger vom 13.4.2010 zur Statusfeststellung von Erwerbstätigen, Ziffer 4.5), dass der Auftraggeber – wie auch sonst jeder Arbeitgeber bei seinen Mitarbeitern – zu prüfen hat, ob ein Auftragnehmer bei ihm abhängig beschäftigt oder für ihn selbstständig tätig ist, so folgt daraus jedoch keine Pflicht, sondern allenfalls eine Obliegenheit zur Prüfung (*Obenhaus* Stbg 12, 548). Ein Anfrageverfahren nach § 7a SGB IV zur Statusfeststellung, in dem der Auftraggeber unzutreffende Angaben über die Art des Arbeitsverhältnisses zu seinem Auftragnehmer macht, schützt nicht vor Strafbarkeit (*Schulz* NJW 06, 183). Die Feststellung einer unterlassenen Prüfung darf – mangels Pflicht – nicht sogleich zur Bejahung des Vorsatzes führen. Den Vorsatz sieht der Gesetzgeber als im Regelfall gegeben an, wenn er in der Gesetzesbegründung (BT-Drs. 15/2573, 19) feststellt, dass Verstöße gegen die in § 1 II Nr. 1 genannten Melde- und Aufzeichnungspflichten nicht isoliert als Formalverstöße betrachtet werden können, sondern erfahrungsgemäß im Zusammenhang mit einer vom Arbeitgeber beabsichtigten strafbaren Verkürzung von Sozialversicherungsbeiträgen stehen. Damit stellt er eine dahin gehende allgemeine Erfahrung auf, die im Rahmen der freien Beweiswürdigung herzuziehen ist. Jedoch gebietet schon die Unschuldsvermutung (Art. 6 II und III EMRK), dass ein Vorsatz nicht ungeprüft unterstellt, sondern im Einzelfall festgestellt wird (*Obenhaus* Stbg 12, 548). Der Vorsatz folgt im Fall von Scheinselbstständigkeit aus der Kenntnis aller Umstände und dem gemeinsamen Willen, über ein Arbeitsverhältnis zum Nachteil des Beitrags- und Steuergläubigers zu täuschen und daraus eine freie Tätigkeit durch einen selbstständigen Unternehmer zu machen, obwohl alle wissen, dass es vom Inhalt und insbesondere von der Durchführung ein sozialbeitrags- und lohnsteuerpflichtiges Arbeitsverhältnis ist und sein soll. Der wirtschaftliche Vorteil aus der zu Unrecht konstruierten Selbstständigkeit liegt für den Auftraggeber bei der Lohnsteuer und den So-

III. Einzelne Straftaten **Vor § 8**

zialversicherungsbeiträgen (*Pump* StBp 2006, 84). Es bedarf dazu der Feststellung, dass das Vorliegen einer abhängigen Beschäftigung aus den Umständen erkennbar war. Der Vorsatz muss sich nur auf die pflichtbegründenden Umstände beziehen. Weiß der Auftraggeber um sämtliche Umstände, die seine Stellung als Arbeitgeber begründen und geht er gleichwohl davon aus, keine Arbeitgeberstellung einzunehmen, so liegt ein den Vorsatz nicht berührender Subsumtionsirrtum vor, der allenfalls geeignet ist, einen Verbotsirrtum (§ 17 StGB) zu begründen (BGH 7.10.2009 − 1 StR 478/09, NStZ 10, 337; 15.10.1996 − VI ZR 319/95, BGHZ 133, 370, 381 = NJW 1997, 130; *Fischer* StGB § 266a Rn. 23; *Schulz*, NJW 06, 183, 186). Auch eine Fehlvorstellung über die Überwachungspflicht im Fall der Aufgabendelegation stellt einen bloßen Verbotsirrtum dar (BGH 9.1.2001 − VI ZR 407/99, NJW 2001, 969).

e) Schadensberechnung. Das Vorenthalten von Beiträgen ist bei § 266a I 28 StGB Tathandlung, in den beiden Varianten des § 266a II StGB ist es der Tatterfolg (*Fischer* § 266a Rn. 10, 21b). Die Norm des § 266a StGB ist streng sozialrechtsakzessorisch. →Rn. 10 Voraussetzung einer Verurteilung nach § 266a StGB ist die hinreichend genaue Feststellung der geschuldeten Beträge (teils als „Schaden" bezeichnet). Festzustellen sind die geschuldeten Beträge nach Anzahl, Beschäftigungszeiten und Löhnen der Arbeitnehmer und der Höhe des Beitragssatzes (BGH 20.3.1996 − 2 StR 4/96, NStZ 1996, 543; *Fischer* § 266a Rn. 9b). Fehlt es an diesen Darlegungen, so bleibt offen, ob zu den Arbeitnehmern auch geringfügig Beschäftigte iSd §§ 8, 8a SGB IV gehören. Bei denen trägt allein der Arbeitgeber die Beiträge (§ 7 SGB V). Das Nichtabführen solcher Beiträge ist aber nicht gemäß § 266a I StGB strafbar.

Die hinreichend genaue Feststellung der geschuldeten Beträge erfordert 29 grds. eine Aufstellung nach Anzahl der Arbeitnehmer, den jeweiligen Beschäftigungszeiträumen, dem Beitragssatz sowie der gezahlten Bruttolöhne, und zwar jeweils zu den einzelnen Fälligkeitsterminen (BGH 28.5.2002 − 5 StR 16/02, wistra 2002, 340, 343; OLG Hamm 10.2.2000 − 1 Ss 1337/99, NStZ-RR 2001, 173, 174; *Fischer* § 266a Rn. 9b; *Randt,* D 380).

Die geschuldeten Sozialversicherungsbeiträge bestimmen sich maßgeblich 30 nach
− dem Beschäftigungsort (§ 9 SGB IV); dieser muss im Inland liegen, um eine inländische Sozialversicherungspflicht überhaupt zu begründen;
− Art der Lohnvereinbarung (Teil des Arbeitsvertrages);
− Art des Beschäftigungsverhältnisses nach Sozialversicherungsrecht, zB
  • voll versicherungspflichtige Beschäftigung
  • Gleitzone (§ 20 II SGB IV)
  • Minijob (§§ 8, 8a SGB IV)
  • versicherungsfrei (§ 6 SGB V, § 5 SGB VI)
  • arbeitnehmerähnlicher Selbstständiger (§ 2 S. 1 Nr. 9 SGB VI)
− Höhe der Bestandteile des Gesamtsozialversicherungsbeitrages (§ 28d SGB IV) im jeweiligen Meldezeitraum.

Bemessungsgrundlage der abzuführenden Teile des Arbeitsentgeltes sind 31 gemäß § 14 I 1 SGB IV alle laufenden oder einmaligen Einnahmen aus der Beschäftigung. Die Berechnung der nach § 266a StGB vorenthaltenen Sozialversicherungsbeiträge richtet sich in Fällen illegaler Beschäftigungsverhältnisse

Vor § 8 Bußgeld- und Strafvorschriften

nach § 14 II 2 SGB IV (BGH 2.12.2008 – 1 StR 416/08). Eine „illegale Beschäftigung" liegt bereits dann vor, wenn der Arbeitgeber pflichtwidrig die für die Arbeitsverhältnisse vorgeschriebenen Meldungen (§ 28a SGB IV, § 200 I SGB V, §§ 190 bis 194 und § 281c SGB VI, DEÜV) → § 1 Rn. 38 nicht erstattet oder Beiträge nicht abführt (§ 28e I SGB IV) → § 1 Rn. 44. Bei § 14 II SGB IV handelt es sich um eine nicht widerlegbare Fiktion einer Nettolohnvereinbarung. Die Norm ist wegen der strengen sozialrechtsakzessorischen Ausgestaltung des § 266a StGB (→ Rn. 10) auch im Strafrecht anzuwenden; ein entgegenstehender Wille der Beteiligten ist auch hier ebenso unbeachtlich wie im Sozialversicherungsrecht. Der Sanktionscharakter der Vorschrift steht ihrer Anwendung bei der Bestimmung der iSv § 266a StGB vorenthaltenen Beiträge nicht entgegen, da § 14 II 2 SGB IV auch einen materiellen Regelungsgehalt aufweist, anders als zB Säumnis- oder Verspätungszuschläge (BGH 19.12.1997 – 5 StR 569/96, BGHSt 43, 381, 400ff.). Auch eine fehlende Proportionalität zwischen dem Wert der Arbeitsleistung und dem durch die gesetzliche Fiktion hochgeschleusten Bruttoarbeitsentgelt rechtfertigt keine Abstandnahme von § 14 II 2 SGB IV für die strafrechtliche Beitragsbestimmung. Zur Ermittlung des Gesamtsozialversicherungsbeitrages wird also stets der vereinbarte Nettolohn hochgeschleust. Das Hochschleusen ist wie folgt zu berechnen:

      Nettolohn
\+   Lohnsteuer
\+   Arbeitnehmeranteile am Gesamtsozialversicherungsbeitrag
=   **Bruttolohn**

32   Die LSt und die Arbeitnehmeranteile am Gesamtsozialversicherungsbeitrag sind als Vom-Hundert-Satz vom Bruttolohn zu ermitteln. Die Hinzurechnung von LSt und Arbeitnehmeranteil zum Nettolohn erhöht die eigene Berechnungsgrundlage. Daher wird der Bruttolohn im Abtastverfahren bestimmt: Die nach SV-Beiträge und Steuern sind nur einmalig anzusetzen (LSG RhPf 29.7.09 – LGR 105/09, NZS 2015, 257). Ist bei der Ermittlung des Gesamtsozialversicherungsbeitrages die Höhe der LSt nicht bekannt, so ist die gesetzliche Mindest-LSt (§ 39b EStG) unter Anwendung der Steuerklasse VI anzusetzen (*Büttner*, S. 32).

33   Eine **Schätzung** darf nur erfolgen, wenn Feststellungen im Einzelfall nicht möglich sind (BGH 8.1.1992 – 2 StR 102/91, BGHSt 38, 186). Eine Schätzung erfolgt im Sozialversicherungsrecht **durch Summenbeitragsbescheid.** Der Erlass eines Summenbeitragsbescheides setzt kumulativ voraus, dass (1.) der Bescheidadressat Arbeitgeber iSd Gesetzes ist, (2.) eine Verletzung der Pflicht zu ordnungsmäßigen Aufzeichnungen vorliegt (§ 28f II 1 SGB IV) und (3.) eine Zuordnung konkreter Arbeitsentgelte zu einzelnen Arbeitnehmern nicht oder nur mit unverhältnismäßig hohen Verwaltungsaufwand möglich ist (§ 28f II 2 SGB IV) (3.). Ist ein Summenbeitragsbescheid sozialversicherungsrechtlich nicht zulässig, so besteht strafrechtlich erst recht keine Schätzungsbefugnis.

34   Hinsichtlich des Erlasses eines nicht personenbezogenen **Summenbeitragsbescheides** ist bei der Frage der Verhältnismäßigkeit iSd § 28f II 2 SGB IV eine Relation zwischen der Höhe der Gesamtsozialversicherungsbeiträge

III. Einzelne Straftaten **Vor § 8**

und der Anforderungen an die sich aus § 20 SGB X ergebende Ermittlungspflicht herzustellen ist (LSG SH 13.6.2005 – L 5 B 83/05 KR ER, 27.7.2009 – L 5 B 378/09 KR ER; 20.9.2010 – LS KR 148/10 B ER). Je höher die Summe der nachgeforderten Beiträge und damit die Bedeutung für die Versicherten ist, desto intensiver muss der prüfende Rentenversicherungsträger versuchen, eine personenbezogene Zuordnung vorzunehmen. Dies gilt auch im Falle verrichteter Schwarzarbeit (BSG 7.2.2002 – B 12 KR 12/01 R, BSGE 89, 158). Gerade bei hohen Beitragsforderungen muss es in erster Linie das Bestreben des Rentenversicherungsträgers sein, den Beschäftigten zu den mit den Beitragszahlungen grundsätzlich verbundenen sozialrechtlichen Anwartschaften zu verhelfen. Dies gilt im vorliegenden Fall in besonderem Maße, weil hier nicht nur Entgeltteile, sondern der gesamte Pflichtbeitrag Gegenstand des Summenbeitragsbescheides ist Bei ihnen hätte die personenbezogene Beitragszahlung nicht (nur) einen höheren Anspruch zur Folge, sondern gegebenenfalls das Vorliegen einer Anwartschaft auf eine Rente überhaupt Nur wenn eine Ermittlung auch mit hohem, noch vertretbarem Verwaltungsaufwand nicht möglich erscheint, kann eine aus schließlich den Sozialleistungsträgern als Beitragseinnahme zukommende, nicht personenbezogene Nachforderungen ohne leistungsmäßiges Äquivalent erfolgen. Bei Sozialversicherungsbeiträgen handelt es sich nicht um Abgaben iSe Steuer, vielmehr steht den Sozialversicherungsbeiträgen ein konkreter Anspruch des Arbeitnehmers gegenüber, bei Erfüllung der entsprechenden gesetzlichen Voraussetzungen auch die gesetzlich garantierten Leistungen zu erhalten. Wenn aber die Beitragssumme den Arbeitnehmern nicht zugeordnet wird, hat dies die Auswirkung, dass für die Betroffenen keine oder zumindest geringere Leistungsansprüche erwachsen. Aus diesem Grund muss daher bei der Erhebung von Beiträgen zur Sozialversicherung die Feststellung der Versicherungs- und Beitragspflicht sowie die Beitragshöhe auch dann grundsätzlich personenbezogen erfolgen; wenn der Arbeitgeber seine Aufzeichnungspflicht verletzt hat und die Aufklärung des Sachverhalts dadurch zwar erschwert, jedoch nicht unmöglich gemacht werden. ist Deshalb ist ein Summenbescheid über die Gesamtsozialversicherungsbeiträge nur dann zulässig, wenn die Zuordnung der Beiträge zu den einzelnen Personen nicht möglich ist (LSG Bayern 21.10.2013 – L 5 R 605/13 B ER, ASR 2014, 23). Einzelermittlungen können dann unterbleiben, wenn die Feststellung der Versicherungspflicht und der Beitragshöhe nur mit unverhältnismäßigem Verwaltungsaufwand möglich wäre (BSG 17.12.1985 – 12 RK 30/83, USK 85145; 6.3.1986 – 12 RK 26/85, USK 8616). Soweit die betroffen Arbeitnehmer namentlich ebenso bekannt sind wie die auf sie fallenden Zahlungen und die jeweiligen Zeiträume, ist ein unverhältnismäßig großer Verwaltungsaufwand zur Feststellung personenbezogener Daten grds. nicht zu anzunehmen. In jedem Fall muss erkennbar sein, welche Bemühungen der zuständige Sozialversicherungsträger unternommen hat, um eine personenbezogene Beitragsbestimmung vorzunehmen. Selbst wenn die vermeintliche Beitragsnachforderung personell den Beschäftigten nicht im vollen Umfange zugerechnet werden könnte, ist zumindest für die gesicherten Zeiträume und die gesicherten Personen eine entsprechende Zuordnung vorzunehmen. Sofern es erforderlich ist, sind ergänzende Aussagen der Arbeitnehmer einzuholen; auch Sachaufklärungen im Ausland stellen insoweit grds. keinen unverhältnismäßig großen Verwaltungsaufwand dar, der die Ren-

Vor § 8 Bußgeld- und Strafvorschriften

tenversicherungen zum Erlass eines Lohnsummenbescheides berechtigt. Diese Ermittlungspflicht gilt auch für den Fall, dass der Arbeitgeber nur ungenügend bei der Sachaufklärung mitwirkt oder eine solche durch die Verletzung der Aufzeichnungspflicht erschwert. Im Interesse derjenigen Arbeitnehmer, bei denen sich die erforderlichen Tatsachen noch ermitteln lassen; ist es nicht gerechtfertigt, das Erfordernis der personenbezogenen Beitragserhebung insgesamt und damit auch für diese Arbeitnehmer preiszugeben. § 28 f II 1 SGB IV sieht einen Lohnsummenbescheid als die letzte Konsequenz der Beitragseinforderung vor. An erster Stelle steht die konkrete Beitragszuordnung. Ist diese nicht möglich, ist ein so genannter Lohnsummenbescheid zu erlassen (LSG SH 9.12.2013 – L 5 KR 190/13 B ER).

35 Für das Vorliegen der Voraussetzungen von Befreiungstatbeständen – zB für studentische Praktikanten nach § 6 I Nr. 3 SGB V sowie für geringfügige Beschäftigung nach § 8 SGB IV iVm § 7 I SGB V – ist grds. der Arbeitgeber beweis- und feststellungsbelastet (SG Lüneburg 11.4.2008 – S 13 R 518/07 ER, DATEV-Dok. 1405694). Wegen der Amtsermittlungspflicht sind Befreiungstatbestände nach § 28 f II 2 SGB IV jedenfalls dann im Summenbeitragsbescheid zu berücksichtigen, wenn man ohne unverhältnismäßig großen Verwaltungsaufwand feststellen kann, dass Beiträge nicht zu zahlen waren oder Arbeitsentgelt einem bestimmten Beschäftigten zugeordnet werden kann (*Obenhaus* Stbg 12, 548).

36 Vom Umfang her sind die strafrechtlich nicht verjährten Beiträge einzubeziehen. Die **Verfolgungsverjährung** nach § 78 a StPO beginnt ab Beendigung der Tat. Beendigung liegt mit Erlöschen der Beitragspflicht vor (*Fischer* § 266 a Rn. 21 b). Unerheblich ist die sozialversicherungsrechtliche Verjährung: vorsätzlich vorenthaltene Beiträge verjähren gemäß § 25 I 2 SGB IV erst 30 Jahre nach Ablauf des Kalenderjahres, in dem sie fällig geworden sind.

37 **f) Besonders schwere Fälle (Abs. 4).** Die Strafschärfung für besonders schwere Fälle entspricht § 370 III Nr. 1, 3, 4 AO → Rz. 33, 46 (*Fischer* § 266 a Rn. 26). Kollusives Zusammenwirken von Arbeitnehmern und Arbeitgebern zu Lasten der Solidargemeinschaft – und mittelbar zum Nachteil abgaben- und steuerehrlicher Unternehmer – entlastet nicht, sondern ergibt ein Tatbild, das durch ein gesteigertes Ausmaß an krimineller Energie geprägt ist (BGH 29.10.2009 – 1 StR 501/09, HRRS 2009 Nr. 1094).

38 **g) Konkurrenzen.** Jedes Vorenthalten für jedes Arbeitsverhältnis zu jedem Fälligkeitszeitpunkt stellt grds. eine eigenständige materiell-rechtliche Tat dar. Unterlassungen zu verschiedenen Fälligkeitszeitpunkten stehen in Tatmehrheit zueinander. Beim gleichzeitigen Vorenthalten von Sozialversicherungsbeiträgen für mehrere Arbeitnehmer gegenüber derselben Einzugsstelle ist nur eine Tat anzunehmen (BGH 24.4.2007 – 1 StR 639/06, NStZ 2007, 527). Sind Beiträge für mehrere Arbeitnehmer an verschiedene Einzugsstellen zu leisten, so besteht zwischen den einzelnen Unterlassungen Tatmehrheit (BGHSt 48, 307, 314). Die Tatvarianten nach Abs. 1 und Abs. 2 werden in Tateinheit begangen (*Fischer* § 266 a Rn. 36).

39 Beitragsvorenthaltung nach § 266 a StGB und Steuerhinterziehung stehen in Tatmehrheit zueinander, selbst wenn Steuer- und Beitragsteile sich auf denselben Arbeitnehmer beziehen und die Nichtabführung auf einem Gesamt-

III. Einzelne Straftaten **Vor § 8**

plan beruht (BGH 21.9.2005 – 5 StR 263/05, NStZ 2006, 227). Auch zu Straftaten und Ordnungswidrigkeiten nach den §§ 8–11 oder § 404 II Nr. 3 SGB III, § 111 SGB IV, § 209 SGB VII, §§ 15–16 AÜG, §§ 95, 98 AufenthG besteht materielle und prozessuale Tatmehrheit (OLG Stuttgart 12.5.1982 – 3 Ss [25] 210/82, NStZ 1982, 514). Die nach § 23 I Nr. 1 AEntG ordnungswidrige Mindestlohnunterschreitung kann auch nach § 266a StGB strafbar sein; die Rechtsprechung nimmt Tatmehrheit an (BGH 15.3.2012 – 5 StR 288/11, BGHSt 57, 175 = NJW 2012, 2051; 12.9.2012 – 5 StR 363/12, NJW 2012, 3385; *Lübbersmann* PStR 12, 137; *ders.* PStR 13, 4). Mit §§ 283, 283c, 288 StGB kann je nach Umständen Tateinheit (zB Beiseiteschaffen von Vermögenswerten zugleich als schuldhaftes Vorverhalten iSd § 266a I StGB) oder Tatmehrheit gegeben sein (*Gercke/Leimenstoll* HRRS 2009, 451). Eine Einstellung (§ 153a StPO) oder ein Strafbefehl hinsichtlich der Vorwürfe nach § 266a StGB umfassen nicht zugleich die tatmehrheitlichen OWi – zB nach §§ 42, 47 OWiG – (*Lübbersmann* PStR 12, 137).

2. Spezifische Anmerkungen zu § 370 AO

Praktisch geht mit dem Nichtzahlen von Sozialversicherungsbeiträgen die **40** Lohnsteuerhinterziehung nach § 370 I AO, §§ 2 I Nr. 4, 19, 38 I und III 1, 41a EStG einher. Hinzutreten kann eine Umsatzsteuerhinterziehung gemäß § 370 I StGB, §§ 1 I Nr. 1, 18 UStG, wenn aus Rechnungen des Auftragnehmers Vorsteuer gezogen wurde.

§ 370 AO Steuerhinterziehung

(1) Mit Freiheitsstrafe bis zu fünf Jahren oder mit Geldstrafe wird bestraft, wer
1. den Finanzbehörden oder anderen Behörden über steuerlich erhebliche Tatsachen unrichtige oder unvollständige Angaben macht,
2. die Finanzbehörden pflichtwidrig über steuerlich erhebliche Tatsachen in Unkenntnis lässt oder
3. pflichtwidrig die Verwendung von Steuerzeichen oder Steuerstemplern unterlässt

und dadurch Steuern verkürzt oder für sich oder einen anderen nicht gerechtfertigte Steuervorteile erlangt.

(2) Der Versuch ist strafbar.

(3) [1]In besonders schweren Fällen ist die Strafe Freiheitsstrafe von sechs Monaten bis zu zehn Jahren. [2]Ein besonders schwerer Fall liegt in der Regel vor, wenn der Täter
1. in großem Ausmaß Steuern verkürzt oder nicht gerechtfertigte Steuervorteile erlangt,
2. seine Befugnisse oder seine Stellung als Amtsträger missbraucht,
3. die Mithilfe eines Amtsträgers ausnutzt, der seine Befugnisse oder seine Stellung missbraucht,
4. unter Verwendung nachgemachter oder verfälschter Belege fortgesetzt Steuern verkürzt oder nicht gerechtfertigte Steuervorteile erlangt, oder
5. als Mitglied einer Bande, die sich zur fortgesetzten Begehung von Taten nach Absatz 1 verbunden hat, Umsatz- oder Verbrauchssteuern verkürzt oder nicht gerechtfertigte Umsatz- oder Verbrauchssteuervorteile erlangt.

(4) [1]Steuern sind namentlich dann verkürzt, wenn sie nicht, nicht in voller Höhe oder nicht rechtzeitig festgesetzt werden; dies gilt auch dann, wenn die Steuer vorläufig oder unter Vorbehalt der Nachprüfung festgesetzt wird oder eine Steueranmeldung einer Steuerfestsetzung unter Vorbehalt der Nachprüfung gleichsteht. [2]Steuervorteile sind auch Steuervergütungen; nicht gerechtfertigte Steuervorteile sind erlangt, soweit sie zu Unrecht gewährt oder belassen werden. [3]Die Voraussetzungen der Sätze 1 und 2 sind auch dann

erfüllt, wenn die Steuer, auf die sich die Tat bezieht, aus anderen Gründen hätte ermäßigt oder der Steuervorteil aus anderen Gründen hätte beansprucht werden können.

(5) Die Tat kann auch hinsichtlich solcher Waren begangen werden, deren Einfuhr, Ausfuhr oder Durchfuhr verboten ist.

(6) ¹Die Absätze 1 bis 5 gelten auch dann, wenn sich die Tat auf Einfuhr- oder Ausfuhrabgaben bezieht, die von einem anderen Mitgliedstaat der Europäischen Union verwaltet werden oder die einem Mitgliedstaat der Europäischen Freihandelsassoziation oder einem mit dieser assoziierten Staat zustehen. ²Das Gleiche gilt, wenn sich die Tat auf Umsatzsteuern oder auf die in Artikel 1 Absatz 1 der Richtlinie 2008/118/EG des Rates vom 16. Dezember 2008 über das allgemeine Verbrauchsteuersystem und zur Aufhebung der Richtlinie 92/12/EWG (ABl. L 9 vom 14.1.2009, S. 12) genannten harmonisierten Verbrauchsteuern bezieht, die von einem anderen Mitgliedstaat der Europäischen Union verwaltet werden.

(7) Die Absätze 1 bis 6 gelten unabhängig von dem Recht des Tatortes auch für Taten, die außerhalb des Geltungsbereiches dieses Gesetzes begangen werden.

41 **a) Lohnsteuer-Hinterziehung.** Die Lohnsteuerhinterziehung begeht der Unternehmer regelmäßig in der Variante des § 370 I Nr. 2 AO: Der Unternehmer lässt das Finanzamt pflichtwidrig in Unkenntnis über die steuerlich erhebliche Tatsache, dass ein lohnsteuerpflichtiges Beschäftigungsverhältnis vorliegt. Die Lohnsteuerpflicht setzt ebenso ein Arbeitsverhältnis voraus. Das EStG definiert den lohnsteuerlichen Begriff des Arbeitgebers nicht. Er wird abgeleitet aus den in § 1 LStDV enthaltenen Begriffen des Arbeitnehmers und der Dienstperson.

42 Der Arbeitgeber, der die ihm nach § 41a EStG obliegenden Pflicht zur Anmeldung der LSt nicht ordnungsgemäß nachkommt, begeht eine Steuerhinterziehung nach § 370 I Nr. 1 oder Nr. 2 AO. An diesen jeweils eigenständigen Taten im materiell-rechtlichen Sinn kann sich der Arbeitnehmer als Täter oder Gehilfe beteiligen. Die in § 370 I Nr. 2 AO angesprochene Pflicht, die vorliegend für dem Haupttäter als Arbeitgeber aus § 41a EStG folgte, ist kein besonderes persönliches Merkmal iSd § 28 I StGB (BGHSt 41, 1). Nach den Umständen des Einzelfalls kommt gar allein eine – dann in mittelbarer Täterschaft begangene – Steuerhinterziehung durch den Arbeitnehmer in Betracht (BGH 8.2.2011 – 1 StR 651/10, BGHSt 56, 153, = NJW 2011, 2526f.).

43 Die Abgabe jeder einzelnen unrichtigen oder die Nichtabgabe jeder unterbliebenen LSt-Anmeldung stellt grds. eine selbstständige Tat gemäß § 53 StGB dar (BGH 28.10.2004 – 5 StR 276/04, NJW 05, 374).

44 Das Arbeitsentgelt im sozialversicherungsrechtlichen Sinne ist vom steuerlichen Arbeitslohn zu unterscheiden. Arbeitslohn ist nach §§ 2 I Nr. 4, 19 EStG, § 2 LStDV der tatsächlich zugeflossene Lohn (BFH 13.9.2007 – VI R 54/03, BFHE 219, 49). Nur wenn Arbeitgeber und Arbeitnehmer dies ausdrücklich vereinbart haben, ist von einer Nettolohnabrede → Rn. 24 auszugehen (FGJ/*Joecks* § 370 Rn. 206). Die dem Fiskus entzogenen Lohnsteuern bemessen sich in dem Falle nach den tatsächlichen Verhältnissen der Arbeitnehmer (BGH 30.7.1985 – 1 StR 284/85, NStZ 1986, 79; NJW 2011, 2528). Ist aber die genaue Berechnung nicht möglich, weil die tatsächlichen Verhältnisse der Arbeitnehmer nicht aufklärbar sind, kann von geschätzten (ggf. niedrigeren) Durchschnittssteuersätzen ausgegangen werden (BGH 25.10.2000 – 5 StR 399/00, NStZ 2001, 200; 5.5.2004 – 5 StR 193/03, NStZ-RR 2004, 242). Lag dem Arbeitgeber eine Lohnsteuerkarte nicht vor, gilt § 39c I EStG. Es ist

III. Einzelne Straftaten **Vor § 8**

die LSt-Klasse VI zugrunde zu legen. Das gilt auch, wenn der Arbeitgeber den Arbeitnehmer als Selbstständigen behandelt hat (FGJ/*Joecks* § 370 Rn. 207). War der Arbeitgeber überzeugt davon, dass der Arbeitnehmer die erhaltenen Vergütungen in seiner ESt-Erklärung ordentlich angeben wird (Fälle von Scheinselbstständigkeit), so liegt eine Steuerverkürzung auf Zeit vor, für die Strafzumessung ist allein von einem Zinsschaden auszugehen (FGJ/*Joecks* § 370 Rn. 207). Treffen der Arbeitgeber und der Arbeitnehmer eine **Schwarzlohnabrede,** sie sind sich also darüber einig, dass der Arbeitgeber für den gezahlten Barlohn weder Lohnsteuer noch Sozialversicherungsbeiträge zahlen soll, so ist regelmäßig eine Hinterziehung der Lohnsteuer „auf Dauer" gegeben. Dann ist die Höhe der durch die Arbeitnehmer verkürzten ESt für den Strafausspruch nicht relevant (BGHSt 38, 285; BGH NJW 2011, 2527 f.).

Gegenüberstellung von § 266 a StGB und § 370 AO: **45**

	§ 266a StGB	**§ 370 AO iVm §§ 2 I Nr. 4, 19, 38 I, 41a und III 1 EStG**
	I und II Nr. 2: echtes Unterlassungsdelikt II Nr. 1: aktives Tun	I Nr. 1: aktives Tun I Nr. 2 u. Nr. 3: unechtes Unterlassungsdelikt
Täter	echtes Sonderdelikt: Arbeitgeber oder eine ihm nach V gleichgestellte Person (*Fischer* StGB, § 266a Rn. 3; *Gercke/Leimenstoll* HRRS 2009, 443) ArbN als mgl. Teilnehmer	Arbeitgeber, bei Schwarzlohnabrede auch der Arbeitnehmer (BGHSt 56, 153)
Teilnehmer	jeder andere, § 28 I StGB	jeder andere
Tathandlung	I (ArbN-Anteil): Nichtzahlen II (ArbG-Anteil): Verletzen von Erklärungspflichten	Verletzung von Erklärungspflichten
Tat	die jeweilige Nichtzahlung bzw.	die jeweilige Erklärung oder Anmeldung
Beendigung (§ 78a StGB)	Mit Ende der Beitragspflicht (*Fischer* § 266a Rn. 21b)	IdR mit der unrichtigen Steuerfestsetzung. Bei Anmeldesteuern (LSt, USt) mit Abgabe der unrichtigen Steueranmeldung (BGHSt 38, 165). Bei Nichtabgabe bei Fälligkeit der jeweiligen Steuererklärunganmeldung
Vollendung (Erfolgseintritt)	Mit Nichtzahlung zum Fälligkeitszeitpunkt (*Fischer* § 266a Rn. 21b)	Mit Bekanntgabe des (unrichtigen) Bescheides. Bei unrichtigen Steueranmeldungen, in den Fällen des

	§ 266a StGB	§ 370 AO iVm §§ 2 I Nr. 4, 19, 38 I, 41a und III 1 EStG
		§ 168 S. 1 AO also bereits mit Einreichung der Steueranmeldung, sonst mit Zustimmung der Finanzbehörde (§ 168 S. 2 AO) (BGHSt 53, 221). Liegt kein Steuerbescheid vor, so ist auf den Tag abzustellen, zu dem der Stpfl. bei ordnungsgemäßer Erklärung veranlagt worden wäre (*Wulf* PStR 10, 13)
Vorsatz	wird regelmäßig vermutet (BT-Drs. 15/2573, 19)	wird *de facto* regelmäßig vermutet (FGJ/*Joecks* § 370 Rn. 203)
Schaden	Fiktion der Nettolohnabrede in § 14 II 2 SGB IV Entstehungsprinzip (§ 22 I SGB IV)	Arbeitslohn (§§ 2 I Nr. 4, 19 EStG, § 2 LStDV): der tatsächlich zugeflossene Lohn Zuflussprinzip (§§ 11, 38a I 2 und 3, 40 III 2 EStG, s. auch BFH 21.2.1992 – VI R 41/88, wistra 1992, 196),
Geldwäschevortat	–	§ 261 I 2 Nr. 4 Buchst. b), I 3 StGB

46 LSt ist lediglich eine Vorauszahlung auf die Einkommensteuer des Arbeitnehmers (§ 38 EStG). Dieser hat eine eigenständige Verpflichtung zur Erklärung dieser Einkünfte (§ 149 I 1 AO, § 25 III 1 EStG). Verletzt er diese, so liegt darin eine eigenständige Steuerhinterziehung (§ 370 AO iVm §§ 2 I Nr. 4, 19, 25 EStG). Zwar gibt es eine Ausnahme von der Erklärungspflicht für steuerabzugspflichtige Einkünfte (§ 56 EStDV, § 46 I EStG); diese setzt aber den tatsächlichen Steuerabzug voraus.

47 Soweit der verkürzte Lohn kirchensteuerpflichtig ist, ist zugleich die **(Lohn-)Kirchensteuer** verkürzt. Die Landeskirchensteuergesetze verweisen in Bezug auf das anzuwendende Verfahrensrecht auf die AO. Regelmäßig wird in dieser Verweisung aber ausdrücklich die Anwendbarkeit des dortigen Achten Teils (Straf- und Bußgeldvorschriften, Straf- und Bußgeldverfahren) ausgenommen (zB § 8 II KiStG NRW). Eine Ausnahme hierzu bildet das Land Niedersachsen, das in § 6 I KiStRG Nds. lediglich die Anwendbarkeit der verfahrensrechtlichen Vorschriften (§§ 385 bis 412 AO) ausschließt. Die Hinterziehung von Kirchensteuer ist dort also als Kirchensteuerhinterziehung (§ 370 AO) strafbar. In den übrigen Bundesländern kommt Betrugsstrafbarkeit (§ 263 StGB) in Betracht (BGH 17.4.2008 – 5 StR 547/07, NStZ 09, 157; aA: *Kohlmann* § 386 Rn. 16; FGJ/*Randt* § 386 AO Rn. 21a).

III. Einzelne Straftaten **Vor § 8**

Strafrechtlich privilegiert ist die **geringfügige Beschäftigung in Privat-** **48**
haushalten. Die Nichtverfolgung von diesbezüglichen Steuerstraftaten ordnet
§ 50e II EStG an. Verstöße gegen Meldepflichten hinsichtlich geringfügig Beschäftigter in Privathaushalten werden nur als Ordnungswidrigkeit (§ 378 AO)
sanktioniert. Das Vorenthalten des Gesamtsozialversicherungsbeitrages bei geringfügiger Beschäftigung in Privathaushalten nimmt § 111 I S. 1 Nr. 2a, S. 2
SGB IV von der Anwendung des § 266a II StGB aus; für den Unfallversicherungsbeitrag bestimmt dies § 209 I S. 1 Nr. 5, S. 2 SGB VII. Bei geringfügiger
Beschäftigung in Privathaushalten (§ 8a SGB IV) ist der Arbeitgeber aber im
sog. „Haushaltscheckverfahren" berechtigt, pauschale Lohnsteuer (§ 40a II
EStG) und Sozialversicherungsbeiträge (§ 28a VII und VIII SGB IV) an die
Bundesknappschaft abzuführen. Die Teilnahme am Haushaltsscheckverfahren
setzt eine geringfügige Beschäftigung in einem Privathaushalt gemäß § 8a S. 2
SGB IV voraus. § 8a SGB IV in seiner seit 1.4.2003 unverändert geltenden
Fassung des Zweiten Gesetzes für moderne Dienstleistungen am Arbeitsmarkt
vom 23.12.2002 (BGBl. I S. 4621) enthält eine spezielle Regelung dafür, dass
„geringfügige Beschäftigungen ausschließlich in Privathaushalten ausgeübt"
werden. Nach § 8a S 2, der den Anknüpfungstatbestand für die beitragsrechtlichen Regelungen des § 249b S 2 SGB V und § 172 IIIa SGB VI enthält, liegt
eine geringfügige Beschäftigung im Privathaushalt vor, „wenn diese durch
einen privaten Haushalt begründet ist und die Tätigkeit sonst gewöhnlich
durch Mitglieder des privaten Haushalts erledigt wird". Tätigkeiten, die sonst
gewöhnlich durch Mitglieder des privaten Haushalts erledigt werden, beschränkt diese Privilegierung auf einfache Dienstleistungen, die keine besonderen Fachkenntnisse erfordern, wie Hilfen im Haushalt, Kinderbetreuung
und Gartenpflege. Nicht erfasst werden demgegenüber Tätigkeiten, die eine
spezifische Qualifikation voraussetzen oder die nicht mit der privaten Lebens-
und Haushaltsführung in unmittelbarem Zusammenhang stehen. Auszuscheiden haben ferner Werkverträge, zB über Reparaturen an Haus oder Wohnung,
Haushalts- und Einrichtungsgegenständen, weil sie schon nicht auf Grund
eines Beschäftigungsverhältnisses erbracht werden (*Rolfs*, NZA 2003, 69). Erforderlich ist ferner, dass ein Mitglied des privaten Haushalts selbst Arbeitgeber
des geringfügig Beschäftigten ist. Beschäftigungen in privaten Haushalten, die
durch Dienstleistungsagenturen oder andere Unternehmen begründet sind,
fallen nicht unter diese Regelung (BT-Drs. 15/26, 24). Geringfügige Beschäftigungen für eine Gemeinschaft von Wohnungseigentümern, die die Erfüllung
von Aufgaben im Rahmen der Verwaltung des gemeinschaftlichen Eigentums
betreffen, sind keine geringfügigen Beschäftigungen im Privathaushalt iSd § 8a
SGB IV (BSG 29.8.2012 – B 12 R 4/10 R, BeckRS 2013, 69312). Strafrechtlich werden diese Unterlassungen durch das neue Gesetz privilegiert. Sowohl
die Steuerhinterziehung (§ 50e EStG) als auch das Vorenthalten der Sozialversicherungsbeiträge durch Unterlassen werden zu Ordnungswidrigkeiten herabgestuft. Handlungsdelikte in diesem Bereich sollen dagegen als Vergehen
strafbar bleiben (kritisch hierzu *Joecks* wistra 04, 444; *Spatscheck/Wulf/Fraedrich*
DStR 05, 134f.).

b) Umsatzsteuer-Hinterziehung. Umsatzsteuer ist insb. relevant in Fäl- **49**
len von Scheinselbstständigkeit, in denen der Beschäftigte dem Arbeitgeber

Vor § 8   Bußgeld- und Strafvorschriften

Rechnungen mit USt-Ausweis erteilt und der Arbeitgeber diese als Vorsteuer zieht. Die Selbstständigkeit iSd § 2 I 1 UStG deckt sich grds. mit der arbeits- und sozialversicherungsrechtlichen Einordnung. Die Negativabgrenzung in § 2 II Nr. 1 UStG stellt auf eben dieselben beiden Kriterien ab, die für die arbeits- und sozialversicherungsrechtliche Einordnung maßgeblich sind. Somit schließen sich Unternehmerstellung und Beitragspflicht zur gesetzlichen Sozialversicherung im Regelfall aus (BFH 25.6.2009 – V R 37/08, BStBl. II S. 873; Abschnitt 2.2 I 6 UStAE). Ist eine Tätigkeit sozialversicherungs- und arbeitsrechtlich als abhängig einzuordnen, so liegt kein umsatzsteuerbarer Leistungsaustausch vor. Der Umsatzsteuer unterliegen nach § 1 I Nr. 1 UStG nur Leistungen, die ein Unternehmer im Rahmen seines Unternehmens ausführt. Der abhängig Tätige ist kein Unternehmer. Erteilt der Scheinselbstständige dennoch eine Rechnung und weist darin einen Umsatzsteuerbetrag gesondert aus, so ist dies ein unberechtigter Steuerausweis. Der die Rechnung ausstellende Scheinselbstständige schuldet gemäß § 14c II 1 UStG den ausgewiesenen Betrag. Der Rechnungsempfänger hat zu Unrecht die Vorsteuer gezogen. Gemäß § 15 I 1 Nr. 1 UStG ist nur die gesetzlich geschuldete Steuer für Leistungen, die von einem anderen Unternehmer ausgeführt worden sind, als Vorsteuer abziehbar. Ist der die Leistung Ausführende kein Unternehmer, so ist die in der Rechnung ausgewiesene Umsatzsteuer keine gesetzlich Geschuldete. Es kommen zwei eigenständige Steuerverkürzungen in Betracht: Durch Ziehen der Vorsteuer macht der Leistungsempfänger der Finanzbehörde unrichtige Angaben über steuerlich erhebliche Tatsachen (§ 370 I Nr. 1 AO), nämlich über die Qualifikation der bezogenen Leistung. Darüber hinaus lässt der Rechnungsaussteller die Finanzbehörden pflichtwidrig über steuerlich erhebliche Tatsachen in Unkenntnis (§ 370 I Nr. 2 AO), und zwar über den Haftungsanspruch aus § 14c UStG. Daneben kommt es zu USt-Hinterziehungen regelmäßig im Falle von sog. Abdeckrechnungen eines Strohmannes mit denen Schwarzzahlungen an den tatsächlich Leistenden „abgedeckt" werden (FG Hamburg 25.11.14 – 3 K 85/14, BeckRS 2015, 94288).

50   Die Abgabe jeder einzelnen unrichtigen oder die Nichtabgabe jeder unterbliebenen USt-Erklärung und jeder USt-Voranmeldung stellt grds. eine selbstständige Tat iSd §§ 52, 53 StGB dar (BGH 28.10.2004 – 5 StR 276/04, NJW 2005, 374; BGH 17.3.2009 – 1 StR 627/08, NJW 2009, 1979). Die USt-Jahreserklärung konsumiert nicht die einzelnen Voranmeldungen, wenn sich in jener die Fehler wiederholen. Die Abgabe der falschen Jahreserklärung ist keine mitbestrafte Nachtat zu den einzelnen Hinterziehungen durch die unrichtigen unterjährigen Voranmeldungen. Diese materiell-rechtlichen Einzeltaten bilden jedoch regelmäßig eine Tat im prozessualen Sinne nach § 264 StPO (BGH 11.5.1982 – 5 StR 181/82, NStZ 1982, 335; 24.11.2004 – 5 StR 206/04, NJW 2005, 836; *Fischer* StGB Vor § 52 Rn. 65).

51   Bei der Hinterziehung von Umsatzsteuern bemisst sich der Umfang der verkürzten Steuern oder erlangten Steuervorteile auch dann nach deren Nominalbetrag, wenn die Tathandlung in der pflichtwidrigen Nichtabgabe oder der Abgabe einer unrichtigen Umsatzsteuervoranmeldung iSd § 18 I UStG liegt. In solchen Fällen ist im Hinblick auf die Verpflichtung zur Abgabe einer Umsatzsteuerjahreserklärung (§ 18 III UStG) zunächst nur eine Steuerhinterziehung „auf Zeit" gegeben. Das führt jedoch nicht dazu, dass der tatbestands-

III. Einzelne Straftaten **Vor § 8**

mäßige Erfolg lediglich in der Höhe der Hinterziehungszinsen zu erblicken wäre (BGH 17.3.2009 – 1 StR 627/08, NJW 2009, 1979).

c) Kompensationsverbot. Während in Fällen der Scheinselbststän- 52
digkeit der Auftraggeber die Rechnungsbeträge als Betriebsausgaben absetzt, fehlt es bei klassischer Schwarzarbeit vollständig an der buchmäßigen Erfassung. Im Falle der Aufdeckung will der Auftraggeber die verausgabten Beträge als Aufwand berücksichtigt wissen. Dem steht aber grds. das Kompensationsverbot aus § 370 IV 3 AO entgegen. Die Verrechnung von geschuldeten Steuern mit Vorsteuern hat wegen des Kompensationsverbots (§ 370 IV 3 AO) zu unterbleiben (BGH 24.10.1990, wistra 1991 S. 107; FGJ/*Joecks* 370 Rn. 68).

d) Strafschärfungen. Steuerhinterziehung ist sog. Geldwäschevortat 53
(§ 261 I 2 Nr. 4 Buchst. b), I 3 StGB iVm § 370 AO), wenn sie gewerbsmäßig oder bandenmäßig begangen wird. Dies referiert noch auf § 370a AO, der durch G v. 21.12.2007 (BGBl. I S. 3198) mWv 1.1.2008 aufgehoben wurde. Die bandenmäßige fortgesetzte Begehung ist zudem ein besonders schwerer Fall nach § 370 III Nr. 5 AO. Eine gewerbsmäßige Steuerhinterziehung ist namentlich bei Hinterziehung von unternehmensbezogenen Steuern nahe liegend (*Fischer* § 261 Rn. 16c). Schwarzarbeit hat regelmäßig den unternehmerischen Bezug. So sieht der Gesetzgeber Straftaten nach § 266a I, II StGB als schon in einem weiten Umfang „gewerbsmäßig" begangen an, weshalb es unverhältnismäßig wäre, solche Fälle in der Regel als besonders schwer einzustufen (BT-Drs. 15/2573, 29). Diese Wertung hat er für § 370 AO nicht festgeschrieben. Das Steuerstrafrecht ist im Rahmen der Blankettnorm des § 370 AO auf Grund der durch das Steuerrecht vorgegebenen regelmäßigen Erklärungspflichten – monatlich, vierteljährlich oder jährlich – geprägt durch eine serielle Begehungsweise. Deliktstypisch zieht sich ein einmal begonnenes steuerunehrliches Verhalten über längere Zeiträume hin, ist folglich auf Wiederholung angelegt; zudem sind ebenso regelmäßig mehrere Personen in ein komplexes Hinterziehungsgeschehen eingebunden. Auf der Grundlage der ständigen Rechtsprechung des BGH sind die Tatbestandsmerkmale der „Gewerbsmäßigkeit" (BGHSt 42, 219 [225] = NJW 1996, 3220) und der „bandenmäßigen Begehung" (BGHSt 46, 321 = NJW 2001, 2266) festgeschrieben und über § 369 AO auch im Steuerstrafrecht zu Grunde zu legen. Eine davon abweichende Auslegung im Rahmen der Abgabenordnung im Sinne einer teleologischen Reduktion, wie sie in der Literatur vielfach befürwortet wird, war vom Gesetzgeber ersichtlich nicht gewollt (BGH 22.7.2004 – 5 StR 85/04, NJW 2004, 2990). Zum Streitstand s. *Spatschek/Wulf* NJW 2002, 2986.

3. Selbstanzeige

Für die Steuerdelikte ist die Selbstanzeige nach § 371 AO eröffnet. Diese 54
stellt einen persönlichen Strafausschließungsgrund dar. Übersteigt die verkürzte Steuer oder der für sich oder einen anderen erlangte nicht gerechtfertigte Steuervorteil einen Betrag von 20.000 EUR je Tat, so führt die Selbstanzeige nach §§ 371 II Nr. 3, 398a AO zu einem Strafverfolgungshindernis (vor 1.1.2015 50.000 EUR). Im Falle der leichtfertigen Steuerverkürzung begrün-

Vor § 8 Bußgeld- und Strafvorschriften

det die wirksame Selbstanzeige nach § 378 III AO einen Anspruch auf Bußgeldfreiheit (FGJ/*Joecks* § 378 Rn. 67).

55 Eine dem § 371 AO ähnliche Regelung besteht auch für sozialversicherungsrechtliche Verstöße. § 266a VI StGB eröffnet dem Arbeitgeber, trotz Verwirklichung des Tatbestandes nach § 266a I StGB noch einer Bestrafung zu entgehen. Es handelt sich um einen persönlichen Strafaufhebungsgrund, der die bereits begründete Strafbarkeit rückwirkend beseitigt (*Fritz* 39f.). Die Voraussetzungen sind enger als die der steuerstrafrechtliche Selbstanzeige. Es müssen folgende Voraussetzungen erfüllt sein:
- Der Arbeitgeber muss gemäß § 266 VI 1 StGB
- spätestens im Zeitpunkt der Fälligkeit oder unverzüglich danach
- der Einzugsstelle (§ 28i SGB IV) schriftlich
- die Höhe der vorenthaltenen Beiträge mitteilen (§ 266a VI 1 Nr. 1 StGB) und
- darlegen, weshalb die fristgemäße Zahlung nicht möglich ist, obwohl er sich darum ernsthaft bemüht hat (§ 266a VI 1 Nr. 2 StGB).

56 Im Falle einer Schwarzbeschäftigung ist es schwer denkbar, dass die Voraussetzungen von § 266a VI 1 Nr. 2 StGB erfüllt sein können. Es mangelt im Falle der Hinterziehung an dem ernstlichen Bemühen der fristgerechten Zahlung, deren Vorenthalten gerade vom Täter − trotz finanzieller Leistungsfähigkeit − angestrebt ist (*Randt* D 408).

	§ 266a VI StGB	§ 371 AO
Wer	Täter	Täter oder Teilnehmer
Wie	− schriftlich − Darlegung der Höhe der vorenthaltenen Beiträge mitteilen (§ 266a VI 1 Nr. 1 StGB) und − Darlegung, weshalb die fristgemäße Zahlung nicht möglich ist, obwohl er sich darum ernsthaft bemüht hat (§ 266a VI 1 Nr. 2 StGB).	− Darlegung des steuerrelevanten Sachverhaltes − vollständig bzgl. der jeweiligen Steuerart für alle strafrechtlich unverjährten Jahre (§ 376 AO, §§ 78−78c StGB) − leicht nachprüfbar für das Finanzamt − Erklärung der Bemessungsgrundlagen − keine eigene Steuerberechnung − kein Sperrgrund (§ 371 II AO) − vollständige Nachzahlung
Wann	spätestens im Zeitpunkt der Fälligkeit oder unverzüglich danach	jederzeit
Wo	Einzugstelle (§ 28i SGB IV)	jew. zust. FA

57 Für andere Delikte hat der Gesetzgeber keine strafbefreiende Selbstanzeige eingeräumt.

III. Einzelne Straftaten **Vor § 8**

4. Vermögensabschöpfung

Im Rahmen eines Strafverfahrens hat die FKS zu prüfen, ob vermögensab- 58
schöpfende Maßnahmen durchgeführt werden können. Als solche kommen Einziehung (§ 74 StGB) oder Verfall (§ 73 StGB) (→ § 10 Rn. 54) und bei Ordnungswidrigkeiten durch Geldbuße nach § 17 IV OWiG oder durch Verfallsanordnung nach § 29 a OWiG in Betracht. Die Einziehung bezieht sich auf Tatwerkzeuge, Tatprodukte oder sonstige Gegenstände, auf die sich die Tat bezieht. Die Einziehung dient nicht unmittelbar der Gewinnabschöpfung, hat aber eine abschöpfungsähnliche Wirkung. Unmittelbar der Gewinnabschöpfung dient der Verfall. Das bezeichnet die Abschöpfung von Gewinnen oder sonstigen Vermögenswerten abgeschöpft, die durch die Tat erlangt sind (*Schmidt* Rn. 19 bis 22). Es gibt folgende Arten von Verfall:
- Verfallsanordnung gegenüber einem Tatbeteiligten
- Verfallsanordnung gegenüber einem Drittbegünstigten
- Verfallsanordnung gegenüber einem Dritteigentümer
- Erweiterter Verfall gegenüber dem Tatbeteiligten, ohne dass die Herkunft der Verfallsobjekte aus einer bestimmten tat nachzuweisen wäre.

Die Anordnung des Verfalls gegen den durch Schwarzarbeit begünstigten 59
Auftraggeber ist bei Sozialleistungserschleichung nach § 9 sowie beim Sozialleistungsbetrug nach § 263 StGB nicht möglich. Der Verfall bezieht sich nur auf das unmittelbar Erlangte. Der Auftraggeber hat weder etwas „für" noch „aus" der Tat erlangt (LG Kleve 17. 3. 2005 – 211 Ns 300 Js 262/04 [1/05], wistra 05, 274; *Mosbacher,* SchwarzArbG § 9 Rn. 9; aA: AG Kleve 25. 11. 2004 – 37 Ds 400 Js 267/04, wistra 05, 272: der Auftraggeber als Drittempfänger habe aus dem Sozialleistungserschleichen die Arbeitsleistung des Täters als Tatvorteil erlangt, hierfür sei Wertersatz nach § 73 a StGB zu leisten).

Zudem ist zu prüfen, ob den geschädigten Sozialversicherungsträgern und 60
ggf. Finanzbehörden Rückgewinnungshilfe bei der Nachforderung hinterzogener Beiträge und Steuern geleistet werden kann. Die FKS hat kein Antragsrecht für Einziehung oder Verfall, da dies eine eigene Ermittlungsbefugnis voraussetzt.

Bei Ordnungswidrigkeiten (→ § 12 Rn. 23–31) findet Gewinnabschöp- 61
fung regelmäßig durch vereinfachte Berücksichtigung bei der Bemessung der Geldbuße statt. § 17 IV OWiG ordnet dazu an, dass der wirtschaftliche Vorteil bei der Bußgeldzumessung zu berücksichtigen ist (*Schmidt* Rn. 13, 1269). Bei juristischen Personen und Personenvereinigungen gilt die Vorschrift über § 30 III OWiG entsprechend. Bei der Ermittlung des wirtschaftlichen Vorteils iSd § 17 IV OWiG sind bei einem Verstoß gegen § 1 SchwarzArbG sowohl entrichtete Sozialversicherungsbeiträge als auch die Steuerbelastung sowie die üblichen Geschäftskosten in Abzug zu bringen. Abziehbar sind als Steuern diejenigen, die unmittelbar aufgewendet werden zur Erlangung des Vorteils, zB USt, LSt (*Schmidt* Rn. 1258, 1260). Bei der ordnungswidrigen Ausübung eines Gewerbes entgegen § 1 HwO soll zu berücksichtigen sein, was der Betroffene bei Ausübung erlaubter Tätigkeit als Geselle verdient hätte (*Schmidt* Rn. 1258). Hat der Täter den Bußgeldtatbestand zwar rechtswidrig, aber nicht vorwerfbar verwirklicht oder aber er den Vermögensvorteil für einen anderen erzielt hatte, kann eine Gewinnabschöpfung über § 17 IV OWiG nicht erfolgen. Das gilt ins-

besondere, wenn die Voraussetzungen der §§ 30, 130 OWiG nicht vorliegen. Diese Lücke schließt § 29a OWiG (*Schmidt* Rn. 14, 1269). Als Anlasstat genügt eine mit Geldbuße bedrohte Handlung iSd § 1 II OWiG. Hierunter ist eine Tat zu verstehen, die den objektiven und den subjektiven Tatbestand erfüllt und rechtswidrig ist. Vorwerfbar braucht die Tat nicht zu sein (*Schmidt* Rn. 1271). § 17 IV OWiG hat Vorrang vor § 29a OWiG. Letztgenannter setzt voraus, dass keine Geldbuße in der Sache verhängt worden ist (*Schmidt* Rn. 1273). Die Einziehung nach § 22 OWiG findet keine Anwendung. Sie kann nur als Nebenfolge erkannt werden, wenn das jeweilige Gesetz dies ausdrücklich zulässt (§ 22 I OWiG). Das ist bei den Ordnungswidrigkeiten dieses Gesetzes nicht der Fall.

§ 8 Bußgeldvorschriften

(1) **Ordnungswidrig handelt, wer**
1. a) **entgegen § 60 Abs. 1 Satz 1 Nr. 1 des Ersten Buches Sozialgesetzbuch eine Tatsache, die für eine Leistung nach dem Sozialgesetzbuch erheblich ist, nicht richtig oder nicht vollständig anzeigt,**
   b) **entgegen § 60 Abs. 1 Satz 1 Nr. 2 des Ersten Buches Sozialgesetzbuch eine Änderung in den Verhältnissen, die für eine Leistung nach dem Sozialgesetzbuch erheblich ist, nicht, nicht richtig, nicht vollständig oder nicht rechtzeitig mitteilt,**
   c) **entgegen § 8a des Asylbewerberleistungsgesetzes die Aufnahme einer Erwerbstätigkeit nicht, nicht richtig, nicht vollständig oder nicht rechtzeitig meldet,**
   d) **der Verpflichtung zur Anzeige vom Beginn des selbstständigen Betriebes eines stehenden Gewerbes (§ 14 der Gewerbeordnung) nicht nachgekommen ist oder die erforderliche Reisegewerbekarte (§ 55 der Gewerbeordnung) nicht erworben hat oder**
   e) **ein zulassungspflichtiges Handwerk als stehendes Gewerbe selbstständig betreibt, ohne in die Handwerksrolle eingetragen zu sein (§ 1 der Handwerksordnung)**
   und Dienst- oder Werkleistungen in erheblichem Umfang erbringt oder
2. **Dienst- oder Werkleistungen in erheblichem Umfang ausführen lässt, indem er eine oder mehrere Personen beauftragt, die diese Leistungen unter vorsätzlichem Verstoß gegen eine in Nummer 1 genannte Vorschrift erbringen.**

(2) **Ordnungswidrig handelt, wer vorsätzlich oder fahrlässig**
1. **entgegen § 2a Abs. 1 ein dort genanntes Dokument nicht mitführt oder nicht oder nicht rechtzeitig vorlegt,**
2. **entgegen § 2a Abs. 2 den schriftlichen Hinweis nicht oder nicht für die vorgeschriebene Dauer aufbewahrt oder nicht oder nicht rechtzeitig vorlegt,**
3. **entgegen**
   a) **§ 5 Abs. 1 Satz 1 oder 2 oder**
   b) **§ 5 Abs. 2 Satz 1**

§ 8

eine Prüfung oder das Betreten eines Grundstücks oder eines Geschäftsraumes nicht duldet oder bei einer Prüfung nicht mitwirkt,
4. entgegen § 5 Abs. 1 Satz 4 ein dort genanntes Dokument nicht oder nicht rechtzeitig vorlegt oder
5. entgegen § 5 Abs. 3 Satz 1 Daten nicht, nicht richtig, nicht vollständig, nicht in der vorgeschriebenen Weise oder nicht rechtzeitig übermittelt.

(3) **Die Ordnungswidrigkeit kann in den Fällen des Absatzes 1 Nr. 1 Buchstabe a bis c sowie Nr. 2 in Verbindung mit Nr. 1 Buchstabe a bis c mit einer Geldbuße bis zu dreihunderttausend Euro, in den Fällen des Absatzes 1 Nr. 1 Buchstabe d und e sowie Nr. 2 in Verbindung mit Nr. 1 Buchstabe d und e mit einer Geldbuße bis zu fünfzigtausend Euro, in den Fällen des Absatzes 2 Nr. 3 Buchstabe a und Nr. 5 mit einer Geldbuße bis zu dreißigtausend Euro, in den Fällen des Absatzes 2 Nr. 1 mit einer Geldbuße bis zu fünftausend Euro und in den übrigen Fällen mit einer Geldbuße bis zu tausend Euro geahndet werden.**

(4) [1]Absatz 1 findet keine Anwendung für nicht nachhaltig auf Gewinn gerichtete Dienst- oder Werkleistungen, die
1. von Angehörigen im Sinne des § 15 der Abgabenordnung oder Lebenspartnern,
2. aus Gefälligkeit,
3. im Wege der Nachbarschaftshilfe oder
4. im Wege der Selbsthilfe im Sinne des § 36 Abs. 2 und 4 des Zweiten Wohnungsbaugesetzes in der Fassung der Bekanntmachung vom 19. August 1994 (BGBl. I S. 2137) oder als Selbsthilfe im Sinne des § 12 Abs. 1 Satz 2 des Wohnraumförderungsgesetzes vom 13. September 2001 (BGBl. I S. 2376), zuletzt geändert durch Artikel 7 des Gesetzes vom 29. Dezember 2003 (BGBl. I S. 3076),

erbracht werden.

[2]Als nicht nachhaltig auf Gewinn gerichtet gilt insbesondere eine Tätigkeit, die gegen geringes Entgelt erbracht wird.

(5) **Das Bundesministerium der Finanzen wird ermächtigt, durch Rechtsverordnung mit Zustimmung des Bundesrates Vorschriften über Regelsätze für Geldbußen wegen einer Ordnungswidrigkeit nach Absatz 1 oder 2 zu erlassen.**

Literatur: Marschall, Bekämpfung illegaler Beschäftigung, 3. Auflage 2003; Gesetzesentwurf der Bundesregierung: Entwurf eines Gesetzes zur Intensivierung der Bekämpfung der Schwarzarbeit und damit zusammenhängender Steuerhinterziehung, BR-Drs. 155/04 (22.2.2004); Ambs, in: Erbs/Kohlhaas, Strafrechtliche Nebengesetze, S 34, Schwarzarbeitsbekämpfungsgesetz, Loseblatt 197. EL 2014; Erdmann, in: Achenbach/Ransiek, Handbuch Wirtschaftsstrafrecht, 3. Auflage 2012; Fehn, Kommentar zum Gesetz zur Bekämpfung der Schwarzarbeit und illegalen Beschäftigung (Schwarzarbeitsbekämpfungsgesetz – SchwarzArbG), in: Das Deutsche Bundesrecht; Kindhäuser, in: Leipziger Kommentar Strafgesetzbuch, Band 1, 12. Auflage 2006; Fischer, Strafgesetzbuch mit Nebengesetzen, 60. Auflage 2013; Gürtler, in: Göhler, Ordnungswidrigkeitengesetz, 16. Auflage 2012; Rebmann/Roth/Herrmann: Gesetz über Ordnungswidrigkeiten, Loseblatt; Ambs, in: Erbs/Kohlhaas, Strafrechtliche Nebengesetze, S 103, Sozialgesetzbuch

§ 8 Bußgeldvorschriften

III – Arbeitsförderung, Loseblatt 196. EL 2013; Deutscher Bundestag: Entwurf eines Gesetzes zur Bekämpfung der Schwarzarbeit, BT-Drs. 2/1111 (31.12.1954); Kahl, in: Landmann/Rohmer, Gewerbeordnung und ergänzende Vorschriften; Loseblatt 65. EL 2013; Ambs, in: Erbs/Kohlhaas, Strafrechtliche Nebengesetze, G 59, Gewerbeordnung, Loseblatt 197. EL 2014; Ambs, in: Erbs/Kohlhaas, Strafrechtliche Nebengesetze, H 14, Gesetz zur Ordnung des Handwerks (Handwerksordnung), 197. EL 2014; Sternberg/Lieben, in: Schönke/Schröder, StGB, 28. Auflage 2010

Rechtsprechung: BayObLG GewA 1999, 296; OLG Köln GewA 1984, 342; OLG Karlsruhe GewA 1991, 131; BVerfG 4.3.2008 – 2 BvR 1866/03 = HRRS 2008 Nr. 586; BVerfG 28.4.2007 – 2 BvR 1331/01 = HRRS 2007 Nr. 640; BVerfG 28.4.2007 – 2 BvR 361/02 = HRRS 2007 Nr. 641; BVerfG 29.4.2007 – 2 BvR 532/02 = HRRS 2007 Nr. 642; OLG Düsseldorf GewA 2000, 202; BSG GewA 1993, 21; OLG Stuttgart NStZ 1987, 566; OLG Düsseldorf GewA 2000, 289; OLG Düsseldorf, GewA 1994, 70; BGH 31.5.1990 – VII ZR 336/89, GewA 1991, 278; BayObLG MDR 1985, 433; BVerfGE 14, 125; OLG Hamm GewA 1968, 138; AG Detmold GewA 1970, 12; BGH GewA 1990, 97; BVerfG GewA 2000, 480; BVerfGE 13, 97; BVerfGE 55, 217; OLG Hamm GewA 2002, 378; OLG Düsseldorf GewA 2000, 156; OLG Hamm GewA 2002, 378; OLG Düsseldorf GewA 2001, 346; OLG Hamm 1.4.2008 – 3Ss OWi 167/08; OLG Koblenz GewA 1983, 270; OLG Bremen NJW 1975, 1043; OLG Karlsruhe GewA 1974, 1883; BGH 22.6.1956 – I ZR 198/54, NJW 1956, 1313; OLG Köln NJW-RR 1994, 1239
Gem. RdErl. LSA 1.7.2008 – 41-32124, MBl. LSA. 2008, 575
Gem. Gem. RdErl. NRW 29.9.1989, MBl. NRW 1989, 1296 = GewA 1990, 56

Inhaltsübersicht

	Rn.
I. Allgemeines	1
II. Gesetzesmaterialien	5
III. Ordnungswidrigkeiten nach Abs. 1	6
1. Verletzung von Mitteilungspflichten (Nr. 1. a) – c))	11
2. Nichtanzeige der Gewerbeausübung (Nr. 1 d))	15
a) Gewerbeausübung ohne Gewerbeanmeldung	18
b) Reisegewerbeausübung ohne Erlaubnis	24
3. Handwerksausübung ohne Eintragung in die Handwerksrolle (Nr. 1 e))	29
4. Empfänger von Dienst- oder Werkleistungen (Nr. 2)	36
IV. Ordnungswidrigkeiten nach Abs. 2	40
1. Nichtmitführen und Nichtvorlage von Dokumenten (Nr. 1)	41
2. Aufbewahrung und Nichtvorlage des schriftlichen Hinweises (Nr. 2; § 2a Rn. 16ff)	44
3. Unterlassene Duldung von Prüfungsrecht oder Betretensrecht (Nr. 3)	45
4. Unterlassene oder nicht rechtzeitige Dokumentenvorlage (Nr. 4)	48
5. Unterlassene, unrichtige, unvollständige oder nicht rechtzeitige Datenübermittlung (Nr. 5)	50
V. Sanktionen (Abs. 3)	52
VI. Ausnahmen (Abs. 4)	58
1. Gewinnerzielungsabsicht	59
2. Katalog	60
a) Leistungen durch Angehörige (§ 1 Rn. 6ff)	60
b) Gefälligkeitstätigkeiten (§ 1 Rn. 23ff)	61
c) Nachbarschaftshilfe (§ 1 Rn. 27)	63
d) Selbsthilfe (1 Rn. 28)	65

II. Gesetzesmaterialien § 8

	Rn.
VII. Verordnungsermächtigung (Abs. 5)	70
VIII. Konkurrenzen	71

I. Allgemeines

Die in § 8 geregelten Bußgeldtatbestände hängen unmittelbar mit den Prüfungsaufgaben der Zollverwaltung zusammen. Zur Vermeidung von Nachteilen für die Wirtschaft, das Steueraufkommen und den Arbeitsmarkt sowie zur Sicherung der Sozialversicherungsbeiträge erfassen die Tatbestände insbesondere das Verheimlichen und die Nichtanzeige von selbst- wie unselbstständiger Arbeit vor Behörden, denen diese Tätigkeit mitgeteilt werden müssten, die Beauftragung von Personen, die die vorgenannten Arbeiten verheimlichen oder nicht anzeigen, sowie die Verletzung von Mitwirkungspflichten bei Prüfungen durch die Zollbehörden (vgl. *Marschall* Rn. 572 f.). 1

Während nach § 8 I nur vorsätzliches Handeln bußgeldbewehrt ist, sind die Tatbestände des § 8 II sowohl bei vorsätzlicher, als auch fahrlässiger Begehung mit einem Bußgeld belegt. Der Versuch führt mangels ausdrücklicher Regelung gemäß § 13 II OWiG nicht zu einer Ordnungswidrigkeit. 2

Anders als im StGB wird im OWiG nicht zwischen Täterschaft und Teilnahme unterschieden, sondern ein einheitlicher Täterbegriff – ohne Unterscheidung zwischen Täter und Teilnehmer – zugrunde gelegt (Erbs/Kohlhaas/*Ambs* S 34, § 8 Rn. 8; Göhler/*Gürtler*, § 14; Rebmann/Roth/*Herrmann* § 14 Rn. 9 ff.). Dadurch bedingt brauchen die besonderen persönlichen Merkmale des § 9 OWiG auch nicht beim vorsätzlich handelnden Hauptbeteiligten vorzuliegen, sondern es ist ausreichend, wenn sie bei einem bei der Tat Beteiligten vorliegen (Erbs/Kohlhaas/*Ambs* S 34, § 8 Rn. 8). 3

Aufgrund des im Ordnungswidrigkeitsverfahren geltenden Opportunitätsprinzips steht die Sachverhaltserforschung im pflichtgemäßen Ermessen der Verwaltungsbehörde, § 47 I OWiG. 4

II. Gesetzesmaterialien

Die Begründung im Regierungsentwurf (BR-Drs. 155/04, 65 ff.) führt zu § 8 aus: 5

In diese Vorschrift wurden die Ordnungswidrigkeitentatbestände, für die die Zollverwaltung auch bisher schon Verwaltungsbehörde im Rahmen ihrer Aufgaben nach dem Dritten Buch Sozialgesetzbuch war, insoweit übernommen, als diese unmittelbar mit der Wahrnehmung der Prüfungsaufgaben der Zollverwaltung zusammenhängen. Darüber hinaus verbleiben im Sozialgesetzbuch und im Steuerrecht die Ordnungswidrigkeiten, die mit den dort geregelten Grundpflichten zusammenhängen.

Aus dem bisherigen Gesetz zur Bekämpfung der Schwarzarbeit wurde lediglich die Ordnungswidrigkeit § 1 Abs. 1 Nr. 1 dieses Gesetzes übernommen. Die Ordnungswidrigkeiten nach § 1 Abs. 1 Nr. 2 und 3 des Gesetzes zur Bekämpfung der Schwarzarbeit entfallen, da die zugrunde liegenden Tatbestände keine Schwarzarbeit nach der Neudefinition darstellen. Die Ordnungswidrigkeiten nach Handwerks- und Gewerberecht, für die die Länder zuständig sind, bleiben unberührt.

§ 8 Bußgeldvorschriften

Zu Abs. 1 Nr. 1
Entspricht im Wesentlichen der in § 1 Abs. 1 Nr. 1 des bisher geltenden Gesetzes zur Bekämpfung der Schwarzarbeit geregelten Ordnungswidrigkeit. Der Fall der Mitteilungspflichtverletzung nach § 60 Abs. 1 S. 1 Nr. 1 SGB 1 wurde ergänzt. Außerdem erfasst die Ordnungswidrigkeit jetzt die Verletzung von Mitteilungspflichten zu allen Sozialleistungen des Sozialgesetzbuches (vgl. § 68 SGB 1), die im Zusammenhang mit der Erbringung von Dienst- oder Werkleistungen stehen.

Zu Abs. 1 Nr. 2
Entspricht im Wesentlichen der in § 2 i. V. m. § 1 Abs. 1 Nr. 1 des bisher geltenden Gesetzes zur Bekämpfung der Schwarzarbeit geregelten Ordnungswidrigkeit und erfasst den Fall der Teilnahme an dem vorsätzlichen Verstoß des Auftragnehmers.

Zu Abs. 2 Nr. 1
Zu Buchstabe a
Entspricht der in § 404 Abs. 2 Nr. 17 des Dritten Buches Sozialgesetzbuch bisher geregelten Ordnungswidrigkeit.

Zu Buchstabe b
Die Vorschrift korrespondiert mit der in Art. 12 geregelten Rechnungsaufbewahrungspflicht des privaten Leistungsempfängers bei steuerpflichtigen Werklieferungen oder sonstigen Leistungen eines Unternehmers im Zusammenhang mit einem Grundstück. Die Vorschrift enthält eine Sanktion für den Fall, dass der private Leistungsempfänger seinen Mitwirkungs- und Duldungspflichten bei der Prüfung der Zollverwaltung nicht nachkommt oder eine ihm vorliegende Rechnung nicht vorlegt.

Zu Abs. 2 Nr. 2
Entspricht der in § 404 Abs. 2 Nr. 18 des Dritten Buches Sozialgesetzbuch bisher geregelten Ordnungswidrigkeit.

Zu Abs. 3
Der Bußgeldrahmen entspricht der bisherigen Höhe.
Der neu eingeführte Bußgeldtatbestand nach Abs. 2 Nr. 1b (Mitwirkungsverstoß des privaten Leistungsempfängers) erhält einen Bußgeldrahmen von tausend Euro.

Zu Absatz 4
Ausgenommen aus dem Ordnungswidrigkeitentatbestand nach Abs. 1 werden wie bisher Nachbarschaftshilfe, Gefälligkeit und Selbsthilfe, allerdings nur soweit die Dienst- oder Werkleistungen nicht nachhaltig auf Gewinn gerichtet sind. Außerdem wurden nicht nachhaltig auf Gewinn gerichtete Dienst- oder Werkleistungen von Angehörigen und Lebenspartnern ausgenommen. Im Übrigen siehe Begründung zu § 1 Abs. 3.

III. Ordnungswidrigkeiten nach Abs. 1

6 § 8 I enthält Bußgeldtatbestände, die die Verletzung von Mitteilungs-, Anzeige- und Eintragungspflichten zum Gegenstand haben. Täter können zum einen die Personen sein, die die og Pflichten verletzen, zu anderen die Auftraggeber von Personen, die ihren Mitteilungs-, Eintragungs- und Anzeigepflichten pflichtwidrig nicht nachkommen. Gemeinsame Voraussetzung für die Verwirklichung der Bußgeldtatbestände des § 8 I ist der kausale Zusammenhang

III. Ordnungswidrigkeiten nach Abs. 1 § 8

zwischen der Verletzung der og Pflichten und der Erbringung von Werk- und Dienstleistungen in erheblichem Umfang.

Da das Gesetz nicht speziell von Werk- und Dienstverträgen, sondern von 7 Werk- oder Dienstleistungen spricht, ist dem Begriff der Werk- und Dienstleistung nicht allein die Definition des BGB zugrunde zu legen. Vielmehr umfasst er auch Werklieferungs-, Reise-, Fracht-, Makler- und Geschäftsbesorgungsverträge mit Ausnahme der Verkaufstätigkeiten aller Art (*Marschall* Rn. 627 f.; Erbs/Kohlhaas/*Ambs* S 34, § 8 Rn. 22; Achenbach/Ransiek/*Erdmann* 5. Kap. Rn. 51). Von den ausgenommenen Verkaufstätigkeiten zu unterscheiden ist der Fall, dass ein Verpflichteter lediglich als Verkäufer im Geschäft eines anderen tätig wird; in diesem Falle erbringt er eine Dienstleistung zu Gunsten des Geschäftsinhabers (*Marschall* Rn. 29). Dienst- oder Werkleistungen iSd § 8 I liegen nur vor, wenn diese Arbeiten für andere erbracht werden (BayObLG GewA 1999, 296; OLG Köln GewA 1984, 341 (342) mwN; OLG Karlsruhe GewA 1991, 138; Nr. 2.1 Gem. RdErl. LSA 1.7.2008 – 41-32124, MBl. LSA. 2008, 575).

Im SGB III, dem Asylbewerberleistungsgesetz, der Gewerbeordnung und 8 der Handwerksordnung sind bereits Ordnungswidrigkeitstatbestände bezüglich der in § 8 I Nr. 1 genannten Pflichten enthalten. Tritt zu den vorgenannten Grundtatbeständen das qualifizierende Tatbestandsmerkmal des § 8 I Nr. 1 der „Dienst- oder Werkleistungen in erheblichem Umfang" hinzu, werden die Grundtatbestände von Nr. 1 konsumiert; den Taten kommt angesichts der unterschiedlichen Tatbestandsvoraussetzungen und Bußgeldhöhen ein unterschiedlicher Unrechtsgehalt zu (vgl. BVerfG 4.3.2008 – 2 BvR 1866/03 = HRRS 2008 Nr. 586; BVerfG 28.4.2007 – 2 BvR 1331/01 = HRRS 2007 Nr. 640; BVerfG 28.4.2007 – 2 BvR 361/02 = HRRS 2007 Nr. 641; BVerfG 29.4.2007 – 2 BvR 532/02 = HRRS 2007 Nr. 642; Achenbach/Ransiek/ *Erdmann* 5. Kap. Rn. 50). Der „erhebliche Umfang" dieser Leistungen ist nach dem Gesamtbild der Leistungen nach Dauer, Häufigkeit, Regelmäßigkeit, Intensität und Wert der Leistungen zu bewerten (OLG Düsseldorf GewA 2000, 202 (203); BSG GewA 1993, 21 (22); Achenbach/Ransiek/*Erdmann* 5. Kap., Rn. 54, *Fehn* S. 130). Das Merkmal dürfte zB erfüllt sein, wenn die Einnahmen aus der Schwarzarbeit keine unbedeutende Rolle für den Lebensunterhalt oder Lebenszuschnitt des Betroffenen spielen und Auswirkungen auf seine Tätigkeit im Arbeits- und Wirtschaftsleben haben (vgl. OLG Stuttgart NStZ 1987, 566 (567) zu der vormals engeren Tatbestandsvoraussetzung „erheblicher Vorteil"; *Fehn* S. 130). Der erhebliche Umfang solcher Leistungen ist nach objektiven Maßstäben sowie unter Berücksichtigung aller Umstände des Einzelfalls, insbesondere unter Einbeziehung ortsüblicher oder branchenspezifischer Gepflogenheiten und gewerblicher Gebräuche zu beurteilen (OLG Düsseldorf GewA 2000, 289; Achenbach/Ransiek/*Erdmann* 5. Kap. Rn. 54; *Marschall* Rn. 634 ff.). Grundsätzlich kommt es dabei mehr auf den Umfang des erstellten Werkes und weniger auf den Arbeitsaufwand an, was insbesondere bei einer gemeinsamen Errichtung eines Werkes durch mehrere Schwarzarbeiter Bedeutung erlangt (Achenbach/Ransiek/*Erdmann* 5. Kap. Rn. 55). Ob wirtschaftliche Vorteile in erheblichen Umfang erzielt werden, ist dabei nicht entscheidend (Achenbach/Ransiek/*Erdmann* 5. Kap. Rn. 55). Setzt sich der Leistungserfolg aus mehreren Einzelleistungen unter-

§ 8 Bußgeldvorschriften

schiedlicher Täter zusammen, zählt die Gesamtbetrachtung (Gesamtwert); das Gleiche gilt, wenn der Täter für einen oder mehrere Auftraggeber Leistungen erbringt, die nach natürlicher Betrachtungsweise eine einheitliche Tat bilden (*Marschall* Rn. 638 f.). Das Kriterium ist beispielsweise bei wöchentlichen Kfz-Reparaturleistungen (OLG Düsseldorf GewA 1994, 70 (71)) sowie bei Handwerksleistungen über 2.300 EUR bejaht worden (4.500 DM, vgl. BGH 31.5.1990 – VII ZR 336/89, GewA 1991, 278; Nr. 2.1 Gem. RdErl. LSA vom 1.7.2008 – 41-32124, MBl. LSA. 2008, 575; zur Begründung eines Tatverdachts betreffend das Merkmal „erheblicher Umfang" vgl. BVerfG 4.3.2008 – 2 BvR 1866/03 = HRRS 2008 Nr. 586; BVerfG 29.4.2007 – 2 BvR 532/02 = HRRS 2007 Nr. 642).

9 Bei Leistungsempfängern kann von Leistungen in erheblichem Umfang ausgegangen werden, wenn über einen Zeitraum von mehr als 3 Monaten mehr als 15 Stunden pro Woche einer Betätigung nachgegangen wird und das Arbeitsentgelt die Grenze für geringfügige Beschäftigungen übersteigt (*Fehn* S. 130; nach *Marschall* ist dies bereits bei einer Tätigkeit von 15 Stunden wöchentlich zu bejahen, *Marschall* Rn. 580). Bei Verstößen durch einen Unternehmer nach § 2 UStG kann – bezogen auf einen Auftrag – bei einem Auftragsvolumen von 10.000 EUR ein erheblicher Umfang bejaht werden (*Fehn* S. 130).

10 Die in § 8 I enthaltenen Tatbestände sind entsprechend § 10 OWiG nur bei einem vorsätzlichen Handeln mit einem Bußgeld bewehrt. Eventualvorsatz, dh, dass der Täter die Tatbestandsverwirklichung für möglich hält und billigend in Kauf nimmt, auch wenn sie nicht von ihm erwünscht ist, ist insoweit für die Tatbestandsverwirklichung ausreichend (zur Abgrenzung des bedingten Vorsatzes zur bewussten Fahrlässigkeit vgl. LPK/*Kindhäuser* § 15 Rn. 96 ff. 287 ff.; *Fischer* § 15 Rn. 9 ff., 13 f.).

1. Verletzung von Mitteilungspflichten (Nr. 1. a)–c))

11 Ordnungswidrig nach § 8 I Nr. 1 a) – c) handeln Antragsteller oder Bezieher von Lohnersatzleistungen, die die Mitteilung leistungserheblicher Tatsachen (Buchst. a), von Änderungen in den leistungsrelevanten Verhältnissen (Buchst. b) oder der Aufnahme einer Erwerbstätigkeit unterlassen (Buchst. c) bzw. diesbezüglich unrichtige, unvollständige oder nicht rechtzeitige Angaben machen:

§ 60 I SGB I Angabe von Tatsachen

(1) Wer Sozialleistungen beantragt oder erhält, hat
1. alle Tatsachen anzugeben, die für die Leistung erheblich sind, und auf Verlangen des zuständigen Leistungsträgers der Erteilung der erforderlichen Auskünfte durch Dritte zuzustimmen,
2. Änderungen in den Verhältnissen, die für die Leistung erheblich sind oder über die im Zusammenhang mit der Leistung Erklärungen abgegeben worden sind, unverzüglich mitzuteilen

§ 8a Asylbewerberleistungsgesetz (AsylbLG): Meldepflicht

Leistungsberechtigte, die eine unselbständige oder selbständige Erwerbstätigkeit aufnehmen, haben dies spätestens am dritten Tag nach Aufnahme der Erwerbstätigkeit der zuständigen Behörde zu melden.

III. Ordnungswidrigkeiten nach Abs. 1 § 8

Die Eigenschaft des Antragstellers oder Beziehers von Lohnersatzleistungen 12
ist ein ordnungswidrigkeitsbegründendes besonderes persönliches Merkmal
iSd §§ 9 I, 14 IV OWiG (Erbs/Kohlhaas/*Ambs* S 34, § 8 Rn. 7; *Fehn* S. 130).

Vom den o. g. Bußgeldtatbeständen werden nur unterlassene Mitteilungen 13
zu solchen Sozialversicherungs- und Sozialleistungen der §§ 19 ff SGB I erfasst,
die Lohnersatzleistungen sind und die mangels oder nur aufgrund eines geringen Einkommens vom Leistungsträger an den Leistungsempfänger erbracht
werden (Erbs/Kohlhaas/*Ambs* S 34, § 8 Rn. 3; Achenbach/Ransiek/*Erdmann*
5. Kap. Rn. 11). Hierzu zählen das Arbeitslosengeld, Kurzarbeitergeld, Winterausfallgeld (SGB III), Kranken-, Pflege- und Verletztengeld nach der gesetzlichen Kranken-, Pflege- und Unfallversicherung, sowie weitere Unterstützungen nach der gesetzlichen Kranken-, Pflege-, Unfall- und Rentenversicherung,
Arbeitslosengeld, Sozialgeld (SGB II) und Leistungen nach dem Asylbewerberleistungsgesetz (Erbs/Kohlhaas/*Ambs* S 34, § 8 Rn. 2f; Achenbach/Ransiek/
Erdmann 5. Kap. Rn. 11). Die Mitteilungspflicht entsteht ab dem Zeitpunkt
der Antragspflicht und umfasst jede erhebliche Tatsache oder Änderung von
Verhältnissen, bei denen es sich um anspruchsbegründende, -hemmende, -ändernde oder -ausschließende Tatsachen handelt (Erbs/Kohlhaas/*Ambs* S 34, § 8
Rn. 6; weitere Erläuterungen zu den Grundtatbeständen des SGB III in Erbs/
Kohlhaas/*Ambs* S 103, § 404 Rn. 185 ff).

Konkurrenzen: Die unterlassenen Mitteilungen nach § 60 I 1 Nr. 1 SGB I 14
und § 60 I 1 Nr. 2 SGB I sind gemäß § 404 II Nr. 26 und Nr. 27 SGB III und
die nach § 8a AsylbLG gemäß § 13 I AsylbLG bereits ohne das Qualifikationsmerkmal der „Dienst- oder Werkleistung in erheblichem Umfang"
(→ Rn. 8f) bußgeldbewehrt. Sobald die Tatbestandsvoraussetzungen des § 8 I
Nr. 1a) – c) vorliegen, treten die o. g. Grundtatbestände aufgrund der Gesetzeskonkurrenz zurück (BT-Drs. 2/1111, 5; BayObLG MDR 1985, 433;
Erbs/Kohlhaas/*Ambs* S 34, § 8 Rn. 3; Achenbach/Ransiek/*Erdmann* 5. Kap.
Rn. 13). Sofern zusätzlich das Tatbestandsmerkmal des Erschleichens von Sozialleistungen (§ 9) erfüllt wird, tritt wiederum § 8 I Nr. 1a) – c) als Bußgeldtatbestand hinter § 9 als Strafgesetz wegen § 21 OWiG zurück (Achenbach/
Ransiek/*Erdmann* 5. Kapitel Rn. 14). Daher dürfte § 8 I Nr. 1a) – c) eher
selten zum Tragen kommen, nämlich idR dann, wenn Dienst- und Werkleistungen in erheblichem Umfang binnen so kurzer Zeit erbracht worden sind,
so dass es noch zu keinem Leistungsbezug nach dem SGB oder AsylbLG gekommen ist (*Fehn* S. 136).

2. Nichtanzeige der Gewerbeausübung (Nr. 1 d))

Ordnungswidrig nach § 8 I Nr. 1d) handeln Gewerbetreibende, die den 15
Beginn des selbstständigen Betriebs eines stehenden Gewerbes nach § 14
GewO nicht anzeigen oder die nach § 55 GewO erforderliche Reisegewerbekarte nicht erworben haben.

Werden Gewerbetreibende von einer Niederlassung in einem anderen Mit- 16
gliedstaat der EU oder EWR-Staat aus vorübergehend selbstständig gewerbsmäßig tätig, sind diese gemäß § 4 I GewO weder nach § 14 I GewO anzeigepflichtig, noch bedürfen sie nach § 55 II GewO einer Reisegewerbekarte. Dies
gilt nicht, wenn dies allein zur Umgehung der in § 4 I GewO genannten Re-

gelungen geschieht oder wenn gewerbsmäßige Tätigkeiten ausgeübt werden, die auf Grund des Art. 2 II der RL 2006/123/EG des Europäischen Parlaments und des Rates v. 12. Dezember 2006 über Dienstleistungen im Binnenmarkt (ABl. L 376 v. 27.12.2006, S. 36) vom Anwendungsbereich der RL oder auf Grund der Regelungen des Art. 17 der RL von der Dienstleistungsfreiheit ausgenommen sind.

17   Aufgrund der Einbeziehung der GewO in das SchwarzArbG sind für § 8 I Nr. 1 d) die Begrifflichkeiten des Gewerberechts umfassend heranzuziehen.

18   **a) Gewerbeausübung ohne Gewerbeanmeldung.** Der Gewerbetreibende ist zur Anzeige des Gewerbes nach § 14 GewO verpflichtet, wenn folgende Voraussetzungen vorliegen (*Marschall* Rn. 589):
– Betrieb eines Gewerbes
– das Gewerbe muss selbstständig betrieben werden
– das Gewerbe muss ein stehendes Gewerbe sein
– mit dem Gewerbe muss begonnen werden.

19   Eine gesetzliche Definition des Begriffs „Gewerbe" existiert nicht. Nach Literatur und Rechtsprechung versteht man hierunter jedoch die erlaubte, auf dauernde Gewinnerzielung gerichtete, selbstständige Tätigkeit, die fortgesetzt und nicht nur gelegentlich ausgeübt wird, mit Ausnahme der Urproduktion, der Verwaltung des eigenen Vermögens, wissenschaftlicher, künstlerischer und schriftstellerischer Berufe höherer Art sowie persönlicher Dienstleistungen höherer Art, die eine höhere Bildung erfordern (BayIbLG GewA 1999, 296; Erbs/Kohlhass/*Ambs* S 34, § 8 Rn. 10; *Marschall* Rn. 590; Landmann/Rohmer/*Kahl* § 1 Rn. 3; Achenbach/Ransiek/*Erdmann* 5. Kap. Rn. 18 mwN). Unter die ausgenommene Urproduktion fallen insbesondere die Land- und Fortwirtschaft, Garten- und Weinbau und landwirtschaftliche Nebenbetriebe, die dem Betrieb der Landwirtschaft dienende Aufgaben erfüllen (*Marschall* Rn. 593). Daneben sind gemäß § 6 I GewO weitere Erwerbsarten von den Vorschriften der GewO, ua von der Anzeigepflicht des § 14 GewO, ausgenommen: Fischerei, Errichtung und Verlegung von Apotheken, Erziehung von Kindern gegen Entgelt, Unterrichtswesen, die Tätigkeit der Rechtsanwälte, Notare, Rechtsbeistände, Wirtschaftsprüfer und Wirtschaftsprüfungsgesellschaften, der vereidigten Buchprüfer und Buchprüfungsgesellschaften, der Steuerberater, Steuerberatungsgesellschaften und Steuerbevollmächtigten, Gewerbebetrieb der Auswandererberater, das Seelotsenwesen, sowie Teile des Bergwesens, der Versicherungsunternehmen, der Ausübung der ärztlichen und anderen Heilberufe, der Viehzucht und der Beförderungen mit Krankenkraftwagen. Gemäß § 14 II GewO gilt die Anzeigepflicht jedoch ausdrücklich für den ebenfalls in § 6 GewO genannten Handel mit Arzneimitteln, mit Losen von Lotterien und Ausspielungen sowie mit Bezugs- und Anteilscheinen auf solche Lose und den Betrieb von Wettannahmestellen aller Art.

20   Die für das Gewerbe erforderliche Gewinnerzielungsabsicht ist gegeben, wenn der Erwerbstätige die Absicht erfolgt, einen unmittelbaren oder mittelbaren Vorteil zu erzielen (BVerwGE 14, 125). Der Gewinn kann zB auch darin bestehen, dass die Wettbewerbsfähigkeit verbessert werden soll, die sich erst später auf den unmittelbaren Gewinn auswirkt (*Marschall* Rn. 596).

III. Ordnungswidrigkeiten nach Abs. 1 § 8

Für die Frage, ob eine selbstständige Tätigkeit vorliegt, ist neben einer er- 21
forderlichen Leitungsbefugnis zu prüfen, ob der Betroffene auch tatsächlich
den Arbeitserfolg und nicht nur die Arbeitszeit schuldet und neben Gewinn
und Verlust und Stellen von Betriebskapital und -gerätschaften auch die zu
erbringende Leistung nach außen trägt (OLG Köln GewA 1984, 342; OLG
Hamm GewA 1986, 138 (139) mwN; Erbs/Kohlhass/*Ambs* S 34, § 8 Rn. 9;
Achenbach/Ransiek/*Erdmann* 5. Kap. Rn. 19; *Fehn* S. 129). Der gewerbliche
Stellvertreter (§ 45 GewO) und Arbeitnehmer (§§ 105 ff. GewO) sind daher
keine selbstständigen Gewerbetreibenden. Kriterien wie die vertragliche Ausgestaltung, ein formales Arbeitsverhältnis, finanzielle Abhängigkeit oder das
Ausstellen einer zweiten Lohnsteuerkarte sind jedoch für sich allein noch nicht
ausschlaggebend; entscheidend ist, ob die Arbeitskraft die in Frage stehende
Tätigkeit tatsächlich frei von meisterlicher Aufsicht erbracht hat und der maßgebliche Fachmann vor Ort war (OLG Hamm GewA 1986, 138 (139); AG
Detmold GewA 1970, 12; vgl. Erbs/Kohlhass/*Ambs* S 34, § 8 Rn. 9 f.). Zu beachten ist, dass dieselbe Person neben ihrer unselbstständigen Tätigkeit – zB in
der Freizeit – auch als selbstständiger Gewerbetreibender tätig sein kann (vgl.
Marschall Rn. 604).

§ 8 I Nr. 1 d) erfasst im Gegensatz zu § 146 II Nr. 2 a) GewO nur den Beginn 22
eines selbstständigen Betriebs oder den Wechsel des Gewerbegegenstands
(Erbs/Kohlhass/*Ambs* S 34, § 8 Rn. 10, aA bzgl des Gegenstandswechsels *Marschall* Rn. 588). Ein Beginn eines Gewerbebetriebs liegt schon dann vor, wenn
zwar nur eine einzelne Erwerbshandlung getätigt wird, aber bereits der Entschluss vorliegt, diese Erwerbshandlung zu wiederholen, oder wenn ein größeres Vorhaben verwirklicht wird, das nicht nur eine vorübergehende Einnahmequelle von geringer Bedeutung darstellt (OLG Hamm GewA 1986, 138
(139); BayObLG GewA 1999, 296 (297); Erbs/Kohlhass/*Ambs* S 34, § 8
Rn. 10; Achenbach/Ransiek/*Erdmann* 5. Kap. Rn. 21). Ein erheblicher Gewinn ist jedoch nicht erforderlich (*Fehn* S. 129).

Der Begriff des stehenden Gewerbes wird in der Gewerbeordnung nicht 23
näher definiert. Sie unterscheidet jedoch zwischen dem stehenden Gewerbe
(§§ 14 ff. GewO), dem Reisegewerbe (§§ 55 ff. GewO) und Messen, Ausstellungen und Märkten (§§ 64 ff. GewO). Da Merkmal des Reisegewerbes ist,
dass die wirtschaftliche Betätigung u. a. außerhalb einer gewerblichen Niederlassung erfolgt, ist unter einem stehenden Gewerbe ein freies Gewerbe innerhalb einer eigenen Niederlassung zu verstehen, das grundsätzlich von jedem
ausgeübt werden kann und das nicht Messen, Ausstellungen oder dem Marktgewerbe zuzuordnen ist (BGH 31.5.1990 – VII ZR 336/89, GewA 1991,
277; *Marschall* Rn. 600 f.; *Fehn* S. 129). An eine gewerbliche Niederlassung
sind keine hohen Anforderungen zu stellen; sie ist dann zu bejahen, wenn der
Gewerbetreibende in Deutschland zu einem dauernden Gebrauch eingerichteten, ständig oder in regelmäßiger Wiederkehr von ihm benutzten Raum für
die gewerbliche Tätigkeit besitzt (*Marschall* Rn. 601).

b) Reisegewerbeausübung ohne Erlaubnis. Wer ein Reisegewerbe be- 24
treiben will, bedarf außer in den Fällen der §§ 55 a, 55 b GewO gemäß § 55 II
GewO einer Erlaubnis (Reisegewerbekarte), die ausweislich § 57 I GewO mit
einer Zuverlässigkeitsprüfung einhergeht (→ Rn. 23, ausführlich zum Reise-

§ 8 Bußgeldvorschriften

gewerbe Erbs/Kohlhaas/*Ambs* G 59 §§ 55ff). Nicht erfasst von § 8 I Nr. 1d) 2. Alt. werden die nur anzeigepflichtigen reisegewerbekartenfreien Tätigkeiten.

25 Mithilfe der Reisegewerbekarte soll eine Überrumplung unvorbereiteter Kunden verhindert werden, da im Rahmen des Reisegewerbes das Ansprechen der Kunden vom Reisenden ausgeht (BGH GewA 1990, 97 (98)). Des Weiteren sollen die Kunden vor weiteren Risiken wie der schweren Greifbarkeit bei Rückfragen oder Reklamationen geschützt werden (BVerfG GewA 2000, 481). Unter das Reisegewerbe fallen daher insbesondere folgende Tätigkeiten (Achenbach/Ransiek/*Erdmann* 5. Kap. Rn. 26f):
- das Feilbieten von Waren, die zur sofortigen Übergabe bereitgehalten werden,
- der Ankauf von Waren zwecks Weiterverarbeitung oder Weiterverkauf,
- das Aufsuchen von Kunden, um diese anhand von Mustern zu Warenbestellungen oder Bestellung gewerblicher Leistungen (zB Herstellung oder Reparatur beweglicher Gegenstände, Straßenfotografie) zu veranlassen, auch wenn die Leistung erst zu einem Zeitpunkt nach dem ersten Kundenkontakt erbracht wird (BVerfG GewA 2000, 480), und
- das Aufsuchen im Rahmen selbstständig unterhaltener Tätigkeit als Schausteller nach Schaustellerart.

26 Ausgenommen von dem Erfordernis einer Reisegewerbekarte sind die in den §§ 55a, 55b GewO genannten Tätigkeiten wie zB das gelegentliche Feilbieten von Waren auf Messen, Ausstellungen, öffentlichen Festen, der Vertrieb selbstgewonnener Erzeugnisse und das Erbringen bestimmter Dienstleistungen wie Vermittlung von Versicherungs- oder Bausparverträgen und Finanzanlagen.

27 Da durch die og Rechtsprechung des BVerfG auch Handwerker Leistungen im Reisegewerbe erbringen dürfen, können diese Tätigkeiten ohne Meistertitel und ohne Eintragung in die Handwerksrolle ausgeübt werden, solange es sich um eine reisegewerbliche Tätigkeit handelt (Erbs/Kohlhaas/*Ambs* S 34, § 8 Rn. 11).

28 **Konkurrenzen:** Die Gewerbeausübung ohne Gewerbeanmeldung sowie der Verstoß gegen die Erlaubnispflicht nach § 55 II GewO erfüllen objektiv den Tatbestand einer Ordnungswidrigkeit nach § 145 I Nr. 1 GewO bzw. § 146 II Nr. 2a) GewO und können sowohl bei vorsätzlicher wie auch bei fahrlässiger Begehung mit einem Bußgeld geahndet werden. Der Qualifikationstatbestand des § 8 I Nr. 1d), der zusätzlich Dienst- oder Werkleistungen in erheblichem Umfang voraussetzt, umfasst hingegen nur einzelne Tatbestandsalternativen der og Grundtatbestände der GewO, und ist lediglich bei einer vorsätzlichen Begehung bußgeldbewehrt (Achenbach/Ransiek/*Erdmann* 5. Kap. Rn. 30, → Rn. 8ff.). Zu beachten ist, dass bei der beharrlichen, vorsätzlichen Wiederholung des Betriebs eines Reisegewerbes ohne erforderliche Reisegewerbekarte oder bei Gefährdung von Leben oder Gesundheit eines anderen oder fremder Sachen von bedeutendem Wert durch die Zuwiderhandlung gemäß § 148 GewO eine Straftat vorliegt, die der Ordnungswidrigkeit des § 8 I Nr. 1d) wegen § 21 I OWiG vorgeht.

III. Ordnungswidrigkeiten nach Abs. 1 § 8

3. Handwerksausübung ohne Eintragung in die Handwerksrolle (Nr. 1 e))

Ordnungswidrig nach § 8 I Nr. 1 e) handeln Handwerker, die entgegen § 1 **29** HwO nicht in die Handwerksrolle eingetragen sind. So dürfen gemäß § 1 HwO nur in die Handwerksrolle eingetragene natürliche und juristische Personen und Personengesellschaften den selbstständigen Betrieb eines zulassungspflichtigen Handwerks als stehendes Gewerbe ausüben. Die Eintragung hat konstitutive Bedeutung, so dass es nicht ausreicht, wenn lediglich die Voraussetzungen für die Eintragung gegeben sind (*Fehn* S. 130; vgl. Erbs/Kohlhaas/*Ambs* H 14, § 1 Rn. 1). Vielmehr hat sich der Betroffene im Zweifelsfall vor Aufnahme der zulassungspflichtigen Tätigkeit von der Eintragung in die Handwerksrolle zu überzeugen (Erbs/Kohlhaas/*Ambs* S 34, § 8 Rn. 14; Achenbach/Ransiek/ *Erdmann*, 5. Kap. Rn. 36). Zielsetzung der Erlaubnispflicht ist insbesondere der Erhalt der hohen Qualität und der Leistungsfähigkeit der handwerklichen Tätigkeit als Voraussetzung eines in sich geschlossenen Berufsstandes sowie die Sicherung des Nachwuchses für die gesamte gewerbliche Wirtschaft (BVerfGE 13, 97 (98); vgl. Achenbach/Ransiek/*Erdmann* 5. Kap. Rn. 32).

Für die Feststellung, ob ein selbstständiger stehender Handwerksbetrieb **30** ausgeübt wird, kommt es darauf an, dass die auf Gewinnerzielung gerichtete Tätigkeit für eine gewisse Dauer vorgesehen ist und dass die Arbeitskraft die der Handwerksordnung unterfallenden wesentlichen handwerklichen Tätigkeiten faktisch frei von meisterlicher Aufsicht weisungsfrei erbringt, so dass sie als „alleiniger Fachmann" tätig wird (ausführlicher Erbs/Kohlhaas/*Ambs* S 34, § 8 Rn. 18 mwN; Achenbach/Ransiek/*Erdmann* 5. Kap. Rn. 34). Etwaig anderslautende vertragliche Vereinbarungen zwischen Bauherr und dem Auftragnehmer stehen der Annahme eines selbstständigen Handwerksbetriebs somit nicht entgegen; auch bedeutet die Feststellung einer Subunternehmereigenschaft eines Auftraggebers nicht automatisch Selbstständigkeit iSd § 1 HwO (Achenbach/Ransiek/*Erdmann* 5. Kap. Rn. 34; für den selbstständigen Betrieb eines stehenden Gewerbes gelten die allgemeinen Grundsätze des Gewerberechts, vgl. → Rn. 17, 20, 23).

Gemäß § 1 II 1 HwO ist ein Gewerbebetrieb ein Betrieb eines zulassungs- **31** pflichtigen Handwerks, wenn er handwerksmäßig betrieben wird (Handwerksmäßigkeit) und ein Gewerbe vollständig umfasst, das in Anlage A der HwO aufgeführt ist (Handwerksfähigkeit), oder Tätigkeiten ausgeübt werden, die für dieses Gewerbe wesentlich sind (wesentliche Tätigkeiten). Zur Beurteilung der Wesentlichkeit wurde die sog. Kernbereichsrechtsprechung entwickelt, nach der es darauf ankommt, dass die Tätigkeiten, Verrichtungen und Arbeitsweisen den Kernbereich gerade diesen Handwerks ausmachen und diesem sein essenzielles Gepräge verleihen (Erbs/Kohlhaas/*Ambs* S 34, § 8 Rn. 13 mwN; Achenbach/Ransiek/*Erdmann* 5. Kap. Rn. 42; *Fehn* S. 129). Diese Tätigkeiten erfordern – in Abgrenzung zu den nicht-wesentlichen Tätigkeiten des § 1 II 2 HwO – fachspezifische Kenntnisse und Fähigkeiten, die für das jeweilige Handwerk charakteristisch sind (Achenbach/Ransiek/*Erdmann* 5. Kap. Rn. 42). Reine Vermittlungstätigkeiten eintragungspflichtiger handwerklicher Arbeiten werden nicht erfasst (Achenbach/Ransiek/*Erdmann* 5. Kap. Rn. 35). Ebenso wenig gilt § 8 I Nr. 1 e) für die von der Eintragungspflicht ausgenommenen handwerklichen Neben- und Hilfsbetriebe des § 3 HwO und für Tätigkeiten nach § 5 HwO, die mit dem Leistungsangebot eines eingetragenen Handwerksbetriebs technisch oder fachlich zusammenhängen oder es wirtschaftlich ergänzen. Durch die Beschränkung der Eintragung auf handwerksmäßige Betriebe sind Industriebetriebe auch dann von der Eintragungspflicht ausgenommen, wenn sie in einem in Anlage A zur HwO genannten Gewerbe tätig sind. Hintergrund ist die im Gegensatz zur handwerklichen Tätigkeit industrielle Betriebsform, im Rahmen derer weitgehend vollautomatische Fertigungsmaschinen eingesetzt werden und die Beschäftigung handwerklich vorgebildeter Fachkräfte im Wesentlichen entbehrlich machen (*Marschall* Rn. 617; zur weiteren Abgrenzung, auch zum Minderhandwerk und Industriebetrieb, vgl. Erbs/Kohlhaas/*Ambs* S 34, § 8 Rn. 13, 15 ff).

32 Die in Nr. 1e) genannte gewerberechtswidrige Verhaltensweise der Handwerksausübung ohne Eintragung in die Handwerksrolle stellt eine Dauerordnungswidrigkeit dar, da die Gesamtheit der Aktivitäten bei der Ausübung des Handwerksbetriebs erfasst wird, und endet erst, wenn über einen längeren Zeitraum hinweg keine mit dem Handwerksbetrieb unmittelbar zusammenhängende Tätigkeit mehr erbracht wird, die auf eine Aufrechterhaltung des Betriebs auf handwerklichen, wirtschaftlichen oder kaufmännischen Tätigkeitsfeldern hindeutet oder das pflichtwidrige Verhalten durch einen rechtskräftigen Bußgeldbescheid oder Urteil geahndet wurde (OLG Hamm, GewA 2002, 378 (379); OLG Düsseldorf GewA 2000, 156 (157); Erbs/Kohlhaas/ *Ambs* S 34, § 8 Rn. 13; Achenbach/Ransiek/*Erdmann*, 5. Kap. Rn. 32f). Zu beachten ist in diesem Zusammenhang, dass gemäß § 4 II OWiG im Falle der Änderung der Bußgelddrohung während der Begehung der Handlung das Gesetz anzuwenden ist, das bei Beendigung der Handlung gilt.

33 Das Gericht hat für eine Ahndung dieser Dauerordnungswidrigkeit die im Rahmen des Gewerbes erbrachten handwerklichen Leistungen für jeden Auftrag und nach Art, Umfang, Zeit und Ort im Einzelnen zu erfassen und darzulegen, um so die Tatbestandsvoraussetzungen und den Schuldumfang feststellen zu können (OLG Hamm GewA 2002, 378; OLG Düsseldorf GewA 2001, 346). Lediglich pauschale Feststellungen zur Eintragungsverpflichtung des Handwerksbetriebs ohne Abgrenzung zwischen den für das Gewerbe wesentlichen und nebensächlichen Tätigkeiten sind nicht ausreichend, da es der Überprüfung bedarf, ob die erbrachten Leistungen dem Kernbereich des jeweiligen Handwerks zuzuordnen sind und in erheblichem Umfang vorgenommen wurden, so dass die Eintragung in die Handwerksrolle notwendig war (OLG Hamm 1.4.2008 – 3Ss OWi 167/08; OLG Düsseldorf GewA 2000, 289). Auch die Ausstrahlungswirkung des Art. 12 I GG ist insoweit zu beachten, als dass in tatsächlicher Hinsicht festzustellen ist, dass die Tätigkeiten des Betroffenen die Anwendung des § 1 HwO erforderlich machen (Erbs/ Kohlhaas/*Ambs* S 34, § 8 Rn. 13).

34 Der Einwand des Betroffenen, er habe bezüglich der Legalität der Handwerksausübung einem Irrtum unterlegen, lässt nicht gemäß § 11 II OWiG die Schuld entfallen, da der Irrtum vermeidbar gewesen wäre. So trifft jeden Gewerbetreibenden die gesteigerte Erkundigungspflicht, sich vor Beginn der Tätigkeit über die für ihn geltenden Vorschriften Gewissheit zu verschaffen (Achenbach/Ransiek/*Erdmann* 5. Kap. Rn. 49).

III. Ordnungswidrigkeiten nach Abs. 1 § 8

Konkurrenzen: Ein Verstoß gegen die Erlaubnispflicht nach § 1 I 1 HwO er- 35
füllt objektiv den Tatbestand einer Ordnungswidrigkeit nach § 117 I Nr. 1 HwO.
Es bedarf auch hier einer gewissen Erheblichkeit, also Dienst- oder Werkleistungen in erheblichem Umfang, damit der Tatbestand des § 8 I Nr. 1 e) § 117 I Nr. 1 HwO konsumiert (vgl. OLG Koblenz GewA 1983, 270; OLG Stuttgart NStZ 1987, 566, → Rn. 8 f). Obwohl Gesetzeskonkurrenz besteht, ist im Falle eines Durchsuchungsbeschlusses wegen der unterschiedlichen Tatbestandsvoraussetzungen und Bußgeldhöhen erforderlich, die jeweilige Vorschrift konkret – und nicht alternativ oder gleichzeitig – zu benennen (BVerfG 28.4.2007 2 BvR 1331/01 = HRRS 2007 Nr. 640; vgl. Erbs/Kohlhaas/*Ambs* S 34, § 8 Rn. 19). Bezüglich des Konkurrenzverhältnisses zwischen § 8 I Nr. 1 d) und Nr. 1 e) wird aufgrund des höheren Unrechtsgehalts nur eine Ahndung nach § 8 I Nr. 1 e) in Betracht kommen (Achenbach/Ransiek/*Erdmann* 5. Kap. Rn. 31).

4. Empfänger von Dienst- oder Werkleistungen (Nr. 2)

Da der Auftraggeber die Schwarzarbeit veranlasst bzw. manchmal den 36
Schwarzarbeiter zur Schwarzarbeit verleitet oder dessen schlechte wirtschaftliche Lage zu seinen Gunsten ausnutzt, ist die Beauftragung von Schwarzarbeitern im volkswirtschaftlichen Sinne ebenso verwerflich wie das Verhalten der Schwarzarbeiter selbst (BT-Drs. 2/1111, 5). Als Folge wird auch der Auftraggeber von Schwarzarbeit über § 8 I Nr. 2 mit in die Bußgeldtatbestände des § 8 I Nr. 1 einbezogen, dh er muss Auftragnehmer, die gegen Melde-, Anzeige- und Eintragungspflichten iSd § 8 I Nr. 1 verstoßen, mit Werk- oder Dienstleistungen in nicht unerheblichem Umfang betraut haben (→ Rn. 7 ff; Erbs/Kohlhass/*Ambs* S 34, § 8 Rn. 24; Achenbach/Ransiek/*Erdmann* 5. Kap. Rn. 78). Hierfür ist nicht erforderlich, dass der jeweilige Auftragnehmer selbst nach § 8 I Nr. 1 wegen der Erbringung von Leistungen in erheblichem Umfang ordnungswidrig gehandelt hat, sondern es reicht aus, wenn der Auftraggeber mehrere Auftragnehmer beauftragt, von denen jeder unabhängig von den anderen Auftragnehmern unbedeutende Werk- oder Dienstleistungen erbringt, die jedoch zusammengenommen erheblichen Umfangs sind (*Marschall* Rn. 661; Erbs/Kohlhass/*Ambs* S 34, § 8 Rn. 2, 24). Auch dürfte es für eine Ordnungswidrigkeit des Auftraggebers ausreichen, wenn der Auftragnehmer fahrlässig gegen die in Nr. 1 genannten Tatbestände verstößt und der Auftraggeber diesen Umstand vorsätzlich ausnutzt (vgl. Erbs/Kohlhass/*Ambs* S 34 § 8 Rn. 24).

Unter Beauftragung ist dabei jede Aufforderung, jedes Bestimmen oder 37
jede Veranlassung zur Leistungserbringung gemeint (*Marschall* Rn. 660; Achenbach/Ransiek/*Erdmann* 5. Kap. Rn. 79). Nicht erforderlich ist, dass der Auftraggeber Sozialabgaben und Steuern gezahlt hat (Achenbach/Ransiek/*Erdmann* 5. Kap. Rn. 79).

Für den nach § 8 I Nr. 2 erforderlichen Vorsatz muss der Auftraggeber die 38
objektiven Umstände gekannt und mindestens billigend in Kauf genommen haben. Irrtümer bezüglich der Tatbestandsmerkmale schließen nach § 11 I 1 OWiG den Vorsatz aus, jedoch werden idR Einlassungen dahin gehend, der Auftraggeber habe die Bußgeldtatbestände nicht gekannt, als vermeidbare Verbotsirrtümer iSd § 11 II OWiG einzustufen sein (vgl. Erbs/Kohlhass/*Ambs* S 34 § 8 Rn. 26; Achenbach/Ransiek/*Erdmann* 5. Kap. Rn. 80).

§ 8 Bußgeldvorschriften

39 § 8 I Nr. 2 geht einer Beteiligung an einer Tat nach § 8 I Nr. 1 vor (Marschall Rn. 653; Fehn S. 130).

IV. Ordnungswidrigkeiten nach Abs. 2

40 § 8 II sanktioniert umfassend das Nichtmitführen bzw. die Nichtvorlage von Dokumenten und die Verletzung der Mitwirkungspflichten bei Prüfungen. Insbesondere wird neben dem vorsätzlichen auch fahrlässiges Handeln geahndet (ausführlich *Fischer* StGB § 15; Schönke/Schröder/*Sternberg/Lieben* § 15). Im Gegensatz zu § 8 I gilt für § 8 II zudem nicht die Ausnahmeregelung des § 8 IV, nach der bestimmte Regelungen des SchwarzArbG bei Dienst- und Werkleistungen zugunsten Angehörigen, aus Gefälligkeit oder im Wege der Nachbarschaftshilfe keine Anwendung finden (vgl. § 1 III).

1. Nichtmitführen und Nichtvorlage von Dokumenten (Nr. 1)

41 Die in den im Folgenden genannten Wirtschaftsbereichen oder -zweigen tätigen Personen (→ § 2a Rn. 5 ff) sind gemäß § 2a I verpflichtet, bei der Erbringung von Dienst- oder Werkleistungen ihren Personalausweis, Pass, Passersatz oder Ausweisersatz mitzuführen (→ § 2a Rn. 4) und den Behörden der Zollverwaltung auf Verlangen vorzulegen:
– Baugewerbe
– Gaststätten- und Beherbergungsgewerbe
– Personenbeförderungsgewerbe
– Speditions-, Transport- und damit verbundenen Logistikgewerbe
– Schaustellergewerbe
– Unternehmen der Forstwirtschaft
– Gebäudereinigungsgewerbe
– Unternehmen, die sich am Auf- und Abbau von Messen und Ausstellungen beteiligen
– Fleischwirtschaft.

42 Die dort genannten Dienst- und Werkleistungen (→ Rn. 7) umfassen sowohl die Tätigkeiten eines Arbeitnehmers als auch die eines selbstständigen Unternehmers, wobei diese – im Gegensatz zu den Bußgeldtatbeständen des § 8 I – nicht in erheblichem Umfang ausgeübt werden müssen (Erbs/Kohlhass/*Ambs* S 34, § 8 Rn. 29; Achenbach/Ransiek/*Erdmann* 5. Kap. Rn. 59).

43 Der Zeitraum der Nichtmitführens bzw. der Nichtvorlage ist beschränkt auf die Dauer der Ausübung der Tätigkeit, wobei Vorbereitungs- oder Aufräumhandlungen am Ort der ausgeübten Tätigkeit im Gegensatz zu Arbeitswegen noch unter die Arbeitsleistung fallen (Erbs/Kohlhass/*Ambs* S 34, § 8 Rn. 29; Achenbach/Ransiek/*Erdmann* 5. Kap. Rn. 60).

2. Aufbewahrung und Nichtvorlage des schriftlichen Hinweises (Nr. 2; → § 2a Rn. 17 ff)

44 Der Arbeitgeber hat seine Arbeitnehmer schriftlich auf das Erfordernis des Mitführens der in § 2a I genannten Dokumente hinzuweisen, diesen Hinweis aufzubewahren und im Rahmen von Prüfungen nach § 2 I ggf. vorzulegen

IV. Ordnungswidrigkeiten nach Abs. 2 § 8

(§ 2a II). Die Hinweispflicht des § 2a II gilt nur gegenüber den eigenen Arbeitnehmern, nicht aber gegenüber arbeitnehmerähnlichen Personen, die nicht in die betriebliche Organisation eingegliedert sind, zB Handelsvertreter und Heimarbeiter (Erbs/Kohlhass/*Ambs* S 34, § 8 Rn. 30; Achenbach/Ransiek/*Erdmann* 5. Kap. Rn. 61). Der Arbeitgeber hat den Hinweis bis zum Ende der Beschäftigungsdauer aufzubewahren und nur auf ausdrückliches Verlangen der Behörde vorzulegen.

3. Unterlassene Duldung von Prüfungsrecht oder Betretensrecht (Nr. 3)

§ 5 zielt auf den Erhalt authentischer Erkenntnisquellen ab, so dass die Verweigerung der in § 5 normierten Mitwirkung oder Duldung einer Prüfung zur besseren Durchsetzbarkeit mit einem Bußgeld geahndet werden kann. Arbeitgeber, Auftraggeber, Arbeitnehmer und Dritte, die bei einer Prüfung nach § 2 I angetroffen werden sowie Entleiher bei einer Prüfung nach § 2 I Nr. 5 haben das Betreten der Grundstücke und Geschäftsräume zu Prüfungszwecken sowie die Prüfung selbst zu dulden und dabei mitzuwirken (→ § 5 Rn. 17). Insbesondere haben sie die für die Prüfung erheblichen Auskünfte zu erteilen und die in den §§ 3 und 4 genannten Unterlagen, wie Rechnungen und Zahlungsbelege, vorzulegen. Von den Mitwirkungspflichten umfasst ist auch das Aufschließen und Beleuchten von Räumen (Erbs/Kohlhass/*Ambs* S 34, § 8 Rn. 31; Achenbach/Ransiek/*Erdmann* 5. Kap. Rn. 62; → § 5 Rn. 9ff, zur Durchsetzung von Mitwirkungspflichten, Rn. 20, beachte auch Rn. 24). 45

Eine Duldungs- und Mitwirkungspflicht besteht nach § 5 II auch für Auftraggeber, die Unternehmer im Sinne des § 2 Umsatzsteuergesetz 1999 (UStG) sind. Da diese gemäß § 14b I 5 UStG verpflichtet sind, erhaltene Rechnungen über steuerpflichtige Werklieferungen oder sonstige Leistung im Zusammenhang mit einem Grundstück (vgl. § 14 II UStG) nebst Zahlungsbelegen uä Nachweise aufzubewahren, sollen auch diese im Rahmen der Duldungs- und Mitwirkungspflicht bei den Nicht-Unternehmern nach § 5 II eingesehen werden dürfen. Ein Recht der Behörden zum Betreten privater Wohnräume besteht jedoch nicht (BR-Drs. 155/04, 63; Erbs/Kohlhass/*Ambs* S 34, § 8 Rn. 32; Achenbach/Ransiek/*Erdmann* 5. Kap. Rn. 63). 46

Erwähnenswert ist auch, dass die Verletzung von Duldungs- und Mitwirkungspflichten nach § 5 nicht nur durch § 8 II mit einem Bußgeld geahndet werden kann, sondern aufgrund der entsprechenden Anwendung nach § 15 S. 1 Nr. 2 Mindestlohngesetz (MiLoG) und § 17a des Gesetzes zur Regelung der Arbeitnehmerüberlassung (AÜG) auch im Falle von Verstößen gegen § 21 I Nr. 1, 2 MiLoG und § 16 I Nr. 11, 12 AÜG (vgl. Achenbach/Ransiek/*Erdmann* 5. Kap. Rn. 65; Erbs/Kohlhass/*Ambs* S 34, § 8 Rn. 31). 47

4. Unterlassene oder nicht rechtzeitige Dokumentenvorlage (Nr. 4)

48 Ausländer sind gemäß § 5 I 4 verpflichtet, ihren Pass, Passersatz oder Ausweisersatz und ihren Aufenthaltstitel, ihre Duldung oder ihre Aufenthaltsgestattung den Behörden der Zollverwaltung auf Verlangen im Rahmen einer Prüfung vorzulegen und, sofern sich Anhaltspunkte für einen Verstoß gegen ausländerrechtliche Vorschriften ergeben, zur Weiterleitung an die zuständige Ausländerbehörde zu überlassen. Für Anhaltspunkte iSd Vorschrift reichen bloße Vermutungen nicht aus. Vielmehr müssen Tatsachen vorliegen, die auf einen Verstoß hindeuten, ohne dass ein Anfangsverdacht erforderlich ist (vgl. auch Erbs/Kohlhass/*Ambs* S 34, § 8 Rn. 33; Achenbach/Ransiek/*Erdmann* 5. Kap. Rn. 64). Hintergrund der Vorschrift ist der nicht fälschungssichere Sozialversicherungsausweis, der daher gemeinsam mit entsprechenden Identitätspapieren zu prüfen ist (Erbs/Kohlhass/*Ambs* S 34, § 8 Rn. 33).

49 Von der Verpflichtung nach § 5 I 4 nicht betroffen sind Angehörige aus EU-Staaten und dem Europäischen Wirtschaftsraum (EWR) (Achenbach/Ransiek/*Erdmann* 5. Kap. Rn. 64).

5. Unterlassene, unrichtige, unvollständige oder nicht rechtzeitige Datenübermittlung (Nr. 5)

50 Gemäß § 5 III 1 sind Arbeitgeber, Auftraggeber und Entleiher, letztere im Falle einer Prüfung nach § 2 I Nr. 5, auf ausdrückliches Verlangen verpflichtet, in Datenverarbeitungsanlagen gespeicherte Daten im Rahmen einer Prüfung auszusondern und den Behörden der Zollverwaltung auf automatisiert verarbeitbaren Datenträgern oder in Listen zu übermitteln (→ § 5, Rn. 12ff). Zu den automatisierten Dateien zählen auch Videoaufzeichnungen, wenn eine Auswertung nach Merkmalen möglich ist (Achenbach/Ransiek/*Erdmann* 5. Kap. Rn. 66).

51 Auch auf diese Mitwirkungspflicht wird im MiLoG und AÜG Bezug genommen, deren Verletzung eine Ordnungswidrigkeit nach § 21 I Nr. 3 MiLoG bzw. § 16 I Nr. 13 AÜG darstellt.

V. Sanktionen (Abs. 3)

52 Die Ordnungswidrigkeiten nach § 8 I, II sind mit Geldbußen belegt, wobei das Mindestmaß gemäß § 17 I OWiG 5 EUR beträgt:

Tatbestand	Rechtsgrundlage	Bußgeldhöhe	Verjährung
– Verstoß gegen Mitteilungspflichten durch Leistungsempfänger oder – durch Auftraggeber, die Leistungsempfänger beauftragen, die gegen die Mitteilungspflichten verstoßen	§ 8 I Nr. 1 a)–c) § 8 I Nr. 2 iVm Nr. 1 a)–c)	bis 300.000 EUR	3 Jahre

V. Sanktionen (Abs. 3) § 8

Tatbestand	Rechts-grundlage	Bußgeld-höhe	Verjährung
– Nichtanzeige der Gewerbeausübung durch Gewerbetreibenden – Handwerksausübung ohne Eintragung in die Handwerksrolle durch Handwerker oder – durch Auftraggeber, die Gewerbetreibende oder Handwerker beauftragen, die gegen die Eintragungspflichten verstoßen	§ 8 I Nr. 1 d) +e) § 8 I Nr. 2 iVm Nr. 1 d)+e)	bis 50.000 EUR	3 Jahre
– Verstoß gegen Duldungs- und Mitwirkungspflichten durch Arbeitgeber, Arbeitnehmer, Auftraggeber, Entleiher und Dritte – Verstoß gegen Pflicht zur Datenübermittlung durch Arbeitgeber, Auftraggeber, Entleiher	§ 8 II Nr. 3a) § 8 II Nr. 5	bis 30.000 EUR bei Fahrlässigkeit: bis 15.000 EUR (§ 17 II OWiG)	3 Jahre 2 Jahre
– Nichtmitführen und Nichtvorlage von Dokumenten durch Arbeitnehmer und selbstständig Tätige	§ 8 II Nr. 1	bis 5.000 EUR bei Fahrlässigkeit: bis 2.500 EUR (§ 17 II OWiG)	2 Jahre 1 Jahr
– Verstoß gegen die Aufbewahrungs- und Vorlagepflicht des schriftlichen Hinweises durch Arbeitgeber – Verstoß gegen Duldungs- und Mitwirkungspflichten durch Auftraggeber, der nicht Unternehmen iSd UStG ist – Unterlassene oder nicht rechtzeitige Dokumentenvorlage durch Ausländer	§ 8 II Nr. 2 § 8 II Nr. 3b) § 8 II Nr. 4	bis 1.000 EUR Bei Fahrlässigkeit: bis 500 EUR (§ 17 II OWiG)	6 Monate 6 Monate

Die Verfolgungsverjährung richtet sich nach § 31 II OWiG. **53**

54 Gemäß § 17 III OWiG ist Grundlage für die Zumessung der Geldbuße die Bedeutung der Ordnungswidrigkeit (objektiver Maßstab) und der Vorwurf, der den Täter trifft (subjektiver Ansatz). Hierbei sind insbesondere zu berücksichtigen, über welchen Zeitraum und in welcher Intensität die Schwarzarbeit ausgeübt wurde und ob hiermit ein erheblicher Wettbewerbsverstoß einhergegangen ist (Achenbach/Ransiek/*Erdmann* 5. Kap. Rn. 73). Wegen des Grundsatzes der verbotenen Doppelwertung kann jedoch nicht mit dem volkswirtschaftlichen Schaden argumentiert werden, zu dem Schwarzarbeit führt (OLG Koblenz GewA 1983, 270 (271); Erbs/Kohlhass/*Ambs* S 34, § 8 Rn. 36). Auch das Gewinnstreben als Bestandteil des Gewerbebegriffs, sowie der erhebliche Umfang der Arbeitsleistung haben vor diesem Hintergrund bei den Ordnungswidrigkeiten des § 8 I Nr. 1 d) und e) außer Betracht zu bleiben (Erbs/Kohlhass/*Ambs* S 34, § 8 Rn. 36).

55 Auch die wirtschaftlichen Verhältnisse des Täters werden gemäß § 17 III OWiG in Betracht gezogen; bei durchschnittlichen Ordnungswidrigkeiten sind sie idR jedoch nur dann zu berücksichtigen, wenn diese erheblich vom Durchschnitt abweichen (OLG Bremen, NJW 1975, 1043; OLG Karlsruhe, NJW 1974, 1883; Achenbach/Ransiek/*Erdmann* 5. Kap. Rn. 70, 73). Bei geringfügigen Ordnungswidrigkeiten bleiben die wirtschaftlichen Verhältnisse grundsätzlich außer Betracht (zur Frage der Geringfügigkeit vgl. Erbs/Kohlhass/*Ambs* S 34, § 8 Rn. 35b).

56 Gemäß § 17 IV OWiG soll die Geldbuße den wirtschaftlichen Vorteil, den der Täter aus der Ordnungswidrigkeit gezogen hat, übersteigen. Sofern das gesetzliche Höchstmaß hierzu nicht ausreicht, kann es überschritten und der Gewinn abgeschöpft werden (vgl. Achenbach/Ransiek/*Erdmann* 5. Kap. Rn. 71). Hierzu verlangt die Rechtsprechung eine genaue Berechnung des Vorteils, der jedoch in Anbetracht der voraussichtlich geringen Mitwirkungsbereitschaft des Betroffenen durch einen sachverständigen Zeugen oder Sachverständigen unter Beteiligung der Handwerkskammer geschätzt werden kann (OLG Düsseldorf GewA 2000, 289; Achenbach/Ransiek/*Erdmann* 5. Kap. Rn. 72). In jedem Fall darf der wirtschaftliche Vorteil zuzüglich des Höchstmaßes der Geldbuße nicht überschritten werden (OLG Karlsruhe, NJW 1974, 1883). Darüber hinaus sind bei der Berechnung Aufwendungen des Betroffenen zu berücksichtigen, die ihm durch die Ausführung der jeweiligen Tätigkeit entstanden sind, zB übliche Geschäftskosten, Materialkosten, Lohn, Einkommensteuer, Gewerbesteuer und Sozialversicherungsbeiträge (Erbs/Kohlhass/*Ambs* S 34, § 8 Rn. 36).

57 Die Möglichkeit, den Täter an einer empfindlichen Stelle zu treffen, bietet auch § 29a OWiG, über den der Verfall eines Geldbetrages bis zu der Höhe des aus der Tat erlangten Betrags angeordnet werden kann.

VI. Ausnahmen (Abs. 4)

58 § 8 IV ist letztlich deklaratorischer Natur, da die dort genannten Dienst- und Werkleistungen, die von Angehörigen oder Lebenspartnern, aus Gefälligkeit, im Wege der Nachbarschaftshilfe oder Selbsthilfe in bestimmten Fällen des Wohnungsbaus erbracht werden, bereits wegen § 1 III nicht vom Begriff

VI. Ausnahmen (Abs. 4) § 8

der Schwarzarbeit umfasst sind, wenn sie nicht nachhaltig auf Gewinn gerichtet sind.

1. Gewinnerzielungsabsicht

Aus der Einleitung von § 8 IV 1 kann geschlossen werden, dass es für die Tatbestände nach § 8 I grundsätzlich nicht auf Gewinnerzielungsabsicht ankommt. Fehlt diese aber, liegt in den Katalogfällen von § 8 IV 1 Nr. 1–4 keine Ordnungswidrigkeit vor. § 8 IV 2 formuliert ein Regelbeispiel, in dem es an der Gewinnerzielungsabsicht fehlt. Danach gilt als nicht nachhaltig auf Gewinn gerichtet insbesondere eine Tätigkeit, die gegen geringes Entgelt erbracht wird. 59

2. Katalog

a) Leistungen durch Angehörige (→ § 1 Rn. 6 ff). Angehörige sind solche isd § 15 AO (Verlobte, Ehegatten, Verwandte und Verschwägerte gerader Linie, Geschwister, Kinder und Ehegatten der Geschwister, Geschwister der Ehegatten, Geschwister der Eltern, Pflegeeltern und Pflegekinder; sa § 15 II AO) oder Lebenspartner (vgl. Lebenspartnerschaftsgesetz – LPartG). 60

b) Gefälligkeitstätigkeiten (→ § 1 Rn. 22 ff). Der eine Ahndung ausschließende Privilegierungstatbestand „Gefälligkeit" kam – vom Auslagenersatz abgesehen – grundsätzlich nur bei Unentgeltlichkeit der Leistung (BGH 22. 6. 1956 – I ZR 198/54, NJW 1956, 1313; *Marschall* Rn. 642) in Betracht. Nach Neufassung des § 1 III durch ÄndG vom 23. 7. 2004 (BGBl. I S. 1842) dürfte in Hinblick auf das Regelbeispiel des § 8 IV 2 auch bei Gefälligkeiten ein geringes Entgelt zulässig sein (*Kossens* BB-Special 2/2004, 2 (3); Erbs/Kohlhaas/*Ambs* S 34, § 8 Rn. 37; *Fehn* S. 134). Hierfür spricht auch die Gesetzesbegründung, nach der Hilfeleistungen, bei denen Gefälligkeit und Hilfsbereitschaft deutlich im Vordergrund stehen, ausdrücklich als nicht nachhaltig auf Gewinn gerichtete Leistungen bewertet werden (BR-Drs. 155/04, 52). Welcher Betrag als gering einzustufen ist, dürfte nach objektiven Umständen zu beurteilen sein, wobei Fehn für einmalige Leistungen 100 EUR als Bagatellgrenze ansetzen würde (vgl. *Fehn* S. 134). 61

Dabei wird jedoch von einer Gefälligkeit nur dann auszugehen sein, wenn Dienst- oder Werkleistungen auf Grund persönlichen Entgegenkommens, im Rahmen üblicher gesellschaftlicher Gepflogenheiten oder in Notfällen erbracht werden (zB provisorische Schadensbehebung, Pannenhilfe; Nr. 2.2 Gem. RdErl. NRW 29. 9. 1989, – MBl. NRW 1989, 1296 = GewA 1990, 56 (57)). Gefälligkeiten werden ohne vertragliche Verpflichtungen geleistet (Nr. 2.4 Gem. RdErl. LSA 1. 7. 2008 – 41-32124, MBl. LSA. 2008, 575). 62

c) Nachbarschaftshilfe (→ § 1 Rn. 27). Der Begriff der Nachbarschaftshilfe ist von einer sowohl örtlichen als auch persönlichen Beziehung geprägt. Unter dem örtlichen Gesichtspunkt gehören zu den Nachbarn Personen, die in räumlich enger Beziehung zueinander wohnen, also Wohnungsnachbarn, Hausnachbarn, aber auch der in derselben Straße, demselben Wohnblock oder einem kleinen überschaubaren Stadtviertel ansässige Personenkreis. Voraussetzung ist darüber hinaus, dass eine Gegenleistung entweder erbracht oder wenigstens gelegentlich erwartet wird. Zudem spielen Dauer und Umfang der 63 erbrachten Leistung eine Rolle (Nr. 2.5 Gem. RdErl. LSA 1.7.2008 – 41-32124, MBl. LSA. 2008 S. 575).

64 Im Fall gegenseitiger Nachbarschaftshilfe am Bau spricht die Lebenserfahrung dafür, dass regelmäßig nur Arbeitsleistungen unentgeltlich erbracht werden. Dass der Erbringer der Dienst- oder Werkleistungen auch die erforderlichen Materialien unentgeltlich zur Verfügung stellt, kann von demjenigen, der Nachbarschaftshilfe entgegennimmt, schlechterdings nicht erwarten werden; dies gilt jedenfalls dann, wenn diese einen erheblichen Wert verkörpern und auch erst gegen Bezahlung erworben werden müssen (OLG Köln 25.3.1994 – 19 U 212/93 = NJW-RR 1994, 1239).

65 **d) Selbsthilfe (→ 1 Rn. 28).** § 8 IV 1 Nr. 4 verweist für die Selbsthilfe auf zwei gesetzliche Vorschriften. Es gilt nicht der Selbsthilfebegriff des § 229 BGB.

66 Selbsthilfe im Sinne des § 36 II und IV des Zweiten Wohnungsbaugesetzes (II. WoBauG, aufgehoben zum 31.12.2001) heißt:

(2) Zur Selbsthilfe gehören die Arbeitsleistungen, die zur Durchführung eines Bauvorhabens erbracht werden
a) von dem Bauherren selbst
b) von seinen Angehörigen
c) von anderen unentgeltlich oder auf Gegenseitigkeit.

(4) Dem Bauherrn steht bei einem Kaufeigenheim, einer Trägerkleinsiedlung, einer Kaufeigentumswohnung und einer Genossenschaftswohnung der Bewerber gleich.

67 Selbsthilfe im Sinne des § 12 I 2 des Wohnraumförderungsgesetz (WoFG) ist:

Selbsthilfe sind die Arbeitsleistungen, die zur Durchführung der geförderten Maßnahmen vom Bauherrn selbst, seinen Angehörigen oder von anderen unentgeltlich oder auf Gegenseitigkeit oder von Mitgliedern von Genossenschaften erbracht werden.

68 Es muss sich in beiden Fällen um Dienst- oder Werkleistungen handeln, die die Schaffung von Wohnraum, der nicht zur gewerblichen Nutzung gedacht ist, zum Gegenstand haben. Damit kommt Selbsthilfe bei anderen Dienst- oder Werkleistungen, zB an Geschäftsräumen, nicht in Betracht (→ § 1 Rn. 29).

69 Die Selbsthilfe kann vorwiegend unentgeltlich oder auf Gegenseitigkeit erbracht werden, wobei die Gegenseitigkeit nach ernsthafter Absprache auch zu einem späteren Zeitpunkt erbracht werden kann und nicht unentgeltlich zu sein braucht (Erbs/Kohlhaas/Ambs S 34, § 8 Rn. 37).

VII. Verordnungsermächtigung (Abs. 5)

70 Abs. 5 enthält eine Verordnungsermächtigung für das BMF, Regelsätze für Geldbußen wegen der Tatbestände des § 8 I, II zu erlassen, denen die Bedeutung der Ordnungswidrigkeit, eine erstmalige Begehung sowie gewöhnliche Tatumstände und durchschnittliche wirtschaftliche Verhältnisse des Betroffenen zugrunde zu legen wären (vgl. *Fehn* S. 134 f). Die zu erlassende Rechtsverordnung bedarf der Zustimmung des Bundesrates. Von der Ermächtigung hat das BMF bisher keinen Gebrauch gemacht.

I. Allgemeines §9

VIII. Konkurrenzen

Beim Zusammentreffen mehrerer Gesetzesverletzungen ist nach den 71
§§ 19 ff. OWiG folgendes zu beachten: Das Unterlassen verschiedener rechtlich gebotener Handlungen (zB Pflicht zur Eintragung in die Handwerksrolle, Mitteilungspflicht nach § 60 I 1 SGB I, Pflicht zur Einbehaltung und Abführung von Steuern oder Beiträgen zur Sozialversicherung und Bundesanstalt für Arbeit) ist idR als Tatmehrheit zu werten, dh die Festsetzung mehrerer Rechtsfolgen ist möglich.

Ist der Tatbestand des § 1 Nr. 2 oder Nr. 3 als speziellere Vorschrift ver- 72
wirklicht, so treten die §§ 145 I Nr. 1, 146 II Nr. 1 GewO bzw. § 117 I HwO zurück und sind nicht anzuwenden, dh auch in der Bußgeldentscheidung nicht zu bezeichnen. In den Fällen, in denen ein nicht in der Handwerksrolle eingetragener Betroffener handwerkliche Dienst- oder Werkleistungen in erheblichem Umfang erbringt, ohne den Betrieb des Gewerbes nach § 14 GewO anzuzeigen, geht der § 1 I Nr. 3 dem § 1 I Nr. 2 vor.

Die Zuwiderhandlung gegen § 1 I Nr. 2 oder Nr. 3 ist in der Regel als 73
Dauerordnungswidrigkeit anzusehen.

§9 Erschleichen von Sozialleistungen im Zusammenhang mit der Erbringung von Dienst- oder Werkleistungen

Wer eine in § 8 Abs. 1 Nr. 1 Buchstabe a, b oder c bezeichnete Handlung begeht und dadurch bewirkt, dass ihm eine Leistung nach einem dort genannten Gesetz zu Unrecht gewährt wird, wird mit Freiheitsstrafe bis zu drei Jahren oder mit Geldstrafe bestraft, wenn die Tat nicht in § 263 des Strafgesetzbuches mit Strafe bedroht ist.

Literatur: Bringewat, Sozialrechtliche Mitwirkungs"pflichten" und Sozial(leistungs)betrug, NStZ 2011, 131; Mosbacher, in: Graf/Jäger/Wittig, Wirtschafts- und Steuerstrafrecht, 2011; Richtarsky, in: Wabnitz/Janovsky, Handbuch des Wirtschafts- und Steuerstrafrechts, 4. Aufl. 2014; Schönke/Schröder, Strafgesetzbuch, 29. Aufl. 2014

I. Allgemeines

Die Norm enthält einen Qualifikationstatbestand zu den Ordnungswidrig- 1
keiten nach § 8 I Nr. 1 Buchst. a, b und c und erhebt diese zu einer Straftat (Vergehen, § 12 II StGB). Geschützes Rechtsgut ist das Vermögen der Leistungsträger iSd § 12 SGB I, die Sozialleistungen oder Leistungen nach dem AslybLG erbringen. Es handelt sich um ein erfolgsqualifiziertes Delikt, das durch Tun (Falschangaben) oder durch Unterlassen (Nichtangaben) begangen werden kann (GJW/*Mosbacher* SchwarzArbG § 9 Rn. 1).

§ 9 Erschleichen von Sozialleistungen

II. Gesetzesmaterialien

2 Die Begründung im Regierungsentwurf (BR-Drs. 155/04, 67 f.) führt zu § 9–11 aus:

Vorbemerkung zu den §§ 9 bis 11 (Strafvorschriften)
Um ein anderes Unrechtsbewusstsein in der Bevölkerung zu wecken, ist es erforderlich, dass über die bisher in anderen Gesetzen bereits bestehenden Straftatbestände im Zusammenhang mit Schwarzarbeit hinaus das Strafrecht ergänzt wird. Die in anderen Gesetzen bereits enthaltenen Straftatbestände (zB zur Steuerhinterziehung in §§ 370ff. Abgabenordnung und § 263 StGB) bleiben unberührt. Zur Änderung des § 266a StGB siehe Artikel 2.

Zu § 9 (Erschleichen von Sozialleistungen im Zusammenhang mit der Erbringung von Dienst- oder Werkleistungen)
Nach dieser Vorschrift wird das Verhalten eines Leistungsempfängers unter Strafe gestellt, wenn er seinen gesetzlich vorgeschriebenen Mitteilungspflichten im Zusammenhang mit Einkommen aus Dienst- oder Werkleistungen nicht nachkommt und dadurch Sozialleistungen zu Unrecht bezieht. Bisher kann dieses Verhalten nur bei Vorliegen der Voraussetzungen des § 263 StGB (Betrug zu Lasten eines Leistungsträgers) bestraft werden. Praktischen Schwierigkeiten bei der Anwendung des § 263 StGB; wie zB der Nachweis der Bereicherungsabsicht, soll durch einen ergänzenden Tatbestand über die Erschleichung bestimmter Fälle von Sozialleistungen begegnet werden. Ein strafwürdiges Verhalten liegt bereits vor, wenn im Zusammenhang mit der Erbringung von Dienst- oder Werkleistungen vorsätzlich Leistungen nach dem Sozialgesetzbuch oder dem Asylbewerberleistungsgesetz rechtswidrig bezogen werden.

Zu § 10 (Beschäftigung von Ausländern ohne Genehmigung und zu ungünstigen Arbeitsbedingungen)
Die Strafvorschrift entspricht inhaltlich dem bisherigen § 406 SGB III.

Zu § 11 (Beschäftigung von Ausländern ohne Genehmigung in größerem Umfang)
Die Strafvorschrift entspricht inhaltlich dem bisherigen § 407 SGB III.

III. Tatbestand

3 Grundtatbestände sind diejenigen der Leistungserschleichung als Ordnungswidrigkeiten nach § 8 I Nr. 1 Buchst. a, b und c:
– Verletzung einer Mitteilungspflicht nach § 60 I 1 Nr. 1 SGB I,
– Verletzung einer Pflicht zur Mitteilung nach § 60 I 1 Nr. 2 SGB I einer Änderung in den Verhältnissen mit Relevanz für die Leistungsgewährung,
– Verletzung einer Meldepflicht über die Aufnahme einer Erwerbstätigkeit nach § 8a des AsylbLG.

4 Die die Qualifikation verwirklichende Tathandlung besteht in einem Verstoß gegen Mitteilungs- und Auskunftspflichten.

5 Tatterfolg ist die erstmalige oder fortwährende Leistungsgewährung. Die Leistung muss „… eine Leistung nach einem dort genannten Gesetz …" sein. Die Leistung muss dem Mitteilungspflichtigen selbst gewährt werden. Das

IV. Sonstiges **§ 9**

folgt aus dem Wortlaut der Norm „ihm ... gewährt wird". Nur der Mitteilungspflichtige ist tauglicher Täter des ordnungswidrigen Grundtatbestandes nach § 8 I Nr. 1 Buchst. a bis c. Somit reicht es nicht aus, dass ein Dritter aufgrund des Verstoßes Leistungen zu Unrecht erhält (*Mosbacher* SchwarzArbG § 9 Rn. 3). Die Leistungsgewährung liegt bereits im Erlass eines entsprechenden Leistungsbescheides, nicht erst in der Auszahlung der Leistung (s. zur Erlangung des nicht gerechtfertigten Steuervorteils FGJ/*Joecks* § 370 Rn. 104 mwN). Die Leistungsgewährung muss rechtswidrig sein. Der Schaden liegt vor, wenn die Leistung erbracht wird, ohne dass die Anspruchsvoraussetzungen gegeben oder aber weggefallen sind (Schönke/Schröder/*Perron* StGB § 263 Rn. 104a). Zum Irrtum über die Rechtswidrigkeit des erlangten Vorteils s. Schönke/Schröder/*Perron* StGB § 263 Rn. 175.

Die Verletzungshandlung muss den Taterfolg bewirkt, also herbeigeführt **6** haben. Die Verletzung der Mitteilungs- oder Anzeigepflicht muss für die Leistungsgewährung kausal sein. An dem notwendigen Kausalzusammenhang fehlt es, wenn es aus anderen Gründen zur fehlerhaften Leistungsgewährung kommt (*Mosbacher* SchwarzArbG § 9 Rn. 2).

In seiner Stellungnahme (BT-Drs. 15/2948, 13) äußert der Bundesrat **7** Zweifel am Sinn der Norm, da es nur schwer denkbar sei, den Tatbestand des § 9 zu erfüllen, ohne zugleich auch den Tatbestand des Betruges. Zwar erfordert § 9 – anders als § 263 StGB – eine Bereicherungsabsicht nicht (*Richartsky*, Rn. 28 zu SchwarzArbG). Die Bereicherungsabsicht iSd § 263 StGB ist aber bereits dann gegeben, wenn der Vermögensvorteil eine notwendige und nicht unerwünschte Nebenfolge des Handelns ist. Die Erlegung des Vermögensvorteils muss nicht Motiv oder Triebfeder des Handelns sein (Schönke/Schröder/*Perron* StGB § 263 Rn. 176; *Fischer* § 263 Rn. 100). Ein Leistungsbezieher, der im Bezugszeitraum Dienst- oder Werkleistungen in erheblichem Umfang erbringt und trotzdem vorsätzlich seinen Mitteilungspflichten nach § 60 I Nr. 2 SGB I nicht nachkommt, wird idR mit der Absicht handeln, die Sozialleistungen zu erlangen. Ein Fehlen der Bereicherungsabsicht ist denkbar und damit § 9 uU einschlägig bei verspäteter, im Übrigen aber inhaltlich richtiger Anzeige von leistungsrelevanten Umständen (*Richartsky* SchwarzArbG Rn. 28).

Täter kann nur derjenige sein, der sowohl Mitteilungs- oder Meldepflichti- **8** ger als auch Leistungsempfänger ist. Nur wen eine Mitteilungs- oder Meldepflicht aus § 60 I Nr. 1 und Nr. 2 SGB I oder § 8a AsylbLG trifft, kann diese verletzen. Da die rechtswidrige Leistung dem Mitteilungs- oder Meldepflichtigen selbst gewährt werden muss, ist der Leistungsbezieher selbst tauglicher Täter

IV. Sonstiges

§ 9 ist subsidiär zu § 263 StGB, wie im letzten Halbsatz ausdrücklich festge- **9** halten ist.

Jeder Verwaltungsakt, mit dem eine Leistung gewährt wird, stellt eine ei- **10** genständige Tat dar. Eine dauerhafte Leistungsgewährung, die auf nur einer Handlung (zB Antrag) beruht, ist eine Tat. Werden mehrere Leistungen durch eine Behörde auf denselben Antrag hin gewährt, liegt Tateinheit vor. Die Tat

§ 10 Beschäftigung von Ausländern ohne Genehmigung

ist vollendet mit der Vorteilserlangung. § 9 ist als erfolgsqualifiziertes Delikt beendet mit Eintritt des Erfolges (Schönke/Schröder/*Sternberg-Lieben/Bosch* StGB § 78 a Rn. 2, 3).

11 Der Versuch ist nicht strafbar (§§ 22, 23 I StGB). Bestraft wird eine Tat nach § 9 mit Freiheitsstrafe bis zu drei Jahren oder mit Geldstrafe. Einer Anordnung des Verfalls (§ 73 StGB) hinsichtlich der bezogenen Sozialleistungen wird regelmässig der Regress des Leistungsträgers (§ 50 SGB X) entgegenstehen (§ 73 I 2 StGB). Es kommt vielmehr Rückgewinnungshilfe zugunsten des geschädigten Leistungsträgers in Betracht.

12 Verjährung *Fischer* vor § 78 a Rn. 2 ff. Zuständigkeit in Wirtschaftsstrafsachen, § 74 c I Nr. 6, § 74 e Nr. 2 GVG iVm § 103 II JGG. TK-Überwachung, § 100 a II Nr. 2 Buchst. n StPO.

§ 10 Beschäftigung von Ausländern ohne Genehmigung oder ohne Aufenthaltstitel und zu ungünstigen Arbeitsbedingungen

(1) **Wer vorsätzlich eine in § 404 Abs. 2 Nr. 3 des Dritten Buches Sozialgesetzbuch bezeichnete Handlung begeht und den Ausländer zu Arbeitsbedingungen beschäftigt, die in einem auffälligen Missverhältnis zu den Arbeitsbedingungen deutscher Arbeitnehmer und Arbeitnehmerinnen stehen, die die gleiche oder eine vergleichbare Tätigkeit ausüben, wird mit Freiheitsstrafe bis zu drei Jahren oder mit Geldstrafe bestraft.**

(2) **¹In besonders schweren Fällen des Absatzes 1 ist die Strafe Freiheitsstrafe von sechs Monaten bis zu fünf Jahren.² Ein besonders schwerer Fall liegt in der Regel vor, wenn der Täter gewerbsmäßig oder aus grobem Eigennutz handelt.**

Literatur: Peter Aulmann, Geldbuße und Verfall bei Mindestlohndumping, NJW 2012, 2074–2078; Frank Dietmeier, Blankettstrafrecht, 2002; Münchner Kommentar, 6. Aufl. 2013; Georg Erbs/Max Kohlhass, Strafrechtliche Nebengesetze Kommentar, 206. Aufl. 2016; Alexande Ignor/Stephan Rixen, Handbuch Arbeitsstrafrecht, 2. Aufl. 2008; Claus Roxin, Strafrecht AT I, 4. Aufl. 2006; Kai Thum/Dirk Selzer, Die Strafbarkeit des Arbeitgebers bei illegaler Beschäftigung im Lichte der neuen Rechtsprechung des BHG, Wistra 2011, 290; Friedrich Schade, NJW 2013, 1039; Jobst-Hubertus Bauer/Martin Diller/Stefanie Lorenzen, NZA 1999, 169; Uwe Schulz, NJW 2006, 183; Achenbach/Ransiek Handbuch Wirtschaftsstrafrecht, 3. Aufl. 2012; Wabnitz/Janovsky, Handbuch des Wirtschafts- u. Steuerstrafrechts, 3. Aufl. 2007; Jescheck/Weigend, Strafecht AT, 5. Aufl 1996; Adolf Schönke/Horst Schröder, StGB Kommentar, 29. Aufl. 2014; Bertold Huber, Das Arbeitsrecht der illegal beschäftigten Drittstaatsangehörigen, NZA 2012, 477–481; Gray/Jöger/Wittig, Wirtschafts- und Steuerstrafrecht, 2011; Schrell, Sicherung angemessenen Arbeitslohns durch Straf- und Ordnungswidrigkeitsrecht, 2006; Schüren/Hamann, AÜG Kommentar, 5. Aufl. 2015; Göhler, OWiG Kommentar, 16. Aufl. 2012; Tuengerthal/Rothenhöfer wistra 2014, 417; Tuengerthal/Geißer, NZWiSt 2014, 412.

Rechtsprechung: BAG 1.12.2004, NZA 2005, 318 BAG 1.3.1993-3 AZB 44/92, NZA 1993, 617; BAG 13.12.2006 – 10 AZR 674/05; BAG 13.3.2003 – 6 AZR 564/01, BeckRS 2008, 54164; BAG 15.6.1983 – 5 AZR 111/81, NJW 1984, 2912; BAG 16.5.2012 – 5 AZR 268/11, NZA 2012, 974; BAG 18.11.1999 – 2 AZR 89/99, DB 2000, 772; BAG 20.8.2003 NZA 2004, 39; BAG 22.4.2009 – 5 AZR 436/08, NZA

I. Allgemeines § 10

2009, 837; BAG 23.5.2001 – 5 AZR 303/03, NZA 2004, 971; BAG 24.3.2004 – 5 AZR 233/03; BAG 26.2.2003 – 5 AZR 690/01, NZA 2004, 313; BAG 30.11.1994, NZA 1995, 622; BGH 12.2.2003 – 5 StR 165/02, NJW 2003, 1821; BGH 14.7.2004 – XII ZR 352/00; BGH 22.4.1997.– 1 StR 701/96, NJW 1997, 2689; BGH 23.9.1982 – VII ZR 183/80, BGHZ 85, 39; BGH 24.6.1987 – 3 StR 200/87; BGHSt 43, 53; BGHZ 141, 257; BGHZ 146, 248; BVerfGE 19, 342, 348f.; KG Berlin 20.8.1998 – 2 Ss 215/98; LAG Frankfurt 7.8.2001, BB 2002, 207; OLG Frankfurt a.M. 25.2.2005 – 1 Ss 9/04, NStZ-RR 2005, 184; OLG Frankfurt a.M., NStZ-RR 2005, 184; OLG Hamm 23.11.2000, NStZ-RR 2001, 180; OLG Hamm 6.5.1997 – 2 Ss OWi 463/97;; OLG Hamm 6.5.1997, NStZ-RR 1998, 121; OLG Hamm 9.10.2007 – 4 Ss Owi 436/07; OLG Hamm, BB 1981, 122

Inhaltsübersicht

	Rn.
I. Allgemeines	1
II. Objektiver Tatbestand	7
1. Täter	9
2. Tathandlung	16
3. Auffälliges Missverhältnis von Arbeitsbedingungen	22
4. Vergleichsmaßstab	26
5. Grundsatz der Genehmigungspflicht	27
a) Beschäftigung von Staatsbürgern der Unions- und EWR-Staaten	28
b) Schweizer Mitarbeiter	31
c) Türkische Arbeitnehmer	32
d) Beschäftigung von Ausländern gemäß § 284 I SGB III	34
e) Beschäftigung von Staatsangehörigen von Drittstaaten	38
III. Subjektiver Tatbestand	44
1. Vorsatz	44
2. Irrtum	46
IV. Täterschaft und Teilnahme	49
V. Versuch	50
VI. Rechtfertigung	51
VII. Rechtsfolgen	52
VIII. Besonders schwerer Fall (Abs. 2)	56
IX. Verjährung	61
X. Konkurrenzen	62

I. Allgemeines

Bei der Bekämpfung von Schwarzarbeit und illegaler Beschäftigung ist in **1** den letzten Jahren ein Rückgang der strafrechtlichen Verfahren zu beobachten. Während 2010 noch gut 117.000 strafrechtliche Ermittlungsverfahren eingeleitet wurden, waren es im Jahr 2014 lediglich noch gut 100.000 (Quelle: Jahresstatistik der Zollverwaltung 2010 und 2014). Ungeachtet dessen ist hinsichtlich der illegalen Beschäftigung von Ausländern weiterhin von einer hohen Dunkelziffer auszugehen, da seitens der Arbeitgeber vielfach Methoden und Taktiken angewendet werden, um einen Verstoß zu verschleiern (Quelle: Zwölfter Bericht der Bundesregierung über die Auswirkungen des Gesetzes zur Bekämpfung der illegalen Beschäftigung, BT-Drs. 17/14800, S. 11). Verlässliche Zahlen über den tatsächlichen Umfang der illegalen Ausländerbeschäftigung liegen daher nicht vor.

§ 10 Beschäftigung von Ausländern ohne Genehmigung

2 § 10 stellt die **illegale Beschäftigung von Ausländern** unter bestimmten Voraussetzungen unter Strafe. § 10 ist ein selbstständiger Straftatbestand, der dem früheren § 406 I Nr. 3 SGB III entspricht (ab dem 1.1.1998), nachdem die Bekämpfung der Schwarzarbeit zuvor in §§ 229, 229a AFG geregelt war (Ignor/Rixen/*Mosbacher* § 4 Rn. 6). Der Straftatbestand wurde mit der Kodifizierung des Schwarzarbeitergesetzes durch das Gesetz zur Intensivierung der Bekämpfung von Schwarzarbeit am 1.8.2004 mit dem Ziel der Zusammenfassung von Gesetzen gegen die Schwarzarbeitsbekämpfung – inhaltlich den bisherigen 406 SGB III entsprechend – in das Schwarzarbeitergesetz integriert (BT-Drs. 15/2573, 25). § 10 verweist zunächst hinsichtlich der Verbotsmaterie auf § 404 SGB III.

3 Durch Fehlverweisungen kam es in der Gesetzeshistorie bei der Verfolgung von illegalen Ausländerbeschäftigungen zu unbeabsichtigten Strafbarkeitslücken (vgl. dazu näher: MüKoStGB/*Mosbacher*, SchwarzArbG § 10 Rn. 5ff.; *Mosbacher* wistra 2005, 54ff.). So wurden durch das Gesetz für moderne Dienstleistungen am Arbeitsmarkt (23.12.2002, BGBl. I S. 4607) im Zeitraum vom **1.1.2003 bis zum 31.12.2003** alle Fälle der Verletzung des § 406 SGB III aF straffrei gestellt, da sich der Gesetzestext auf das Vorhandensein eines Aufenthaltstitels gemäß AufenthaltsG erstreckte, dieses AufenthaltsG aber noch keine Anwendung fand (MüKoStGB/*Mosbacher* SchwarzArbG § 10 Rn. 5). Über § 2 III StGB folgte hieraus, dass auch alle vor dem 1.1.2003 begangenen Taten iSd § 406 I SGB III aF bzw. dem jetzigen § 10 straffrei sind (MüKoStGB/*Mosbacher* SchwarzArbG § 10 Rn. 7). Auch in dem Zeitraum von **1.1.2005 bis 18.3.2005** war auf Grund einer Fehlverweisung die Strafbarkeit auf die illegale Ausländerbeschäftigung gemäß § 10 und § 11 I Nr. 1 von Staatsbürgern der Ländern Estland, Lettland, Litauen, Polen, Slowakei, Slowenien, Tschechien und Ungarn bzw. deren freizügigkeitsberechtigte Familienangehörige beschränkt. Bei der Beschäftigung von Drittstaatsangehörigen verblieb hingegen lediglich eine Strafbarkeit hinsichtlich § 11 I Nr. 2 wegen beharrlicher Wiederholungen oder der Ordnungswidrigkeit nach § 404 II Nr. 3 SGB III (MüKoStGB/*Mosbacher* SchwarzArbG § 10 Rn. 6). Nicht strafbar ist seit dem 1.1.2014 mit Einführung der Freizügigkeit für Arbeitnehmer aus Bulgarien und Rumänien die Beschäftigung von Bulgaren und Rumänen. Eine Bestrafung wegen illegaler Beschäftigung von Arbeitnehmern aus beiden Ländern soll nach § 2 III StGB für Altfälle vor dem 1.1.2014 ebenfalls nicht mehr in Betracht kommen (*Tuengerthal/Rothenhöfer* wistra 2014, 417; *Tuengerthal/Geißer* NZWiSt 2014, 412).

4 Die Strafvorschrift ist seit der Überführung in das SchwarzArbG als mehrstufiger Blankettstraftatbestand ausgestaltet. Die Trennung der eigentlichen Verbotsmaterie von der Strafnorm findet sich in vielen Teilen des Wirtschaftsstrafrechts wieder (vgl. nur § 3 WiStG, § 20a WpHG und § 34 AWG), da dieses regelmäßig einer stärkeren und schnelleren Veränderung unterworfen ist als das Kernstrafrecht. Als Blankettstraftatbestände werden „offene Strafgesetze" (BGHSt 5, 90, 91) bezeichnet, die die eigentliche Verbotsmaterie gar nicht oder nur unvollständig beschreiben und demzufolge auf außerstrafrechtliche Gesetze und Verordnungen oder sogar Verwaltungsakte zurückgreifen müssen. Die eigentliche Blankettstrafnorm ist unvollständig und bedarf noch einer Ausfüllung durch eine weitere Norm. Erst mit diesen Ausfüllungsnormen zu-

I. Allgemeines § 10

sammen ergibt das Blankettgesetz das „vollständige" Strafgesetz. Bei § 10 handelt es sich dabei um sog. teilweise ergänzungsbedürftige Blankettstraftatbestände (*Dietmeier* Blankettstrafrecht S. 46), da in den Blanketten ein Teil des tatbestandsmäßigen Verhaltens selbst beschrieben wird, während das eigentliche Verbot aber erst durch § 10 verdeutlicht wird.

Die Norm schützt einerseits den **inländischen Arbeitsmarkt vor nach-** 5
teiligen Auswirkungen, die bei einer unkontrollierten Beschäftigung ausländischer Arbeitnehmer zu befürchten sind, andererseits die **soziale Absicherung des ausländischen Arbeitnehmers** (Achenbach/Ransiek/*Mosbacher* S. 1517; MüKoStGB/*Mosbacher* SchwarzArbG § 10 Rn. 1; Wabnitz/Janovsky/ *Boxleitner,* SchwarzArbG § 10, Rn. 32), der sich wegen der illegalen Beschäftigung nicht zur Wahrung seiner sozialen Rechte an die dafür zuständigen Institutionen und Behörden wenden kann (OLG Frankfurt a. M. 25.2.2005 – 1 Ss 9/04, NStZ-RR 2005, 184, 185). Die Bestimmung des geschützten Rechtsguts bildet nicht nur die zentrale Grundlage bei der Auslegung der Norm, sondern dient neben der Beurteilung der Konkurrenz zu anderen Straftatbeständen auch der Legitimation des Gesetzgebers zum Erlass eines Straftatbestandes. „Rechtsgüter sind Gegebenheiten oder Zwecksetzungen, die dem Einzelnen und seiner freien Entfaltung im Rahmen eines auf diesen Zielvorstellungen aufbauenden sozialen Gesamtsystems oder dem Funktionieren dieses Systems selbst nützlich sind" (*Roxin,* Strafrecht AT I, § 2 Rn. 9). Die Rechtsgüter können in Individualrechtsgüter, die konkrete Güter oder Interessen des Individuums umschreiben, und Universalrechtsgüter, die solche der Allgemeinheit sind, unterschieden werden (Jescheck/*Weigend,* Strafecht AT, S. 259). Entsprechend dieser Einordnung kommen bei § 10 als (universal) überindividuelles Rechtsgut die Funktionsfähigkeit der organisierten Märkte und als individuelles Rechtsgut der Schutz der Arbeitnehmer in Betracht. Allerdings darf der Gesetzgeber ein Verhalten nur mit Strafe bedrohen, wenn dieses sich als strafwürdig und auch strafbedürftig erwiesen hat. Strafrecht ist die stärkste und ausgeprägteste Form staatlicher Gewalt. Dass eine Beschäftigung von illegalen Arbeitnehmern ethisch und moralisch verwerflich ist, reicht für die gesetzliche Strafbedürftigkeit nicht aus. Durch das aus dem verfassungsrechtlichen Rechtsstaatsprinzip und den Grundrechten abgeleitete Verhältnismäßigkeitsprinzip, ist jede staatliche Handlung auf deren unbedingt erforderliche Eingriffsintensität zu begrenzen (BVerfGE 19, 342, 348 f.).

Abgrenzungsschwierigkeiten können auch zur illegalen Arbeitneh- 6
merüberlassung oder anderen Formen des drittbezogene Personaleinsatzes bestehen. Maßgeblich für die Feststellung des Vertragstyps soll im Strafrecht der nach strafprozessualen Grundsätzen festzustellende Wille der Vertragsparteien sein (BGH 12.2.2003 – 5 StR 165/02, NJW 2003, 1821). Allerdings wird ähnlich wie im Arbeitsrecht, die tatsächliche Ausführung des Vertragsverhältnisses (BAG 15.6.1983 – 5 AZR 111/81, NJW 1984, 291) als Ausprägung des Willens der Vertragspartner ein maßgebliches Kriterium sein. (Zur Abgrenzung und zum Konkurrenzverhältnis → Rn. 62 ff.)

II. Objektiver Tatbestand

7   Der Tatbestand wird durch die Beschäftigung eines Ausländers zu im auffälligen Missverhältnis von Inländern stehenden Arbeitsbedingungen ohne entsprechende **Genehmigung bzw. staatliche Erlaubnis** erfüllt. Der Sinn und Zweck der Genehmigungspflicht liegt in arbeitsmarktpolitisch gewollter Kontrolle und Steuerung der Beschäftigung von Ausländern, um hierdurch die befürchteten Nachteile auf dem inländischen Arbeitsmarkt für inländische und ihnen gleichgestellte Arbeitnehmer zu verhindern (BT-Drs. 13/4941, 206). Strafrechtlich sanktioniert werden soll darüber hinaus die Ausnutzung der Zwangslage oder ausländerspezifischen Hilflosigkeit, um diese Arbeitnehmer zu ungünstigen Arbeitsbedingungen zu beschäftigen. § 10 verlangt das Vorliegen der Voraussetzungen des Grunddelikts gemäß **§ 404 II Nr. 3 SGB III**. Der Grundtatbestand des § 404 SGB III ahndet eine Ordnungswidrigkeit, wenn ein **Ausländer** ohne den erforderlichen Aufenthaltstitel oder die erforderliche Arbeitsgenehmigung-EU, § 284 I SGB III, sowie § 4 III S. 2 AufenthG, illegal beschäftigt wird.

§ 404 SGB III Bußgeldvorschriften

(1) Ordnungswidrig handelt, wer als Unternehmerin oder Unternehmer Dienst- oder Werkleistungen in erheblichem Umfang ausführen lässt, indem sie oder er eine andere Unternehmerin oder einen anderen Unternehmer beauftragt, von dem sie oder er weiß oder fahrlässig nicht weiß, dass diese oder dieser zur Erfüllung dieses Auftrags
1. entgegen § 284 Absatz 1 oder § 4 Absatz 3 Satz 2 des Aufenthaltsgesetzes eine Ausländerin oder einen Ausländer beschäftigt oder
2. eine Nachunternehmerin oder einen Nachunternehmer einsetzt oder es zulässt, dass eine Nachunternehmerin oder ein Nachunternehmer tätig wird, die oder der entgegen § 284 Absatz 1 oder § 4 Absatz 3 Satz 2 des Aufenthaltsgesetzes eine Ausländerin oder einen Ausländer beschäftigt.

(2) Ordnungswidrig handelt, wer vorsätzlich oder fahrlässig entgegen § 284 Abs. 1 SGB III oder § 4 Abs. 3 Satz 2 des Aufenthaltsgesetzes eine Ausländerin oder einen Ausländer beschäftigt …

§ 284 SGB III Arbeitsgenehmigung-EU für Staatsangehörige der neuen EU-Mitgliedstaaten

(1) Kroatische Staatsangehörige und deren freizügigkeitsberechtigte Familienangehörige dürfen eine Beschäftigung nur mit Genehmigung der Bundesagentur ausüben und von Arbeitgebern nur beschäftigt werden, wenn sie eine solche Genehmigung besitzen, soweit nach Maßgabe des Vertrages vom 9. Dezember 2011 über den Beitritt der Republik Kroatien zur Europäischen Union (BGBl. 2013 II S. 586) abweichende Regelungen als Übergangsregelungen von der Arbeitnehmerfreizügigkeit anzuwenden sind …

§ 4 Aufenthaltsgesetz – Erfordernis eines Aufenthaltstitels

(3) ¹Ausländer dürfen eine Erwerbstätigkeit nur ausüben, wenn der Aufenthaltstitel sie dazu berechtigt. ²Ausländer dürfen nur beschäftigt oder mit anderen entgeltlichen Dienst- oder Werkleistungen beauftragt werden, wenn sie einen solchen Aufenthaltstitel besitzen. ³Dies gilt nicht, wenn dem Ausländer auf Grund einer zwischenstaatlichen Vereinbarung, eines Gesetzes oder einer Rechtsverordnung die Erwerbstätigkeit gestattet ist, ohne dass er hierzu durch einen Aufenthaltstitel berechtigt sein muss. ⁴Wer im Bundesgebiet einen Ausländer beschäftigt oder mit nachhaltigen entgeltlichen Dienst- oder Werkleistungen be-

II. Objektiver Tatbestand § 10

auftragt, die der Ausländer auf Gewinnerzielung gerichtet ausübt, muss prüfen, ob die Voraussetzungen nach Satz 2 oder Satz 3 vorliegen. ⁵Wer im Bundesgebiet einen Ausländer beschäftigt, muss für die Dauer der Beschäftigung eine Kopie des Aufenthaltstitels oder der Bescheinigung über die Aufenthaltsgestattung oder über die Aussetzung der Abschiebung des Ausländers in elektronischer Form oder in Papierform aufbewahren ...

Ausländer dürfen demnach nur eine Erwerbstätigkeit ausüben, wenn sie 8 dazu berechtigt sind. Damit liegt ein grundsätzliches Verbot der Beschäftigung mit Erlaubnisvorbehalt vor. § 10 erhebt die Ordnungswidrigkeit nach § 404 II Nr. 3 SGB III zur Straftat, wenn die **zusätzlichen Tatbestandsmerkmale des § 10** erfüllt sind und damit zusätzlich zum Tatbestand des § 404 II Nr. 3 SGB III ein **auffälliges Missverhältnis zwischen den Arbeitsbedingungen des beschäftigten Arbeitnehmers und den Arbeitsbedingungen anderer vergleichbarer Arbeitnehmer besteht.** § 404 SGB III bestimmt, dass die auszuübende Tätigkeit einer Genehmigungspflicht gemäß § 284 I SGB III oder § 4 III 2 AufenthG unterliegen muss und die Genehmigung wirksam erteilt, noch nicht abgelaufen, erloschen oder widerrufen ist (MüKoStGB/*Mosbacher* SchwarzArbG § 10 Rn. 8).

1. Täter

Täter des Sonderdelikts nach § 10 kann nur der **Arbeitgeber** sein (Erbs/ 9 Kohlhaas/*Ambs* § 10 Rn. 2; *Graf/Jäger/Wittig* § 10 Rn. 6). Auch wenn der Begriff des Arbeitgebers nicht explizit genannt wird, wird die Arbeitgebereigenschaft als Kombination aus dem Verlangen der Tatbestandsmerkmale „beschäftigt" und „Arbeitsbedingungen" zu schließen sein. Diese Unterscheidung ist insoweit wichtig, da der sozialversicherungsrechtliche Beschäftigungsbegriff nach § 7 I SGB IV, auf den über den § 1 I 2 SGB IV auch die §§ 286, 404 SGB III verwiesen wird, weiter geht, als der arbeitsrechtliche Beschäftigungsbegriff (ErfK/*Rolfs* SGB IV § 7 Rn. 2 f., 29). Der Arbeitgeberbegriff selbst ist im sog. Arbeitsstrafrecht nicht definiert (ausführlich dazu. Ignor/Rixen/*Ignor/ Rixen* § 2 Rn. 1 ff.). Wer Arbeitgeber idS ist, bestimmt sich nach den Grundsätzen des Arbeitsrechts (Erbs/Kohlhaas/*Ambs* SchwarzArbG § 10 Rn. 2). Da eine Legaldefinition des Begriffs „Arbeitgeber" nicht existiert und es auch kein allgemein anerkanntes Verständnis eines Arbeitsgebers gibt, muss in jedem Einzelfall der Arbeitgeber als Täter im Rahmen einer Auslegung bestimmt werden (Ignor/Rixen/*Ignor/Rixen* § 2 Rn. 1). Dabei kann auch auf die in anderen Sanktionsnormen (vgl. zB § 266a I StGB, § 22 ArbZG, § 25 I Nr. 2a ArbSchG) gefundene Rechtsprechung und Literatur zurückgegriffen werden. Ausgangspunkt der Definition ist regelmäßig die arbeitsrechtliche Rechtsprechung und Lehre (GKR/*Richter* § 1 Rn. 32; s. dazu Grobys/Panzer/*Schmädike,* Stichwort Arbeitgeber, Rn. 1 ff.). Arbeitgeber ist demnach derjenige, der die Leistung von Arbeit von einem Arbeitnehmer kraft Arbeitsvertrag verlangen kann und zugleich Schuldner des Vergütungsanspruchs ist. Auch eine Näherung über den im Arbeitsrecht definierten allgemeinen Arbeitnehmerbegriff ist möglich, da derjenige, der Arbeitnehmer in seinem Dienste beschäftigt, ohne dass diese in einem Arbeitsverhältnis mit einem anderen Vertragspartner stehen, regelmäßig als Arbeitgeber zu qualifizieren sein wird (→ Rn. 17).

§ 10   Beschäftigung von Ausländern ohne Genehmigung

10   Tauglicher Täter ist damit nicht jede natürliche Person, sondern der Kreis der Täter wird eingeschränkt, so dass es sich folglich um ein **Sonderdelikt** und nicht um ein Allgemeindelikt handelt. Dabei handeln juristische Personen durch ihre Organe bzw. vertretungsberechtigten Geschäftsführer (§ 14 I StGB) (*Thum/Selzer* wistra 2009, 290). Auch kann eine Beauftragung § 14 II Nr. 2 StGB vorliegen, an die aber strenge Anforderungen zu stellen sind (BGH 12.9.2012 – 5 StR 363/12, BGHSt 58, 10–15). Unabdingbare Voraussetzung ist im Hinblick auf die Übertragung der Arbeitgeberstellung die Einräumung einer eigenverantwortlichen Entscheidungsgewalt. Betriebs-, Abteilungs- und Filialleiter werden daher regelmäßig als Täter ausscheiden (Erbs/Kohlhaas/ *Ambs* § 10 Rn. 53). Bei einer ordnungsgemäßen Beauftragung iSd. § 14 II Nr. 2 StGB durch die Organe kann aber ein Fall der Verletzung der Aufsichtspflicht nach § 130 OWiG vorliegen.

11   Wer als **vertretungsberechtigtes Organ einer juristischen Person** oder **als Mitglied eines solchen Organs,** als vertretungsberechtigter Gesellschafter einer Personengesellschaft oder als gesetzlicher Vertreter eines anderen handelt, gilt gemäß § 14 I Nr. 1–3 StGB auch dann als Arbeitgeber in diesem Sinne, wenn nur der Vertretene eigentlich Arbeitgeber ist (vgl. MüKoStGB/ *Mosbacher* SchwarzArbG § 10 Rn. 29). Zu beachten ist weiterhin, dass außer der Gesellschaft selbst auch jedem persönlich haftenden Gesellschafter (den Komplementären einer KG bspw.) der Arbeitgeberstatus zukommt (BAG 1.3.1993 – 3 AZB 44/92, NZA 1993, 617). Bei einer vertraglichen Geschäftsverteilung zwischen den Mitgliedern des Verwaltungsorgans sind allerdings auch die übrigen Mitglieder des Verwaltungsorgans weiterhin zur fortlaufenden Beobachtung und zur Sicherstellung der Einhaltung der Vorschriften verpflichtet. Bei einem Verstoß hiergegen können daher auch sie den Tatbestand erfüllen. Die Verletzung des § 10, beispielsweise durch die Verwaltungsorgane einer juristischen Person und die damit verbundene Wissenszurechnung, kann unabhängig von der Tatsache, dass die Verwaltungsorgane einem selbstständigen Verbot unterliegen, auch Sanktionen gegen das Unternehmen auslösen. Denkbar wären Sanktionen gemäß § 130 OWiG wegen der Verletzung einer Aufsichtspflicht oder gemäß § 30 OWiG für den Fall, dass die Verwaltungsorgane eine Straftat oder Ordnungswidrigkeit begangen haben, durch die Pflichten der juristischen Person verletzt wurden oder eine Bereicherung derselben eingetreten ist.

12   Bei einer **Gesellschaft bürgerlichen Rechts** (GbR) sind die geschäftsführenden Gesellschafter als Arbeitgeber anzusehen, da der BGH die Teilrechtsfähigkeit der GbR (BAG 1.12.2004, NZA 2005, 318) und damit die GbR als Arbeitgeber anerkannt hat. Die Gesellschafter der GbR sind dadurch nicht als Arbeitnehmer zu qualifizieren (LAG Frankfurt 7.8.2001, BB 2002, 207). Gleiches gilt für die Unternehmergesellschaft (UG).

13   Im Falle der **legalen Arbeitnehmerüberlassung** gilt der Verleiher als Arbeitgeber. Fehlt die erforderliche Genehmigung zur Überlassung **(illegale Arbeitnehmerüberlassung),** so greift die Fiktion der §§ 9, 10 AÜG, welche dazu führt, dass der Entleiher als Arbeitgeber gilt (BGH 24.6.1987 – 3 StR 200/87; BAG 13.12.2006 – 10 AZR 674/05); OLG Hamm 14.11.1980 – 5 Ss OWi 1967/80); In diesem Falle findet § 10 und nicht § 15a AÜG Anwendung (BGH wistra 1988, 27; OLG Hamm, BB 1981, 122; Ignor/Rixen/*Mos-*

II. Objektiver Tatbestand §10

bacher § 4 Rn. 137; Erbs/Kohlhaas/*Ambs* § 10 Rn. 4) (zur Abgrenzung →Rn. 64).

Für die Tätereigenschaft wird bereits ein **faktisches Arbeitsverhältnis** 14 ausreichen (OLG Frankfurt a. M., NStZ-RR 2005, 184, 185), was bei allen denkbaren Unwirksamkeitsgründen wie bspw. einer Anfechtung des Arbeitsvertrags, einem vermeintlichen Dienstvertragsabschluss, aber auch bei Nichtvorliegen von Arbeitserlaubnissen oder einem Verstoß gegen Verbotsgesetze iSv § 134 GBG vorliegen kann. Eine Schwarzgeldabrede führt hingegen nur zur Nichtigkeit dieses Teils der Abrede, regelmäßig aber nicht zu Nichtigkeit des Arbeitsvertrags (BAG 26.2.2003 – 5 AZR 690/01, NZA 2004, 313). Anders beim Abschluss eines Dienstvertrages (BAG 24.3.2004 – 5 AZR 233/03, EzA § 134 BGB 2002 Nr 2; BGH 23.9.1982 – VII ZR 183/80, BGHZ 85, 39).

Da im Straf- und Bußgeldverfahren der Grundsatz der Amtsermittlung (vgl. 15 46 OWiG iVm § 244 II StPO) gilt, ist die Arbeitgebereigenschaft durch die Bußgeldstelle bzw. die Strafverfolgungsbehörden nachzuweisen und sollte daher nicht zu vorschnell als gegeben angenommen werden.

2. Tathandlung

Ausländer sind Nichtdeutsche im Sinne des Art 116 I GG. Dazu gehören 16 auch Staatenlose oder Personen mit ungeklärter Staatsangehörigkeit (MüKo StGB/*Mosbacher,* SchwarzArbG § 10 Rn. 9). Diese benötigen je nach ausländerrechtlichem Status für die Aufnahme einer Beschäftigung in Deutschland eine Zulassung (§ 4 AufenthG; § 281 SGB III) (→ Rn. 27).

Der Begriff der **Beschäftigung** ergibt sich aus § 7 I 1 SGB IV iVm § 1 I 2 17 SGB IV. Eine Beschäftigung ist demnach die nicht selbstständige Arbeit, insbesondere in einem Arbeitsverhältnis. Ein solches liegt vor, wenn jemand aufgrund eines privatwirtschaftlichen Vertrages im Dienste eines anderen zur Leistung weisungsgebundener, fremdbestimmter Arbeit in persönlicher Abhängigkeit verpflichtet ist (BAG 24.3.2004 – 5 AZR 233/03; OLG Hamm 6.5.1997 – 2 Ss OWi 463/97; KG Berlin 20.8.1998 – 2 Ss 215/98). Arbeitnehmer ist derjenige, der auf Grund eines privatrechtlichen Vertrages im Dienste eines anderen zur abhängigen und weisungsgebundenen Arbeit verpflichtet ist (BAG 20.8.2003 NZA 2004, 39; zum allgemeinen Arbeitnehmerbegriff: *Richardi* BetrVG § 5 Rn. 9 ff.; ErfK/*Preis* BGB § 611 Rn. 3 ff.). Maßgebliche Anhaltspunkte für das Vorliegen einer Beschäftigung sind Tätigkeiten, die nach Weisungen durchgeführt werden, sowie eine Eingliederung in die Arbeitsorganisation des Weisungsgebers (vgl. auch OLG Hamm 6.5.1997, NStZ-RR 1998, 121; Ignor/Rixen/*Mosbacher* § 4, Rn. 28). Auch geringfügige Beschäftigung nach §§ 8, 8a SGB IV (sog. Minijob) stellt eine Beschäftigung iSd § 10 dar. Eine Beschäftigung liegt noch nicht bei der Anbahnung oder dem Abschluss eines Arbeitsvertrags vor, solange der Arbeitnehmer nicht beschäftigt wird. Allerdings kommt es nicht auf den zeitlichen Umfang der Beschäftigung an.

Entscheidend bei der Frage, ob ein Arbeitsverhältnis vorliegt, sind immer die 18 Gesamtumstände des Einzelfalls und die **tatsächliche Durchführung des Vertragsverhältnisses** (BAG 15.6.1983 – 5 AZR 111/81, NJW 1984, 2912). Auch im Strafverfahren ist der nach strafprozessualen Grundsätzen festzustellende Wille der Vertragsparteien für die Festlegung des Vertragstyps maßgeblich (BGH 12.2.2003 – 5 StR 165/02, NJW 2003, 1821 ff.). Die umfangreiche Auseinandersetzung der arbeitsrechtlichen Rechtsprechung und Literatur zu der Frage der Abgrenzung eines Arbeitsvertrags/Arbeitnehmerüberlassungsvertrags von einem Werk-, Dienstvertrag, zeigt die praktischen Schwierigkeiten damit (ErfK/*Preis* BGB § 611 Rn. 8 ff.; mN; ErfK/*Wank* AÜG § 1 Rn. 8 ff.). Bei der Beschäftigung von Auszubildenden oder Praktikanten im Rahmen von Pflichtpraktika (*Schade* NJW 2013, 1039) scheidet regelmäßig bereits mangels Arbeitnehmereigenschaft die Tatbestandsverwirklichung aus (aA ohne Begründung Erbs/Kohlhaas/*Ambs* SchwarzArbG § 10 Rn. 7). Auch wenn es sich um eine Beschäftigung nach § 7 II SGB IV handelt, wird man die Arbeitgebereigenschaft des Ausbilders verneinen müssen (→ Rn. 9). Es ist aber im Einzelfall zu prüfen, ob das Praktikum im Rahmen eines Arbeitsverhältnisses abgeleistet worden ist (BAG 18.11.1999 – 2 AZR 89/99, DB 2000, 772; 13.3.2003 – 6 AZR 564/01, BeckRS 2008, 54164).

19 Offen ist, ob die Beschäftigung von **sog. Scheinselbstständigen** ebenfalls den Tatbestand des § 10 erfüllen kann (s. dazu Erbs/Kohlhaas/*Ambs* § 10 Rn. 2; *Schulz* NJW 2006, 183). Die überwiegenden Meinungen in der Literatur sprechen sich mit dem Verweis auf § 7 SGB IV dagegen aus (*Bauer/Diller/Lorenzen* NZA 1999, 169 179; *Jakobi/Reufels* BB 2000, 771). Begründet wird dies damit, dass die entsprechende SGB Regulung in § 7 SGB IV eine Fiktion ist, die nicht für das Strafrecht gelten kann, da es auf eine unzulässige Analogie hinauslaufen würde. Richtigerweise kommt es aber nicht auf § 7 SGB IV an, sondern es wird zu mindestens dann, wenn nachweislich ein Arbeitsverhältnis zumindest im arbeitsrechtlichen Sinne vorliegt, der objektive Tatbestand des § 10 erfüllt sein. Inwieweit der Abschluss eines Arbeitsverhältnisses und damit die Erfüllung des Arbeitgeberstatus durch den Täter erkennbar war, wird bei der Frage eines Irrtums oder der Erfüllung des subjektiven Tatbestands zu problematisieren sein (→ Rn. 46).

20 Abzugrenzen von der Beschäftigung ist insbesondere das genehmigungsfreie **Gefälligkeitsverhältnis.** Maßgeblich für eine Unterscheidung sind hier Unentgeltlichkeit und fehlende Dienstverpflichtung (OLG Hamm 23.11.2000, NStZ-RR 2001, 180). Beides kann etwa gegeben sein, wenn ein unentgeltlich aufgenommener Gast sich durch die Erbringung von Hilfsdienstleistungen für die ihm gewährte Kost und Logis revanchiert (vgl. OLG Hamm 23.11.2000, NStZ-RR 2001, 180 ff.). Gerade bei der Beschäftigung naher Verwandter muss die Gegenleistung deutlich über die Unterhaltsleistung hinausgehen (MüKoStGB/*Mosbacher,* SchwarzArbG § 10 Rn. 11; OLG Hamm 9.10.2007 – 4 Ss Owi 436/07). Allerdings ist diese Frage letztlich im Einzelfall zu bewerten, da durchaus auch Sachbezüge eine Form des Entgeltes für eine erbrachte Leistung darstellen können (KG Berlin 20.8.1998 – 2 Ss 215/98).

21 **Selbstständige Erwerbstätigkeiten** sind schon nach § 284 I SGB III nicht genehmigungspflichtig und können aus diesem Grund bereits § 10 nicht erfüllen. Darüber hinaus setzt § 10 aber ebenfalls ein abhängiges Beschäftigungsverhältnis voraus (→ Rn. 55). Die Abgrenzung zur Selbstständigkeit erfolgt anhand der hierzu im Arbeits- und Sozialrecht entwickelten Kriterien (→ Rn. 55). Entscheidendes Merkmal ist nach der Rechtsprechung des BAG die persönliche Abhängigkeit (BAG 30.11.1994, NZA 1995, 622; vgl. zur

II. Objektiver Tatbestand **§ 10**

Abgrenzung ErfK/*Preis* BGB § 611 Rn. 34 ff. mwN/zum AN-Begriff im sozialversicherungsrechtlichen Sinne, vgl. ErfK/*Preis* BGB § 611 Rn Rn. 103

3. Auffälliges Missverhältnis von Arbeitsbedingungen

Ob und wann ein auffälliges Missverhältnis zu Arbeitsbedingungen deutscher Arbeitnehmer vorliegt, ist in § 10 nicht geregelt, sondern misst sich am Vergleich mit deutschen Mitarbeitern. 22

§ 10 verlangt ein auffälliges Missverhältnis von **Arbeitsbedingungen**. Was alles unter Arbeitsbedingungen fällt, ist nicht definiert. In jedem Fall werden hierzu die in § 3 AÜG (vgl. hierzu Leiharbeitsrichtlinie, Art. 3 I lit f RL 2008/104/EG) und dem Nachweisgesetz (NachwG) fallenden wesentlichen Arbeitsbedingungen zählen. Arbeitsbedingungen sind iwS Rechte und Pflichten aus einem Arbeitsverhältnis, die bestimmend sind für dessen rechtliche Gestaltung (Erbs/Kohlhaas/*Ambs* SchwarzArbG § 10 Rn. 8). Hierzu gehören daher insbesondere Fragen hinsichtlich der Dauer der Arbeitszeit, Überstunden, Pausen, Ruhezeiten, Nachtarbeit, Urlaub, arbeitsfreie Tage und des Arbeitsentgelts. Dabei kann es nicht schon genügen, dass nur eine der Bedingungen schlechter ist, sondern es muss eine **Gesamtschau aller wesentlicher Merkmale** stattfinden (OLG Frankfurt 25.2.2005 – 1 Ss 9/04, NStZ-RR 2005, 184; Wabnitz/Janovsky/*Boxleitner*, SchwarzArbG § 10 Rn. 32; MüKoStGB/*Mosbacher* SchwarzArbG § 10 Rn. 24; aA Erbs/Kohlhaas/*Ambs* SchwarzArbG § 10 Rn. 8). Dabei sind auch Kündigungsregelungen und Arbeitsplatzgestaltung in die Gesamtbetrachtung mit einzustellen (Erbs/Kohlhaas/*Ambs* SchwarzArbG § 10 Rn. 8). Ob bereits die regelmäßig ebenfalls nicht vorliegende Anmeldung der Arbeitnehmer zur Sozialversicherung das Tatbestandsmerkmal erfüllt (so Erbs/Kohlhaas/*Ambs* SchwarzArbG § 10 Rn. 8) erscheint fraglich, da auch diese Arbeitnehmer trotz der fehlenden Anmeldung als Beschäftigte gegen Arbeitsentgelt sozialversichert sind (§ 2 II Nr. 1 SGB IV). Schließlich wird man durch die fehlende Anmeldung bei der Sozialversicherung allein kein auffälliges Verhältnis annehmen können (generell ablehnend: MüKoStGB/*Mosbacher* SchwarzArbG § 10 Rn. 26). 23

Auffällig ist ein Missverhältnis, wenn das Ungleichgewicht ohne Weiteres ins Auge springt und nicht mehr hinnehmbar ist (BGHSt 43, 53, 60), wenn das Missverhältnis folglich eine bestimmte Größenordnung erreicht hat (Ignor/Rixen/*Mosbacher* § 4 Rn. 141). Zu der Frage, wann dies der Fall sein kann, werden in Literatur und Rechtsprechung unterschiedliche Ansätze vertreten. Bisweilen wurde angenommen, dass ein auffälliges Missverhältnis bei einem Lohnunterschied von ca. 20% (vgl. Erbs/Kohlhaas/*Ambs* SchwarzArbG § 10 Rn. 8; *Gagel* zu dem mittlerweile aufgehobenen SGB III, § 406 Rn. 13) gegeben sein könnte. Anknüpfend an die Rechtsprechung des BGH zum Thema „Wucher" (BGH 14.7.2004 – XII ZR 352/00) könnte auch angenommen werden, dass ab einer Unterschreitung des durchschnittlichen Lohns von 50% ein auffälliges Missverhältnis gegeben sein könnte (vgl. auch BGHZ 141, 257, 262; 146, 248, 302). Mit Blick auf den Schutzzweck und den Strafcharakter der Norm ist richtigerweise mit der Rechtsprechung des BAG anzunehmen, dass erst eine Abweichung **von mindestens mehr als 1/3** erforderlich, aber auch ausreichend ist, um ein auffälliges Missverhältnis zu begründen (BAG 22.4.2009 – 5 AZR 24

436/08, NZA 2009, 837; Wabnitz/Janovsky/*Boxleiter* SchwarzArbG § 10 Rn. 32; zum sittenwidrigen Lohn: BAG 16.5.2012 – 5 AZR 268/11, NZA 2012, 974). Hierdurch werden ausländische Arbeitnehmer im gleichen Maße vor Ausbeutung geschützt, wie inländische Arbeitnehmer (Wabnitz/Janovsky/ *Boxleiter* SchwarzArbG § 10 Rn. 32; Ignor/Rixen/*Rixen*, Rn. 647). Nach dem BAG ist in jedem Fall der Erhalt von 70% der üblichen Vergütung nicht geeignet, ein auffälliges Missverhältnis zu begründen (BAG 23.5.2001 – 5 AZR 303/ 03, NZA 2004, 971). Nach Auffassung des BGH (BGH 22.4.1997 – 1 StR 701/96, NJW 1997, 2689) in einer Entscheidung zum Straftatbestand des Wuchers wurde ein auffälliges Missverhältnis aber bei Zahlung von nur 63% des Tariflohns angenommen (ErfK/*Preis* BGB § 612 Rn. 3b. mwN).

25 Es kommt dabei allein auf den objektiven Wert der Arbeitsleistung an. Daher ist es unerheblich, ob die Tätigkeit in **Vollzeit oder in Teilzeit** geleistet wird. Der Wert ändert sich auch dann nicht, wenn der Arbeitnehmer nur geringfügig beschäftigt ist (LAG MV 31.8.2011 – 2 Sa 79/11, BeckRS 2012, 65884). Einem teilzeitbeschäftigten Arbeitnehmer ist nach § 4 I 2 TzBfG Arbeitsentgelt oder eine andere teilbare geldwerte Leistung mindestens in dem Umfang zu gewähren, der dem Anteil seiner Arbeitszeit an der Arbeitszeit eines vergleichbaren vollzeitbeschäftigten Arbeitnehmers entspricht.

4. Vergleichsmaßstab

26 **Vergleichsmaßstab** sind die Arbeitsbedingungen für einen vergleichbaren deutschen Arbeitnehmer. Um bewerten zu können, ob eine Benachteiligung vorliegt, muss ein Vergleichsmaßstab vorhanden sein, von welchem nach oben oder unten abgewichen werden kann. Als Maßstab sind die Arbeitsbedingungen deutscher Arbeitnehmer und Arbeitnehmerinnen heranzuziehen, die die gleiche oder eine vergleichbare Tätigkeit ausüben (vgl. MüKoStGB/*Mosbacher*, SchwarzArbG § 10 Rn. 24). Vergleichspunkt ist zunächst der Betrieb, in dem die Arbeitnehmer beschäftigt werden. Erst dann sind vergleichbare Betriebe heranzuziehen (Erbs/Kohlhaas/*Ambs* SchwarzArbG § 10 Rn. 8). Die Ermittlung dieser Betriebe wird nicht immer einfach sein, vor allem wenn auch im Inland für vergleichbare Tätigkeit unterschiedliche Entlohnungen existieren (s. dazu auch ErfK/*Wank* AÜG § 3 Rn. 11ff.). Soweit Tarifverträge vorliegen, kann auf Eingruppierungsgruppen für die Vergleichbarkeit zurückgegriffen werden. Nach der Rechtsprechung ist bei der Prüfung, ob ein auffälliges Missverhältnis zwischen Leistung und Gegenleistung vorliegt, der Wert der Leistung des Arbeitnehmers nach ihrem objektiven Wert zu beurteilen (BAG 23.5.2001 – 5 AZR 527/99, EzA BGB § 138 Nr. 29). Ausgangspunkt der Wertbestimmung sind idR die **Tariflöhne des jeweiligen Wirtschaftszweigs.** Dies gilt jedenfalls dann, wenn in dem Wirtschaftsgebiet üblicherweise der Tariflohn gezahlt wird. Von der Üblichkeit der Tarifvergütung kann ohne Weiteres ausgegangen werden, wenn mehr als 50% der Arbeitgeber eines Wirtschaftsgebiets tarifgebunden sind oder wenn die organisierten Arbeitgeber mehr als 50% der Arbeitnehmer eines Wirtschaftsgebiets beschäftigen (BAG 16.5.2012 – 5 AZR 238/11, NZA 2012, 908; LAG MV 2.11.2010 – 5 Sa 91/10, ArbRB 2011, 111). In diesem Fall ist davon auszugehen, dass Arbeitskräfte auf dem Arbeitsmarkt nur zu den Tariflohnsätzen gewonnen wer-

II. Objektiver Tatbestand **§ 10**

den können. Entspricht der Tariflohn indessen nicht der **verkehrsüblichen Vergütung** (vgl. auch § 612 II BGB), sondern liegt diese unterhalb oder oberhalb des Tariflohns, ist zur Ermittlung des Wertes der Arbeitsleistung von dem **allgemeinen Lohnniveau im Wirtschaftsgebiet** auszugehen (BAG 23.5.2001 – 5 AZR 527/99, EzA BGB § 138 Nr. 29; 22.4.2009, NZA 2009, 837; 21.6.2000 – 5 AZR 806/98, AP BGB § 612 Nr. 60). Die von den statistischen Ämtern der Bundesländer regelmäßig erstellte Verdienststrukturerhebung nach dem Gesetz über die Statistik der Verdienste und Arbeitskosten (Verdienststatistikgesetz) vom 21.12.2006 (vorher Lohnstatistikgesetz) (LAG MV 2.11.2010 – 5 Sa 91/10, ArbRB 2011, 111; LAG MV 31.8.2011 – 2 Sa 79/11, BeckRS 2012, 65884) oder Verdiensterhebungen des statistischen Bundesamtes zu einer Berufsgruppe (vgl. insoweit LAG Bln-Bbg 9.2.2011 – 20 Sa 1430/10, ArbR 2011, 521) werden dabei als eine geeignete Erkenntnisquelle für die Ermittlung von Durchschnittseinkommen in den dort berücksichtigten Branchen angesehen. Im Übrigen kann auf die Rechtsprechung zur üblichen Vergütung des § 612 II BGB zurückgegriffen werden (BGH 24.10.1989, NJW-RR 1990, 349; BAG 26.5.1993 – 4 AZR 461/92, NZA 1993, 1049). Maßgeblich ist ein Vergleich zwischen dem vereinbarten und dem üblichen **Bruttolohn;** die steuer- und sozialversicherungsrechtliche Behandlung des Entgelts bleibt außer Betracht (ErfK/*Preis* BGB § 612 Rn. 3b).

5. Grundsatz der Genehmigungspflicht

Da der Grundtatbestand des § 10 die Ordnungswidrigkeitenvorschrift nach 27 § 404 II Nr. 3 SGB III ist, und hiernach maßgeblich ist, ob die **Beschäftigung eine Genehmigung** erfordert, gilt dies folglich auch für § 10. Die Beschäftigung muss demnach ohne die Arbeitsgenehmigung nach **§ 284 I SGB III,** bzw. ohne Aufenthaltstitel nach **§ 4 III AufenthG** erfolgen. Liegt die **erforderliche Arbeitsgenehmigung** vor oder ist **eine Ausnahme vom Grundsatz der Genehmigungspflicht** gegeben, scheidet eine Strafbarkeit nach § 10 bereits tatbestandlich aus. Erlischt eine erteilte Arbeitsgenehmigung oder ein Aufenthaltstitel, liegt ab diesem Zeitpunkt unmittelbar eine Beschäftigung ohne Genehmigung vor. Maßgeblich ist nicht, ob die Genehmigung rechtswidrig erteilt wurde. Solange eine Genehmigung vorliegt, kann tatbestandlich § 10 nur in den seltenen Fällen der Nichtigkeit nach § 44 VwVfG erfüllt sein (MüKoStGB/*Mosbacher* SchwarzArbG § 10 Rn. 21). Die Anforderungen an den Zugang zum deutschen Arbeitsmarkt sind unterschiedlich und können sich auch verändern. Sie sind zurzeit im Wesentlichen nach vier Kategorien zu unterscheiden: 1. Staatsangehörige des Europäischen Wirtschaftsraums, 2. Staatsangehörige der neuen Beitrittsländer, 3. Staatsangehörige von Staaten außerhalb der EU, 4. Asylbewerber und geduldete Ausländer.

a) Beschäftigung von Staatsbürgern der Unions- und EWR-Staa- 28 **ten.** Der Grundsatz der allgemeinen Freizügigkeit nach Art. 21 I AEUV bzw. die spezielleren Freizügigkeitsgewährleistungen des Art. 45 AEUV (Arbeitnehmerfreizügigkeit), Art. 49 AEUV (Niederlassungsfreiheit) und Art. 56 AEUV (Dienstleistungsfreiheit) ermöglichen allen Unionsbürgern, sich innerhalb der Europäischen Union frei zu bewegen und aufzuhalten (Grobys/Pan-

§ 10 Beschäftigung von Ausländern ohne Genehmigung

zer/*Borgmann* Rn. 3). Die **Beschäftigung von Staatsbürgern der Unions- und EWR-Staaten,** sowie deren **freizügigkeitsberechtigten Familienangehörigen** erfolgt grundsätzlich **genehmigungsfrei** (MüKoStGB/*Mosbacher* SchwarzArbG § 10 Rn. 13). Staatsbürger dieser Länder benötigen nach Art. 39 ff. EG Vertrag und dem Freizügigkeitsgesetz/EU (FreizügG) weder einen Aufenthaltstitel noch eine Arbeitsgenehmigung. Dieses gilt nach § 12 FreizügG auch für EWR-Staaten. Das AufenthG findet daher auf Unionsbürger keine Anwendung (§ 11 FreizügG). Zu den Ländern der Staaten der EWR gehören auch Island, Norwegen und Lichtenstein, für die aufgrund des EWR-Abkommens (BGBl. II 1993, S. 266; II 1993, S. 1294) ebenfalls weitgehend die gleichen Freizügigkeitsrechte gelten.

29 Ausnahmen bestanden für die Jahre **bis Mai 2011 bzw. 2014** (→Rn. 34) gemäß § 284 Abs. 1 SGB III für Unionsbürger aus neu beigetretenen osteuropäischen Staaten, sowie Bulgarien und Rumänien. Die Rechte aus der Freizügigkeit für Ehegatten und unterhaltspflichtige Kinder richten sich nach § 2 II Nr. 7 iVm § 3 FreizügG, danach ist auch hier eine Genehmigungspflicht nicht gegeben.

30 Selbiges gilt auf Grund der europarechtlichen Freizügigkeit für Drittausländer, die als Werkarbeitnehmer bei einem im EU-Ausland ansässigen Unternehmen beschäftigt sind und eine Arbeitsgenehmigung dieses Staates besitzen (MüKoStGB/*Mosbacher,* SchwarzArbG § 10 Rn. 14).

31 **b) Schweizer Mitarbeiter.** Für Schweizer Mitarbeiter gilt auf Grund des Freizügigkeitsabkommens-EU-Schweiz (ABl. EU L 112 v. 30.4.2002, S. 1; L 34 v. 6.2.2004, S. 72), dass Schweizer Staatsangehörige seit dem 1.6.2004 den Staatsangehörigen des EWR gleichgestellt sind. Schweizer Staatsbürger haben damit freien Zugang zum EU-Arbeitsmarkt.

32 **c) Türkische Arbeitnehmer.** Türkische Arbeitnehmer genießen unter bestimmten Voraussetzungen die europarechtliche Freizügigkeit, denn auf Grund der Rechtsprechung des EuGH entfaltet der Assoziationsratsbeschluss vom 19.9.1980 (ARB 1/80) für türkische Arbeitnehmer unmittelbare Geltung (EuGH 20.9.1990 – Rs C-192/89, NVwZ 1991, 255). So hat der türkische Arbeitnehmer gemäß Art. 6 ARB 1/80 das Recht, nach einem Jahr ordnungsgemäßer Beschäftigung eine erneute Arbeitserlaubnis bei seinem jetzigen Arbeitgeber zu bekommen. Nach 3 Jahren steht es ihm zu, eine Arbeitserlaubnis – vorbehaltlich des Vorrangs von Arbeitnehmern aus dem Mitgliedsstaat – für dieselbe Beschäftigung bei einem Arbeitgeber seiner Wahl zu erhalten. Nach 4 Jahren hat er einen Anspruch darauf, freien Zugang zu jeder von ihm gewählten Beschäftigung im Lohn- oder Gehaltsverhältnis zu bekommen. Der Sonderstatus der Türkei ist Gegenstand von regelmäßigen Verhandlungen und ist nicht unumstritten (vgl. EuGH 19.2.2009 – C-228/06, ZAR 2009, 139 „Soysal"; *Hailbronner* ZAR 2011, 322f.).

33 Für Familienangehörige eines türkischen Arbeitnehmers richtet sich die Frage der Aufenthaltserlaubnis nach Art. 7 ARB 1/80. Danach haben Familienangehörige, die die Genehmigung erteilt bekommen haben, zu dem türkischen Arbeitnehmer zu ziehen, nach 3 Jahren vorbehaltlich des o. g. Vorrangs, bzw. nach 4 Jahren unbeschränkt den Anspruch die Genehmigung zu erhalten.

II. Objektiver Tatbestand **§ 10**

d) Beschäftigung von Ausländern gemäß § 284 I SGB III. Nach § 284 34
Abs. 1 Nr. 1 bis 3 SGB III in der Fassung bis zum 31.12.2004 bedurfte es für die
Beschäftigung eines Ausländers einer Genehmigung durch die Agentur für Arbeit, es sei denn, es lag eine der § 284 I SGB III aufgeführten Ausnahmen vor. So
waren alle **Staatsangehörige der Europäischen Gemeinschaft oder nach
dem Abkommen über den Europäischen Wirtschaftsraum (EWR)** zur
Ausübung einer Beschäftigung berechtigt. Von dieser Regelung waren nach
§ 284 I SGB III idF in dem Zeitraum vom 1.5.2004 bis 30.4.2011 die Staaten
**Tschechische Republik, Estland, Zypern, Lettland, Litauen, Ungarn,
Malta, Polen, Slowenien, Slowakei, Bulgarien (ab dem 1.1.2007) und
Rumäniens (ab dem 1.1.2007)** ausgenommen. Staatsangehörige dieser Staaten bedurften weiterhin einer Genehmigung für die Beschäftigung.

Ab dem 1.5.2011 beschränkte sich die Genehmigungspflicht von Staats- 35
bürgern der Europäischen Union oder nach dem Abkommen über den Europäischen Wirtschaftsraum (EWR) auf die **Staaten Bulgarien und Rumänien,** was dazu führte, dass für Mitarbeiter aus diesen Staaten bis zum
31.12.2013 eine Genehmigung erforderlich war.

Seit dem 1.1.2014 bedürfen nach § 284 I SGB III von den Staatsbürgern 36
der Europäischen Union oder nach dem Abkommen über den Europäischen
Wirtschaftsraum (EWR) nur noch Staatsbürger des **Staates Kroatien einer
Genehmigung.** Kroatische Arbeitnehmer und deren freizügigkeitsberechtigte Familienangehörige bedürfen einer Genehmigung, welche als **Arbeitserlaubnis-EU (§ 284 II SGB III iVm § 39 AufenthaltsG) oder Arbeitsberechtigung-EU (§ 284 V SGB III iVm § 12a ArbeitsberechtigungsV
(ArGV))** erteilt werden kann. Letztere wird nach § 284 V SGB III i.V.m.
§ 12 ArbGV erteilt, wenn der Arbeitnehmer ununterbrochen für einen Zeitraum von 12 Monaten im Besitz einer Arbeitserlaubnis oder arbeitsgenehmigungsfrei erwerbstätig war.

Durch die Einbeziehung auch von **freizügigkeitsberechtigten Fami-** 37
lienangehörigen werden auch Familienangehörige aus Drittstaaten von
§ 284 I SGB III erfasst, da Familienangehörige, die selbst Staatsangehörige der
Beitrittsstaaten sind, ohnehin der Vorschrift unterfallen würden (Eicher/
Schlegel/*Söhngen* SGB III § 284 Rn. 26). Wer Familienangehöriger im Sinne
dieser Vorschrift ist, ergibt sich aus § 3 FreizügG. Danach sind vor allem Ehegatten, Lebenspartner und Verwandte in absteigender Linie, sofern sie noch
nicht 21 Jahre alt sind, Familienangehörige.

e) Beschäftigung von Staatsangehörigen von Drittstaaten. Die Frage 38
der Beschäftigung von **Ausländern, die nicht aus einem Mitgliedsstaat
der EU oder einem assoziierten Staat** kommen, richtet sich nach den Vorschriften des **AufenthaltsG,** sowie der hierzu erlassenen Beschäftigungsverordnung und der Beschäftigungsverfahrensordnung (siehe dazu *Gutmann*
NJW 2010, 2779). Erforderlich ist, dass die Ausländer über ein entsprechendes
Visum verfügen, welches zum Zwecke der Beschäftigung beantragt wird, § 18
AufenthaltsG. Nach § 39 AufenthG kann ein Aufenthaltstitel, der einem Ausländer die Ausübung einer Beschäftigung erlaubt, nur mit Zustimmung der
Bundesagentur für Arbeit erteilt werden, soweit durch Rechtsverordnung
nicht etwas anderes bestimmt ist. Die Zustimmung kann erteilt werden, wenn

§ 10 Beschäftigung von Ausländern ohne Genehmigung

dies in zwischenstaatlichen Vereinbarungen durch ein Gesetz oder durch Rechtsverordnung bestimmt ist. Ausländer, denen auf Grund einer zwischenstaatlichen Vereinbarung, eines Gesetzes oder einer Rechtsverordnung die Erwerbstätigkeit ohne den Besitz eines Aufenthaltstitels gestattet wurde, müssen keinen Aufenthaltstitel besitzen. Das gilt auch für die von der Aufenthaltsgenehmigungspflicht befreiten Familienangehörigen dieser Personen, wenn für sie keine davon abweichende Regelung in der zwischenstaatlichen Vereinbarung getroffen wurde. Dabei obliegt es dem ausländischen Arbeitnehmer und dem Arbeitgeber, den Ablauf der Aufenthaltserlaubnis, Duldung oder Aufenthaltsgestattung zu überwachen. Erinnerungshilfen, dh Hinweise vor Ablauf der bisherigen Aufenthaltserlaubnis, Duldung oder Aufenthaltsgestattung müssen durch die Ausländerbehörde nicht gegeben werden. Näheres findet sich in der Durchführungsanweisung zur Ausländerbeschäftigung der Bundesagentur für Arbeit SP-III-32 – 5758.1 von Mai 2011.

39 Besondere Ausnahmen in sachlicher Hinsicht können sich nach der **Beschäftigungsverordnung (BeschV)** u. a. für Fachkräfte mit akademischer Ausbildung, die eine ihrer Hochschulausbildung entsprechende Tätigkeit aufnehmen wollen, Arbeitnehmern, die eine Berufsausbildung in einem staatlich anerkannten oder vergleichbaren Beruf aufnehmen oder für die vorübergehende Beschäftigung von zB Saisonkräfte, Praktika ergeben (s. zu den Ausnahmen die BeschV). Dabei bleibt es aber bei der grundsätzlichen Zustimmungspflicht der BAfA nach § 39 AufenthG. Nach § 34 Beschäftigungsverordnung (BeschV) können beispielsweise Staatsangehörige von Andorra, Australien, Israel, Japan, Kanada, Monaco, Neuseeland, den USA und San Marino die Zustimmung zu einem Aufenthaltstitel zur Ausübung einer Beschäftigung ohne Bindung an einen festen Arbeitsplatz erhalten, wenn sie die allgemeinen Voraussetzungen zur Arbeitsaufnahme für Ausländer nach dem AufenthG erfüllen und auf dem Arbeitsmarkt keine bevorrechtigten Bewerber verfügbar sind (Grobys/Panzer/*Borgmann* Rn. 16).

40 **Praktikanten** benötigen unter den Voraussetzungen, dass ihr Praktikum den Zeitraum von 3 Monaten innerhalb eines Zeitraums von 12 Monaten nicht übersteigt, keine Genehmigung nach dem AufenthaltsG. Allerdings ersetzt dies nicht die allgemein üblichen Visa-Pflichten.

41 Eine Ausnahme besteht für **hoch qualifizierte Arbeitnehmer** (s. auch Gesetz zur Umsetzung der Hochqualifizierten-Richtlinie der EU vom 1.6.2012 (BGBl. I S. 1224)), wobei der Grundsatz gilt, dass je höher die **Qualifikation** ist, desto mehr ist es politisch gewollt, den Zugang zum deutschen Arbeitsmarkt zu erleichtern. Näheres dazu unter http://www.bmas.de/SharedDocs/Downloads/DE/faq-beschaeftigung-auslaendischer.pdf?__blob=publicationFile.

42 Die Genehmigung des Aufenthalts zum Zwecke des Studiums gemäß § 16 I AufenthG beinhaltet für die **Studenten** gleichzeitig die Genehmigung im Umfang von 120 vollen oder 240 halben Tagen einer Beschäftigung nachzugehen. **Studentische Aushilfstätigkeiten** unterliegen einer solchen zeitlichen Beschränkung nicht (vgl. Hofmann/Hoffmann/*Hoffmann* § 16 Rn. 22).

43 Die sog. **„Blaue Karte der EU"** (*Strunden/Schubert* ZAR 2012, 270; *Steller*, ZAR 2013, 1) stellt einen Aufenthaltstitel für Hochqualifizierte dar (s. RL 2009/50/EU über die Bedingungen für die Einreise und den Aufenthalt von

Drittstaatsangehörigen zur Ausübung einer hoch qualifizierten Beschäftigung, ABl. EU L 155 v. 18.6.2009, S. 17). Mit der Blauen Karte können Drittstaatsangehörige, die einen Hochschulabschluss oder eine vergleichbare Qualifikation besitzen, ihre Aufenthaltsgenehmigung zum Zwecke einer angemessenen Beschäftigung erhalten (vgl. http://www.bamf.de/DE/DasBAMF/Aufgaben/BlaueKarte/blauekarte-node.html).

III. Subjektiver Tatbestand

1. Vorsatz

Für die Sanktionierung nach § 10 wird **vorsätzliches Handeln** hinsichtlich 44 aller objektiven Merkmale im Sinne von § 15 StGB und § 10 OWiG vorausgesetzt. Aus §§ 10, 11 I 1 OWiG ergibt sich dabei, dass der Vorsatzbegriff des Ordnungswidrigkeitenrechts mit dem des Strafrechts übereinstimmt (*Göhler* OWiG § 10 Rn. 1). Mangels einer anderweitigen Regelung ist dolus eventualis ausreichend. Dies ergibt sich auch bereits aus dem Kontext zu § 10, der ebenfalls Vorsatz voraussetzt und dem Sinn und Zweck Verbots, der eine vorsätzliche Beschäftigung verlangt. Ein bedingter Vorsatz liegt vor, wenn der Täter die Begehung der verbotenen Handlung für möglich hält und billigend in Kauf genommen hat (*Fischer* StGB § 15 Rn. 9). Der subjektive Tatbestand erfordert Vorsatz im Hinblick auf die Begehung der Ordnungswidrigkeit des § 404 II Nr. 3 SGB III und bezüglich der von § 10 aufgestellten Tatbestandsmerkmale. Bei Fahrlässigkeit liegt eine Ordnungswidrigkeit nach § 404 II Nr. 3 SGB III vor. Erforderlich ist die Kenntnis der Umstände, die das auffällige Missverhältnis zwischen den Arbeitsbedingungen begründen (BGH 7.10.2009 – 1 StR 478/09; MüKoStGB/*Mosbacher* SchwarzArbG § 10 Rn. 27). Dem Arbeitgeber muss bewusst sein, dass deutsche Arbeitnehmer für vergleichbare Arbeit ein auffällig höheres Entgelt erhalten.

Darüber hinaus ist erforderlich, dass sich der Vorsatz auch darauf bezieht, 45 den Ausländer **„ohne die erforderliche Arbeitsgenehmigung"** zu beschäftigen, bzw. „ohne den erforderlichen Aufenthaltstitel" (OLG Koblenz 21.9.1998 – 1 Ss 253/98, wistra 1999, 198). Die Genehmigungspflicht im Arbeitsförderungsrecht stellt ein präventives Verbot mit Erlaubnisvorbehalt, kein repressives Verbot mit Befreiungsvorbehalt dar (GK-SGB III/*Sprung* § 284 Rn. 2). Allerdings folgt aus § 4 III 4 AufenthG die Verpflichtung eines jeden Arbeitgebers, der einen Ausländer beschäftigt, für die Dauer der Beschäftigung eine Kopie des Aufenthaltstitels oder der Bescheinigung über die Aufenthaltsgestattung oder über die Aussetzung der Abschiebung des Ausländers in elektronischer Form oder in Papierform aufzubewahren. In dem Verstoß gegen diese Pflicht kann bereits ein Hinweis auf einen Eventualvorsatz liegen (MüKoStGB/*Mosbacher* SchwarzArbG § 10 Rn. 27). Ein Eventualvorsatz kann hingegen nicht schon bei fehlender Überprüfung der Staatsangehörigkeit angenommen werden, zumindest dann nicht, wenn die Muttersprache des Arbeitnehmers deutsch ist (OLG Bayern 25.9.1974 – RREg 4 ST 564/74 OWi, DB 1975, 112).

§ 10 Beschäftigung von Ausländern ohne Genehmigung

2. Irrtum

46 Die **Arbeitgebereigenschaft** ist ein normatives Tatbestandsmerkmal, bei dem gemäß § 16 StGB der Vorsatz entfällt, wenn der Täter den Sinngehalt solcher Merkmale nicht wenigstens im Rahmen der Parallelwertung in der Laiensphäre erkennen konnte (Jescheck/Weigend S. 308). Insbesondere, wenn der Täter nicht wusste bzw. erkennen konnte, dass er einen Arbeitnehmer oder einen Ausländer ohne Genehmigung beschäftigt, kann der Vorsatz ausscheiden (Ignor/Rixen/*Ignor/Rixen* § 2 Rn. 47). Wer aufgrund falscher Angaben des Arbeitnehmers irrtümlich davon ausgeht, er beschäftige einen Deutschen, handelt gemäß § 11 I S. 1 OWiG, § 16 I S. 1 StGB nicht vorsätzlich, weil er nicht weiß, dass er einen Ausländer beschäftigt (Ignor/Rixen/*Mosbacher* § 4 Rn. 70). Ein solcher Tatbestandsirrtum ist bei der Beschäftigung von nicht erkennbaren Scheinselbstständigen oder auch im Fall der illegalen Arbeitnehmerüberlassung mit der Rechtsfolge des § 10 AÜG denkbar.

47 Ein Irrtum über das Erfordernis oder das Fehlen einer **Genehmigung** kann ebenfalls als ein Tatbestandsirrtum den Vorsatz entfallen lassen (MüKoStGB/*Mosbacher* SchwarzArbG § 10 Rn. 27). In dem Fall, dass der Arbeitgeber denkt, der Arbeitnehmer stamme aus einem EU-Staat und benötige deswegen keine Arbeitserlaubnis, unterliegt er einem vorsatzausschließendem Tatbestandsirrtum, wenn der Arbeitnehmer tatsächlich aus einem Drittstaat kommt. Gleiches gilt, wenn der Arbeitgeber nicht weiß, dass **vergleichbare Arbeitnehmer zu wesentlich günstigeren Bedingungen** beschäftigt werden.

48 Möglich ist auch ein **Verbotsirrtum** über das Verbot einer Beschäftigung von Arbeitnehmern iSd § 10, wenn dies gemäß § 17 StGB nicht vermeidbar war. Dabei gilt, dass umso weiter die Verbotsnorm sich vom Kernbereich des Strafrechts entfernt, desto weniger strengen Maßstäbe an die Vermeidbarkeit zu stellen sind (Ignor/Rixen/*Ignor/Rixen* § 2 Rn. 49). Ob ein Verbotsirrtum vermeidbar war, hängt vom Einzelfall ab. Dass Ausländer ohne Genehmigung nicht beschäftigt werden dürfen, dürfte regelmäßig bekannt sein und damit für ein Unrechtsbewusstsein sprechen.

IV. Täterschaft und Teilnahme

49 Als Täter kommt nur der Arbeitgeber in Betracht (→ Rn. 9). Der ausländische Arbeitnehmer kann nicht wegen der Beteiligung an einer Straftat nach § 10 herangezogen werden. Allenfalls kann eine Heranziehung auf Grund einer OWi nach § 404 II Nr. 4 SGB III bzw. einer Straftat nach § 95 Ia AufenthG erfolgen (MüKoStGB/*Mosbacher* SchwarzArbG § 10 Rn. 31).

V. Versuch

50 Der Versuch ist nicht strafbar, da es sich bei § 10 um ein Vergehen (§ 12 II StGB) handelt und nicht um ein Verbrechen. Dessen Versuch ist mangels ausdrücklicher Anordnung der Versuchsstrafbarkeit gemäß § 23 I StGB straflos. Der einfache Verstoß gegen die Genehmigungspflicht ohne die in § 10 geforderte Ausbeutung kann allerdings als Ordnungswidrigkeit nach § 404 II Nr. 3 SGB III mit einer Geldbuße bis zu 500.000 EUR geahndet werden.

VI. Rechtfertigung

Eine Rechtfertigung durch Einwilligung des betroffenen Ausländers in die 51 ungünstigen Arbeitsbedingungen kommt nicht in Betracht. Es fehlt insoweit an der Einwilligungsfähigkeit in das geschützte Rechtsgut, damit § 10 auch das Allgemeininteresse der Funktionsfähigkeit des Arbeitsmarktes geschützt wird (→ Rn. 3).

VII. Rechtsfolgen

Strafe. Die Tat ist mit einer Freiheitsstrafe von bis zu 3 Jahren oder mit 52 Geldstrafe bedroht. Gem. § 21 I 1, Nr. 1 kann der Verstoß gegen § 10 auch mit dem Ausschluss von **öffentlichen Bauaufträgen** für den Zeitraum von maximal 3 Jahren geahndet werden. Voraussetzung hierfür ist, dass der Täter zu einer Freiheitsstrafe von mehr als 3 Monaten oder einer Geldstrafe von mehr als 90 Tagessätzen verurteilt wurde. Alternativ wenn die Geldbuße 2.500 EUR übersteigt.

Weitere Rechtsfolge ist, dass der Arbeitgeber gemäß **§ 66 IV Nr. 1** 53 **AufenthG** die **Kosten für die Ab- oder Zurückschiebung** tragen muss. Dies gilt auch dann, wenn der Arbeitgeber für einen Unternehmer/Generalunternehmer Leistungen erbracht hat. Erst subsidiär trifft die Kostentragungspflicht in § 66 IV Nr. 5 AufenthG auch den Ausländer an sich. Eine Haftung des Arbeitgebers entfällt allerdings gemäß § 66 IVa AufenthG, wenn der Arbeitgeber den aus § 4 III 4, 5 AufenthG folgenden Verpflichtungen nachgekommen ist und sich über die Berechtigung des Ausländers zur Aufnahme seiner Beschäftigung vergewissert hat. Hierzu muss er eine Kopie des Aufenthaltstitels bzw. der Bescheinigung über die Aufenthaltsgestattung nach § 55 AsylVfG oder der Duldung nach § 60a AufenthG aufbewahren (vgl. *Huber* NZA 2012, 477).

Mit dem sog. **Verfall (§§ 73 ff. StGB; § 29a OWiG** → Vor § 8 Rn. 49–50) 54 ergibt sich eine weitere mögliche strafrechtliche Sanktion aus dem allgemeinen Teil des StGB, der gemäß Art. 1 I EGStGB auch auf das SchwarzArbG Anwendung findet (Gercke/Kraft/Richter/*Gercke* Rn. 310; MüKoStGB/ Mosbacher, SchwarzArbG § 10 Rn. 37). Gemäß §§ 73 ff. StGB besteht durch das Gericht die Möglichkeit, den sog. Verfall für das aus der rechtswidrigen Tat Erlangte, dessen Nutzungen und dessen Surrogat anzuordnen (zu der zunehmenden Bedeutung des Verfalls s. *Kilchling* S. 38f.). Der Verfall stellt nach überwiegender Meinung in der Literatur eine Maßnahme mit Strafcharakter dar (Schönke/Schröder/*Eser* StGB Vorbem § 73 Rn. 18f. mwN; Lackner/ Kühl/*Lackner* StGB § 73 Rn. 4b mwN). Der BGH sieht hingegen in dem Verfall keine Strafe, sondern eine Maßnahme eigener Art (BGH 22.3.1995, NJW 1995, 2234f.; 21.8.2002, NJW 2002, 3339ff.). Durch das materiellrechtliche Institut des Verfalls kann dem Täter der durch die Tathandlung erlangte Vermögensvorteil wieder abgenommen werden. Damit können gemäß § 73 I StGB erzielte Gewinne und sogar gemäß § 73 II StGB die daraus resultieren-

§ 10 Beschäftigung von Ausländern ohne Genehmigung

den Zinsen abgeschöpft werden. Gemäß § 73e I StGB bewirkt die Verfallanordnung, dass das Eigentum an der Sache oder dem verfallenen Recht beziehungsweise der Wertersatz gemäß § 73a StGB mit der Rechtskraft der Entscheidung auf den Staat übergeht. Durch die weitreichenden prozessualen Sicherstellungsmöglichkeiten gemäß § 111b ff. StPO wird der Verfall gesichert. Nach § 73 I 1 StGB setzt der Verfall eine rechtswidrige Tat voraus, die bei einem Verstoß gegen das Verbot nach § 10 vorliegt. Das „Erlangte" unterliegt gemäß § 73 I StGB dem Verfall und zwar nach dem sog. „Bruttoprinzip" in vollem Umfang (*Hohn* wistra 2003, 321 ff). Das „Erlangte" stellt den Sondervorteil dar, der durch die rechtswidrige Tat, das heißt die Beschäftigung erlangt wurde. Soweit die Tat fremdnützig erfolgt, fehlt es zwar an dem eigenen Tatvorteil, allerdings kann gemäß § 73 III StGB der Verfall auch dann angeordnet werden, wenn der Täter für einen Dritten gehandelt hat und dieser hierdurch etwas erlangt hat. Auf ein Verschulden des Dritten kommt es dabei nicht an (LK/*Schmidt* StGB § 73 Rn. 50). Der Verfall über das Vermögen des Täters kann gemäß § 73 I 2 StGB dann nicht angeordnet werden, wenn **zivilrechtliche Schadensersatzansprüche** der Verletzten gegen den Täter bestehen. Die Ausschlussregelung des § 73 I 2 StGB, die den Vorrang des zivilrechtlichen Schadensersatzanspruches anordnet, soll zum einen verhindern, dass der Täter doppelt in Anspruch genommen wird und zum anderen soll den durch die Tat Verletzten die Realisierung von Ersatzansprüchen nicht erschwert oder unmöglich gemacht werden (*Fischer* StGB § 73 Rn. 11). Unabhängig von der Tatsache, dass § 10 auch die Vermögensinteressen der Beschäftigten schützt, schützt es **auch das Allgemeininteresse,** so dass der Ausschluss des § 73 I 2 StGB nicht greifen soll (Gercke/Kraft/Richter/*Gercke* Rn. 310; MüKoStGB/ *Mosbacher* SchwarzArbG § 10 Rn. 37). Dies erscheint jedoch fraglich. Maßgeblich ist nämlich allein die materielle Lage und nicht die Frage, ob ein Individual- oder Allgemeinrechtsgut betroffen ist, auch wenn bei der Verletzung von Allgemeinrechtsgütern häufig ein Geschädigter im materiellen Sinne fehlen wird (BGH 20.2.2013 – 5 StR 306/12).

55 **§ 7 IV SGB IV** sieht eine Vereinfachung bei der Inanspruchnahme des Arbeitgebers für Sozialversicherungsbeiträge vor, indem er anordnet, dass bei einem Arbeitgeber, der einen Ausländer ohne die nach § 284 I SGB III erforderliche Genehmigung oder ohne die nach § 4 III AufenthG erforderliche Berechtigung zur Erwerbstätigkeit beschäftigt, ein Beschäftigungsverhältnis gegen Arbeitsentgelt für den Zeitraum von drei Monaten vermutet wird. Insoweit kann es neben § 10 zu einer erhöhten Inanspruchnahme durch die Sozialversicherungsbehörden kommen.

VIII. Besonders schwerer Fall (Abs. 2)

56 Liegt ein **besonders schwerer Fall (§ 10 II)** vor, sieht das Gesetz eine Freiheitsstrafe von sechs Monaten bis zu fünf Jahren vor. Ein solcher Fall liegt nach § 10 II in der Regel vor, wenn der Täter **gewerbsmäßig** oder aus **grobem Eigennutz** handelt. Hinsichtlich dieser Strafverschärfungsgründe kann auf bestehende Rechtsprechung und Literatur zu den §§ 181a II, 243 I Nr. 3, 260 I, 264 II Nr. 1, 266a StGB (→ Vor § 8 Rn. 8), §§ 15 II, 15a II AÜG, § 370 III

VIII. Besonders schwerer Fall (Abs. 2) § 10

Nr. 1 AO (→ Vor § 8 Rn. 33), §§ 11 II SchwarzArbG zurückgegriffen werden, da die gleichen Begriffe verwendet werden (BT-Drs. 7/3100, 6). Bei den genannten Regelbeispielen handelt es sich nicht um eine abschließende Aufzählung, sondern um einen Anhaltspunkt und Maßstab für vergleichbare Sachverhalte (Erbs/Kohlhaas/*Ambs* SchwarzArbG § 10 Rn. 9; *Fischer* StGB § 46 Rn. 90 ff.). Darüber hinaus kann daher auch ohne Vorliegen eines der benannten Regelbeispiele unter besonderen Umständen des Einzelfalls ein unbenannter besonders schwerer Fall vorliegen, wenn die Tat in ihrem Unrechtsgehalt den benannten Regelbeispielen gleichwertig ist (MüKoStGB/*Mosbacher* SchwarzArbG § 10 Rn. 36; Schüren/Hamann/*Stracke* § 15 Rn. 28; BGH 28.2.1979 – 3 StR 24/79 (L), NJW 1979, 1666). Solche Fälle sind bei besonders schweren Verstößen gegen den Schutz der illegal beschäftigten Arbeitnehmer, zB einer Beschäftigung unter gesundheitsgefährdenden oder menschenunwürdigen Bedingungen denkbar, da § 10 auch dem Schutz des illegal beschäftigten Ausländers dient. Maßgeblich für die Annahme eines besonders schweren Falles ist eine Gesamtbewertung aller für die Strafzumessung wesentlichen tat- und täterbezogenen Umstände (BGHSt. 23, 254, 257; 28, 318; 29, 187, 198). Soweit sich aus dem Gesamtbild eine vom Durchschnitt der erfahrungsgemäß vorkommenden Fälle so erhebliche Abweichung ergibt, dass die Anwendung des höheren Strafrahmens geboten ist, kann ein unbenannter besonders schwerer Fall angenommen werden (Erbs/Kohlhaas/*Ambs* SchwarzArbG § 10 Rn. 9). Umgekehrt kann im Einzelfall auch die indizielle Wirkung der benannten Regelbeispiele durch andere Strafzumessungsgesichtspunkte kompensiert werden, so dass im Ergebnis der normale Strafrahmen zur Anwendung kommt. Dies ist der Fall, wenn bei einer Gesamtabwägung die entlastenden Gesichtspunkte so gewichtig sind, dass die Regelwirkung entkräftet wird (vgl. MüKoStGB/*Mosbacher* SchwarzArbG § 10 Rn. 36).

Gewerbsmäßiges Handeln. Gewerbsmäßig handelt, wer sich aus wieder- **57** holter Tatbegehung eine nicht nur vorübergehende Einnahmequelle von einigem Umfang verschaffen möchte, ohne dass er daraus ein kriminelles Gewerbe zu machen braucht (BGHSt 1, 383; vgl. *Fischer* StGB vor § 52 Rn. 62; Schönke/Schröder/*Steinberg-Lieben*/*Bosch* Vor § 52 Rn. 95; Lackner/*Kühl* Vor § 52 Rn. 20). Nicht erforderlich ist hierfür, dass der Täter beabsichtigt, seinen Lebensunterhalt allein oder nur überwiegend durch die Begehung von Straftaten zu bestreiten (*Fischer* StGB Vor § 52 Rn. 62). Dem Arbeitgeber muss es aber gerade darauf ankommen, aus der illegalen Beschäftigung von Arbeitnehmer einen nicht unerheblichen finanziellen Vorteil zu erzielen (Erbs/Kohlhaas/*Ambs* SchwarzArbG § 10 Rn. 10). Gewerbsmäßigkeit kann schon bei der ersten Tat vorliegen, wenn diese mit der Absicht begangen wird, auch in Zukunft weitere vergleichbare Taten zu begehen um sich damit eine nicht nur vorübergehende Einnahmequelle von einigem Umfang zu verschaffen (*Fischer* StGB § 52 Rn. 37 mwN; BGH 18.3.1982 – 2 StR 700/81, NJW 1982, 2080). Voraussetzung für die Gewerbsmäßigkeit ist nicht, dass der gesamte Geschäftsbetrieb auf die rechtswidrige Gewinnerzielung ausgerichtet ist, sondern es reicht hierfür die Absicht, im Rahmen einer normalen kaufmännischen Tätigkeit bei sich wiederholt bietenden Gelegenheiten durch Taten gemäß § 10 I einen nicht unerheblichen Gewinn zu erzielen (Erbs/Kohlhaas/*Ambs* SchwarzArbG § 10 Rn. 11).

§ 10 Beschäftigung von Ausländern ohne Genehmigung

58 In seiner Rechtsprechung zu § 15 II AÜG verlangt der BGH über die Gewerbsmäßigkeit hinaus auch, dass sich die Tat insgesamt als besonders strafwürdig erweisen muss, um einen besonders schweren Fall dazustellen (BGH 14.4.1981 – 1 StR 676/8, NStZ 1981, 303; kritisch dazu Schüren/Hamann/*Stracke* § 15 Rn. 43 mwN). Der BGH begründet dies damit, dass bereits der Grundtatbestand regelmäßig die Gewerbsmäßigkeit voraussetzt. Mit diesem Argument wird man die gewerbsmäßige Beschäftigung von Arbeitnehmern aber regelmäßig auch in § 10 als Grundtatbestand vorfinden können.

59 Die Gewerbsmäßigkeit ist ein strafschärfendes persönliches Merkmal iSv § 28 StGB, weshalb gemäß § 28 II StGB ausschließlich derjenige Beteiligte aus dem Strafrahmen des § 10 II zu bestrafen ist, bei dem selbst das Tatbestandsmerkmal der Gewerbsmäßigkeit vorliegt.

60 **Grober Eigennutz** ist gegeben, wenn der Täter sich bei der Tat in besonders anstößigem Maß vom Streben nach seinem eigenen Vorteil leiten lässt (BGH 13.6.1985 – 4 StR 219/85, NStZ 1985, 459; 20.11.1990 – 1 StR 548/90, wistra 1991, 106; *Fischer* StGB § 266a Rn. 27; Schönke/Schröder/*Perron* § 266a Rn. 29b; Lackner/*Kühl* § 266a Rn. 16b). Das Gewinnstreben muss deutlich über dem kaufmännischen Maß (BGH 22.6.1990 – 3 StR 471/89, NStZ 1990, 497) bzw. über dem üblicherweise bei Tätern von Vermögensdelikten vorhandenen Gewinnstreben liegen. Dies ist im Rahmen einer Gesamtbewertung aller Umstände festzustellen, wobei hierbei Art und Häufigkeit der Begehung, sowie der Grad der Gewinnsucht von Bedeutung sind (Erbs/Kohlhaas/*Ambs* SchwarzArbG § 10 Rn. 12). In der Literatur wird hierbei das Beispiel genannt, dass die Beschäftigung sich illegal aufhaltender Ausländer zu unmenschlichen oder unwürdigen Arbeitsbedingungen geschieht mit dem eigentlichen Zweck maximaler Profiterzielung (vgl. MüKoStGB/*Mosbacher* SchwarzArbG § 10 Rn. 35). Wer ausschließlich zu fremdem Vorteil handelt, handelt nicht aus grobem Eigennutz (Erbs/Kohlhaas/*Ambs* SchwarzArbG § 10 Rn. 12). Grober Eigennutz soll daher nicht vorliegen, wenn der Arbeitgeber in einer finanziellen Notlage handelt, um seinen Betrieb und damit verbundene Arbeitsplätze zu erhalten (Schönke/Schröder/*Perron* § 264 Rn. 75). Auch beim Merkmal des groben Eigennutzes handelt es sich um ein strafschärfendes persönliches Merkmal iSd § 28 StGB.

IX. Verjährung

61 Die Verjährungsfrist für Straftaten nach § 10 beträgt gemäß § 78 III Nr. 4 StGB fünf Jahre. Dies gilt nach § 78 III Nr. 4 und IV StGB auch für besonders schwere Fälle iSd § 10 II. Die Verjährung beginnt gemäß § 78a StGB mit Beendigung der Tat bzw. mit Eintritt des Tatererfolgs.

X. Konkurrenzen

62 § 10 steht zu § 266a StGB (→ Vor § 8 Rn. 8) in Tatmehrheit. § 404 II Nr. 3 SGB III tritt – soweit tateinheitlich verwirklicht – nach § 21 OWiG zurück. Eine Ausnahme hiervon sieht § 21 II OWiG vor, wenn die Strafe – egal aus

X. Konkurrenzen **§ 10**

welchen Gründen – nicht verhängt wird (Göhler/*Gürtler* OWiG § 21 Rn. 26 ff.).

Das Ausbeuten der Arbeitskraft durch „Lohndumping" wird von verschiedenen Vorschriften des Kern- und Nebenstrafrechts (**§ 291 I Nr. 3 StGB, § 233 StGB, § 15a AÜG**) unter Strafe gestellt, jedoch nur unter strengen Voraussetzungen. § 233 StGB wird von § 10 im Wege der Gesetzeskonkurrenz verdrängt (Schönke/Schröder/*Eisele* § 233 Rn. 17). Unterhalb der Schwelle des auffälligen Missverhältnisses des § 10 kann im Bereich der vom AEntG geschützten Branchen (§ 4 AEntG) eine untertarifliche Bezahlung auch durch die Ordnungswidrigkeit des § 23 I Nr. 1 AEntG sanktioniert werden. Überschneidungen sind zudem mit Vorschriften des AEntG und AÜG denkbar. 63

Überschneidung sind im Bereich der **Arbeitnehmerüberlassung** mit §§ 15, 15a AÜG denkbar, da auch dort die Beschäftigung von Ausländern entgegen (ua) § 4 III AufenthG und § 284 I SGB III unter Strafe gestellt wird. § 15 AÜG richtet sich ausschließlich gegen den Verleiher des Ausländer als dessen Arbeitgeber, während sich § 15a AÜG gegen den Entleiher richtet. Wenn keine Genehmigung des Verleihers nach § 1 AÜG vorliegt, kommen für den Verleiher neben § 10 Strafbarkeiten nach § 15 AÜG in Betracht. Soweit man bei illegaler Arbeitnehmerüberlassung ein faktisches (Leih-) Arbeitsverhältnis zwischen Verleiher und Leiharbeitnehmer annimmt (so ErfK/*Wank* AÜG § 9, Rn. 5; Schüren/Hamann/*Schüren* § 9 Rn. 28), kommt neben § 15 AÜG auch eine Strafbarkeit nach § 10 in Betracht. Hier wird regelmäßig Tatmehrheit vorliegen (Schüren/Hamann/*Stracke* § 15 Rn. 62). Wenn man hingegen ein faktisches Arbeitsverhältnis ablehnt (so BeckOK ArbR AÜG § 9 Rn. 9), kommt es mangels Arbeitgebereigenschaft allein zu einer Strafbarkeit nach § 15 AÜG. Für den Fall, dass der Verleiher eine Genehmigung nach § 1 AÜG besitzt, scheidet eine Strafbarkeit des Verleihers nach § 15 AÜG aus. Allerdings greift in diesem Fall die Strafbarkeit nach § 10 und für den Entleiher kommt eine Strafbarkeit nach § 15a I AÜG in Betracht. Im Anwendungsbereich des § 10 ist eine Überschneidung mit **§ 15a AÜG** allerdings grundsätzlich nicht denkbar, da insoweit unterschiedliche Tatsubjekte betroffen sind (vgl. Schüren/Hamann/*Stracke* § 15a Rn. 43). Im Gegensatz zu § 10 bestraft § 15a AÜG nicht den Arbeitgeber (also nach dem AÜG den Verleiher), sondern den Entleiher, der den „illegal" tätigen ausländischen Leiharbeitnehmer zu Arbeitsbedingungen tätig werden lässt, die in einem auffälligen Missverhältnis zu den Arbeitsbedingungen deutscher Leiharbeitnehmer stehen. Eine Besonderheit gilt lediglich für den Fall einer **illegalen Arbeitnehmerüberlassung** → § 1 Rn. 245. Hier greift die Fiktion des Arbeitsverhältnisses zwischen Entleiher und Leiharbeitnehmer nach §§ 9, 10 AÜG mit der Folge, dass allein eine Strafbarkeit nach § 10 für den kraft gesetzlicher Fiktion zum Arbeitgeber werdenden Entleiher und nicht nach § 15a AÜG für den Verleiher in Betracht kommt (MüKoStGB/*Mosbacher,* SchwarzArbG § 10 Rn. 30). Für den Verleiher kommt hier die Strafbarkeit nach § 15 AÜG in Betracht. Weiterhin kommt eine wahlweise Verurteilung nach § 15a AÜG/§ 10 in Betracht, wenn sich nicht aufklären lässt, ob die Arbeitnehmerüberlassung legal oder illegal erfolgte (Schüren/Hamann/*Stracke* § 15a Rn. 43). 64

Abzugrenzen ist diese Konstellation von dem Fall in dem im Rahmen eines **Werkvertrages** der Werkunternehmer einen ausländischen Mitarbeiter ohne entsprechende Erlaubnis beschäftigt. Da § 10 an die Arbeitgebereigenschaft 65

§ 10a Beschäftigung von Ausländern ohne Aufenthaltstitel

→ § 1 Rn. 138 anknüpft kommt hier allein eine Strafbarkeit des Werkunternehmers, nicht hingegen des Bestellers in Betracht.

66 Weitere Überschneidungen können mit dem Bußgeldtatbestand nach **§ 23 I Nr. 1, § 8 I AEntG** bestehen. Das AEntG bezweckt für bestimmte Branchen Mindestarbeitsbedingungen bei grenzüberschreitend entsandten und für regelmäßig im Inland beschäftigten Arbeitnehmern festzulegen. In diesem Zusammenhang sanktioniert § 23 I Nr. 1, § 8 I AEntG, wenn Entsendeten iSd § 1 AEntG, im Rahmen eines für allgemein verbindlich erklärten Tarifvertrages nach Maßgabe der §§ 4–6 AEntG, im Vergleich zum Tarifvertrag schlechtere Arbeitsbedingungen gewährt werden (s. dazu *Aulmann* NJW 2012, 2074 ff.). Als Bußgeldtatbestand gilt hier die Kollisionsregel des § 21 OWiG.

67 Bei illegaler Beschäftigung von ausländischen Arbeitnehmern kommt auch in Tatmehrheit eine Strafbarkeit einer Steuerhinterziehung nach **§ 370 AO** → Vor § 8 Rn. 33 in Betracht (s. Wabnitz/Janovsky/*Kummer* SchwarzArbG Rn. 212). Durch § 31a AO werden die Finanzbehörden verpflichtet, den zuständigen Behörden zur Bekämpfung von illegaler Beschäftigung oder Schwarzarbeit notwendige Tatsachen über den Arbeitnehmer oder Arbeitgeber mitzuteilen → § 15 Rn. 12.

68 Darüber hinaus kann sich auch der beschäftigte **Ausländer** nach allgemein aufenthaltsrechtlichen Regelungen **§§ 95, 98 AufenthG, § 85 AsylVfG** strafbar machen. Verstöße gegen das AufenthaltG (Bußgeld nach § 99 IIa AufenthG) werden regelmäßig in Tateinheit begangen (MüKoStGB/*Mosbacher* SchwarzArbG § 10 Rn. 40).

§ 10a Beschäftigung von Ausländern ohne Aufenthaltstitel, die Opfer von Menschenhandel sind

Mit Freiheitsstrafe bis zu drei Jahren oder mit Geldstrafe wird bestraft, wer entgegen § 4 Absatz 3 Satz 2 des Aufenthaltsgesetzes einen Ausländer beschäftigt und hierbei eine Lage ausnutzt, in der sich der Ausländer durch eine gegen ihn gerichtete Tat eines Dritten nach § 232 oder 233 des Strafgesetzbuchs befindet.

Literatur: Georg Erbs/Max Kohlhaas, Strafrechtliche Nebengesetze; Wolfgang D/Max Kohlhaas, Strafrechtliche Nebengesetze; Adolf SchD/Max Kohlhaas, Strafrechtliche Nebengesetze; Thomas Fischer, Strafgesetzbuch-Kommentar, 62. Aufl. 2015

Rechtsprechung: BGH 15.7.2005, NStZ-RR 2007, 46; BGHSt 42, 399

I. Überblick

1 Die Vorschrift dient der Bekämpfung von **Menschenhandel zum Zweck der sexuellen Ausbeutung oder zum Zweck der Ausbeutung der Arbeitskraft.** Sie wurde durch Art. 8 des ÄndG v. 22.11.2011 (BGBl. I S. 2258, 2267) neu in das SchwarzArbG eingefügt und dient der Umsetzung der Richtlinie 2009/52 EG v. 18.6.2009. Diese soll Mindeststandards für Sanktionen und Maßnahmen gegen Arbeitgeber einführen, die Drittstaatsangehörige ohne rechtmäßige Aufenthaltsgenehmigung beschäftigen und dabei beste-

I. Überblick **§ 10a**

hende Zwangslagen oder ausländerspezifische Hilflosigkeit zu den ungünstigen Arbeitsverhältnissen ausnutzen. Dabei wird die Ordnungswidrigkeit des § 404 II Nr. 3 SGB III zur Straftat, da der Arbeitgeber die Situation bewusst ausnutzt, in der sich der Ausländer durch gegen ihn gerichteten Menschenhandel eines anderen nach § 232 und 233 StGB befindet (BT-Drs. 17/5470, 32). Schutzbereich der Strafvorschrift liegt damit in dem Schutz der Opfer vor jeglicher Art von Menschenhandel zur sexuellen Ausbeutung oder der Ausbeutung der Arbeitskraft. Der Anwendungsbereich des § 10a ist sehr beschränkt, was sich auch dadurch zeigt, das seit Umsetzung der Richtlinie im Jahr 2011 keine Rechtsprechung zu diesem Thema existiert. Überwiegend wird die Anwendbarkeit wohl im **Bereich der Zwangsprostitution oder im Bereich der illegalen Haushaltshilfen** liegen.

§ 232 StGB Menschenhandel zum Zweck der sexuellen Ausbeutung

(1) [1]Wer eine andere Person unter Ausnutzung einer Zwangslage oder der Hilflosigkeit, die mit ihrem Aufenthalt in einem fremden Land verbunden ist, zur Aufnahme oder Fortsetzung der Prostitution oder dazu bringt, sexuelle Handlungen, durch die sie ausgebeutet wird, an oder vor dem Täter oder einem Dritten vorzunehmen oder von dem Täter oder einem Dritten an sich vornehmen zu lassen, wird mit Freiheitsstrafe von sechs Monaten bis zu zehn Jahren bestraft. [2]Ebenso wird bestraft, wer eine Person unter einundzwanzig Jahren zur Aufnahme oder Fortsetzung der Prostitution oder zu den sonst in Satz 1 bezeichneten sexuellen Handlungen bringt.

(2) Der Versuch ist strafbar.

(3) Auf Freiheitsstrafe von einem Jahr bis zu zehn Jahren ist zu erkennen, wenn
1. das Opfer der Tat ein Kind (§ 176 Abs. 1) ist,
2. der Täter das Opfer bei der Tat körperlich schwer misshandelt oder durch die Tat in die Gefahr des Todes bringt oder
3. der Täter die Tat gewerbsmäßig oder als Mitglied einer Bande, die sich zur fortgesetzten Begehung solcher Taten verbunden hat, begeht.

(4) Nach Absatz 3 wird auch bestraft, wer
1. eine andere Person mit Gewalt, durch Drohung mit einem empfindlichen Übel oder durch List zur Aufnahme oder Fortsetzung der Prostitution oder zu den sonst in Absatz 1 Satz 1 bezeichneten sexuellen Handlungen bringt oder
2. sich einer anderen Person mit Gewalt, durch Drohung mit einem empfindlichen Übel oder durch List bemächtigt, um sie zur Aufnahme oder Fortsetzung der Prostitution oder zu den sonst in Absatz 1 Satz 1 bezeichneten sexuellen Handlungen zu bringen.

(5) In minder schweren Fällen des Absatzes 1 ist auf Freiheitsstrafe von drei Monaten bis zu fünf Jahren, in minder schweren Fällen der Absätze 3 und 4 ist auf Freiheitsstrafe von sechs Monaten bis zu fünf Jahren zu erkennen.

§ 233 StGB Menschenhandel zum Zweck der Ausbeutung der Arbeitskraft

(1) [1]Wer eine andere Person unter Ausnutzung einer Zwangslage oder der Hilflosigkeit, die mit ihrem Aufenthalt in einem fremden Land verbunden ist, in Sklaverei, Leibeigenschaft oder Schuldknechtschaft oder zur Aufnahme oder Fortsetzung einer Beschäftigung bei ihm oder einem Dritten zu Arbeitsbedingungen, die in einem auffälligen Missverhältnis zu den Arbeitsbedingungen anderer Arbeitnehmerinnen oder Arbeitnehmer stehen, welche die gleiche oder eine vergleichbare Tätigkeit ausüben, bringt, wird mit Freiheitsstrafe von sechs Monaten bis zu zehn Jahren bestraft. [2]Ebenso wird bestraft, wer eine Person unter einundzwanzig Jahren in Sklaverei, Leibeigenschaft oder Schuldknechtschaft oder zur Aufnahme oder Fortsetzung einer in Satz 1 bezeichneten Beschäftigung bringt.

(2) Der Versuch ist strafbar.

(3) § 232 Abs. 3 bis 5 gilt entsprechend.

II. Objektiver Tatbestand

2 **Tathandlung** ist das **Beschäftigen** (→ § 10 Rn. 17) eines Ausländers bzw. konkreter eines Drittstaatsangehörigen unter Verstoß gegen § 4 III 2 AufenthG und dazu eine von einem Dritten geschaffene Lage bewusst auszunutzen, die der Dritte durch Menschenhandel zum Zweck der sexuellen Ausbeutung iSd § 232 StGB oder Menschenhandel zum Zweck der Ausbeutung der Arbeitskraft iSd § 233 StGB geschaffen hat (Erbs/Kohlhaas/*Ambs* § 10a). Danach ist die Beschäftigung eines Ausländers nur dann strafbar, wenn dieser über keinen Aufenthaltstitel mit eingetragener Arbeitserlaubnis verfügt. Dies setzt voraus, dass der Ausländer einen Aufenthaltstitel benötigt (siehe zu den Voraussetzungen → § 10 Rn. 7). Die Vorschrift ergänzt die **§ 232 StGB und § 233 StGB,** wobei sie sich nicht gegen deren Täter richtet. Die Vorschrift erfasst Arbeitgeber, die in § 233 StGB als „Dritte" bezeichnet werden. Arbeitgeber sind von der Strafbarkeit des § 233 StGB nicht erfasst. § 233 StGB stellt als Tathandlung den Menschenhandel („in eine Beschäftigung ... bringt") unter Strafe, während § 10a die Arbeitgeber im Fokus hat.

3 **§ 232 StGB schützt die sexuelle Selbstbestimmung** und stellt die organisierte Ausbeutung von Personen im Zusammenhang mit Prostitution und prostitutionsnahen Tätigkeiten unter Strafe (vgl. *Fischer* StGB § 233 Rn. 2f.). Demgegenüber schützt **§ 233 StGB die Freiheit der Person, über Einsatz und Verwertung ihrer Arbeitskraft** zu verfügen (vgl. *Fischer* StGB § 233 Rn. 2). Zu beachten ist, dass nach § 6 Nr. 4 StGB die Straftaten des Menschenhandels nach § 232 und 233 StGB auch im Ausland begangen werden können. Auch die im Ausland begangenen Taten können daher bei einer Beschäftigung im Inland eine Strafbarkeit im Inland begründen.

4 Die Beschäftigung muss unter Ausnutzung einer Zwangslage oder geprägt von Hilflosigkeit, die mit dem Aufenthalt in einem fremden Land verbunden ist, erfolgen. Das Opfer muss sich in einer **Zwangslage oder auslandsspezifischen Hilflosigkeit** befinden.

5 **Zwangslage.** Das Opfer muss sich in einer Zwangslage befinden, wobei dies kumulative Voraussetzung zur Beschäftigung entgegen § 4 III 2 AufenthG ist. Zwangslage bedeutet eine Situation ernster wirtschaftlicher oder persönlicher Bedrängnis, die den Entscheidungs- und Handlungsspielraum des Opfers wesentlich einschränkt und somit seinen Widerstand gegen Angriffe auf seine persönliche Freiheit (hier seine sexuelle Selbstbestimmung) herabzusetzen droht (vgl. BGHSt 42, 399, 400f.; Schönke/Schröder/*Eisele* § 232 Rn. 10; *Fischer* StGB § 232 Rn. 9; BT-Drs 12/2589, 8). Der Begriff der Zwangslage geht weiter als derjenige der Notlage, bei der dringenden wirtschaftlichen Not (BGHSt 11, 186; 12, 390). Erforderlich ist das Bestehen einer ernsten wirtschaftlichen oder persönlichen Bedrängnis, zB drohender wirtschaftlicher Ruin, Wohnungslosigkeit, uU auch Krankheit, persönliche Ausnahmesituationen, Arbeitslosigkeit. Die Bedrängnis muss mit einer wesentlichen Einschränkung der Entscheidungs- und Handlungsmöglichkeiten verbunden sein und ihr die Gefahr anhaften, den Widerstand des Opfers gegen Angriffe auf seine Selbstbestimmung herabzusetzen (*Fischer* StGB § 232 Rn. 9).

V. Konkurrenzen § 10a

Hilflosigkeit, die mit ihrem Aufenthalt in einem fremden Land ver- 6
bunden ist. Das Opfer muss sich in einer Lage der Hilflosigkeit befinden, die mit dem Aufenthalt der Person in einem für sie fremden Land verbunden ist. Die „Fremdheit" des Landes beurteilt sich im Hinblick auf die Kriterien möglicher Hilflosigkeit. Es kommt auf die konkrete Lage und die konkreten Fähigkeiten der betroffenen Person an; dabei ist vor allem auf den Zeitraum der ersten Phase des Aufenthalts abzustellen (*Fischer* StGB § 232 Rn. 10).

Auslandsspezifische Hilflosigkeit setzt voraus, dass die betroffene Person 7
aufgrund der spezifischen Schwierigkeiten des Auslandsaufenthalts nach ihren persönlichen Fähigkeiten nicht oder nur wesentlich eingeschränkt in der Lage ist, sich dem Verlangen nach sexueller Betätigung zu widersetzen. Maßgebliche Entscheidungskriterien sind ua die Deutschkenntnisse, die Verfügungsmöglichkeit über Barmittel, das Maß der Überwachung durch den Täter, das Ausmaß der persönlichen Abhängigkeit von dem Täter sowie die Möglichkeit, die Bundesrepublik wieder zu verlassen (BGH 15.7.2005, NStZ-RR 2007, 46).

III. Subjektiver Tatbestand

Der Arbeitgeber muss nicht alle Einzelheiten der Zwangslage kennen, es ge- 8
nügt, dass er erkennt, dass das Opfer in eine Abhängigkeit geraten ist, die auf den Umständen der §§ 232, 233 StGB beruht (Erbs/Kohlhaas/*Ambs* § 10a Rn. 61a). Allerdings greifen bei Ausnutzen von auslandsspezifischer Hilflosigkeit oder einer sonstigen Zwangslage ggf. die §§ 232ff. StGB unmittelbar (Däubler/*Hilbrans* § 10a Rn. 3).

IV. Rechtsfolge

Die Tat wird mit Freiheitsstrafe bis zu drei Jahren oder mit Geldstrafe ge- 9
ahndet.

V. Konkurrenzen

Ist der Arbeitgeber selbst Täter, Mittäter oder Teilnehmer des § 232 StGB 10
oder § 233 StGB, macht er sich ausschließlich wegen dieser Verbrechen strafbar (Erbs/Kohlhaas/*Ambs* § 10a), da die Zwangslage nach § 10a ausdrücklich von einem Dritten geschaffen sein muss. Überschneidungen bestehen weiterhin zur Ordnungswidrigkeit, die allein an die Beschäftigung des Ausländers ohne Aufenthaltsgenehmigung anknüpft (§ 404 II Nr. 3 SGB III; Zum Konkurrenzverhältnis s. bei § 10 Rn. 62ff.). Darüber hinaus kommt neben § 10a eine Strafbarkeit nach § 10 in Betracht. § 10a schließt eine Strafbarkeitslücke für Arbeitgeber, die nach der Vorschrift des §§ 232ff. StGB nicht bestraft werden, wenn sie eine Person bei sich beschäftigen, welche unter Ausnutzung einer Zwangslage in die Beschäftigung gedrängt wird. Der Arbeitgeber an sich unterfällt als „Dritter" nicht der Strafbarkeit gemäß §§ 232ff. StGB, obwohl sein Handeln rechtsethisch als ähnlich verwerflich zu bewerten ist.

§ 11 Erwerbstätigkeit von Ausländern ohne Genehmigung oder ohne Aufenthaltstitel in größerem Umfang oder von minderjährigen Ausländern

(1) Wer
1. gleichzeitig mehr als fünf Ausländer entgegen § 284 Abs. 1 des Dritten Buches Sozialgesetzbuch beschäftigt oder entgegen § 4 Abs. 3 Satz 2 des Aufenthaltsgesetzes beschäftigt oder mit Dienst- oder Werkleistungen beauftragt,
2. eine in
   a) § 404 Abs. 2 Nr. 3 des Dritten Buches Sozialgesetzbuch,
   b) § 404 Abs. 2 Nr. 4 des Dritten Buches Sozialgesetzbuch,
   c) § 98 Abs. 2a des Aufenthaltsgesetzes oder
   d) § 98 Abs. 3 Nr. 1 des Aufenthaltsgesetzes
   bezeichnete vorsätzliche Handlung beharrlich wiederholt oder
3. entgegen § 4 Absatz 3 Satz 2 des Aufenthaltsgesetzes eine Person unter 18 Jahren beschäftigt,

wird mit Freiheitsstrafe bis zu einem Jahr oder mit Geldstrafe bestraft.

(2) **Handelt der Täter in den Fällen des Absatzes 1 Nummer 1, Nummer 2 Buchstabe a oder Buchstabe c oder Nummer 3 aus grobem Eigennutz, ist die Strafe Freiheitsstrafe bis zu drei Jahren oder Geldstrafe.**

Literatur: Adolf Schönke/Horst Schröder, StGB Kommentar, 29. Aufl. 2014; Alexande Ignor/Stephan Rixen, Handbuch Arbeitsstrafrecht, 2. Aufl. 2008; Georg Erbs/Max Kohlhaas, Strafrechtliche Nebengesetze – Kurzkommentar, 200. Aufl. 2014; Thomas Fischer, Strafgesetzbuch-Kommentar, 62. Aufl. 2015; Gercke/Kraft/Richter, Arbeitsstrafrecht, 2012; Graf/Jäger/Wittig, Wirtschafts- und Steuerstrafrecht, 2011; Tuengerthal/Rothenhöfer wistra 2014, 417; Tuengerthal/Geißer NZWiSt 2014, 412; Wabnitz/Janovsky, Handbuch des Wirtschafts- u. Steuerstrafrechts, 3. Aufl. 2007

Rechtsprechung: BGH 19.11.2009 – 3 StR 244/09, NStZ 2010, 277; BGH 25.3.1999 – 1 StR 344/98, NStZ 1999, 409

I. Überblick

1 § 11 ist eine **Qualifikation** der Bußgeldtatbestände in § 404 II Nr. 3 und Nr. 4 SGB III bzw. § 98 II a und III Nr. 1 AufenthG und entspricht zum Teil dem früheren § 407 SGB III (vgl. MüKoStGB/*Mosbacher,* SchwarzArbG § 11 Rn. 1; Erbs/Kohlhaas/*Ambs* § 11 Rn. 1). § 11 stuft Verstöße gegen Ge- und Verbote des SGB III bzw. des AufenthG im Falle einer vorsätzlichen beharrlichen Wiederholung als Straftatbestand ein (Gercke/Kraft/Richter/*Gercke* § 2 Rn. 319). Mit Wirkung zum 28.8.2007 wurde das Gesetz zur Umsetzung aufenthalts- und asylrechtlicher Richtlinien der EU (BGBl. I S. 1970) in § 11 I Nr. 2c und d und § 11 I Nr. 1 um die Beauftragung mit Dienst- oder Werkleistungen erweitert.

II. Objektiver Tatbestand

1. Illegale Beschäftigung oder Beauftragung von mehr als fünf Ausländern (Abs. 1 Nr. 1)

Täter dieses Sonderdelikts kann bei illegaler Beschäftigung nur der Arbeit- 2
geber sein (→ § 10 Rn. 9) und bei der illegalen Beauftragung nur der Auftraggeber sein. Tathandlung des Abs. 1 Nr. 1 ist die Beschäftigung oder Beauftragung von gleichzeitig mindestens sechs Ausländern, die nicht über eine erforderliche **Genehmigung** verfügen (vgl. auch Gercke/Kraft/Richter/ *Gercke* § 2 Rn. 320) (→ § 10 Rn. 27). **Ausländer** ist nach § 1 II und § 2 I AufenthG jeder, der nicht Deutscher iSd Art. 116 I GG ist. Damit sind auch Staatenlose und Personen mit ungeklärter Staatsangehörigkeit Ausländer im Sinne der Vorschrift (Friauf/*Ambs* SchwarzArbG § 11 Rn. 2). Als Deutsche iSd Vorschrift gelten aber Personen, die sowohl die Deutsche, als auch eine weitere Staatsangehörigkeit haben (Erbs/Kohlhaas/*Ambs* § 11 Rn. 2).

§ 284 I SGB III gilt für die Staatsangehörige aus Beitrittsstaaten sowie deren 3
freizügigkeitsberechtigte Familienangehörige. In der derzeit gültigen Fassung (2014) ist der Anwendungsbereich auf kroatische Mitbürger und deren Angehörige beschränkt. Im Übrigen gelten die bereits unter § 10 erörterten Bedingungen hinsichtlich § 284 I SGB III. (→ § 10 Rn. 23). § 4 III S. 2 AufenthG erweitert den Anwendungsbereich auf alle Ausländer, die für eine Tätigkeit einen Aufenthaltstitel benötigen.

Eine **gleichzeitige Beschäftigung von mehr als fünf Ausländern** 4
braucht sich nicht auf denselben Betrieb zu beschränken. Es muss nur derselbe Arbeitgeber (zum Arbeitgeberbegriff vgl. → § 10 Rn. 9) sein. Bei der Anzahl der Arbeitnehmer wird jeder beschäftigte Ausländer gezählt und nicht, wie beispielsweise im Kündigungsschutzgesetz, Teilzeitbeschäftigte anteilig. Im Falle einer juristischen Person als Arbeitgeber ist dies auch erfüllt, wenn der Täter in mehreren Unternehmen als Geschäftsführer oder Vorstandsmitglied tätig ist (Erbs/Kohlhaas/*Ambs* § 11 Rn. 9). Eine Strafbarkeit kann bereits ab dem ersten Tag der Arbeitsaufnahme eintreten (Gercke/Kraft/Richter/*Gercke* § 2 Rn. 323; Erbs/Kohlhaas/*Ambs* § 11 Rn. 9). Bis zum **31.7.2002** verlangte § 11 als weiteres Tatbestandsmerkmal die Beschäftigung von mindestens 30 Kalendertagen, so dass die Tatfassung enger war und als milderes Gesetz iSd § 2 III StGB zu sehen ist.

Beauftragung meint nach der Systematik und im Gleichlauf insbesondere 5
mit § 4 III 2 AufenthG den Abschluss eines **Dienst- oder Werkvertrages** nach §§ 611 ff. bzw. §§ 631 ff. BGB. Voraussetzung ist ein Vertrag im Sinne zweier übereinstimmender Willenserklärungen und nicht ein einseitiger Auftrag (Graf/Jäger/Wittig/*Mosbacher* SchwarzArbG § 11 Rn. 2). Andere Vertragsarten als die beiden benannten Verträge sind vom Tatbestand nicht erfasst (MüKoStGB/*Mosbacher* SchwarzArbG § 11 Rn. 3f.). Es muss sich entsprechend § 4 III 2 AufenthG um nachhaltige **entgeltliche Dienst- oder Werkverträge** handeln (MüKoStGB/*Mosbacher* SchwarzArbG § 11 Rn. 4). Entgeltlose Tätigkeiten scheiden aus. Bei gelegentlichen Tätigkeiten scheidet § 11 aus (BT-Drs. 16/5065, 273).

2. Wiederholte Verstöße (Abs. 1 Nr. 2)

6 Tathandlungen von § 11 I Nr. 2 ist die beharrliche Wiederholung der Beschäftigung von Ausländern bzw. die illegale Aufnahme der Tätigkeit der Ausländer selbst. Dabei verlangt § 11 I Nr. 2a die beharrliche Wiederholung der illegalen Ausländerbeschäftigung (**unselbstständige** Beschäftigung des Ausländers durch den Arbeitgeber), § 11 I Nr. 2b die beharrliche Wiederholung der illegalen **unselbstständigen** Ausländererwerbstätigkeit (**unselbstständige** Erwerbstätigkeit des Ausländers als Arbeitnehmer), § 11 I Nr. 2c, die beharrliche Wiederholung der illegalen Beauftragung von Ausländern mit **Dienst- oder Werkleistungen** (**selbstständige** Beschäftigung des Ausländers durch den Auftraggeber) und § 11 I Nr. 2d die beharrliche Wiederholungen von illegalen **selbstständigen Erwerbstätigkeiten** durch Ausländer (**selbstständige** Erwerbstätigkeit des Ausländers als Auftragnehmer). Dabei sind § 11 I Nr. 2a und b und § 11 I Nr. 2c und d jeweilige Spiegelbilder der der beharrlichen illegalen Ausländerbeschäftigung. **Täter** sind in der ersten Fallgruppe der Arbeitgeber und Arbeitnehmer (Beschäftigung iSd § 2 II AufenthG) und in der zweiten Fallgruppe der Auftraggeber und Auftragnehmer (selbstständige Erwerbstätigkeit).

7 Bei § 11 I Nr. 2a bzw. b handelt es sich um die Qualifikation des § 404 II Nr. 3 bzw. Nr. 4 SGB III und bildet mit ihm einen sog. unechten Mischtatbestand (Erbs/Kohlhaas/*Ambs* § 11 Rn. 10). Gleiches gilt für §§ 11 I Nr. 2c bzw. d und §§ 98 IIa und III Nr. 1 AufenthG. § 11 I Nr. 2c und d stellen erstmals die selbstständige Beauftragung von Ausländern mit Dienst- oder Werkleistungen bzw. die selbstständige Erwerbstätigkeit des Ausländers ohne Genehmigung oder ohne Aufenthaltstitel unter Strafe. Strafbar ist damit im Fall der beharrlichen Wiederholung sowohl die illegale **Beauftragung durch den Auftraggeber** als auch die illegale Durchführung der Dienst- oder Werkleistung durch den Ausländer. § 11 I Nr. 2d richtet sich damit gegen den **Ausländer der illegal einer selbstständigen Tätigkeit** nachgeht (vgl. § 98 III Nr. 1 AufenthG). Nach §§ 98 IIa bzw. 98 III Nr. 1 AufenthG handelt ordnungswidrig, wer entgegen § 4 III 1 AufenthG eine selbstständige Tätigkeit ausübt bzw. entgegen § 4 III 2 AufenthG einen Ausländer beauftragt.

8 Das Tatbestandsmerkmal **der beharrlichen Wiederholung** setzt dabei eine besondere Hartnäckigkeit des Täters voraus, welche durch objektive Momente der Zeit sowie subjektive und normative Elemente der Uneinsichtigkeit und Rechtsfeindlichkeit zum Ausdruck gebracht wird (*Fischer* § 238 Rn. 19; SK-StGB/*Wolters,* § 238 Rn. 15). Die Beharrlichkeit zeigt sich durch die besondere Gleichgültigkeit des Täters gegenüber dem gesetzlichen Verbot, was zugleich die Gefahr der erneuten Begehung mit sich bringt (Schönke/Schröder/*Eisele* § 238 Rn. 25). Bereits aus dem Tatbestandsmerkmal der Wiederholung ergibt sich, dass der Täter das Verbot bereits einmal verletzt haben muss. Voraussetzung ist, dass der Täter schon **mindestens einmal vorsätzlich gegen das Verbot verstoßen hat** (BGH 5.7.2011, NJW 2011, 3174, BGHSt 23, 167, 172). Der Verstoß muss sich gegen das tatbestandlich gleiche Verbot richten (Erbs/Kohlhaas/*Ambs* § 11 Rn. 13). Allerdings zeigt sich die Beharrlichkeit nicht in jeder Wiederholung der Tat. Zusätzlich muss eine in der Tatbegehung zum Ausdruck kommende besondere Hartnäckigkeit und eine gesteigerte Gleichgültigkeit des

II. Objektiver Tatbestand §11

Täters gegenüber dem gesetzlichen Verbot, die zugleich die Gefahr weiterer Begehung indiziert, zutage kommen (*Gercke* in: Gercke/Kraft/Richter, § 2, Rn. 325). Eine wiederholte Begehung ist danach zwar immer Voraussetzung, genügt aber für sich allein nicht zur Erfüllung des Tatbestandsmerkmals der Beharrlichkeit (*Lackner/Kühl* § 238 Rn. 3; *Gazeas* JR 2007, 497, anders beim Tatbestandsmerkmal wiederholte Zuwiderhandlung des § 95 I Nr. 7 AufenthG BGH 5.7.2011, NJW 2011, 3174). Vielmehr muss der Täter zuvor durch eine **Ahndung, Abmahnung oder sonstige Reaktion** nachdrücklich auf sein Fehlverhalten hingewiesen worden sein, um den Tatbestand der Beharrlichkeit zu erfüllen (Wabnitz/Janovsky/*Boxleitner* SchwarzArbG § 10 Rn. 35; aA Erbs/Kohlhaas/*Ambs* § 11 Rn. 12). Man kann nicht auf etwas „beharren", wenn man nicht zuvor aufgefordert wurde sein Verhalten zu verändern (Fehn/*Fehn* §§ 10, 11 Rn. 9). Ein abgeschlossenes Bußgeld- oder Strafverfahren ist nicht notwendig (Gercke/Kraft/Richter/*Gercke* § 2 Rn. 325 mwN). Der Beharrlichkeit ist immanent, dass der Täter uneinsichtig auf seinem Standpunkt besteht und zäh an seinem Entschluss festhält, obwohl ihm die entgegenstehenden Interessen des Opfers bekannt sind (BGH 19.11.2009 – 3 StR 244/09, NStZ 2010, 277). Dieses setzt voraus, dass das entsprechende Verbot aus Missachtung oder Gleichgültigkeit immer wieder übertreten wird. Nicht erforderlich ist aber, dass der vorangegangene Verstoß abgeschlossen ist, sondern er kann noch andauern. Die Tat iSd § 11 ist eine sog. „Dauerordnungswidrigkeit" (Erbs/Kohlhaas/*Ambs* § 11 Rn. 12).

In **zeitlicher Hinsicht** muss das Tatbestandsmerkmal eingeschränkt werden. (aA Erbs/Kohlhaas/*Ambs* § 11 Rn. 12), da ansonsten die Verjährungsregelungen und die mit diesen verbundenen Schutzwirkungen unterlaufen würden (MüKoStGB/*Mosbacher* SchwarzArbG § 11 Rn. 6; Gercke/Kraft/Richter/*Gercke* § 2 Rn. 325). Beim Tatbestandsmerkmal der Beharrlichkeit kann beispielsweise ein Verstoß der mehr als 5 Jahre zurückliegt, als Vortat nicht mit einbezogen werden (OLG Köln 20.1.1984 – 3 Ss 873/83, GA 1984, 33). Entscheidend ist die Gesamtwürdigung des Einzelfalls (MüKoStGB/*Mosbacher* SchwarzArbG § 11 Rn. 6). 9

Bleibt offen, ob der Ausländer selbstständig oder unselbstständig tätig war, kommt eine Strafbarkeit im Wege der echten Wahlfeststellung zwischen den beiden Varianten in Betracht (MüKoStGB/*Mosbacher* SchwarzArbG § 11 Rn. 11). Eine solche liegt vor, wenn sich nicht aufklären lässt, welche der beiden Tatbestände verwirklicht wurde, aber feststeht, dass jedenfalls einer von beiden verwirklicht wurde (*Fischer* StGB § 1 Rn. 20ff.). 10

3. Illegale Beschäftigung Minderjähriger (Abs. 1 Nr. 3)

Nach § 11 I Nr. 3 wird die Beschäftigung eines **minderjährigen Nicht-EU-Ausländers** entgegen § 4 III 2 AufenthG von einer bloßen Ordnungswidrigkeit gemäß § 404 II Nr. 3 SGB III zur Straftat erklärt (kritisch dazu: Gercke/Kraft/Richter/*Gercke* § 2 Rn. 328a). Mit § 11 wurde Art. 9 I e der Sanktionsrichtlinie 2009/52/EG vom 18.6.2009 über Mindeststandards für Sanktionen und Maßnahmen gegen Arbeitgeber, die Drittstaatsangehörige ohne rechtmäßigen Aufenthalt beschäftigen (ABl. L 168 vom 30.6.2009), am 22.11.2011 (BGBl. I S. 2258) umgesetzt. 11

III. Grober Eigennutz (Abs. 2)

12 Bei § 11 II handelt es sich um eine Qualifikation der Straftaten des **Arbeitgebers** oder **Auftraggebers** nach § 11 I Nr. 1 und Nr. 2a und c bei **grobem Eigennutz**. Ausgenommen sind hiervon aber die betroffenen Ausländer selbst nach § 11 I Nr. 2b und d. Aus grobem Eigennutz handelt, wer sich bei der Tat in besonders anstößigem Maß vom Streben nach seinem eigenen Vorteil leiten lässt (→ § 10 Rn. 60). Aus dem Tatbestand des § 11 selbst wird klar, dass grober Eigennutz noch nicht bei einer Beschäftigung von mehr als 5 Ausländern oder der beharrlichen Wiederholung der illegalen Ausländerbeschäftigung vorliegen kann, sondern darüber hinaus weitere Anhaltspunkte für einen groben Eigennutz vorliegen müssen (Graf/Jäger/Wittig/*Mosbacher* SchwarzArbG § 11 Rn. 8). Anders als bei § 10 II liegt hier ein **echter Qualifikationstatbestand** vor, dessen Täter bei Tatbestandsmäßigkeit ohne Abwägungsmöglichkeit nach der Qualifikation zu bestrafen ist (MüKoStGB/*Mosbacher* SchwarzArbG § 11 Rn. 12).

IV. Subjektiver Tatbestand

13 Die Strafbarkeit gemäß § 11 setzt **vorsätzliches Handeln** hinsichtlich aller Tatbestandsmerkmale voraus, wobei Eventualvorsatz ausreichend ist und sich der Vorsatz auf alle Tatbestandsmerkmale beziehen muss (Gercke/Kraft/Richter/*Gercke* § 2 Rn. 329; Erbs/Kohlhaas/*Ambs* § 11 Rn. 20). Bei fahrlässigem Handeln kommt aber noch eine Ordnungswidrigkeit nach § 404 II Nr. 3 oder Nr. 4 SGB III und § 98 IIa oder III Nr. 1 AufenthG in Betracht. Insoweit sind die Prüfungspflichten des Auftraggebers nach § 4 III 4 AufentG zu beachten.

14 Wer rechtsirrig glaubt, er beschäftige lediglich 5 ausländische Arbeitnehmer illegal, unterliegt insoweit einem vorsatzausschließenden Tatbestandsirrtum (Ignor/Rixen/*Mosbacher* § 4 Rn. 154; → § 10 Rn. 46). Bei der Beauftragung kommt es auf den Vorsatz zum Zeitpunkt der Beauftragung an (MüKoStGB/*Mosbacher* SchwarzArbG § 11 Rn. 14). Spätere Kenntnis erfüllt nicht den subjektiven Tatbestand, da in diesem Fall nur ein sog. dolus subsequens vorliegt (vgl. *Fischer* StGB § 15 Rn. 4, Schönke/Schröder/*Cramer* § 15 Rn. 49). Etwas anderes gilt bei der Tatbestandsvariante „beschäftigen", da mit Zeitpunkt der Fortsetzung der Tat Vorsatz vorliegt.

V. Täter und Teilnahme

15 Als Täter kommt nur der **Arbeitgeber** in Betracht (→ § 10 Rn. 9). Täter nach § 11 II Nr. 2c ist der Auftraggeber. Bei beiden Merkmalen handelt es sich um persönliche Merkmale im Sinn des § 14 I StGB (MüKoStGB/*Mosbacher* SchwarzArbG § 11 Rn. 15; Erbs/Kohlhaas/*Ambs* § 11 Rn. 18). Täter der Straftat nach § 11 I Nr. 2b und d ist ein Ausländer (→ § 10 Rn. 16). Hierbei handelt es sich um kein besonderes persönliches Merkmal iSd § 28 I StGB (BGH 25.3.1999 – 1 StR 344/98, NStZ 1999, 409). Teilnahme ist sowohl als Anstiftung als auch Beihilfe strafbar. Bei der Beharrlichkeit handelt es sich um

VIII. Konkurrenzen §11

ein besonderes persönliches Merkmal nach § 28 I StGB (Bay ObLG NJW 1985, 1566; *Fischer* StGB § 238 Rn. 20 mwN).

Der Versuch ist nicht strafbar, da es sich bei § 10 um ein Vergehen (§ 12 II **16** StGB) handelt und nicht um ein Verbrechen (→ § 10 Rn. 50).

VI. Rechtsfolgen

§ 11 I sieht eine Freiheitsstrafe von bis zu einem Jahr oder Geldstrafe vor. Ist **17** die Qualifikation nach § 11 II erfüllt, liegt der Strafrahmen bei einer Freiheitsstrafe bis zu drei Jahren oder Geldstrafe. Zu Kostenhaftung nach § 66 IV AufenthG → § 10 Rn. 53. Dem ausländischen Arbeitnehmer kann gemäß § 55 II Nr. 2 AufenthG Ausweisung drohen (s. dazu MüKoStGB/*Mosbacher* SchwarzArbG § 11 Rn. 19). Siehe zu weiteren Rechtsfolgen: → § 10 Rn. 53.

VII. Verjährung:

Gemäß § 78 III Nr. 5 StGB für Delikte nach § 11 I drei Jahre, für Delikte **18** nach § 11 nach § 78 III Nr. 4 StGB fünf Jahre, im Falle einer Geldstrafe allerdings ebenfalls 3 Jahre (*Fischer* StGB § 78 Rn. 6).

VIII. Konkurrenzen

Soweit tatbestandlich mit verwirklicht, treten die §§ 404 II Nr. 3, Nr. 4 SGB **19** III sowie § 98 IIa, III Nr. 1 AufenthG nach § 21 OWiG zurück. (→ § 10 Rn. 62). Zu **§ 266a StGB** (→ Vor § 8 Rn. 8) steht § 11 in Tatmehrheit. Gleiches gilt regelmäßig für **§ 370 AO**. Im Übrigen besteht regelmäßig Tateinheit mit einer Beihilfe zum illegalen Aufenthalt des Ausländers nach **§§ 95 I Nr. 3, 96 AufenthaltsG iVm § 27 StGB** und anderen nach dem AufenthaltsG oder dem AsylVerfG verwirklichten Tatbeständen (Gercke/Kraft/Richter/*Gercke* § 2 Rn. 335).

Abschnitt 4. Ermittlungen

§ 12 Allgemeines zu den Ordnungswidrigkeiten

(1) Verwaltungsbehörden im Sinne des § 36 Abs. 1 Nr. 1 des Gesetzes über Ordnungswidrigkeiten sind
1. in den Fällen des § 8 Abs. 1 Nr. 1 Buchstabe a bis c und Nr. 2 in Verbindung mit Nr. 1 Buchstabe a bis c die Behörden der Zollverwaltung und die zuständigen Leistungsträger jeweils für ihren Geschäftsbereich,
2. in den Fällen des § 8 Abs. 1 Nr. 1 Buchstabe d und e und Nr. 2 in Verbindung mit Nr. 1 Buchstabe d und e die nach Landesrecht zuständige Behörde,
3. in den Fällen des § 8 Abs. 2 die Behörden der Zollverwaltung.

(2) Die Geldbußen fließen in die Kasse der Verwaltungsbehörde, die den Bußgeldbescheid erlassen hat.

(3) ¹Die nach Absatz 2 zuständige Kasse trägt abweichend von § 105 Abs. 2 des Gesetzes über Ordnungswidrigkeiten die notwendigen Auslagen. ²Sie ist auch ersatzpflichtig im Sinne des § 110 Abs. 4 des Gesetzes über Ordnungswidrigkeiten.

(4) Die Behörden der Zollverwaltung unterrichten das Gewerbezentralregister über rechtskräftige Bußgeldbescheide nach § 8 Abs. 2 Nr. 3 Buchstabe a und Nr. 5, sofern die Geldbuße mehr als zweihundert Euro beträgt.

Literatur: Gesetzesentwurf der Bundesregierung: Entwurf eines Gesetzes zur Intensivierung der Bekämpfung der Schwarzarbeit und damit zusammenhängender Steuerhinterziehung, BR-Drs. 155/04 (22.2.2004); Broschüre des Bundesministerium der Finanzen, Monatsbericht des BMF Juni 2008; Broschüre des Bundesministerium der Finanzen, Die Bundeszollverwaltung, Oktober 2009; Broschüre des Bundesministerium der Finanzen, Die Bundeszollverwaltung, April 2012; Ambs, in: Erbs/Kohlhaas, Strafrechtliche Nebengesetze, S 34, Schwarzarbeitsbekämpfungsgesetz, Loseblatt 197. EL 2014; www.zoll.de, Der Zoll > Struktur > Hauptzollämter > Organisation der Zollverwaltung; Fehn, Kommentar zum Gesetz zur Bekämpfung der Schwarzarbeit und illegalen Beschäftigung (Schwarzarbeitsbekämpfungsgesetz – SchwarzArbG), in: Das Deutsche Bundesrecht; Junker/Knigge/Pischel/Reinhart, in: Büchting/Heussen, Beck'sches Rechtsanwalts-Handbuch, 10. Auflage 2011; www.bundesjustizamt.de Gewerbezentralregister > Statistik > GZR-Daten zur Schwarzarbeit 2014 (31.12.2014); Achenbach, in: Achenbach/Ransiek, Handbuch Wirtschaftsstrafrecht, 3. Auflage 2012; Ignor, in: Ignor/Rixen, Handbuch Arbeitsstrafrecht – Die Tatbestände der einschlägigen Gesetze, 1. Auflage 2002; Gürtler, in: Göhler, Ordnungswidrigkeitengesetz, 16. Auflage 2012; Moosmayer, Modethema oder Pflichtenprogramm guter Unternehmensführung? Zehn Thesen zu Compliance, NJW 2012, 3013; Kiethe, Vermeidung der Haftung von geschäftsführenden Organen durch Corporate Compliance, GmbHR 2007, 393; Uwe H. Schneider/Sven H. Schneider/Hohenstatt in: Scholz, GmbHG, Band II, 11. Auflage 2012–2013; Zöllner/Noack, in: Baumbach/Hueck, GmbHG, 20. Auflage 2013; Leipold/Beukelmann Compliance im Strafrecht – auch für KMU und Mittelstand, NJW-Spezial 2009, 24; Hauschka, Corporate Compliance: Handbuch der Haftungsvermeidung im Unternehmen, 2. Auflage 2010

II. Gesetzesmaterialien   § 12

Rechtsprechung: BayObLG GewA 1996, 69; LG München I, 10.12.2013 – 5 HK O 1387/10 = ZIP 2014, 570; DB 2014, 766; BGH NStZ-RR 2004, 214

Inhaltsübersicht

	Rn.
I. Allgemeines	1
II. Gesetzesmaterialien	3
III. Ordnungswidrigkeitenbehörde (Abs. 1)	4
1. Behörden der Zollverwaltung	8
2. Leistungsträger	13
3. Nach Landesrecht zuständigen Behörde	14
IV. Bußgelderhebungskompetenz (Abs. 2)	15
V. Auslagentragung (Abs. 3)	16
VI. Gewerbezentralregister (Abs. 4)	18
VII. Exkurs zur Zurechnung unternehmensbezogenen Handelns und Compliance	23

I. Allgemeines

§ 12 bestimmt iSd § 36 I Nr. 1 OWiG die sachliche Zuständigkeit der **1** Verwaltungsbehörde, die nach § 35 OWiG sowohl für die Verfolgung als auch die Ahndung der Ordnungswidrigkeiten des § 8 zuständig sind. Die örtliche Zuständigkeit richtet sich gemäß § 37 OWiG danach, in welchem Behördenbezirk die Ordnungswidrigkeit begangen oder entdeckt worden ist, der Betroffene zur Zeit der Einleitung des Bußgeldverfahrens seinen Wohnsitz oder – sofern der Betroffene im räumlichen Geltungsbereich des Gesetzes keinen Wohnsitz hat – seinen gewöhnlichen Aufenthaltsort hat. Die örtliche Zuständigkeit für die Verfolgung von auf Schiffen oder in Luftfahrzeugen begangenen Ordnungswidrigkeiten richtet sich nach § 37 IV OWiG.

Darüber hinaus enthält § 12 abweichende Regelungen zur Kostentragungs- **2** pflicht und die Ermächtigung zur Weitergabe von Daten an das Gewerbezentralregister.

II. Gesetzesmaterialien

Die Begründung im Regierungsentwurf (BR-Drs. 155/04, 68 f.) führt zu **3** § 12 aus:

Zu Abs. 1:
Die Verfolgungszuständigkeiten nach dem Stand des Dritten Gesetzes für moderne Dienstleistungen am Arbeitsmarkt und dem neuen Recht werden in der folgenden Tabelle dargestellt:

§ 12 Allgemeines zu den Ordnungswidrigkeiten

neue Vorschrift	bisherige Vorschrift	Zuständigkeit bisher	Zuständigkeit neu
§ 8 Abs. 1 Nr. 1a, b, c	§ 1 Abs. 1 SchwArbG	Zoll und zuständiger Leistungsträger	Zoll, zuständiger Leistungsträger und nach Landesrecht für Ordnungswidrigkeiten nach Handwerks- und Gewerbeordnung zuständige Behörde
§ 8 Abs. 1 Nr. 2	§ 2 Abs. 1 SchwArbG	Zoll und zuständiger Leistungsträger	Zoll, zuständiger Leistungsträger und nach Landesrecht für Ordnungswidrigkeiten nach Handwerks- und Gewerbeordnung zuständige Behörde
§ 8 Abs. 2 Nr. 1 a	§ 404 Abs. 2 Nr. 17 SGB III	Zoll	Zoll
§ 8 Abs. 2 Nr. 1 b	Ohne	ohne	Zoll
§ 8 Abs. 2 Nr. 2	§ 404 Abs. 2 Nr. 18 SGB III	Zoll	Zoll

Zu Abs. 2:
Regelung entspricht § 405 Abs. 2 SGB III, § 112 Abs. 3 S. 1 SGB IV und § 6 Abs. 2 des Gesetzes zur Bekämpfung der Schwarzarbeit in der bisherigen Fassung.

Zu Abs. 3:
Regelung entspricht § 405 Abs. 3 SGB III und § 112 Abs. 3 S. 2 SGB IV.

Zu Abs. 4:
Regelung ist aus § 405 Abs. 5 SGB III entnommen.

III. Ordnungswidrigkeitenbehörde (Abs. 1)

4 In den Fällen der Verletzung von Mitteilungspflichten nach § 8 I Nr. 1 a–c sowie der Beauftragung iSd § 8 I Nr. 2 iVm Nr. 1 a–c von Personen, die gegen die vorgenannten Vorschriften verstoßen, sind die Behörden der Zollverwaltung und die zuständigen Leistungsträger für ihren Geschäftsbereich die zuständigen Ordnungswidrigkeitsbehörden. Bei der Verletzung von Eintragungs- bzw. Anzeigepflichten des § 8 I Nr. 1 e und d sowie der Beauftragung iSd § 8 I Nr. 2 iVm Nr. 1 d und e von Personen, die gegen die vorge-

III. Ordnungswidrigkeitenbehörde (Abs. 1) **§ 12**

nannten Vorschriften verstoßen, sind dies die nach Landesrecht für Ordnungswidrigkeiten nach der Handwerks- bzw. Gewerbeordnung zuständigen Behörden. Für Verstöße gegen die Mitwirkungspflichten nach § 8 II sind ausschließlich die Behörden der Zollverwaltung zuständig (vgl. BR-Drs. 155/04, 68f.).

Zu beachten ist, dass in bestimmten Fällen abweichend die Staatsanwalt- 5
schaft für die Verfolgung zuständig sein kann (vgl. §§ 21, 40–44 OWiG). So ist die Verwaltungsbehörde nach § 41 I OWiG verpflichtet, die Sache an die Staatsanwaltschaft abzugeben, wenn Anhaltspunkte dafür vorliegen, dass die Tat eine Straftat darstellt. Diese ist sodann bei Strafverfahren nach § 40 OWiG auch für die Verfolgung der Tat unter dem rechtlichen Gesichtspunkt einer Ordnungswidrigkeit zuständig. Sieht die Staatsanwaltschaft davon ab, ein Strafverfahren einzuleiten oder stellt sie das Verfahren nur hinsichtlich der Straftat ein, während der Verdacht einer Ordnungswidrigkeit fortbesteht, gibt sie die Sache nach § 41 II OWiG bzw. § 43 I OWiG an die Verwaltungsbehörde zurück.

Auch kann die Staatsanwaltschaft bis zum Erlass des Bußgeldbescheides die 6
Verfolgung der Ordnungswidrigkeit übernehmen, wenn sie eine Straftat verfolgt, die mit der Ordnungswidrigkeit zusammenhängt und dies zur Beschleunigung des Verfahrens oder wegen des Sachzusammenhangs für die Ermittlungen oder Entscheidung sachdienlich erscheint (vgl. § 42 OWiG). Übernimmt die Staatsanwaltschaft die Verfolgung nicht, hat sie die Sache an die Verwaltungsbehörde abzugeben, wenn Anhaltspunkte dafür vorliegen, dass die Tat als Ordnungswidrigkeit verfolgt werden kann (§ 43 I OWiG).

Die Verwaltungsbehörde ist an die Entschließung der Staatsanwaltschaft, ob 7
eine Tat als Straftat verfolgt wird oder nicht, nach § 44 OWiG gebunden.

1. Behörden der Zollverwaltung

§ 12 benennt die Behörden der Zollverwaltung als Ganzes, ohne die Zu- 8
ständigkeit einer bestimmten Verwaltungsstufe anzuordnen. Im Jahr 2008 wurden im Zuge einer Neustrukturierung der Mittel- und Ortsbehörden die Zuständigkeiten in den Kernbereichen der Zollverwaltung prozessorientiert ausgerichtet (Monatsbericht des BMF, Juni 2008, S. 77). Mit der Errichtung von Bundesfinanzdirektionen (BFD) als neue Mittelbehörden der Bundesfinanzverwaltung mit Sitz in Hamburg, Potsdam, Köln, Neustadt an der Weinstraße und Nürnberg (vgl. § 8 Finanzverwaltungsgesetz (FVG)) zog sich der Bund aus den Oberfinanzdirektionen (OFD) zurück und die OFD Cottbus, Hamburg, Köln und Nürnberg mit ihren Zoll- und Verbrauchsteuerabteilungen und der Abteilung Finanzkontrolle Schwarzarbeit sowie die Zoll- und Verbrauchsteuerabteilungen bei den OFD Chemnitz, Hannover, Karlsruhe und Koblenz wurden aufgelöst (Monatsbericht des BMF, Juni 2008, S. 79; Broschüre des BMF: Die Bundeszollverwaltung, Oktober 2009, S. 23).

Das Bundesministerium der Finanzen (BMF) kann den BFD zur Gewähr- 9
leistung einer bundeseinheitlichen Rechtsanwendung und -auslegung Aufgaben zur bundesweiten Bearbeitung zuweisen, mit der Folge, dass Rechtsgebiete mit den entsprechenden Fachprozessen in sog. Fachpaketen

§ 12 Allgemeines zu den Ordnungswidrigkeiten

zusammengefasst wurden. In diesen Fachpaketen werden die strategischen Vorgaben des BMF fachlich umgesetzt und Standards für die Aufgabenerledigung der örtlichen Behörden entwickelt. Für das Fachpaket Bekämpfung von Schwarzarbeit und illegaler Beschäftigung ist die BFD West in Köln zuständig, die für dieses Fachpaket damit gegenüber den übrigen BFD eine unmittelbare und ausschließlich horizontal wahrzunehmende Weisungsbefugnis hat (Monatsbericht des BMF, Juni 2008, S. 80; Broschüre des BMF: Die Bundeszollverwaltung, Oktober 2009, S. 26). Die BFD setzen diese Weisungen sodann im Wege der Rechts- und Fachaufsicht gegenüber ihren nachgeordneten Behörden um. Eine direkte bezirksübergreifende Weisungsbefugnis der BFD gegenüber den Ortsbehörden besteht nur in Einzelfällen, in denen operative Aufgaben zentral koordiniert und durchgeführt werden müssen (Monatsbericht des BMF, Juni 2008, S. 80; ausführliche Darstellung im Monatsbericht des BMF, Juni 2008, S. 75 ff; Broschüre des BMF: Die Bundeszollverwaltung, Oktober 2009, S. 23 ff.; Broschüre des BMF: Die Bundeszollverwaltung, April 2012, S. 23 ff.).

10 Als örtliche Bundesbehörden sind die Hauptzollämter (HZA) gemäß § 12 II FVG sodann für die Bekämpfung der Schwarzarbeit und der illegalen Beschäftigung und der ihnen sonst übertragenen Aufgaben zuständig und damit neben der BFD West Verwaltungsbehörden in Ordnungswidrigkeiten- bzw. Bußgeldverfahren isd §§ 35, 36 I Nr. 1 OWiG. Innerhalb der HZA ist die FKS für die Prüfung und Ermittlung von Verstößen gegen das Schwarzarbeitsbekämpfungsgesetz, das Ausländer-/Gewerberecht und Steuergesetze (Sachgebiet E) zuständig, die dann vom Sachgebiet F entsprechend geahndet werden. Die Abteilung FKS bei der BFD West, die Sachgebiete E und F der HZA sowie die jeweiligen FKS-Standorte sind keine eigenständigen Behörden und demnach auch keine Verwaltungsbehörden iSd § 36 I Nr. 1 OWiG (Erbs/Kohlhaas/*Ambs* § 12 Rn. 1). Dies bedeutet auch, dass sich die örtliche Gerichtszuständigkeit für Bußgeldverfahren ausschließlich nach dem Sitz des HZA richtet, dessen Sachgebiet F den Bußgeldbescheid erlassen hat. So entscheidet bei einem Einspruch gegen den Bußgeldbescheid das Amtsgericht, in dessen Bezirk das HZA seinen Sitz hat (§ 68 I 1 OWiG).

11 Insgesamt sind 41 HZA mit 113 FKS-Standorten für die Verfolgung und Ahndung von Ordnungswidrigkeiten zuständig (hinsichtlich der Zuständigkeit vgl. auch Hauptzollamtszuständigkeitsverordnung – HZAZustV; www.zoll.de):

BFD Nord (Hamburg): HZA Bremen, HZA Hamburg-Stadt, HZA Itzehoe, HZA Kiel, HZA Oldenburg, HZA Stralsund

BFD Mitte (Potsdam): HZA Berlin, HZA Bielefeld, HZA Braunschweig, HZA Dresden, HZA Frankfurt (Oder), HZA Hannover, HZA Magdeburg, HZA Osnabrück, HZA Potsdam

BFD West (Köln): HZA Aachen, HZA Dortmund, HZA Duisburg, HZA Düsseldorf, HZA Frankfurt am Main, HZA Gießen, HZA Köln, HZA Krefeld, HZA Münster

BFD Südwest (Neustadt a.d. Weinstraße): HZA Darmstadt, HZA Heilbronn, HZA Karlsruhe, HZA Koblenz, HZA Lörrach, HZA Saarbrücken, HZA Singen, HZA Stuttgart, HZA Ulm

V. Auslagentragung (Abs. 3) **§ 12**

BFD Südost (Nürnberg): HZA Augsburg, HZA Erfurt, HZA Landshut, HZA München, HZA Nürnberg, HZA Regensburg, HZA Rosenheim, HZA Schweinfurt

Die HZA sind auch in weiteren Fällen für die Verfolgung und Ahndung von Ordnungswidrigkeiten zuständig, so zB nach § 405 I SGB III, § 112 I Nr. 3 SGB IV, § 16 III AÜG, § 23 IV AEntG iVm § 16 AEntG. 12

2. Leistungsträger

Bei den zuständigen Leistungsträgern handelt es sich um die Leistungsträger nach dem SGB bzw. dem AsylbLG für ihren jeweiligen Geschäftsbereich (zB Bundesagentur). 13

3. Nach Landesrecht zuständigen Behörde

Verfolgung- und Ahndungsbehörde für Verstöße gegen § 8 I Nr. 1 d und e und § 8 I Nr. 2 iVm I Nr. 1 d und e sind die nach Landesrecht für die Verfolgung der Bußgeldtatbestände nach der HwO und GewO zuständigen Behörden (→ § 2 Rn. 41, 43). 14

IV. Bußgelderhebungskompetenz (Abs. 2)

Die Erhebungskompetenz knüpft an die Qualifikation als zuständige Verwaltungsbehörde nach § 12 I an. Das von den Zollbehörden als Ahndungsbehörden verhängte Bußgeld fließt damit den Kassen der Zollverwaltung und demnach dem Bund zu; die Bußgelder der weiterhin genannten Ahndungsbehörden den Kassen der Leistungsträger (Bundeskasse, Landeskassen oder den kommunalen Kassen der Städte und Kreise; *Fehn* S. 145). 15

V. Auslagentragung (Abs. 3)

Nach dem in § 105 II OWiG kodifizierten Grundsatz werden die notwendigen Auslagen, die nach § 105 I OWiG iVm §§ 465 II, 467 a I, II, 470, 472 b StPO von der Staatskasse zu tragen sind, grundsätzlich der Bundeskasse auferlegt, wenn eine Verwaltungsbehörde des Bundes das Verfahren durchführt, sonst der Landeskasse, also dem jeweiligen Rechtsträger, soweit im Gesetz nicht anderes bestimmt ist. Abs. 3 weist in Abweichung zu § 105 II OWiG die Kostentragung der Erlassbehörde zu. Unter die notwendigen Auslagen fallen nach § 464 a StPO zB Auslagen für verteidigungsbedingte Zeitversäumnisse wie Verdienstausfall nach dem Justizvergütungs- und Entschädigungsgesetz (JVEG), gesetzliche Gebühren und Auslagen eines vom Betroffenen oder Nebenbeteiligten beigezogenen Rechtsanwalts (inkl. Kosten für Kopien der Bußgeldakte, Fahrtkosten des Betroffenen zum Verteidiger oder der Behörde), und weitere Aufwendungen, die für den Betroffenen zur entsprechenden Verteidigung erforderlich waren (Erbs/Kohlhaas/*Ambs* § 12 Rn. 3; *Fehn* S. 145). 16

In Abweichung zu § 110 IV OWiG gilt die Kostentragungspflicht der Erlassbehörde auch für ersatzpflichtige Vermögensschäden, die durch eine Ver- 17 folgungsmaßnahme im Bußgeldverfahren rechtswidrig verursacht wurden (§ 15 StrEG ivm §§ 7, 8 StrEG; Erbs/Kohlhaas/*Ambs* § 12 Rn. 3; *Fehn* S. 146).

VI. Gewerbezentralregister (Abs. 4)

18 Die Mitteilung über rechtskräftige Bußgeldbescheide stellt einen Eingriff in das Steuergeheimnis und den Sozialdatenschutz dar. Diese Vorschrift dient daher der Ermächtigung und Klarstellung, dass das Steuergeheimnis (vgl. § 30 IV Nr. 2 AO) und der Sozialdatenschutz (vgl. § 71 I 1 Nr. 7 SGB X) die nach GewO vorgesehene Übermittlung von Daten über bestimmte rechtskräftige Bußgeldentscheidungen an das Gewerbezentralregister zulassen (Erbs/Kohlhaas/*Ambs* § 12 Rn. 4; *Fehn* S. 146). So ist lediglich die Mitteilung von Bußgeldentscheidungen im Zusammenhang mit dem Prüfungs- oder Betretensrecht (§ 8 II Nr. 3 a)) sowie der unterlassenen, unrichtigen, unvollständigen oder nicht rechtzeitigen Datenübermittlung (§ 8 II Nr. 5) zulässig.

19 Darüber hinaus werden entsprechend § 149 II Nr. 3 GewO lediglich Bußgelder von über 200 EUR in das gemäß § 149 GewO vom Bundesamt für Justiz in Bonn geführte Gewerbezentralregister (GZR) – unterteilt nach juristischen und natürlichen Personen – eingetragen. In das GZR werden zum einen Verwaltungsentscheidungen über die Ablehnung eines Gewerbes oder die Rücknahme einer Zulassung zu einem Gewerbe wegen Unzuverlässigkeit und Ungeeignetheit und entsprechende Verzichte auf die Zulassung eingetragen. Zum anderen erfolgt eine Eintragung bestimmter strafrechtlicher Verurteilungen sowie rechtskräftiger Bußgeldentscheidungen, die im Zusammenhang mit der Ausübung eines Gewerbes und/oder aufgrund einer während der Tätigkeit in einem Gewerbe begangenen Ordnungswidrigkeit eines Vertreters oder Beauftragten im Sinne des § 9 OWiG oder von einer in einer Rechtsvorschrift ausdrücklich benannten verantwortlichen Person ergangen sein können. Der erforderliche Zusammenhang mit der Gewerbetätigkeit ist immer dann gegeben, wenn diese Tätigkeit dazu dient, die Ordnungswidrigkeit vorzubereiten, unmittelbar zu fördern, sie anschließend auszunutzen oder zu verdecken (BayObLG GewA 1996, 69 (70); Büchting/Heussen/*Junker/Knigge/Pischel/Reinhart* BeckRAHdB § 48 Rn. 69).

20 Sind in einer Bußgeldentscheidung mehrere Geldbußen festgesetzt, von denen nur ein Teil einzutragen ist, so werden nach § 151 III GewO nur diese eingetragen. Des Weiteren werden gemäß § 149 II Nr. 4 GewO ua rechtskräftige strafgerichtliche Verurteilungen wegen einer Straftat nach den §§ 10, 11 SchwarzArbG, §§ 15, 15a AÜG und § 266a I, II, IV StGB, die bei oder im Zusammenhang mit der Ausübung eines Gewerbes begangen worden sind, eingetragen, wenn auf Freiheitsstrafe von mehr als drei Monaten oder Geldstrafe von mehr als 90 Tagessätzen erkannt worden ist.

21 Mit seiner zuletzt veröffentlichten Übersicht „GZR-Daten zur Schwarzarbeit 2014" hat das Gewerbezentralregister alle erfassten Eintragungen über juristische und natürliche Personen wegen Ordnungswidrigkeiten und Straftaten im Bereich der Schwarzarbeit vorgelegt (www.bundesjustizamt.de). Hiernach wurden bei den natürlichen Personen über alle Gewerbezweige hinweg insgesamt 29884 Bußgeldentscheidungen für das Jahr 2014 erfasst. Die festgelegten

VII. Zurechnung unternehmensbez. Handelns u. Compliance **§ 12**

Bußgelder betrugen zwischen 200 EUR bis über 50.000 EUR, wobei rund 98,3 % der Bußgelder zwischen 200 EUR und 5.000 EUR lagen. Hinzu kamen 2641 neue Eintragungen wegen strafrechtlicher Verurteilungen, von denen rund 98,7 % auf Verurteilungen nach § 266 a StGB entfielen.

Bei den juristischen Personen wurden für das Jahr 2014 über alle Gewerbe- 22 zweige hinweg insgesamt 3243 Bußgeldentscheidungen zwischen 200 EUR bis über 50.000 EUR erfasst. Rund 76,8 % der verhängten Bußgelder lagen dabei zwischen 200 EUR und 5.000 EUR. Bei der jeweiligen Auswertung ist zu berücksichtigen, dass in den Fällen, in denen in einer Mitteilung mehrere entsprechende Vorschriften aufgeführt wurden, eine Mehrfachzählung erfolgte.

VII. Exkurs zur Zurechnung unternehmensbezogenen Handelns und Compliance

Insbesondere im Wirtschaftsstrafrecht existieren zahlreiche Sonderdelikte 23 (zB § 266 a StGB → Vor § 8 Rn. 8 ff., der sich an den Arbeitgeber richtet). Sofern es sich bei dem Täter um einen Personenverband handelt, dh eine juristische Person, eine als sonstige Personenvereinigung organisierte Mehrheit von natürlichen Personen oder eine Mischung aus beidem, handelt dieser naturgemäß nicht selbst, sondern die für ihn handelnden natürlichen Personen. Dies führt bei Sonderdelikten uU zu einem Auseinanderfallen von persönlichem Handeln und der angestrebten Sanktionierung des Unternehmens, da die handelnden Personen häufig nicht Träger der gesetzlich vorausgesetzten Rolle sind (Achenbach/Ransiek/*Achenbach* 3. Kap. Rn. 4 f.). Zur Vermeidung von Haftungslücken besteht daher die Möglichkeit der Zurechnung besonderer persönlicher Merkmale nach § 14 StGB bzw. § 9 OWiG, so dass bestimmte Sonderrollen (zB als „Arbeitgeber") von dem Unternehmensträger als sonderpflichtigem Subjekt auf die handelnde Leitungsperson ausgeweitet werden können (Achenbach/Ransiek/*Achenbach* 1. Kap. Rn. 4, 3. Kap. Rn. 6; Ignor/Rixen/*Ignor* Rn. 929). Durch diese Ausweitung werden die Leitungspersonen selbst Täter der jeweiligen Straftat oder Ordnungswidrigkeit, wodurch wiederum die Möglichkeit besteht, eine Unternehmensgeldbuße iSd § 30 OWiG, die eine entsprechende Anknüpfungstat voraussetzt, zu verhängen (Achenbach/Ransiek/*Achenbach* 3. Kap. Rn. 6).

Die Unternehmensgeldbuße nach § 30 OWiG stellt eine Besonderheit 24 dar, die nicht nur an Ordnungswidrigkeiten, sondern auch an Straftaten anknüpft (Achenbach/Ransiek/*Achenbach* 1. Kap. Rn. 2). Die Festsetzung einer solchen Unternehmensgeldbuße gegen eine juristische Person, rechtsfähige Personengesellschaft, Gesellschaft bürgerlichen Rechts (Außen-GbR) oder einen nicht-rechtsfähigen Verein setzt voraus, dass eine natürliche Person in einer Leitungsfunktion eine Straf- oder Ordnungswidrigkeit begangen hat, die bestimmten Anforderungen genügt (Achenbach/Ransiek/*Achenbach* 2. Kap. Rn. 1, 3 ff.). So muss eine Leitungsperson iSd § 30 I OWiG für das Unternehmen eine diesem zurechenbare, rechtswidrige und vorwerfbare Anknüpfungstat begangen haben, die betriebsbezogene Pflichten des Personenverbands verletzt oder diesen bereichert hat (Achenbach/Ransiek/*Achen-*

bach 2. Kap. Rn. 1, 6, 8; Ignor/Rixen/*Ignor* § 6 Rn. 945). Betriebsbezogene Pflichten sind gemäß § 30 I OWiG solche, die die juristische Person oder die Personenvereinigung treffen, dh Pflichten, die aus dem besonderen Wirkungskreis des Verbands resultieren. Hierzu zählt auch die von § 130 OWiG vorausgesetzte Aufsichtspflicht (Achenbach/Ransiek/*Achenbach* 2. Kap. Rn. 7; Ignor/Rixen/*Ignor* § 6 Rn. 946).

25 Der Bußgeldtatbestand des § 130 OWiG wiederum knüpft an die Aufsichtspflichtverletzung des Betriebsinhabers bzw. der Organe eines Unternehmens an und wird als subsidiär oder echter Auffangtatbestand für den Fall angesehen, dass die Beteiligung einer Leitungsperson an der Tat eines Mitarbeiters nicht beweisbar ist (Achenbach/Ransiek/*Achenbach* 3. Kap. Rn. 41; Ignor/Rixen/ *Ignor* Rn. 948). Tathandlung ist das Unterlassen von Aufsichtsmaßnahmen, die erforderlich sind, Zuwiderhandlungen gegen Pflichten des Betriebsinhabers, die mit Strafe oder Bußgeld bedroht sind, zu verhindern (Achenbach/Ransiek/*Achenbach* 3. Kap. Rn. 43). Zu den Pflichten des Betriebsinhabers zählen nicht nur die Pflichten, die den Inhaber als solchen treffen, sondern auch alle Jedermannspflichten, die im Zusammenhang mit der Führung des Betriebs stehen (Achenbach/Ransiek/*Achenbach* 3. Kap. Rn. 44; Göhler/*Gürtler* § 130 Rn. 18; Ignor/Rixen/*Ignor* § 6 Rn. 953). Zu den erforderlichen Aufsichtsmaßnahmen gehören gemäß § 130 I 2 OWiG insb. die Bestellung, sorgfältige Auswahl und Überwachung von Aufsichtspersonen. Welche Aufsichtsmaßnahmen im Übrigen ergriffen werden müssen, bleibt im Gesetz offen. Im Wesentlichen ist jedoch eine klare und lückenlose Zuständigkeitsverteilung erforderlich, die dazu geeignet ist, betriebliche und betriebstypische Zuwiderhandlungen zu verhindern oder wesentlich zu erschweren (Achenbach/Ransiek/*Achenbach* 3. Kap. Rn. 50, 54, 58). Des Weiteren bestehen neben den Organisationspflichten noch Leitungs-, Koordinierungs- und Kontrollpflichten, (vgl. Ignor/ Rixen/*Ignor* § 6 Rn. 956; ausführlich zu Sanktionen gegen Unternehmen und Zurechnung unternehmensbezogenen Handelns in Achenbach/Ransiek/ *Achenbach* 1. Kap. ff.; Ignor/Rixen/*Ignor* § 6 Rn. 929 ff.).

26 Die Verpflichtung des Unternehmensinhabers nach § 130 I OWiG, den Betrieb so zu organisieren und seine Mitarbeiter zu beaufsichtigen, dass pflichtwidriges Verhalten verhindert wird, kann iVm §§ 9, 30 I OWiG auch als rechtliche Grundlage für die Unterhaltung eines Compliance-Management-Systems angesehen werden, dessen Erfordernis sich auch aus weiteren Normen ergibt, die insbesondere in den Anfängen der Compliance als gesetzlicher Ursprung von Compliance herangezogen wurden (*Moosmayer* NJW 2012, 3013 (3017)). So trifft Aktiengesellschaften die Legalitätspflicht, dh, gesetzeskonformes Verhalten der Gesellschaft gegenüber Mitarbeitern und Dritten sicherzustellen, was wiederum eine ordnungsgemäße Unternehmensorganisation voraussetzt (Büchting/Heussen/*Junker/Knigge/Pischel/Reinhart* BeckRAHdB § 48 Rn. 3). Nach der herrschenden Meinung besteht damit auch eine rechtliche Verpflichtung des Vorstands, ein präventiv wirkendes und haftungsminimierendes Compliance-Management-System zu unterhalten (LG München I, 10.12.2013 – 5 HK O 1387/10 = ZIP 2014, 570; DB 2014, 766; anhängig beim OLG München – 7 U 113/14).

27 Die Anforderungen an ein Compliance-Management-System können mittelbar aus §§ 90, 91 II, 161 AktG abgeleitet werden (Büchting/Heussen/*Jun-*

VII. Zurechnung unternehmensbez. Handelns u. Compliance   § 12

ker/Knigge/Pischel/Reinhart BeckRAHdB § 48 Rn. 24 ff.). Im Jahr 1998 wurde durch das Gesetz zur Kontrolle und Transparenz im Unternehmensbereich (KonTraG; BGBl. I S. 786 (794)) § 91 II AktG eingefügt, aus dem sich die – wenn auch nur gesellschaftsrechtliche – Verpflichtung des Vorstands ergibt, ein Risikofrüherkennungssystem einzurichten, das gemäß § 317 IV HGB zudem Gegenstand der Abschlussprüfung ist. Des Weiteren hat über die Entsprechenserklärung des § 161 AktG der Deutschen Corporate Governance Kodex (DCGK) eine gesetzliche Grundlage erhalten, der ausweislich seiner Präambel für deutsche börsennotierte Gesellschaften Anwendung findet und national wie international anerkannte Standards guter und verantwortungsvoller Unternehmensführung enthält (Stand: 13.5.2013; www.corporate-governance-code.de). Ausdrückliche Erwähnung findet die Compliance in der Nr. 4.1.3 des DCGK, nach der der Vorstand für die Einhaltung der gesetzlichen Bestimmungen und der unternehmensinternen Richtlinien zu sorgen und auf deren Beachtung durch die Konzernunternehmen hinzuwirken hat (Compliance). Compliance im gesellschaftsrechtlichen Sinn („Corporate Compliance") wird auch umschrieben als „eine präventiv wirkende und das Risiko der Haftung des Unternehmens bzw. der Unternehmensleitung minimierende Unternehmensorganisation" (*Kiethe* GmbHR 2007, 393).

So trifft auch den Geschäftsführer einer GmbH grundsätzlich die Pflicht zur **28** ordnungsgemäßen Unternehmensorganisation, um ein gesetzeskonformes Verhalten der Gesellschaft und ihrer Mitarbeiter sicherzustellen (*Büchting/Heussen/Junker/Knigge/Pischel/Reinhart* BeckRAHdB § 48 Rn. 2; *Scholz/Uwe H. Schneider/Sven H. Schneider/Hohenstatt* GmbHG § 43 Rn. 358; *Baumbach/Hueck/Zöllner/Noack* GmbHG § 35 Rn. 68a, § 43 Rn. 17). Doch nicht nur Aktiengesellschaften und GmbHs sollten über eine geeignete Compliance-Organisation verfügen. Aufgrund der zahlreichen persönlichen wie wirtschaftlichen Haftungsrisiken für Unternehmen und Organe sollte vielmehr das Management eines jeden Unternehmens im eigenen Interesse geeignete Aufsichtsmaßnahmen treffen, mit der Folge, dass faktisch auch kleine und mittelständische Unternehmen ein wirksames Compliance-Management-System unterhalten sollten (*Leipold/Beukelmann* NJW-Spezial 2009, 24). So hat auch der BGH im Zusammenhang mit dem Bruttoprinzip beim Verfall und dem damit primär verfolgten Präventionszweck ausgeführt, dass es wirtschaftlicher sei, wirksame Kontrollmechanismen zur Verhinderung von Straftaten einzurichten (BGH NStZ-RR 2004, 214).

Hinzu kommen zahlreiche spezialgesetzliche Normen und Gesetze, die **29** Pflichten des Unternehmers zur Sicherstellung eines regelkonformen Unternehmensbetriebs enthalten (zB §§ 331 ff. StGB, § 1 GWB, ArbSchG) und damit Ausprägungen des Compliance-Gedankens darstellen.

Je nach Unternehmensform und -größe, Branchenzugehörigkeit und Um- **30** fang der internationalen Tätigkeit werden die Anforderungen an die Compliance-Organisation sowie deren Ausgestaltung unterschiedlich zu beurteilen sein (*Büchting/Heussen/Junker/Knigge/Pischel/Reinhart* BeckRAHdB § 48 Rn. 36). Wesentliche Grundlage für den Aufbau einer wirksamen Compliance-Organisation ist zunächst die Identifikation und Bewertung bestehender Risiken, bei denen neben den typischen insbesondere auch die branchenspezifischen Risikofelder eine zentrale Rolle spielen. Die Compliance-Organisation

§ 13 Zusammenarbeit in Bußgeldverfahren

sollte sodann in der Regel dreistufig aufgebaut sein: Information und Klarstellung, Zuordnung von Verantwortung, gefolgt von Kontrolle und Disziplinierung (vgl. *Hauschka*, Corporate Compliance, § 27 C V.; *Leipold/Beukelmann* NJW-Spezial 2009, 24). Entsprechend der einschlägigen Literatur können die folgenden Elemente zu einer Compliance-Organisation gehören (Büchting/Heussen/*Junker/Knigge/Pischel/Reinhart* BeckHdB § 48, Rn. 35 mwN; vgl. a. Anforderungen des JDW PS 980):
– Speziell auf das Unternehmen ausgerichteter Compliance Standard mit dem Bekenntnis zur Rechtstreue sowie ggf. selbst auferlegter Verpflichtungen (Code of Conduct etc.);
– Erstellung unternehmensinterner Richtlinien zur Förderung des regelkonformen Verhaltens;
– turnusmäßige Schulung der Mitarbeiter im Hinblick auf die entsprechenden Regelwerke sowie die einschlägigen gesetzlichen Bestimmungen;
– Bestellung von Compliance Beauftragten (zB Stabstelle Compliance, Chefsyndikus, Leiter der Revision)
– „Whistleblower Hotline", um Mitarbeitern, Geschäftspartnern und/oder Kunden die vertrauliche Meldung erfolgter oder drohender Rechtsverstöße zu ermöglichen;
– Überwachung der Einhaltung des Compliance-Systems sowie regelmäßiges Compliance-Reporting.

31 Um sicherzustellen, dass dem Compliance-Management-System faktisch eine präventive Wirkung zukommt, die sich einem Krisenfall strafmildernd auswirken kann, muss Compliance im Unternehmen auch tatsächlich „gelebt" werden. Hierzu bedarf es ua einer entsprechenden Überwachung, im Rahmen derer Verdachtsmomenten bezüglich etwaiger Verstöße nachgegangen, festgestellte Verstöße nachhaltig abgestellt und durch geeignete Maßnahmen sanktioniert werden. Geeignete Sanktionsmittel können va arbeitsrechtliche Maßnahmen, die Geltendmachung von Schadensersatzansprüchen und Initiierung von Straf- und Ordnungswidrigkeitsverfahren sein (Büchting/Heussen/*Junker/Knigge/Pischel/Reinhart* BeckRAHdB § 48 Rn. 38–41 mwN).

§ 13 Zusammenarbeit in Bußgeldverfahren

(1) Die Behörden der Zollverwaltung arbeiten insbesondere mit den in § 2 Abs. 2 genannten unterstützenden Stellen zusammen.

(2) ¹Ergeben sich für die in § 2 Abs. 2 Nr. 2 bis 11 genannten unterstützenden Stellen im Zusammenhang mit der Erfüllung ihrer gesetzlichen Aufgaben Anhaltspunkte für in § 8 genannte Verstöße, unterrichten sie die für die Verfolgung und Ahndung von Ordnungswidrigkeiten nach diesem Gesetz zuständigen Behörden. ²§ 31a der Abgabenordnung bleibt unberührt.

(3) ¹Gerichte und Staatsanwaltschaften sollen den nach diesem Gesetz zuständigen Stellen Erkenntnisse übermitteln, die aus ihrer Sicht zur Verfolgung von Ordnungswidrigkeiten nach § 8 erforderlich sind, soweit nicht für das Gericht oder die Staatsanwaltschaft erkennbar ist, dass schutzwürdige Interessen des Betroffenen oder anderer Verfah-

rensbeteiligter an dem Ausschluss der Übermittlung überwiegen. ²Dabei ist zu berücksichtigen, wie gesichert die zu übermittelnden Erkenntnisse sind.

Literatur: *Brüssow/Petri,* Arbeitsstrafrecht, 2. Aufl. 2015; Fehn, Die Novellierung des Schwarzarbeitsbekämpfungsgesetzes – ein wichtiger Schritt in die zutreffende Richtung, ZfZ 2004, 218; Gola/Schomerus, BDSG, 11. Aufl. 2012; Wamers, Kommentar zum Gesetz zur Bekämpfung der Schwarzarbeit und illegalen Beschäftigung (Schwarzarbeitsbekämpfungsgesetz – SchwarzArbG), in: Das Deutsche Bundesrecht;

Verwaltungsanweisungen: Anweisungen für das Straf- und Bußgeldverfahren (Steuer) – AStBV (St) 2014 (BStBl I 2013, 1394)

I. Allgemeines

§ 13 hält fest, dass das für den präventiven Prüfungsbereich in § 6 geltende Postulat der Zusammenarbeit auch im Bereich der Ermittlungshandlungen zur Verfolgung und Ahndung der Ordnungswidrigkeiten fort gilt. Die Bestimmung entspricht § 6 III. **1**

Die korrespondierende Anordnung der Zusammenarbeit findet sich in den jeweiligen Einzelgesetzen iRd der Bußgeldvorschriften wieder, § 18 AÜG, § 20 AEntG, § 15 MiArbG, § 90 AufenthG, § 405 IV SGB III, § 113 SGB IV, § 306 SGB V, § 321 SGB VI, § 211 SGB VII, § 139b VII und VIII GewO. Für die Finanzbehörden gilt die Bestimmung des § 31a AO. **2**

II. Gesetzesmaterialien

Die Begründung im Regierungsentwurf (BR-Drs. 155/04, 69f.) führt zu § 13 aus: **3**

Vorbemerkung zu § 13:
Der bisherige § 3 des. Gesetzes zur Bekämpfung der Schwarzarbeit wird angepasst. Dabei werden die Regelungen hinsichtlich der nach Landesrecht für die Verfolgung und Ahndung von Ordnungswidrigkeiten nach dem genannten Gesetz aufgehoben, da die zugrunde liegenden Ordnungswidrigkeiten wegfallen. Im Übrigen siehe Begründung in Vorbemerkung zu§ 1 Abs. 2.

Zu Abs. 1:
Die Zusammenarbeitsvorschrift aus dem bisherigen § 3 Abs. 1 des Gesetzes zur Bekämpfung der Schwarzarbeit wurde der Änderung des Gesetzes angepasst. Die Zusammenarbeit mit den nach Landesrecht für die Verfolgung und Ahndung von Ordnungswidrigkeiten nach diesem Gesetz zuständigen Behörden entfällt, da die zugrunde liegenden Ordnungswidrigkeiten wegfallen. Stattdessen werden die für die Verfolgung von Ordnungswidrigkeiten nach Handwerks- und Gewerbeordnung zuständigen Behörden als Zusammenarbeitsbehörden aufgenommen.

Zu Abs. 2:
Die Regelung wurde aus der bisherigen Fassung des § 3 Abs. 2a Gesetz zur Bekämpfung der Schwarzarbeit übernommen und um die Mitteilungspflicht bei Anhaltspunkten für Ordnungswidrigkeiten nach § 8, die in der Verfolgungszuständig-

§ 13 Zusammenarbeit in Bußgeldverfahren

keit der Zollverwaltung liegen, ergänzt. Der Verweis auf § 31a Abgabenordnung stellt sicher, dass auch weiterhin zwischen den Länderfinanzbehörden und den Behörden der Zollverwaltung die für die Durchführung eines Strafverfahrens, eines Bußgeldverfahrens oder eines anderen gerichtlichen Verfahrens im Sinne des § 31a Abgabenordnung erforderlichen Informationen ausgetauscht werden.

Zu Abs. 3:
Die Regelung entspricht im Wesentlichen der bisherigen Fassung des § 3 Abs. 3 des Gesetzes zur Bekämpfung der Schwarzarbeit und erweitert den Adressatenkreis um die Behörden der Zollverwaltung.

III. Zusammenarbeitsstellen (Abs. 1)

4 § 13 I verweist auf die Zusammenarbeitsbehörden nach § 2 II → § 2 Rn. 64.

5 **Wohnortprinzip.** Die örtlich zuständige Verfolgungsbehörde informiert bei eingeleitetem Ordnungswidrigkeitenverfahren auch diejenige Verfolgungsbehörde, in deren Zuständigkeitsbereich die oder der Gewerbetreibende oder die Person, gegen die oder den ermittelt wird, ihren oder seinen Wohn- oder Firmensitz hat. Damit werden alle Informationen eines laufenden Ermittlungsverfahrens bei einer Stelle zusammengeführt. Die für den Wohnsitz zuständige Verfolgungsbehörde muss nicht zwingend auch das Ordnungswidrigkeitenverfahren durchführen. Die §§ 36 bis 39 OWiG geben einen breiten Zuständigkeitsrahmen vor, wonach die jeweilige Zuständigkeit nach Zweckmäßigkeitsgesichtspunkten geregelt werden kann. Bei mehreren Verfahren sollte in Absprache eine Verfolgungszuständigkeit bei der Behörde begründet werden, deren Ermittlungen am weitesten fortgeschritten sind oder die aus anderen Gründen hierzu am besten in der Lage ist.

IV. Mitteilungspflicht (Abs. 2)

6 § 13 II statuiert eine Mitteilungspflicht für die Zusammenarbeitsstellen. Die Pflicht besteht, wenn sich Anhaltspunkte für in § 8 genannte Verstöße ergeben → § 2 Rn. 52. Zweck der Übermittlung ist die Verfolgung und Ahndung von Ordnungswidrigkeiten. Die Anhaltspunkte müssen nicht bereits einen Anfangsverdacht ergeben → § 2 Rn. 56.

7 Die Mitteilung von Informationen ist keine Maßnahme mit Außenwirkung. Rechtsschutz ist grds. erst gegen die Maßnahme gegeben, die die mitgeteilten Erkenntnisse verwertet. Nur ausnahmsweise kommt unter dem Gesichtspunkt effektiven Rechtsschutzes eine direkte Überprüfung der Informationsweitergabe in Betracht.

8 Der Verweis auf § 31a AO (→ § 15 Rn. 12) in § 13 II 2 stellt klar, dass die Behörden der Zollverwaltung und die Landesfinanzbehörden Informationen austauschen können, die für die Durchführung eines Strafverfahrens, Bußgeldverfahrens oder einer anderen gerichtlichen Verfahrens erforderlich sind (*Fehn* ZfZ 04, 221).

V. Mitteilungen der Gerichte und Staatsanwaltschaften (Abs. 3)

§ 13 III regelt die Unterrichtung der zuständigen Ordnungswidrigkeiten- 9
behörden durch die Gerichte und Staatsanwaltschaften. Der Wortlaut „sollen"
macht deutlich, dass die Gerichte und Staatsanwaltschaften grds. verpflichtet
sind, solche Erkenntnisse an die zuständigen Stellen zu übermitteln, um die
Ordnungswidrigkeiten nach § 8 verfolgen zu können. Kriterium für eine dahin gehende Ermessensausübung, von einer Unterrichtung abzusehen, ist allein das schutzwürdige Interesse des Betroffenen oder anderer Verfahrensbeteiligter an dem Ausschluss der Übermittlung. Der Betroffenen oder ein anderer
Verfahrensbeteiligter muss ein schutzwürdiges Interesse haben und dieses muss
das grds. Interesse an der Übermittlung überwiegen. Den Gerichten und
Staatsanwaltschaften räumt § 13 III eine zweifache Einschätzungsprärogative
ein: Sie haben auf Tatbestandsseite die Erforderlichkeit der Datenübermittlung
zur Verfolgung von Ordnungswidrigkeiten nach § 8 zu beurteilen („... aus
ihrer Sicht ..."). Sodann haben sie auf der Rechtsfolgenseite die gebotene
Rechtsgüterabwägung vorzunehmen („... soweit nicht für das Gericht oder
die Staatsanwaltschaft erkennbar ist ...") (*Fehn* ZfZ 04, 221). Aus der Formulierung „... soweit nicht für das Gericht oder die Staatsanwaltschaft erkennbar
ist, ..." geht hervor, dass keine Ermittlungen bezüglich etwaiger schutzwürdiger Interessen besteht. Ist solch ein Interesse erkennbar, besteht jedoch die
Pflicht zu Prüfung und Abwägung und ermessensfehlerfreier Entscheidung.

Betroffener ist derjenige, dessen Schutz das Gesetz zum Ziel hat und dem 10
die Rechte aus dem Gesetz eingeräumt sind (*Gola/Schomerus* § 3 Rn. 13).
Zum Begriff des Verfahrensbeteiligten ist auf § 78 AO iVm § 22 zurückzugreifen.

Die Zusammenarbeit zur Verfolgung und Ahndung der Ordnungswidrig- 11
keiten ordnen auch an § 18 AÜG, § 21 GüKG, § 15 MiArbG (bis 2014),
§ 111 SGB IV, § 211 SGB VII.

Weitere Regelungen zur gegenseitigen Unterrichtung zwischen Staatsan- 12
waltschaften, Gerichten und Verwaltungsbehörden enthalten die StPO, das
OWiG, die RiStBV und die MiStra. § 479 StPO gestattet allein die spontane
Übermittlung personenbezogener Daten zum Zwecke der Strafverfolgung,
nicht aber für die Verfolgung und Ahndung von Ordnungswidrigkeiten. Eine
solche Übermittlungsbefugnis sieht § 49a I OWiG vor, dem gegenüber § 13
als bereichsspezifische Regelung *lex specialis* ist (Göhler/*Seitz* § 49a Rn. 3).

Nr. 47 und Nr. 48 MiStra bestimmen die Übermittlung personenbezogener 13
Daten von Amts wegen durch Gerichte der ordentlichen Gerichtsbarkeit und
Staatsanwaltschaften an öffentliche Stellen des Bundes oder eines Landes für
andere Zwecke als die des Verfahrens, für die die Daten erhoben worden sind
für Straftaten nach SchwarzArbG und AÜG

Nr. 47 Mistra, § 6 SchwarzArbG, § 405 Abs. 6 SGB III, § 18 III und IV AÜG

(1) In Strafsachen, die Straftaten nach den §§ 10 und 11 SchwarzArbG und §§ 15 und
15a AÜG zum Gegenstand haben, sind zur Verfolgung von Ordnungswidrigkeiten mitzuteilen

§ 13 Zusammenarbeit in Bußgeldverfahren

1. die Einleitung des Verfahrens unter Angabe der Personendaten der oder des Beschuldigten, des Straftatbestandes, der Tatzeit und des Tatortes,
2. die das Verfahren abschließende Entscheidung; ist mit der Entscheidung ein Rechtsmittel verworfen worden oder wird darin auf die angefochtene Entscheidung Bezug genommen, ist auch diese zu übermitteln.

(2) ¹Mitzuteilen sind ferner Erkenntnisse, die aus der Sicht der übermittelnden Stelle zur Verfolgung von Ordnungswidrigkeiten nach § 404 Abs. 1 oder 2 Nr. 1, 3, 5 bis 9 und 11 bis 13 SGB III und § 16 Abs. 1 Nr. 1 bis 2 AÜG erforderlich sind. ²Eine Mitteilung unterbleibt in diesen Fällen, wenn erkennbar ist, dass schutzwürdige Interessen der Betroffenen oder anderer Verfahrensbeteiligter an dem Ausschluss der Übermittlung überwiegen. ³Dabei ist zu berücksichtigen, wie gesichert die zu übermittelnden Erkenntnisse sind.

(3) Die Mitteilungen sind an die örtlich zuständige Behörde der Zollverwaltung und an die Regionaldirektion der Bundesagentur für Arbeit zu richten.

Nr. 48 MiStra § 6 I 2, § 13 III iVm § 1 II und § 8 SchwarzArbG

(1) ¹Erkenntnisse, die aus der Sicht der übermittelnden Stelle zur Verfolgung von Ordnungswidrigkeiten nach § 8 SchwarzArbG erforderlich sind, sind mitzuteilen. ²Eine Mitteilung unterbleibt, wenn erkennbar ist, dass schutzwürdige Interessen der oder des Betroffenen oder anderer Verfahrensbeteiligter an dem Ausschluss der Übermittlung überwiegen. ³Dabei ist zu berücksichtigen, wie gesichert die zu übermittelnden Erkenntnisse sind.

(2) ¹Die Mitteilungen in den Fällen des § 8 Abs. 1 Nr. 1 Buchstabe a bis c und § 8 Abs. 1 Nr. 2 SchwarzArbG, soweit ein Zusammenhang mit der Ordnungswidrigkeit nach § 8 Abs. 1 Nr. 1 Buchstabe a bis c SchwarzArbG besteht, sind an die örtlich zuständige Behörde der Zollverwaltung und den zuständigen Leistungsträger für seinen Geschäftsbereich, in den Fällen des § 8 Abs. 1 Nr. 1 Buchstabe d und e und § 8 Abs. 1 Nr. 2 SchwarzArbG, soweit ein Zusammenhang mit der Ordnungswidrigkeit nach § 8 Abs. 1 Nr. 1 Buchstabe d und e SchwarzArbG besteht, an die nach Landesrecht für die Verfolgung und Ahndung von Ordnungswidrigkeiten nach dem SchwarzArbG zuständigen Behörden zu richten. ²In den Fällen des § 8 Abs. 2 SchwarzArbG sind sie an die Behörden der Zollverwaltung zu richten.

(3) Die Mitteilung ordnen Richterinnen oder Richter, Staatsanwältinnen oder Staatsanwälte an.

14 Die MiStra bündeln als Verwaltungsvorschrift die verschiedenen Mitteilungsbefugnisse und -pflichten. Gerichte und Staatsanwaltschaften sind nach §§ 12 ff. EGGVG in Strafsachen befugt zur Mitteilung personenbezogener Daten von Amts wegen an öffentliche Stellen für andere Zwecke als die des Strafverfahrens, für die die Daten erhoben worden sind. Die Gerichte sollen den zuständigen Behörden Erkenntnisse übermitteln, die zur Verfolgung der bezeichneten Ordnungswidrigkeiten erforderlich (→ § 6 Rn. 15) sind.

15 Für die ordentliche Gerichtsbarkeit gelten hierzu Nr. 47 II, III Nr. 48 MiStra, wonach die Übermittlungen grundsätzlich vorzunehmen sind. Den anderen Gerichtszweigen wird empfohlen, in gleicher Weise zu verfahren. Die Übermittlungsvorschriften sind gemäß Zweiter Teil, Abschn. 1, Nr. 5 I MiZi entsprechend anzuwenden bei Erkenntnissen, die zur Verfolgung von Straftaten erforderlich sind. In diesen Fällen ist die Staatsanwaltschaft zu unterrichten.

§ 14

§ 14 Ermittlungsbefugnisse

(1) ¹Die Behörden der Zollverwaltung haben bei der Verfolgung von Straftaten und Ordnungswidrigkeiten, die mit einem der in § 2 Abs. 1 genannten Prüfgegenstände unmittelbar zusammenhängen, die gleichen Befugnisse wie die Polizeivollzugsbehörden nach der Strafprozessordnung und dem Gesetz über Ordnungswidrigkeiten. ²Ihre Beamten sind insoweit Ermittlungspersonen der Staatsanwaltschaft. ³In den Dienst der Zollverwaltung übergeleitete Angestellte nehmen die Befugnisse nach Satz 1 wahr und sind insoweit Ermittlungspersonen der Staatsanwaltschaft, wenn sie
1. das 21. Lebensjahr vollendet haben,
2. am 31. Dezember 2003 im Dienst der Bundesanstalt für Arbeit gestanden haben und
3. dort mindestens zwei Jahre lang zur Bekämpfung der Schwarzarbeit oder der illegalen Beschäftigung eingesetzt waren.

(2) Zur Bekämpfung von Schwarzarbeit und illegaler Beschäftigung können die Behörden der Zollverwaltung, die Polizeibehörden und die Landesfinanzbehörden in Abstimmung mit der Staatsanwaltschaft gemeinsame Ermittlungsgruppen bilden.

Literatur: von Briel, Folgen der Bekämpfung der Schwarzarbeit und einhergehender Steuerhinterziehung, PStR 04, 226; Fehn, Die Novellierung des Schwarzarbeitsbekämpfungsgesetzes – ein wichtiger Schritt in die zutreffende Richtung, ZfZ 2004, 218; Göhler, Ordnungswidrigkeitengesetz, 16. Aufl. 2012; Lübke/Müller/Bonenberger, Steuerfahndung: Situationen erkennen, vermeiden, richtig beraten, 2008; Möllert, Bekämpfung der Schwarzarbeit, StBp 2006, 173; Moosburger/Mössmer, Gesetzliche oder gefühlte Ermittlungskompetenz der FKS-Dienststellen in Steuerstrafsachen, wistra 2007, 55; Richtarsky, in: Wabnitz/Janovsky, Handbuch des Wirtschafts- und Steuerstrafrechts, 4. Aufl. 2014; Spatschek/Wulf, Praktische Fragen zu den Verfahrensvorschriften des SchwarzArbG, PStR 05, 40

Verwaltungsanweisungen: Anweisungen für das Straf- und Bußgeldverfahren (Steuer) – AStBV (St) 2014 (BStBl I 2013, 1394)

Inhaltsübersicht

	Rn.
I. Grundlegendes	1
II. Gesetzesmaterialien	5
III. Ermittlungsauftrag der FKS	6
IV. Strafprozessuale Befugnisse der FKS	10
1. Durchsuchung und Beschlagnahme	14
2. Sicherstellung von Verfallsgegenständen	19
3. Festnahme, Haft, Identitätsfeststellung	21
4. TK-Überwachung	24
5. Befugnisse bei Steuerstraftaten- und -ordnungswidrigkeiten	25
6. Verfahrensbeendigung	27

§ 14　　　　　　　　　　　　　　　　　　　　　　　　　　Ermittlungsbefugnisse

I. Grundlegendes

1   Die Regelung entstammt in Teilen der bisherigen Regelung des § 306 III SGB III, auch iVm § 107 S. 4 SGB IV und steht im Zusammenhang mit der Überleitung von Angestellten der Bundesanstalt für Arbeit in den Dienst der Zollverwaltung. Als Regelfall soll die Wahrnehmung hoheitlicher Befugnisse Beamtinnen und Beamten vorbehalten bleiben (Art. 33 IV GG).

2   Die Übertragung der Vollzugsrechte auf die von der BA übergeleiteten Angestellten ist aus sachlichen Gründen erforderlich. Bis Ende 2003 wurde die Bekämpfung der Schwarzarbeit und illegalen Beschäftigung auf Bundesebene von den Behörden der Zollverwaltung und der BA gemeinsam wahrgenommen. Seit 1.1.2004 ist die Verfolgungszuständigkeit bis auf ganz wenige Ausnahmen auf die Zollverwaltung übergegangen. Die Bundesregierung beabsichtigt, die Bekämpfung der Schwarzarbeit und illegalen Beschäftigung erheblich zu intensivieren und auf eine neue Grundlage zu stellen. Dies kann nur zusammen mit den von der BA übergeleiteten, in diesem Arbeitsbereich bisher tätigen Angestellten gelingen. Es handelt sich bei der Übertragung von Vollzugsbefugnissen auf die gesetzlich übergeleiteten Angestellten der BA insoweit um eine Ausnahmeregelung von dem Funktionsvorbehalt des Art. 33 GG. Deshalb wird zum einen eine Verbeamtung der Angestellten im Rahmen der laufbahnrechtlichen Grenzen so weit wie möglich angestrebt. Zum anderen werden die von den Angestellten besetzten Stellen bei Freiwerden sukzessive mit Beamten nachbesetzt. Der Zielrichtung der vorübergehenden Wahrnehmung der Aufgabe durch Angestellte entsprechend werden alle von der Bundesanstalt für Arbeit in den Dienst der Zollverwaltung übergeleiteten Angestellten im Bundeshaushalt auf Beamtenstellen geführt (*Fehn* ZfZ 04, 221).

3   § 14 II resultiert aus der Überlegung, dass Gemeinsame Ermittlungsgruppen mit Polizeibehörden und Landesfinanzbehörden zu einer Konzentration von Kräften mit vielfältigem Fachverstand führt, was die Basis für eine erfolgreiche Ermittlungsarbeit darstellen kann. Eine eigenständige Ermächtigungsgrundlage für diese ermittlungspraktische Selbstverständlichkeit wäre jedoch nicht nötig gewesen.

4   Eine Rechtsfolgenverweisung auf die Norm enthalten § 17 AEntG, § 17a AÜG, § 12 MiArbG (bis 2014), § 15 MiLoG.

II. Gesetzesmaterialien

5   Die Begründung im Regierungsentwurf (BR-Drs. 155/04, 70f.) führt zu § 14 aus:

Zu Abs. 1:
Die Regelung entstammt in Teilen der bisherigen Regelung des § 306 Abs. 3 SGB III, auch in Verbindung mit § 107 S. 4 SGB IV und steht im Zusammenhang mit der Überleitung von Angestellten der Bundesanstalt für Arbeit in den Dienst der Zollverwaltung. Als Regelfall soll die Wahrnehmung hoheitlicher Befugnisse Beamtinnen und Beamten vorbehalten bleiben (Artikel 33 Abs. 4 GG).

II. Gesetzesmaterialien § 14

Auch die von der Bundesanstalt für Arbeit in den Dienst der Zollverwaltung übergeleiteten Angestellten sollen die Rechte und Pflichten der Beamten des Polizeidienstes nach der StPO und dem OWiG haben und sollen Hilfsbeamte der Staatsanwaltschaft sein. Voraussetzung ist allerdings in Anlehnung an § 152 Abs. 2 GVG, dass die Angestellten das 21. Lebensjahr vollendet haben, am 31. Dezember 2003 im Dienst der BA gestanden haben und dort mindestens zwei Jahre lang zur Bekämpfung der Schwarzarbeit oder der illegalen Beschäftigung eingesetzt waren.

Die Übertragung der Vollzugsrechte auf die von der Bundesanstalt für Arbeit übergeleiteten Angestellten ist aus sachlichen Gründen erforderlich. Bis Ende 2003 wurde die Bekämpfung der Schwarzarbeit und illegalen Beschäftigung auf Bundesebene von den Behörden der Zollverwaltung und der Bundesanstalt für Arbeit gemeinsam wahrgenommen. Seit 1. Januar 2004 ist die Verfolgungszuständigkeit bis auf ganz wenige Ausnahmen auf die Zollverwaltung übergegangen. Die Bundesregierung beabsichtigt, die Bekämpfung der Schwarzarbeit und illegalen Beschäftigung erheblich zu intensivieren und auf eine neue Grundlage zu stellen. Dies kann nur zusammen mit den von der Bundesanstalt für Arbeit übergeleiteten, in diesem Arbeitsbereich bisher tätigen Angestellten gelingen. Das hohe

Wissen dieser Angestellten ist für die Prüfungs- und Ermittlungstätigkeit der Zollverwaltung in dem Arbeitsbereich Finanzkontrolle Schwarzarbeit unverzichtbar. Die Übertragung der Vollzugsrechte betrifft ausschließlich die einmalig von der Bundesanstalt für Arbeit übergeleiteten rund 2.100 Angestellten und damit einen eng umgrenzten Personenkreis. Die Zahl der Angestellten ist bei einer angestrebten Personalstärke von insgesamt 7.000 Arbeitskräften im Arbeitsbereich Finanzkontrolle Schwarzarbeit wesentlich geringer als die Zahl der eingesetzten Beamten. Es handelt sich bei der Übertragung von Vollzugsbefugnissen auf die gesetzlich übergeleiteten Angestellten der Bundesanstalt für Arbeit insoweit um eine Ausnahmeregelung von dem Funktionsvorbehalt des Artikels 33 GG, die durch die besondere Situation der Zusammenführung beider Arbeitsbereiche zur Intensivierung der Bekämpfung von illegaler Beschäftigung und Schwarzarbeit bedingt ist. Deshalb wird zum einen eine Verbeamtung der Angestellten im Rahmen der laufbahnrechtlichen Grenzen so weit wie möglich angestrebt. Zum anderen werden die von den Angestellten besetzten Stellen bei Freiwerden sukzessive mit Beamten nachbesetzt. Der Zielrichtung der vorübergehenden Wahrnehmung der Aufgabe durch Angestellte entsprechend werden alle von der Bundesanstalt für Arbeit in den Dienst der Zollverwaltung übergeleiteten Angestellten im Bundeshaushalt auf Beamtenstellen geführt.

Zu Abs. 2:
Schwarzarbeit ist nach § 1 Abs. 2 Nr. 2 auch die Verletzung steuerlicher Pflichten bei der Erbringung von Dienst- oder Werkleistungen. Steuerstraftaten oder Steuerordnungswidrigkeiten im Zusammenhang mit Schwarzarbeit werden nicht nach diesem Gesetz, sondern nach der Abgabenordnung verfolgt. Für Steuerstrafverfahren oder Steuerordnungswidrigkeitenverfahren sind grundsätzlich die Finanzbehörden sachlich zuständig (§ 387 Abgabenordnung). Die Behörden der Zollverwaltung sind bereits nach § 306 Abs. 3 SGB III in der Rechtsstellung der Beamten des Polizeidienstes verpflichtet, auch ein Strafverfahren wegen Steuerhinterziehung oder ein Steuerordnungswidrigkeitenverfahren einzuleiten und unaufschiebbare Maßnahmen zu treffen, wenn Anhaltspunkte hierfür im Zusammenhang mit anderen Schwarzarbeitsformen vorliegen. Durch die Regelung, in Abs. 2 wird klargestellt, dass die Be-

§ 14 Ermittlungsbefugnisse

hörden der Zollverwaltung bei Strafverfahren oder Ordnungswidrigkeitenverfahren wegen Schwarzarbeit auch in steuerlicher Hinsicht tätig werden. Sie werden als Finanzbehörden nach § 402 Abgabenordnung bei einem Steuerordnungswidrigkeitenverfahren oder einem Steuerstrafverfahren, das die Staatsanwaltschaft führt, tätig.

Damit haben die Behörden der Zollverwaltung die Befugnisse des Polizeidienstes nach der StPO sowie die Befugnis zur Anordnung von Beschlagnahmen, Durchsuchungen und sonstigen Maßnahmen nach den für Hilfsbeamte der Staatsanwaltschaft geltenden Vorschriften der Strafprozessordnung.

Mit dieser Regelung können die Behörden der Zollverwaltung sich stärker als bisher bei der Aufdeckung von Steuerstraftaten und Steuerordnungswidrigkeiten einbringen. Die Kontroll und Fahndungsdichte wird erheblich erhöht und die Zusammenarbeit mit den für die Steuerfahndung zuständigen Länderfinanzbehörden deutlich ausgebaut.

Da geringfügige Beschäftigungen in Privathaushalten nach § 8a SGB IV aus den in § 2 Abs. 1 genannten Prüfgegenständen explizit ausgenommen werden, erstrecken sich die Befugnisse der Zollverwaltung nicht auf diesen Bereich.

III. Ermittlungsauftrag der FKS

6 § 14 I verpflichtet und ermächtigt die FKS zur Verfolgung von Straftaten und Ordnungswidrigkeiten, die mit einer der in § 2 I genannten Prüfgegenstände zusammenhängen. Das ist der Ermittlungsauftrag.

7 Aus dem Ermittlungsauftrag ergibt sich eine Zuständigkeit für die Verfolgung von Straftaten insbesondere nach:
- **266a StGB** bei Nicht- oder Falschanmeldung von Beschäftigten zur Sozialversicherung → Vor § 8 Rn. 8ff. Nicht alle Tatbestände des § 266a StGB → Vor § 8 Rn. 8 stehen in unmittelbarem Zusammenhang mit dem Prüfauftrag aus § 2 I. Dieser stellt in § 2 I 1 Nr. 1 allein auf die Pflichten nach § 28a SGB IV ab, deren Verletzung tatbestandlich allein § 266a II StGB voraussetzt. Mehrere Meldetatbestände des § 28a I bis III SGB IV enthalten Angaben über sozialversicherungsrechtlich relevante Tatsachen iSd § 266a II StGB. Sie sind daher unmittelbar tatbestandsrelevant, zB die Meldung über Beginn und Ende des Beschäftigungsverhältnisses sowie die Mitteilung über das beitragspflichtige Arbeitsentgelt in der Jahresmeldung (*Richtarsky* SchwarzArbG Rn. 12). § 266a I StGB stellt allein auf die Nichtzahlung ab → Vor § 8 Rn. 19. Die Nichtzahlung verletzt keine Pflicht nach § 28a SGB IV, auf den der Prüfauftrag nach § 2 I 1 Nr. 1 abstellt. Solche Pflichten sind ebenso wenig tatbestandsrelevant für § 266a III StGB.
- **§ 263 StGB:** Betrug zum Nachteil der BA durch **Leistungsmissbrauch** infolge von Verstößen nach § 60 I Nr. 1 und Nr. 2 SGB I iZm der Erbringung von Dienst- oder Werkleistungen (§ 2 I 1 Nr. 3), Beihilfe des Arbeitgebers durch Ausstellung falscher Nebeneinkommensbescheinigungen (§ 2 I 1 Nr. 3).
- **§§ 9, 10, 10a, 11 SchwarzArbG** (§ 2 I 1 Nrn. 2 und 4).
- **§§ 15, 15a AÜG** (§ 2 I 1 Nr. 4).
- **§§ 95 ff. AufenthG:** Illegaler Aufenthalt durch unerlaubte Beschäftigungsaufnahme, Beihilfe zum illegalen Aufenthalt durch Beschäftigung von Arbeitnehmern ohne Aufenthaltstitel, Einschleusen von Ausländern und Er-

IV. Strafprozessuale Befugnisse der FKS § 14

schleichen von Aufenthaltstiteln zum Zwecke der Beschäftigung von Ausländern in Deutschland (§ 2 I 1 Nr. 4).
- **§ 291 StGB (Lohnwucher) und § 233 StGB (Menschenhandel zum Zwecke der Ausbeutung der Arbeitskraft)** bei illegaler Ausländerbeschäftigung sowie beim Verstoß gegen Mindestarbeitsbedingungen (§ 2 I Nrn. 4 und 5).

Die vorgenannten Delikte sind nicht abschließend. Es ist im jeweiligen Einzelfall zu entscheiden, ob ein Delikt mit einem Prüfgegenstand nach 2 I in unmittelbarem Zusammenhang steht. Es wird die Auffassung vertreten wird, auch Delikte im engen Zusammenhang seien erfasst (*Richtarsky* SchwarzArbG Rn. 13). Ein solch enger Zusammenhang sei gegeben bei Delikten, die zur Ermöglichung oder Verschleierung von Schwarzarbeit begangen werden. In Betracht kommen etwa die Urkundenfälschung (§ 267 StGB) oder der Missbrauch von Ausweispapieren (§ 281 StGB). Diese Ansicht verkennt, dass der Wortlaut von § 14 I 1 einen unmittelbaren Zusammenhang fordert. Der Gesetzeswortlaut ist hier zu beachten. Jeder unmittelbare Zusammenhang ist zugleich ein enger, aber nicht umgekehrt jeder enge Zusammenhang unmittelbar. Es ist erforderlich, dass die Deliktsbegehung im konkreten Fall einen unmittelbaren Bezug zum Prüfgegenstand nach § 2 I aufweist. Andernfalls droht ein Ausufern der Befugnisse der FKS, und das ohne gesetzliche Grundlage. Der Begriff des unmittelbaren Zusammenhanges ist daher restriktiv auszulegen. Ein unmittelbarer Zusammenhang ist bei tateinheitlich begangenen Delikten stets zu bejahen, auch solchen der Allgemeinkriminalität (*Richtarsky* SchwarzArbG Rn. 13). Kein unmittelbarer Bezug zu einem Prüfgegenstand des § 2 I besteht jedenfalls, wenn nur anlässlich der Ermittlungen wegen Schwarzarbeit oder illegaler Beschäftigung weitere strafbare Handlungen des Beschuldigten erkennbar waren, die keinerlei Bezug zum Katalog des § 2 I aufweisen (*Richtarsky* SchwarzArbG Rn. 15). Es muss jedenfalls ein irgendwie gearteter Bezug zur Erbringung von Dienst- und Werkleistungen bestehen. 8

Der Ermittlungsauftrag nach § 14 gibt den Rahmen für die Ermittlungsbefugnisse vor. Zugleich umgrenzt der Ermittlungsauftrag die Zusammenarbeit nach § 13 einschließlich Informationsaustausch. Nur soweit der Ermittlungsauftrag reicht, ist eine Unterrichtung erforderlich. 9

IV. Strafprozessuale Befugnisse der FKS

Die FKS hat bei der Verfolgung von Straftaten und Ordnungswidrigkeiten, die mit einer der in § 2 I genannten Prüfgegenstände unmittelbar zusammenhängen (→ Rn. 8), dieselben Rechte und Pflichten wie die Behörden und Beamten des Polizeidienstes nach den Vorschriften der StPO oder des OWiG. Ihre Beamten sind insoweit Ermittlungspersonen der StA (§ 14 I). Die FKS ist, obwohl organisatorisch Teil der Finanzverwaltung, „Justizbehörde im funktionellen Sinn". Somit haben sie die Befugnis zur Anordnung von Beschlagnahmen, Durchsuchungen und sonstigen Maßnahmen nach den für Hilfsbeamte der Staatsanwaltschaft geltenden Vorschriften der Strafprozessordnung (BR-Drs. 155/04, 72). Auch die von der BA in den Dienst der Zollverwaltung übergeleiteten Angestellten sollen die Rechte und Pflichten der Beamten des Poli- 10

§ 14 Ermittlungsbefugnisse

zeidienstes nach der StPO und dem OWiG haben und sollen Ermittlungspersonen der StA sein. Voraussetzung ist allerdings in Anlehnung an § 152 II GVG, dass die Angestellten das 21. Lebensjahr vollendet haben, am 31.12.2003 im Dienst der BA gestanden haben und dort mindestens zwei Jahre lang zur Bekämpfung der Schwarzarbeit oder der illegalen Beschäftigung eingesetzt waren. Die Wahrnehmung dieser Polizeivollzugsrechte setzt indes die erfolgreiche Teilnahme an einem Lehrgang zur Eigensicherung und Bewaffnung voraus (BMF, Erlass v. 6.1.2004 – III A 6 – SV 3000 – 100/03).

11 Die FKS kann strafprozessuale Ermittlungen mit strafprozessualen Befugnissen vornehmen. Diese Befugnisse gelten grds. entsprechend im Bußgeldverfahren (§ 46 I OWiG).

12 Fällt eine mit den Prüfungsgegenständen des § 2 I fallende Straftat mit einer allgemeinen Straftat zusammen, so kann die StA gemäß §§ 160f. StPO deren Ermittlung durch Ermittlungspersonen der FKS vornehmen lassen. Besteht kein unmittelbarer Zusammenhang mit Prüfungsgegenständen nach § 2 I, so ersetzt eine Anordnung der StA nicht die erforderliche Ermächtigung für Ermittlungsverfahren. Ermittlungsersuchen sind auch nicht aus prozessökonomischen Erwägungen gerechtfertigt. Strafprozessuale Zwangsmaßnahmen durch die FKS als unzuständiger Behörde wären jedenfalls rechtswidrig (*Möllert* StBp 06, 177f.; *Richtarsky* SchwarzArbG Rn. 15).

13 Besteht zwar ein Anfangsverdacht für eine Straf- oder Ordnungswidrigkeit, die aber nicht mehr verfolgt werden kann (zB bei Tod oder Verjährung), darf die FKS nicht mehr von strafprozessualen Mittel Gebrauch machen. Ihr stehen dann bei der (isolierten) Prüfung nur noch Befugnisse nach §§ 2 bis 6 zu.

1. Durchsuchung und Beschlagnahme

14 Gegenstände, die als Beweismittel in Betracht kommen können, können sichergestellt werden (§ 94 I StPO). Wird der Gegenstand nicht freiwillig herausgegeben, bedarf es der Beschlagnahme (§ 94 II StPO). Beschlagnahme ist die amtliche Verwahrung oder sonstige Sicherstellung eines Gegenstandes auf Grund ausdrücklicher Anordnung. Eine Beschlagnahme erfolgt idR auf Anordnung des Richters (§ 98 I StPO), der Antrag zugrunde liegt.

15 Die FKS hat ein Antragsrecht für eine Beschlagnahmeanordnung zum Zwecke der Auffindung und Sicherstellung von Beweismitteln (§§ 94, 162 I 1 StPO). Die Kompetenz der FKS beschränkt sich auf Verfolgung von Straftaten und Ordnungswidrigkeiten, die mit einem der in § 2 I genannten Prüfgegenstände unmittelbar zusammenhängen. Dem entsprechender Beschränkung unterliegt auch die Befugnis für eine Beschlagnahmeanordnung: Die beschlagnahmten Gegenstände müssen daher als Beweismittel für eine Straftat dienen können, die mit einem der in § 2 I genannten Prüfgegenstände unmittelbar zusammenhängt.

16 Die Zollbeamten sind als Ermittlungspersonen der StA zwar ggf. befugt, bei Gefahr im Verzug eine Durchsuchung und Beschlagnahme nach §§ 102, 105, 98 StPO anzuordnen. Diese Eilkompetenz setzt voraus, dass bereits der Versuch, einen zuständigen Richter zu erreichen, den Durchsuchungserfolg gefährden könnte. Ggf. ist auch eine telefonische Kontaktaufnahme mit dem Richter ausreichend bzw. erforderlich. Die Gerichte haben ihrerseits die Ver-

IV. Strafprozessuale Befugnisse der FKS **§ 14**

fügbarkeit eines Ermittlungsrichters sicherzustellen (BVerfGE 103, 142ff.; *Meyer-Goßner* StGB § 105 Rn. 2). Vor diesem Hintergrund ist kaum eine Konstellation denkbar, in der die FKS selbst zur Anordnung einer Durchsuchung und Beschlagnahme befugt wäre. Verweigern die Betroffenen die Mitwirkung und die Herausgabe der Geschäftspapiere, so wird regelmäßig hinreichend Zeit sein, bei dem zuständigen Richter den Erlass eines Durchsuchungsbeschlusses zu beantragen. Erst auf der Grundlage dieses Beschlusses können die FKS-Beamten dann nach den Vorschriften der StPO weiter tätig werden (*Spatschek/ Wulf* PStR 05, 40).

Zum Zwecke des Auffindens beschlagnahmefähiger Beweismittel dürfen **17** beim Verdächtigen und – in engeren Grenzen – beim Dritten Durchsuchungen durchgeführt werden. Die FKS hat ein Antragsrecht für eine Durchsuchungsanordnung zum Zwecke der Auffindung von Beweismitteln (§§ 94, 162 I 1 StPO). Voraussetzung ist der Verdacht einer Straftat. Wegen der beschränkten Kompetenz der FKS zur Verfolgung von Straftaten und Ordnungswidrigkeiten, die mit einem der in § 2 I genannten Prüfgegenstände unmittelbar zusammenhängen, darf die FKS nur den Antrag für eine Durchsuchung stellen, bei der Beweismittel für eine Straftat aufzufinden sind, die mit einem der in § 2 I genannten Prüfgegenstände unmittelbar zusammenhängen. Bei Gefahr im Verzuge gilt diese Schranke ebenso. Zu den Anforderungen an den Durchsuchungsbeschluss und die Substanziierung des Tatverdachts s. BVerfG 28.4.2007 – 2 BvR 1331/01, HRRS 2007 Nr. 640; 28.4.2007 – 2 BvR 361/02, HRRS 2007 Nr. 641; 29.4.2007 – 2 BvR 532/02, HRRS 2007 Nr. 642; 4.3.2008 – 2 BvR 1866/03, HRRS 2008 Nr. 586; 5.3.2012 – 2 BvR 1345/08, HRRS 2012 Nr. 281).

Nach § 95 StPO sind Gegenstände, die als Beweismittel von Bedeutung **18** sein können, auf Anforderung herauszugeben. Das Herausgabeverlangen kann mit einem Durchsuchungs- und Beschlagnahmebeschluss verbunden sein. Herausgabepflichtig ist der Gewahrsamsinhaber. Nicht zur Herausgabe verpflichtet ist der Beschuldigte, auch wenn er den Alleingewahrsam an dem Gegenstand hat, da § 95 StPO an die Zeugenpflicht anknüpft (FGJ/*Joecks*, § 399 Rn. 40). Befugt, die Herausgabe zu verlangen ist, wer im konkreten Fall die Befugnis zur Anordnung der Beschlagnahme hat. Bei Gefahr im Verzuge ist das auch die FKS → Rn. 16, jedenfalls wegen der Taten die mit einem der in § 2 I genannten Prüfgegenstände unmittelbar zusammenhängen. Ist keine Gefahr im Verzuge, ist streitig, ob der FKS als Ermittlungspersonen die Kompetenz für ein mit den Zwangsmitteln des § 95 II StPO durchsetzbares Ersuchen zusteht. Nach einer Ansicht sind neben dem Richter auch die Ermittlungsbehörden, also StA und die Polizei und damit auch die FKS auch dann zuständig, wenn Gefahr im Verzug nicht besteht (LG Lübeck 3.2.2000 – 6 Qs 3/00, NJW 2000, 3148 mwN). Die Gegenmeinung geht dahin, dass nur der Richter, ausgenommen bei Gefahr im Verzug, für ein sanktionsbewehrtes Herausgabeverlangen zuständig sei (LG Bonn 11.11.1982 – 37 Qs 116/82, NStZ 1983, 327 mit abl. Anm. *Kurth;* LG Berlin 26.3.1984 – 510 Qs 9/84, WM 1984, 772ff.; KG 23.8.1988 – 4 Ws 154/88, NStZ 1989, 192; LG Stuttgart 19.11.1991 – 14 Qs 61/91, NJW 1991, 2646).

§ 14 Ermittlungsbefugnisse

2. Sicherstellung von Verfallsgegenständen

19 Zur Sicherung des staatlichen Anspruchs auf Einziehung (§ 74 StGB) und Verfall (§ 73 StGB) können Gegenstände und Vermögensvorteile sichergestellt werden (§ 111b StPO). Notwendig müssen Gründe für die Annahme vorliegen, dass die Voraussetzungen für Einziehung oder Verfall erfüllt sind. Erforderlich ist damit eine Prognose, die dem einfachen Tatverdacht entspricht (FGJ/*Joecks,* § 399 Rn. 92).

20 Liegen dringende Gründe nicht vor, so ist die Maßnahme nach spätestens zwölf Monaten aufzuheben (§ 111b III 3 StPO). Dringende Gründe für die Annahme von Einziehung und Verfall sind gegeben, wenn bestimmte Tatsachen mit großer Wahrscheinlichkeit erwarten lassen, dass das Gericht in einem Urteil die materiell-rechtlichen objektiven und subjektiven Voraussetzungen für die Anordnung des Verfalls oder der Einziehung bejahen und die Anordnung treffen wird (*Meyer-Goßner* StPO § 111b Rn. 8f.; FGJ *Joecks* § 401 Rn. 6). Die FKS kann bei Vorliegen der Voraussetzungen den Antrag stellen; es gilt das Opportunitätsprinzip (*Meyer-Goßner* StPO § 440 Rn. 3). Ein Antragsrecht für Einziehung oder Verfall hat die FKS nicht. Dieses setzt eine eigene Ermittlungsbefugnis voraus, zur Gewinnabschöpfung im Ordnungswidrigkeitenverfahren → Vor § 8 Rn. 61. Die Anordnung der Beschlagnahme sowie des StPO-Arrestes zum Zwecke der Zurückgewinnungshilfe bei Gefahr im Verzug (§ 111e I 1 StPO) obliegt der StA. Der FKS als Ermittlungsperson fehlt die Anordnungsbefugnis.

3. Festnahme, Haft, Identitätsfeststellung

21 Die StA und die Beamten des Polizeidienstes sind befugt, bei Gefahr in Verzug eine vorläufige Festnahme durchzuführen, wenn die Voraussetzungen eines Haftbefehls oder eines Unterbringungsbefehls vorliegen (*Rank* ZfZ 1977, 205). Dieses Recht steht auch der FKS zu wegen Schwarzarbeitstaten. Es muss der dringende Verdacht einer Schwarzarbeitstat bestehen. Dieser ist gegeben, wenn nach dem gegenwärtigen Stand der Ermittlungen die Wahrscheinlichkeit einer Strafbarkeit des Beschuldigten groß ist (*Meyer-Goßner* StPO § 112 Rn. 5). Hinzukommen muss einer der in § 112 II StPO genannten Haftgründe, namentlich Flucht oder Fluchtgefahr oder die Verdunkelungsgefahr. Das Recht, einen Haftbefehl (§ 112 StPO) zu beantragen, steht allein der StA zu (§§ 126 I, 128 II 2 StPO).

22 Zeugen sind zum Erscheinen und zur Aussage nicht verpflichtet (§§ 161a I1 StPO). Das zwangsweise Vorführung von Zeugen im strafrechtlichen Ermittlungsverfahren bedarf der Anordnung der StA (§ 161a II, 51 StPO), im Bußgeldverfahren ist es hingegen dem Richter vorbehalten (§ 46 V OWiG) (Göhler/*Seitz* § 46 Rn. 15).

23 Die FKS ist befugt, die Identität von verdächtigen und unverdächtigen Personen festzustellen (§ 163b StPO).

4. TK-Überwachung

24 In der Praxis führt auch die FKS die Überwachungen der Telekommunikation nach der StPO aus (BT-Drs. 17/8544, 5; Zum Einsatz kriminalistischer

IV. Strafprozessuale Befugnisse der FKS **§ 14**

Mittel für die FKS s. BT-Drs. 17/5238, 6). Nach § 100b I 1 StPO darf die Überwachung der Telekommunikation zum Zweck der Strafverfolgung nur auf Antrag der StA durch das Gericht angeordnet werden. Bei Gefahr im Verzug kann die Anordnung nach § 100b I 2 StPO auch durch die StA getroffen werden, es bedarf dann der nachträglichen richterlichen Bestätigung binnen 3 Tagen (§ 100b I 3 StPO). Auf Grund der gerichtlichen oder im Eilfall staatsanwaltschaftlichen Anordnung hat nach § 100b III 1 StPO jeder, der Telekommunikationsdienste erbringt oder daran mitwirkt, dem Gericht, der Staatsanwaltschaft oder ihren im Polizeidienst tätigen Ermittlungspersonen (§ 152 GVG) die Telekommunikationsüberwachung nach § 100a StPO zu ermöglichen. Die Vollstreckung gerichtlicher Anordnungen zur Überwachung der Telekommunikation obliegt im Übrigen gemäß § 36 II StPO der StA, die das Erforderliche veranlasst.

5. Befugnisse bei Steuerstraftaten- und -ordnungswidrigkeiten

Die FKS ist keine Strafsachen- und Bußgeldstelle iSd § 386 AO; mithin gelten deren besonderen Befugnisse – auch über § 22 – nicht (aA: *von Briel* PStR 04, 226). Liegt bereits ein Anfangsverdacht (→ § 2 Rn. 56) für eine Steuerstraftat oder Steuerordnungswidrigkeit vor, hat die FKS die Sache nach § 2 I 2 bis 4 an die zuständigen Finanzämter abzugeben (→ § 2 Rn. 67). Hinsichtlich anderer als Steuerstraftaten (§ 369 AO) bestehen die eigenen Ermittlungsbefugnisse nach § 386 II AO ohnehin nicht. **25**

Umstritten ist, ob die FKS wegen fehlender Prüfungskompetenz ein Steuerstrafverfahren einleiten darf. Dem Zoll ist für Delikte iZm Schwarzarbeit iSd § 1 die „Prüfung der Erfüllung steuerlichen Pflichten" in § 14 I 2 versagt. Damit ist nach einer Ansicht ist zugleich die Einleitungskompetenz versagt. Dazu wird darauf verwiesen, dass diese Regelung nämlich ausdrücklich im Vermittlungsausschuss eingefügt worden ist mit dem Ziel, die Ermittlungskompetenz der Finanzverwaltung zuzuweisen. Damit entspricht dem gesetzgeberischen Willen, der FKS die Einleitungskompetenz abzusprechen. Das BMF hat aber dennoch mit einem an die Zollverwaltung gerichteten Schreiben v. 23.12.2005 (II A 6 – SV 3040 – 130/05, nv, zitiert bei Tipke/Kruse/ *Seer* § 208 AO Tz. 129) der FKS die Ermittlungszuständigkeit auch für Steuerstraftaten und -ordnungswidrigkeiten zugewiesen. Zur Begründung wird auf deren eigenständigen Prüfungsauftrag iS § 14 I 4 verwiesen. Nach der Gegenmeinung begründet § 14 I 4 keinen eigenständigen Prüfungsauftrag für die FKS. Vielmehr ist hierdurch ein Prüfungsrecht erfasst, inwiefern eine Mitteilungspflicht der FKS gegenüber den Finanzämtern nach § 6 I 1, III Nr. 4 besteht. Bei dieser Prüfung ist festzustellen, ob Anhaltspunkte für die Verletzung steuerlicher Pflichten bestehen (*Lübke/Müller/Bonenberger* § 1 Rn. 110; *Moosburger/Mössmer* wistra 07, 55). **26**

6. Verfahrensbeendigung

Die FKS ist im Ermittlungsverfahren wegen Straftaten allein Ermittlungsperson der StA. Sie hat daher keine Befugnis zur Beendigung des Ermittlungsverfahrens durch Einstellung des Verfahrens mit und ohne Auflage (§§ 398 AO, 153, 153a StPO), ebenso wenig zur Beschränkung des Verfahrens durch **27**

§ 14 Ermittlungsbefugnisse

Absehen von der Strafverfolgung bezüglich einzelner Taten (§ 154 StPO) und der Beschränkung der Strafverfolgung (§ 154a StPO),

28 Im Ordnungswidrigkeitenverfahren hat die FKS die Verfahrensherrschaft. Die FKS ist dann zum Absehen und zur Beschränkung der Verfolgung von Ordnungswidrigkeiten befugt (§ 47 I OWiG; dazu Göhler/*Seitz* § 47 Rn. 11, 24 ff.).

29 Auch die Festsetzung einer Geldbuße gegen eine juristische Person oder Personenvereinigung im selbstständigen Verfahren setzt die eigene Ermittlungsbefugnis voraus (§§ 401 AO, 440, 442, 444 StPO), weshalb die FKS hierzu nicht befugt ist. Anders ist dies im Ordnungswidrigkeitenverfahren (§ 30 OWiG).

Abschnitt 5. Datenschutz

§ 15 Allgemeines

¹Für die Wahrnehmung der Aufgaben nach diesem Gesetz durch die Behörden der Zollverwaltung gelten hinsichtlich der Sozialdaten die Vorschriften des Zweiten Kapitels des Zehnten Buches Sozialgesetzbuch. ²Diese Aufgaben gelten in datenschutzrechtlicher Hinsicht auch als Aufgaben nach dem Sozialgesetzbuch. ³Die Vorschriften des Vierten Abschnitts des Ersten Teils der Abgabenordnung zum Steuergeheimnis bleiben unberührt.

Literatur: Dißars, § 31a AO – Möglichkeiten der Finanzverwaltung zur Offenbarung von Tatsachen bei einem Mißbrauch staatlicher Leistungen, DStR 1997, 1753; Fehn, Die Novellierung des Schwarzarbeitsbekämpfungsgesetzes – ein wichtiger Schritt in die zutreffende Richtung, ZfZ 2004, 218; Hohmann-Dennhardt, Freiräume – Zum Schutz der Privatheit, NJW 2006, 545; Klein, AO, 10. Aufl. 2009; Krahmer, Sozialdatenschutz nach SGB I und X, 3. Aufl. 2011; Lenz, Kommentar zum Gesetz zur Bekämpfung der Schwarzarbeit und illegalen Beschäftigung (Schwarzarbeitsbekämpfungsgesetz – SchwarzArbG), in: Das Deutsche Bundesrecht; Müller-Thele, Hartz IV – Eine datenschutzrechtliche Risikoanalyse, NJW 2005, 1541; Marschner, Die Übermittlung von Sozialdaten durch die Bundesanstalt für Arbeit, NZS 1996, 113; Mrozynski, Zum Schutz von Sozialdaten im Recht der Leistungserbringer, NZS 1996, 545; Tipke/Kruse AO/FGO

Rechtsprechung: BVerfG 27.4.2010 – Z BvL 13/07, BeckRS 2010, 50089 = wistra 2010, 341; BFH VII B 110/7; BStBl. I 2002, 42; FG Düsseldorf 16.6.2010 – 4 K 907/10 AO: Bekämpfung der Schwarzarbeit durch Überprüfung von Daten bei Taxizentrale

Verwaltungsanweisungen: OFD Hannover 10.9.2008, S-0132 – 1 – StO 142, AO-K § 31a AO Karte 1

Inhaltsübersicht

	Rn.
I. Allgemeines	1
II. Gesetzesmaterialien	3
III. Datenschutz	4
1. Sozialdatenschutz (S. 1 und 2)	4
2. Steuergeheimnis (S. 3)	10
a) Offenbarungstatbestand	11
b) Mitteilungen zur Bekämpfung der illegalen Beschäftigung und des Leistungsmissbrauchs (§ 31a AO)	12
c) Schranke durch Verwendungsverbot	19

I. Allgemeines

Nach § 15 unterliegen die Behörden der Zollverwaltung bei der Wahrneh- 1 mung ihrer Aufgaben nach dem SchwarzArbG dem Sozialgeheimnis nach § 35 SGB I und dem Steuergeheimnis nach § 30 AO. Im Übrigen gilt für den Datenschutz das Zweite Kapitel des SGB X (*Fehn* ZfZ 04, 221 f.). Die Datenschutzvorschriften des Fünften Abschnittes gehen also gleichermaßen bei prä-

§ 15 Allgemeines

ventiven Prüfungshandeln des FKS als auch beim Tätigwerden im Straf- und Ordnungswidrigkeitsverfahren.

2   Eine Rechtsfolgenverweisung auf die Norm enthalten § 17 AEntG, § 17a AÜG, § 12 MiArbG (bis 2014), § 15 MiLoG.

II. Gesetzesmaterialien

3   Die Begründung im Regierungsentwurf (BR-Drs. 155/04, 72) führt zu § 15 aus:

> *Die Behörden der Zollverwaltung unterliegen dem Sozialgeheimnis nach § 35 SGB I. Folgerichtig sind sie auch an die Sozialdatenschutzregelung des SGB X wie bisher gebunden. Soweit andere Behörden nach diesem Gesetz tätig werden, richtet sich der Datenschutz nach den für sie geltenden Vorschriften. S. 3 stellt klar, dass hinsichtlich des Schutzes der personen- oder unternehmensbezogenen Daten, die dem Steuergeheimnis unterliegen (§ 30 AO 1977), die Vorschriften der Abgabenordnung unberührt bleiben.*

III. Datenschutz

1. Sozialdatenschutz (S. 1 und 2)

4   Die iRd Prüfungen nach § 2 I von der FKS erhobenen Daten sind Sozialdaten (§ 67 I S. 1 SGB X), da die Prüfungsaufgabe nach § 2 I gemäß § 15 II in datenschutzrechtlicher Hinsicht auch als Aufgabe nach dem Sozialgesetzbuch gilt. Die FKS ist insoweit Stelle iSd § 35 I 4 SGB I.

5   Die sozialen Sicherungssysteme beruhen auf dem Umgang mit personenbezogenen Daten. Ohne diese Informationen könnten Sozialleistungen nicht erbracht werden. wer Sozialleistungen erhalten will, muss höchstpersönliche Daten preisgeben, um seine Anspruchsberechtigung darzulegen. So sind riesige Sozialdatenbanken entstanden, die Auskunft über das Einkommen und Vermögen, die familiären Verhältnisse oder den Gesundheitszustand der einzelnen Erfassten geben können. Geplant ist zudem, persönliche Daten und Krankheitsgeschichten in Gesundheitspässe einzuspeisen, mit denen man sich dann all denen preisgibt, die für die Gesundheitsversorgung zuständig sind, seien es Ärzte, Versicherungen, Krankenhäuser oder die Abrechnungsstellen der kassenärztlichen Vereinigung (*Hohmann-Dennhardt* NJW 2006, 545).

6   Der Schutz der teilweise sehr sensiblen persönlichen Daten muss im Rechtsstaat rechtlich und technisch-organisatorisch gewährleistet sein. Dem dient das Sozialgeheimnis des § 35 SGB I iVm § 78a SGB X und die Vorschriften über den Sozialdatenschutz nach §§ 67–85a SGB X. Die in § 35 SGB I genannten Stellen, die personenbezogene Daten erheben, verarbeiten oder nutzen, haben die technischen und organisatorischen Maßnahmen zu treffen, die erforderlich sind, um die Ausführungen der Vorschriften der Datenschutzgesetze zu gewährleisten.

7   Die Zugriffsberechtigung ist die Befugnis, mit einer bestimmten Menge von Daten in einer definierten Weise umzugehen. Es ist Aufgabe der Organisation, die Zugriffsberechtigungen der einzelnen Nutzer datenschutzgerecht

III. Datenschutz §15

zu bestimmen und zu begrenzen. Die Reichweite des Datenzugriffs ist aufgabenspezifisch vordefiniert. Zugriffsbefugnisse über den erforderlichen Umfang der Aufgaben hinaus sind nicht zulässig. Die Einhaltung der zugeteilten Zugriffsberechtigungen und etwaige Missbrauchsversuche müssen kontrolliert werden können (*Müller-Thele* NJW 2005, 1541).

Die Verarbeitung von Sozialdaten und deren Nutzung sind nach § 67b I 1 **8** SGB X nur zulässig, soweit dies durch Rechtsvorschrift zugelassen ist oder soweit der Betroffene eingewilligt hat.

§ 78a SGB X verpflichtet die verantwortliche Stelle → § 16 Rn. 6 im öffent- **9** lichen Interesse nur dazu, die erforderlichen technischen und organisatorischen Maßnahmen zu treffen, um den Anforderungen an den Datenschutz Rechnung zu tragen. Ein Verstoß gegen § 78a SGB X führt nicht dazu, dass darauf beruhende Maßnahmen schlechterdings rechtswidrig sind. Gespeicherte Daten können trotz unzureichender Datenschutz- und Sicherheitsmaßnahmen für Verwaltungszwecke genutzt werden. Außerdem ist § 78a SGB X insoweit keine drittschützende Norm. Ein Individualanspruch lässt sich aus der Vorschrift nicht ableiten. Für die verantwortlichen Funktionsträger könnten gravierende Verstöße gegen § 78a SGB X jedoch im Einzelfall eine Ordnungswidrigkeit nach § 85 SGB X darstellen (*Müller-Thele* NJW 2005, 1541, 1544).

2. Steuergeheimnis (S. 3)

Das Steuergeheimnis nach § 30 AO verpflichtet das Finanzamt grundsätz- **10** lich, niemandem zu offenbaren, was es bei der Besteuerung des Bürgers erfährt, sei es durch dessen Steuererklärung, sei es zB bei einer Betriebsprüfung. Diese Geheimhaltungspflicht besteht auch gegenüber anderen Behörden.

a) Offenbarungstatbestand. Allerdings ist dem Finanzamt unter ande- **11** rem die Weitergabe von im Besteuerungsverfahren erlangten Informationen an andere Behörden gestattet, wenn dies gesetzlich ausdrücklich gestattet ist (§ 30 IV Nr. 2 AO).

b) Mitteilungen zur Bekämpfung der illegalen Beschäftigung und **12** **des Leistungsmissbrauchs (§ 31a AO).**

§ 31a AO Mitteilungen zur Bekämpfung der illegalen Beschäftigung und des Leistungsmissbrauchs

(1) Die Offenbarung der nach § 30 geschützten Verhältnisse des Betroffenen ist zulässig, soweit sie
1. für die Durchführung eines Strafverfahrens, eines Bußgeldverfahrens oder eines anderen gerichtlichen oder Verwaltungsverfahrens mit dem Ziel
   a) der Bekämpfung von illegaler Beschäftigung oder Schwarzarbeit oder
   b) der Entscheidung
      aa) über Erteilung, Rücknahme oder Widerruf einer Erlaubnis nach dem Arbeitnehmerüberlassungsgesetz oder
      bb) über Bewilligung, Gewährung, Rückforderung, Erstattung, Weitergewährung oder Belassen einer Leistung aus öffentlichen Mitteln
   oder
2. für die Geltendmachung eines Anspruchs auf Rückgewähr einer Leistung aus öffentlichen Mitteln
erforderlich ist.

Obenhaus 317

§ 15 Allgemeines

(2) ¹Die Finanzbehörden sind in den Fällen des Absatzes 1 verpflichtet, der zuständigen Stelle die jeweils benötigten Tatsachen mitzuteilen. ²In den Fällen des Absatzes 1 Nr. 1 Buchstabe b und Nr. 2 erfolgt die Mitteilung auch auf Antrag des Betroffenen. ³Die Mitteilungspflicht nach den Sätzen 1 und 2 besteht nicht, soweit deren Erfüllung mit einem unverhältnismäßigen Aufwand verbunden wäre.

13 Eine Ausnahme vom Schutz des Steuergeheimnisses sieht § 31a AO ausdrücklich vor, so dass das Steuergeheimnis gegenüber den zuständigen Stellen nicht verletzt wird. Die Vorschrift erlaubt die Durchbrechung des Steuergeheimnisses um die systematische *Bekämpfung der Schattenwirtschaft* zu erleichtern (BT-Drs. 14/8221 S. 19). Hierzu gehören insb. die Aufdeckung und Ahndung illegaler Beschäftigung und Schwarzarbeit sowie die Vermeidung der rechtswidrigen Inanspruchnahme von Transferleistungen und Subventionen. Die ursprünglich bestehende Mitteilungsbefugnis ist zu einer Mitteilungspflicht erstarkt (BT-Drs. 14/8221, 19). Die Vorschrift ist verfassungsgemäß (BFH VII B 110/07, BStBl. II 2008, 42). § 31a AO ist ein gesetzlicher Offenbarungstatbestand iS von § 30 IV Nr. 2 AO.

14 **aa) Zulässige Mitteilung (§ 31a I AO).** Schutzgut sind die Verhältnisse des Betroffenen. § 31a trifft insoweit keine eigenständige Regelung, sondern knüpft unmittelbar an § 30 AO an (Koenig/*Intemann* § 31 AO Rn. 11). Der Begriff „Betroffener" in § 31a AO ist derselbe wie in § 30 AO. Danach ist Betroffener nicht nur der Verfahrensbeteiligte selbst, sondern auch jeder andere, dessen Verhältnisse durch § 30 AO geschützt werden zB Geschäftsführer, Geschäftspartner, Arbeitnehmer, Auftraggeber, Empfänger von Zahlungen, und/ oder anderen Vorteilen (OFD Hannover 10.9.2008, Nr. 1).

15 Die Vorschrift regelt nicht ausdrücklich, wem gegenüber die Finanzbehörde zur Mitteilung verpflichtet ist. Der Mitteilungsadressat lässt sich nur mit Blick auf den Zweck der Regelung bestimmen. Danach sind alle Behörden und Gerichte, die für die Bekämpfung der illegalen Beschäftigung oder des Leistungsmissbrauchs zuständig sind, geeignete Mitteilungsadressaten (Koenig/*Intemann* § 31 AO Rn. 16). Darüber ist es zulässig, Erkenntnisse zu übermitteln an alle Behörden und Gerichte, die Entscheidungen im Zusammenhang mit dem AÜG treffen (§ 31a I Nr. 1 Buchst. b Doppelbuchst. aa AO) oder über Leistungen aus öffentlichen Mitteln entscheiden (§ 31a I Nr. 1 Buchst. b Doppelbuchst. bb AO).

16 Die Offenbarung von durch das Steuergeheimnis geschützten Verhältnissen ist nur zulässig, wenn die Offenbarung erforderlich ist, um die illegale Beschäftigung oder einen Leistungsmissbrauch zu bekämpfen. Die Datenübermittlung zur Bekämpfung von illegaler Beschäftigung oder Schwarzarbeit regelt § 31a I Nr. 1 Buchst. a AO. Die Vorschrift erlaubt die Offenbarung von Verhältnissen des Betroffenen (Schwarzarbeiter, Arbeitgeber), soweit sie für die Durchführung
– eines Strafverfahrens
– eines Bußgeldverfahrens
– eines anderen gerichtlichen Verfahrens oder
– eines anderen Verwaltungsverfahrens mit dem Ziel der Bekämpfung von illegaler Beschäftigung oder Schwarzarbeit
erforderlich ist. Die Finanzbehörde darf also nicht *generell* Informationen übermitteln. Sie muss zuvor die **Erforderlichkeit** → § 6 Rn. 15 prüfen. Ein bloß

III. Datenschutz **§ 15**

allgemeiner Zusammenhang mit den Fällen des § 31a I AO reicht für eine Mitteilung noch nicht aus. Aus Sicht der Finanzbehörde ist es ausreichend, wenn die ihr vorliegenden Erkenntnisse als geeignet erscheinen, der Bekämpfung der Schwarzarbeit und dem Leistungsmissbrauch zu dienen (BFH VII B 110/07, BStBl. II 2008, 42). Die zuständigen Anfragestellen haben zu versichern, dass die Mitteilung der Verhältnisse für ein Verfahren iSd § 15 I erforderlich ist (AEAO zu § 31a Nr. 1).

Für die Mitteilung bedarf es kein Auskunftsersuchen einer anderen Behörde, auch eine Spontanauskunft ist zulässig (BFH VII B 110/07, BStBl. II 2008, 42). Die Offenbarung erfolgt von Amts wegen, wenn die Finanzbehörden über konkrete Informationen verfügen, die für die zuständigen Stellen für ein Verfahren nach § 31a I AO erforderlich sind (AEAO zu § 31a Nr. 1).   17

bb) Mitteilungspflicht (§ 31a II 1 AO). Zur Bekämpfung illegaler Beschäftigung und Schwarzarbeit ist die Finanzbehörde zur Weitergabe von Daten verpflichtet (§ 31a II 1 AO). Zur *Bekämpfung* der illegalen Beschäftigung und Schwarzarbeit dient die Mitteilung sowohl um deren laufende oder zukünftige Ausübung zu verhindern als auch einen in der Vergangenheit begangenen Verstoß zu ahnden. Auch die (beabsichtigte) *Ahndung* eines Verstoßes rechtfertigt nunmehr eine Mitteilung, weil die Finanzbehörde ausdrücklich zur Offenbarung von durch das Steuergeheimnis geschützten Verhältnissen zur Durchführung eines Straf- oder Bußgeldverfahrens verpflichtet ist (Koenig/*Intemann* § 31 AO Rn. 28; aA *Tipke/Kruse* § 31a AO Tz. 5 für den Fall einer fehlenden Wiederholungsgefahr). Das ist der Fall bei den in den in § 15 I genannten Fällen. Der in Mitteilungspflicht entgegenstehende unverhältnismäßige Aufwand iSd § 31a II 3 AO ist nur ausnahmsweise anzunehmen.   18

c) Schranke durch Verwendungsverbot. Übermitteln die Finanzbehörden Daten aus einem Steuerstrafverfahren, so ist das Verwendungsverbot aus § 393 II 1 AO zu beachten. Teilweise wird angenommen, das Verwendungsverbot aus § 393 II 1 AO gelte auch für Daten, die gemäß § 31a AO an die Strafverfolgungsbehörden übermittelt worden seien. Andere vertreten, die übermittelten Daten dürften in den Fällen des § 31a AO strafrechtlich stets verwertet werden, da die Mitteilungsbefugnis andernfalls nutzlos sei. Das Verhältnis von § 31a AO zu § 393 II AO ist unklar (BVerfG 27.4.2010 – 2 BvL 13/07, BeckRS 2010, 50089). Der BFH hält § 31a I Nr. 1 Buchst. b, Doppelbuchst. bb AO auch mit Blick auf die Selbstbelastungsfreiheit für verfassungsrechtlich unbedenklich (BFHE 219, 483, 489f.; Klein/*Rüsken* § 31a Rn. 9), demgegenüber wird die Verfassungsmäßigkeit des § 31a AO in der Literatur bezweifelt (Tipke/Kruse/*Drüen* Vor § 31 AO Rn. 1 und § 31a AO Rn. 1; FGJ/*Joecks* § 393 AO Rn. 10f.).   19

Grundlage für Prüfungen und Ermittlungen können Kontrollmitteilungen der Finanzämter sein, die diese insb iRv Aussenprüfungen fertigen. Grundlage von im Rahmen einer Außenprüfung (§ 193 AO) gefertigten Kontrollmitteilungen sind regelmäßig Unterlagen, die aufgrund gesetzlicher, nicht ausschließlich der Sicherstellung der Besteuerung dienender Aufzeichnungspflichten (zB Buchführungspflicht gemäß § 140 AO iVm § 238 HGB) erstellt und in Erfüllung der Mitwirkungspflichten aus § 200 AO vorgelegt werden. Der Inhalt solcher Kontrollmitteilungen beruht auf eigenen Angaben des Be-   20

§ 16 Zentrale Datenbank

troffenen. Die Verwendung der aufgrund gesetzlicher Aufzeichnungs- und Vorlagepflichten zu erstellenden oder vorzulegenden Unterlagen auch zur Ahndung von Straftaten oder Ordnungswidrigkeiten berührt jedoch nicht den Kernbereich der grundgesetzlich gewährleisteten Selbstbelastungsfreiheit (BVerfG 27.4.2010 – 2 BvL 13/07, wistra 2010, 341 [zu § 393 Abs. 2 AO], 22.10.1980 – 2 BvR 1172/79, 2 BvR 1238/79, BVerfGE 55, 144; 7.12.1991 – 2 BvR 1172/81, NJW 1982, 568; BGH 16.4.2014 – 1 StR 516/13, NJW 2014, 1975).

§ 16 Zentrale Datenbank

(1) **Zur Durchführung dieses Gesetzes führt der Arbeitsbereich Finanzkontrolle Schwarzarbeit der Zollverwaltung eine zentrale Prüfungs- und Ermittlungsdatenbank.**

(2) **In der zentralen Datenbank sind folgende Daten zu speichern, wenn sich tatsächliche Anhaltspunkte für das Vorliegen von Schwarzarbeit (§ 1 Abs. 2) oder von illegaler Beschäftigung (§ 404 Abs. 1, Abs. 2 Nr. 3, 4, 20 und 26 des Dritten Buches Sozialgesetzbuch, §§ 15, 15a, 16 Abs. 1 Nr. 1, 1a, 1b, 2, 2a und 7b des Arbeitnehmerüberlassungsgesetzes, § 23 Abs. 1 Nr. 1 und Abs. 2 des Arbeitnehmer-Entsendegesetzes, § 21 Absatz 1 Nummer 1 und Absatz 2 des Mindestlohngesetzes, §§ 10, 10a und 11) ergeben:**
1. **Familienname, Geburtsname, Vornamen, Geburtsdatum, Geburtsort und -bezirk, Geschlecht, Staatsangehörigkeiten, bei Unternehmen Name und Sitz der Person, bei der Anhaltspunkte für das Vorliegen von Schwarzarbeit oder von illegaler Beschäftigung bestehen,**
2. **die Stelle der Zollverwaltung, die die Überprüfung durchgeführt hat, und das Aktenzeichen,**
3. **die Darlegung der tatsächlichen Anhaltspunkte für das Vorliegen von Schwarzarbeit oder von illegaler Beschäftigung,**
4. **der Zeitpunkt der Einleitung und der Zeitpunkt der Erledigung des Verfahrens durch die Behörden der Zollverwaltung, im Fall des § 19 Abs. 2 Satz 1 auch der Zeitpunkt und die Art der Erledigung durch das Gericht oder die Staatsanwaltschaft.**

(3) **Die Daten dürfen nur für die Durchführung von Prüfungen nach § 2 Abs. 1 sowie für die Verhütung und Verfolgung von Straftaten und Ordnungswidrigkeiten im Zusammenhang mit den Prüfgegenständen nach § 2 Abs. 1 und für die Besteuerung, soweit sie im Zusammenhang mit der Erbringung von Dienst- oder Werkleistungen steht, verwendet werden.**

(4) **Die Behörden der Zollverwaltung übermitteln die in Absatz 2 genannten Daten dem Arbeitsbereich Finanzkontrolle Schwarzarbeit der Zollverwaltung zu dem in Absatz 3 genannten Zweck.**

Literatur: Fuchs, in: Kreikebohm/Spellbrink/Waltermann, Kommentar zum Sozialrecht, 3. Aufl. 2013; Krahmer, Sozialdatenschutz nach SGB I und X, 3. Aufl. 2011,

III. Der rechtliche Rahmen § 16

Köln; Lenz, Kommentar zum Gesetz zur Bekämpfung der Schwarzarbeit und illegalen Beschäftigung (Schwarzarbeitsbekämpfungsgesetz – SchwarzArbG), in: Das Deutsche Bundesrecht

Inhaltsübersicht

	Rn.
I. Allgemeines	1
II. Gesetzesmaterialien	3
III. Der rechtliche Rahmen	4
1. Verantwortliche Stelle (Abs. 1)	6
2. Datenspeicherung (Abs. 2)	7
3. Datenübermittlung (Abs. 4)	11
IV. Die technische Durchführung	14
V. Weitere IT-Systeme	22

I. Allgemeines

§ 16 I ordnet an, dass die FKS eine eigene zentrale Prüfungs- und Ermitt- 1
lungsdatenbank (ProFiS = Programmunterstützung Finanzkontrolle Schwarzarbeit) führt. § 16 II regelt die Speicherung von Daten in der Zentralen Datenbank, § 16 III deren Verwendung und § 16 IV iVm III die Übermittlung durch Abruf der Daten.

Eine Rechtsfolgenverweisung auf die Norm enthalten § 17 AEntG, § 17a 2
AÜG, § 12 MiArbG (bis 2014), § 15 MiLoG.

II. Gesetzesmaterialien

Die Begründung im Regierungsentwurf (BR-Drs. 155/04, 73) führt zu 3
§ 16 aus:

Die Vorschrift enthält die wesentlichen datenschutzrechtlichen Regelungen für eine Prüfungs- und Ermittlungsdatenbank der Finanzkontrolle Schwarzarbeit. Die Datenbank ist erforderlich, um dem Arbeitsbereich Finanzkontrolle Schwarzarbeit die nötigen Informationen zur effizienten und effektiven Erfüllung seiner gesetzlichen Aufgaben zur Verfügung zu stellen. Die Daten dienen einerseits der Risikoanalyse, die gewährleisten soll, dass sich die Prüfungen der Behörden der Zollverwaltung am prognostizierten Schaden ausrichten. Darüber hinaus dient die Datenbank zur Vermeidung von Doppelprüfungen und der damit verbundenen Beeinträchtigung der Betroffenen. Auch können unbeabsichtigte Beschränkungen der Ermittlungen auf einzelne Taten eines Gesamtkomplexes vermieden werden.

III. Der rechtliche Rahmen

Das Führen einer zentralen Datenbank stellt das Speichern von personenbe- 4
zogenen Daten (Sozialdaten) iSd § 67 IV Nr. 1 SGB X dar. Eine Datenverarbeitung, deren Unterfall die Speicherung ist, ist an den Grundsätzen in § 67b SGB X zu messen. Nach § 67b I 1 SGB X bedarf die ohne Einwilligung vorgenommene Datenverarbeitung einer gesetzlichen Grundlage im SGB X. Diese bildet § 16.

§ 16 Zentrale Datenbank

5 Die Zentrale Datenbank führt Daten zusammen. Diese erhalten durch die systematische Erfassung, Sammlung und Verarbeitung einen zusätzlichen Aussagewert. Zudem werden die Daten mit anderen Daten verbunden, wodurch der Aussagegehalt der verknüpften Daten insgesamt zunimmt. Daraus ergibt sich eine für das Grundrecht auf informationelle Selbstbestimmung spezifische Gefährdungslage für die Freiheitsrechte oder die Privatheit des Betroffenen (BVerfG 10.3.2008 – 1 BvR 2388/03, NJW 2008, 2099). Um sein Grundrecht auf informationelle Selbstbestimmung wahrnehmen zu können besteht ein Interesse des Einzelnen, den ihn betreffenden Informationsstand des Staates überschauen zu können. Dem dienen auf abstrakt-genereller Ebene die Rechtsgrundlagen für die Erhebung, Speicherung und Verarbeitung personenbezogener Daten. Der Einzelne hat darüber hinaus Kenntnis der ihn konkret betreffenden Informationen, über die der Staat verfügt, wenn er an der Datenerhebung oder Datenverarbeitung beteiligt wird. So liegt es, wenn Daten offen erhoben werden oder dem Betroffenen eine rechtlich gesicherte Möglichkeit zur Stellungnahme eingeräumt wird (BVerfG 10.3.2008 – 1 BvR 2388/03, NJW 2008, 2099). Die Speicherung in der Zentralen Datenbank erfolgt weder offen noch mit Beteiligung des Betroffenen. Es handelt sich um eine heimliche Datenverarbeitung.

1. Verantwortliche Stelle (Abs. 1)

6 § 16 I bestimmt den Arbeitsbereich Finanzkontrolle Schwarzarbeit der Zollverwaltung als die Stelle, die die Zentrale Datenbank führt. Der Arbeitsbereich FKS und nicht die Zollverwaltung als Ganzes ist somit verantwortliche Stelle iSd § 67a IX 1 SGB X. Damit stellt die Weitergabe der Daten innerhalb der Zollverwaltung eine Übermittlung iSd § 67a VI Nr. 3 SGB X und nicht lediglich eine Nutzung iSd § 67a VII SGB X dar. Die Errichtung der Zentralen Datenbank zum Zwecke des automatisierten Abrufs unterfällt § 79 SGB X.

2. Datenspeicherung (Abs. 2)

7 **Daten.** Die zulässigerweise zu speichernden Daten bezeichnet der Katalog in § 11 II abschließend. In der Datenbank dürfen Daten nicht anlasslos gespeichert werden. § 11 II nennt die Anlässe, bei denen die Erfassung der Daten in der Zentralen Datenbank gerechtfertigt ist. Die Norm enthält keine Aussage über die Datenerhebung (§ 67 V SGB X), sondern setzt diese voraus. In der zentralen Prüfungs- und Ermittlungsdatenbank nach § 16 sind nach § 11 II Daten zu speichern, wenn sich tatsächliche Anhaltspunkte für das Vorliegen von Schwarzarbeit (§ 1 II) oder von illegaler Beschäftigung (§ 404 I, II Nrn. 3, 4, 20 und 26 SGB III, §§ 15, 15a, 16 I Nrn. 1, 1a, 1b, 2 und 2a AÜG, § 23 I Nr. 1 und II AEntG, § 18 I Nr. 1 und II MiArbG (bis 2014), §§ 10 und 11) ergeben. Die Zahl der in dieser Datenbank erfassten Personen wird statistisch nicht ausgewertet (BT-Drs. 17/5438, 5).

8 Die Erfassung setzt voraus, dass tatsächliche Anhaltspunkte für das Vorliegen von Schwarzarbeit oder von illegaler Beschäftigung gegeben sind → § 2 Rn. 55. Man befindet sich im Prüfungsstadium auf einer Vorstufe des strafprozessualen bzw. ordnungswidrigkeitenrechtlichen Anfangsverdachts. Erforderlich sind dennoch konkrete Tatsachen. Die konkreten Anhaltspunkte müssen

III. Der rechtliche Rahmen § 16

einen Verstoß gegen die durch das SchwarzArbG geschützten Rechtsgüter → § 6 Rn. 15 nahe legen. Eine mit Tatsachen unterlegte kriminalistische Erfahrung, die für die präventiv-polizeiliche Befugnisgeneralklausel ausreicht, genügt ebenso wenig wie Vermutung auf Grundlage nachweisbarer Erfahrungen, die Vorfeldermittlungen nach § 208 I 1 Nr. 3 AO rechtfertigen. Dies folgt aus dem klaren Wortlaut, der „tatsächliche Anhaltspunkte" verlangt (*Fehn* ZfZ 04, 222). Überdies ist der Grundsatz der Datenvermeidung und Datensparsamkeit in § 78b SGB X zu beachten.

Zweckbindungsgebot. § 16 III nennt abschließend die Zwecke, die eine 9 Verwendung der Daten aus der zentralen Datenbank gestatten. Verwenden ist das Nutzen von Daten (§ 67 VII SGB X). Diese Bestimmung ist nicht erst bei der konkreten Verwendung zu beachten. Bei Speicherung der Daten ist zu beurteilen, ob diese für die genannten Zwecke voraussichtlich erheblich sind. Fehlt es daran, so hat eine Datenspeicherung nach dem Verhältnismäßigkeitsprinzip in Gestalt des Grundsatzes der Datenvermeidung zu unterbleiben (*arg ex.* § 84 II 2 SGB X). Zulässige Verwendungszwecke sind
– die Durchführung von Prüfungen nach § 2 I;
– die Verhütung von Straftaten und Ordnungswidrigkeiten im Zusammenhang mit den Prüfgegenständen nach § 2 I;
– die Verfolgung von Straftaten und Ordnungswidrigkeiten im Zusammenhang mit den Prüfgegenständen nach § 2 I;
– die Besteuerung, soweit sie im Zusammenhang mit der Erbringung von Dienst- oder Werkleistungen steht.

Nach dem Wortlaut des Gesetzes „und" müssen die Zwecke kumulativ 10 vorliegen. Ob dies der gesetzgeberischen Intention entspricht, erscheint zweifelhaft.

3. Datenübermittlung (Abs. 4)

Die befugte Datenübermittlung (§ 67 VI Nr. 3 SGB X) richtet sich nach 11 § 16 IV. Dieser verweist auf die Verwendungszwecke nach § 16 III.

Auskunft aus der Datenbank erhalten auf Ersuchen auch die Staatsan- 12 waltschaften für Zwecke der Strafverfolgung und die Finanzbehörden zur Durchführung eines Steuerstraf-, Steuerordnungswidrigkeiten- oder Besteuerungsverfahrens im Zusammenhang mit dem Erbringen von Dienst- und Werkleistungen (§ 17). (*Randt* C 154). Gemäß § 17 I Nr. 3 werden den Polizeivollzugsbehörden des Bundes und der Länder für die Verhütung und Verfolgung von Straftaten und Ordnungswidrigkeiten, die im Zusammenhang mit einem der in § 2 I genannten Prüfgegenstände stehen, Auskünfte aus dieser zentralen Datenbank erteilt. Außerdem werden den Finanzbehörden und den Staatsanwaltschaften Auskünfte erteilt nach § 17 I Nrn. 2 und 4 (BT-Drs. 17/5438, 5).

Datenlöschung. Sobald die Daten für die genannten Zwecke nicht mehr 13 benötigt werden, sind sie zu löschen, § 84 II 2 SGB X. Näheres regelt § 19.

IV. Die technische Durchführung

14 Nach § 78a SGB X sind geeignete technische und organisatorische Maßnahmen zur Gewährleistung des Datenschutzes zu treffen.

15 Die FKS greift auf folgende Datenbanksysteme zu (BT-Drs. 17/5438, 5):

Datenbanksystem	Art des Zugriffs
INPOL – bundesländerübergreifendes Informationssystem der Polizei beim Bundeskriminalamt	Einzelabfragen über das Zollkriminalamt oder das Bundeskriminalamt
INZOLL – Zollfahndungsinformationssystem	automatisiert, lesend
ZenDa-ProFiS – Zentrale Datenhaltung zur Programmunterstützung Finanzkontrolle Schwarzarbeit	automatisiert, lesend, schreibend

16 ProFiS/ZenDa-ProFiS ist die eigene zentrale Prüfungs- und Ermittlungsdatenbank, die die FKS nach § 16 führt. ProFiS basiert technisch auf einer relationalen Datenbank (ORACLE 10g), PL/SQL-Packages sowie einer in Access2003 erstellten Dialoganwendung. Zur Unterstützung des Controlling der FKS wird monatlich die ProFiS-Datenbank statistisch ausgewertet und mittels Oracle Reports-Builder in vorgegebene Berichten ausgegeben (BT-Drs. 17/8544, 23).

17 Bei INZOLL handelt es sich um ein Fallbearbeitungssystem (BT-Drs. 17/8544, 22). Das lässt vermuten, dass INZOLL auch allerlei „weiche" Daten enthält, also Daten, die innerhalb von Ermittlungsverfahren einfach mal so erhoben werden. INZOLL ist eine Entwicklung von T-Systems (BT-Drs. 17/8544, 20). In INZOLL sind keine Zusatzmodule eingebunden. Im IT-Verfahren ProFiS ist als „Zusatzmodul" die „Erhebungshilfe FKS" der DRV eingebunden. Mittels der „Erhebungshilfe FKS" werden vom Arbeitsbereich FKS Ermittlungsergebnisse aufbereitet und der DRV elektronisch zur weiteren Bearbeitung (Prüfung, Schadensberechnung, Erteilung von Beitragsbescheiden) übermittelt (BT-Drs. 17/8544, 22).

18 Die IT-Verfahren INZOLL und ProFiS verfügen nicht über Schnittstellen zu Polizeidatenbanken (BT-Drs. 17/8544, 21).

19 Die FKS verfügt nicht über einen Zugriff auf die bei der Bundespolizei geführte Dateien (BT-Drs. 17/5438, 5).

20 Das BMF ist zuständig für die Prüfung und Kontrolle der jeweiligen Befugnisse der FKS. Dies schließt datenschutzrechtliche Fragen ein. Darüber hinaus unterliegt auch dieser Arbeitsbereich der datenschutzrechtlichen Prüfung des Bundesbeauftragten für den Datenschutz und die Informationsfreiheit (BT-Drs. 17/5438, 5).

21 Für Aufgaben der Grundsicherung nach SGB II (vormals Sozialhilfe) ermächtigt § 52 SGB II die **Jobcenter,** einen automatisierten Datenabgleich mit anderen Leistungsträgern zur Überprüfung doppelten Leistungsbezugs durchzuführen. Zu dem Zweck besteht eine gemeinsame Einrichtung in

V. Weitere IT-Systeme **§ 16**

Verantwortung der BA (§ 50 III SGB II). Ziel des automatisierten Datenabgleichs ist die Überprüfung von Anspruchsvoraussetzungen und die Vermeidung von Leistungsmissbrauchs. Der automatisierte Datenabgleich ist in § 52 SGB II und in der Verordnung über den automatisierten Datenabgleich bei Leistungen der Grundsicherung für Arbeitsuchende (GrSiDAV) geregelt. Der automatisierte Datenabgleich nach § 52 SGB II wird viermal jährlich durchgeführt. Die Ergebnisse der Abgleiche werden laufend von den Jobcentern ausgewertet. Die nachfolgende Tabelle zeigt die Institutionen, mit denen der Bezug von möglichen anderen Einkünften abgeglichen wird (BT-Drs. 18/1628, 8):

Institution/Auskunftsstelle	Einkünfte/Abgleich
Deutsche Post AG	• Laufende und einmalige Rentenzahlungen der gesetzlichen Rentenversicherung • Laufende und einmalige Rentenzahlung der Unfallversicherung
Bundesagentur für Arbeit	Leistungen der Arbeitsförderung nach dem SGB III
Deutsche Rentenversicherung Knappschaft-Bahn-See	Laufende und einmalige Rentenzahlungen der gesetzlichen Rentenversicherung.
Deutsche Rentenversicherung	• Einkommen aus geringfügiger und sozialversicherungspflichtiger Beschäftigung • Weitere Leistungen nach dem SGB II • Leistungen der Träger der Sozialhilfe
Bundeszentralamt für Steuern	Daten nach § 45d I EStG (Kapitalerträge)
Zentrale Zulagenstelle für Altersvermögen nach § 81 EStG	Wegfall der Förderung von Altersvorsorgevermögen (Riester-Rente)

V. Weitere IT-Systeme

BA, In den betroffenen Rechtskreisen SGB III und der Familienkasse erfolgt die IT-Unterstützung bei der Bearbeitung von Rechtsbehelfen, Ordnungswidrigkeiten und Strafverfahren mittels sog. Patenschaftslösungen (coLei PC FamKaRB, FGO-LAA, SGG-LAA, SGG-AA, BuStra, OWi und FamKaOWi). Diese werden durch ein zentrales IT-Verfahren abgelöst. Die Einführung der Anwendung Falke erfolgt stufenweise ab April 2012 (HEGA 03/2012 – 12 – Einführung des zentralen IT – Verfahrens Falke, Gz.: OS 12 – 7400/9008/8526/1500.3/1511, http://www.arbeitsagentur.de/nn_164884/zentraler-Content/HEGA-Internet/A01-Allgemein-Info/Dokument/HEGA-03-2012-VV-FALKE.html). 22

Zur Durchführung des Arbeitnehmerüberlassungsgesetzes sind durchgängig Interne Kontrollsysteme einzuführen, die der Vermeidung/Verminderung 23

§ 16 Zentrale Datenbank

von Korruptionsrisiken dienen (HEGA 03/10 – 03 – Interne Kontrollsysteme bei der Durchführung des Arbeitnehmerüberlassungsgesetzes (AÜG), Gz.: SP III 32 – 7160.1/1240.4/2716, http://www.arbeitsagentur.de/nn_165870/zentraler-Content/HEGA-Internet/A08-Ordnung-Recht/Dokument/HEGA-03–2010-IKS-bei-AUeG.html).

24 Bei der **Datenstelle der Träger der Rentenversicherung** (eine dort eingerichtete zentrale Datenbank) werden die Daten der von ausländischen Sozialversicherungsträgern übersandten Entsendebescheinigungen (A1-Bescheinigung nach Art. 11 bis 16 VO (EG) 883/2004 und Art. 19 VO [EG] 987/2009/ vormals E 101-Bescheinigung nach Art. 11 VO [EWG] 542/72 iVm Art. 14 I Buchst. a Ziffer i oder II Buchst. a VO [EWG] 1408/71) erfasst (zur Bindungswirkung → Vor § 8 Rn. 10). Der für die E 101-Bescheinigungen notwendige Datenaustausch erfolgte unter der Geltung der VO (EWG) 1408/71 in Papierform. Mit VO (EG) 883/2004 wurde der elektronische Datenaustausch über eine gemeinsame Infrastruktur (*Electronic Exchange of Social Security Information* – EESSI) eingeführt (Art. 78) zum Zwecke der Zusammenarbeit nach Art. 76. Datenträger dieses elektronischen Datenaustausches sind sog. strukturierte elektronische Dokumente (Art. 1 II lit. c VO [EG] 987/2009). IRd elektronischen Datenaustausches ist der Datenschutz nach Art. 77 einzuhalten (*Fuchs* VO [EG] 883/2004 Rn. 195 f.).

25 Durch die zentrale Erfassung von Bescheinigungen für nach Deutschland entsandte Arbeitnehmer wird der Prüfungsablauf durch die Kontrollbehörden erheblich erleichtert (BT-Drs. 17/14800, 20).

26 Bei der Datenstelle der Träger der Rentenversicherung war eine **Zentrale Speicherstelle (ZSS)** zur Durchführung des elektronischen Entgeltnachweises ELENA nach § 96 I SGB IV, idF d ELENA-Verfahrensgesetzes v. 28.3.2009, aufgeh. mWv 3.12.2011 durch G v. 23.11.2011 (BGBl. I S. 2298) eingerichtet.

27 IZm der Einführung von § 2a führt die Gesetzesbegründung aus, dass rund 20 Prozent der Anschriften im Bestand der Rentenversicherungsträger fehlerhaft seien. Daraus ergibt sich ein Mehraufwand bei der Ermittlung der Daten, die jeweils in einer Einzelabfrage aufgeklärt werden müssen. Zukünftig sollen deshalb dieselben Daten, die dem Bundeszentralamt für Steuern zur Verfügung gestellt werden, in Datenkopie der Datenstelle der Träger der Rentenversicherung übermittelt werden (BR-Drs. 544/08, 19).

28 **Internal Market Informationssystem** – IMI. Seit dem 16.5.2011 nimmt die BFD West – Abteilung Zentrale Facheinheit -als zuständiges Verbindungsbüro (→ § 6a Rn. 2) am europäischen Pilotprojekt „Nutzung des elektronischen Binnenmarkt-Informationssystems" (Internal Market Informationssystem – IMI) im Bereich der Entsenderichtlinie teil. IMI ist eine Online-Anwendung, die es nationalen, regionalen und lokalen Behörden und Stellen ermöglicht, mit Verwaltungen in einem anderen EU/EWR-Mitgliedstaat zu kommunizieren. Über das IMI werden Ersuchen an ausländische Verbindungsbüros übermittelt und die Ersuchen ausländischer Verbindungsbüros beantwortet. Die Bundesregierung hält die Nutzung des IMI im Bereich der Entsenderichtlinie für einen wesentlichen Schritt zur Verbesserung des zwischenstaatlichen Informationsaustauschs (BT-Drs. 17/14800, 5).

Das **BAG** führt nach § 16 GüKG eine Datei über abgeschlossene Buß- 29
geldverfahren. Eine Datenübermittlung zum Zwecke der Schwarzarbeitsbekämpfung ist nach § 16 IV Nr. 1 a GüKG zulässig. Die bereichsspezifische Verwendung (Zweckbindung) nach § 16 VI 2 GüKG ist zwingend zu beachten. Es ist das Auskunftsverbot nach § 16 VI 1 GüKG zu beachten.

Visa-Warndateigesetz – VWDG – (22.12.2011 BGBl. I S. 3037) ist die ge- 30
setzliche Grundlage für die Errichtung einer zentralen **Visa-Warndatei** sowie für ein Verfahren des unmittelbaren Abgleichs von bestimmten Daten aus Visaverfahren für Sicherheitszwecke. Ziel der Warndatei ist es, Visumsmissbrauch zu vermeiden (BT-Drs. 17/7994). In der Datei werden Warndaten zu Personen gespeichert, die iZm einer für das Visumsverfahren relevanten Straftat nach dem AufenthG, dem § 10 oder § 11 dieses G oder iZm Schleusung, Menschen- und Kinderhandel oder schwersten Betäubungsmitteldelikten auffällig geworden sind (§ 2 I VWDG). Die FKS hat keinen Zugriff auf die Visa-Warndatei.

Die nach Landesrecht für die Aufgaben nach § 14 I GewO zuständigen Be- 31
hörden sind nach § 14 IX Nr. 7 GewO berechtigt, die Daten der Gewerbeanzeigen auch an die Zollverwaltung zur Wahrnehmung der ihr nach dem SchwarzArbG, nach § 405 I iVm § 404 II SGB III sowie nach dem AÜG obliegenden Aufgaben zu übermitteln.

§ 17 Auskunft an Behörden der Zollverwaltung, an die Polizeivollzugsbehörden des Bundes und der Länder, an die Finanzbehörden und an die Staatsanwaltschaften

(1) ¹Auskunft aus der zentralen Datenbank wird auf Ersuchen erteilt
1. den Behörden der Zollverwaltung für die Durchführung von Prüfungen nach § 2 Abs. 1 sowie für die Verfolgung von Straftaten und Ordnungswidrigkeiten, die in unmittelbarem Zusammenhang mit einem der in § 2 Abs. 1 genannten Prüfgegenstände stehen,
2. den Staatsanwaltschaften für Zwecke der Strafverfolgung,
3. den Polizeivollzugsbehörden des Bundes und der Länder für die Verhütung und Verfolgung von Straftaten und Ordnungswidrigkeiten, die im Zusammenhang mit einem der in § 2 Abs. 1 genannten Prüfgegenstände stehen,
4. den Finanzbehörden der Länder zur Durchführung eines Steuerstraf- oder Steuerordnungswidrigkeitenverfahrens und für die Besteuerung, soweit sie im Zusammenhang mit der Erbringung von Dienst- oder Werkleistungen steht.

²Soweit durch eine Auskunft die Gefährdung des Untersuchungszwecks eines Ermittlungsverfahrens zu besorgen ist, kann die für dieses Verfahren zuständige Behörde der Zollverwaltung oder die zuständige Staatsanwaltschaft anordnen, dass keine Auskunft erteilt werden darf. ³§ 478 Abs. 1 Satz 1 und 2 der Strafprozessordnung findet Anwendung, wenn die Daten Verfahren betreffen, die zu einem Strafverfahren geführt haben.

§ 17 Auskunft an Behörden

(2) ¹Die Übermittlung der Daten erfolgt im Wege eines automatisierten Abrufverfahrens oder eines automatisierten Anfrage- und Auskunftsverfahrens, im Fall einer Störung der Datenfernübertragung oder bei außergewöhnlicher Dringlichkeit telefonisch oder durch Telefax. ²Die beteiligten Stellen haben zu gewährleisten, dass dem jeweiligen Stand der Technik entsprechende Maßnahmen zur Sicherstellung von Datenschutz und Datensicherheit getroffen werden, die insbesondere die Vertraulichkeit und Unversehrtheit der Daten gewährleisten; im Fall der Nutzung allgemein zugänglicher Netze sind dem jeweiligen Stand der Technik entsprechende Verschlüsselungsverfahren anzuwenden. ³Es gilt § 79 Abs. 2 bis 4 des Zehnten Buches Sozialgesetzbuch.

Literatur: Gola/Schomerus, BDSG, 11. Aufl. 2012; Krahmer, Sozialdatenschutz nach SGB I und X, 3. Aufl. 2011, Köln; Lenz, Kommentar zum Gesetz zur Bekämpfung der Schwarzarbeit und illegalen Beschäftigung (Schwarzarbeitsbekämpfungsgesetz – SchwarzArbG), in: Das Deutsche Bundesrecht;

I. Allgemeines

1   Die Norm ist *lex specialis* zu § 67e SGB X und § 68 SGB X.
2   Abs. 1 Nr. 3 wurde geändert durch Gesetz v. 21.12.2008 (BGBl. I S. 2933)
3   Eine Rechtsfolgenverweisung auf die Norm enthalten § 17 AEntG, § 17a AÜG, § 12 MiArbG (bis 2014), § 15 MiLoG.

II. Gesetzesmaterialien

4   Die Begründung im Regierungsentwurf (BR-Drs. 155/04, 72) führt zu § 17 aus:

Die Vorschrift regelt die Auskunftserteilung aus der Zentralen Datenbank an Behörden der Zollverwaltung und an Staatsanwaltschaften.

5   Die Begründung zur Änderung von Abs. 1 S. 1 Nr. 3 durch Gesetz vom 21.12.2008 (BR-Drs. 544/08, 25) führt aus:

Der geltende § 17 Abs. 1 Nr. 3 des Schwarzarbeitsbekämpfungsgesetzes sieht auf Anregung des Bundesrates (BT-Drs. 15/2948, S. 14) hinsichtlich der zentralen Prüfungs- und Ermittlungsdatenbank ein Auskunftsrecht für die Polizeivollzugsbehörden der Länder vor.

Der Bundesrat führte in seiner Begründung beispielhaft auf, dass dieses Recht für polizeiliche Ermittlungen wegen des Einschleusens von Ausländern oder wegen Menschenhandels zweckmäßig sei. Die Polizei sei sonst verpflichtet, Erkenntnisse im Zusammenhang mit Schwarzarbeit der Zollverwaltung mitzuteilen, im Gegenzug aber nicht berechtigt, Auskunft aus der zentralen Datei zu erhalten. Diese Inkongruenz wurde durch die Einräumung eines Auskunftsrechts an die Polizeivollzugsbehörden der Länder beseitigt.

Aus diesen Erwägungen heraus ist es sachgerecht und erforderlich, auch der Bundespolizei dieses Auskunftsrecht einzuräumen, da dieser eine originäre Zuständigkeit zur

IV. Übermittlungsvorgang (Abs. 2) **§ 17**

Bekämpfung der Schleusungskriminalität übertragen ist. Ergänzend ist festzustellen, dass die Bundespolizei in besonderem Maße die Zollverwaltung bei der Bekämpfung der Schwarzarbeit gemäß § 2 Abs. 2 Nr. 8 Schwarzarbeitsbekämpfungsgesetz unterstützt. Die in § 2 Abs. 1 des Schwarzarbeitsbekämpfungsgesetzes genannten Prüfgegenstände stehen erfahrungsgemäß häufig in einem inneren Zusammenhang mit anderen Straftaten, wie zB dem Einschleusen von Ausländern (BT-Drs. 15/2948, S. 11). Nach § 2 des Bundespolizeigesetzes nimmt die Bundespolizei Aufgaben des Grenzschutzes wahr. Im Zusammenhang mit dieser Aufgabenwahrnehmung gewinnt die Bundespolizei Erkenntnisse, die einen Tatverdacht wegen des Einschleusens von Ausländern oder anderer Straftaten nach dem Aufenthaltsgesetz begründen.

Gerade zu einer übergreifenden effektiven Bekämpfung der Kriminalität muss aus diesen Gründen ein kongruenter Informationsaustausch auch im Hinblick auf die Bundespolizei gewährleistet sein. Wie die Polizeien der Länder und die Bundespolizei führt auch das Bundeskriminalamt unter der Sachleitung von Staatsanwaltschaften polizeiliche Ermittlungen in Fällen der Schleusungskriminalität. In solchen Verfahren ergibt sich für das Bundeskriminalamt – im gleichen Maße wie für die vorgenannten Polizeibehörden – das Erfordernis, Daten aus der Prüfungs- und Ermittlungsdatenbank gemäß § 16 Schwarzarbeitsbekämpfungsgesetz zu erhalten, die vielfach Bezüge zum Phänomenfeld der Schleusungskriminalität u. a. Kriminalitätsfeldern aufweisen.

III. Voraussetzungen (Abs. 1)

§ 17 I regelt die Voraussetzungen für eine Auskunft aus der Zentralen Datenbank. Unter den Voraussetzungen des Satzes 1 besteht ein Auskunftsanspruch. Schranken enthalten Sätze 2 und 3. Die Auskunft erfolgt nur auf Ersuchen. Es erfolgen keine Spontanübermittlungen. Die Daten dürfen allein an die genannten Stellen übermittelt werden und allein zu den jeweils genannten Zwecken (Zweckbindung). Der Verweis in Satz 3 auf § 478 I 1 und 2 StPO stellt die Übermittlung solcher Daten, die ein Verfahren betreffen, die zu einem Strafverfahren geführt haben, unter den Entscheidungsvorbehalt der StA. **6**

IV. Übermittlungsvorgang (Abs. 2)

§ 17 II 1 legt die Art und Weise fest, in der Übermittlung der Daten erfolgt. Es sind zwei alternative Wege eröffnet, über die die Übermittlung erfolgt: (1.) im Wege eines automatisierten Abrufverfahrens oder (2.) im Wege eines automatisierten Anfrage- und Auskunftsverfahrens. Automatisiert ist die Übermittlung, wenn sie unter Einsatz von Datenverarbeitungsanlagen durchgeführt wird (§ 67 III 1 SGB X, vgl. § 493 StPO). Durch die Einrichtung eines automatisierten Abrufverfahrens (§ 10 I 1 BDSG) wird für die angeschlossenen, zugriffsberechtigten Stellen die Möglichkeit und Berechtigung geschaffen, sowohl im Wege der Dialogverarbeitung als auch im Wege der Stapelverarbeitung über die bei der verantwortlichen Stelle vorhandenen Daten zu verfügen (Gola/Schomerus § 10 Rn. 3). Bei der Stapelverarbeitung (§ 10 VI 4 BDSG) wird ein Gesamtbestand personenbezogener Daten abgerufen und übermit- **7** telt. Demgegenüber umfasst die Dialogverarbeitung genau einen Abruf- und Übermittlungsvorgang. Im Falle der technischen Störung ist die Datenfernübertragung eröffnet. Dies ist vor allem die Übermittlung per E-Mail oder Internet. Nur bei außergewöhnlicher Dringlichkeit ist die Übermittlung per Telefon oder Telefax zulässig. Eine solche Ausnahme ist aktenkundig zu machen, um festzuhalten, dass die Voraussetzungen für eine zulässige Offenbarung iSd § 67d SGB IX vorlagen. § 17 II 2 verpflichtet zu organisatorischen Standards für en Datenschutz. Die Standards gelten vor allem der Vertraulichkeit und der Unversehrtheit der Daten. Verpflichtete sind alle beteiligten Stellen. Die durch S. 3 einbezogenen § 79 II bis IV SGB X enthalten Vorschriften über die Kontrolle bei automatisierten Abrufverfahren. § 79 IV 1 SGB weist die Verantwortlichkeit für die Zulässigkeit des einzelnen Abrufs – und damit das Vorliegen der Voraussetzungen des Offenbarungstatbestands – der empfangenden Stelle zu.

§ 18 Auskunft an die betroffene Person

¹**Für die Auskunft an die betroffene Person gilt § 83 des Zehnten Buches Sozialgesetzbuch.** ²**Die Auskunft bedarf des Einvernehmens der zuständigen Staatsanwaltschaft, wenn sie Daten aus einem Verfahren betrifft, das zu einem Strafverfahren geführt hat.**

Literatur: *Brüssow/Petri,* Arbeitsstrafrecht, 2. Aufl. 2015; *Krahmer,* Sozialdatenschutz nach SGB I und X, 3. Aufl. 2011, Köln; *Lenz,* Kommentar zum Gesetz zur Bekämpfung der Schwarzarbeit und illegalen Beschäftigung (Schwarzarbeitsbekämpfungsgesetz – SchwarzArbG), in: Das Deutsche Bundesrecht;

Rechtsprechung: BVerfG 10.3.2008 – 1 BvR 2388/03, NJW 08, 2099; FG Berlin-Brandenburg 25.11.2009 – 7-K-1213/07, EFG 2010, 610 zu Akteneinsicht

I. Allgemeines

1 § 83 SGB X gibt dem Betroffenen einen Anspruch auf Auskunft. § 18 betrifft die Auskunft über die Daten in der Zentralen Datenbank.

2 Das Interesse des Betroffenen, von den ihn betreffenden informationsbezogenen Maßnahmen des Staates Kenntnis zu erlangen, wird grundrechtlich durch sein in Art. 2 I iVm 1 I GG gewährleistetes Grundrecht auf Schutz der Persönlichkeit in der Ausprägung als Grundrecht auf informationelle Selbstbestimmung geschützt, ferner durch den Anspruch auf effektiven Rechtsschutz aus Art. 19 IV GG (BVerfG 10.3.2008 – 1 BvR 2388/03, NJW 08, 2099).

3 Eine Rechtsfolgenverweisung auf die Norm enthalten § 17 AEntG, § 17a AÜG, § 12 MiArbG (bis 2014), § 15 MiLoG.

II. Gesetzesmaterialien

4 Die Begründung im Regierungsentwurf (BR-Drs. 155/04, 73) führt zu § 18 aus:

III. Auskunftsrecht § 18

Die Vorschrift regelt die Auskunftserteilung aus der Zentralen Datenbank an die betroffene Person.

III. Auskunftsrecht

§ 83 SGB X Auskunft an den Betroffenen 5

(1) ¹Dem Betroffenen ist auf Antrag Auskunft zu erteilen über
1. die zu seiner Person gespeicherten Sozialdaten, auch soweit sie sich auf die Herkunft dieser Daten beziehen,
2. die Empfänger oder Kategorien von Empfängern, an die Daten weitergegeben werden, und
3. den Zweck der Speicherung.

²In dem Antrag soll die Art der Sozialdaten, über die Auskunft erteilt werden soll, näher bezeichnet werden. ³Sind die Sozialdaten nicht automatisiert oder nicht in nicht automatisierten Dateien gespeichert, wird die Auskunft nur erteilt, soweit der Betroffene Angaben macht, die das Auffinden der Daten ermöglichen, und der für die Erteilung der Auskunft erforderliche Aufwand nicht außer Verhältnis zu dem vom Betroffenen geltend gemachten Informationsinteresse steht. ⁴Die verantwortliche Stelle bestimmt das Verfahren, insbesondere die Form der Auskunftserteilung, nach pflichtgemäßem Ermessen. ⁵§ 25 Abs. 2 gilt entsprechend.

(2) Für Sozialdaten, die nur deshalb gespeichert sind, weil sie auf Grund gesetzlicher, satzungsmäßiger oder vertraglicher Aufbewahrungsvorschriften nicht gelöscht werden dürfen, oder die ausschließlich Zwecken der Datensicherung oder der Datenschutzkontrolle dienen, gilt Absatz 1 nicht, wenn eine Auskunftserteilung einen unverhältnismäßigen Aufwand erfordern würde.

(3) Bezieht sich die Auskunftserteilung auf die Übermittlung von Sozialdaten an Staatsanwaltschaften und Gerichte im Bereich der Strafverfolgung, an Polizeibehörden, Verfassungsschutzbehörden, den Bundesnachrichtendienst und den Militärischen Abschirmdienst, ist sie nur mit Zustimmung dieser Stellen zulässig.

(4) Die Auskunftserteilung unterbleibt, soweit
1. die Auskunft die ordnungsgemäße Erfüllung der in der Zuständigkeit der verantwortlichen Stelle liegenden Aufgaben gefährden würde,
2. die Auskunft die öffentliche Sicherheit gefährden oder sonst dem Wohle des Bundes oder eines Landes Nachteile bereiten würde oder
3. die Daten oder die Tatsache ihrer Speicherung nach einer Rechtsvorschrift oder ihrem Wesen nach, insbesondere wegen der überwiegenden berechtigten Interessen eines Dritten, geheim gehalten werden müssen,

und deswegen das Interesse des Betroffenen an der Auskunftserteilung zurücktreten muss.

(5) ¹Die Ablehnung der Auskunftserteilung bedarf keiner Begründung, soweit durch die Mitteilung der tatsächlichen und rechtlichen Gründe, auf die die Entscheidung gestützt wird, der mit der Auskunftsverweigerung verfolgte Zweck gefährdet würde. ²In diesem Fall ist der Betroffene darauf hinzuweisen, dass er sich, wenn die in § 35 des Ersten Buches genannten Stellen der Kontrolle des Bundesbeauftragten für den Datenschutz unterliegen, an diesen, sonst an die nach Landesrecht für die Kontrolle des Datenschutzes zuständige Stelle wenden kann.

(6) Wird einem Auskunftsberechtigten keine Auskunft erteilt, so kann, soweit es sich um in § 35 des Ersten Buches genannte Stellen handelt, die der Kontrolle des Bundesbeauftragten für den Datenschutz unterliegen, dieser, sonst die nach Landesrecht für die Kontrolle des Datenschutzes zuständige Stelle auf Verlangen der Auskunftsberechtigten prüfen, ob die Ablehnung der Auskunftserteilung rechtmäßig war.

(7) Die Auskunft ist unentgeltlich.

6 Der Verweis in § 18 S. 1 auf § 83 SGB X ist deklaratorisch. § 18 regelt die Auskunft aus einer Datei, nämlich der zentralen Datenbank nach § 16. § 18 ist mit § 491 StPO im Strafverfahren vergleichbar (*Brüssow/Petri* Rn. 508).

7 Von der Auskunft aus der zentralen Datenbank ist die Auskunft aus einer Akte bzw. die **Akteneinsicht** (iRd Prüfung nach § 2: FG Bln-Bbg 25.11.2009 – 7-K – 1213/07, EFG 2010, 610) zu unterscheiden. Akteneinsicht wird gewährt auf folgenden Rechtsgrundlagen (*Brüssow/Petri* Rn. 508):

im Bereich der Strafverfolgung	§ 475 StPO, für die Verfahrensbeteiligten § 147 StPO
im Bereich der Verfolgung von Ordnungswidrigkeiten	dto. iVm §§ 46, 49 OWiG
für Sozialdaten	§ 83 SGB X iVm § 15
für personenbezogene Daten, die nicht Sozialdaten sind	§ 19 BDSG

8 Das Auskunftsrecht gilt nicht vorbehaltlos. § 18 S. 2 setzt eine Schranke, wenn die in der Zentralen Datenbank gespeicherten Daten zu einem Strafverfahren geführt haben. Das Einvernehmen der zuständigen StA ist notwendig, um Akteneinsichtsrechte im Strafverfahren nicht zu unterlaufen. Nicht ausreichend ist, dass die Daten in einem Strafverfahren verwendet wurden. Sie müssen zu einem Strafverfahren geführt haben. Das ist der Fall, wenn die Daten den Anfangsverdacht gestützt haben.

9 Erteilt die Behörde trotz Auskunftserteilungsgesuch die Auskunft nicht, so kann der Betroffene Leistungsklage nach § 40 I FGO erheben. Nach § 23 ist der Finanzrechtsweg gegeben. Es ist kein Verpflichtungseinspruch einzulegen, damit der Auskunft ein Realakt begehrt wird. Erteilt die Behörde auf das Auskunftsgesuch jedoch einen Ablehnungsbescheid, so ist dies ein VA, gegen den Anfechtungseinspruch (§ 347 I 1 Nr. 4 AO iVm § 22) und Anfechtungsklage (§§ 40 I, 44 I FGO) statthaft sind (*Brüssow/Petri* Rn. 590).

§ 19 Löschung

(1) **Daten in der zentralen Datenbank sind spätestens zu löschen,**
1. **wenn seit dem Abschluss der letzten von den Behörden der Zollverwaltung vorgenommenen Verfahrenshandlung ein Jahr vergangen ist, ohne dass ein Bußgeldverfahren eingeleitet oder die Sache an die Staatsanwaltschaft abgegeben wurde,**
2. **sofern ein Bußgeldverfahren eingeleitet oder die Sache an die Staatsanwaltschaft abgegeben wurde, fünf Jahre nach dem Zeitpunkt der Einleitung oder der Abgabe.**

(2) ¹**Wird den Behörden der Zollverwaltung bekannt, dass eine Person, über die Daten nach § 16 Abs. 2 gespeichert wurden, wegen der betreffenden Tat rechtskräftig freigesprochen, die Eröffnung des Hauptverfahrens gegen sie unanfechtbar abgelehnt oder das Verfahren nicht nur vorläufig eingestellt ist, teilen sie dies dem Arbeitsbereich**

III. Löschungsanspruch **§ 19**

Finanzkontrolle Schwarzarbeit der Zollverwaltung mit. ²Die betroffenen Daten sind zwei Jahre nach der Erledigung des Strafverfahrens zu löschen.

(3) § 84 Abs. 3 des Zehnten Buches Sozialgesetzbuch bleibt unberührt.

Literatur: *Brüssow/Petri,* Arbeitsstrafrecht, 2. Aufl. 2015; Krahmer, Sozialdatenschutz nach SGB I und X, 3. Aufl. 2011; Lenz, Kommentar zum Gesetz zur Bekämpfung der Schwarzarbeit und illegalen Beschäftigung (Schwarzarbeitsbekämpfungsgesetz – SchwarzArbG), in: Das Deutsche Bundesrecht;

I. Allgemeines

§ 19 normiert einen Spezialtatbestand zu § 84 III SGB X. Dies verdeutlicht 1
die Formulierung in Abs. 1 „Daten sind spätestens zu löschen ...".

Eine Rechtsfolgenverweisung auf die Norm enthalten § 17 AEntG, § 17 a 2
AÜG, § 12 MiArbG (bis 2014), § 15 MiLoG.

II. Gesetzesmaterialien

Die Begründung im Regierungsentwurf (BR-Drs. 155/04, 73) führt zu 3
§ 19 aus:

Die Vorschrift regelt die Löschung der Daten aus der Zentralen Datenbank.

III. Löschungsanspruch

Nach § 84 II SGB X sind gespeicherte Daten zu löschen, gleich ob es sich 4
um Daten in Akten oder Dateien handelt, wenn die Speicherung unzulässig ist (S. 1) oder ihre Kenntnis zur Aufgabenerfüllung nicht mehr erforderlich ist (S. 2). Ausnahmen von der Löschung regeln § 84 III SGB X, der dann aber die Sperrung vorsieht, und §§ 84 VI iVm 71 I 3 SGB X für Archivgut.

Das Absehen von einer sofortigen Löschung der Daten bei Freispruch oder 5
Ablehnung der Eröffnung des Hauptverfahrens ist verfassungsrechtlich bedenklich. Dies gilt besonders mit Blick auf die Verwendung der Daten im präventiven Bereich nach § 16 III. Eine derartige Datenspeicherung kann einen Verstoß gegen die Unschuldsvermutung begründen (BVerfG 16.5.2012 – 1 BvR 2257/01; *Meyer-Goßner* StPO § 494 Rn. 9; *Brüssow/Petri* Rn. 506).

Praxistipp: Unmittelbar nach Freispruch, Nichteröffnung oder endgülti- 6
ger Einstellung sollte die umgehende Löschung beantragt und ggf. auf dem Rechtsweg durchgesetzt werden.

Unterlässt die Behörde einfach die Löschung, so ist die Leistungsklage auf 7
Vornahme der Löschung als Realakt statthaft. Nach § 23 ist der Finanzrechtsweg gegeben. Erteilt die Behörde auf das Löschungsbegehren jedoch einen Ablehnungsbescheid, so ist dies ein VA, gegen den Anfechtungseinspruch (§ 347 I 1 Nr. 4 AO iVm § 22) und Anfechtungsklage (§§ 40 I, 44 I FGO) statthaft sind → § 18 Rn. 9.

IV. Sperrung (Abs. 3)

8 § 19 III, stellt klar, dass § 84 III SGB X unberührt bleibt. Das ist die Vorschrift über die Sperrung statt der Löschung. Aus der Natur der Sache verbleibt bei Vorliegen der Voraussetzungen von § 19 I, II nur eine Sperrung wegen Unverhältnismäßigkeit der Löschung nach § 84 III Nr. 3 SGB X. Die Sperrung wegen entgegenstehender Aufbewahrungsfristen (Nr. 1) sowie Beeinträchtigung schutzwürdiger Interessen des Betroffenen (Nr. 2) ist praktisch nicht denkbar.

Abschnitt 6. Verwaltungsverfahren, Rechtsweg

§ 20 Entschädigung der Zeugen und Sachverständigen

Werden Zeugen und Sachverständige von den Behörden der Zollverwaltung herangezogen, so erhalten sie auf Antrag in entsprechender Anwendung des Justizvergütungs- und -entschädigungsgesetzes eine Entschädigung oder Vergütung.

Literatur: Fehn, Kommentar zum Gesetz zur Bekämpfung der Schwarzarbeit und illegalen Beschäftigung (Schwarzarbeitsbekämpfungsgesetz – SchwarzArbG), in: Das Deutsche Bundesrecht

I. Allgemeines

§ 20 regelt dem Grunde nach die Entschädigung bzw. Vergütung von Zeugen und Sachverständigen, die die FKS im Verwaltungsverfahren zu Beweiszwecken heranzieht bzw. beauftragt. Die Höhe der Entschädigung bzw. der Vergütung richtet sich nach dem Justizvergütungs- und -entschädigungsgesetz. 1

Der Verweis des § 20 auf das Justizvergütungs- und -entschädigungsgesetz entfaltet seine Wirkung ausschließlich für Verwaltungsverfahren nach dem Schwarzarbeitsbekämpfungsgesetz. Verwaltungsverfahren nach anderen Gesetzen bleiben unberührt. Für Straf- und Ordnungswidrigkeitenverfahren gilt das Justizvergütungs- und -entschädigungsgesetz unmittelbar. 2

Eine Rechtsfolgenverweisung auf die Norm enthalten § 17 AEntG, § 17a AÜG, § 12 MiArbG (bis 2014), § 15 MiLoG.

II. Gesetzesmaterialien

Die Begründung im Regierungsentwurf (BR-Drs. 155/04, 73) führt zu § 20 aus: 3

Bisher ist die Entschädigung der Zeugen und Sachverständigen (insbesondere Dolmetscher) bei Maßnahmen der Zollbehörden im Rahmen von Prüfungen und Ermittlungen bei der Bekämpfung der Schwarzarbeit nicht ausreichend geregelt.

Die Bestimmung ist sowohl auf das Prüf- als auch auf das Ermittlungsverfahren anzuwenden und wurde inhaltlich an die §§ 107, 405 AO angelehnt.

III. Im Einzelnen

Nach dem JVEG erhalten Sachverständige eine Vergütung und Zeugen eine Entschädigung. 4

Eine Vergütung als **Sachverständiger** entfällt gemäß § 1 II 2 JVEG für den Angehörigen einer Behörde oder sonstigen öffentlichen Stelle, wenn er nicht Ehrenbeamter oder ehrenamtlich tätig ist und ein Gutachten in Erfüllung seiner Dienstaufgaben erstattet, vertritt oder erläutert. Für Sachverständige ergibt 5

§ 21   Ausschluss von öffentlichen Aufträgen

sich der Umfang ihres Anspruchs aus § 5 (Fahrtkostenersatz), § 6 (Entschädigung für Aufwand), §§ 7 und 12 (Ersatz für sonstige und für besondere Aufwendungen) sowie §§ 9 bis 11 JVEG (Honorar für ihre Leistungen); vgl. auch § 8 JVEG. Praktisch große Bedeutung als Sachverständige haben die Dolmetscher und Übersetzer.

6   **Zeugen** sind am Verfahren nicht selbst beteiligte oder nicht als gesetzliche Vertreter von Beteiligten tätige Personen, die aufgrund eigener Wahrnehmung einmaliger, unwiederholbarer, vergangener Ereignisse Beweis erbringen sollen. Diejenigen, die den Duldungs- und Mitwirkungspflichten nach § 5 unterliegen, sind nicht Zeugen (vgl. § 107 S. 2 AO). Der Entschädigungsanspruch des Zeugen wird durch die behördliche Heranziehung zu Beweiszwecken ausgelöst. Die Heranziehung ist VA. Für Zeugen ergibt sich der Umfang ihres Anspruchs aus § 5 (Fahrtkostenersatz), § 6 (Entschädigung für Aufwand), § 7 (Ersatz für sonstige Aufwendungen), § 20 (Entschädigung für Zeitversäumnis), § 21 (Entschädigung für Nachteile bei der Haushaltsführung) und § 22 JVEG (Entschädigung für Verdienstausfall); vgl. auch § 19 JVEG.

7   Die Entschädigung bzw. Vergütung setzt einen Antrag voraus. Beide Anträge unterliegen keiner bestimmten Form. Den Antrag hat der Berechtigte bei der Stelle, die ihn herangezogen oder beauftragt hat, einzureichen, und zwar binnen einer Frist von 3 Monaten. Die Frist kann die Behörde auf begründeten Antrag nach pflichtgemäßem Ermessen hin verlängern (§ 2 I JVEG). Wiedereinsetzung in den vorigen Stand ist möglich (§ 2 II JVEG).

8   Liegen die Anspruchsvoraussetzungen vor, muss die Entschädigung/Vergütung geleistet werden. Die Behörde hat insoweit kein Ermessen. Die Festsetzung der Entschädigung/Vergütung ist ein Verwaltungsakt.

§ 21   Ausschluss von öffentlichen Aufträgen

(1) ¹Von der Teilnahme an einem Wettbewerb um einen Bauauftrag der in § 98 Nr. 1 bis 3 und 5 des Gesetzes gegen Wettbewerbsbeschränkungen genannten Auftraggeber sollen Bewerber bis zu einer Dauer von drei Jahren ausgeschlossen werden, die oder deren nach Satzung oder Gesetz Vertretungsberechtigte nach
1. § 8 Abs. 1 Nr. 2, §§ 9 bis 11,
2. § 404 Abs. 1 oder 2 Nr. 3 des Dritten Buches Sozialgesetzbuch,
3. §§ 15, 15a, 16 Abs. 1 Nr. 1, 1b oder 2 des Arbeitnehmerüberlassungsgesetzes oder
4. § 266a Abs. 1 bis 4 des Strafgesetzbuches

zu einer Freiheitsstrafe von mehr als drei Monaten oder einer Geldstrafe von mehr als neunzig Tagessätzen verurteilt oder mit einer Geldbuße von wenigstens zweitausendfünfhundert Euro belegt worden sind. ²Das Gleiche gilt auch schon vor Durchführung eines Straf- oder Bußgeldverfahrens, wenn im Einzelfall angesichts der Beweislage kein vernünftiger Zweifel an einer schwerwiegenden Verfehlung nach Satz 1 besteht. ³Die für die Verfolgung oder Ahndung zuständigen Behörden nach Satz 1 Nr. 1 bis 4 dürfen den Vergabestellen auf Verlangen die erforderlichen Auskünfte geben. ⁴Öffentliche Auftraggeber nach

§ 21

Satz 1 fordern bei Bauaufträgen Auskünfte des Gewerbezentralregisters nach § 150a der Gewerbeordnung an oder verlangen vom Bewerber eine Erklärung, dass die Voraussetzungen für einen Ausschluss nach Satz 1 oder 2 nicht vorliegen; auch im Falle einer Erklärung des Bewerbers können öffentliche Auftraggeber Auskünfte des Gewerbezentralregisters nach § 150a der Gewerbeordnung jederzeit anfordern. [5]Für den Bewerber, der den Zuschlag erhalten soll, fordert der öffentliche Auftraggeber nach Satz 1 bei Bauaufträgen ab einer Höhe von 30.000 Euro vor Zuschlagserteilung eine Auskunft aus dem Gewerbezentralregister nach § 150a der Gewerbeordnung an. [6]Der Bewerber ist vor der Entscheidung über den Ausschluss zu hören.

(2) Eine Verfehlung nach Absatz 1 steht einer Verletzung von Pflichten nach § 241 Abs. 2 des Bürgerlichen Gesetzbuchs gleich.

Literatur: Gesetzentwurf der Fraktionen der CDU/CSU und F.D.P.: Entwurf eines Gesetzes zur Änderung des Gesetzes zur Bekämpfung der Schwarzarbeit und zur Änderung anderer Gesetze, BT-Drs. 12/7563 (17.5.1994); Gesetzesentwurf der Bundesregierung: Entwurf eines Gesetzes zur Intensivierung der Bekämpfung der Schwarzarbeit und damit zusammenhängender Steuerhinterziehung, BR-Drs. 155/04 (22.2.2004); Rixen, in: Ignor/Rixen, Handbuch Arbeitsstrafrecht – Die Tatbestände der einschlägigen Gesetze, 1. Auflage 2002; Randt, Der Steuerfahndungsfall, 2004; Fehn, Kommentar zum Gesetz zur Bekämpfung der Schwarzarbeit und illegalen Beschäftigung (Schwarzarbeitsbekämpfungsgesetz – SchwarzArbG), in: Das Deutsche Bundesrecht; Unterrichtung durch die Bundesregierung: Gemeinsame Regelung für den Ausschluß von Unternehmen von der Vergabe öffentlicher Aufträge bei illegaler Beschäftigung von Arbeitskräften, BT-Drs. 12/7199 (7.4.1994); Erdmann, Gesetz zur Bekämpfung der Schwarzarbeit, 1996; Erdmann, in: Achenbach/Ransiek, Handbuch Wirtschaftsstrafrecht, 3. Auflage 2012; Marschall, Bekämpfung illegaler Beschäftigung, 3. Auflage 2003; Kossens, Das Gesetz zur Intensivierung der Bekämpfung der Schwarzarbeit und damit zusammenhängender Steuerhinterziehung, BB-Special 2/2004, 2; Landtag Schleswig-Holstein: Schwarzarbeit in Schleswig-Holstein, Antwort der Landesregierung auf die Große Anfrage der Fraktion der FDP Drucksache 16/1847, Anhörung im Rahmen der 67. Sitzung des Wirtschaftsausschusses am 21.5.2008 (Landtag SH Drs. 16/3145,7)

Rechtsprechung: BVerfGE 5, 325

Inhaltsübersicht

	Rn.
I. Allgemeines	1
II. Gesetzesmaterialien	3
III. Verfehlungen und Sanktion (Abs. 1)	4
1. Vergabeverfahren	4
2. Bauauftrag der in § 98 Nr. 1–3, 5 GWB genannten Auftraggeber	7
3. Ausgeschlossene Bewerber	8
4. Dauer des Ausschlusses	12
5. Vergabebehörde	16
6. Einholung von Auskünften	17
7. Rechtsschutz	27
IV. Zivilrechtliche Nebenpflichtverletzung (Abs. 2)	30

I. Allgemeines

1 Mit dieser Vorschrift wird deutlich gemacht, dass der Staat der Bekämpfung der Schwarzarbeit einen hohen Stellenwert auch im Rahmen einer möglichst wirtschaftlichen Vergabe von Aufträgen einräumt (BT-Drs. 12/7563, 10 zu § 5 aF). So sollen öffentliche Bauaufträge zwar einerseits nach dem Grundsatz der Wirtschaftlichkeit, anderseits jedoch nicht an solche Unternehmen vergeben werden, die bereits wegen Schwarzarbeit auffällig gewesen sind (BR-Drs. 155/04, 74). Der Ausschluss von Aufträgen öffentlicher Auftragsgeber hat außerdem zum Ziel, die Vertragspartner dazu anzuhalten, die gesetzlichen Vorschriften im eigenen Interesse einzuhalten, da die Vergabesperre zu Ertragseinbußen führen kann, die aufgrund ihrer Wirkung Strafen und Bußgelder noch übertreffen können (Ignor/Rixen/*Rixen* § 8 Rn. 1071f.; *Randt*, C 176).

2 § 21 I 4 und 5 wurden eingefügt durch Art. 4a des Gesetzes v. 7.9.2007 (BGBl. I S. 2246).

II. Gesetzesmaterialien

3 Die Begründung im Regierungsentwurf (BR-Drs. 155/04, 74) führt zu § 21 aus:

Die Vorschrift wurde aus § 5 des bisherigen Gesetzes zur Bekämpfung der Schwarzarbeit übernommen.

Im Bereich der für einen Ausschluss maßgeblichen Straftaten und Ordnungswidrigkeiten wurden die Straftaten nach den §§ 9 bis 11 in den Katalog aufgenommen. Schwarzarbeit führt zur Vernichtung legaler Arbeitsplätze. Es kann daher nicht im Gesamtinteresse des Staates sein, wenn zwar niedrige Angebote beim Wettbewerb um einen öffentlichen Auftrag eingereicht werden, diese Angebote aber von Unternehmen stammen, die Schwarzarbeit betrieben haben. Diese Unternehmen sollen daher für eine bestimmte Zeit von der Vergabe öffentlicher Aufträge ausgeschlossen werden.

Die Vergabestelle kann – wie bisher – die Vorlage von Auskünften aus dem Gewerbezentralregister auch vom Bewerber verlangen. Dieser Verpflichtung kann auch durch Vorlage der Kopie einer aus dem Gewerbezentralregister erteilten Auskunft genügt werden.

III. Verfehlungen und Sanktion (Abs. 1)

1. Vergabeverfahren

4 Öffentliche Auftraggeber haben Waren, Bau- und Dienstleistungen grundsätzlich im Wege transparenter Vergabeverfahren zu beschaffen, im Rahmen derer alle Teilnehmer gleich zu behandeln sind (vgl. § 97 I, II GWB). Mit „Vergabe" ist das Rechtsverhältnis der Verhandlungen gemeint, das der Auftragserteilung vorangeht, und an der der Bewerber meist im Rahmen eines formalisierten Wettbewerbs in Form einer öffentlichen oder beschränkten Ausschreibung durch Abgabe eines Angebots teilnehmen kann (Ignor/Rixen/*Rixen* § 8 Rn. 1071, 1074). „Bewerber" im Vergabeverfahren kann jede

III. Verfehlungen und Sanktion (Abs. 1) **§ 21**

Personengesellschaft (OHG, KG, GbR) oder natürliche oder juristische Person (AG, GmbH) sein, aufgrund des gewerblichen Bezugs des § 21 idR Unternehmen, die im Rahmen eines Geschäftsbetriebs Waren oder Dienstleistungen selbstständig, dh unter Einsatz eigener Leistung und eigenen Kapitals, erbringen und durch die Abgabe eines entsprechenden Angebots am Vergabeverfahren teilnehmen (Ignor/Rixen/*Rixen* § 8 Rn. 1075, *Fehn* S. 252).

Die Aufträge im Beschaffungswesen sind neben weiteren möglichen Anforderungen stets an fachkundige, leistungsfähige sowie gesetzestreue und zuverlässige Unternehmen zu vergeben (vgl. § 97 III GWB), wobei der Zuschlag dem wirtschaftlichsten Angebot erteilt werden soll (vgl. § 97 V GWB). Die Zuverlässigkeit iSd Vergaberechts orientiert sich dabei an der im Gewerberecht verankerten Zuverlässigkeit, nach der der Unternehmer die für die Ausübung seines Gewerbes maßgeblichen Vorschriften bei der Ausführung seiner Aufträge einzuhalten hat (Ignor/Rixen/*Rixen* § 8 Rn. 1079). Die Vergabe erfolgt – ua je nach nationaler oder europaweiter Ausschreibung und Art des zu beschaffenden Gutes oder Leistung – auf der Grundlage unterschiedlicher Rechtsnormen. Für Einzelheiten zum Ablauf des Vergabeverfahrens nach § 21 sind insbesondere die Vorschriften der VOB/A und die „Gemeinsame Regelung für den Ausschluss von Unternehmen von der Vergabe öffentlicher Aufträge bei illegaler Beschäftigung von Arbeitskräften" einiger Bundesministerien vom 7.4.1994 (BT-Drs. 12/7199), letztere trotz geänderter Rechtslage, im Lichte des § 21 erläuternd heranzuziehen (*Fehn* S. 255). 5

Der Ausschluss vom Vergabeverfahren ist die Kundgabe der Absicht des Auftraggebers, die Angebote des Bewerbers für eine bestimmte Zeit wegen vorangegangenen Fehlverhaltens und daraus resultierender Unzuverlässigkeit ausschließen zu wollen (Ignor/Rixen/*Rixen* § 8 Rn. 1071; *Fehn* S. 249f.). Dies gilt auch für weitere bereits vorliegende Angebote (Ignor/Rixen/*Rixen* § 8 Rn. 1091). Die Vergabesperre wird nach überwiegender Ansicht im Regelfall dem Zivilrecht zuzuordnen sein, da sie dem Vertragsschluss zwischen dem öffentlichen Auftraggeber und dem Bewerber, der den Zuschlag erhalten hat, vorgelagert ist und auch dieser dem Zivilrecht zugehörig ist (Ignor/Rixen/*Rixen* § 8 Rn. 1071, 1098, 1099 mwN; Fehn, S. 250 mwN). So hat das Bundesverwaltungsgericht ausgeführt, dass Geschäfte eines Hoheitsträgers, die regelmäßig nicht wesensverschieden von entsprechenden kaufmännischen Maßnahmen privater Unternehmen sind, dem privatrechtlich geordneten Verkehr zugehörig sind, da allein der Umstand, dass ein Hoheitsträger sie tätigt, dem Ganzen kein so entscheidendes Gepräge gibt, dass sie dadurch ihrem Wesen nach öffentlich-rechtlich würden (BVerwGE 5, 325 (328)). Die dem Ausschluss vorangehende Anhörung nach § 21 I 6 spricht ebenfalls nicht zwingend für das Vorliegen eines teilweise angenommenen Verwaltungsakts (*Fehn* S. 250). Auch bei einer Einordnung der Vergabe im privatrechtlichen Bereich hat die Behörde jedoch die Grundrechte zu beachten und unterliegt einer rechtsstaatlichen Bindung (Ignor/Rixen/*Rixen* § 8 Rn. 1099; *Fehn* S. 250). Im Rahmen dessen sind insbesondere auch die Behinderungs- und Diskriminierungsgebote der §§ 20 I, 97 II GWB zu beachten (*Fehn* S. 250). 6

§ 21 Ausschluss von öffentlichen Aufträgen

2. Bauauftrag der in § 98 Nr. 1–3, 5 GWB genannten Auftraggeber

7 Der Ausschluss vom Wettbewerb um öffentliche Aufträge nach § 21 betrifft lediglich Bauaufträge der in § 98 Nr. 1–3, 5 GWB genannten öffentlichen Auftraggeber:

§ 98 GWB: Auftraggeber

Öffentliche Auftraggeber im Sinne dieses Teils sind:
1. Gebietskörperschaften sowie deren Sondervermögen,
2. andere juristische Personen des öffentlichen und des privaten Rechts, die zu dem besonderen Zweck gegründet wurden, im Allgemeininteresse liegende Aufgaben nichtgewerblicher Art zu erfüllen, wenn Stellen, die unter Nummer 1 oder 3 fallen, sie einzeln oder gemeinsam durch Beteiligung oder auf sonstige Weise überwiegend finanzieren oder über ihre Leitung die Aufsicht ausüben oder mehr als die Hälfte der Mitglieder eines ihrer zur Geschäftsführung oder zur Aufsicht berufenen Organe bestimmt haben. Das Gleiche gilt dann, wenn die Stelle, die einzeln oder gemeinsam mit anderen die überwiegende Finanzierung gewährt oder die Mehrheit der Mitglieder eines zur Geschäftsführung oder Aufsicht berufenen Organs bestimmt hat, unter Satz 1 fällt,
3. Verbände, deren Mitglieder unter Nummer 1 oder 2 fallen, […]
5. natürliche oder juristische Personen des privaten Rechts sowie juristische Personen des öffentlichen Rechts, soweit sie nicht unter Nummer 2 fallen, in den Fällen, in denen sie für Tiefbaumaßnahmen, für die Errichtung von Krankenhäusern, Sport-, Erholungs- oder Freizeiteinrichtungen, Schul-, Hochschul- oder Verwaltungsgebäuden oder für damit in Verbindung stehende Dienstleistungen und Auslobungsverfahren von Stellen, die unter Nummern 1 bis 3 fallen, Mittel erhalten, mit denen diese Vorhaben zu mehr als 50 vom Hundert finanziert werden, […]

§ 99 GWB: Öffentliche Aufträge

[…](3) Bauaufträge sind Verträge über die Ausführung oder die gleichzeitige Planung und Ausführung eines Bauvorhabens oder eines Bauwerkes für den öffentlichen Auftraggeber, das Ergebnis von Tief- oder Hochbauarbeiten ist und eine wirtschaftliche oder technische Funktion erfüllen soll, oder einer dem Auftraggeber unmittelbar wirtschaftlich zu gutekommenden Bauleistung durch Dritte gemäß den vom Auftraggeber genannten Erfordernissen. […]

3. Ausgeschlossene Bewerber

8 Aus Gründen der Verhältnismäßigkeit sollen nur solche Bewerber von öffentlichen Aufträgen ausgeschlossen werden, die einen schwerwiegenden Verstoß gegen bestimmte Vorschriften, die der Bekämpfung von Schwarzarbeit dienen, begangen haben und sich somit als unzuverlässig erwiesen haben (BT-Drs. 12/7563, 11 zu § 5 aF; *Erdmann* § 5 Rn. 9). Der Bewerber muss nicht zwingend selbst gegen die Vorschriften verstoßen haben, sondern der Normverstoß kann aufgrund der grundsätzlich persönlichen Zurechenbarkeit auch durch einen nach der Satzung oder dem Gesetz Vertretungsberechtigten begangen worden sein, der dem Unternehmen, das sich bewirbt, zugerechnet wird. Dies gilt jedoch nur für Ordnungswidrigkeiten und Straftaten, die im sachlichen Zusammenhang mit der Tätigkeit beim Bewerber begangen wurden (Ignor/Rixen/*Rixen* § 8 Rn. 1075). Für die Beantwortung der Frage, wer vertretungsberechtigtes Organ ist, können die Maßstäbe des § 9 OWiG und § 14 StGB herangezogen werden (Ignor/Rixen/*Rixen* § 8 Rn. 1075):

III. Verfehlungen und Sanktion (Abs. 1) § 21

Die Strafe oder Buße muss verhängt werden wegen einer Ordnungswidrigkeit aufgrund illegaler Beschäftigung oder wegen einer Straftat nach § 266a StGB (→ Vor § 8 Rn. 8ff.): 9
- § 8 I Nr. 2, §§ 9 bis 11,
- § 404 I oder II Nr. 3 SGB III (Beschäftigung von ausländischen Arbeitnehmern ohne erforderliche Arbeitsgenehmigung oder Nachunternehmern, die ausländische Arbeitnehmer ohne erforderliche Arbeitsgenehmigung beschäftigen)
- §§ 15 (Verleih von ausländischen Arbeitnehmern ohne erforderliche Arbeitsgenehmigung durch Verleiher ohne Verleiherlaubnis),
- § 15a (Entleih ausländischer Arbeitnehmer ohne erforderliche Arbeitsgenehmigung zu ausbeuterischen Bedingungen, in größerer Zahl oder beharrlich wiederholt),
- § 16 I Nr. 1, 1b oder 2 AÜG (Verleih von Arbeitnehmern ohne Verleiherlaubnis oder Entleih von Leiharbeitnehmern von einem Verleiher ohne Verleiherlaubnis), oder
- § 266a I–IV StGB (Vorenthalten von Beiträgen des Arbeitnehmers zur Sozialversicherung oder zur Arbeitsförderung durch den Arbeitgeber, auch bei Einbehalt von Teilen des Arbeitsentgelts; Falschangabe oder Verschweigen bzgl. sozialversicherungsrechtlich erheblicher Tatsachen mit der Folge, dass der zuständigen Stelle Beiträge zur Sozialversicherung einschließlich der Arbeitsförderung vorenthalten werden).

a) Voraussetzung ist die Verhängung einer Freiheitsstrafe von mehr als drei Monaten oder einer Geldstrafe von mehr als 90 Tagessätzen oder einer Geldbuße von wenigstens 2.500 EUR. Es ist nicht erforderlich, dass das Verfahren abgeschlossen und rechtskräftig ist; ein entsprechender Bußgeldbescheid oder eine Verurteilung in erster Instanz sind für einen Ausschluss von öffentlichen Aufträgen bereits ausreichend (Achenbach/Ransiek/*Erdmann* 5. Kap. Rn. 119; *Marschall* Rn. 691). 10

b) Der Ausschluss von öffentlichen Aufträgen kann jedoch auch schon vor der Durchführung des Straf- oder Ordnungswidrigkeitsverfahrens erfolgen, wenn angesichts der Beweislage kein vernünftiger Zweifel daran besteht, dass eine maßgebliche Verfehlung vorliegt. Ein Straf- oder Ordnungswidrigkeitsverfahren muss nicht einmal förmlich eingeleitet sein (*Marschall* Rn. 692; *Fehn* S. 253). Im Hinblick auf die rechtsstaatliche Unschuldsvermutung sind jedoch an die Frage, ob das Vorliegen einer entsprechenden Verfehlung offensichtlich ist, hohe Anforderungen zu stellen (Achenbach/Ransiek/*Erdmann* 5. Kap. Rn. 123; *Marschall* Rn. 692). Verdachtsmomente allein sind nicht ausreichend, vielmehr muss die Vergabestelle in diesen Evidenzfällen überzeugt sein, dass eine Verurteilung wegen der in § 21 genannten Tatbestände zu erwarten ist. Auch wenn dies nicht ohne weiteres dem Wortlaut des Gesetzes zu entnehmen ist, ist vor dem Hintergrund des allgemeinen Gleichbehandlungsgrundsatzes des Art. 3 I GG zusätzliche Voraussetzung, dass eine entsprechende Prognose der Behörde ergibt, dass auch die in I 1 genannten Sanktionshöhen erreicht werden (Ignor/Rixen/*Rixen* § 8 Rn. 1085; *Fehn* S. 253f). Andernfalls könnten die in § 21 I 1 genannten Anforderungen an die Sanktionshöhe problemlos umgangen werden, was zu einer sachlich nicht gerechtfertigten Ungleichbehandlung führen würde (*Fehn* S. 254). 11

§ 21 Ausschluss von öffentlichen Aufträgen

4. Dauer des Ausschlusses

12 Der Ausschluss von Aufträgen öffentlicher Auftraggeber droht für die Dauer von bis zu drei Jahren. Streitig ist, ob es sich bei § 21 um eine „Soll-Vorschrift" im verwaltungsrechtlichen Sinne handelt und damit eine Verpflichtung der Behörde („Muss") besteht, einen Bewerber bei Vorliegen eines Ausschlussgrundes zwingend auszuschließen oder ob die Vergabesperre nach § 21 als Ermessens-Kann zu verstehen ist (Ignor/Rixen/*Rixen* Rn. 1096). Im Ergebnis scheint jedoch Einigkeit darüber zu bestehen, dass die Vergabestelle nicht absolut verpflichtet ist, den Bewerber auch tatsächlich auszuschließen (Ignor/Rixen/*Rixen* § 8 Rn. 1096, *Marschall* Rn. 695). Vielmehr soll die Behörde den Bewerber wegen des eingeschränkten Ermessensspielraums zwar im Regelfall vom Vergabeverfahren ausschließen, aber in atypischen Fällen hiervon auch absehen können (BT-Drs. 12/7199, 3; Nr. 3.3 RdErl. NRW – MBl. NRW 1999, 498 (500); *Erdmann* § 5 Rn. 12; *Fehn* S. 251 f., 254). So hat die Vergabestelle die Umstände des Einzelfalls zu berücksichtigen und im Rahmen ihrer Ermessensübung zu prognostizieren, inwieweit der Bewerber auch künftig nicht die einschlägigen Gesetze beachten und sich damit als unzuverlässig erweisen wird (Ignor/Rixen/*Rixen* § 8 Rn. 1080). Bei einer erstmaligen Verfehlung dürfte in der Regel ein kürzerer Ausschluss von ca. 6 Monaten erfolgen; bei einer Wiederholungstat können Bewerber jedoch bereits für einen Zeitraum von 3 Jahren von der Teilnahme an einem Vergabeverfahren ausgeschlossen werden (BT-Drs. 12/7563, 11 zu § 5 aF, BT-Drs. 12/7199, 3; Achenbach/Ransiek/*Erdmann* 5. Kap. Rn. 122, *Marschall* Rn. 693; *Fehn* S. 255). Im Rahmen der Abwägung sind ausweislich der Gesetzesbegründung zur Vorgängervorschrift zahlreiche Gesichtspunkte hinsichtlich des „Ob" und „Wie" des Ausschlusses zu berücksichtigen (BT-Drs. 12/7563, 10 f zu § 5 aF; Achenbach/Ransiek/*Erdmann* 5. Kap. Rn. 120):
- Schwere der Tat,
- die absolute und relative Zahl der illegal beschäftigten Arbeitnehmer,
- die Dauer der Beschäftigung illegaler Arbeitnehmer,
- die Häufigkeit etwaiger Verstöße,
- eine bestehende Wiederholungsgefahr,
- der seit einem Rechtsverstoß verstrichene Zeitraum,
- der Umfang der Auswirkungen eines Normenverstoßes auf den öffentlichen Auftraggeber,
- organisatorische Maßnahmen durch den Unternehmer, um einen weiteren Normenverstoß zu vermeiden (→ § 12 Rn. 26 ff. „Compliance"),
- eine Beschränkung des Verstoßes auf nur einen Tätigkeitsbereich des Unternehmens, während andere Unternehmensteile keine Verstöße gegen die Vorschriften zur Bekämpfung der Schwarzarbeit begangen haben,
- ob die illegale Beschäftigung zu Wettbewerbsverzerrungen geführt hat (zB, dass der Bewerber günstigere Preise als seine gesetzestreuen Wettbewerber anbieten konnte),
- etwaige Gefährdung von Arbeitsplätzen im Unternehmen, wenn der Ausschluss von öffentlichen Aufträgen die Wirtschaftslage des Unternehmens gefährdet,
- ob der Ausschluss zu einer relevanten Verengung des Bewerber-/Bieterkreises führt, die auf die Vergabe des Bauauftrags der öffentlichen Auftrag-

III. Verfehlungen und Sanktion (Abs. 1) § 21

geber Auswirkungen hat (zB wenn der Ausschluss den einzig inländischen Bewerber betrifft oder sich der Wettbewerb durch den Ausschluss eines Bewerbers auf nur einen Bewerber beschränken würde),
– ob gleichzeitig gegen Steuer- und Abgabenvorschriften verstoßen worden ist (§§ 370, 377, 380 AO).

Da der Ausschluss von Vergabeverfahren für die Bewerber weitreichende 13 wirtschaftliche Konsequenzen haben kann und daher nicht nur nach Aktenlage entschieden werden soll, ist der Bewerber vor der Entscheidung über den Ausschluss gemäß § 21 I 6 anzuhören. So hat der Bewerber die Möglichkeit, alle Umstände des Einzelfalls darzulegen, die bei der Entscheidung zu berücksichtigen sind (*Kossens* BB-Special 2004, 2 (7) mwN; *Fehn* S. 256).

Die Ausschlussfrist beginnt mit dem Tag, an dem der Ausschlussgrund ein- 14 getreten ist. Ausgehend vom Wortlaut des Abs. 1 S. 1 ist dies entweder der Tag der erstinstanzlichen Verurteilung („verurteilt") oder der des Erlasses des Bußgeldbescheids (mit einer Geldbuße „belegt"; *Marschall* Rn. 694). In den Fällen des § 21 I 2 ist mangels entsprechender Anknüpfungspunkte der Tag zugrunde zu legen, an dem der öffentliche Auftraggeber Kenntnis vom Ausschlussgrund erlangt hat (*Erdmann* § 5 Rn. 16; *Fehn* S. 255).

Von der Vergabesperre betroffen ist der Bewerber, also das Unternehmen als 15 Ganzes und nicht nur eine Filiale oder ein Betrieb (Ignor/Rixen/*Rixen* § 8 Rn. 1091).

5. Vergabebehörde

Der Ausschluss vom Vergabeverfahren sowie die spätere Aufhebung der 16 Vergabesperre erfolgt durch die Behörde, die das Vergabeverfahren durchführt, also den öffentlichen Auftraggeber (Ignor/Rixen/*Rixen* Rn. 1088; *Fehn* S. 249).

6. Einholung von Auskünften

Die öffentlichen Auftraggeber können die Auskünfte von den für die Ver- 17 folgung und Ahndung der nach § 21 I 1 Nr. 1–4 zuständigen Stellen verlangen und gemäß § 150a I Nr. 4 GewO unter Angabe des Zwecks direkt beim Gewerbezentralregister anfordern:

§ 150a GewO: Auskunft an Behörden oder öffentliche Auftraggeber

(1) Auskünfte aus dem Register werden für [...]
4. die Vorbereitung von vergaberechtlichen Entscheidungen über strafgerichtliche Verurteilungen und Bußgeldentscheidungen nach § 21 Abs. 1 des Schwarzarbeitsbekämpfungsgesetzes, § 21 I und II des Mindestlohngesetzes, § 5 Absatz 1 oder 2 des Arbeitnehmer-Entsendegesetzes in der bis zum 23. April 2009 geltenden Fassung, § 23 Abs. 1 und 2 des Arbeitnehmer-Entsendegesetzes und § 81 Absatz 1 bis 3 des Gesetzes gegen Wettbewerbsbeschränkungen,
erteilt. ²Auskunftsberechtigt sind die Behörden und öffentlichen Auftraggeber im Sinne des § 98 Nr. 1 bis 3 und 5 des Gesetzes gegen Wettbewerbsbeschränkungen, denen die in Satz 1 bezeichneten Aufgaben obliegen. [...]
(4) Die auskunftsberechtigten Stellen haben den Zweck anzugeben, für den die Auskunft benötigt wird.

§ 21 Ausschluss von öffentlichen Aufträgen

(5) Die nach Absatz 1 Satz 2 auskunftsberechtigten Stellen haben dem Betroffenen auf Verlangen Einsicht in die Auskunft aus dem Register zu gewähren.
(6) Die Auskünfte aus dem Register dürfen nur den mit der Entgegennahme oder Bearbeitung betrauten Bediensteten zur Kenntnis gebracht werden.

18 Bei der Durchführung der Regelung sind jedoch eine übermäßige Belastung der betroffenen Unternehmen und unnötiger Verwaltungsaufwand zu vermeiden (vgl. BT-Drs. 12/7563,11 zur Vorgängervorschrift § 5; Fehn S. 255). Anfragen sollen daher idR erst ab einem Auftragswert von 30.000 EUR gestellt werden. In besonders gekennzeichneten Verdachtsfällen kann eine Abfrage auch bei einem geringeren Auftragswert gestellt werden. Abgefragt werden soll zunächst nur für den nach vorläufiger Wertung an erster Stelle stehenden Bieter. Die Anfragen nach § 21 und § 6 AEntG sollen formularmäßig per Telefax gestellt werden (Landtag SH Drs. 16/3145, 7).

19 Die Behörde kann auch die Vorlage aus dem Gewerbezentralregister, die nicht älter als 3 Monate sein darf, vom Bewerber selbst verlangen; die Vorlage einer Kopie der Registerauskunft ist insoweit ausreichend (vgl. § 6 III Nr. 2 VOB/A; BR-Drs. 155/04, 74; BT-Drs. 12/7199, 4; *Fehn* S. 255). Alternativ können die öffentlichen Auftraggeber zur Vorbereitung der vergaberechtlichen Entscheidung von den Bewerbern eine Erklärung („Eigenerklärung") anfordern, dass keiner der in § 21 I 1 und 2 genannten Fälle vorliegt (Eigenerklärung am Beispiel Sachsen unter www.vergabe.sachsen.de/663.html; Formblatt 124 VHB (Vergabe- und Vertragshandbuch des Bundes, Eigenerklärung zur Eignung).

20 Die Eigenerklärungen sind entsprechend § 6 III Nr. 2 VOB/A von den Bewerbern, deren Angebote in die engere Wahl kommen, durch entsprechende Bescheinigungen der zuständigen Stellen zu bestätigen.

21 Sofern ausländische Bewerber an dem Vergabeverfahren beteiligt sind, haben diese neben oder statt dem Auszug aus dem Gewerbezentralregister gleichwertige Bescheinigungen von Gerichts- oder Verwaltungsbehörden ihres Herkunftslandes vorzulegen (§ 6 III Nr. 2 VOB/A- EG; BT-Drs. 12/7199, 4; *Erdmann* § 5 Rn. 16).

22 Gemäß § 6 V VOB/A hat die Vergabestelle im Falle einer öffentlichen Ausschreibung in der Aufforderung zur Angebotsabgabe die Nachweise zu bezeichnen, deren Vorlage mit dem Angebot verlangt oder deren spätere Anforderung vorbehalten wird. Bei beschränkter Ausschreibung nach öffentlichem Teilnahmewettbewerb hat sie zu verlangen, dass die Nachweise bereits mit dem Teilnahmeantrag vorgelegt werden. Fehlen geforderte Erklärungen oder Nachweise, verlangt der Auftraggeber die fehlenden Erklärungen oder Nachweise gemäß § 16 I Nr. 3 VOB/A nach. Diese sind spätestens innerhalb von 6 Kalendertagen nach Absendung der Aufforderung durch den Auftraggeber vorzulegen. Geschieht dies nicht, ist das Angebot auszuschließen.

23 Soll der Bewerber den Zuschlag erhalten und hat der Bauauftrag eine Höhe von 30.000 EUR oder höher, hat der Auftraggeber vor dem Zuschlag zwingend eine Auskunft aus dem Gewerbezentralregister einzuholen.

24 Gemäß § 149 II Nr. 3 und Nr. 4 GewO werden Geldbußen von über 200 EUR sowie strafrechtliche Verurteilungen wegen einer Straftat nach den §§ 10, 11 SchwarzArbG, §§ 15, 15a AÜG und § 266a I, II, IV StGB, die im Zusammenhang mit der Ausübung eines Gewerbes begangen worden sind und

III. Verfehlungen und Sanktion (Abs. 1) **§ 21**

mit einer Freiheitsstrafe von mehr als drei Monaten oder Geldstrafe von mehr als 90 Tagessätzen geahndet wurden, in das Gewerbezentralregister eingetragen (→ § 12 Rn. 18 ff.). Eintragungen von Geldbußen von unter 300 EUR werden nach 3 Jahren, alle übrigen Eintragungen von Geldbußen und strafrechtliche Verurteilungen gemäß § 149 II Nr. 4 GewO erst nach 5 Jahren aus dem Gewerbezentralregister getilgt. Letztere werden ohne Rücksicht auf Tilgungsfristen getilgt, sobald die entsprechende Eintragung aus dem Zentralregister getilgt wurde (§ 153 I, II GewO). Zu beachten ist, dass gemäß § 153 IV GewO die Tilgung einer Eintragung erst zulässig ist, wenn bei allen Eintragungen die og Fristen abgelaufen sind. Darüber hinaus werden die zu tilgenden Eintragungen erst ein Jahr nach Eintritt der Voraussetzungen für die Tilgung aus dem Gewerbezentralregister entfernt, woraus dem Betroffenen außer in den in § 153 VI 2 GewO genannten Fällen jedoch keine Nachteile entstehen dürfen.

Die jeweils betroffene Person kann – zB zur Vorbereitung der Bewerbung – **25** jederzeit eine Auskunft über den sie betreffenden Inhalt des Registers beantragen (§ 150 I GewO).

Neben der Abfrage des Gewerbezentralregisters (GZR) über verhängte **26** Bußgeldbescheide stehen die HZA für Anfragen der Vergabestellen nach § 21 und § 6 AEntG über zu erwartende Bußgeldbescheide zur Verfügung.

7. Rechtsschutz

Mangels eindeutiger Regelungen bleibt unklar, wie gegen die Vergabe- **27** sperre vorgegangen werden kann. Die wohl überwiegende Rechtsansicht geht aufgrund des privatrechtlichen Charakters der Beschaffung davon aus, dass auch das vorgelagerte Vergabeverfahren dem privaten Recht zugeordnet ist, so dass der Rechtsweg zu den ordentlichen Gerichten eröffnet ist (BVerfGE 5, 325 (328 f.); Ignor/Rixen/*Rixen* § 8 Rn. 1099, → Rn. 6). Sobald die Sperre ausgesprochen wurde und damit von vorherein kein vertraglicher Kontakt zu dem öffentlichen Auftraggeber besteht, wird in der Regel eine Feststellungsklage zu erheben sein (*Fehn* S. 251; Ignor/Rixen/*Rixen* § 8 Rn. 1101 mit weiteren Ausführungen zu denkbaren Anspruchsgrundlagen). Klagegegner ist der Rechtsträger der Vergabebehörde, die die Vergabesperre verhängt hat (Ignor/Rixen/*Rixen* § 8 Rn. 1101).

Dies korrespondiert auch mit dem gesetzlich geregelten Rechtsschutz für **28** die Vergabeverfahren von Bauaufträgen bei Erreichung oder Überschreitung des in § 100 I 2 Nr. 1 GWB iVm § 2 I VgV iVm Art. 7 RL 2004/18/EG festgelegten EU-Schwellenwerts in der jeweils gültigen Fassung, für die die §§ 97 ff GWB anzuwenden sind. Der Schwellenwert für Bauleistungen beträgt seit dem 1.1.2016 5.225.000 EUR, wobei hier gemäß § 2 I VgV der geschätzte Auftragswert ohne Umsatzsteuer zugrunde zu legen ist. Für solche Aufträge stehen einem Bewerber das Nachprüfungsverfahren durch die Vergabekammern (§§ 102 ff. GWB) und im Anschluss die sofortige Beschwerde durch das für den Sitz der Vergabekammer zuständige OLG (§§ 116 ff. GWB) zur Verfügung.

Darüber hinaus können Bewerber, die unzulässigerweise übergangen wur- **29** den und einen Schaden nachweisen können, Schadensersatzansprüche vor den ordentlichen Gerichten geltend machen (*Fehn* S. 251).

IV. Zivilrechtliche Nebenpflichtverletzung (Abs. 2)

30 § 21 II ist eingefügt mWv 1.8.2008 durch das G zur Modernisierung des Schuldrechts (BGBl. I 2001 S. 3138). § 21 II stellt klar, dass eine Verfehlung nach Abs. 1 eine Verletzung der vertraglichen Pflichten iSd § 241 II BGB darstellt. Die öffentlichen Auftraggeber können daher sofort nach Bekanntwerden der illegalen Beschäftigung Konsequenzen für alle bestehenden Verträge ziehen, die zwischen dem Auftraggeber und dem Bewerber bestehen, dh, dass auch bereits bestehende Verträge bezüglich anderer Baustellen aufgelöst werden können (Achenbach/Ransiek/*Erdmann* 5. Kap. Rn. 125; *Fehn* S. 257; *Randt, D* 177). So kann der öffentliche Auftraggeber wegen der Verletzung einer Pflicht nach § 241 II BGB gemäß § 324 BGB vom Vertrag zurücktreten, wenn ihm ein Festhalten am Vertrag nicht mehr zuzumuten ist, und ggf. Schadensersatz verlangen.

§ 22 Verwaltungsverfahren

Soweit dieses Gesetz nichts anderes bestimmt, gelten die Vorschriften der Abgabenordnung sinngemäß für das Verwaltungsverfahren der Behörden der Zollverwaltung nach diesem Gesetz.

Literatur: Fehn, Kommentar zum Gesetz zur Bekämpfung der Schwarzarbeit und illegalen Beschäftigung (Schwarzarbeitsbekämpfungsgesetz – SchwarzArbG), in: Das Deutsche Bundesrecht; ders., Die Novellierung des Schwarzarbeitsbekämpfungsgesetzes – ein wichtiger Schritt in die zutreffende Richtung, ZfZ 2004, 218; ders., Anwendung des Steuerverfahrensrechts zur Bekämpfung der Schwarzarbeit, AO-StB 2006, 181

I. Allgemeines

1 Durch § 22 ist die Anwendbarkeit der AO für das Verwaltungsverfahren eröffnet. Es können damit Verwaltungsakte der Zollbehörden auch mit den von der Abgabenordnung zugelassenen Zwangsmitteln durchgesetzt werden.
2 Eine Rechtsfolgenverweisung auf die Norm enthalten § 17 AEntG, § 17a AÜG, § 12 MiArbG (bis 2014), § 15 MiLoG.

II. Gesetzesmaterialien

3 Die Begründung im Regierungsentwurf (BR-Drs. 155/04, 74) führt zu § 22 aus:

> *Die Vorschrift eröffnet die Anwendbarkeit der Abgabenordnung für das Verwaltungsverfahren. Damit können Verwaltungsakte der Zollbehörden auch mit den von der Abgabenordnung zugelassenen Zwangsmitteln durchgesetzt werden.*

III. Anwendbare Vorschriften

§ 22 verweist vollumfänglich auf die AO. Von besonderer Bedeutung sind dabei die allgemeinen Verfahrensvorschriften (Dritter Teil der AO, §§ 78–133). Im Dritten Teil der AO finden sich die grundlegenden Bestimmungen zur Durchführung des Steuerverfahrens. Darin ist das „Wie" des auf die Verwirklichung des materiellen Steueranspruchs gerichteten Verwaltungshandelns der Finanzverwaltung bestimmt. Die Zielsetzung der Schwarzarbeitsbekämpfung unterscheidet sich von der Durchsetzung eines auf Geld gerichteten Zahlungsanspruches deutlich. Diese unterschiedliche Zielrichtung ist bei der Entscheidung darüber maßgeblich, ob die gesetzlichen Regelungen der AO auf das Verwaltungshandeln der Zollbeamte iRd Schwarzarbeitsbekämpfung anwendbar sind.

Das Gesetz bestimmt Mitwirkungs- und Duldungspflichten in den §§ 2a bis 5. Das Steuerverfahrensrecht verpflichtet den Steuerpflichtigen zur Mitwirkung im Besteuerungsverfahren. Vor allem hat er die notwendigen Angaben zu liefern. Dem wohnt der Gedanke inne, dass das Finanzamt sich selbst nicht die zur Besteuerung erforderlichen Daten beschaffen kann. Die auf punktuelle Prüfung gerichtete Schwarzarbeitsbekämpfung unterscheidet sich davon grundlegend. Die §§ 2a bis 5 regeln abschließend die Pflichten zur Mitwirkung und Duldung der darin genannten Personen, also der Arbeitgeber, Arbeitnehmer und Arbeitnehmerinnen, Auftraggeber und Dritte, die bei nach § 2 I, sowie Entleiher, die bei einer Prüfung nach § 2 I Nr. 5 angetroffen werden.

Das Gesetz enthält keine Bestimmungen über das Recht, die Auskunft und Mitwirkung zu verweigern. Bestimmungen hierzu enthalten die §§ 102 bis 106 AO.

Aus der Bestimmung des § 20 über die Entschädigung der Zeugen und Sachverständigen folgt, dass die Zollbeamten berechtigt sind, solche zum Verfahren hinzuzuziehen. Das Gesetz selbst enthält dazu keine Bestimmungen über die Mitwirkung von anderen Personen als die Arbeitgeber, Arbeitnehmer und Arbeitnehmerinnen, Auftraggeber und Dritte, die bei nach § 2 I, sowie Entleiher, die bei einer Prüfung nach § 2 I Nr. 5 angetroffen werden. Somit richtet sich die Beteiligung von anderen Personen nach den §§ 93 bis 100 AO über Auskunfts- und Vorlageverlangen an andere Personen – insbesondere nicht bei Prüfungen angetroffene Dritte.

Für die Entschädigung der Zeugen und Sachverständigen ist § 20 *lex specialis* zu § 107 AO über die Entschädigung der Auskunftspflichtigen und der Sachverständigen.

Amtshilfe, §§ 111–117 AO. Amtshilfe ist eine Hilfeleistung einer Behörde im Aufgabenkreis einer anderen Behörde. Dem ist die in §§ 2 und 6 angeordnete Zusammenarbeit ähnlich. Die Zusammenarbeit führt jedoch nicht zu einem Tätigwerden im Aufgabenkreis einer anderen Behörde (§ 111 II Nr. 2 AO). Die Zusammenarbeit bezeichnet nur ein gemeinsames Tätigwerden von mindestens zwei Zusammenarbeitsstellen, die aber jeweils im eigenen Aufgabenbereich tätig werden. Daneben ist eine Amtshilfeleistung denkbar. Mangels entsprechender Bestimmungen gelten die §§ 111–117 AO sinngemäß.

§ 22 Verwaltungsverfahren

10 Zu beachten ist, dass sich grds. Behörden Amtshilfe leisten. Als Zusammenarbeitsstellen nach § 6 sind nicht lediglich Behörden berufen, sondern auch andere Stellen. Diese können als Beliehene Amtshilfe leisten. Im Übrigen sind sie als Verwaltungshelfer zu qualifizieren. Der Verwaltungshelfer unterscheidet sich vom Amtshilfe Leistenden durch seine Weisungsgebundenheit (§ 111 II Nr. 1 AO).

11 Das Gesetz enthält keine Vorschriften über Verwaltungsakte. Jedoch geht der Gesetzgeber in der Begründung zum Rechtsweg (BR-Drs. 155/04, 74) davon aus, dass die Maßnahmen nach diesem Gesetz als Verwaltungsakte zu qualifizieren sind. Dem folgt die Rechtsprechung und qualifiziert die Prüfungsanordnung (FG Hamburg 26.11.2008 – 4 K 73/08; 22.6.2012 – 4 K 46/12; FG BW 4.11.2009 – 7 K 7024/07) sowie die Anordnung zur Mitwirkung und Duldung als Verwaltungsakte. §§ 118–133 AO sind darauf anwendbar (FG Düsseldorf 30.1.2012 – 4 K 2256/11 Z).

12 Die Vorschriften über die Außenprüfung kommen nicht zur Anwendung (FG Hamburg 22.6.2012 – 4 K 46/12; FG Düsseldorf 16.6.2010 – 4 K 904/10 AO; FG Berlin-Brandenburg vom 4.11.2009 – 7 K 7024/07). Nach dem SchwarzArbG ist allein eine Prüfung nach §§ 2 bis 6 zulässig. Diese ist eben keine Außenprüfung iSd § 196 AO. Daher kommen die Vorschriften der Abgabenordnung über die Anordnung einer Außenprüfung mit den dort geregelten Formerfordernissen (§§ 196ff. AO) nicht zur Anwendung → § 2 Rn. 47. Die Vorschriften werden entweder durch die spezielle Rechtsgrundlage im SchwarzArbG verdrängt oder passen nach ihrem Sinn nicht auf die Schwarzarbeitsprüfung.

§ 193	Zulässigkeit einer Außenprüfung	nein	§§ 1 II, 2 I SchwarzArbG
§ 194	Sachlicher Umfang einer Außenprüfung	nein	§ 2 I SchwarzArbG
§ 195	Zuständigkeit	nein	§ 2 I SchwarzArbG
§ 196	Prüfungsanordnung	nein	§ 2 I SchwarzArbG
§ 197	Bekanntgabe der Prüfungsanordnung	nein	§ 2 I SchwarzArbG
§ 198	Ausweispflicht, Beginn der Außenprüfung	ja	Die Norm kodifiziert einen allgemeinen Grundsatz, dass Hoheitsträger sich auszuweisen haben und hoheitliches Handeln nachvollziehbar dokumentiert wird.
§ 199	Prüfungsgrundsätze	nein	Die Norm ist auf das Besteuerungsverfahren ausgerichtet
§ 200	Mitwirkungspflichten des Steuerpflichtigen	nein	Die Mitwirkungspflichten richten sich allein nach §§ 3 bis 5

§ 201	Schlussbesprechung	nein	Die Norm ist auf das Besteuerungsverfahren ausgerichtet
§ 202	Inhalt und Bekanntgabe des Prüfungsberichts	nein	Die Norm ist auf das Besteuerungsverfahren ausgerichtet
§ 203	Abgekürzte Außenprüfung	nein	Ist ein Unterfall der Prüfung nach §§ 193, 196 AO

Die Vorschriften über die Festsetzung, die Erhebung und die Beitreibung 13 von Geldforderungen sind von Sinn und Zweck her nicht anwendbar auf Schwarzarbeitsprüfungen.

Die Vorschriften über Zwangsmittel, §§ 328–335 AO, nennt die Gesetzes- 14 begründung explizit als anwendbar. Somit können die Duldungs- und Mitwirkungspflichten nach § 5 durchgesetzt werden.

Das Gesetz enthält keine Bestimmungen darüber, ob bei der Abwehr von 15 Maßnahmen nach diesem Gesetz ein außergerichtliches Rechtsbehelfsverfahren durchzuführen ist. Die Rechtsprechung wendet jedoch die Vorschriften über das außergerichtliche Rechtsbehelfsverfahren, §§ 347–368 AO an. Die Statthaftigkeit des Einspruch folgt aus § 347 I Nr. 4 AO iVm § 22. Die Behörden der Zollverwaltung sind Finanzbehörden, die verwaltete Angelegenheit ist die Bekämpfung von Schwarzarbeit und illegaler Beschäftigung (*Fehn* ZfZ 04, 222).

Der FKS stehen nicht die selbstständigen Ermittlungsbefugnisse der Strafsa- 16 chen- und Bußgeldstellen nach § 386 II AO zu (*Fehn* ZfZ 04, 222). Dies ergibt sich schon daraus, dass die Befugnisse nach dem SchwarzArbG die steuerlichen Verstöße (§§ 369, 377 AO) ausnehmen und bei den Landesfinanzbehörden belassen (§§ 6 III 1 Nr. 4, 13).

IV. Rechtsnatur der Verfahrenshandlung

Die Vorschriften der AO finden keine Anwendung, wenn die FKS auf- 17 grund strafprozessualer Befugnisse handelt. In dem Fall sind allein die Vorschriften der StPO und des OWiG einschlägig.

§ 23 Rechtsweg

In öffentlich-rechtlichen Streitigkeiten über Verwaltungshandeln der Behörden der Zollverwaltung nach diesem Gesetz ist der Finanzrechtsweg gegeben.

Literatur: Fehn, Kommentar zum Gesetz zur Bekämpfung der Schwarzarbeit und illegalen Beschäftigung (Schwarzarbeitsbekämpfungsgesetz – SchwarzArbG), in: Das Deutsche Bundesrecht; Maunz-Dürig, Grundgesetz, Loseblatt

Rechtsprechung: BVerfG vom 21.6.2006 – 2 BvL 3/06, 2 BvL-4/06, 2-BvL-5/06, 2-BvL-6/06, 2-BvL-9/06, 2-BvL-10/06, 2 BvL-11/06, 2-BvL-12/06, 2-BvL-13/06, 2-

§ 23 Rechtsweg

BvL-14/06, 2-BvL-15/06, 2-BvL-16/06, 2-BvL-17/06, 2 BvL 18/06, 2-BvL-19/06, 2-BvL-20/06, 2-BvL-21/06, 2-BvL-22/06, 2-BvL-23/06, 2-BvL-24/06, 2-BvL-25/06, 2 BvL-26/06, 2-BvL-27/06, 2-BvL-28/06, 2-BvL-29/06, 2-BvL-30/06, 2-BvL-31/06, 2-BvL-32/06, 2 BvL 33/06, 2-BvL-34/06, 2-BvL-35/06, 2-BvL-36/06, 2-BvL-37/06, 2-BvL-38/06, 2-BvL-39/06, 2-BvL-40/06, 2 BvL 41/06, 2 BvL-42/06, 2-BvL-43/06, 2-BvL-44/06, 2-BvL-45/06, 2-BvL-46/06, 2-BvL-47/06, 2-BvL 48/06, 2 BvL 49/06, 2-BvL-50/06; BayVerfGH 16.1.1984 – Vf. 85-VI/82 u. a., NJW 1984, 2813

I. Allgemeines

1 § 23 verweist auf den Finanzrechtsweg bei Streitigkeiten über Verwaltungshandeln der Behörden der Zollverwaltung. Die Rechtswegzuweisung gilt für das Verwaltungshandeln der Behörde. Dazu gehört nicht das Handeln der Zollbehörden als Ermittlungsperson im strafrechtlichen Ermittlungsverfahren. Handeln die Zollbehörden zur Ermittlung und Verfolgung von Ordnungswidrigkeiten (§ 13), so werden sie als Verwaltungsbehörde iSd § 36 OWiG tätig. Dies stellt jedoch kein Verwaltungshandeln iSd § 23 dar. Nach der Gesetzesbegründung ist mit Verwaltungshandeln das auf den Erlass von Verwaltungsakten gerichtete Handeln gemeint (BR-Drs. 155/04, 74). Die Rechtswegzuweisung gilt allein für das Handeln der Behörden der Zollverwaltung. Sie gilt nicht für das Handeln der zur Unterstützung und Zusammenarbeit berufenen Stellen.

2 Eine Rechtsfolgenverweisung auf die Norm enthalten § 17 AEntG, § 17a AÜG, § 12 MiArbG (bis 2014), § 15MiLoG.

II. Gesetzesmaterialien

3 Die Begründung im Regierungsentwurf (BR-Drs. 155/04, 74) führt zu § 22 aus:

> *Die Vorschrift eröffnet den Finanzrechtsweg für alle öffentlich-rechtlichen Streitigkeiten über Verwaltungsakte der Behörden der Zollverwaltung nach diesem Gesetz (§ 33 Abs. 1 Nr. 4 FGO).*

III. Abgrenzung der Rechtswege

4 IRd Zusammenarbeit nach § 6 hat der Gesetzgeber bewusst parallele Zuständigkeiten in Kauf genommen (→ § 2 Rn. 8). Die parallelen Zuständigkeiten können zu einer Zufälligkeit des Rechtswegs führen. Ist gegen Maßnahmen der FKS nach § 23 der Finanzrechtsweg gegeben, so ist gegen Maßnahmen anderer Stellen die Sozialgerichtsbarkeit eröffnet.

5 Die Zufälligkeit des Rechtswegs berührt Recht auf den gesetzlichen Richter nach Art. 101 I 2 GG. Danach muss der erkennende Richter normativ bestimmt sein (BVerfG NZA 2003, 1163; 31.8.1999 – 1 BvR 1389/97, NZA 1999, 1234). Art. 101 I 2 GG soll zwar in erster Linie Eingriffe der Exekutive in die gesetzlich vorgeschriebene Organisation und Zuständigkeit der Gerichte abwehren. Das Gebot, dass niemand seinem gesetzlichen Richter entzogen werden darf, richtet sich aber auch an den Gesetzgeber. Er muss dafür sor-

III. Abgrenzung der Rechtswege §23

gen, dass die Rechtspflege vor sachfremden Einflüssen auf die Bestimmung des Richters im Einzelfalle geschützt wird. Daher soll sich der „gesetzliche Richter" jeweils möglichst eindeutig aus einer allgemeinen Norm ergeben (BVerfGE 6, 45 [50ff.] = NJW 57, 337; BVerfGE 9, 223 [226] = NJW 59, 871; BVerfGE 10, 200 [213] = NJW 60, 187). Führt die Zollbehörde eine Prüfung nach dem SchwarzArbG durch, so ist der Rechtsweg vor den Finanzgerichten eröffnet. Im Kern geht es aber um sozialrechtliche Fragestellungen, die der Sozialgerichtsbarkeit entzogen sind. Eine Entziehung liegt aber nur dann vor, wenn willkürlich die Vorschriften über den gesetzlichen Richter verletzt sind (BVerfG, NJW 1958, 2011, 2013; BVerfGE 27, 297 (304); BVerfGE 29, 45 (48); BVerfGE 38, 386 (398) = NJW 1975, 968; BVerfGE 42, 237 (241) = NJW 1976, 2128; BVerfGE 45, 142 (181) = NJW 1977, 2024; Maunz-Dürig/*Maunz* GG Art. 101 Rn. 3). Das Merkmal der Willkür ist insoweit in Art. 101 GG enthalten, als dieser ein Anwendungsfall des allgemeinen Gleichheitssatzes und damit des Willkürverbotes ist (Maunz-Dürig/*Maunz* GG Art. 101 Rn. 50). Die Gewähr des gesetzlichen Richters steht in nahem Zusammenhang mit dem allgemeinen Gleichheitssatz (Maunz-Dürig/*Maunz* GG Art. 101 Rn. 14; dazu *Rinck* NJW 1964, 1652). Willkür ist anzunehmen, wenn die Entscheidung bei verständiger Würdigung der die Verfassung beherrschenden Gedanken nicht mehr verständlich erscheint und offensichtlich unhaltbar ist, wenn die Maßnahme objektiv unter keinem Gesichtspunkt vertretbar ist (BayVerfGH 16.1.1984 – Vf. 85-VI/82 ua, NJW 1984, 2813).

Anhang

Inhaltsübersicht

	Rn.
I. Sanktionen – tabellarische Übersicht	1
1. Schwarzarbeit	1
2. Illegale Ausländerbeschäftigung	2
3. Illegale Arbeitnehmerüberlassung	3
4. Illegale Arbeitnehmerentsendung	4
5. Pflichtverletzungen im Zusammenhang mit Prüfungen	5
6. Vergabe- und gewerberechtliche Maßnahmen, Haftungsregelungen	6
II. Beschäftigung von Ausländern	7
1. Aufenthaltsrecht	7
2. Arbeitserlaubnisrecht	8
3. Hinweise zur Arbeitnehmerfreizügigkeit	9
III. Mindestlohngesetz	11
1. Anwendungsbereich	13
a) Sachlicher Anwendungsbereich	14
b) Persönlicher Anwendungsbereich (§ 22 MiLoG)	21
c) Zeitliche Anwendung	34
2. Zivilrechtliche Regelungen	37
a) Vergütungsbestandteile des Mindestlohns	38
b) Haftung für Verstöße anderer Unternehmer	45
3. Kontrolle und Durchführung	49
4. Aufzeichnungs- und Meldepflichten, Mitwirkungs- und Duldungspflichten	54
a) Erstellen und Bereithalten von Dokumenten	55
b) Sofortmeldepflicht für ausländische Arbeitgeber	63
5. Zuwiderhandlungen	66
IV. Vermeiden von Scheinselbstständigkeit	74
1. Allgemeines	74
2. Katalog von Berufsgruppen	77
V. Geringfügige Beschäftigung	159
1. Geringfügig entlohnte Beschäftigung (sog. „Mini-Jobs")	159
a) Rechtslage bis zum 31.12.2012	159
b) Rechtslage ab 1.1.2013	160
2. Kurzfristige Beschäftigung	161
VI. Wichtige Aufzeichnungspflichten	163
VII. Hinweise zu ausgewählten Branchen	164
1. Baugewerbe	164
a) Steuerabzug bei Bauleistungen (Bauabzugssteuer), §§ 48–48d EStG	164
b) Umsatzsteuerliche Umkehr der Steuerschuldnerschaft	166
c) Mindestlohn/Mindestarbeitsbedingungen	184
d) Sofortmeldung zur Sozialversicherung	191
e) Sozialkassen-Verfahren („SOKA-Bau")	194
f) Generalunternehmerhaftung	197
2. Gaststätten- und Beherbergungsgewerbe	206
a) Sofortmeldung zur Sozialversicherung	207
b) Mindestlohn/Mindestarbeitsbedingungen	209

Anh. Anhang

	Rn.
3. Personenbeförderungsgewerbe	211
a) Sofortmeldung zur Sozialversicherung	212
b) Mindestlohn/Mindestarbeitsbedingungen	214
4. Speditions-, Transport- und damit verbundenen Logistikgewerbe	215
a) Sofortmeldung zur Sozialversicherung	216
b) Mindestlohn/Mindestarbeitsbedingungen	218
5. Schaustellergewerbe	219
6. Unternehmen der Forstwirtschaft	222
a) Sofortmeldung zur Sozialversicherung	223
b) Mindestlohn/Mindestarbeitsbedingungen	225
7. Gebäudereinigungsgewerbe	227
a) Umsatzsteuerliche Umkehr der Steuerschuldnerschaft	228
b) Mindestlohn/Mindestarbeitsbedingungen	230
c) Sofortmeldung zur Sozialversicherung	232
8. Unternehmen, die sich am Auf- und Abbau von Messen und Ausstellungen beteiligen	234
9. Fleischwirtschaft	237
a) Sofortmeldung zur Sozialversicherung	238
b) Mindestlohn/Mindestarbeitsbedingungen	240
VIII. Verhalten bei Erscheinen der Finanzkontrolle Schwarzarbeit	242
1. Prüfung	243
2. Ermittlungsmaßnahme/Durchsuchung	244

I. Sanktionen – tabellarische Übersicht

Literatur: Berlin, Senatsverwaltung für Arbeit, Integration und Frauen, http://www.berlin.de/sen/arbeit/schwarzarbeit/strafen/index.html

1. Schwarzarbeit

Verstoß	Rechtsgrundlage	Bußgeld in EUR	Strafe
Nichtanmeldung von Arbeitnehmer/-innen zur Sozialversicherung	§ 111 I Nr. 2 SGB IV bzw. § 111 I 1 Nr. 2a SGB IV (im Falle geringfügiger Beschäftigung in Privathaushalten)	bis zu 25.000 bis zu 5.000	
Vorenthaltung von Sozialversicherungsbeiträgen (Arbeitgeber- und Arbeitnehmeranteile)	§ 266a StGB	–	Freiheitsstrafe bis zu 5 Jahren oder Geldstrafe, in besonders schweren Fällen Freiheitsstrafe von 6 Monaten bis zu

I. Sanktionen – tabellarische Übersicht **Anh.**

Verstoß	Rechts-grundlage	Bußgeld in EUR	Strafe
			10 Jahren (§ 266a IV StGB)
Steuerhinterziehung	§ 370 I AO	–	Freiheitsstrafe bis zu 5 Jahren oder Geldstrafe, in besonders schweren Fällen Freiheitsstrafe von 6 Monaten bis zu 10 Jahren (§ 370 III AO)
Leichtfertige Steuerverkürzung	§ 378 I AO	bis zu 50.000	–
Steuergefährdung	§ 379 I AO	bis zu 5.000	–
Leistungsmissbrauch im Zusammenhang mit der Erbringung von Dienst- oder Werkleistungen in erheblichem Umfang	§ 8 I Nr. 1 Buchst. a–c	bis zu 300.000	–
Erschleichen von Sozialleistungen im Zusammenhang mit der Erbringung von Dienst- oder Werkleistungen	§ 9		Freiheitsstrafe bis zu 3 Jahren oder Geldstrafe
Betrügerischer Leistungsmissbrauch	§ 263 I StGB		Freiheitsstrafe bis zu 5 Jahren oder Geldstrafe, in besonders schweren Fällen Freiheitsstrafe von 6 Monaten bis zu 10 Jahren (§ 263 III StGB)
Rechtswidrige (Reise-)Gewerbeausübung im Zusammenhang mit der Erbringung von Dienst- oder Werkleistungen in erheblichem Umfang	§ 8 I Nr. 1 Buchst. d	bis zu 50.000	

Anh.

Verstoß	Rechts-grundlage	Bußgeld in EUR	Strafe
Unerlaubte Handwerksausübung im Zusammenhang mit der Erbringung von Dienst- oder Werkleistungen in erheblichem Umfang	§ 8 I Nr. 1 Buchst. e	bis zu 50.000	
Beauftragung mit Schwarzarbeit	§ 8 I Nr. 2 iVm § 8 I Nr. 1 Buchst. a–c; iVm § 8 I Nr. 1 Buchst. d–e	bis zu 300.000 bis zu 50.000	

2. Illegale Ausländerbeschäftigung

Verstoß	Rechts-grundlage	Bußgeld in EUR	Strafe
Ausübung einer Beschäftigung ohne als Ausländer/-in einen hierzu berechtigenden Aufenthaltstitel oder eine hierzu berechtigende Aufenthaltsgestattung, Duldung oder Arbeitsgenehmigung-EU zu besitzen	§ 404 II Nr. 4 SGB III	bis zu 5.000	
Wiederholte Ausübung einer Beschäftigung ohne als Ausländer/-in einen hierzu berechtigenden Aufenthaltstitel oder eine hierzu berechtigende Aufenthaltsgestattung, Duldung oder Arbeitsgenehmigung-EU zu besitzen	§ 11 I Nr. 2 Buchst. b		Freiheitsstrafe bis zu 1 Jahr oder Geldstrafe

I. Sanktionen – tabellarische Übersicht **Anh.**

Verstoß	Rechts-grundlage	Bußgeld in EUR	Strafe
Beschäftigung von Ausländer/-innen, die einen zur Ausübung einer Beschäftigung berechtigenden Aufenthaltstitel oder eine hierzu berechtigende Aufenthaltsgestattung, Duldung oder Arbeitsgenehmigung-EU nicht besitzen	§ 404 II Nr. 3 SGB III	bis zu 500.000	
Wiederholte Beschäftigung von Ausländer/-innen, die einen zur Ausübung einer Beschäftigung berechtigenden Aufenthaltstitel oder eine hierzu berechtigende Aufenthaltsgestattung, Duldung oder Arbeitsgenehmigung-EU nicht besitzen	§ 11 I Nr. 2 Buchst. a		Freiheitsstrafe bis zu 1 Jahr oder Geldstrafe, in besonders schweren Fällen Freiheitsstrafe bis zu 3 Jahren oder Geldstrafe (§ 11 II)
Ausführen lassen von Dienst- oder Werkleistungen in erheblichem Umfang durch Unternehmen oder von Unternehmen eingesetzten Nachunternehmen, die Ausländer/-innen beschäftigen, welche einen zur Ausübung einer Beschäftigung berechtigenden Aufenthaltstitel oder eine hierzu berechtigende Aufenthalts-	§ 404 I SGB III	bis zu 500.000	

Verstoß	Rechts-grundlage	Bußgeld in EUR	Strafe
gestattung, Duldung oder Arbeitsgenehmigung-EU nicht besitzen			
Beschäftigung von mehr als 5 Ausländer/-innen, die einen zur Ausübung einer Beschäftigung berechtigenden Aufenthaltstitel oder eine hierzu berechtigende Aufenthaltsgestattung, Duldung oder Arbeitsgenehmigung-EU nicht besitzen	§ 11 I Nr. 1	–	Freiheitsstrafe bis zu 1 Jahr oder Geldstrafe, in besonders schweren Fällen Freiheitsstrafe bis zu 3 Jahren oder Geldstrafe (§ 11 II)
Beschäftigung von Ausländer/-innen, die einen zur Ausübung einer Beschäftigung berechtigenden Aufenthaltstitel oder eine hierzu berechtigende Aufenthaltsgestattung, Duldung oder Arbeitsgenehmigung-EU nicht besitzen, zu ungünstigen Arbeitsbedingungen	§ 10 I	–	Freiheitsstrafe bis zu 3 Jahren oder Geldstrafe, in besonders schweren Fällen Freiheitsstrafe von 6 Monaten bis zu 5 Jahren (§ 10 II)
Menschenhandel zum Zwecke der Ausbeutung der Arbeitskraft	§ 233 StGB		Freiheitsstrafe von 6 Monaten bis zu 10 Jahren

I. Sanktionen – tabellarische Übersicht **Anh.**

3. Illegale Arbeitnehmerüberlassung

Verstoß	Rechts-grundlage	Bußgeld in EUR	Strafe
Verleih von Leiharbeitnehmer/-innen ohne Erlaubnis nach § 1 I 1 AÜG	§ 16 I Nr. 1 AÜG	bis zu 25.000	–
Tätig werden lassen von Leiharbeitnehmer/-innen, die von Verleiher/-innen ohne Erlaubnis nach § 1 I 1 AÜG überlassen wurden	§ 16 Ia AÜG	bis zu 25.000	
Tätig werden lassen von Ausländer/-innen, die einen zur Ausübung einer Beschäftigung berechtigenden Aufenthaltstitel oder eine hierzu berechtigende Aufenthaltsgestattung, Duldung oder Arbeitsgenehmigung-EU nicht besitzen und von Verleiher/-innen mit Erlaubnis nach § 1 I 1 AÜG überlassen wurden	§ 16 I Nr. 2 AÜG	bis zu 500.000	
Verleih von Ausländer/-innen, die einen zur Ausübung einer Beschäftigung berechtigenden Aufenthaltstitel oder eine hierzu berechtigende Aufenthaltsgestattung, Duldung oder Arbeitsgenehmigung-EU nicht besitzen, ohne Erlaubnis nach § 1 I 1 AÜG	§ 15 I AÜG	–	Freiheitsstrafe bis zu 3 Jahren oder Geldstrafe, in besonders schweren Fällen Freiheitsstrafe von 6 Monaten bis zu 5 Jahren (§ 15 II AÜG)

Verstoß	Rechts-grundlage	Bußgeld in EUR	Strafe
Tätig werden lassen von Ausländer/-innen, die einen zur Ausübung einer Beschäftigung berechtigenden Aufenthaltstitel oder eine hierzu berechtigende Aufenthaltsgestattung, Duldung oder Arbeitsgenehmigung-EU nicht besitzen und von Verleiher/-innen mit Erlaubnis nach § 1 I 1 AÜG überlassen wurden, zu ungünstigen Arbeitsbedingungen	§ 15a I 1 AÜG	–	Freiheitsstrafe bis zu 3 Jahren oder Geldstrafe, in besonders schweren Fällen Freiheitsstrafe von 6 Monaten bis zu 5 Jahren (§ 15a I 2 AÜG)
Tätig werden lassen von gleichzeitig mehr als 5 Ausländer/-innen, die einen zur Ausübung einer Beschäftigung berechtigenden Aufenthaltstitel oder eine hierzu berechtigende Aufenthaltsgestattung, Duldung oder Arbeitsgenehmigung-EU nicht besitzen und von Verleiher/-innen mit Erlaubnis nach § 1 I 1 AÜG überlassen wurden	§ 15a II 1 Nr. 1 AÜG	–	Freiheitsstrafe bis zu 1 Jahr oder Geldstrafe, in besonders schweren Fällen Freiheitsstrafe bis zu 3 Jahren oder Geldstrafe (§ 15a II 2 AÜG)
Wiederholtes tätig werden lassen von Ausländer/-innen, die einen zur Ausübung einer Beschäftigung berechtigenden Aufent-	§ 15a II 1 Nr. 2 AÜG	–	Freiheitsstrafe bis zu 1 Jahr oder Geldstrafe, in besonders schweren Fällen Freiheitsstrafe bis zu 3 Jahren oder Geldstrafe (§ 15a II 2

I. Sanktionen – tabellarische Übersicht **Anh.**

Verstoß	Rechts-grundlage	Bußgeld in EUR	Strafe
haltstitel oder eine hierzu berechtigende Aufenthaltsgestattung, Duldung oder Arbeitsgenehmigung-EU nicht besitzen und von Verleiher/-innen mit Erlaubnis nach § 1 I 1 AÜG überlassen wurden			AÜG)
Tätigwerdenlassen von Ausländer/-innen, die keinen zur Ausübung einer Beschäftigung berechtigenden Aufenthaltstitel oder eine hierzu berechtigende Aufenthaltsgestattung, Duldung oder Arbeitsgenehmigung-EU besitzen und von Verleiher/-innen ohne Erlaubnis nach § 1 I 1 AÜG überlassen wurden	Gemäß § 10 I AÜG iVm § 9 Nr. 1 AÜG werden Entleiher/-innen zu Arbeitgeber/-innen. Es liegt insofern keine Arbeitnehmerüberlassung, sondern illegale Ausländerbeschäftigung vor.	je nach Art des Verstoßes kommt entweder ein Bußgeld bis zu 500.000 (§ 404 II Nr. 3 SGB III),	oder eine Freiheitsstrafe bis zu 1, 3 oder 5 Jahren oder eine Geldstrafe in Betracht (§ 10, § 11)
Gewerbsmäßige Arbeitnehmerüberlassung im Baugewerbe	§ 16 I Nr. 1 Buchst. b AÜG	bis zu 25.000	–

Obenhaus

Anh.

4. Illegale Arbeitnehmerentsendung

Verstoß	Rechtsgrundlage	Bußgeld in EUR
Nichteinhaltung der nach § 8 AEntG von Arbeitgeber/-innen mit Sitz im In- oder Ausland zu gewährenden Arbeitsbedingungen, insbesondere die Zahlung des tariflichen Mindestlohns und der Gewährung des Erholungsurlaubs einschließlich der Zahlung von Urlaubsgeld und zusätzlichem Urlaubsgeld sowie Nichtentrichtung von Beiträgen zur Sozialkasse des Baugewerbes (Urlaubs- und Lohnausgleichskasse des Baugewerbes, Zusatzversorgungskasse des Baugewerbes)	§ 23 I Nr. 1 AEntG	bis zu 500.000
Ausführen lassen von Werk- oder Dienstleistungen in erheblichem Umfang durch Unternehmen oder von diesen eingesetzten Nachunternehmen, die die nach § 8 AEntG zu gewährenden Arbeitsbedingungen, insbesondere den tariflichen Mindestlohn, den Erholungsurlaub einschließlich Urlaubsgeld und zusätzliches Urlaubsgeld nicht einhalten oder Beiträge zur Sozialkasse des Baugewerbes (Urlaubs- und Lohnausgleichskasse des Baugewerbes, Zusatzversorgungskasse des Baugewerbes) nicht entrichten	§ 23 II AEntG	bis zu 500.000
Nicht ordnungsgemäße Anmeldung/Änderungsmeldung der nach Deutschland entsandten bzw. verliehenen Arbeitnehmer/-innen vor Beginn jeder Werk- oder Dienstleistung in deutscher Sprache bei der zuständigen Behörde der Zollverwaltung durch Arbeitgeber/-innen bzw. Verleiher/-innen mit Sitz im Ausland gemäß § 18 I und III AEntG	§ 23 I Nrn. 5 und 6 AEntG	bis zu 30.000
Nichtabgabe einer nach § 18 II bzw. IV AEntG abzugebenden Versicherung über die Einhaltung der Ar-	§ 23 I Nr. 7 AEntG	bis zu 30.000

I. Sanktionen – tabellarische Übersicht **Anh.**

Verstoß	Rechtsgrundlage	Bußgeld in EUR
beitsbedingungen nach § 8 AEntG im Rahmen der von Arbeitgeber/-innen bzw. Verleiher/-innen mit Sitz im Ausland nach § 18 I bzw. III AEntG vorzunehmenden Anmeldung		

5. Pflichtverletzungen im Zusammenhang mit Prüfungen

Verstoß	Rechtsgrundlage	Bußgeld in EUR
Nichtvorlage des von Personen während der Erbringung von Dienst- oder Werkleistungen in den in § 2a I genannten Branchen mitzuführenden Personalausweises, Passes, Pass- oder Ausweisersatzes bei einer Prüfung der Zollverwaltung nach § 2 I	§ 8 II Nr. 1	bis zu 5.000
Nichtvorlage des für die vorgeschriebene Dauer von Arbeitgeber/-innen der in § 2a II genannten Branchen aufzubewahrenden schriftlichen Hinweises nach § 2a II bei einer Prüfung der Zollverwaltung nach § 2 I	§ 8 II Nr. 2	bis zu 1.000
Nichterduldung einer Prüfung der Zollverwaltung nach § 2 I oder Nichtmitwirkung an einer solchen durch Arbeitgeber/-innen, Arbeitnehmer/-innen, Auftraggeber/-innen (iSv § 2 UStG) und Dritten (bei denen eine Person zur Ausführung von Dienst- oder Werkleistungen tätig ist), insbesondere Nichterteilung der für die Prüfung nach § 2 I erheblichen Auskünfte (§ 3 II Nr. 1), Nichtvorlage der in § 3 und § 4 sowie § 17 S. 1 AEntG genannten Unterlagen oder Nichtzulassung des Betretens von Geschäftsräumen bzw. Grundstücken in den Fällen des § 3 I und II sowie § 4 I und II	§ 8 II Nr. 3a bei Prüfungen nach § 2 I Nr. 1 bis 4; § 23 I Nr. 2 und 3 AEntG bei Prüfungen nach § 2 I Nr. 5	bis zu 30.000

Anh.

Verstoß	Rechtsgrund-lage	Bußgeld in EUR
Nichtduldung einer Prüfung der Zollverwaltung nach § 2 I oder Nichtmitwirkung an einer solchen durch Auftraggeber/-innen, die nicht Unternehmer/-innen iSv § 2 UStG sind, insbesondere Nicht-erteilung der für die Prüfung erheb-lichen Auskünfte (§ 3 II Nr. 1) oder Nichtvorlage der in § 4 III genann-ten Unterlagen	§ 8 II Nr. 3b	bis zu 1.000
Nichtvorlage des Passes, des Pass- oder Ausweisersatzes, des Aufent-haltstitels, der Duldung oder der Aufenthaltsgestattung durch Auslän-der/-innen bei einer Prüfung der Zollverwaltung nach § 2 I	§ 8 II Nr. 4	bis zu 1.000
Nichtübermittlung von Daten nach § 5 III auch iVm § 17 S. 1 AEntG	§ 8 II Nr. 5 bei Prüfungen nach § 2 I Nr. 1 bis 4; § 23 Abs. 1 Nr. 4 AEntG bei Prü-fungen nach § 2 Abs. 1 Nr. 5	bis zu 30.000
Nichtaufbewahrung von Rechnun-gen, Zahlungsbelegen oder anderen beweiskräftigen Unterlagen über Werklieferungen oder sonstige Leis-tungen im Zusammenhang mit einem Grundstück für einen Zeit-raum von mindestens 2 Jahren durch Empfänger/-innen derartiger Liefe-rungen bzw. Leistungen, die nicht unternehmerisch tätig sind	§ 26a I Nr. 3 UStG	bis zu 500
Nichtaufzeichnung des Beginns, des Endes und der Dauer der täglichen Arbeitszeit von Arbeitnehmer/-in-nen und Nichtaufbewahrung dieser Aufzeichnungen für mindestens 2 Jahre durch Arbeitgeber/-innen gemäß § 19 I AEntG	§ 23 I Nr. 8 AEntG	bis zu 30.000
Nichtbereithaltung der zur Kon-trolle der Einhaltung eines für allge-meinverbindlich erklärten Tarifver-	§ 23 I Nr. 9 AEntG	

I. Sanktionen – tabellarische Übersicht **Anh.**

Verstoß	Rechtsgrundlage	Bußgeld in EUR
trages nach § 4 AEntG, § 5 Nr. 1 bis 3 AEntG und § 6 AEntG oder einer Rechtsverordnung nach § 7 AEntG erforderlichen Unterlagen in deutscher Sprache im Inland (auf Verlangen der Prüfbehörde auch auf der Baustelle) für die gesamte Dauer der tatsächlichen Beschäftigung der Arbeitnehmer/-innen in Deutschland (mindestens für die Dauer der gesamten Bauleistung, insgesamt jedoch nicht länger als 2 Jahre) durch Arbeitgeber/-innen mit Sitz im Ausland gemäß § 19 II AEntG		

6. Vergabe- und gewerberechtliche Maßnahmen, Haftungsregelungen

Maßnahme/Regelung	Rechtsgrundlage
Ausschluss von der Teilnahme an Wettbewerben um öffentliche Bauaufträge Bewerber/-innen sollen für die Dauer von bis zu 3 Jahren von der Teilnahme an Wettbewerben um öffentliche Bauaufträge ausgeschlossen werden, wenn sie wegen Schwarzarbeit oder illegaler Beschäftigung zu einer Freiheitsstrafe von mehr als 3 Monaten oder einer Geldstrafe von mehr als 90 Tagessätzen verurteilt oder mit einer Geldbuße von wenigstens 2.500 EUR belegt worden sind (entsprechendes gilt auch schon vor Durchführung eines Straf- oder Bußgeldverfahrens, wenn im Einzelfall angesichts der Beweislage kein vernünftiger Zweifel an einer schwerwiegenden Verfehlung im Zusammenhang mit Schwarzarbeit oder illegaler Beschäftigung besteht)	§ 21
Ausschluss von der Teilnahme an Wettbewerben um öffentliche Liefer-, Bau- oder Dienstleistungsaufträge Bewerber/-innen sollen für eine angemessene Zeit bis zur nachgewiesenen Wiederherstellung ihrer Zuverlässigkeit von der Teilnahme an Wettbewerben um öffentliche Liefer-, Bau- oder Dienstleistungsaufträge der in § 98 GWB genannten Auftraggeber/-innen ausgeschlossen werden, wenn sie wegen eines Verstoßes nach § 23 AEntG mit einer Geldbuße von wenigstens	§ 21 AEntG

Maßnahme/Regelung	Rechtsgrundlage
2.500 EUR belegt worden sind (entsprechendes gilt auch schon vor Durchführung eines Straf- oder Bußgeldverfahrens, wenn im Einzelfall angesichts der Beweislage kein vernünftiger Zweifel an einer schwerwiegenden Verfehlung nach § 23 AEntG besteht)	
Haftung für Sozialversicherungsbeiträge Unternehmer/-innen des Baugewerbes, die andere Unternehmer/-innen mit der Erbringung von Bauleistungen im Sinne von § 175 II SGB III beauftragen, haften für die Erfüllung der Zahlungspflicht dieser Unternehmer/-innen oder der von diesen Unternehmer/-innen beauftragten Verleiher/-innen wie selbstschuldnerische Bürgen (entsprechendes gilt auch für die von Nachunternehmer/-innen gegenüber ausländischen Sozialversicherungsträgern abzuführenden Beiträge)	§§ 28e IIIa bis IIIe SGB IV § 20 MiLoG
Haftung für Mindestlohn und Sozialkassenbeiträge Unternehmer/-innen, die andere Unternehmer/innen mit der Erbringung von Werk- oder Dienstleistungen beauftragen, haften für die Verpflichtungen dieser Unternehmer/-innen bzw. für die von Nachunternehmer/-innen oder von diesen Unternehmer/innen oder Nachunternehmer/-innen beauftragten Verleiher/-innen zur Zahlung des Mindestentgelts (Nettoentgelts) an Arbeitnehmer/-innen oder zur Zahlung von Beiträgen an eine gemeinsame Einrichtung der Tarifvertragsparteien nach § 8 AEntG wie ein Bürge, der auf die Einrede der Vorausklage verzichtet hat	§ 14 AEntG § 20 MiLoG
Haftung für Abschiebungskosten Arbeitgeber/-innen, die Ausländer/-innen beschäftigt haben, denen die Ausübung einer Erwerbstätigkeit nicht erlaubt war, haften für die Kosten der Abschiebung oder Zurückschiebung	§ 66 IV 1 AufenthG
Haftung für Aufwendungen des Unfallversicherungsträgers Unternehmer/-innen, die Dienst- oder Werkleistungen in Schwarzarbeit erbringen lassen, haften für die Aufwendungen, die dem Unfallversicherungsträger infolge von Versicherungsfällen hierfür eingesetzter Schwarzarbeiter/-innen entstehen (gilt grundsätzlich auch für Privathaushalte, die Schwarzarbeiter/-innen beschäftigen oder beauftragen)	§ 110 I SGB VII

II. Beschäftigung von Ausländern **Anh.**

Maßnahme/Regelung	Rechtsgrundlage
Gewerbeuntersagung wegen Unzuverlässigkeit Gewerbetreibenden ist die Ausübung eines Gewerbes ganz oder teilweise zu untersagen, wenn Tatsachen vorliegen, welche ihre Unzuverlässigkeit oder die einer mit der Leitung des Gewerbebetriebes beauftragten Person in Bezug auf dieses Gewerbe belegen (ua bei Schwarzarbeit oder illegaler Beschäftigung)	§ 35 I GewO

II. Beschäftigung von Ausländern

Literatur: Bundesagentur für Arbeit, Merkblatt Beschäftigung ausländischer Arbeitnehmerinnen und Arbeitnehmer in Deutschland, 2014

1. Aufenthaltsrecht

Sachverhalt	Ausländer		Auftraggeber	
	Grundfall	**beharrlich**	**Grundfall**	**Missverhältnis der Bedingungen**
1. Erwerbstätigkeit von Arbeitnehmern **aus EU-Beitrittsländern** → Rn. 10	kein Verstoß		kein Verstoß	
2. **Ausländer**				
2.1. mit Aufenthaltstitel (nicht nur Touristen-Visum)				
2.1.1. arbeitet als Arbeitnehmer, Aufenthaltstitel ohne Befugnis zum Ausüben einer Beschäftigung	kein Verstoß AufenthG		kein Verstoß AufenthG	
2.1.2. erbringt selbstständig Dienst- oder Werkleistungen, Aufenthaltstitel ohne	OWi, § 98 III Nr. 1 AufenthG		OWi, § 98 IIa AufenthG	Vermögensvorteil für den Täter: Straftat, § 96 I Nr. 2 AufenthG

Sachverhalt	Ausländer		Auftraggeber	
	Grundfall	beharrlich	Grundfall	Missverhältnis der Bedingungen
Befugnis zum Ausüben der ausgeübten selbstständigen Tätigkeit				
2.2. aus „Anlage-Staat" ist visumfrei eingereist				
2.2.1. arbeitet als Arbeitnehmer	Straftat, § 95 I Nr. 2 AufenthG	Straftat, § 11 I SchwarzArbG	§ 95 I Nr. 2 AufenthG, § 27 StGB oder § 98 IIa AufenthG	Vermögensvorteil für den Täter: Straftat, § 96 I Nr. 2 AufenthG
2.2.2. erbringt selbstständig Dienst- oder Werkleistungen	Straftat, § 95 Ia AufenthG	Straftat, § 11 I SchwarzArbG	§ 95 Ia AufenthG § 27 StGB oder § 98 IIa AufenthG	Vermögensvorteil für den Täter: Straftat, § 96 I Nr. 2 AufenthG
2.3. visumspflichtig, mit Touristen-Visum				
2.3.1. arbeitet als Arbeitnehmer	Straftat, § 95 Ia AufenthG	Straftat, § 11 I SchwarzArbG	§ 95 Ia AufenthG § 27 StGB oder § 98 IIa AufenthG	Vermögensvorteil für den Täter: Straftat, § 96 I Nr. 2 AufenthG
2.3.2. erbringt selbstständig Dienst- oder Werkleistungen	Straftat, § 95 Ia AufenthG	Straftat, § 11 I SchwarzArbG	§ 95 Ia AufenthG § 27 StGB oder § 98 IIa AufenthG	Vermögensvorteil für den Täter: Straftat, § 96 I Nr. 2 AufenthG
2.4. visumspflichtig, ohne Visum				
2.4.1. arbeitet als Arbeitnehmer	Straftat, § 95 I Nr. 1, Nr. 3 AufenthG		§ 95 I Nr. 1, Nr. 3 AufenthG § 27 StGB	Vermögensvorteil für den Täter: Straftat, § 96 I Nr. 2 AufenthG

II. Beschäftigung von Ausländern **Anh.**

Sachverhalt	Ausländer		Auftraggeber	
	Grundfall	beharrlich	Grundfall	Missverhältnis der Bedingungen
2.4.2. erbringt selbstständig Dienst- oder Werkleistungen	Straftat, § 95 I Nr. 1, Nr. 3 AufenthG			Vermögensvorteil für den Täter: Straftat, § 96 I Nr. 2 AufenthG
3. Asylbewerber				
3.1. der verpflichtet ist, in einer Aufnahmeeinrichtung (sog. Bezirksstelle, nicht Sammelunterkunft) zu wohnen, geht Erwerbstätigkeit nach/Arbeitnehmer oder selbstständig)	Straftat, § 85 Nr. 5 AsylVfG ggf. § 263 StGB		§ 85 Nr. 5 AsylVfG, § 27 StGB, ggf. §§ 263, 27 StGB	
3.2. Asylbewerber, geht Erwerbstätigkeit nach/Arbeitnehmer oder selbstständig)	kein Verstoß AsylVfG		kein Verstoß AsylVfG	

2. Arbeitserlaubnisrecht

Sachverhalt	Ausländer		Auftraggeber		8
	Grundfall	beharrlich	Grundfall	Missverhältnis der Bedingungen	
1. Erwerbstätigkeit von Arbeitnehmern aus **EU-Beitrittsländern** → Rn. 10 ohne Arbeitserlaubnis	§ 404 II Nr. 4 SGB III	Straftat, § 11 I Nr. 2 SchwarzArbG	Straftat, § 11 I Nr. 1, Nr. 2 SchwarzArbG	Straftat, § 10 I SchwarzArbG	

Obenhaus

Anh.

Sachverhalt	Ausländer		Auftraggeber	
	Grundfall	beharrlich	Grundfall	Missverhältnis der Bedingungen
2. Ausländer				
2.1. mit Aufenthaltstitel (nicht nur Touristen-Visum)				
2.1.1. arbeitet als Arbeitnehmer, Aufenthaltstitel ohne Befugnis zum Ausüben einer Beschäftigung	OWi, § 404 II Nr. 4 SGB III	Straftat, § 11 I Nr. 2 SchwarzArbG	OWi, § 404 II Nr. 3 SGB III oder Straftat, § 11 I Nr. 1, Nr. 2 SchwarzArbG	Straftat, § 10 I SchwarzArbG
2.1.2. erbringt selbstständig Dienst- oder Werkleistungen, Aufenthaltstitel ohne Befugnis zum Ausüben der ausgeübten selbstständigen Tätigkeit	Arbeitserlaubnisrecht nicht betroffen		Arbeitserlaubnisrecht nicht betroffen	
2.2. aus „Anlage-Staat" ist visumfrei eingereist				
2.2.1. arbeitet als Arbeitnehmer	§ 404 II Nr. 4 SGB III	Straftat, § 11 I SchwarzArbG	OWi, § 404 II Nr. 3 SGB III oder Straftat, § 11 I Nr. 1, Nr. 2 SchwarzArbG	Straftat, § 10 I SchwarzArbG
2.2.2. erbringt selbstständig Dienst- oder Werkleistungen	Arbeitserlaubnisrecht nicht betroffen		Arbeitserlaubnisrecht nicht betroffen	

II. Beschäftigung von Ausländern **Anh.**

Sachverhalt	Ausländer		Auftraggeber	
	Grundfall	**beharrlich**	**Grundfall**	**Missverhältnis der Bedingungen**
2.3. visumspflichtig, mit Touristen-Visum				
2.3.1. arbeitet als Arbeitnehmer	OWi, § 404 II Nr. 4 SGB III	Straftat, § 11 I Nr. 2 SchwarzArbG	OWi, § 404 II Nr. 3 SGB III oder Straftat, § 11 I Nr. 1, Nr. 2 SchwarzArbG	Straftat, § 10 I SchwarzArbG
2.3.2. erbringt selbstständig Dienst- oder Werkleistungen	Arbeitserlaubnisrecht nicht betroffen		Arbeitserlaubnisrecht nicht betroffen	
2.4. visumspflichtig, ohne Visum				
2.4.1. arbeitet als Arbeitnehmer	OWi, § 404 II Nr. 4 SGB III	Straftat, § 11 I Nr. 2 SchwarzArbG	OWi, § 404 II Nr. 3 SGB III oder Straftat, § 11 I Nr. 1, Nr. 2 SchwarzArbG	Straftat, § 10 I SchwarzArbG
2.4.2. erbringt selbstständig Dienst- oder Werkleistungen	Arbeitserlaubnisrecht nicht betroffen		Arbeitserlaubnisrecht nicht betroffen	
3. Asylbewerber				
3.1. der verpflichtet ist, in einer Aufnahmeeinrichtung (sog. Bezirksstelle, nicht Sammelunterkunft) zu woh-	OWi, § 404 II Nr. 4 SGB III	Straftat, § 11 I Nr. 2 SchwarzArbG	OWi, § 404 II Nr. 3 SGB III oder Straftat, § 11 I Nr. 1, Nr. 2 SchwarzArbG	Straftat, § 10 I SchwarzArbG

Anh.

Sachverhalt	Ausländer		Auftraggeber	
	Grundfall	**beharrlich**	**Grundfall**	**Missverhältnis der Bedingungen**
nen, geht Erwerbstätigkeit nach (Arbeitnehmer oder selbstständig)				
3.2. Asylbewerber, geht Erwerbstätigkeit nach (Arbeitnehmer oder selbstständig)	OWi, § 404 II Nr. 4 SGB III		OWi, § 404 II Nr. 3 SGB III oder Straftat, § 11 I Nr. 1 SchwarzArbG	Straftat, § 10 I SchwarzArbG

3. Hinweise zur Arbeitnehmerfreizügigkeit

9   Bürgerinnen und Bürger eines EU-Mitgliedstaats dürfen in einem anderen Mitgliedstaat eine Beschäftigung aufnehmen, ohne dafür eine Arbeitsgenehmigung einzuholen. Sie sind inländischen Arbeitnehmern rechtlich gleichgestellt. Rechtsgrundlage der Arbeitnehmerfreizügigkeit in der EU ist die RL 2004/38/EG (Freizügigkeitsrichtlinie, ABl. 30.4.2004 L 158, 123). Für die Beitrittsländer gelten temporäre Beschränkungen, währenddessen die Arbeitsgenehmigung-EU nach § 284 SGB III erforderlich ist.

10

	Beitrittsdatum	**Beschränkungen**
EU-15		
Estland Lettland Litauen Polen Tschechien Slowakei Ungarn Slowenien	1.5.2004	Arbeitsgenehmigung-EU bis 30.4.2011
Malta Zypern	1.5.2004	–
Bulgarien Rumänien	1.1.2007	Arbeitsgenehmigung-EU bis 31.12.2013
Kroatien	1.7.2013	Arbeitsgenehmigung-EU bis 30.6.2015

III. Mindestlohngesetz **Anh.**

	Beitrittsdatum	Beschränkungen
EWR-Staaten Island Liechtenstein Norwegen		Staatsangehörige aus EWR-Staaten (Island, Norwegen und Liechtenstein) genießen uneingeschränkte Arbeitnehmerfreizügigkeit gemäß Beschluss des Gemeinsamen EWR-Ausschusses Nr. 158/2007 zur Änderung des Anhangs V (Freizügigkeit der Arbeitnehmer) und des Anhangs VIII (Niederlassungsrecht) des EWR-Abkommens (ABl 8.5.2008 L 124, 20).
Schweiz		Das Abkommen zwischen der Schweizerischen Eidgenossenschaft einerseits und der Europäischen Gemeinschaft und ihren Mitgliedstaaten andererseits über die Freizügigkeit (ABl. 30.4.2002 L 114, 1) gewährt seit 2007 für Schweizer Bürger die uneingeschränkte Arbeitnehmerfreizügigkeit (→ § 10 Rn. 31).
Türkei		Das Abkommen vom 12.9.1963 zur Gründung einer Assoziation zwischen der Europäischen Wirtschaftsgemeinschaft und der Türkei (BGBl. II 1964 S. 509) gewährt grds. europarechtliche Freizügigkeit (→ § 10 Rn. 32).

III. Mindestlohngesetz

Materialien: Gesetzentwurf der Bundesregierung v. 28.5.2014, BT-Drs. 18/1558, sowie die Änderungen zum Gesetzentwurf in Beschlussempfehlung und Bericht des Ausschusses für Arbeit und Soziales v. 2.7.2014 BT-Drs. 18/2010 (neu)

Rechtsprechung: EuGH 14.4.2005 NZA 2005, 573; 7.11.2013 NZA 2013, 1359; BVerfG 25.6.2015 – 1 BvR 55/15, NJW 2015, 2242; 25.6.2015 – 1 BvR 37/15, NZA 2015, 866; BAG 18.4.2012 – 4 AZR 168/10, NZA 2013, 392; ArbG Düsseldorf 20.4.2015 – 5 Ca 1675/159; ArG Berlin 4.3.2015 – 54 Ca 14420/14, BeckRS 2015, 68901; ArbG Bautzen 25.6.2015 – 1 Ca 1094/15, BeckRS 2015, 70083

Verwaltungsanweisungen: BMAS im Internet <www.der-mindestlohn-gilt.de>

Literatur: Ast/Klocke, Die Sanktionierung der Mindestlohnunterschreitung durch § 23 Abs. 1 Nr. 1 AEntG und § 266a StGB, wistra 2014, 206; Aulmann, Geldbusse und Verfall bei Mindestlohndumping – Sorgfaltspflichten des Hauptunternehmers, NJW 2012, 2074; Barkow v. Creytz, Haftungsrisiken und Risikomanagement des Steuerberaters im Beitragsrecht, DStR 14, 1076; Berndt, Arbeits- und sozialversicherungsrechtliche Auswirkungen des Mindestlohngesetzes (MiLoG) – Was gehört zum Mindestlohn? DStR 2014, 1878; Däubler, Der gesetzliche Mindestlohn – doch eine unendliche Geschichte?, NJW 2014, 1924; Deba/Jung, Mindestlohn und Mindestlohngesetz: Verfahren und Rechtsfolgen bei Verstößen oder Verdächtigungen, NStZ 2015, 258; Fischer, Der neue Mindestlohn – Handlungsbedarf für den Mittelstand, DStR 2014, 2312; Franzen, in: Erfurter Kommentar zum Arbeitsrecht, 15. Aufl. 2015; ders, Mindestlohn und tarifvertragliche Vergütungsbestandteile, NZA 2015, 338, Barkow v. Creytz/Rittweger/Zieglmeier: Beitragsrisiken in der Sozialversicherung durch den Mindestlohn, DStR-Beih 2015, 75;

Hlava/Heuschmid, Die Durchsetzungsmechanismen des Mindestlohngesetzes, NJW 2015, 1719; Jöris/Steinau-Steinrück, Der gesetzliche Mindestlohn, BB 2014, 2101; Krause/Pötters, Konsequenzen eines Verstoßes gegen das Mindestlohngesetz, NZA 2015, 398; Lembke/Ludwig, Die Leiharbeit im Wechselspiel europäischer und nationaler Regulierung, NJW 2014, 1329; Maschmann, Die staatliche Durchsetzung des allgemeinen Mindestlohns nach den §§ 14 ff. MiLoG, NZA 2014, 929; Schilling/Spiegelberger, Das Gesetz zur Regelung eines allgemeinen Mindestlohns, NJW 2014, 2897; Sittard, Das neue MiLoG: Mindestlohnberechnung und zivilrechtliche Folgen von Mindestlohnverstößen, RdA 2015,99; Wagner/Sturm, Update Mindestlohngesetz, Stbg 2015, 262; Wank, Der Mindestlohn, RdA 2015, 88; Zieglmeier, Verfahrensrechtliche Grundsätze der Mindestlohnprüfung durch Zoll und Rentenversicherungsträger, DStR-Beih 2015, 781. Rechtsgrundlagen für Mindestlohn

11 Ein Mindestlohn war bereits vor Inkrafttreten des Mindestlohngesetzes im diffusen Normenkonglomerat von Arbeitnehmerentsendegesetz, Mindestarbeitsbedingungsgesetz, in diversen Branchen-Tarifverträgen sowie § 138 BGB zu gewähren. Indes: All diese Regelungen sind mit einer Vielzahl von Unwägbarkeiten versehen. Nach zähem Ringen haben sich die Regierungsparteien zur Einführung eines einheitlichen gesetzlichen Mindestlohns entschlossen. Am 3.7.2014 hat der Bundestag das Gesetz zur Stärkung der Tarifautonomie (Tarifautonomiestärkungsgesetz) verabschiedet. Dabei handelt es sich um ein Artikelgesetz, das am 15.8.2014 verkündet wurde (BGBl. I S. 1348) und dessen Art. 1 das Mindestlohngesetz (MiLoG) enthält. Das MiLoG tritt am 1.1.2015 in Kraft. Mit dem Gesetz wird ein bundesweiter Mindestlohn in Höhe von 8,50 EUR brutto pro Zeitstunde ab dem 1.1.2015 eingeführt (§ 1 II 1). Es gelten umfangreiche Melde-, Aufzeichnungs- und Dokumentationspflichten. Verstöße gegen das MiLoG sind bußgeldbewehrt. Die Einhaltung der Vorschriften zu prüfen ist Aufgabe der Zollverwaltung.

12 Ob die zu den bisherigen Einzelregelungen über den Mindestlohn geltenden Grundsätze auch für das MiLoG gelten, ist unklar und wird von der Rspr. zu klären sein. So ist klärungsbedürftig, ob Weihnachts- und Urlaubsgeld, Zulagen und Zuschläge sowie Sachbezüge Bestandteil des Mindestlohns sind oder zusätzlich zum Mindestlohn gezahlt werden müssen. Dazu siehe eingehend *Berndt* DStR 2014, 1880.

1. Anwendungsbereich

13 Das MiLoG gilt grundsätzlich für alle Branchen und Berufe.

14 **a) Sachlicher Anwendungsbereich.** Grundsätzlich erhält jeder Arbeitnehmer ab 18 Jahren den gesetzlichen Mindestlohn. Dies unabhängig davon, ob er in Voll- oder Teilzeit angestellt ist oder welche Position er bekleidet. Betroffen sind auch so genannte Minijobber, unabhängig von ihrem sozialversicherungsrechtlichen Status. Daher muss der Arbeitgeber zusätzlich zu dem Mindestlohn von 8,50 EUR noch die Arbeitgeberbeiträge an die Bundesknappschaft abführen. Zu einzelnen Formen der Beschäftigung wie Probearbeitsverhältnis, Einfühlungsarbeitsverhältnis, geringfügig entlohnten Beschäftigten s. *Berndt* DStR 14, 1878.

15 Das MiLoG setzt ein Arbeitsverhältnis im Inland voraus. Ausländische Arbeitnehmer unterfallen dem MiLoG, wenn sie innerhalb Deutschlands tätig

III. Mindestlohngesetz **Anh.**

sind. Die Grundverpflichtungen aus § 20 gelten zwingend für alle Arbeitgeber mit Sitz im Inland oder Ausland, die einen Arbeitnehmer im Inland beschäftigen. Grundsätzlich nicht maßgeblich ist, ob sie für einen inländischen oder einen ausländischen Arbeitgeber tätig werden, wobei ausländischen Arbeitgebern nach § 16 MiLoG bestimmte Meldepflichten auferlegt sind. Relevant ist nur das jeweilige Einsatzgebiet des Arbeitnehmers im Inland. Das MiLoG ist ein Arbeitnehmerschutzgesetz. Es stellt als solches auf das zivilrechtliche Arbeitsverhältnis ab, nicht auf die sozialversicherungsrechtliche Beschäftigung iSd § 7 SGB IV.

Das MiLoG ist ein Arbeitsschutzgesetz. Einem solchen unterliegen Beschäf- 16 tigungsverhältnisse grds. nur, wenn darauf das deutsche Recht anwendbar ist. Das ergibt sich aus dem Territorialitätsprinzip als allgemeiner Regel des Völkerrechts iSd Art. 25 S. 1 GG. Welchem Recht ein Beschäftigungsverhältnis unterfällt, richtet sich nach dem sog. Arbeitsstatut. Die von den Parteien gewählte oder durch objektive Anknüpfung nach Art. 8 II-IV Rom-I-VO maßgebliche Arbeitsvertragsstatut regelt vorbehaltlich der Sonderanknüpfung zwingender Bestimmungen grds. alle mit der Begründung, Inhalt, Erfüllung und Beendigung eines Arbeitsverhältnisses zusammenhängenden Fragen (Palandt/*Thorn* IPR Rom I Art. 8 Rn. 4). Jedoch ergibt sich für den Mindestlohn aus Art. 2 Nr. 1 AEntG eine Sonderanknüpfung. Das MiLoG umfasst alle im Inland ausgeübten Beschäftigungen. Die Grundverpflichtungen gelten nicht für Arbeitnehmer, die nicht im Inland beschäftigt werden (BT-Drs. 18/1558, 49). Die Entsende-RL 96/71/EG v. 16.12.1996, in Deutschland umgesetzt durch Art. 10 G v. 19.12.1998 (BGBl. I S. 3843), überlagert Art. 8 Rom-I-VO als sog. Eingriffsnorm nach Art. 9 Rom-I-VO (ErfK/*Franzen* MiLoG § 20 Rn. 1); danach ist dt. Recht auf bestimmten Sachgebieten – auch Mindestlohn – auf alle Arbeitsverhältnisse zwischen einem im Ausland ansässigen Arbeitgeber und seinem im Inland beschäftigten Arbeitnehmer zwingend anwendbar. Es kommt damit auf eine Beschäftigung im Inland an. Dies richtet sich nach dem regelmäßigen Arbeitsort.

Bei Arbeitnehmern, die in mehr als einem Staat tätig sind, oder die sich vor- 17 übergehend zur Arbeitsausübung im Inland aufhalten, stellt sich die Frage, inwieweit diese dem MiLoG unterfallen. In einer jüngeren Entscheidung v. 27.1.2011 hat das BAG (2 AZR 646/09, BeckRS 2011, Nr. 74125) für Binnenschiffer, die ihre Arbeit an einem beweglichen Arbeitsplatz in mehreren Ländern verrichten, ausgeführt, dass als Ort, an dem die für den Vertrag charakteristische Verpflichtung erfüllt worden ist, der Ort anzusehen ist, an dem oder von dem aus der Arbeitnehmer seine Verpflichtungen gegenüber seinem Arbeitgeber hauptsächlich erfüllt. In seiner Entscheidung verweist das BAG auf ein Urteil des EuGH v. 13.7.1993 (Rs.: C-125/92 – [Mulox] Rn. 24 und 26, Slg. 1993, I-4075; im Französischen, das in dieser Rechtssache auch Verfahrenssprache war, lautet dieses Kriterium: *lieu où ou à partir duquel le travailleur s'acquitte principalement des obligations à l'égard de son employeur;* Schlussanträge der Generalanwältin Trstenjak v. 16.12.2010 – C-29/10 – [Koelzsch] Rn. 100; Musielak/*Stadler* ZPO Art. 19 EuGVVO Rn. 2). Zur Bestimmung des „gewöhnlichen Arbeitsorts" iSv Art. 5 Nr. 1 des Brüsseler Übereinkommens führt der EuGH in mittlerweile stRspr weiter präzisierend aus, dass dieser jeweils unter Berücksichtigung aller Umstände des Einzelfalls für das betreffende Arbeitsver-

Obenhaus 375

Anh. Anhang

hältnis zu bestimmen ist (EuGH, 9.1.1997 – C-383/95 – [Rutten] Rn. 25, Slg. 1997, I-57; 27.1.2002 – C-37/00 – [Weber] Rn. 49, Slg. 2002, I-2013; 10.4.2003 – C-437/00 – [Pugliese] Slg. 2003, I-3573). In diesem Sinn hat der EuGH (9.1.1997 – C-383/95 – [Rutten] Slg. 1997, I-57) auch den Ort verstanden, den der Arbeitnehmer zum tatsächlichen Mittelpunkt seiner Berufstätigkeit gemacht hat:

> *„Es ist derjenige Ort, an dem oder von dem aus der Arbeitnehmer den wesentlichen Teil der Verpflichtungen gegenüber seinem Arbeitgeber tatsächlich erfüllt."*

18 Im Falle der Entsendung ordnet Art. 3 I Buchst. c RL 96/71/EG an, dass unabhängig von dem auf das jeweilige Arbeitsverhältnis anwendbaren Recht der Mindestlohn des Mitgliedstaats gilt, in dessen Hoheitsgebiet die Arbeitsleistung erbracht wird. Dies gilt nicht für Erstmontage- und/oder Einbauarbeiten, die Bestandteil eines Liefervertrags sind, für die Inbetriebnahme der gelieferten Güter unerlässlich sind und von Facharbeitern und/oder angelernten Arbeitern des Lieferunternehmens ausgeführt werden, wenn die Dauer der Entsendung acht Tage nicht übersteigt (Art. 3 II 1 RL 96/71/EG) sowie für Bauarbeiten (Art. 3 II 2 RL 96/71/EG iVm Anhang). Von der Option nach Art. 3 III RL 96/71/EG, Entsendungen bis zu einem Monat vom Mindestlohn auszunehmen, hat der dt. Gesetzgeber keinen Gebrauch gemacht.

19 Wird ein ausländischer Arbeitnehmer von einem ausländischen Verleiher an einen Entleiher im Inland entliehen und ist der Verleiher nicht im Besitz der Erlaubnis nach § 1 AÜG, so ordnet § 9 AÜG die Nichtigkeit des Arbeitsverhältnisses zum Verleiher an § 10 I 1 AÜG fingiert ein Arbeitsverhältnis zum Entleiher. Für diese Beschäftigung gilt das MiLoG nur, wenn sie im Inland ausgeübt wird. Andernfalls mangelt es bereits an der Anwendbarkeit des AÜG, womit auch die Regelungen der §§ 9, 10 AÜG nicht greifen. Nach der Intention des Gesetzgebers erfasst das AÜG nach dem Territorialitätsprinzip das Überlassen zur Arbeitsleistung im Inland (BT Drs. VI/2303, 10).

20 Die Frage, ob die Beschäftigung im Inland ausgeübt wird, ist für die hoheitlichen Prüfungsbefugnisse aus § 17 MiLoG und § 2 SchwarzArbG tatbestandsbegründend. Die Feststellungslast trägt daher die Behörde. Ebenso trägt der Arbeitnehmer für den zivilrechtlichen Anspruch auf Mindestlohn die Beweislast für eine Beschäftigung im Inland. Der Arbeitgeber hat jedoch nach § 2 I Nr. 4 NachwG den Arbeitsort festzuhalten oder, falls der Arbeitnehmer nicht nur an einem bestimmten Arbeitsort tätig sein soll, den Hinweis darauf, dass der Arbeitnehmer an verschiedenen Orten beschäftigt werden kann. Zu zivilprozessualen Folgen eines Verstoßes gegen diese Aufzeichnungspflichten s. ErfK/*Preis* NachwG Einf. Rn. 16–23. Ein Verstoß hat keine präjudizierende Wirkung mit Blick auf die Prüfungsbefugnisse und entbindet die Zollbehörde nicht von ihrer Sachaufklärungspflicht.

21 b) Persönlicher Anwendungsbereich (§ 22 MiLoG). Das MiLoG gilt für Arbeitnehmerinnen und Arbeitnehmer (§ 22 I 1 MiLoG). Grundsatz ist die Geltung des MiLoG für Arbeitnehmer. Den Mindestlohn können nur Arbeitnehmer iSd allg. Arbeitnehmer-Begriffs (Palandt/*Weidenkaff* BGB Einf. § 611 Rn. 7; ErfK/*Preis* BGB § 611 Rn. 34 ff.) beanspruchen, nicht aber arbeitnehmerähnliche Personen (Palandt/*Weidenkaff* BGB Einf. § 611 Rn. 9; ErfK/*Preis* BGB § 611 Rn. 110). Organmitgliedern juristischer Personen

III. Mindestlohngesetz **Anh.**

(insb. Vorstand einer AG, Geschäftsführer einer GmbH) sind keine Arbeitnehmer (Palandt/*Weidenkaff* BGB Einf. § 611 Rn. 23).

Das MiLoG sieht in § 22 I 2, II u. III MiLoG Ausnahmen vom Anwendungsbereich für bestimmte Arbeitnehmer vor. 22

Beschäftigte in Berufsausbildung. Der Ausnahmetatbestand des § 22 III MiLoG über die zu ihrer Berufsausbildung Beschäftigten stellt grds. lediglich die Rechtslage klar. Berufsausbildungsverhältnisse sind nach §§ 10 ff. BBiG nach überwiegender Auffassung keine Arbeitsverhältnisse, weil bei Ihnen der Ausbildungszweck im Vordergrund steht (BT-Drs. 18/1558 B, 51). Der Ausnahmetatbestand des § 22 III MiLoG ist allerdings weiter und erfasst alle zu ihrer Berufsausbildung Beschäftigten, gleich ob das BBiG Anwendung findet. Das betrifft insb. Studierende in sog. dualen Studiengängen, die betriebspraktische Phasen im Curriculum umfassen (ErfK/*Franzen* MiLoG § 22 Rn. 3). 23

Ehrenamt. Für den Bereich des „Ehrenamts" sieht § 22 III MiLoG eine Ausnahme vor. Ehrenamtlich Tätige stehen grds. nicht in einem Arbeitsverhältnis (BAG 29.8.2012, NZA 2012, 1433). Zur Klarstellung, was man unter ehrenamtlich Tätigen als Ausnahmeregelung zu § 22 III MiLoG zu verstehen hat, wurde genau einen Tag vor der abschließenden Beratung im Bundestag der nachfolgende Beschluss vom 2.7.2014 (BT-Drs. 18/2010) ergänzend hierzu gefasst: 24

„*Die Koalitions-Fraktionen sind mit dem Bundesministerium für Arbeit und Soziales darin einig, dass ehrenamtliche Übungsleiter und andere ehrenamtlich tätige Mitarbeiter in Sportvereinen nicht unter dieses Gesetz fallen. Von einer „ehrenamtlichen Tätigkeit" im Sinne des § 22 Abs. 3 MiLoG ist immer dann auszugehen, wenn sie nicht von der Erwartung einer adäquaten finanziellen Gegenleistung, sondern von dem Willen geprägt ist, sich für das Gemeinwohl einzusetzen. Liegt diese Voraussetzung vor, sind auch Aufwandsentschädigungen für mehrere ehrenamtliche Tätigkeiten, unabhängig von ihrer Höhe, unschädlich. Auch Amateur- und Vertragssportler fallen nicht unter den Arbeitnehmer-Begriff, wenn ihre ehrenamtliche sportliche Betätigung und nicht die finanzielle Gegenleistung für ihre Tätigkeit im Vordergrund stehen.*"

Diese klarstellende Erläuterung orientiert sich inhaltlich am herkömmlichen Begriff der ehrenamtlichen Tätigkeit, wie er in § 3 Nr. 26a EStG, § 4 Nr. 26 UStG vorausgesetzt und für § 138 II SGB III in der VO über die ehrenamtliche Betätigung von Arbeitslosen (BGBl. I 2002 S. 1783) konkretisiert wird. Der materielle Begriff der Ehrenamtlichkeit setzt das Fehlen eines eigennützigen Erwerbsstrebens, die fehlende Hauptberuflichkeit und den Einsatz für eine fremdnützig bestimmte Einrichtung voraus (BFH V R 32/08, BStBl. II 2010 S. 88; XI R 70/07, BStBl. II 2008 S. 912). s. zu ehrenamtlichen Tätigkeiten BMF 25.11.08, BStBl. I S. 985. Ein Ehrenamt setzt voraus, dass dafür geleistete Zahlungen lediglich den Aufwand entschädigen. Sie sind also von vorherein kein als Gegenleistung für die Dienst- oder Werkleistung zu qualifizierender Lohn. 25

Minderjährige. Personen iS von § 2 I, II JugendarbeitsschutzG ohne abgeschlossene Berufsausbildung gelten nicht als Arbeitnehmerinnen und Arbeitnehmer iSd Gesetzes (§ 22 II MiLoG). S. dazu *Berndt* DStR 14, 1878; ErfK/*Franzen* MiLoG § 22 Rn. 5. 26

Anh.

27 **Praktikanten.** Praktikanten sind grds. Arbeitnehmer iSd MiLoG. Praktikantinnen und Praktikanten iSd § 26 BBiG gelten als Arbeitnehmer iSd Gesetzes, es sei denn, dass sie (§ 22 I 2 MiLoG)
- ein Praktikum verpflichtend auf Grund einer schulrechtlichen Bestimmung, einer Ausbildungsordnung, einer hochschulrechtlichen Bestimmung oder im Rahmen einer Ausbildung an einer gesetzlich geregelten Berufsakademie leisten,
- ein Praktikum von bis zu drei Monaten zur Orientierung für eine Berufsausbildung oder für die Aufnahme eines Studiums leisten,
- ein Praktikum von bis zu drei Monaten begleitend zu einer Berufs- oder Hochschulausbildung leisten, wenn nicht zuvor ein solches Praktikumsverhältnis mit demselben Ausbildenden bestanden hat, oder
- an einer Einstiegsqualifizierung nach § 54a SGB III oder an einer Berufsausbildungsvorbereitung nach §§ 68 bis 70 des BBiG teilnehmen.

28 § 22 I 3 MiLoG enthält eine Legaldefinition des Praktikanten: Praktikantin oder Praktikant ist unabhängig von der Bezeichnung des Rechtsverhältnisses, wer sich nach der tatsächlichen Ausgestaltung und Durchführung des Vertragsverhältnisses für eine begrenzte Dauer zum Erwerb praktischer Kenntnisse und Erfahrungen einer bestimmten betrieblichen Tätigkeit zur Vorbereitung auf eine berufliche Tätigkeit unterzieht, ohne dass es sich dabei um eine Berufsausbildung im Sinne des Berufsbildungsgesetzes oder um eine damit vergleichbare praktische Ausbildung handelt. Praktikanten erhalten grundsätzlich den gesetzlichen Mindestlohn, sofern sie ein freiwilliges Praktikum während des Studiums oder der Ausbildung absolvieren, das über einen längeren Zeitraum als drei Monate geht. Auch Praktikanten, die ihr Praktikum im Anschluss an eine Berufsausbildung oder im Anschluss an ein Studium absolvieren, erhalten den Mindestlohn. Keinen Anspruch auf den Mindestlohn haben Praktikanten im Rahmen eines Pflichtpraktikums in der Schul- oder Studienausbildung bzw. im Rahmen von ausbildungs- oder studienbegleitenden Praktika von maximal drei Monaten, (s. ausführlich ErfK/*Franzen* MiLoG § 22 Rn. 6–12). Bei Praktikanten sind die mWv 16.8.2014 eingeführten Aufzeichnungspflichten nach § 2 Ia NachwG zu beachten.

29 **Einstiegsqualifizierung.** Nach § 22 I 3 Nr. 4 MiLoG privilegiert sind Einstiegsqualifizierungen gemäß § 54a SGB III. Maßnahmen der Einstiegsqualifizierung sollen Menschen mit Vermittlungshemmnissen helfen, in den Arbeits- oder Ausbildungsmarkt integriert zu werden, (s. dazu ErfK/*Franzen* MiLoG § 22 Rn. 13).

30 **Langzeitarbeitslose** bis zu 6 Monate (§ 22 IV MiLoG). Für Arbeitsverhältnisse von Arbeitnehmerinnen und Arbeitnehmern, die unmittelbar vor Beginn der Beschäftigung langzeitarbeitslos iSd § 18 SGB III waren, gilt der Mindestlohn in den ersten sechs Monaten der Beschäftigung nicht. Aber: Langzeitarbeitslose, für die ein Tarifvertrag gilt, sind nach den Bestimmungen des Tarifvertrages zu entlohnen (*Berndt* DStR 14, 1879).

31 **Saisonarbeiter.** Die Sonderregelung für diese vor allem für die Landwirtschaft wichtige Gruppe ist nicht im MiLoG selbst geregelt. Art. 9 des Tarifautonomiestärkungsgesetzes sieht eine Änderung von § 115 SGB IV vor, der nun regelt, dass die Zeitgrenzen für die geringfügige Beschäftigung in Form der kurzfristigen Beschäftigung ausgeweitet werden, um Problemen bei der

III. Mindestlohngesetz **Anh.**

Saisonarbeit im Rahmen der Einführung des Mindestlohns Rechnung zu tragen (BT-Drs. 18/2010, 28 [neu]). Vom 1.1.2015 bis zum 31.12.2018 kann die Beschäftigung geringfügig Beschäftigter innerhalb eines Kalenderjahres auf längstens drei Monate (statt bisher zwei Monate) oder 70 Arbeitstage (statt bisher 50 Arbeitstage) begrenzt sein oder im Voraus vertraglich begrenzt werden. Anders als die übrigen Regelungen des Tarifautonomiestärkungsgesetzes sieht diese Bestimmung ausdrücklich vor, dass sie am 31.12.2018 automatisch außer Kraft tritt, um zu verhindern, dass es damit zu einer generellen Ausweitung der versicherungsfreien geringfügigen Beschäftigung kommt. Der Mindestlohn ist also grundsätzlich für Saisonarbeiter(innen) ab 1.1.2015 zu bezahlen, dafür wird die sozialversicherungsrechtlich privilegierte Beschäftigung für einen längeren Zeitraum ermöglicht (*Spielberger/Schilling* NJW 2014, 2897)

Beweislast. Es ist zu beachten, dass der jeweilige Arbeitgeber für die Ausnahmen beweisverpflichtet ist. Im Grundsatz ist eine ausgeübte Tätigkeit als reguläres Beschäftigungsverhältnis anzusehen. Der Arbeitgeber hat zu dokumentieren, wie die jeweilige Tätigkeit zutreffend einzuordnen ist. Die Tatbestandsvoraussetzungen der Ausnahmen sind nachvollziehbar festzuhalten. Diese Dokumentation obliegt ihm zur eigenen Beweisvorsorge für eine etwaige Abwehr des zivilrechtlichen Anspruchs auf Mindestlohn (→ Rn. 37). Daneben dient die Dokumentation der schnelleren Erledigung von Zollprüfungen. Zur Erfüllung der Mitwirkungspflicht aus § 5 SchwarzArbG haben Arbeitgeber und Auftraggeber die für die Prüfung erheblichen Auskünfte zu erteilen und die in den §§ 3 und 4 SchwarzArbG genannten Unterlagen vorzulegen. Nach § 4 I SchwarzArbG sind die Unterlagen vorzulegen, aus denen sich die Art des Beschäftigungsverhältnisses hervorgeht oder abgeleitet werden kann. Kann iR einer Prüfung des Zolls nach § 2 SchwarzArbG durch eine Dokumentation bereits dargelegt werden, dass eine Beschäftigung nicht dem MiLoG unterfällt, so hat eine weitere Prüfung der Einhaltung des MiLoG zu unterbleiben. 32

Im Rahmen des § 17 MiLoG ist der Arbeitgeber verpflichtet, die Tatbestandsmerkmale der Ausnahmen zu dokumentieren. § 22 MiLoG bestimmt allein Ausnahmen vom persönlichen Anwendungsbereich. Dies lässt die übrigen Bestimmungen des MiLoG und sich daraus ergebende Verpflichtungen unberührt. § 17 MiLoG betrifft Beschäftigungsverhältnisse nach § 8 I SGB IV (geringfügige Beschäftigung) oder eine Beschäftigung in den in § 2a SchwarzArbG genannten Wirtschaftsbereichen oder Wirtschaftszweigen. Die Verpflichtung aus § 17 MiLoG greift nicht, wenn die Ausnahme lediglich klarstellender Natur ist (zB Berufsausbildungsverhältnis, Ehrenamt, § 22 III MiLoG) und bereit kein Arbeitsverhältnis vorliegt. In dem Fall ist das MiLoG nicht einschlägig. 33

c) Zeitliche Anwendung. Das MiLoG tritt am 1.1.2015 in Kraft. Es enthält in § 24 MiLoG zwei Übergangsregelungen für die Jahre 2015 bis 2017. 34

Die Übergangsregelung nach § 24 I MiLoG ist eine allgemeine und gilt für alle Branchen. Für Branchen, für die ein allgemein verbindlich erklärter Tarifvertrag greift, gilt eine Übergangsregelung. Bis zum 31.12.2016 gehen abweichende Regelungen eines Tarifvertrages repräsentativer Tarifvertragsparteien dem Mindestlohn vor, wenn sie für alle unter den Geltungsbereich des Tarifvertrages fallenden Arbeitgeber mit Sitz im In- oder Ausland sowie deren Ar- 35 beitnehmerinnen und Arbeitnehmer verbindlich gemacht worden sind (§ 24 I MiLoG). Satz 1 gilt entsprechend für Rechtsverordnungen, die auf der Grundlage von § 11 AEntG sowie § 3a AÜG erlassen worden sind (§ 24 I 2 MiLoG). Dies soll eine stufenweise Heranführung der Entlohnung bis zum 1.1.2017 ermöglichen.

36 Eine besondere Übergangsregelung gilt für Zeitungszusteller (§ 24 II MiLoG). Zeitungszusteller haben – abweichend vom allgemeinen Mindestlohn – ab dem 1.1.2015 einen Anspruch auf 75 % und ab dem 1.1.2016 auf 85 % des Mindestlohns. Vom 1.1.2017 bis zum 31.12.2017 beträgt der Mindestlohn für Zeitungszusteller brutto 8,50 EUR je Zeitstunde. Nach der Legaldefinition in § 24 II 2 MiLoG sind Zeitungszusteller Personen, die in einem Arbeitsverhältnis ausschließlich periodische Zeitungen oder Zeitschriften an Endkunden zustellen; dies umfasst auch Zusteller von Anzeigenblättern mit redaktionellem Inhalt.

2. Zivilrechtliche Regelungen

37 § 1 I 1 MiLoG verschafft dem Arbeitnehmer den zivilrechtlichen Anspruch für den Mindestlohn. Arbeitnehmer können von ihrem Arbeitgeber ein Arbeitsentgelt mindestens in Höhe des Mindestlohns verlangen. Die entsprechende Pflicht, den Mindestlohn zu zahlen, schreibt § 20 MiLoG fest. Darüber hinaus statuiert § 13 MiLoG iVm § 14 S. 1 AEntG eine Haftung eines Auftraggebers (auch des Nicht-Unternehmers) gleich einem selbstschuldnerischem Bürgen (§§ 765, 771 BGB) dafür, dass nachgeschaltete Auftraggeber (Subunternehmer) den Mindestlohn zahlen (→ Rn. 45).

38 **a) Vergütungsbestandteile des Mindestlohns.** Bezugspunkt des Mindestlohns ist die „Zeitstunde" (§ 1 II 1 MiLoG). Es ist eine Stunde Arbeitsleistung mit dem Mindestlohn zu vergüten. Was hiervon umfasst ist, bestimmt das MiLoG nicht: Es regelt nicht, welche Zahlungen zum Mindestlohn zählen und welche nicht. Rückschlüsse lassen sich hier lediglich aus den Ausführungen der Koalitionsfraktion im Gesetzgebungsverfahren und aus bisheriger Rechtsprechung des BAG und des EuGH zu (Branchen-) Mindestlohn ziehen. Der EuGH hat in zwei Entscheidungen die Formel geprägt, dass Vergütungsbestandteile in den Mindestlohn einbezogen werden können, wenn sie das Verhältnis zwischen der Leistung des Arbeitnehmers auf der einen und der Gegenleistung, die er dafür erhält, auf der anderen Seite nicht verändern (EuGH 14.4.2005 NZA 2005, 573; 7.11.2013 NZA 2013, 1359). Das BAG geht von einer Einbeziehung in den Mindestlohn aus, wenn der Zweck der Leistung des Arbeitgebers mit dem Zweck des Mindestlohns „funktionell gleichwertig" ist. (BAG 18.4.2012 NZA 2013, 392; ebenso Gegenäußerung BReg BT-Drs. 18/1558 Anl. 4 S. 84). Funktionelle Gleichwertigkeit bedeutet, dass die Zahlung des Arbeitgebers die „Normalleistung" des Arbeitnehmers abgelten soll (BAG 18.4.2012 NZA 2013, 392; ebenso Gegenäußerung BReg BT-Drs. 18/1558 Anl. 4 S. 84; ErfK/*Franzen* MiLoG § 1 Rn. 12). Danach gehört grundsätzlich nicht zum Mindestlohn:

39 **Zulagen und Zuschläge.** Zahlungen, die ein Arbeitnehmer als Ausgleich für zusätzliche Leistungen erhält, wenn er auf Verlangen ein Mehr an Arbeit oder Arbeitsstunden unter besonderen Bedingungen leistet (zB Sonntags-,

III. Mindestlohngesetz **Anh.**

Feiertags-, Nachtarbeits-, Schichtarbeits-, Überstundenzuschläge) (ErfK/*Franzen* MiLoG § 1 Rn. 13).

Einmalzahlungen, Weihnachts- und Urlaubsgeld. Diese sind nur dann 40 vom Mindestlohn umfasst, wenn der Arbeitnehmer die Zahlung jeweils zu dem für den Mindestlohn maßgeblichen Fälligkeitsdatum (§ 2 I 2 Nr. 2 MiLoG) tatsächlich und unwiderruflich ausbezahlt erhält (Gegenäußerung BReg BT-Drs. 18/1558 Anl. 4 S. 85). Jährliche Einmalzahlungen zum Weihnachts- oder Urlaubsgeld werden hingegen nicht beim Mindestlohn berücksichtigt (ArbG Berlin 4.3.2015 – 54 Ca 14420/14; ArbG Bautzen 25.6.2015 – 1 Ca 1094/15; ErfK/*Franzen* MiLoG § 1 Rn. 14).

Wegegeld, wenn es als Aufwandsentschädigung für den besonderen Fahrt- 41 aufwand des Arbeitnehmers gezahlt wird. Berücksichtigt würde dagegen ein Wegegeld, das als echter Entgeltbestandteil bezahlt wird.

Vermögenswirksame Leistungen (§ 2 5. VermBG). Vermögenswirk- 42 same Leistungen sind arbeitsrechtlich Bestandteil des Lohns oder Gehalts (§ 2 VII 5. VermBG). Jedoch können Arbeitnehmer über vermögenswirksame Leistungen grundsätzlich nicht frei verfügen. Zudem bestreiten Beschäftigte nicht daraus unmittelbar ihren Lebensunterhalt. Damit fehlt es ihnen an der vom BAG verlangten funktionalen Gleichwertigkeit zwischen Arbeitsleistung und Gegenleistung des Arbeitgebers, auf die es bei einer Berücksichtigung im Rahmen des Mindestlohns ankomme (EuGH 7.11.2013, Rs. C-522/12).

Zulagen und Zuschläge. Vom Arbeitgeber gezahlte Zulagen oder Zu- 43 schläge werden dann als Bestandteile des Mindestlohns berücksichtigt, wenn ihre Zahlungen nicht von einer Arbeitsleistung des Arbeitnehmers abhängen, die von der im Tarifvertrag vorgesehenen Normalleistung abweicht. Dies ist regelmäßig dann der Fall, wenn die Zulagen oder Zuschläge zusammen mit anderen Leistungen des Arbeitgebers ihren Zweck nach derjenigen Arbeitsleistung des Arbeitnehmers entgelten sollen, die mit dem Mindestlohn zu vergüten ist (funktionale Gleichwertigkeit der zu vergleichenden Leistungen). Dabei ist hinsichtlich der funktionalen Gleichwertigkeit insbesondere auf den Mindestlohntarifvertrag abzustellen. Sieht dieser die Tätigkeit durch den Mindestlohn selbst als abgegolten an, sind die Zulagen oder Zuschläge als Bestandteile des Mindestlohns zu berücksichtigen. Die Prüfung ist immer dann erforderlich, wenn die Verpflichtung zur Zahlung der betreffenden Zuschläge oder Zulagen nicht im Mindestlohntarifvertrag selbst geregelt ist. Bspw. werden Zulagen und Zuschläge als Bestandteile des Mindestlohns in folgenden Fallgestaltungen berücksichtigt:
– Bauzuschlag und Zulagen, die im Arbeitsvertrag als Differenz zwischen dem heimischen Lohn und dem geschuldeten Mindestlohn ausgewiesen sind;
– Überstundenzuschläge, wenn der Arbeitgeber aufgrund eines Tarifvertrages oder aufgrund einer Rechtsverordnung zur Zahlung von Überstundenzuschlägen verpflichtet ist. In diesem Fall reicht es aus, wenn der tatsächlich gezahlte Lohn einschließlich der Überstundenzuschläge mindestens die Summe aus dem tariflich vorgeschriebenen Mindestlohn und dem tariflich vorgeschriebenen Überstundenzuschlag ergibt (ArbG Bautzen 25.6.2015 – 1 Ca 1094/15; *Spielberger/Schilling* NJW 2014, 2897).

Für sog. **Arbeitszeitkonten** sieht § 2 II MiLoG Regelungen vor. Danach 44 besteht auch bei einem Mindestlohn – abweichend vom Regelfall nach § 2 I

MiLoG – die Möglichkeit, über die vertraglich vereinbarte Arbeitszeit hinausgehende Arbeitsstunden auf einem schriftlich vereinbarten Arbeitszeitkonto einzustellen (*Spielberger/Schilling* NJW 2014, 2897).

45 b) Haftung für Verstöße anderer Unternehmer. Das MiLoG normiert eine Durchgriffshaftung des Auftraggebers von Werk- und Dienstleistungen für Mindestlohnverstöße des von ihm beauftragten Unternehmers oder (Sub-unternehmen und deren Nachunternehmen) ein von diesen beauftragtes Arbeitnehmerüberlassungsunternehmen. Diese Durchgriffshaftung ergibt sich durch den Verweis von § 13 MiLoG auf § 14 AEntG. Nach dem Wortlaut gilt die Vorschrift nicht nur für das unmittelbar vertraglich verpflichtete Unternehmen, sondern auch die Einhaltung des Mindestlohns entlang der gesamten Auftragskette (ErfK/*Franzen* MiLoG § 13 Rn. 1). Die Rechtsgrundverweisung umfasst nach dem gesetzgeberischen Willen die Ausgestaltung der Haftung nach dem AEntG einschließlich der dazu ergangenen Rechtsprechung (BT-Drs. 18/2010, 24 f.).

46 Bei einer Beauftragung von Drittfirmen haftet der Auftraggeber bei deren Mindestlohnverstößen wie ein selbstschuldnerischer Bürge (§§ 765, 771 BGB). Das bedeutet, dass auch der Auftraggeber einstehen muss, wenn ein von ihm beauftragtes Unternehmen den gesetzlichen Mindestlohn nicht zahlt. Ein Arbeitnehmer eines solchen Nachunternehmens, der den gesetzlichen Mindestlohn nicht erhält, muss sich also im Wege der Zwangsvollstreckung nicht auf seinen Arbeitgeber verweisen lassen, sondern kann direkt beim Auftraggeber vollstrecken.

47 Damit geht ein Auftraggeber mit Abschluss eines Werk- oder Dienstvertrages eine Bürgenhaftung ein. Das Schriftformerfordernis nach § 766 BGB gilt hier nicht, ungeachtet dessen, ob der Auftraggeber Kaufmannseigenschaft hat und nach § 350 HGB die Übernahme der Bürgenhaftung keiner Form bedarf. Die Bürgenhaftung knüpft jedoch über § 14 AEntG an die Eigenschaft des Auftraggebers als Unternehmer iSd § 13 BGB an.

48 Die Haftung ist verschuldensunabhängig. Die Haftung ist unabängig von einer positiven Kenntnis darüber, wie der Vertragspartner die Werk- oder Dienstleistung erbringt. Die noch im Gesetzesentwurf (BT-Drs. 18/1558, 40) vorgesehene Exkulpation sieht das verabschiedete MiLoG nicht vor. Nach § 13 S. 2 MiLoG-E war vorgesehen, dass sich der Unternehmer von seiner Haftung exkulpieren kann, wenn er nachweist, dass er weder positive Kenntnis noch grob fahrlässige Unkenntnis davon hatte, dass der von ihm beauftragte Unternehmer und dessen Nachunternehmer oder ein von ihm oder einem Nachunternehmer beauftragter Verleiher seiner Verpflichtung zur Zahlung des Mindestlohns nicht nachkommt. Somit trifft den Unternehmer, der Werk- oder Dienstleistungen erbringen lässt, die Obliegenheit, sich über die Verhältnisse beim Vertragspartner zu unterrichten. Daher empfiehlt es sich, bei der vertraglichen Gestaltung der Dienst- und Werkverträge mit Drittfirmen die Aufnahme einer Klausel, mit der der Auftragnehmer bestätigt, selbst den Mindestlohn zu zahlen und auch bei der Auswahl seiner Unternehmer seinerseits eine solche Bestätigung einzuholen. Um Unregelmäßigkeiten in der Vergangenheit auszuschließen, sollte eine Bestätigung eingeholt werden, dass das Unternehmen nicht nach § 19 MiLoG von der Vergabe öffentlicher Aufträge ausgeschlossen ist.

III. Mindestlohngesetz **Anh.**

3. Kontrolle und Durchführung

Mit der Kontrolle der Einhaltung der Vorschriften des MiLoG hat der Ge- 49
setzgeber die Behörden der Zollverwaltung betraut. Die Vorschriften über die
Kontrolle und Durchführung nach den §§ 15–18 MiLoG sind den §§ 17–20
AEntG nachgebildet. Allerdings bestehen Unterschiede: Sowohl die Meldepflicht
für ausländische Arbeitgeber nach § 16 MiLoG als auch die Dokumentationspflicht
nach § 17 MiLoG sind weniger umfassend als nach den
entsprechenden §§ 18, 19 AEntG: Sie sind beschränkt auf Arbeitgeber mit
Arbeitnehmern, die geringfügig beschäftigt iSd § 8 I SGB IV oder in den
Wirtschaftsbereichen nach § 2a SchwarzArbG beschäftigt sind. Wegen der
fehlenden Bezugnahme auf § 8a SGB IV unterliegt die Beschäftigung in Privathaushalten
nicht § 17 MiLoG (BT-Drs. 18/1558 B, 48).

Nach § 14 MiLoG sind die Behörden der Zollverwaltung zuständig, die 50
Einhaltung der Pflichten des Arbeitgebers zur Zahlung des Mindestlohns nach
§ 20 MiLoG zu prüfen. Verwaltungsorganisatorisch sind dies nach § 12 FVG
die Hauptzollämter (*Zieglmeier,* DStR-Beih 2015, 78). Im Übrigen ist die Aufgabe
in § 2 I 1 Nr. 5 SchwarzArbG idF des G v. 11.8.2014 (BGBl. I S. 1348)
festgehalten. Damit liegt die Prüfzuständigkeit bei der Finanzkontrolle
Schwarzarbeit. Indem der Gesetzgeber das MiLoG in den Katalog der Prüfungsaufgaben
aufgenommen hat, kann ein Verstoß gegen das MiLoG
Schwarzarbeit iSd § 1 I Nr. 1 SchwarzArbG darstellen. Schwarzarbeit ist danach
allein der Verstoß gegen sozialversicherungsrechtlichen Melde-, Beitragsoder
Aufzeichnungspflichten. Das MiLoG stellt vorrangig ein Arbeitsschutzgesetz
dar mit dem Ziel, die Tarifautonomie zu stärken und angemessene Arbeitsbedingungen
für Arbeitnehmerinnen und Arbeitnehmer sicherzustellen
(BT-Drs. 18/1558, 26). Sozialversicherungsrechtliche Pflichten sind allein diejenigen
nach § 16, 17 MiLoG. Soweit es sich um rein arbeitsrechtliche Verstöße
handelt, so stellen diese keine Schwarzarbeit dar und sind nicht vom Prüfungsauftrag
der FKS umfasst. Einen Verstoß gegen die Pflicht zur Zahlung des
Mindestlohns nach § 20 MiLoG hat die FKS ebenfalls zu prüfen. Dies ist sowohl
Gegenstand des Prüfungsauftrages aus §§ 1, 2 I 1 Nr. 5 SchwarzArbG als
auch von § 14 MiLoG. Ein solcher Verstoß ist Schwarzarbeit. Mithin ist fraglich,
ob § 14 MiLoG einen eigenständigen Regelungsgehalt aufweist oder
eine Rechtsgrundverweisung enthält. Gegen eine Rechtsgrundverweisung
spricht jedoch die Regelung in § 15 MiLoG, die dann keinen Sinn ergäbe.
Eine Prüfungsanordnung nach § 2 SchwarzArbG umfasst nicht die Prüfung
nach § 14 MiLoG. Diese erfordert einen eigenständigen Verwaltungsakt.

Für die Prüfung nach § 14 MiLoG ordnet § 15 MiLoG die grds. Geltung 51
der Bestimmungen des SchwarzArbG an, und zwar der Vorschriften über Prüfungen
(§§ 2–6 SchwarzArbG), der Ermittlungsbefugnisse im Ordnungswidrigkeitenverfahren
(§ 14 SchwarzArbG), die Datenschutzbestimmungen
(§§ 15–19 SchwarzArbG), über die Entschädigung von Zeugen und Sachverständigen
(§ 20 SchwarzArbG), sowie über Verwaltungsverfahren und Rechtsweg
(§§ 22 und 23 SchwarzArbG).

Es ist zwischen präventiver Prüfung und einem straf- oder ordnungswidrig- 52
keitenrechtlichen Ermittlungsverfahren zu unterscheiden. § 14 MiLoG regelt
allein die Prüfung. Dies umfasst kein straf- und ordnungswidrigkeitenrechtli-

Anh. Anhang

ches Ermittlungsverfahren. Anders als beim Ermittlungsverfahren, das nach §§ 152 II, 160 I StPO zumindest einen Anfangsverdacht voraussetzt, oder im allgemeinen Sicherheitsrecht, wo Eingriffe grundsätzlich nur bei konkreter Gefahr möglich sind, ist nach dem Wortlaut des MiLoG und des Schwarz-ArbG die Kontrolle durch die Hauptzollämter ohne konkreten Anlass und Verdacht möglich (*Zieglmeier,* DStR-Beih 2015, 78). Dem Zoll stehen insb. das Betretungsrecht nach § 15 MiLoG iVm § 3 I SchwarzArbG zu sowie das Recht zur Einsicht Geschäftsunterlagen § 15 MiLoG iVm § 4 SchwarzArbG.

53 Nach § 15 MiLoG iVm § 23 SchwarzArbG ist bei Rechtsstreitigkeiten bzgl. der Rechtmäßigkeit des Verwaltungshandelns des Zolls der Finanzrechtsweg eröffnet. Als **Rechtsbehelf** gegen die Prüfungsanordnung kommt zunächst der Einspruch nach § 357 AO in Betracht, worüber der zu Überprüfende nach § 196 AO zu belehren ist (*Zieglmeier,* DStR-Beih 2015, 78).

4. Aufzeichnungs- und Meldepflichten, Mitwirkungs- und Duldungspflichten

54 Das MiLoG ordnet Aufzeichnungs- und Meldepflichten, Mitwirkungs- und Duldungspflichten an. Diese gelten allein für den Mindestlohn nach dem MiLoG.

55 **a) Erstellen und Bereithalten von Dokumenten.** § 17 I MiLoG ordnet besondere Aufzeichnungspflichten an für
 – geringfügig Beschäftigte (Arbeitnehmer nach § 8 I SGB IV), jedoch keine geringfügig beschäftigten Haushaltshilfen (§ 8a SGB IV)
 – Beschäftigte in den in § 2a SchwarzArbG genannten Wirtschaftsbereichen oder Wirtschaftszweige, also die, für die eine Sofortmeldung zu erfolgen hat.

56 Für Arbeitnehmer der vorgenannten Gruppen hat der Arbeitgeber Beginn, Ende und Dauer der täglichen Arbeitszeit aufzuzeichnen. Die Aufzeichnungen sind also für jeden Arbeitstag zu fertigen. Die Aufzeichnung hat spätestens bis zum Ablauf des siebten auf den Tag der Arbeitsleistung folgenden Kalendertages zu erfolgen. Für diese Frist stellt der Gesetzgeber auf Kalendertage ab und nicht auf Werktage.

57 Die Aufzeichnungen sind mindestens zwei Jahre aufzubewahren. Diese Frist beginnt ab dem für die Aufzeichnung maßgeblichen Zeitpunkt. Das ist der jeweilige Arbeitstag, für den die Aufzeichnungen zu fertigen sind. Damit kommt es für den Beginn der Aufbewahrungsfrist nicht darauf an, wann die Aufzeichnung tatsächlich erfolgte. Diese Unterlagen sind zur Kontrolle bereitzuhalten (§ 17 II MiLoG). Die Pflicht, die Unterlagen bereit zu halten, dauert für die gesamte Dauer der tatsächlichen Beschäftigung im Geltungsbereich dieses Gesetzes, insgesamt jedoch nicht länger als zwei Jahre. Es ist keine bestimmte Form für die Aufzeichnungen vorgesehen. Die Aufzeichnungen sind in deutscher Sprache bereit zu halten. Sind zB Stundenzettel in einer Fremdsprache angefertigt, so sind diese zu übersetzen.

58 Die Aufzeichnungen müssen im Inland bereitgehalten werden (§ 17 II 1 MiLoG). Auf Verlangen der Prüfbehörde sind die Unterlagen auch am Ort der Beschäftigung bereitzuhalten (§ 17 II 2 MiLoG). Die Aufzeichnungen sind unabhängig davon, ob sie in Papierform oder elektronisch auf Datenträgern ge-

III. Mindestlohngesetz **Anh.**

führt werden, im Inland zu führen und aufzubewahren. Dies muss aber nicht zwingend beim Arbeitgeber selbst, sondern kann durchaus bei einem konzerninternen oder -externen Dienstleister erfolgen. Insoweit ähnelt die Bestimmung derjenigen zur steuerlichen Aufbewahrung von Büchern in § 146 AO. Mit JStG 2009 (BStBl I. 2008 S. 2794) wurde in § 146 AO der Abs. 2a eingefügt, der erstmals explizit die Möglichkeit eingeräumt, die Buchführung in das EU-Ausland zu verlagern. Zuvor geäußerte Kritik, die Nichtzulässigkeit der Buchführung im EU-Ausland schränke die Niederlassungsfreiheit (bei unternehmensinterner Verlagerung der Rechnungslegung in das EU-Ausland) bzw. die Dienstleistungsfreiheit (bei einer Übertragung auf andere Konzernunternehmen oder Dritte) ein (*Droscha/Reimer* DB 2003, 1689; *Schubert/Penner/Ravenstein* DStR 2008, 632 (634)) war nach der Regierungsbegründung nicht Anlass für die Neuregelung. Vielmehr sah der Gesetzgeber die „weltweite Verflechtung von Unternehmen" und die damit einhergehende Notwendigkeit der Verlagerung von Buchführungsaufgaben deutscher Tochtergesellschaften ausländischer Konzerne an zentralisierte Stellen, Kostenreduktionspotenziale und Entlastung von Bürokratiekosten als maßgebliche Beweggründe an (BT-Drs. 16/10189, 80f.). In § 17 MiLoG fehlt eine dem § 146 IIa AO entsprechende Norm.

Die Aufbewahrungsfrist beträgt mindestens zwei Jahre beginnend ab dem **59** für die Aufzeichnung maßgeblichen Zeitpunkt (§ 17 I 1 MiLoG), sofern sich nicht aus anderen Vorschriften (insb. § 257 I Nr. 4 HGB, § 147 I Nr. 4 AO, § 4 LStDV) längere Aufbewahrungsfristen ergeben.

§ 17 III MiLoG enthält eine Ermächtigung für das BMAS, die Verpflich- **60** tungen für Arbeitgeber und Entleiher nach § 16 MiLoG und § 17 I und II MiLoG durch VO hinsichtlich bestimmter Gruppen von Arbeitnehmern oder der Wirtschaftsbereiche einzuschränken oder zu erweitern. Ein bestimmter Zweck ist nicht genannt. Damit ist die Ermächtigung im Hinblick auf Art. 80 I 2 GG so auszulegen, dass eine VO die Pflichten näher konkretisieren, aber keine grundlegend neuen Pflichten begründen darf. § 17 IV MiLoG enthält eine Ermächtigung für das BMF im Einvernehmen mit dem BMAS durch VO Vorgaben für die Durchführung der Arbeitszeitkontrollen aufzustellen. Das BMF hat auf der Grundlage die Mindestlohnaufzeichnungsverordnung (MiLoAufzV) v. 26.11.2014 (BGBl. I S. 1824) erlassen. Diese schafft Erleichterungen bei mobilen Tätigkeiten. Das sind solche Tätigkeiten, die nicht an Beschäftigungsorte gebunden ist. Eine ausschließlich mobile Tätigkeit liegt insbesondere bei der Zustellung von Briefen, Paketen und Druckerzeugnissen, der Abfallsammlung, der Straßenreinigung, dem Winterdienst, dem Gütertransport und der Personenbeförderung vor.

Erleichterungen vom Erstellen und Bereithalten von Dokumenten nach § 17 **61** I, II MiLoG enthält auch die aufgrund von § 17 III MiLoG ergangene Mindestlohndokumentationspflichten-Verordnung (MiLoDokV) v. 16.12.2014 (BAnz. AT 29.12.2014 V1), geänd. mWv 1.8.2015 durch § 252 Mindestlohndokumentationspflichtenverordnung v. 29.7.2015 (BAnz. AT 31.7.2015 V 1) für Arbeitnehmer, deren verstetigtes regelmäßiges Monatsentgelt brutto 2 958 EUR überschreitet oder das verstetigte regelmäßige Monatsentgelt brutto 2 000 EUR überschreitet und der Arbeitgeber dieses Monatsentgelt für die letzten zwölf Monate nachweislich gezahlt hat. Voraussetzung ist jedoch, dass der Arbeitgeber die Aufzeichnungspflichten nach § 16 II ArbZG erfüllt.

62 Die Aufzeichnungspflichten führen dazu, dass Unternehmen ihre Auftragsvergabeprozesse entsprechend organisieren müssen. Das erfordert erheblichen Aufwand (*Fischer* DStR 14, 2312).

63 **b) Sofortmeldepflicht für ausländische Arbeitgeber.** Die Sofortmeldung nach § 28p IV SGB IV wird für Arbeitgeber mit Sitz im Ausland erweitert zu einer Vorabmeldung, § 16 MiLoG. Werk- und Dienstleistungsunternehmer mit Sitz im Ausland, die in den in § 2a SchwarzArbG genannten Wirtschaftszweigen Arbeitnehmer im Inland beschäftigen, müssen ihre Tätigkeit vor Beginn jeder Werk- oder Dienstleistung schriftlich und in deutscher Sprache bei der zuständigen Behörde der Zollverwaltung (§ 16 VI MiLoG). anmelden. Diese Anmeldung muss die für die Prüfung wesentlichen Angaben enthalten. Wesentlich sind die Angaben über
- den Familiennamen, den Vornamen und das Geburtsdatum der von ihm im Geltungsbereich des MiLoG beschäftigten Arbeitnehmer,
- den Beginn und die voraussichtliche Dauer der Beschäftigung,
- den Ort der Beschäftigung → Anh. 15 ff.,
- den Ort im Inland, wo die für die Kontrolle der Mindestlohnbestimmungen erforderlichen Unterlagen (§ 17 MiLoG) bereitgehalten werden,
- den Familiennamen, den Vornamen und die deutsche Anschrift der oder des verantwortlich Handelnden und
- den Familiennamen, den Vornamen und die deutsche Anschrift der oder des Zustellungsbevollmächtigten, soweit dieser nicht mit dem verantwortlich Handelnden identisch ist (§ 16 I 1 u. 2 MiLoG).

64 Änderungen dieser Angaben hat der Arbeitgeber unverzüglich, dh ohne schuldhaftes Zögern (§ 121 BGB), zu melden (§ 16 I MiLoG). Der Anmeldung ist eine Versicherung beizufügen, dass der Arbeitgeber die Mindestlohnbestimmungen nach § 20 MiLoG einhält (§ 16 II MiLoG).

65 § 16 V MiLoG sieht für die Meldungen der ausländischen Arbeitgeber eine Ermächtigung für das BMF vor zum Erlass einer VO – im Einvernehmen mit dem BMAS – über die Verfahrensregelungen. Beide Ermächtigungen (§ 16 V, § 17 IV MiLoG) bestimmen den VO-Zweck dahin gehend, eine Vereinfachung für den Arbeitgeber zu erreichen. Das BMF hat auf der Grundlage die Mindestlohnmeldeverordnung (MiLoMeldV) v. 26.11.2014 (BGBl. I S. 1825) erlassen. Darin ist die Art und Weise der Meldung konkretisiert und ein amtlicher Vordruck vorgesehen, der verwendet werden soll. Erleichterungen von den Pflichten aus § 16 MiLoG sieht die Mindestlohndokumentationspflichten-Verordnung (MiLoDokV, → Rn. 56) vor. § 17 III und IV MiLoG haben keine Entsprechung im AEntG.

5. Zuwiderhandlungen

66 Bei Zuwiderhandlungen ist zu unterscheiden, ob diese darin bestehen, dass entgegen § 20 MiLoG keine dem Mindestlohn entsprechenden Vergütungen gezahlt werden oder, ob ein Verstoß gegen die Duldungs- und Mitwirkungspflichten sowie Melde- und Aufzeichnungspflichten nach § 15–17 MiLoG vorliegt.

67 Die Ahndung dieser Ordnungswidrigkeiten richtet sich nach dem OWiG. Zuständige Verwaltungsbehörde iSd § 36 I Nr. 1 OWiG ist nach §§ 21 IV, 14

III. Mindestlohngesetz **Anh.**

MiLoG die Behörde der Zollverwaltung. Das Hauptzollamt hat als Verwaltungsbehörde im Bußgeldverfahren grds. dieselben Rechte und Pflichten wie die Staatsanwaltschaft im Strafverfahren, die Vorschriften der StPO gelten sinngemäß, § 46 OWiG.

Besteht die Zuwiderhandlung darin, dass eine dem Mindestlohn entspre- **68** chende Vergütung nicht oder nicht rechtzeitig gezahlt wird (Mindestlohnverstoß, § 21 I Nr. 9, II MiLoG), werden nach § 21 MiLoG als Ordnungswidrigkeiten mit einem Bußgeld bis zu 500.000 EUR geahndet. Zahlt der Arbeitgeber nicht den Mindestlohn, so wird er regelmäßig auch die gesamte Lohnabrechnung nebst der sozialversicherungsrechtlichen Meldungen auf der Grundlage des tatsächlich gezahlten, geringeren Lohns vornehmen. Dies führt im Ergebnis dazu, dass die auf den Unterschiedsbetrag entfallenden Sozialversicherungsbeiträge und Lohnsteuern nicht entrichtet werden. Somit kann der Mindestlohnverstoß zugleich die Tatbestände des Vorenthaltens von Sozialversicherungsbeiträgen nach § 266a I und II StGB beinhalten. Für § 266a StGB → Vor § 8 Rn. 8 kommt es nicht auf den tatsächlich gezahlten Lohn an, sondern allein darauf, ob im Bemessungszeitraum eine Entgeltzahlungspflicht bestand (*Fischer* StGB § 266a Rn. 12, 13). Anders verhält es sich bei der Lohnsteuer: Diese ist vom bezahlten, nicht vom geschuldeten Lohn einzubehalten (FGJ/*Joecks* § 370 Rn. 202).

Ordnungswidrig handelt nach § 21 II MiLoG auch der Unternehmer, bei **69** dem den Mindestlohnverstoß ein Nachunternehmer begeht und der Hauptunternehmer von dem Verstoß positive Kenntnis oder fahrlässige Unkenntnis hat. Es sind de facto die Fälle der Nachunternehmerhaftung nach § 13 MiLoG, an den der Ordnungswidrigkeitentatbestand jedoch nicht anknüpft. Anders als die bürgengleiche Nachunternehmerhaftung nach § 13 MiLoG, die verschuldensunabhängig ist, setzen die Ordnungswidrigkeiten eine fahrlässige oder vorsätzliche Begehung voraus (§ 10 OWiG). Es erfordert daher eine Sorgfaltspflichtverletzung. Zu den Sorgfaltspflichten des Hauptunternehmers s. *Aulmann* NJW 2012, 2074.

Bei Verstößen gegen die Duldungs- und Mitwirkungspflichten sowie **70** Melde- und Aufzeichnungspflichten nach §§ 15–17 MiLoG drohen Bußgelder von bis zu 30.000 EUR, und zwar unabhängig davon, ob ein Mindestlohnverstoß besteht oder nicht. Liegt ein Verstoß gegen die Duldungs- und Mitwirkungspflichten sowie Melde- und Aufzeichnungspflichten vor, so bestehen faktische Überschneidungen mit den Ordnungswidrigkeitentatbeständen nach § 8 II SchwarzArbG. Die Tatbestände des § 8 II Nr. 4 SchwarzArbG und des § 21 MiLoG stehen jedoch in Tatmehrheit. Die verletzten Pflichten haben grds. verschiedene Handlungen und Mitwirkungen zum Gegenstand.

Ordnungswidrigkeiten nach dem MiLoG		
Arbeitgeber mit Sitz in Deutschland oder im Ausland	Rechtsgrundlage	Sanktionsrahmen
Mindestlohn nach § 20 MiLoG wird nicht oder nicht rechtzeitig gewährt	§ 20 I Nr. 9 MiLoG, ggf. § 266a StGB	max. 500.000 EUR

Ordnungswidrigkeiten nach dem MiLoG		
Aufzeichnungen über Beginn, Ende und Dauer der täglichen Arbeitszeit des Arbeitnehmers, nach § 17 MiLoG (ggf. iVm MiLoAufzV), sind nicht, nicht richtig, nicht vollständig oder nicht rechtzeitig erstellt oder nicht oder nicht für mindestens zwei Jahre aufbewahrt	§ 20 I Nr. 1 MiLoG	max. 30.000 EUR
Kein Bereithalten prüfungsfähiger Unterlagen in Deutschland für längstens zwei Jahre in deutscher Sprache, auf Verlangen der Prüfbehörde auch am Ort der Beschäftigung, bei Bauleistungen auf der Baustelle (§ 17 II MiLoG)	§ 20 I Nr. 8 MiLoG	max. 30.000 EUR
Keine Duldung des Betretens eines Grundstücks oder Geschäftsraums (§ 15 S. 1 MiLoG iVm § 5 I 2 SchwarzArbG)	§ 20 I Nr. 2 MiLoG	max. 30.000 EUR
Keine Duldung der Prüfung, unterbliebene Mitwirkung (§ 15 S. 1 MiLoG iVm § 5 I 1 SchwarzArbG)	§ 20 I Nr. 1 MiLoG; werden in Datenverarbeitungsanlagen gespeicherte Daten nicht übermittelt: § 20 I Nr. 3 MiLoG	max. 30.000 EUR
Arbeitgeber mit Sitz im Ausland		
Eine Anmeldung/Änderungsmeldung nach § 16 I MiLoG (ggf. iVm MiLoMeldV), ist nicht, nicht richtig, nicht vollständig oder nicht rechtzeitig vorlegt	Anmeldung: § 20 I Nr. 5 MiLoG; Änderungsmeldung: § 20 I Nr. 7 MiLoG	max. 30.000 EUR
Die Versicherung nach § 16 II MiLoG, dass die Arbeitsbedingungen eingehalten werden, ist der Anmeldung nicht, nicht richtig oder nicht rechtzeitig beifügt	§ 20 I Nr. 6 MiLoG	max. 30.000 EUR

III. Mindestlohngesetz **Anh.**

Ordnungswidrigkeiten nach dem MiLoG		
Verleiher		
Mindestlohn nach § 20 MiLoG wird nicht oder nicht rechtzeitig gewährt	§ 20 I Nr. 9 MiLoG, ggf. § 266a StGB	max. 500.000 EUR
Kein Bereithalten prüfungsfähiger Unterlagen in Deutschland für längstens zwei Jahre in deutscher Sprache, auf Verlangen der Prüfbehörde auch am Ort der Beschäftigung, bei Bauleistungen auf der Baustelle (§ 17 II MiLoG)	§ 20 I Nr. 8 MiLoG	max. 30.000 EUR
Keine Duldung des Betretens eines Grundstücks oder Geschäftsraums (§ 15 S. 1 MiLoG iVm § 5 I 2 SchwarzArbG)	§ 20 I Nr. 2 MiLoG	max. 30.000 EUR
Keine Duldung der Prüfung, unterbliebene Mitwirkung (§ 15 S. 1 MiLoG iVm § 5 I 1 SchwarzArbG)	§ 20 I Nr. 1 MiLoG; werden in Datenverarbeitungsanlagen gespeicherte Daten nicht übermittelt: § 20 I Nr. 3 MiLoG	max. 30.000 EUR
Entleiher		
Mindestlohn nach § 20 MiLoG wird nicht oder nicht rechtzeitig gewährt	§ 20 I Nr. 9 MiLoG, ggf. § 266a StGB	max. 500.000 EUR
Kein bereithalten prüfungsfähiger Unterlagen in Deutschland für längstens zwei Jahre in deutscher Sprache, auf Verlangen der Prüfbehörde auch am Ort der Beschäftigung, bei Bauleistungen auf der Baustelle (§ 17 II MiLoG)	§ 20 I Nr. 8 MiLoG	max. 30.000 EUR
Keine Duldung des Betretens eines Grundstücks oder Geschäftsraums (§ 15 S. 1 MiLoG iVm § 5 I 2 SchwarzArbG)	§ 20 I Nr. 2 MiLoG	max. 30.000 EUR

Anh.

Ordnungswidrigkeiten nach dem MiLoG		
Keine Duldung der Prüfung, unterbliebene Mitwirkung (§ 15 S. 1 MiLoG iVm § 5 I 1 SchwarzArbG)	§ 20 I Nr. 1 MiLoG; werden in Datenverarbeitungsanlagen gespeicherte Daten nicht übermittelt: § 20 I Nr. 3 MiLoG	max. 30.000 EUR
Arbeitnehmer		
Keine Duldung der Prüfung, unterbliebene Mitwirkung (§ 15 S. 1MiLoG iVm § 5 I 1 SchwarzArbG)	§ 20 I Nr. 1 MiLoG; werden in Datenverarbeitungsanlagen gespeicherte Daten nicht übermittelt: § 20 I Nr. 3 MiLoG	max. 30.000 EUR
Auftraggeber		
Ausführenlassen von Werk- oder Dienstleistungen in erheblichem Umfang ausführen, indem er einen anderen Unternehmer beauftragt, von dem er weiß oder fahrlässig nicht weiß, dass – dieser bei der Erfüllung des Auftrags selbst, – der von ihm beauftragte Nachunternehmer, – ein vom Nachunternehmer eingesetzter Nachunternehmer den gesetzlichen Mindestlohn nach dem MiLoG nicht oder nicht rechtzeitig zahlt	§ 20 II Nr. 1 o. 2 MiLoG	max. 30.000 EUR

71 Die Bußgelder sind nach den Grundsätzen des § 17 OWiG innerhalb des gesetzlichen Rahmens zu bemessen. Maßgeblich zu berücksichtigen sind die Bedeutung der Ordnungswidrigkeit und der Vorwurf, der den Täter trifft, also bewusster und absichtlicher Verstoß oder Nachlässigkeit. Anhaltspunkt für die Bedeutung des Verstoßes ist der gesetzliche Bußgeldrahmen. Dieser reicht bis 30.000 EUR für Verstöße gegen die Duldungs- und Mitwirkungspflichten sowie Melde- und Aufzeichnungspflichten nach §§ 15–17 MiLoG und bei bis zu 500.000 EUR für Mindestlohnverstöße. Letztgenannten misst der Gesetzgeber damit eine erheblich höhere Bedeutung zu. § 21 MiLoG sieht eine vorsätzliche und eine ordnungswidrige Begehung vor, weshalb nach § 17 II OWiG das fahrlässige Handeln im Höchstmaß nur mit der Hälfte des angedrohten Höchstbetrages der Geldbuße geahndet werden kann. Die Geldbuße soll den wirtschaftlichen Vorteil, den der Täter aus der Ordnungswidrigkeit

IV. Vermeiden von Scheinselbstständigkeit **Anh.**

gezogen hat, übersteigen. Damit soll der durch den Verstoß erzielte wirtschaftliche Vorteil, den der Täter gezogen hat, mit der Geldbuße abgeschöpft werden (§ 17 IV OWiG); dies kann dazu führen, dass der Bußgeldrahmen überschritten wird. In Einzelfällen sind Geldbußen in Millionenhöhe möglich. Bei Verstößen gegen die Aufzeichnungspflichten liegt der wirtschaftliche Vorteil in der Ersparnis iSd Aufzeichnungs- und Archivierungs- sowie Kontrollaufwandes. Damit ist der Wert wie der einer Sachleistungsverpflichtung zu bemessen (vgl. § 6 I Nr. 3a Buchst. b EStG). Zur Bemessung des Wertes sind mangels anderer Anhaltspunkte die Grundsätze über Rückstellungen für den Archivierungsaufwand (§§ 257, 249 I 1 HGB) heranzuziehen (dazu BFH 18.1.2011 – X R 14/09; 19.8.2002 – VIII R 30/01, BFHE 199, 561, BStBl II 2003, 131; Marx, DB 2006, 169, 174).

Wer wegen eines Verstoßes gegen das MiLoG mit einer Geldbuße von wenigstens 2.500 EUR belegt wird, kann zeitweise von der Teilnahme am Wettbewerb um öffentliche Liefer-, Bau- oder Dienstleistungsaufträge ausgeschlossen werden (§ 19 MiLoG → § 21). Geldbußen nach dem MiLoG von mehr als 200 EUR werden in das Gewerbezentralregister (→ § 12 Rn. 18) eingetragen (§ 149 II Nr. 3 GewO). **72**

Sofern das Bußgeldverfahren nicht eingestellt wird, gibt es die folgenden Erledigungsmöglichkeiten: **73**
– Verwarnung (§ 56 OWiG), diese kann ohne oder mit einem Verwarnungsgeld von 5 bis 35 EUR erfolgen;
– Bußgeldbescheid (§ 65 OWiG);
– Verfallbescheid (§ 29a OWiG).

IV. Vermeiden von Scheinselbstständigkeit

Literatur: Grobys, Abgrenzung von Arbeitnehmern und Selbstständigen, NJW-Spezial 2005, 81; Obenhaus, Haftungs- und Strafbarkeitsrisiken durch Ignorieren möglicher Scheinselbstständigkeit, Stbg 2012, 548; ders., Umsatzsteuerliche Konsequenzen verdeckter Arbeitsverhältnisse, BB 2012, 1130; Pump, Die Abwicklung der Scheinselbstständigkeit bei der Umsatzsteuer, StBp 2006, 80 (Teil I), 110 (Teil II), 159 (Teil III); Reinecke, Der Kampf um die Arbeitnehmereigenschaft – prozessuale, materielle und taktische Probleme, NZA 1999, 729; Rolfs, NZA 2003, 65

Verwaltungsanweisungen: GKV-Spitzenverband/DRV Bund/Bundesagentur für Arbeit, gemeinsame Verlautbarung der Spitzenorganisationen der Sozialversicherungsträger vom 13.4.2010 zur Statusfeststellung von Erwerbstätigen; Sozialversicherungsträger, Beschäftigte Studenten, Praktikanten und ähnliche Personen – hier: Versicherungsrechtliche Beurteilung in der Kranken-, Pflege-, Renten- und Arbeitslosenversicherung, Bekanntmachung vom 27.7.2004

1. Allgemeines

| Begriff | vgl. Kriterienkatalog des § 7 IV SGB IV idF d G v. 19.12.1998 (BGBl. I S. 3843) bis 31.12.2002 (dient folglich nur als Richtschnur): Bei Personen, die erwerbsmäßig tätig sind, ist ein Beschäftigungsverhältnis naheliegend, wenn | **74** |

		mindestens drei der fünf folgenden Merkmale vorliegen: – Der Betroffene beschäftigt im Zusammenhang mit seiner Tätigkeit regelmäßig keine anderen versicherungspflichtigen Arbeitnehmer, deren Arbeitsentgelt aus diesem Beschäftigungsverhältnis regelmäßig im Monat 450 EUR übersteigt. – Der Beschäftigte ist auf Dauer und im Wesentlichen nur für einen Auftraggeber tätig. – Der Auftraggeber oder ein vergleichbarer Auftraggeber lässt entsprechende Tätigkeiten regelmäßig durch von ihm beschäftigte Arbeitnehmer verrichten. – Die Tätigkeit lässt typische Merkmale unternehmerischen Handelns nicht erkennen. – Die Tätigkeit entspricht dem äußeren Erscheinungsbild nach der Tätigkeit, die er für denselben Arbeitgeber zuvor aufgrund eines Beschäftigungsverhältnisses ausgeübt hat. **Tipp:** Im Zweifelsfall Statusfeststellung gemäß § 7a SGB IV beantragen
75	**Abgrenzung Selbstständiger/ Arbeitnehmer**	Selbstständiger (auch: freier Mitarbeiter) ist abzugrenzen zum Arbeitnehmer insbesondere nach: – Persönlicher Abhängigkeit – Weisungsrecht nach Ort, Zeit, Art der Tätigkeit – Verpflichtung zur persönlichen Leistungserbringung – Eingliederung in den Betrieb – Übernahme von Unternehmerrisiko **Wichtig:** Tatsächliche Durchführung maßgeblich, nicht die Vertragsgestaltung → § 1 Rn. 107.
	Vertragsgestaltung	– Bezeichnung als Auftragnehmer/Dienstleister oder Werkunternehmer – Wie kommt der Auftrag zustande? Wie unter fremden Unternehmern oder durch Abruf aufgrund von Rahmenvereinbarung? – Keine Pflicht zur Auftragsannahme, aber Anzeigepflicht im Falle der Nichtannahme – Keine Restriktionen bzgl. Arbeitszeit – Kein Weisungsrecht bzgl. Ort, Zeit, aber fachliches Weisungsrecht möglich – Keine Überwachung der Arbeitsleistung, sondern lediglich Kontrolle des Arbeitsergebnisses festschreiben – ergebnisorientierte Vergütung – Auftragnehmer erfüllt seine steuerliche Pflichten unmittelbar selbst

IV. Vermeiden von Scheinselbstständigkeit **Anh.**

	– Keine Regelungen aufnehmen wonach: – Vergütung während Ausfallzeiten gewährt wird. – Vergütung unabhängig von Aufwand oder Ergebnis gezahlt wird. – Sozialversicherung übernommen wird. – Soziale Leistungen gezahlt werden. – Urlaubsregelungen.
Versicherungs- pflicht?	Bei Vorliegen mehrerer der folgenden Kriterien droht Versicherungspflicht: – der Beschäftigte beschäftigt im Zusammenhang mit seiner Tätigkeit regelmäßig keinen versicherungspflichtigen Arbeitnehmer, dessen Arbeitsentgelt aus diesem Beschäftigungsverhältnis regelmäßig im Monat 450 EUR (bis 2012: 400 EUR) übersteigt, – der Beschäftigte ist auf Dauer und im Wesentlichen nur für einen Auftraggeber tätig, – der Auftraggeber oder ein vergleichbarer Auftraggeber lässt entsprechende Tätigkeiten regelmäßig durch von ihm beschäftigte Arbeitnehmer verrichten, – die Tätigkeit lässt typische Merkmale unternehmerischen Handelns nicht erkennen, – die Tätigkeit entspricht dem äußeren Erscheinungsbild nach der Tätigkeit, die sie für denselben Auftraggeber zuvor aufgrund eines Beschäftigungsverhältnisses ausgeübt hatte. Keine Anwendung bei Handelsvertretern.
Fragebogen zur überschlägigen Einordnung	Wird die Vergütung erfolgsabhängig gezahlt? Unterscheidet sich die Tätigkeit des freien Mitarbeiters von den Tätigkeiten der Arbeitnehmer des Auftraggebers? Hat der Auftragnehmer die Tätigkeit bisher als Arbeitnehmer des Auftraggebers ausgeführt? Hat der Auftragnehmer die übertragenen Aufgaben persönlich zu erfüllen? Beschäftigt der Auftragnehmer Hilfskräfte und Arbeitnehmer zur Auftragserfüllung? Beschäftigt der Auftragnehmer versicherungspflichtige Arbeitnehmer? Ist der Auftragnehmer für mehrere Auftraggeber tätig? – Verprobung anhand überschlägiger Durchsicht der Rechnungsnummern. – Hat er genügend Zeit, für andere tätig zu sein? Bezieht der Auftragnehmer mehr als 1/6 seiner Einkünfte von anderen Auftraggebern? Ist der Auftragnehmer in der Art der Auftragserfüllung weitgehend frei?

	Kann der Auftragnehmer den Ort und Zeit der Auftragserfüllung frei wählen? Mit wessen Arbeitsmitteln erfolgt die Auftragserfüllung? Tritt der Auftragnehmer unternehmerisch, werbend am Markt auf? Bsp.: Schaltet er eigene Werbung? Besteht ein Dauerauftragsverhältnis?	
76 **Abgrenzung Scheinselbstständige zu arbeitnehmerähnlichen Selbstständigen**	Abgrenzung nach dem Grad der persönlichen Abhängigkeit:	
	Scheinselbstständige	**Arbeitnehmerähnliche Selbstständige (§ 2 Nr. 9 SGB VI)**
	Echte Arbeitnehmer, die formal als Selbstständige/Freiberufler geführt werden.	Wer ohne persönlich abhängig zu sein, aufgrund eines Dienst- oder eines ähnlichen Rechtsverhältnisses in wirtschaftlicher Abhängigkeit Dienstleistungen persönlich und im Wesentlichen ohne Mitarbeit von Arbeitnehmern erbringt und vergleichbar einem Arbeitnehmer sozial schutzwürdig ist.
Folge:	Versicherungspflicht für alle Zweige der Sozialversicherung	nur RV-Pflicht

2. Katalog von Berufsgruppen

77 Die nachstehende Aufzählung enthält beispielhafte Hinweise zur Einordnung als abhängig Beschäftigte oder selbstständig Tätige bei einzelnen Berufsgruppen. Die vorgenommenen Bewertungen berücksichtigen die Einschätzung der Spitzenorganisationen der Sozialversicherungsträger (Anlage 5 der Verlautbarung v. 13.4.2010 zur Statusfeststellung) und der Rechtsprechung.

78 **Ableser.** (Zählerableser für Gas, Wasser, Strom und Heizung usw.) stehen nach BFH 24.7.1992 – VI R 126/88 – (USK 9293) auch dann in einem abhängigen Beschäftigungsverhältnis, wenn nach der vertraglichen Vereinbarung über „freie Mitarbeit" in Ausnahmefällen das Ablesen auch von einem zuverlässigen Vertreter übernommen werden darf. Bei Wärmedienstablesern sprechen hingegen im Regelfall gleichgewichtige Argumente sowohl für als auch gegen die Selbstständigkeit, weshalb bei diesem Personenkreis auf den im Vertrag zum Ausdruck kommenden Willen der Vertragspartner abzustellen ist (BayLSG 21.12.2004 – L 5 KR 210/03; 5.4.2005 – L 5 KR 80/04). Ein für ein Energieversorgungsunternehmen tätiger Stromableser ist als abhängig Beschäftigter einzustufen, wenn seine Handlungsfähigkeit durch die Arbeitsum-

IV. Vermeiden von Scheinselbstständigkeit **Anh.**

stände eng begrenzt ist, ihm ein fester Ablesebezirk zugewiesen ist, er hinsichtlich Inhalt, Art und Weise der Arbeitsausführung nur einen geringen Spielraum besitzt, er die vertraglich vereinbarte Leistung persönlich zu erbringen hat und er, mit Ausnahme seines eigenen Kraftfahrzeuges, eigenes Kapital nicht einsetzt (SächsLSG 20.9.2006 – L 1 KR 29/02).

Ambulante Sonntagshändler. Diese Personengruppe ist nur an Sonnta- 79
gen tätig und ausschließlich mit dem eigenverantwortlichen Vertrieb der nur im Einzelverkauf erhältlichen Sonntagszeitungen befasst. Der ambulante Sonntagshändler verkauft in eigener Regie und auf eigenes Risiko. Er hat – wie der stationäre Presseeinzelhandel – ein typisches Unternehmerrisiko und ist deshalb – anders als Zeitungsausträger oder Zeitungszusteller – den selbstständig Tätigen zuzuordnen (LSG RhPf 14.7.1998 – L 7 U 20/98). Dem steht auch nicht entgegen, wenn der ambulante Sonntagshändler vorwiegend Verlagskunden beliefert (LAG Düsseldorf 1.7.1997 – 15 Ta 147/97).

Anwälte. → freie Berufe; bei **Syndikusanwalt** siehe dort. Zum Kontext 80
der Befreiung von der Versicherungspflicht in der gesetzlichen Rentenversicherung siehe umfassend LSG NW 7.5.2013 – L 18 R 170/12; BSG 3.4.2014 – B 5 RE 3,9 und 13/14, NJW 2014, 2743)

Architekten. siehe freie Berufe. 81

Ärzte. Ärzte unterliegen in ihren eigentlichen ärztlichen Tätigkeiten kei- 82
nen Weisungen. Daher kommt es entscheidend darauf an, inwieweit der Arzt in eine fremde Arbeitsorganisation eingegliedert ist. Diese Eingliederung kann nach ständiger Rechtsprechung des BSG insbesondere bei Diensten höherer Art – wie zweifelsfrei ärztlichen Tätigkeiten – zur funktionsgerecht dienenden Teilhabe am Arbeitsprozess des Arbeitgebers verfeinert sein. Vor diesem Hintergrund sind die Tätigkeiten von Ärzten zB in einem Explantationsteam, als Hubschrauberarzt, als Notarzt oder als Notdienstarzt regelmäßig als Beschäftigungsverhältnis zu qualifizieren. Gemein ist diesen Tätigkeiten, dass die Arbeitsorganisation, an deren Arbeitsprozess der Arzt funktionsgerecht dienend teilnimmt, von Dritten vorgegeben ist. Diese Einschätzung gilt auch in Fällen, in denen ein Arzt eine entsprechende Tätigkeit lediglich als Nebentätigkeit etwa neben einer freiberuflichen Tätigkeit oder eines abhängigen Beschäftigungsverhältnisses ausübt. Die Ärzte liquidieren dafür nicht nach der Gebührenordnung für Ärzte, weshalb diese Tätigkeiten nicht dem Bereich einer – ggf. daneben noch ausgeübten – freiberuflichen Tätigkeit zugeordnet werden kann. Die Tatsache, dass eine Tätigkeit nur im Krankenhaus verrichtet werden kann, spricht nicht zwingend für die Annahme eines Arbeitsverhältnisses, weil der Ort der Dienstleistung von der geschuldeten Tätigkeit abhängig ist und daher für die Rechtsnatur des Vertragsverhältnisses nicht entscheidend sein kann. Die Tatsache, dass die ärztlichen Dienstleistungen nur im Krankenhaus und nur zusammen mit den anderen Mitarbeitern sowie unter Verwendung der Einrichtung des Auftraggebers erbracht werden sollen, lässt ebenfalls nicht zwingend auf das Vorliegen eines Arbeitsverhältnisses schließen. Denn auch sogenannte Beleghebammen und Belegärzte sind grundsätzlich keine Arbeitnehmer, obwohl auch sie die Einrichtungen eines Krankenhauses nutzen und mit anderen Mitarbeitern des Krankenhauses zusammen arbeiten (vgl. dazu BAG 21.2.2007 – 5 AZB 52/06, NZA 2007, 699; 26.6.1991 – 5 AZR 453/90; OLG München 29.3.2007 – 21 W 1179/07; LAG Hamm 7.2.2011 – 2 Ta

Anh.

505/10). Zum **Chefarzt** s. *Diringer,* Der Chefarzt als leitender Angestellter, NZA 2003, 890; Palandt/*Weidenkaff* BGB Einf. v. § 611 Rn. 18. **Belegarzt** s. bei Hebammen → Beleghebammen. Zum **Honorararzt** (LSG BW 17.4.2013 – L 5 R 3755/11, NZ 5 2013, 501). Nach der Rechtsprechung des BSG setzt eine Beschäftigung voraus, dass der Arbeitnehmer vom Arbeitgeber persönlich abhängig ist (BSG 25.1.2006 – B 12 KR 30/04 R, ZIP 2006, 678). Bei einer Beschäftigung in einem fremden Betrieb ist dies der Fall, wenn der Beschäftigte in den Betrieb eingegliedert ist und dabei einem Zeit, Dauer, Ort und Art der Ausführung umfassenden Weisungsrecht des Arbeitgebers unterliegt. Allerdings kann dieses Weisungsrecht – vornehmlich bei Diensten höherer Art – eingeschränkt und zur funktionsgerechten dienenden Teilhabe am Arbeitsprozess verfeinert sein. Demgegenüber ist eine selbstständige Tätigkeit vornehmlich durch das eigene Unternehmerrisiko, das Vorhandensein einer eigenen Betriebsstätte, die Verfügungsmöglichkeiten über die eigene Arbeitskraft und die im Wesentlichen freigestellte Tätigkeit und Arbeitszeit gekennzeichnet. Ob jemand abhängig beschäftigt oder selbstständig tätig ist, hängt davon ab, welche Merkmale überwiegen. Maßgebend ist stets das Gesamtbild der Arbeitsleistung (BSG 22.6.2005 – B 12 KR 28/02). Der Honorararzt wird als Erfüllungsgehilfe des Krankenhauses nach § 278 BGB tätig. Dabei ist jedoch zu beachten, dass der Erfüllungsgehilfe sowohl selbstständig als auch angestellt tätig werden kann (MüKoBGB/*Grundmann,* Bd. 2, § 278 Rn. 44). Die abhängige Beschäftigung ist gerade durch Höchstpersönlichkeit der Arbeitsleistung gekennzeichnet (HessLSG 14.3.2013 – L 8 KR 102/12; SG Berlin 26.2.2014 – S 208 KR 2118/12). Die Tätigkeit eines **Facharztes in einem Krankenhaus** kann grundsätzlich auch selbstständig auf Honorarbasis aufgrund eines reinen Dienstvertrages erbracht werden (ThürLAG, 29.4.2010 – 1 Ta 29/10; LAG RhPf, 3.5.2010 – 11 Ta 163/09; LAG RhPf 14.9.2009 – 5 Sa 108/09). Jedenfalls kommt eine Einordnung als arbeitnehmerähnliche Person in Betracht. Arbeitnehmerähnliche Personen sind nach st. Rspr. des Bundesarbeitsgerichts Selbstständige, bei denen an die Stelle der persönlichen Abhängigkeit die wirtschaftliche Abhängigkeit tritt. Hinzu kommen muss, dass der wirtschaftlich Abhängige seiner gesamten Stellung nach in vergleichbarer Weise wie ein Arbeitnehmer schutzbedürftig ist und die geleisteten Dienste ihrer soziologischen Typik nach mit denen eines Arbeitnehmers vergleichbar sind. Wirtschaftliche Abhängigkeit ist dabei regelmäßig gegeben, wenn der Beschäftigte auf die Bewertung seiner Arbeitskraft und die Einkünfte aus der Tätigkeit für den Vertragspartner zur Sicherung seiner Existenzgrundlage angewiesen ist (BAG 21.12.2010 – 10 AZB 14/10, NZA 2011, 309; 21.2.2007 – 5 AZB 52/06, NJW 2007, 1709; 14.9.1997 – 5 AZB 22/96, NZA 1997, 344). Die wirtschaftliche Existenz muss also weitgehend von diesem einen Beschäftigungsverhältnis abhängen, wobei die Partei, die ihre Anerkennung als arbeitnehmerähnliche Person erstrebt, ihre gesamten wirtschaftlichen Einkommens- und Vermögensverhältnisse darzulegen hat (LAG RhPf 3.5.2010 – 11 Ta 163/09; LAG Köln 18.5.2009 – 4 Ta 72/09. Zu den arbeitnehmerähnlichen Personen siehe umfassend ErfK/*Preis* BGB § 611 Rn. 110).

83   **Ausbeiner, Zerleger, Lohnschlächter.** Das sind Personen, die von Agenturen oder Dienstleistungsbetrieben für Ausbein- oder Fleischzerlegungsarbeiten vermittelt werden. Unter Berücksichtigung der Rechtsprechung zur Versi-

IV. Vermeiden von Scheinselbstständigkeit **Anh.**

cherungspflicht von Ausbeiner-Packerkolonnen wurde die Arbeitnehmereigenschaft auch dann bejaht, wenn diese Personen im Besitz eines Gewerbescheins sind (BSG 25.10.1990 – 12 RK 10/90, USK 90163, LSG Nds 18.12.1991 – L 4 Kr 111/89, BayLSG 22.10.1992 – L 4 Kr 78/88, Die Beiträge 1993, 148, LSG Nds 15.6.1993 – L 4 Kr 19/91, Die Beiträge 1994, 104, LSG BW 17.12.1993 – L 4 Kr 1575/91, Hess LSG 26.10.1994 – L 3/8 Kr 539/87).

Autoverkäufer. Soweit diese die Neu- oder Gebrauchtfahrzeuge gegen 84 Provision eines Autohauses verkaufen, führen sie Tätigkeiten in einem abhängigen Beschäftigungsverhältnis und nicht als freie Handelsvertreter aus. Der von der Rechtsprechung (BAG 15.12.1999 – 5 AZR 566/98) entwickelte Grundsatz des „Einfirmenvertreters" als selbstständiger Handelsvertreter iSd § 84 I 2 HGB ist hier nicht anwendbar.

Bedienungspersonal in Gastronomiebetrieben. Das in Gastronomie- 85 betrieben tätige Bedienungspersonal, das ein Gewerbe zur „Vermittlung von Speisen und Getränken" angemeldet hat, ist nach dem Gesamtbild der ausgeübten Tätigkeit weder persönlich noch sachlich unabhängig und übt deshalb kein Gewerbe aus. Der Schwerpunkt der Tätigkeit dieser Personen, die in einer Gaststätte Gäste bedienen, liegt nicht in der „Vermittlung von Geschäften", da das Bedienungspersonal nicht maßgeblich auf die Willensentscheidung der Gäste zur Erteilung eines Auftrages einwirken, diese liegt bei Betreten der Gaststätte schon vor (HessLSG 6.6.1991 – L 1 Kr 1217/89, Die Beiträge 1993, 482; LSG BW 10.12.2008 – L 5 R 5976/07).

Beratungsstellenleiter von Lohnsteuerhilfevereinen. → freie Berufe. 86

Betreuer. Für Volljährige, die aufgrund einer psychischen Krankheit oder 87 einer körperlichen, geistigen oder seelischen Behinderung ihre Angelegenheiten ganz oder teilweise nicht besorgen können, bestellt das Vormundschaftsgericht einen Betreuer (§§ 1896 ff. BGB). Die Rechte und Pflichten eines Betreuers sind gesetzlich geregelt und nicht abdingbar. Ein Betreuer wird vom Vormundschaftsgericht bestellt, das auch den Betreuungsumfang zur Gewährung staatlichen Beistands in Form von tatsächlicher und rechtlicher Fürsorge festlegt. Eine Tätigkeit als Berufsbetreuer setzt mindestens zehn Betreuungsverhältnisse voraus. Berufsbetreuer erhalten zwar eine Vergütung, die jedoch vom Vormundschaftsgericht festgelegt wird. Bei einer Bestellung zum Betreuer – auch als Berufsbetreuer – muss von einem Verhältnis eigener Art ausgegangen werden, welches nicht mit einem Beschäftigungs- bzw. Auftragsverhältnis aus dem Vertragsrecht vergleichbar ist. Ein dem Beschäftigungs- bzw. Auftragsverhältnis entsprechendes Verhältnis lässt sich weder in der Rechtsbeziehung zwischen Betreuer und Betreutem noch in dem Verhältnis zwischen Betreuer und Vormundschaftsgericht feststellen. Ein abhängiges Beschäftigungsverhältnis wird daher durch das Bestallungsverhältnis nicht begründet. Versicherungspflicht nach § 2 S. 1 Nr. 9 SGB VI für Selbstständige mit einem Auftraggeber besteht für die Berufsgruppe der selbstständig tätigen Berufsbetreuer mangels Auftragsverhältnis ebenfalls nicht.

Besamungstechniker beziehungsweise **Besamungsbeauftragte.** Sie 88 üben grundsätzlich eine abhängige Beschäftigung aus (BAG 15.8.1984 – 5 AZR 620/82; BayLSG 19.7.1994 – L 3 U 111/92).

Binnenschiffer. Die Ausführungen zum Stichwort Frachtführer/Unter- 89 frachtführer gelten sinngemäß.

Anh.

90 Chorleiter. Nebenberufliche Leiter von Laienchören (vokal oder instrumental) stehen regelmäßig nicht in einem abhängigen Beschäftigungsverhältnis zum Chor beziehungsweise zum Trägerverein des Chores, sofern sich aus dem Engagementvertrag nichts Abweichendes ergibt. In diesen Fällen kommt Versicherungspflicht nach § 2 S. 1 Nr. 5 SGB VI iVm KSVG in Betracht.

91 Detektiv. Typischerweise Dienstvertrag (Palandt/*Weidekaff* BGB Einf. v. § 611 Rn. 16). Ein Detektiv hat Anspruch auf Bezahlung des vereinbarten Honorars unabhängig davon, ob die von ihm erbrachten Observationsleistungen den vom Auftraggeber gewünschten Erfolg hatten. Dies entschied das Landgericht Trier im Fall eines Ehemanns, der die Bezahlung des von ihm mit „Ermittlungen wegen Ehezerstörung" beauftragten Detektivs mit der Begründung verweigerte, der Geliebte seiner Ehefrau habe die Observation bemerkt (LG Trier 28.1.2003 – 1 S 134/02)

92 Dolmetscher. Typischerweise Dienstvertrag (Palandt/*Weidekaff* BGB Einf. v. § 611 Rn. 16).

93 Dozenten/Lehrbeauftragte/Lehrer. Lehrer, die insbesondere durch Übernahme weiterer Nebenpflichten in den Schulbetrieb eingegliedert werden und nicht nur stundenweise Unterricht erteilen, stehen in einem abhängigen Beschäftigungsverhältnis (BAG 24.6.1992 – 5 AZR 384/91, USK 9295; 26.7.1995 – 5 AZR 22/94, USK 9533; 12.9.1996 – 5 AZR 104/95, USK 9616; 19.11.1997 – 5 AZR 21/97, USK 9728). Demgegenüber stehen Dozenten/Lehrbeauftragte an Universitäten, Hoch- und Fachhoch- schulen, Fachschulen, Volkshochschulen, Musikschulen sowie an sonstigen – auch privaten – Bildungseinrichtungen regelmäßig nicht in einem abhängigen Beschäftigungsverhältnis zu diesen Schulungseinrichtungen, wenn sie mit einer von vornherein zeitlich und sachlich beschränkten Lehrverpflichtung betraut sind, weitere Pflichten nicht zu übernehmen haben und sich dadurch von den fest angestellten Lehrkräften erheblich unterscheiden (BSG 1.2.1979 – 12 RK 1/77, USK 7929, 19.12.1979 – 12 RK 52/78, USK 79225, 28.2.1980 – 8a RU 88/78, USK 8028, 27.3.1980 – 12 RK 26/79, SozR 2200 § 165 Nr. 45; 25.9.1981 – 12 RK 5/80, USK 81247). Sind Dozenten/Lehrbeauftragte selbstständig, unterliegen sie der Rentenversicherungspflicht nach § 2 S. 1 Nr. 1 SGB VI, sofern sie im Zusammenhang mit ihrer selbstständigen Tätigkeit keinen versicherungspflichtigen Arbeitnehmer beschäftigen.

94 Volkshochschuldozenten, die außerhalb schulischer Lehrgänge unterrichten, sind nur dann Arbeitnehmer, wenn die Parteien dies vereinbart haben oder im Einzelfall festzustellende Umstände vorliegen, aus denen sich ergibt, dass der für das Bestehen eines Arbeitsverhältnisses erforderliche Grad der persönlichen Abhängigkeit gegeben ist. Die stärkere Einbindung von Schülern in ein Schul- oder Ausbildungssystem bedeutet auch eine stärkere persönliche Abhängigkeit der Lehrkräfte vom Unterrichtsträger. Die Volkshochschullehrer müssen wie eine Lehrkraft an allgemeinbildenden Schulen in den Schulbetrieb eingegliedert sein. Entscheidend ist, wie intensiv die Lehrkraft in den Unterrichtsbetrieb eingebunden ist und in welchem Umfang sie den Unterrichtsinhalt, die Art und Weise seiner Erteilung, ihre Arbeitszeit und die sonstigen Umstände der Dienstleistung (BAG 29.5.2002 – 5 AZR 161/01, NZA 2002, 1232)

95 EDV-Berater. (IT-Berater/IT-Consultant), die Unternehmen oder Projektgruppen bei der Einführung, Wartung und Weiterentwicklung von IT-

IV. Vermeiden von Scheinselbstständigkeit **Anh.**

Systemen beraten, siehe freie Berufe. Differenzierend: LSG Bln-Bbg 17.10.2012 – L 9 KR 364/11 WA. Entscheidend ist insbesondere der Grad der persönlichen Abhängigkeit im Hinblick auf die Zeit und den Ort der Arbeitsleistung.

Ehrenamt. Ehrenamt ist keine Beschäftigung, da sie unentgeltlich erfolgt **96**
→ § 1 Anh. Rn. 24.

Ergotherapeuten. → Physiotherapeuten, Krankengymnasten. **97**

Erziehungsstelle, Sozialpädagogischer Erzieher. Trotz Abschluss eines **98**
„Arbeitsvertrages" stellt ein Vertragsverhältnis kein Arbeitsverhältnis dar, wenn die Dienstleistung nicht im Rahmen einer fremdbestimmten Arbeitsorganisation erfolgt. Dies ist der Fall, wenn der Dienstnehmer die Betreuung von Kindern in seiner Familie in einer von ihm gestellten Erziehungsstelle übernimmt und die Familie in die Erbringung der geschuldeten Betreuung miteinbezogen ist (LAG BW 28.1.2010 – 3 Sa 47/09).

Der vom Bundesarbeitsgericht betonte Grundsatz, dass die tatsächliche **99**
Durchführung des Vertrages maßgebend ist, wenn der Vertrag abweichend von den ausdrücklich getroffenen Vereinbarungen vollzogen wird, gilt allerdings nur für solche Fälle, in denen die Parteien ihr Rechtsverhältnis gerade nicht als Arbeitsverhältnis bezeichnet haben, sondern etwa als freies Mitarbeiter- oder Dienstverhältnis. Haben die Parteien dagegen ein Arbeitsverhältnis vereinbart, so ist es nach der Rechtsprechung des Bundesarbeitsgerichts in aller Regel auch als solches einzuordnen (BAG 21.4.2005 – 2 AZR 125/04).

Fahrlehrer. Sie gehören zu den selbstständigen Lehrern, wenn sie neben **100**
der Fahrlehrererlaubnis die zur Leitung der Fahrschule berechtigende Fahrschulerlaubnis besitzen. Dies trifft auch zu, wenn sie ohne im Besitz der Fahrschulerlaubnis zu sein, als Mitunternehmer bzw. Gesellschafter einer Fahrschule, die in Form einer juristischen Person oder als nicht rechtsfähiger Verein betrieben wird, tätig sind und aufgrund ihrer Mitunternehmer- bzw. Gesellschafterstellung kein abhängig Beschäftigter der Fahrschule sind. Selbstständig tätige Fahrlehrer sind in der Rentenversicherung nach § 2 S. 1 Nr. 1 SGB VI versicherungspflichtig, wenn sie im Zusammenhang mit ihrer selbstständigen Tätigkeit keinen versicherungspflichtigen Arbeitnehmer beschäftigen.

Finanzbuchhalter. → freie Berufe sowie BSG 22.6.1966 – 3 RK 103/63, **101**
Die Beiträge 1966, 373; 1.4.1971 – 2 RU 48/68, USK 7153.

Fitnesstrainer leiten einzelne Personen und Gruppen in Sport- und Fit- **102**
nessstudios an. Der Beruf des Fitnesstrainers kann sowohl im Rahmen eines abhängigen Beschäftigungsverhältnisses als auch einer selbstständigen Tätigkeit ausgeübt werden (vgl. LAG RhPf 19.12.2013 – Sa 239/13).

Frachtführer/Unterfrachtführer. Es ist davon auszugehen, dass Fracht- **103**
führer iSd §§ 407 ff HGB dann ein selbstständiges Gewerbe ausüben, wenn sie beim Transport ein eigenes Fahrzeug einsetzen und für die Durchführung ihres Gewerbes eine Erlaubnis nach § 3 Güterkraftverkehrsgesetz oder die Gemeinschaftslizenz nach Art. 1 3 der Verordnung (EWG) 881/92 besitzen. Dies gilt auch dann, wenn sie als Einzelperson ohne weitere Mitarbeiter nur für ein Unternehmen tätig sind und dabei die Farben oder ein „Logo" dieses Unternehmens nutzen. Voraussetzung ist allerdings, dass ihnen weder Dauer noch Beginn und Ende der Arbeitszeit vorgeschrieben wird und sie die – nicht nur theoretische – Möglichkeit haben, Transporte auch für weitere eigene Kunden

Brügge

Anh.

auf eigene Rechnung durchzuführen. Ob sie diese Möglichkeit tatsächlich nutzen, ist nicht entscheidend. Um ein eigenes Fahrzeug iSd vorherigen Ausführungen handelt es sich nur dann, wenn es auf den Erwerbstätigen zugelassen ist und von ihm mit eigenem Kapitalaufwand erworben oder geleast wurde. Eine indirekte oder direkte Beteiligung an der Fahrzeug-/Leasingfinanzierung durch den Auftraggeber spricht gegen die Annahme einer selbstständigen Tätigkeit. **Kraftfahrer** ohne eigenes Fahrzeug beurteilen Landessozialgerichte ganz überwiegend als abhängig Beschäftigte (LSG BW 21.1.2008 – L 4 KR 4098/06; BayLSG 14.10.2008 – L 5 KR 365/06; HessLSG 24.2.2009 – L 1 KR 249/08 –, LSG NRW 11.11.2005 – L 13 R 112/05 – [hier Kranführer]; LSG RhPf 28.2.2007 – L 6 203/06).

104 **Franchisenehmer.** Die Arbeitnehmereigenschaft des Franchisenehmers ist danach zu beurteilen, ob die Tätigkeit weisungsgebunden ausgeübt wird oder ob der Franchisenehmer seine Chancen auf dem Markt selbstständig und im Wesentlichen weisungsfrei suchen kann. Ein Franchiseverhältnis kann sowohl im Rahmen eines abhängigen Beschäftigungsverhältnisses als auch einer selbstständigen Tätigkeit ausgeübt werden (BSG 4.11.2009 – B 12 R 3/08). Selbstständig tätige Franchisenehmer können nach § 2 S. 1 Nr. 9 SGB VI rentenversicherungspflichtig sein (BSG 4.11.2009 – B 12 R 3/08).

105 **Freie Berufe.** Die alleinige Zugehörigkeit zu den freien Berufen reicht nicht aus, um bei diesem Personenkreis auf Selbstständigkeit zu erkennen. Maßgeblich ist die im Einzelfall vorzunehmende Gesamtbetrachtung, bei der geprüft werden muss, ob der Einzelne in das Unternehmen des Auftraggebers eingegliedert und dadurch Arbeitnehmer ist. Ohne entgegensprechende Anhaltspunkte ist Selbstständigkeit zu vermuten.

106 **Freie Mitarbeiter.** Die Bezeichnung freier Mitarbeiter sagt noch nichts über die sozialversicherungsrechtliche Beurteilung aus und stellt für sich kein Kriterium für die Annahme einer selbstständigen Tätigkeit dar. Die Beurteilung ist im Wege der Gesamtbetrachtung vorzunehmen → § 1 Rn. 101

107 **GmbH-Geschäftsführer.** Bei den Organen juristischer Personen, zu denen auch Geschäftsführer einer GmbH gehören, ist abhängige Beschäftigung iSd Sozialversicherung nicht bereits deshalb ausgeschlossen, weil sie gemäß § 5 I 3 ArbGG (Arbeitsgerichtsgesetzes) arbeitsrechtlich nicht als Arbeitnehmer der Gesellschaft gelten. Diese Regelung beschränkt sich auf das ArbGG und hat keine Bedeutung für das Sozialversicherungsrecht (BSG 24.6.1982 – 12 RK 45/80 in USK 82160, 728 zum Geschäftsführer einer GmbH; BSG SozR 3-2400 § 7 Nr. 18 zum Vorstand eines eingetragenen Vereins). Ebenso wenig steht der Zugehörigkeit von Geschäftsführern oder Vorständen einer juristischen Person zu ihren Beschäftigten entgegen, dass sie im Verhältnis zu sonstigen Arbeitnehmern Arbeitgeberfunktionen wahrnehmen (BSG 24.6.1982 – 12 RK 45/80 in USK 82160, S. 728; BSG SozR 3-2400 § 7 Nr. 18) und sie in der Regel keinen Weisungen Dritter bezüglich Zeit, Art und Ort ihrer Arbeitsleistung unterliegen. Nur in besonderen Ausnahmefällen hat der Gesetzgeber derartige Personen vom Kreis der Beschäftigten oder der Versicherungspflichtigen ausgenommen.

108 Das BSG hat demgemäß bei Fremdgeschäftsführern einer GmbH regelmäßig eine abhängige Beschäftigung angenommen (BSG 24.6.1982 – 12 RK 45/80 in USK 82160, S. 729). Es hat sie bei diesem Personenkreis nur unter

IV. Vermeiden von Scheinselbstständigkeit **Anh.**

besonderen Umständen verneint (BSGE 66, 168), insbesondere bei Geschäftsführern, die mit den Gesellschaftern familiär verbunden waren und die Geschäfte faktisch wie Alleininhaber nach eigenem Gutdünken führten (BSG 8.12.1987 – 7 RAr 25/86 in USK 87170, S. 827). Bei einem Geschäftsführer, der am Kapital der Gesellschaft nicht beteiligt ist, liegt in der Regel ein versicherungspflichtiges Beschäftigungsverhältnis vor. An einer abhängigen Beschäftigung kann es allerdings fehlen, wenn ein externer Geschäftsführer in der GmbH „schalten und walten" könne, wie er wolle, weil er die Gesellschafter persönlich dominiere oder weil sie wirtschaftlich von ihm abhängig seien. Dies komme insbesondere bei Familiengesellschaften in Betracht (hierzu auch Plandt/*Weidenkaff* BGB Einf. v. § 611 Rn. 16, 23).

Gutachter. → freie Berufe. 109

Handelsvertreter. Es gelten vorrangig die §§ 84 bis 92 HGB (Für Versi- 110
cherungsvertreter die §§ 69 bis 73 VVG); die §§ 611 bis 630 BGB sind subsidiär anwendbar (Palandt/*Weidenkaff* BGB Einf. v. § 611 Rn. 21). Bei der Klärung der Frage, ob ein Handelsvertreter als selbstständig Tätiger oder als Arbeitnehmer anzusehen ist, sind die in → § 1 Rn. 120, 127 ff. aufgeführten Grundsätze zu berücksichtigen. Nach § 84 I HGB ist Handelsvertreter, wer als selbstständiger Gewerbetreibender ständig damit betraut ist, für einen anderen Unternehmer Geschäfte zu vermitteln oder in dessen Namen abzuschließen. Es genügt nicht, dass er nach der Vereinbarung mit dem Unternehmer für diesen nicht nur einmal, sondern immer wieder Geschäfte vermittelt. Vielmehr muss er nach dieser Vereinbarung dazu verpflichtet sein, sich ständig um Geschäfte zu bemühen: nicht der Umstand, dass Geschäftsbeziehungen von längerer Dauer bestehen, sondern die beiderseitige, auf Dauer berechnete Bindung ist entscheidend (BGH 18.11.71 – VII ZR 102/70, NJW 72, 251). Für die rechtliche Einordnung sind alle Umstände des Einzelfalles heranzuziehen, so dass das Gesamtbild der tatsächlichen Handhabung zu würdigen ist (BGH 1.4.92 – IV ZR 154/91, NJW 92, 2818) Selbstständiger Handelsvertreter ist, wer das wirtschaftliche Risiko seiner Tätigkeit selbst trägt, seine Tätigkeit frei gestalten und seine Arbeitskraft frei bestimmen kann. Dabei mögen häufig bestimmte Umstände für die Selbstständigkeit sprechen, andere dagegen. Entscheidend ist in einem solchen Fall, wo der Schwerpunkt liegt. Das ist in einer Gesamtwürdigung aller Umstände zu ermitteln (BGH 11.3.82 – I ZR 27/80, NJW 1982, 1757; *Baumbach/Hopt* HGB § 84 Rn. 36; MükoHGB/v. Hoyningen-Huene § 84 Rn. 26–48). Dabei ist zu berücksichtigen, dass auch der Handelsvertreter gewissen Weisungen des Unternehmers unterliegt, ohne dass dadurch seine Selbstständigkeit im Sinne einer persönlichen Freiheit beeinträchtigt wird. Die Weisungsbefugnis des Unternehmers folgt aus der Natur der Geschäftsbesorgungspflicht des Handelsvertreters. Jener steht – obwohl selbst Kaufmann und Unternehmer (§ 1 II Nr. 7 HGB) – in einer ständigen Vertragsbeziehung zu einem anderen Unternehmer, für den er tätig ist und dessen Interessen er wahrzunehmen hat (§ 86 I HGB). Zudem braucht der Handelsvertreter bei der Gestaltung seiner Tätigkeit nur im Wesentlichen frei zu sein (§ 84 HGB). Auch seine Freiheit kann also eingeschränkt werden, solange die Einschränkungen seine Selbstständigkeit nicht in ihrem Kerngehalt beeinträchtigen (OLG Düsseldorf, NZA-RR 1998, 145). Zum Einfirmen-Handelsvertreter siehe ErfK/*Preis* BGB § 611 Rn. 114).

Anh. Anhang

111 **Hausmeister.** Tätigkeiten von Wohnungseigentümern für Wohnungseigentümergemeinschaften: Wird ein Wohnungseigentümer als Mitglied einer Wohnungseigentümergemeinschaft für diese tätig, so kann die Tätigkeit unentgeltlich oder entgeltlich erfolgen. Tätigkeiten, die unentgeltlich für die Eigentümergemeinschaft ausgeführt werden, sind sozialversicherungsrechtlich unbedeutend. Überträgt die Wohnungseigentümergemeinschaft dem Miteigentümer – ggf. per Beschluss – lediglich Einzelaufgaben wie etwa Gartenpflege, Rasenmähen oder Reinigungsarbeiten' so liegt in der Regel kein Beschäftigungsverhältnis im sozialversicherungsrechtlichen Sinn vor, da die übertragenen Arbeiten Ausfluss der Pflichten nach § 14 Wohnungseigentumsgesetz (WEG) sind. Ferner wird sich der betreffende Wohnungseigentümer regelmäßig keine Weisungen erteilen lassen. Absprachen unter den Eigentümern oder mit dem Verwalter können grundsätzlich nicht als Weisungsgebundenheit ausgelegt werden. Wird die Tätigkeit des Wohnungseigentümers durch die übrigen Wohnungseigentümer (in der Regel ohne vertraglichen Anspruch) in Form einer finanziellen Zuwendung honoriert, stellt die Zahlung generell kein Arbeitsentgelt iSd § 14 SGB IV dar. Vorstehende Ausführungen gelten jedoch dann nicht, wenn der Miteigentümer von der Wohnungseigentümergemeinschaft offiziell als Hausmeister angestellt wird. Indizien sind hierfür, wenn dem Miteigentümer vertraglich der umfassende Tätigkeitsbereich eines Hausmeisters übertragen wird, der auch die Pflicht zur Erledigung von Arbeiten beinhaltet, welche diesem nicht als Ausfluss der Pflichten nach § 14 WEG erwachsen, Art und Weise sowie Umfang der zu erbringenden Arbeiten vorgeschrieben sind und eine Weisungsbindung durch die Eigentümergemeinschaft, vertreten durch den Verwalter (§§ 20 ff. WEG) gegeben ist, alle im Zusammenhang mit der Tätigkeit anfallenden Ausgaben für Nebenkosten wie Telefon, Porto usw. ersetzt werden, die für die Verrichtung der geschuldeten Arbeiten erforderlichen Arbeitsmittel von der Wohnungseigentümergemeinschaft zur Verfügung gestellt werden, ein (bezahlter) Urlaubsanspruch vertraglich vereinbart ist, die vereinbarten Bezüge im Krankheitsfall fortbezahlt werden. Eine Arbeitnehmertätigkeit kann auch vorliegen, wenn der Verwalter eine Person, die auch Wohnungseigentümer sein kann, anstellt, um Arbeiten für ihn zu erledigen, zu deren Erfüllung er von der Wohnungseigentümergemeinschaft beauftragt wurde und deren Kosten der Verwalter auch mit der Wohnungseigentümergemeinschaft abrechnet.

112 **Hausvertrieb.** Der Hausvertrieb/Direktvertrieb (Homeservice) zeichnet sich grundsätzlich dadurch aus, dass Produkte oder auch Dienstleistungen durch Nutzung eines Vertriebsnetzes von Vertriebsrepräsentanten meist in der Wohnung der Umworbenen (Kaufinteressenten) angeboten werden. Die Mitarbeiter im Außendienst der Direktvertriebsunternehmen sind in erster Linie verkäuferische Laien. Eine allgemeine Aussage zur versicherungsrechtlichen Beurteilung dieser Personen ist wegen der Vielfalt der Vertriebssysteme nicht möglich. Vielmehr wird eine Einzelfallprüfung im Rahmen einer Gesamtbetrachtung erforderlich. Bei einer hierarchischen Struktur muss teilweise von der Eingliederung in den Betrieb/die Organisation gesprochen werden. Letztlich müssen die Merkmale wie bei Handelsvertretern zur Beurteilung herangezogen werden.

113 **Hebammen.** Zu den Aufgaben von Hebammen gehören ua die Beratung von Schwangeren, das Einleiten normaler Geburten, die Versorgung von

IV. Vermeiden von Scheinselbstständigkeit **Anh.**

Neugeborenen und die Überwachung des Wochenbettverlaufs. Nach dem Hebammengesetz (HebG) bedürfen Hebammen zur Berufsausübung in der Entbindungshilfe einer Erlaubnis. Die Tätigkeit kann sowohl selbstständig als auch im Rahmen eines abhängigen Beschäftigungsverhältnisses (sog. Anstaltshebamme) ausgeübt werden. Einer Selbstständigkeit steht dabei nicht entgegen, wenn die Tätigkeit als sog. Beleghebamme in einem Krankenhaus oder Entbindungsheim ausgeübt wird. Beleghebammen werden als freiberufliche Hebammen selbstständig tätig, wenn sie Schwangere, Gebärende, Wöchnerinnen und Neugeborene im Krankenhaus im Rahmen des Hebammengesetzes und der jeweiligen Berufsordnung in eigener Verantwortung weisungsfrei nichtärztlich geburtshilflich betreuen und die erbrachten Leistungen unmittelbar gegenüber den Patienten beziehungsweise den Versicherungsträgern abrechnen. Selbstständig tätige Hebammen sind in der Rentenversicherung nach § 2 S. 1 Nr. 3 SGB VI versicherungspflichtig. Sog. **Beleghebammen** und Belegärzte sind grundsätzlich keine Arbeitnehmer, obwohl auch sie die Einrichtungen eines Krankenhauses nutzen und mit anderen Mitarbeitern des Krankenhauses zusammen arbeiten (dazu BAG 21.2.2007 – 5 AZB 52/06, NJW 2007, 1709, NZA 2007, 699; 26.6.1991 – 5 AZR 453/90; OLG München 29.3.2007 – 21 W 1179/07; LAG Hamm 7.2.2011 – 2 Ta 505/10).

Heimarbeiter. Typischerweise arbeitnehmerähnliche Person (hierzu ErfK/ **114** *Preis* BGB § 611 Rn. 114). Heimarbeiter und Hausgewerbetreibende sind wirtschaftlich vom Unternehmen abhängig. Sie bedürfen wegen dieser Abhängigkeit eines besonderen Schutzes. Deshalb enthält das Heimarbeitsgesetz Vorschriften über den Arbeitsschutz, den allgemeinen Gefahrenschutz, den Entgelt- und Kündigungsschutz. In einzelnen Bestimmungen werden sie den Arbeitnehmern gleichgestellt (Schaub ArbR-HdB/*Vogelsang* § 10 II Rn. 5 ff.). Über die rechtliche Einordnung eines Rechtsverhältnisses entscheidet der Geschäftsinhalt und nicht die von den Parteien gewünschte Rechtsfolge oder eine Bezeichnung, die tatsächlich dem Geschäftsinhalt nicht entspricht. Nur aus dem Geschäftsinhalt ergibt sich der jeweilige Vertragstyp, betreffend die Abgrenzung des freien Mitarbeiters von einem Arbeitnehmer (BAG 3.4.1990 – 3 AZR 258/88). Der Geschäftsinhalt kann sich sowohl aus den Vereinbarungen der beteiligten Parteien als auch aus der praktischen Durchführung der Verträge ergeben. Widersprechen sich schriftliche Vereinbarung und tatsächliche Durchführung des Vertrags, ist die letztere maßgebend. Aus der praktischen Durchführung des Vertrags lassen sich nämlich am ehesten Rückschlüsse darauf ziehen, von welchen Rechten und Pflichten die Parteien ausgegangen sind.

Honorarkräfte. Die Bezeichnung Honorarkraft sagt noch nichts über die **115** sozialversicherungsrechtliche Beurteilung aus und stellt für sich kein Kriterium für die Annahme einer selbstständigen Tätigkeit dar. Die Beurteilung ist im Wege der Gesamtbetrachtung vorzunehmen.

Ingenieure. Entscheidend ist, dass lediglich die Arbeitsleistung als solche **116** geschuldet ist, nicht aber die Herbeiführung eines vereinbarten, gegenständlich fassbaren Arbeitsergebnisses (BGH 16.7.2002 – X ZR 27/01 NJW 2002, 3323). Der Leiter einer Entwicklungsabteilung sagt die Entwicklung einer bestimmten technischen Einheit zu, ohne damit aber den Erfolg der Entwicklungsarbeit garantieren zu wollen. Die Tätigkeit, die mit der Entwicklung

Anh.

eines bestimmten Bauteils befasst ist, spricht für einen Dienstvertrag (BGH 1.2.2000 – X ZR 198/97 NJW 2000, 1107; 18.10.2001 – III ZR 265/00 NJW 2002, 595). Hinzu kommt, dass die vertragliche Beschreibung eines Ziels allein kein hinreichendes Indiz für die Annahme eines Werkvertrages darstellt (BGH 16.7.2002 – X ZR 27/01 NJW 2003, 3323).

117 **Interviewer.** Von Marktforschungsinstituten beauftragte Interviewer stehen nicht in einem abhängigen Beschäftigungsverhältnis, sofern deren Vergütung für die Tätigkeit sich jeweils auf einen Einzelauftrag bezieht, nicht die Existenzgrundlage bildet und mit einem unternehmereigentümlichen finanziellen Risiko verbunden ist (BSG 14.11.1974 – 8 RU 266/73, USK 74145). Weiterhin darf dem Marktforschungsinstitut kein für ein abhängiges Beschäftigungsverhältnis kennzeichnendes weitgehendes Verfügungsrecht über die Arbeits- kraft der Interviewer eingeräumt sein. Vielmehr müssen sie bei der Durchführung des jeweiligen Auftrages zeitlich im Wesentlichen frei sein und dürfen sachlich und nur insoweit gebunden sein, als es nach der Natur des Auftrags unerlässlich ist.

118 **IT-Berater/IT-Consultant.** → EDV-Berater.

119 **Kranführer.** → Frachtführer/Unterfrachtführer: Kraftfahrer ohne eigenes Fahrzeug

120 **Künstler.** Typischerweise Dienstvertrag, aber grundsätzlich kann eine künstlerische Aufgabe sowohl im Rahmen eines Werk- als auch eines Dienstvertrags ausgeführt werden. Für die Entscheidung, welcher Vertragstyp konkret im Einzelfall vorliegt, ist abzustellen auf die zwischen den Parteien getroffenen Vereinbarungen und die gesamte Ausgestaltung ihrer Beziehungen. Nur unter Berücksichtigung aller Gesichtspunkte kann im Einzelfall entschieden werden, ob derjenige, der bei Ausführung des Kunstwerkes tätig wurde, als selbstständiger und eigenständiger Subunternehmer auf Grund eines Werkvertrags gehandelt hat oder ob er als freier Mitarbeiter im Einzelfall für einen bestimmten auszuführenden Auftrag in die Betriebsorganisation eingegliedert wurde und weisungsgebunden in Zusammenarbeit mit weiteren fest angestellten Mitarbeitern des Geschäftsherrn die ihm übertragenen Aufgaben zu erledigen hatte (OLG Koblenz 14.12.2007 – 1 U 97/07 NJW-RR 2008, 1738f.; auch Palandt/*Weidenkaff* BGB Einf. v. § 611 Rn. 20).

121 **Kurier-, Express- und Paketdienstfahrer.** Der Wirtschaftszweig der Kurier-, Express- und Paketdienstfahrer ist durch unterschiedlichste Größen der Betriebe und Ausgestaltung der einzelnen Dienstleistungsangebote geprägt. Deshalb ist bei der Statusbeurteilung auf die Besonderheiten des einzelnen Unternehmens abzustellen. Diese Angebotsvielfalt ist auch Ursache dafür, dass die gesetzlichen Regelungen zur Frage der Statusfeststellung für einige Betriebe dieses Wirtschaftszweiges kaum, für andere weniger und für andere Systeme wieder von erheblicher Bedeutung sind. Demzufolge ist eine sichere Beurteilung nur anhand des konkreten Vertrages und unter Berücksichtigung der tatsächlichen Verhältnisse möglich. Die Frage der Arbeitnehmereigenschaft des Auftragnehmers ist danach zu beurteilen, ob die Tätigkeit weisungsgebunden ausgeübt wird oder ob er seine Chancen auf dem Markt selbstständig und im Wesentlichen weisungsfrei suchen kann. Bei diesem Personenkreis kann eine selbstständige Tätigkeit aber nicht allein am Merkmal eines eigenen Fahrzeugs festgemacht werden, weil der wirtschaftliche Aufwand für den Er-

IV. Vermeiden von Scheinselbstständigkeit **Anh.**

werb eines solchen Fahrzeugs nicht so hoch ist, dass ein mit einem erheblichen wirtschaftlichen Risiko verbundener Aufwand begründet werden kann; in der Regel wird das eigene Privatfahrzeug für die Dienste genutzt. Zudem gehören diese Fahrer regelmäßig nicht zu dem in § 3 GüKG genannten Personenkreis. Sofern Kurierdienstfahrer und ähnliche Dienstleister gleichwohl über eine Erlaubnis nach § 3 GüKG oder eine Gemeinschaftslizenz nach Art. 3 VO (EWG) 881/92 verfügen, gelten die Aussagen zu Frachtführern. Transportfahrer können – ungeachtet der für Frachtführer gesetzgeberischen Wertung als selbstständige Gewerbetreibende (§ 418 HGB) bei weitreichenden Weisungsrechten sowohl des Spediteurs als auch des Absenders und Empfängers des Frachtgutes – jedenfalls dann sozialversicherungsrechtlich als abhängig Beschäftigte einzuordnen sein, wenn sich die Rechtsbeziehungen der Vertragsparteien nicht auf die jeden Frachtführer treffenden gesetzlichen Bestimmungen beschränken, sondern wenn Vereinbarungen getroffen und praktiziert werden, die die Tätigkeit engeren Bindungen unterwerfen. In der Delegationsmöglichkeit der eigenen Arbeitsleistung liegt kein entscheidendes Merkmal für das Vorliegen einer selbstständigen Tätigkeit, wenn ein Transportfahrer diese Möglichkeit nur selten nutzt, regelmäßig keinen (versicherungspflichtigen) Arbeitnehmer beschäftigt und damit die persönliche Arbeitsleistung die Regel ist. Allein die Nutzung eines eigenen Kraftfahrzeugs reicht für das Vorliegen einer selbstständigen Tätigkeit nicht aus; vielmehr bedarf es Feststellungen zur Art des Transportfahrzeugs und insbesondere zur Ausgestaltung der Tätigkeit sowie der Art und Weise der Vergütung (BSG 11.3.2009 – B 12 KR 21/07 R, USK 2009-25). Ein Transportfahrer, der aufgrund eines Transportvertrages mit einem Laborunternehmen (mit dem eigenen Kraftfahrzeug) Untersuchungsmaterial von niedergelassenen Ärzten abholt und die Befunde wiederum zu den Ärzten zurückbringt, dem Start- und Endpunkt der Tour (täglich durchgehend ca. sieben bis acht Stunden) sowie Abholungs- und Auslieferungszeit- punkte bei den Ärzten genau vorgegeben werden, wobei die je Tour gefahrenen Kilometer von einem Fahrdienstleister kontrolliert werden, und der keine Transporte für andere Auftraggeber durchführt und dessen Vergütung sich an der je Tour gefahrenen Kilometerstrecke und der Anzahl der Abholstellen orientiert, steht in einem abhängigen Beschäftigungsverhältnis zu dem Laborunternehmen; dem steht nicht entgegen, dass der Transportfahrer dem Laborunternehmen bei seinen monatlichen Abrechnungen Mehrwertsteuer in Rechnung stellt, die er an das Finanzamt abführt, und er vertraglich weder einen Urlaubsanspruch noch einen Anspruch auf Entgeltzahlung im Krankheitsfall hat (BSG 22.6.2005 – B 12 KR 28/03 R, USK 05–38).

Leiter von juristischen Arbeitsgemeinschaften. Die Leitung von juristischen Referendararbeitsgemeinschaften wird in der Regel von Richtern, Staatsanwälten oder Beamten wahrgenommen. Sofern sie ihre Tätigkeit als Leiter einer juristischen Referendararbeitsgemeinschaft im Rahmen ihres bestehenden Dienstverhältnisses als Richter, Staatsanwalt oder Beamter ausüben, handelt es sich um ein akzessorisches Nebenamt. Es ist Bestandteil des jeweiligen Dienstverhältnisses, so dass sich die Versicherungsfreiheit aufgrund des Beamten- oder Richteramtsverhältnisses nach § 5 I 1 Nr. 1 SGB VI auch auf dieses Nebenamt erstreckt. Voraussetzung hierfür ist, dass die oberste Verwaltungsbehörde des jeweiligen Bundeslandes feststellt, dass die jeweilige Tätig- **122**

Anh.

keit als Leiter einer juristischen Referendararbeitsgemeinschaft als akzessorisches Nebenamt ausgeübt wird.

123 **Lotse.** Typischerweise Dienstvertrag (für Rheinlotsen: BGH 28.9.1972 – II ZR 6/71 NJW 1973, 101; Palandt/*Weidenkaff* BGB Einf. v. § 611 Rn. 16).

124 **Makler.** → freie Berufe. Typischerweise wohl Dienstvertrag (BGH 22.7.1999 – III ZR 304/98, NJW-RR 99, 1499).

125 **Messehostessen/-hosts.** Im normalen Agenturbetrieb, in dem für Kunden Veranstaltungen organisiert und nicht die Arbeitnehmer überlassen werden, sind Hostessen/Hosts in der Regel als Arbeitnehmer zu betrachten. Hierfür spricht die weitgehende Weisungsbefugnis der Agentur beziehungsweise ihres Kunden betreffend der Ausführung der Tätigkeit, insbesondere in zeitlicher und fachlicher Hinsicht (HessLSG 20.10.2005 – L 8/14 KR 334/04). Hinzu kommt, dass die Hostessen/Hosts häufig nur für einen Auftraggeber arbeiten und regelmäßig selbst keine versicherungspflichtigen Arbeitnehmer beschäftigen.

126 **Merchandiser/innen** fördern den Verkauf von Produkten aller Art durch absatzsteigernde Maßnahmen, die sie entweder direkt am Point of Sale (POS) oder von der Unternehmenszentrale aus organisieren. Merchandiser/innen arbeiten für Unternehmen aller Wirtschaftszweige. Entscheidend ist, ob der Merchandiser ein unternehmerisches Risiko trägt. Sie können in einem abhängigen Beschäftigungsverhältnis stehen oder selbstständig tätig werden (HessLSG 18.10.2007 – L 8 KR 78/05).

127 **Omnibusfahrer.** Soweit sie keine eigenen Busse besitzen, jedoch für Busunternehmen Linienfahrten, Reiserouten, Schulfahrten etc. ausführen, sind Omnibusfahrer aufgrund der damit verbundenen Eingliederung in die Betriebsorganisation des Busunternehmens und der persönlichen Abhängigkeit hinsichtlich Zeit, Dauer, Ort und Art der Arbeitsausführung als Arbeitnehmer zu beurteilen (LSG BW 23.1.2004 – L 4 KR 3083/02).

128 **Partnerschaftsvermittler/Bekanntschaftsvermittler.** Typischerweise Dienstvertrag (Palandt/*Weidenkaff* BGB Einf. v. § 611, Rn. 16). Nach der st. Rspr. des BGH unterfallen Verträge, die Dienstleistungen im Zusammenhang mit einer Partnerschaftsvermittlung bzw. -anbahnung zum Gegenstand haben, dem § 627 BGB (BGH 10.7.1987 – VZR 285/85 NJW 1987, 2808; NJW 1989, 1479; NJW 1991, 2763, NJW 1999, 276; NJW 2005, 2543) Unerheblich ist in diesem Zusammenhang, ob das Geschäft als juristische Person betrieben wird BGH 24.6.87 – Iva ZR 99/86, NJW 1987, 2808). Auf derartige Vertragsverhältnisse ist Dienstvertragsrecht anzuwenden, da der Kunde auf die zugesagten Dienste einen Anspruch hat (OLG Schleswig 11.10.73 – 7 U 32/73, NJW 1974, 650). Bei der Vermittlung von Bekanntschaften handelt es sich um Dienste höherer Art iSv § 627 BGB (OLG Schleswig 11.10.73 – 7 U 32/73, NJW 1974, 650; jeweils für den insoweit gleichzusetzenden Fall der Ehevermittlung; auch LG Hannover 17.2.1981 – 8 S 368/80).

129 **Personalberater.** Typischerweise Dienstvertrag (Palandt/Weidenkaff BGB Einf. v. § 611, Rn. 16; auch OLG Frankfurt a. M., 8.5.2014 – 16 U 175/13)

130 **Pflegekräfte.** Bei regelmäßiger Erbringung von Pflegeleistungen für einen anderen Vertragspartner als den Patienten besteht ein Beschäftigungsverhältnis, wenn nicht besondere Umstände hinzutreten, die die Abhängigkeit der Pflegekraft im Einzelfall aufheben (LG Hamburg 11.1.1995 – 315 O 128/94, Die

IV. Vermeiden von Scheinselbstständigkeit **Anh.**

Beiträge 1995, 585, LSG Bln 26.11.1986 – L 9 Kr 8/85; LSG BW 17.12.1999 – L 4 KR 2023/98). Selbstständig tätige Pflegekräfte, die überwiegend auf ärztliche Verordnung tätig werden, unterliegen nach § 2 S. 1 Nr. 2 SGB VI der Rentenversicherungspflicht, sofern sie im Zusammenhang mit ihrer selbstständigen Tätigkeit keinen versicherungspflichtigen Arbeitnehmer beschäftigen. **Intensivpflegekräfte** wurden als Arbeitnehmer vollständiger Eingliederung und der Bezahlung nach geleisteten Stunden, dh wegen des fehlenden unternehmertypischen wirtschaftlichen Risikos eingestuft (LSG NRW 26.11.2014 – 8 R 573/12, juris).

Pharmaberater. → Handelsvertreter. **131**

Physiotherapeuten, Krankengymnasten. Diese und ähnliche Berufs- **132** gruppen sind auch dann nicht abhängig beschäftigt sind, wenn sie wegen fehlender Zulassung nicht zur direkten Abrechnung der erbrachten Leistung mit den Krankenkassen berechtigt sind, aber mit dem Praxisinhaber einen Vertrag über die Tätigkeit als freier Mitarbeiter geschlossen haben (BSG 14.9.1989 – 12 RK 64/87 – und – 12 RK 2/88, USK 8954). Vertragliche Abreden können für die Frage der Versicherungspflicht von Bedeutung sein können, insbesondere dann, wenn die Beziehungen der Beteiligten tatsächlich entsprechend der getroffenen Abreden gestaltet worden sind. Diese Rechtsprechung hat über die entschiedenen Fälle hinaus keine Bedeutung. Physiotherapeuten, Krankengymnasten und ähnliche Berufsgruppen zählen grundsätzlich zu den abhängig Beschäftigten, wenn sie über keine eigene Betriebsstätte verfügen, Arbeitsgeräte und -materialien durch den Praxisinhaber gestellt werden, sie nur für eine Praxis (einen Auftraggeber) arbeiten, sie keine Eigenwerbung betreiben und keine eigenen Rechnungen stellen (BayLSG 11.9.2009 – L 5 R 210/09). Werden darüber hinaus von den freiberuflich tätigen Mitarbeitern die gleichen Arbeiten verrichtet wie von den festangestellten Krankengymnasten, Physiotherapeuten oder ähnlichen Berufsgruppen, ist dies ebenfalls ein Indiz für eine abhängige Beschäftigung. Selbstständig tätige Physiotherapeuten/Krankengymnasten, die überwiegend auf ärztliche Verordnung tätig werden, unterliegen nach § 2 S. 1 Nr. 2 SGB VI der Rentenversicherungspflicht, sofern sie im Zusammenhang mit ihrer selbstständigen Tätigkeit keinen versicherungspflichtigen Arbeitnehmer beschäftigen.

Platzierungshilfen/Regalauffüller. In Warenhäusern und Supermärk- **133** ten übernehmen bestimmte Personengruppen, die vorwiegend als Regalauffüller oder Platzierungshilfen bezeichnet werden, die Warenplatzierung, Regalpflege sowie Dispositionsaufgaben. Aufgrund der Eingliederung in den Betrieb, der bestehenden Weisungsgebundenheit zum Auftraggeber (entweder Warenhaus/Supermarkt oder Firma, die die Ware dem Warenhaus oder Supermarkt zur Verfügung stellt, zB bei einem „Rack-Shop-System") liegt regelmäßig ein abhängiges Beschäftigungsverhältnis vor. Eine selbstständige Tätigkeit, die sich in einem Unternehmerrisiko oder in einem Tätigwerden am Markt äußert, kann nicht aus der laut Vertrag eigenverantwortlichen Ausführung folgen- der Tätigkeiten abgeleitet werden:
– Bestückung der festgelegten Waren in den jeweiligen Kaufhäusern/Geschäften,
– Disposition und Dekoration der Ware oder des Verkaufsstandes,
– Entgegennahme von Reklamationen,

Brügge

Anh.

– Kontaktaufnahme oder Kontaktpflege zu dem jeweils verantwortlichen Mitarbeiter des entsprechenden Kaufhauses/Geschäfts.

134 In derartigen Fällen besteht für eine irgendwie geartete individuelle Arbeitsleistung, wie sie für selbstständige Tätigkeiten üblich ist, kein Raum (HessLSG 12.7.2007 – L 8/14 KR 280/04; 31.7.2008 – L 8 KR 37/07). Ausnahmsweise kann eine selbstständige Tätigkeit angenommen werden, wenn nicht nur eigenverantwortlich über die Platzierung der Waren in den Regalen und dabei vor allem bei Saison- und Neuware über das Regallayout, also die Verteilung der Ware im Regal entschieden wird, sondern auch mit der jeweiligen Marktleitung für die absatzgünstige Positionierung der Ware Standorte ausgehandelt werden können, ohne deren Entscheidungsgewalt zu unterliegen. Zudem muss nach selbst verantworteter Absatzeinschätzung bestimmt werden können, wann vor allem welche Saisonware und wann im Übrigen Ware in welchem Umfang bestellt und wann im Falle nicht gängigen Absatzes Ware aus dem Sortiment he- rausgenommen wird. In derartigen Fällen liegt keine Einbindung in das Weisungsgefüge der Verbrauchermärkte vor (BayLSG 8.1.2009 – L 5 R 80/08).

135 **Programmierer.** → freie Berufe.

136 **Programmgestaltende Rundfunkmitarbeiter.** Die Grundsätze zur Abgrenzung von Arbeitnehmern und selbstständig Tätigen/freien Mitarbeitern sind auch im Bereich Funk und Fernsehen anzuwenden (BAG 14.3.2007 – 5 AZR 499/06; 19.1.2000 – 5 AZR 644/98), wobei der verfassungsrechtliche Schutz der Rundfunkfreiheit nach Art. 5 I 2 GG zu beachten ist. Allgemein müssen die Gerichte Grundrechte interpretationsleitend berücksichtigen, damit deren wertsetzender Gehalt auch auf der Rechtsanwendungsebene gewahrt bleibt (BVerfG 15.1.1958 – 1 BvR 400/51; BVerfGE 7, 198). Das verlangt im Hinblick auf Art. 5 I 2 GG in der Regel eine fallbezogene Abwägung zwischen der Bedeutung der Rundfunkfreiheit auf der einen und dem Rang der von den Normen des Arbeitsrechts geschützten Rechtsguter auf der anderen Seite (BVerfG 13.1.1982 – 1 BvR 848/77; 18.2.2000 – 1 BvR 491/93). Die Rundfunkfreiheit erstreckt sich auf das Recht der Rundfunkanstalten, dem Gebot der Vielfalt der zu vermittelnden Programminhalte auch bei der Auswahl, Einstellung und Beschäftigung derjenigen Mitarbeiter Rechnung zu tragen, die bei der Gestaltung der Programme mitwirken sollen. Es ist von Verfassungs wegen nicht ausgeschlossen, auch im Rundfunkbereich von den für das Arbeitsrecht allgemein entwickelten Merkmalen abhängiger Arbeit auszugehen (BVerfG 22.8.2000 – 1 BvR 2121/94 NZA 2000, 1097).

137 Allerdings muss das durch Art. 5 I S. 2 GG geschützte Recht der Rundfunkanstalten, frei von fremder Einflussnahme über die Auswahl, Einstellung und Beschäftigung programmgestaltender Mitarbeiter zu bestimmen, angemessen berücksichtigt werden. Eine Beeinträchtigung kommt nach der Rechtsprechung des Bundesverfassungsgerichts in Betracht, wenn die verfügbaren Vertragsgestaltungen – wie Teilzeitbeschäftigungs- oder Befristungsabreden – zur Sicherung der Aktualität und Flexibilität der Berichterstattung in tatsächlicher oder rechtlicher Hinsicht nicht in gleicher Weise geeignet sind wie die Beschäftigung in freier Mitarbeit. Zu den „programmgestaltenden" Rundfunkmitarbeitern gehören diejenigen, die an Hörfunk- und Fernsehsendungen inhaltlich gestaltend mitwirken. Das gilt namentlich für den Personenkreis, der

IV. Vermeiden von Scheinselbstständigkeit **Anh.**

typischerweise seine eigene Auffassung zu politischen, wirtschaftlichen, künstlerischen oder anderen Sachfragen, seine Fachkenntnisse und Informationen, seine individuelle künstlerische Befähigung und Aussagekraft in die Sendung einbringt, wie dies bei Regisseuren, Moderatoren, Kommentatoren, Wissenschaftlern und Künstlern der Fall ist. Nicht zu den programmgestaltenden Mitarbeitern gehören das betriebstechnische und das Verwaltungspersonal sowie diejenigen, die zwar bei der Verwirklichung des Programms mitwirken, aber keinen inhaltlichen Einfluss darauf haben (BAG 17.4.2013 – 10 AZR 272/12 Rn. 17 mwN). Auch bei programmgestaltenden Mitarbeitern kann entgegen der ausdrücklich getroffenen Vereinbarung ein Arbeitsverhältnis vorliegen, wenn sie weitgehenden inhaltlichen Weisungen unterliegen, ihnen also nur ein geringes Maß an Gestaltungsfreiheit, Eigeninitiative und Selbstständigkeit verbleibt, und der Sender innerhalb eines zeitlichen Rahmens über ihre Arbeitsleistung verfügen kann. Letzteres ist dann der Fall, wenn ständige Dienstbereitschaft erwartet wird oder wenn der Mitarbeiter in nicht unerheblichem Umfang auch ohne entsprechende Vereinbarung durch Dienstpläne herangezogen wird, ihm also die Arbeiten letztlich zugewiesen werden (BAG 17.4.2013 – 10 AZR 272/12 Rn. 18 mwN).

Propagandisten/Promotor. Unter Propagandisten werden regelmäßig **138** Personen verstanden, die Waren in Kaufhäusern zum Verkauf anbieten, während Promotor die Waren selbst nicht verkaufen, sondern für sie werben, zB durch das Verteilen von Prospekten oder Proben. Die Bezeichnungen werden jedoch nicht einheitlich verwendet, zum Teil werden diese Personen auch als Werber oder Werbedamen bezeichnet. Die sozialversicherungsrechtliche Beurteilung hat daher nicht anhand der Bezeichnung „Propagandist", „Promotor", „Werber" beziehungsweise „Werbedame" zu erfolgen. Im Rahmen der Gesamtbetrachtung ist auf die vertraglichen Regelungen und insbesondere die tatsächliche Ausgestaltung der Tätigkeit abzustellen, dh es kommt auf die Verhältnisse im Einzelfall an. Der einem Kaufhaus gestellte Propagandist, der die Ware für Rechnung des Kaufhauses direkt anbietet oder verkauft, zählt aufgrund seiner Eingliederung in den Betrieb des Kaufhauses zu den abhängig beschäftigten Arbeitnehmern. Propagandisten, die von ihrem Auftraggeber hergestellte Waren gegen Provision in einem fremden Kaufhaus für dessen Rechnung anbieten und verkaufen zählen grundsätzlich ebenfalls zu den abhängig Beschäftigten (BSG 24.10.1978 – 12 RK 58/76 –, USK 78134; 12.10.1979 – 12 RK 24/78, USK 79221). Das ist insbesondere dann der Fall, wenn eine Mindestprovision vom Auftraggeber garantiert wird. Promotor, die in einem Kaufhaus für Produkte ihres Auftraggebers lediglich werben und weder ein Mindesthonorar noch einen pauschalen Aufwendungsersatz, sondern ausschließlich eine erfolgsabhängige Provision von ihrem Auftraggeber erhalten, dabei aber weder an Weisungen des Auftraggebers noch an solche des jeweiligen Kaufhauses gebunden sind, insbesondere ihre Arbeitszeit frei einteilen können, stehen nicht in einem abhängigen Beschäftigungsverhältnis (BayLSG 18.5.2004 – L 5 KR 194/03).

Prüfer in juristischen Staatsexamina. → Leiter von juristischen Ar- **139** beitsgemeinschaften.

Rendanten (Rechnungsführer in größeren Kirchengemeinden) erfüllen **140** ihre Aufgaben nach den für einen Geschäftsbesorgungs-Vertrag im Rahmen eines Werkvertrags geltenden Grundsätzen, wenn sie weder an bestimmte Dienstzeiten noch an einen bestimmten Dienstort gebunden sind. Ein abhängiges Beschäftigungsverhältnis liegt dann nicht vor.

141 **Regieassistenten.** unterstützen bei Theater-, Film-, Hörfunk- und Fernsehproduktionen die Arbeit der Regie. Bei der Abgrenzung selbstständiger und abhängiger Tätigkeit ist zwischen programmgestaltender Tätigkeit und fernsehtypischer Mitarbeit zu unterscheiden. Ist der gedankliche Inhalt des gesendeten Beitrags vorgegeben und die Tätigkeit bei Erstellung des Programms durch Mitwirkung geprägt, so ist regelmäßig vom Vorliegen eines abhängigen Beschäftigungsverhältnissen und damit einer Rentenversicherungspflichtigkeit auszugehen. (LSG NW 8.8.2007, L 11 (8) R 35/06; aA BSG 28.1.1999 – B 3 KR 2/98 R; SG München 15.12.2010 – S 11 R 2311/06).

142 **Sportler – Amateursportler.** Amateursportler können zwar grds. in einem abhängigen Beschäftigungsverhältnis zu ihrem Verein stehen. Ein solches liegt jedoch dann nicht vor, wenn die für den Trainings- und Spieleinsatz gezahlten Vergütungen die mit der Tätigkeit zusammenhängenden Aufwendungen der Amateursportler nur unwesentlich übersteigen (BFH 23.10.1992 – VI R 59/91, USK 92110). **Vertragssportler.** Vertragssportler sind regelmäßig abhängig Beschäftigte, die ihren Sport als Mittel zum Gelderwerb ausüben und damit einen wirtschaftlichen Zweck verfolgen. Die Weisungsgebundenheit ergibt sich aus der vertraglich übernommenen Verpflichtung zur intensiven Mitarbeit nach den Anordnungen des Vereins. Hieran ändern auch die Zahlungen durch Dritte (zB im Rahmen eines Sponsorenvertrags) nichts. → auch Fitnesstrainer und Servicebetreuer.

143 **Steuerberater.** Typischerweise Dienstvertrag (Palandt/*Weidenkaff* BGB Einf. v. § 611 Rn. 16). Der auf Dauer angelegte Steuerberatungsvertrag ist als Dienstvertrag zu qualifizieren (BGH 7.3.2002 – III ZR 12/01 NJW 2002, 1571; LG Düsseldorf 17.9.2009 – 21 S. 517/07).

144 **Syndikussteuerberater.** → Syndikusanwalt.

145 **Syndikusanwalt.** Nach gefestigter Rechtsprechung zu dem Tätigkeitsbild des Rechtsanwalts nach der Bundesrechtsanwaltsordnung wird derjenige, der als ständiger Rechtsberater in einem festen Dienst- oder Anstellungsverhältnis zu einem bestimmten Arbeitgeber steht (Syndikus), in dieser Eigenschaft nicht als Rechtsanwalt tätig (BVerfGE 87, 287, BGH 18.6.2001 – AnwZ (B) 41/00, NJW 2001, 3130; 4.11.2009, NJW 2010, 37). Bei der Tätigkeit des Anwalts, die er als Syndikus für seinen Dienstherrn leistet, sind die typischen Wesensmerkmale der freien Berufsausübung, die das Bild des Anwalts bestimmen, nicht gegeben (BSG 3.4.2014 – B 5 RE 3,9 und 13/14, NJW 2014, 2743). Das BSG knüpft an die Doppelberufstheorie des BGH (st. Rspr. seit BGHZ 33, 276, 279) an: „Der Syndikusanwalt hat eine Doppelstellung inne: Er ist einerseits Angestellter und andererseits Rechtsanwalt." Nach der Rspr. ist insbesondere geklärt, dass ungeachtet im Einzelfall arbeitsrechtlich eröffneter Möglichkeiten, auch gegenüber dem Arbeitgeber sachlich selbstständig und eigenverantwortlich zu handeln, allein die Eingliederung in die von diesem vorgegebene Arbeitsorganisation mit dem Berufsbild des Rechtsanwalts unvereinbar ist. Die mit dem Dienst- oder Anstellungsverhältnis verbundenen Bindungen und Abhängigkeiten stehen nicht im Einklang mit dem in §§ 1–3 BRAO normierten Berufsbild des Rechtsanwalts als freiem und unabhängi-

IV. Vermeiden von Scheinselbstständigkeit **Anh.**

gem Berater und Vertreter aller Rechtsuchenden (BGH 7.2.2011, NJW 2011, 1517). Aus der Entscheidung des BSG folgt, dass angestellten Anwälte nur dann ein Anspruch auf Befreiung von der Rentenversicherungspflicht nach § 6 I 1 Nr. 1 SGB VI zustehen kann, wenn sie eine berufsspezifische, anwaltliche Tätigkeit ausüben. Das ist nach der Praxis der DRV Bund nicht der Fall bei einem Anwalt, der in einer Steuerberatungs- und Wirtschaftsprüfungskanzlei angestellt ist. In Bezug auf die Steuerberatung ist zweifelhaft, ob dies mit der Wertung in § 3 StBerG und der Existenz einer Fachanwaltschaft für Steuerrecht vereinbar ist. Die Aufgabe des Wirtschaftsprüfers nach § 2 I WiPO liegt hingegen nicht mehr innerhalb des anwaltlichen Berufsbildes.

Tagesmütter. Tagesmütter, die sich der häuslichen Beaufsichtigung und Betreuung von Kindern widmen, gehören grundsätzlich nicht zu den abhängig Beschäftigten. Die Übernahme der Betreuung der Kinder für Fremde ist regelmäßig nicht durch eine Weisungsabhängigkeit geprägt. Insbesondere die Beaufsichtigung und Betreuung von Kindern im Haushalt der Eltern kann jedoch bei entsprechender Weisungebundenheit im Rahmen eines abhängigen Beschäftigungsverhältnisses erfolgen. Selbstständig tätige Tagesmütter unterliegen der Rentenversicherungspflicht nach § 2 S. 1 Nr. 1 SGB VI, sofern sie im Zusammenhang mit ihrer selbstständigen Tätigkeit keinen versicherungspflichtigen Arbeitnehmer beschäftigen. **146**

Taxifahrer. Soweit sie kein eigenes Fahrzeug verwenden, gehören aufgrund der damit verbundenen persönlichen Abhängigkeit zu den abhängig Beschäftigten. Taxifahrer mit eigenem Fahrzeug sind als Selbstständige anzusehen, wenn sie über eine Konzession verfügen. Eine fehlende Konzession des Taxifahrers nach dem Personenbeförderungsgesetz und dessen fehlendes Auftreten im eigenen Namen sind Indizien gegen eine selbstständige Tätigkeit (LSG HH 4.12.2013 – L 2 R 116/12). Eine Arbeitgebereigenschaft der „Taxizentrale" gegenüber diesen Personen scheidet aus. **147**

Telearbeit. Diese wird im besonderen Maße in der Texterfassung, bei der Erstellung von Programmen, in der Buchhaltung und in der externen Sachbearbeitung eingesetzt. In der Praxis gibt es mehrere Organisationsformen der Telearbeit. Sie kann durch Mitarbeiter zu Hause oder an einem von ihnen ausgewählten Ort ausgeübt werden. Verbreitet ist beispielsweise das Erfassen von Texten im Auftrag von Verlagen im heimischen Umfeld, wobei die Mitarbeiter keinen Arbeitsplatz mehr im Büro haben. Die Telearbeit ist auch im Bereich des modernen Außendienstes gebräuchlich. Dabei sind Mitarbeiter durch einen Online-Anschluss mit dem Unternehmen verbunden, um Geschäftsvorfälle (Aufträge, Rechnungen) an das Unternehmen weiterzuleiten. Vielfach handelt es sich hierbei lediglich um einen ausgelagerten Arbeitsplatz. In diesen Fällen ist von einem abhängigen Beschäftigungsverhältnis auszugehen, weil es nicht rechtserheblich ist, wo der Beschäftigte seine Tätigkeit verrichtet (BSG 27.9.1972 – 12 RK 11/72, USK 72115). Die Beurteilung der Frage, ob die Telearbeit ein abhängiges Beschäftigungsverhältnis darstellt, richtet sich im Übrigen danach, inwieweit die Mitarbeiter in die Betriebsorganisation des Unternehmens eingegliedert sind. Ein abhängiges Beschäftigungsverhältnis liegt trotz räumlicher Abkoppelung dann vor, wenn eine feste tägliche Arbeitszeit – auch in einem Zeitkorridor – vorgegeben ist, seitens des Auftraggebers Rufbereitschaft angeordnet werden kann und die Arbeit von dem Be- **148**

Anh. Anhang

treffenden persönlich erbracht werden muss. Dies gilt auch dann, wenn die Telearbeit als Teilzeitarbeit konzipiert ist.

149 **Telefonvermittler.** Größere Versandunternehmen bieten ihre Waren und Serviceleistungen durch Kundenbetreuungsbüros, die sich über das gesamte Bundesgebiet verteilen, an. Die in den Kundenbetreuungsbüros angestellten Mitarbeiter sollen Neukunden werben, telefonische Bestellungen aufnehmen und diese mittels EDV an die Zentrale des Unternehmens weiterleiten. Neben dem angestellten Personal bedienen sich die Unternehmen freier Mitarbeiter, die automatisch die Anrufe erhalten, die von den Kundenbetreuungsbüros nicht zu schaffen sind. Das Konzept ist von vornherein so angelegt, dass die als freie Mitarbeiter beschäftigten Telefonvermittler einen größeren Teil der Anrufe erhalten. Die Versandunternehmen statten die Telefonvermittler mit dem erforderlichen Arbeitsmaterial (Bildschirmgerät, Tastatur, Telefon und Formulare) aus. Die Telefonvermittler sind als abhängig Beschäftigte anzusehen. Das ergibt sich insbesondere daraus, dass die Telefonvermittler in den Betriebsablauf der Versandunternehmen eingegliedert sind. Sie sind hinsichtlich der Art der Gestaltung und der Durchführung ihrer Tätigkeit detaillierten Regelungen unterworfen, so dass von einer Weisungsgebundenheit auszugehen ist und nicht von einer freien Gestaltung ihrer Tätigkeit, wie das § 84 I 2 HGB voraussetzt. Das Versandunternehmen überwacht durch Kontrollanrufe und Testkäufe das Verhalten der Mitarbeiter. Einhaltung der vorgegebenen Verfahrensabläufe, Schnelligkeit und die An- bzw. Abwesenheit zur Entgegennahme von Anrufen werden überprüft. Auch hinsichtlich der Gestaltung der Arbeitszeit sind die Mitarbeiter nicht frei, sondern an genaue Vorgaben des Unternehmens gebunden. Ferner tragen die Mitarbeiter kein Unternehmerrisiko. Die Telefonvermittler sind keine Heimarbeiter im Sinne von § 12 II SGB IV, weil Versandunternehmen nicht zu den in Abs. 2 aufgezählten Auftraggebern gehören; insbesondere sind die Unternehmen keine Gewerbetreibenden im sozialversicherungsrechtlichen Sinne.

150 **Toiletten-Service-Arbeiten.** Aufgrund von Überprüfungen der Arbeitsagenturen wurde festgestellt, dass das Servicepersonal in Toilettenanlagen von Autobahnraststätten, Autobahntankstellen, U-Bahnhöfen und Kaufhäusern in freier Mitarbeit eingesetzt wird. Die Betreuung der Toilettenanlagen erfolgt durch ein Serviceunternehmen, das mit den Inhabern oder Pächtern der Toilettenanlagen einen Servicevertrag abgeschlossen hat. Das Personal arbeitet durchschnittlich acht Stunden in Wechselschicht, es ist an konkrete Weisungen gebunden, wann, wie, in welchem Umfang und an welchem Ort Reinigungs- und Aufsichtsarbeiten zu leisten sind. Nach Auffassung der Sozialversicherungsträger ist das Service-Personal abhängig beschäftigt, da es dem Direktionsrecht des Service-Betriebes bezüglich Zeit, Dauer, Art und Ort der Arbeitsausführung unterliegt.

151 **Übungsleiter.** Die Beurteilung, ob ein Übungsleiter seine Tätigkeit als Selbstständiger oder in einem Beschäftigungsverhältnis ausübt, richtet sich nach den Umständen des Einzelfalls. Kriterien für eine selbstständige Tätigkeit sind
– Durchführung des Trainings in eigener Verantwortung; der Übungsleiter legt Dauer, Lage und Inhalte des Trainings selbst fest und stimmt sich wegen der Nutzung der Sportanlagen selbst mit anderen Beauftragten des Vereins ab.

IV. Vermeiden von Scheinselbstständigkeit **Anh.**

– der zeitliche Aufwand und die Höhe der Vergütung; je geringer der zeitliche Aufwand des Übungsleiters und je geringer seine Vergütung ist, desto mehr spricht für seine Selbstständigkeit.

Je größer dagegen der zeitliche Aufwand und je höher die Vergütung des **152** Übungsleiters ist, desto mehr spricht für eine Eingliederung in den Verein und damit für eine abhängige Beschäftigung. Anhaltspunkte für die Annahme eines Beschäftigungsverhältnisses sind auch vertraglich mit dem Verein vereinbarte Ansprüche auf durchgehende Bezahlung bei Urlaub oder Krankheit sowie Ansprüche auf Weihnachtsgeld oder vergleichbare Leistungen. Entscheidend für die versicherungsrechtliche Beurteilung ist in jedem Falle eine Gesamtwürdigung aller im konkreten Einzelfall vorliegenden Umstände. Sofern abhängig beschäftigte Übungsleiter nur Einnahmen bis 2.400 EUR jährlich bzw. 200 EUR monatlich erzielen, sind diese nach § 3 Nr. 26 EStG steuerfrei. Insoweit liegt kein beitragspflichtiges Arbeitsentgelt vor mit der Folge, dass Versicherungspflicht nicht zum Tragen kommt (§ 14 I 3 SGB IV). Wird der steuerfreie Betrag (monatlich 200 EUR) überschritten, ist zu prüfen, ob die Beschäftigung geringfügig entlohnt ist. Dies ist der Fall, wenn das Entgelt einschließlich der steuerfreien Einnahmen 650 EUR monatlich nicht übersteigt (Zusammenrechnung der Beträge nach § 8 SGB IV und § 3 Nr. 26 EStG); in diesen Fällen fallen ggf. Pauschalbeiträge zur Krankenversicherung (sofern der Arbeitnehmer in der gesetzlichen Krankenversicherung versichert ist) und zur Rentenversicherung an. Wird eine versicherungspflichtige Hauptbeschäftigung ausgeübt, entsteht Versicherungspflicht aufgrund der Additionsregelung des § 8 II 1 SGB IV in der Kranken-, Pflege- und Rentenversicherung, wenn neben der Beschäftigung als Übungsleiter noch eine weitere, zu einem früheren Zeitpunkt aufgenommene, geringfügige Beschäftigung ausgeübt wird. Selbstständig tätige Übungsleiter unterliegen grundsätzlich der Rentenversicherungspflicht nach § 2 S. 1 Nr. 1 SGB VI, sofern sie im Zusammenhang mit ihrer selbstständigen Tätigkeit keinen versicherungspflichtigen Arbeitnehmer beschäftigen und mehr als geringfügig tätig sind, dh das monatliche Arbeitseinkommen aus der Übungsleitertätigkeit 450 EUR übersteigt. Auch hier ist bei der Ermittlung des Arbeitseinkommens § 3 Nr. 26 EStG zu berücksichtigen, dh Einnahmen bis 2.400 EUR jährlich bzw. 200 EUR monatlich sind steuerfrei. Zu beachten ist, dass abhängig beschäftigte Übungsleiter nach § 2 I Nr. 1 SGB VII kraft Gesetzes und selbstständig tätige Übungsleiter nach § 6 I Nr. 3 SGB VII freiwillig in der gesetzlichen Unfallversicherung versichert werden können.

Versicherungsvertreter. → Handelsvertreter. **153**
Verteiler von Anzeigenblättern oder Prospekten. → Zeitungsausträ- **154** ger/-zusteller
Vertreter eines niedergelassenen Arztes, Zahnarztes oder Apothe- 155 kers. Sie sind dann nicht als sozialversicherungspflichtig anzusehen, wenn sie keinen Beschränkungen unterliegen, die über die Verpflichtung zur Benutzung der Praxisräume, zur Einhaltung der Sprechstunden und zur Abrechnung im Namen des Vertretenden hinausgehen (BSG 27.5.1959 – 3 RK 18/59, BSGE 10, 41). Gleiches gilt sinngemäß für Vertreter eines Apothekers.

Warenhausdetektive. Detektive, die für Detekteien im Warenhausbereich **156** tätig sind, unterliegen der Kranken-, Pflege-, Renten- und Arbeitslosenversicherungspflicht, wenn sie eine nach Stunden berechnete Vergütung erhalten, eine feste Arbeitszeit einzuhalten und bei der Durchführung ihrer Überwachungsaufgaben Weisungen der Geschäftsleitung Folge zu leisten haben (LSG RhPf 30.6.1977 – L 5 K 58/76, Die Beiträge 1978, 170). Auch Detektive, die von einem Detektivbüro oder Bewachungsinstitut als „freie" beziehungsweise „freiberufliche Mitarbeiter" auf Stundenlohnbasis und ohne eigenes Unternehmerrisiko beziehungsweise ohne entsprechende Chance zu unternehmerischem Gewinn vor allem in Kaufhäusern eingesetzt werden, unterliegen als Arbeitnehmer der Sozialversicherungspflicht (SG Frankfurt 9.10.1984 – S 1/9 Kr 90/74, NZA 1985, 439, bestätigt durch das HessLSG 27.7.1988 – L 8/Kr 166/85).

157 **Wirtschaftsprüfer.** Typischerweise Dienstvertrag (Palandt/*Weidenkaff* BGB Einf. v. § 611 Rn. 16, → auch freie Berufe.

158 **Zeitungsausträger/-zusteller.** Soweit sie Zeitungen an einen vorgegebenen Personenkreis innerhalb eines bestimmten Bezirks und eines zeitlich vorgegebenen Rahmens austragen, sind abhängig Beschäftigte (BSG 19.1.1968 – 3 RK 101/64, USK 6801, 15.3.1979 – 2 RU 80/78, USK 7935). Daraus lässt sich jedoch nicht schließen, dass sie stets und ausnahmslos Beschäftigte sind. Zeitungsausträger können abhängig von dem Umfang und der Organisation der übernommenen Tätigkeit auch Selbstständige sein (BAG 16.7.1997 – 5 AZR 312/96, USK 9725). Für eine selbstständige Tätigkeit könnte die Anstellung von Hilfskräften auf eigene Rechnung, um das Arbeitspensum in der vorgegebenen Zeit zu bewältigen, sprechen (zB iZm der Übernahme eines großen Zustellbezirks).

V. Geringfügige Beschäftigung

Verwaltungsanweisungen: GKV-Spitzenverband/DRV Bund/DRV Knappschaft Bahn-See/Bundesagentur für Arbeit, Richtlinien für die versicherungsrechtliche Beurteilung von geringfügigen Beschäftigungen (Geringfügigkeits-Richtlinien), 20.12.2014

Literatur: *Behrend,* Arbeits- und sozialrechtliche Fragen bei geringfügigen Beschäftigungsverhältnissen, JuS 2010, 757; *von Stein/Beyer-Petz,* Geringfügige Beschäftigung – eine Bestandsaufnahme, DStR 2011, 977

1. Geringfügig entlohnte Beschäftigung (sog. „Mini-Jobs")

a) Rechtslage bis zum 31.12.2012.

159

Rechtsgrundlage	Voraussetzungen	Lohnsteuer	Sozialversicherungsbeiträge
§§ 8 I Nr. 1, 8a SGB IV §§ 40a II, IIa EStG	Arbeitsentgelt maximal 400 EUR pro Monat	2% 20%, wenn keine Pauschalbeiträge zur Rentenversicherung zu zahlen sind (zB bei Zusammenrech-	Krankenversicherung: 13% (bei Beschäftigung im Privathaushalt: 5%) Rentenversicherung: 15% (bei

V. Geringfügige Beschäftigung   **Anh.**

Rechtsgrundlage	Voraussetzungen	Lohnsteuer	Sozialversicherungsbeiträge
		nung mehrerer geringfügiger Beschäftigungen oder bei Beamten Lohnsteuerabzug nach individuellen Besteuerungsmerkmalen möglich	Beschäftigung im Privathaushalt: 5%) Arbeitnehmer kann in der Rentenversicherung zur Versicherungspflicht optieren Mindestbemessungsgrundlage: 155 EUR

b) Rechtslage ab 1.1.2013.

Rechtsgrundlage	Voraussetzungen	Lohnsteuer	Sozialversicherungsbeiträge
§§ 8 I Nr. 1, 8a SGB IV §§ 40a II, IIa EStG	Arbeitsentgelt maximal 450 EUR pro Monat	2% 20%, wenn keine Pauschalbeiträge zur Rentenversicherung zu zahlen sind (zB bei Zusammenrechnung mehrerer geringfügiger Beschäftigungen oder bei Beamten Lohnsteuerabzug nach individuellen Besteuerungsmerkmalen möglich	Krankenversicherung: 13% (bei Beschäftigung im Privathaushalt: 5%) Rentenversicherung: grundsätzlich Versicherungspflicht, aber Befreiung möglich bei Rentenversicherungspflicht: 15% Arbeitgeberanteil (bei Beschäftigung im Privathaushalt: 5%), 3,9% Arbeitnehmeranteil bei Befreiung: 15% (bei Beschäftigung im Privathaushalt: 5%) Mindestbemessungsgrundlage: 175 EUR

160

2. Kurzfristige Beschäftigung (Zeitgeringfügigkeit)

Rechtsgrundlage	Voraussetzungen	Lohnsteuer	Sozialversicherungsbeiträge
§ 40a I EStG	gelegentliche, nicht regelmäßig wiederkehrende Beschäftigung maximal 18 zusammenhängende Arbeitstage durchschnittlicher Arbeitslohn je Arbeitstag maximal 62 EUR oder Beschäftigung wird zu einem unvorhersehbaren Zeitpunkt sofort erforderlich	25 %	keine
§§ 8 I Nr. 2, 8a SGB IV	Begrenzung der Beschäftigung auf maximal 2 Monate oder 50 Arbeitstage je Kalenderjahr vom 1.1.2015 bis 31.12.2018: max. 3 Monate oder 70 Arbeitstage je Kalenderjahr (§ 115 SGB IV) Begrenzung auf Grund der Eigenart der Beschäftigung oder auf Grund Vertrag **Keine** kurzfristige Beschäftigung, wenn Tätigkeit **berufsmäßig** ausgeübt wird und das Arbeitsentgelt 450 EUR pro Monat (bis 31.12.12: 400 EUR pro Monat) übersteigt	Lohnsteuerabzug nach individuellen Lohnsteuerabzugsmerkmalen (Steuerklasse, Religionszugehörigkeit etc.)	keine

VI. Wichtige Aufzeichnungspflichten **Anh.**

Rechtsgrund-lage	Voraussetzungen	Lohnsteuer	Sozialversiche-rungsbeiträge
	(KSW/*Bechthold* SGB IV § 8 Rn. 10)		

Zusammenrechnung mit and. Beschäftigungen dazu KSW/*Bechthold* **162** SGB IV § 8 Rn. 13

VI. Wichtige Aufzeichnungspflichten

Rechtsge-biet	Norm	Inhalt	Buß-geld-Be-wehrung	Buß-geld max., EUR	Sonstige Folgen	
Steuer	§ 140 AO	Aufzeich-nungspflich-ten nach an-deren Geset-zen als den Steuergeset-zen sind auch steuerliche Aufzeichnun-gen, wenn sie steuerbedeut-sam sind	Unter weiteren Vorausset-zungen iRd § 379 AO	5.000	Schätzungs-befugnis, § 162 AO	163
Steuer	§ 141 AO	Buchfüh-rungspflich-ten	Unter weiteren Vorausset-zungen iRd § 379 AO	5.000	Schätzungs-befugnis, § 162 AO	
Steuer	§ 146 I AO	Pflicht zu zeitnahen Aufzeichnun-gen	Unter weiteren Vorausset-zungen iRd § 379 AO	5.000	Schätzungs-befugnis, § 162 AO	
LSt	§ 42 EStG	Lohnkonto	Unter weiteren Vorausset-zungen iRd § 379 AO		Schätzungs-befugnis, § 162 AO	

Anh.

Rechtsge-biet	Norm	Inhalt	Buß-geld-Be-wehrung	Buß-geld max., EUR	Sonstige Folgen
USt	§ 22 UStG	Aufzeichnung von Umsatz und Steuer	Unter weiteren Voraussetzungen iRd § 379 AO		Schätzungsbefugnis, § 162 AO
AEntG-Branchen	§ 19 AEntG	Beginn, Ende, Dauer der Arbeitszeiten	§ 23 I Nr. 8 AEntG	30.000	
Sozialversicherung	§ 28f SGB IV, §§ 8, 9 BW	Entgeltunterlagen § 4 Rn. 13	§ 111 I Nr. 3 SGB IV	50.000	Schätzung/ Summenbescheid, § 28f II SGB IV
Sozialversicherung Baugewerbe	§ 28f SGB IV	Zuordnung der Löhne auf Baumassnahmen	§ 111 I Nr. 3a SGB IV	50.000	
Unfallversicherung	§ 165 IV SGB VII	Lohnunterlagen bei Bau, Zuordnung auf Baumassnahmen	§ 209 I Nr. 7 SGB VII	2.500	
Arbeitsvertrag	§ 2 NachwG	Arbeitsvertragliche Regelungen	ggf. mittelbar über § 28f SGB IV		Beweisvereitelung im Arbeitsgerichtsprozess
Arbeitszeit	§ 16 ArbZG	≥ 8 Std./Tag	§ 22 II ArbZG	15.000	
Arbeitszeit	§ 17 MiLoG	bei geringfügig Beschäftigten und Beschäftigten in Wirtschaftsbereichen nach § 2a SchwarzArbG	§ 21 I MiLoG	500.000	

VII. Hinweise zu ausgewählten Branchen

1. Baugewerbe

Literatur: Ballof, Die Bauabzugssteuer – Die Pflicht zum Steuerabzug und ihre steuerlichen Konsequenzen, EStB 2004, 167; Beck/Girra, Bauabzugssteuer, NJW 2002, 1079; Heister, Bauabzugssteuer nach § 48 EStG, StWarte 2011, 164; Seipl/Kindshofer, PStR 01, 193; Wübbelsmann, Die Bauabzugsteuer im grenzüberschreitenden Verkehr, IStR 2003, 802;

Rechtsprechung: BFH vom 22.8.2013 – V R 37/10, BStBl II 14, 128; vom 30.6.2011 – V-R-37/10, BFHE 233, 477, FG Münster 12.8.2015 – 15 V 2153/15 V

Verwaltungsanweisungen: BMF, Schreiben vom 1.11.2001 – IV A 5-S-1900–292/01, BStBl I 2001, 804; vom 7.5.2002 – Merkblatt zur Entlastung von deutscher Abzugsteuer gemäß § 50a Abs. 4 EStG aufgrund von Doppelbesteuerungsabkommen – IV B 4 -S 2293 – 26/02, BStBl I 2002, 521; vom 27.12.2002 IV A 5 – S 2272 – 1/02 über den Steuerabzug von Vergütungen für im Inland erbrachte Bauleistungen (§ 48ff. EStG), BStBl I S. 1399; vom 31.3.2004 – IV D 1 – S 7279 – 107/04, BStBl I 2004 S. 453; vom 2.12.2004 – IV A 6 – S 7279 – 100/04, BStBl I 2004 S. 1129; vom 16.10.2009 – IV B 9 – S 7279/0, BStBl I 2009 S. 1298, vom 12.10.2009 – Merkblatt zur Umsatzbesteuerung in der Bauwirtschaft – Stand: Oktober 2009 – IV B 8 – S-7270/07/10001, BStBl I 2009, 1292; vom 11.3.2010 – IV D 3 – S 7279/09/10006, BStBl I 2010, 254; vom 5.2.2014 – IV D 3 – S 7279/11/10002; vom 8.5.2014 – IV D 3 – S 7279/11/10002–03; OFD Niedersachsen, FAQ zur Steuerschuldnerschaft des Leistungsempfängers nach § 13b UStG auf Bauleistungen – S 7279 – 4 – St 186, http://www.ofd.niedersachsen.de/download/37019/Steuerschuldnerschaft_des_Leistungsempfaengers_nach_13b_UStG_auf_Bauleistungen.pdf

a) Steuerabzug bei Bauleistungen (Bauabzugssteuer), §§ 48–48d EStG. Zum Branchenbegriff des Baugewerbes → § 2a Rn. 7   **164**

Steuerabzug		**165**
Bauleistungen	Bauleistungen sind alle Leistungen, die der Herstellung, Instandsetzung, Instandhaltung, Änderung oder Beseitigung von Bauwerken dienen (§ 48 I 3 EStG). Diese Definition stimmt mit § 13b II Nr. 4 UStG, § 211 I SGB III sowie § 1 und 2 Baubetriebsverordnung überein aber: → Anhang Rn. 173	
Leistender	– tatsächlich Leistender – Abrechnender: wer über (Bau-)Leistungen abrechnet, ohne sie erbracht zu haben (§ 48 I 3 EStG), das soll Fälle der verschleierten Arbeitnehmerüberlassung erfassen	

Leistungsempfänger	– Unternehmer iSd § 2 UStG
	  o auch Kleinunternehmer iSd § 19 UStG
	  o zB Vermieter, ausgenommen mit max. 2 Wohnungen (§ 48 I 2 EStG)
	  o Generalunternehmer	

Anh.

Steuerabzug	
	oder – juristische Person des öffentlichen Rechts
Steuerabzug, § 48 I 1 EStG	15 Prozent
Bemessungsgrundlage, § 48 III EStG	Gegenleistung ist das Entgelt zuzüglich USt
Freigrenze, § 48 II EStG	die Gegenleistung wird im laufenden Kalenderjahr den folgenden Betrag voraussichtlich nicht übersteigen: 1. 15.000 EUR, wenn der Leistungsempfänger ausschließlich steuerfreie Umsätze nach § 4 Nr. 12 S. 1 UStG ausführt (Wohnraumvermietung), 2. 5.000 EUR in den übrigen Fällen.
Verfahren	
Schuldner	– für Rechnung des Leistenden – der Leistungsempfänger hat mit dem Leistenden über den Steuerabzug abzurechnen, § 48a II EStG
Steueranmeldung, § 48a EStG	– Anmeldung nach amtlichem Vordruck, § 167 AO – bis zum 10. Tag des Folgemonats, in dem die Gegenleistung iSd § 48 erbracht wird – für den Anmeldungszeitraum
Anrechnung	der entrichtete Abzugsbetrag wird angerechnet auf 1. die nach § 41a I EStG einbehaltene und angemeldete Lohnsteuer, 2. die Vorauszahlungen auf die Einkommen- oder Körperschaftsteuer, 3. die Einkommen- oder Körperschaftsteuer des Besteuerungs- oder Veranlagungszeitraums, in dem die Leistung erbracht worden ist, und 4. die vom Leistenden im Sinne der §§ 48, 48a EStG anzumeldenden und abzuführenden Abzugsbeträge.
Freistellungsverfahren, § 48b EStG	– Freistellungsbescheinigung nach § 48b I 1 EStG – vorzulegen im Ztpkt. der Gegenleistung (§ 48 II EStG).
zeitliche Geltung, § 52 Abs. 56 EStG	nach dem 31.12.2001 erbrachte Gegenleistungen

VII. Hinweise zu ausgewählten Branchen **Anh.**

b) Umsatzsteuerliche Umkehr der Steuerschuldnerschaft

Rspr.: BFH 22.8.2013 – V R 37/10, BStBl. II 2014 S. 128; 11.12.2013 – XI R 21/11, BeckRS 2014, 94506, Anm. *Lembke* SteuK 2014, 194

Verwaltungsanweisungen: BMF 10.12.2013 – IV D 3 – S 7279/10/10004 – BStBl. I 2013 S. 1621; 5.2.2014 – IV D 3 – S 7279/11/10002, Schreiben betr. Steuerschuldnerschaft des Leistungsempfängers bei Bauleistungen nach § 13b V 2 i.V.m. II Nr. 4 UStG und bei Gebäudereinigungsleistungen nach § 13b V 5 i.V.m. II Nr. 8 UStG; Auswirkungen des BFH-Urteils vom 22. August 2013 V R 37/10, BStBl. 2014 II S. 128, BStBl. I S. 233, geändert durch Schr. v. 8.5.2014, BStBl. I S. 823; 31.7.2014 – IV A 3 – S 0354/14/10001, IV D 3 – S 7279/11/10002 – DStR 2014, 1604; 26.8.2014 – IV D 3-S 7279/10/10004, BStBl. I S. 1216; 1.10.2014 – IV D 3 – S 7279/10/10004, Schreiben betr. Vordruckmuster für den Nachweis zur Steuerschuldnerschaft des Leistungsempfängers bei Bauleistungen und/oder Gebäudereinigungsleistungen; Vordruckmuster USt 1 TG, DB 2014, 2319; 13.1.2015 – IV D 3 – S 7279/11/10002-04, DStR 2015, 365; 4.2.2015 – IV D 3 – S 7279/11/10002-04, BStBl. I S. 166

Literatur: *Langer*, Übergang der Umsatzsteuerschuld bei Bauleistungen, DStR 2014, 189; *Salder/Zugmaier*, Erweiterung des Reverse-Charge-Verfahrens ab 1.1.2011 durch JStG 2010, DStR 2011, 895; *Sterzinger*, Steuerschuldnerschaft bei Bauleistungen, SteuK 2014, 375

Das SchwarzArbG v. 23.7.2004 hat mWv 1.8.2004 die Rechnungsaus- **166** stellungsgrundsätze des § 14 II und IV UStG verschärft sowie zusätzliche Aufbewahrungs- und Bußgeldvorschriften erlassen. Zum Zwecke der Betrugsbekämpfung sind die Regelungen zur Steuerschuldnerschaft des Leistungsempfängers durch Art. 14 Nr. 2 HbeglG 2004 (BStBl. 2004 I S. 120) ua auf bestimmte Bauleistungen von im Inland ansässigen Unternehmern ausgedehnt worden (§ 13b II Nr. 4 UStG).

Bauleistungen nach § 13b II Nr. 4	Werklieferung oder sonstige Leistung, die der Herstellung, Instandsetzung, Instandhaltung, Änderung oder Beseitigung von Bauwerken dient	**167**
Ort der Leistung	§ 3a III Nr. 1	
Leistender iSd § 13b	Unternehmer (*arg. ex* § 1 I Nr. 1)	
Leistungsempfänger (§ 13b V 2 und 5)	Unternehmer, der selbst Bauleistungen iSd § 13b II Nr. 4 erbringt die bezogene Bauleistung seinerseits zur Erbringung einer derartigen Leistung verwendet (BFH 22.8.2013 – V R 37/10, BStBl. II 14 S. 128) kein Kleinunternehmer iSd § 19	
Steuerentstehung (§ 13b I 1 Nr. 4)	mit Ausstellung der Rechnung, spätestens mit Ablauf des der Ausführung der Leistung folgenden Monats	
Folge	Steuerschuldnerschaft des Leistungsempfängers	

Von besonderer Bedeutung sind die beiden Punkte, ob der Leistungsemp- **168** fänger selbst Bauleistungen erbringen muss und darüber hinaus, die konkret zu beurteilende Leistung seinerseits für die Erbringung von Bauleistungen be-

Anh. Anhang

zieht. Bezüglich dieser beiden Punkte hat sich die Auffassung von Finanzverwaltung und Rechtsprechung im Laufe der Zeit geändert und auch der Gesetzgeber ist tätig geworden. Art. 8 Nr. 2 StÄndAnpG-Kroatien ändert mWv 1.10.2014 die gesetzliche Vorschrift des § 13b V UStG zur Übertragung der Steuerschuld im Baubereich neu. Einzelheiten dazu in BMF v. 31.7.2014.

169 Die Entwicklung der Rechtslage und Rechtsauffassungen im Überblick:

Datum	Gesetz	Fundstelle	Inhalt
1.4.2004 (Inkrafttreten)	Art. 14 Nr. 2 HBeglG 2004	BGBl. I 2003 S. 1076; 2004, 120	Einführung der Steuerschuldnerschaft des Leistungsempfängers bei allen unter das GrESt fallenden Umsätzen und bestimmten Bauleistungen; der Empfänger muss Unternehmer sein, der selbst solche Leistungen erbringt.
11.3.2010	BMF-Schreiben IV D 3 – S 7179/09/10006	BStBl. II 2010 S. 254	Stellungnahme zu Bauleistungen
22.8.2013	BFH V R 37/10	BStBl. II 2014 S. 128	Umkehr der Steuerschuldnerschaft setzt voraus, dass der Leistungsempfänger die empfangenen Leistungen selbst zur Erbringung einer entsprechenden Leistung verwendet. Der Anteil der vom Leistungsempfänger ausgeführten bauwerksbezogenen Werklieferungen oder sonstigen Bauleistungen an seinem Gesamtumsatz ist nicht maßgeblich zur Beurteilung der Steuerschuldnerschaft.
5.2.2014	BMF-Schreiben IV D 3 – S 7279/11/10002	BStBl. I 2014 S. 233	Änderung von Abschnitt 13b.3 UStAE

VII. Hinweise zu ausgewählten Branchen **Anh.**

Datum	Gesetz	Fundstelle	Inhalt
			Duldung des Nichtaufgreifens von Altfällen
8.5.2014	BMF-Schreiben IV D 3 – S 7279/ 11/10002-03	BStBl. I 2014 S. 823, DStR 2014, 1005	Konkretisiert BMF v. 5.2.2014, besonders für Teil- und Anzahlungsfälle
31.7.2014	BMF-Schreiben IV A 3 – S 0354/ 14/10001	DStR 2014, 1604	Anwendung des § 27 XIX UStG
26.9.2014	BMF-Schreiben IV D 3 – S 7279/ 14/10002		Abschnitt 13b.3 UStAE wird neu gefasst
1.10.2014 (Inkrafttreten)	Art. 8 Nr. 2 StÄndAnpG-Kroatien v. 25.7.2014	BGBl. I 2014 S. 1266	Anforderungen an Freistellungsbescheinigungen für Bauleistungen erbringende Unternehmer, keine materiellen Änderungen
13.1.2015	BMF-Schreiben IV D 3 – S 7279/ 11/10002-04	DStR 2015, 365	Anwendung der Nichtbeanstandungsregelung in BMF 5.2.2014 auf Bauleistungen, die vor dem 15.2.2014 begonnen, aber erst nach dem 30.9.2014 erbracht werden
4.2.2015	BMF-Schreiben IV D 3 – S 7279/ 11/10002-04	BStBl. I 2015 S. 166	wie vor

Der Übergang der Steuerschuldnerschaft auf den Leistungsempfänger ist **170** bei Bauleistungen restriktiver zu handhaben als bei den anderen unter § 13b UStG fallenden Leistungen, bei denen es allein auf die Unternehmereigenschaft des Leistungsempfängers ankommt, ohne dass dieser entsprechende Leistungen ausführen muss.

Der Leistungsempfänger wird beim Bezug von Bauleistungen nur dann **171** Steuerschuldner, wenn er selbst Bauleistungen erbringt (§ 13b V 2 UStG). Der Leistungsempfänger muss derartige Bauleistungen nachhaltig erbringen. Maßgeblich ist der Zeitpunkt, an dem die Leistung an sich ausgeführt wird. Unternehmer, die in diesem Zeitpunkt nicht nachhaltig Bauleistungen erbringen, sind als Leistungsempfänger grundsätzlich nicht Steuerschuldner, selbst

Anh. Anhang

wenn sie im weiteren Verlauf des Kalenderjahres derartige Umsätze erbringen. Laut BMF ist davon auszugehen, dass der Leistungsempfänger nachhaltig Bauleistungen erbringt, wenn er im vorangegangenen Kalenderjahr Bauleistungen erbracht hat, deren Bemessungsgrundlage mehr als 10% der Summe seiner steuerbaren und nicht steuerbaren Umsätze (Weltumsatz) betragen hat. Diese 10%-Grenze ist eine Ausschlussgrenze: Unternehmer, die unterhalb dieser Schwelle liegen, sind grundsätzlich keine bauleistenden Unternehmer. Abweichend davon ist der Unternehmer schon vor der erstmaligen Erbringung von Bauleistungen als bauleistender Unternehmer anzusehen, wenn er beabsichtigt, solche Bauleistungen zu erbringen. Dazu muss er nach außen erkennbar mit ersten Handlungen zur nachhaltigen Erbringung von Bauleistungen begonnen haben und die Bauleistungen müssen voraussichtlich mehr als 10% seines Weltumsatzes betragen.

172 Dies führt zu dem praktischen Problem der Erkennbarkeit für den Leistenden: Um die jeweilige Leistung umsatzsteuerlich zutreffend würdigen zu können, bedarf der Leistende entsprechender Informationen über den Leistungsempfänger. Das Gesetz stellt den Übergang der Steuerschuldnerschaft nach § 13b UStG nicht zur Disposition der Vertragsparteien.

173 Nach überholter Auffassung des BMF (11.3.2010 – IV D 3 – S 7179/09/10006, BStBl I 2010 254) war der Leistungsempfänger als bauleistender Unternehmer anzusehen, wenn er dem leistenden Unternehmer im Zeitpunkt der Leistungserbringung eine Freistellungsbescheinigung nach § 48b EStG vorlegen konnte. Im Urteil v. 22.8.2013 weist der BFH darauf hin, dass § 13b I 1 Nr. 4 S. 1 UStG im Gegensatz zu § 48 I 3 EStG nicht alle „Bauleistungen" erfasst, die der Herstellung, Instandsetzung, Instandhaltung, Änderung oder Beseitigung von Bauwerken dienen, sondern nur Werklieferungen und sonstige Leistungen, die diesen Bauwerksbezug aufweisen.

174 In dem Urteil sich der BFH zudem gegen die von der Finanzverwaltung vertretene Auffassung in Abschn. 13b.3 VIII UStAE, wonach der Anteil der Bauleistungen an den Gesamtumsätzen maßgeblich sei dafür, ob der Leistungsempfänger als bauleistender Unternehmer anzusehen ist mit der Folge der Umkehr der Steuerschuldnerschaft. Danach kommt es auf das Verhältnis der Bauleistungen am Gesamtumsatz für die Beurteilung der Nachhaltigkeit, mit der die Bauleistungen erbracht werden, nicht an. Stattdessen stellt der BFH auf die konkrete Verwendung des Eingangsumsatzes ab: nur wenn die bezogene Bauleistung ihrerseits zur Ausführung von Bauleistungen verwendet wird, komme es zur Umkehr der Steuerschuldnerschaft. Damit klammert der BFH die Bauleistungen an einen Bauträger von der Umkehr der Steuerschuldnerschaft nach § 13b V 2 iVm II Nr. 4 UStG aus. Daraus folgt, dass in diesen Fällen die falsche Partei die Umsatzsteuer gezahlt und die andere eben nicht gezahlt hatte.

175 Diese Rechtsprechung erklärte das BMF im Schreiben v. 5.2.2014 für anwendbar. Für Altfälle soll dies nach dem 14.2.2014 (Tag der Veröffentlichung von BMF 5.2.2014 und BFH V R 37/10) gelten. Der Gesetzgeber reagierte mit der Novellierung des § 13b II Nr. 4 UStG ab dem 1.10.2014: Danach kommt es auf die konkrete Verwendung nicht an. Selbst bei Verwendung der Leistung für den nichtunternehmerischen Bereich ist der Leistungsempfänger, der die Voraussetzungen des § 13b V 2 UStG erfüllt, Steuerschuldner (§ 13b V

VII. Hinweise zu ausgewählten Branchen **Anh.**

6 UStG). Insoweit wird das BFH-Urteil determiniert. Dieses wird insofern fortgeführt, als es zur Beurteilung der Nachhaltigkeit, mit der die Bauleistungen erbracht werden, nicht auf das Verhältnis der Bauleistungen am Gesamtumsatz ankommt. Die (rückwirkende) Abwicklung der sich für die Vergangenheit ergebenden steuerlichen Konsequenzen regelt der neu eingefügte § 27 XIX UStG (*Sterzinger* SteuK 2014, 375). Zudem wird ein eigener umsatzsteuerlicher Nachweis eingeführt, mit dem der Leistungsempfänger sich beim Leistenden als bauleistender Unternehmer ausweisen kann.

Bei der Bearbeitung entsprechender Steuerfälle sind daher folgende Zeit- **176** räume zu unterscheiden:

Altfälle bis 14.2.2014	§ 13b II Nr. 4 UStG aF in Auslegung des BMF v. 11.3.2010	Konkrete Verwendung der bezogenen Bauleistung unbeachtlich, Bauleistungen ≥10% des Gesamtumsatzes des Leistungsempfängers
Fälle im Übergangszeitraum vom 15.2.2014 bis 30.9.2014	§ 13b II Nr. 4 UStG aF in Auslegung des BFH v. 22.8.2013	Konkrete Verwendung der bezogenen Bauleistung maßgeblich, Anteil der Bauleistungen am Gesamtumsatz des Leistungsempfängers unbeachtlich
Neufälle ab 1.10.2014	§ 13b II Nr. 4 UStG idF d StÄndAnpG-Kroatien v. 25.7.2014	Konkrete Verwendung der bezogenen Bauleistung unbeachtlich, Anteil der Bauleistungen am Gesamtumsatz des Leistungsempfängers unbeachtlich

Indem der BFH feststellt, dass die Bauleistungen an **Bauträger** nicht der **177** Umkehr der Steuerschuldnerschaft nach § 13b II UStG unterliegen, hat bei den gemäß der Verwaltungsauffassung in Abschn. 13b.3 VIII UStAE behandelten Fälle der Leistungsempfänger unzutreffend die Steuer angemeldet und gezahlt und der wahre Steuerschuldner, der Leistende, unzutreffend die Steuer nicht angemeldet und gezahlt. Zudem sind die demgemäß ohne Steuerausweis erteilten Rechnungen unrichtig. Das BMF hat im Schreiben v. 5.2.2014 zunächst die Altfälle nicht aufgreifen wollen. Der Gesetzgeber bringt durch den neu eingefügten § 27 XIX UStG zum Ausdruck, die Altfälle nicht grds. unangetastet lassen zu wollen. § 27 XIX UStG sieht zwei Fallgestaltungen vor: Entweder fordert der Leistungsempfänger die Erstattung der Steuer, die er in der Annahme entrichtet hatte, Steuerschuldner zu sein (§ 27 XIX 1 UStG), oder beide Parteien gehen einvernehmlich davon aus, dass die unrichtig vom Empfänger gezahlte Steuer auf die Steuerschuld des Leistenden und zugleich dessen zivilrechtlichen Nachforderungsanspruch gegen den Leistungsempfänger verrechnet wird (§ 27 XIX 3 u. 4 UStG). Diese Variante (Abtretungsverfahren) erfordert einen Antrag und steht im Ermessen des Finanzamtes.

178 § 27 XIX 3 u. 4 UStG gehen davon aus, dass der Leistende berechtigt ist, von dem Empfänger den Betrag der Umsatzsteuerzahlung zu fordern. Die Norm statuiert keinen zivilrechtlichen Anspruch, sondern setzt diesen voraus. Sein Bestehen ist Voraussetzung dafür, dass dem Antrag zur Durchführung des Abtretungsverfahrens stattgegeben wird. Das gilt ebenso für dessen Durchsetzbarkeit. Die zivilrechtliche Verjährung (§ 199 I BGB) divergiert von der steuerlichen Festsetzungsverjährung von 4 Jahren nach § 169 II AO. Betroffen sind Fälle bis zum 14.2.2014, womit in 2015 bei fristgemäßer Abgabe der USt-Jahreserklärung ein steuerlicher Rückgriff bis zumindest 2010 eröffnet ist. Für den zivilrechtlichen Anspruch ist die Kenntnis der anspruchsbegründenden Tatsachen ab Veröffentlichung von BFH V R 37/10 am 14.2.2014 oder jedenfalls dem Kroatien-AnpG v. 25.7.2014 anzunehmen, womit die 3jährige Verjährung mit Ende 2014 beginnt.

179 Für den Leistungsempfänger besteht ein hinreichender Anlass, sich nicht einvernehmlich auf das Abtretungsverfahren einzulassen: Die Erstattungsansprüche unterliegen der Verzinsung mit 6% p.a. (§ 233a AO). Der Leistungsempfänger dürfte daher geneigt sein, die Erstattung beim Finanzamt zu begehren. Den Anträgen von Bauträgern auf Erstattung der in der Vergangenheit zu Unrecht abgeführten Umsatzsteuer soll entsprochen werden. Die Bauträger sind auch nach der Gesetzesänderung nicht Steuerschuldner. Für die nach § 168 S. 2 AO erforderliche Zustimmung des Finanzamts hat der Bauträger laut dem BMF v. 31.7.2014 jedoch aufgrund der Mitwirkungspflichten nach §§ 90, 93 I AO dem FA vorher folgende Informationen zu geben, um die Umsatzsteuer beim Leistenden festsetzen zu können:

– Name, Anschrift und Steuernummer des leistenden Unternehmers,
– Rechnungsdatum, Rechnungsnummer, Bezeichnung der erbrachten Bauleistung, Entgelt und – soweit die Rechnung bereits berichtigt wurde – Steuersatz und Steuerbetrag, Zeitpunkt der Zahlung und/oder der Schlusszahlung der hierüber erteilten Rechnungen oder Gutschriften,
– Zeitpunkt und Höhe der geleisteten Anzahlungen oder Teilzahlungen sowie Rechnungsdatum und Rechnungsnummer der hierüber erteilten Rechnungen oder Gutschriften sowie
– Zuordnung der bezogenen Bauleistung bzw. der geleisteten Anzahlung zu dem jeweiligen Ausgangsumsatz unter Angabe des konkreten Ausgangsumsatzes (Bauvorhabens) als objektbezogenen Nachweis dafür, dass die Eingangsleistung nicht zur Erbringung von selbst erbrachten Bauleistungen verwendet wurde.

180 Gemäß § 27 XIX 1 UStG ist beim Leistenden zwingend eine Änderung seiner Steuerfestsetzung vorzunehmen, wenn der Leistungsempfänger die Erstattung der von ihm zu Unrecht nach § 13b UStG geschuldeten Umsatzsteuer begehrt. Einzige Ausnahme bilden aus Sicht der Finanzverwaltung solche Besteuerungszeiträume, die nach § 169 I AO festsetzungsverjährt sind. § 176 AO soll einer Änderung der Steuerfestsetzungen beim Leistenden nach dem neu eingeführten § 27 XIX 2 UStG nicht entgegenstehen. Schließlich galt das Vertrauen einer Verwaltungsauffassung und nicht einem Gesetz. Gegenüber dem leistenden Bauunternehmer kommt es grundsätzlich nicht zur Festsetzung von

VII. Hinweise zu ausgewählten Branchen **Anh.**

Nachzahlungszinsen auf die wegen Nichtinanspruchnahme der Nichtbeanstandungsregelung nachträglich festgesetzte Umsatzsteuer. Die Bundesregierung wies auf Nachfrage des Finanzausschusses darauf hin, dass zwischen den obersten Finanzbehörden des Bundes und der Länder Einvernehmen darüber bestehe, dass sich die Verzinsung der Umsatzsteuernachforderung gegenüber dem leistenden Bauunternehmen in diesen Fällen nach den Regelungen des § 233 a IIa AO richte. Der Antrag des Leistungsempfängers auf Erstattung der zunächst von ihm angemeldeten und entrichteten Umsatzsteuer gelte beim leistenden Bauunternehmer als rückwirkendes Ereignis. Der Zinslauf von Nachzahlungszinsen nach § 233a AO beginne in diesen Fällen folglich erst 15 Monate nach Ablauf des Kalenderjahres, in dem der Antrag auf Erstattung durch den Leistungsempfänger gestellt wurde (BT-Drs. 18/1995, 99f.). Der leistende Unternehmer hat dann jedoch die von ihm nachzuentrichtende Umsatzsteuer vom Leistungsempfänger einzufordern und ggf. zivilgerichtlich durchzusetzen. Dies kann besonders bei der Soll-Versteuerung zu Liquiditätsengpässen führen. Damit hat der Leistende ein gesteigertes Interesse, vom Abtretungsverfahren nach § 27 XIX 3 u. 4 UStG Gebrauch zu machen. Er sollte daher den Antrag stellen und die Voraussetzungen für dessen positive Bescheidung schaffen (BMF 31.7.2014):
– der leistende Unternehmer hat dem Leistungsempfänger eine erstmalige oder geänderte Rechnung mit offen ausgewiesener Umsatzsteuer auszustellen,
– dem Leistungsempfänger ist diese Abtretung unverzüglich mit dem Hinweis anzuzeigen, dass eine Zahlung an den leistenden Unternehmer keine schuldbefreiende Wirkung mehr hat.

Die Gesetzesnovelle rührt nicht an der Auffassung des BFH, dass es auf den **181** Anteil der vom Leistungsempfänger ausgeführten bauwerksbezogenen Werklieferungen oder sonstigen Leistungen iSd § 13b V 2 UStG an den insgesamt von ihm erbrachten steuerbaren Umsätzen nicht ankomme. Durch die Novelle zum 1.10.2014 wurde in § 13b V 2 UStG das Kriterium der **Nachhaltigkeit** kodifiziert. Nach § 13b V 2, 2. Hs. UStG ist davon auszugehen, dass der Empfänger nachhaltig Bauleistungen erbringt, wenn ihm das zuständige Finanzamt eine im Zeitpunkt der Ausführung des Umsatzes gültige auf längstens drei Jahre befristete Bescheinigung, die nur mit Wirkung für die Zukunft widerrufen oder zurückgenommen werden kann, darüber erteilt hat, dass er ein Unternehmer ist, der entsprechende Leistungen erbringt.

Für den Nachweis zur Steuerschuldnerschaft des Leistungsempfängers bei **182** Bauleistungen hat das BMF das Vordruckmuster USt 1 TG bekannt gegeben. Der Nachweis nach dem Vordruckmuster USt 1 TG ist auf Antrag auszustellen, wenn die hierfür erforderlichen Voraussetzungen gegeben sind. Er kann auch von Amts wegen erteilt werden, wenn das zuständige Finanzamt feststellt, dass die erforderlichen Voraussetzungen erfüllt sind. Zuständig ist das für die Besteuerung der Umsätze zuständige Finanzamt. Bei der Bescheinigung handelt es sich um einen Verwaltungsakt iSd § 118 AO. Gegen ihre Versagung ist der Verpflichtungseinspruch (§ 347 AO) statthaft. Das gilt auch, wenn die Bescheinigung nicht so wie beantragt, vor allem mit kürzerer Gültigkeitsdauer, erteilt wird. Die Bescheinigung muss im Zeitpunkt der Ausführung des Umsatzes erteilt sein. Ob der Empfänger es dem Leistenden vorlegt, ist nicht maßgeblich. In der Neufassung von Abschn. 13b.3 II UStAE (BMF 26.9.2014) wird der Schwellenwert von 10% der Gesamtumsätze für zur Beurteilung der Nachhaltigkeit grds. beibehalten. Die Bescheinigung nach § 13b V 2 UStG hat nicht nur eine Indizwirkung. Der Leistungsempfänger hat es in Zukunft wieder in der Hand, durch einen Antrag auf Erteilung einer Bescheinigung oder durch die Verwendung einer erteilten Bescheinigung die Rechtsfolge des § 13b UStG herbeizuführen. Die Nachhaltigkeits-Bescheinigung ist die einzige rechtssichere – weil im Gesetz ausdrücklich genannte – Möglichkeit, die Voraussetzung der Nachhaltigkeit nachzuweisen (*Langer* DStR 2014, 1897, [1900]). Der beauftragte Subunternehmer kann ohne Informationen seines Auftraggebers nicht oder nicht zeitnah selbst ermitteln, ob dessen Bauumsätze die (wieder) relevante 10%-Grenze überschreiten. Er benötigt diese Information aber, um zuverlässig beurteilen zu können, ob es zur Umkehr der Steuerschuldnerschaft iSd § 13b UStG kommt. Offen ist, ob er selbst bei dem für seinen Auftraggeber zuständigen Finanzamt ermitteln kann, ob seinem Vertragspartner eine Bescheinigung erteilt wurde bzw. ob er sogar selbst die Erteilung einer Bescheinigung beantragen oder zumindest anregen kann (*Sterzinger* SteuK 2014, 375, [379]).

183 Beispiele für die Abgrenzung einer Bauleistung iSd § 13b UStG:

Leistung	Bauleistung iSd § 13b II Nr. 4 UStG		BMF vom 31.3.2004	BMF vom 2.12.2004	Abschn. 13b.2 UStAE
	ja	nein			
Abbrucharbeiten an einem Bauwerk	X				
Analyse von Baustoffen		X	Rn. 11		Abs. 6
Anzeigentafel (Einbau)	X				
Arbeitnehmerüberlassung (auch wenn die überlassenen Arbeitnehmer für den Entleiher Bauleistungen erbringen)		X	Rn. 12	Tz. 1.2.6	Abs. 7 Nr. 13
Aufzug (Einbau)	X		Rn. 7		Abs. 5 Nr. 1
Ausbauarbeiten an einem Bauwerk	X				
Autokran • bloße Vermietung		X		Tz. 1.2.4	Abs. 7 Nr. 5

VII. Hinweise zu ausgewählten Branchen **Anh.**

Leistung	Bauleistung iSd § 13 b II Nr. 4 UStG		BMF vom 31.3.2004	BMF vom 2.12.2004	Abschn. 13 b.2 UStAE
	ja	nein			
• Vermietung mit Bedienungspersonal, wenn die Güter lediglich nach Weisung des Anmietenden bzw. dessen Erfüllungshilfen am Haken befördert werden		X			
Bauaustrocknung	X				
Baugeräte einschließlich Großgeräte wie Krane oder selbstfahrende Arbeitsmaschinen			Rn. 12	Tz. 1.2.3	Abs. 7 Nr. 5
• bloße Vermietung		X			
• Vermietung mit Bedienungspersonal für substanzverändernde Arbeiten	X				
Bauleitung (als selbstständige Leistung)		X	Rn. 11		Abs. 6
Bauschuttzerkleinerung		X			
Baustellenabsicherung (als selbstständige Leistung)		X		Tz. 1.3.6	Abs. 7 Nr. 12
Baustoffe (Lieferung)		X			Abs. 7 Nr. 1
Bauteilelieferung (zB Maßfenster, -türen, Betonfertigteile)			Rn. 12		
• liefernder Unternehmer schuldet lediglich das Bauteil		X			

Leistung	Bauleistung iSd § 13b II Nr. 4 UStG		BMF vom 31.3.2004	BMF vom 2.12.2004	Abschn. 13b.2 UStAE
	ja	nein			
• liefernder Unternehmer schuldet auch den Einbau	X				
Beleuchtungen, Lieferung und Einbau				Tz. 1.3.4	Abs. 7 Nr. 11
• einzelner Beleuchtungskörper		X			
• von Beleuchtungssystemen (zB in Kaufhäusern und Fabrikhallen)	X				
Bepflanzungen (Anlegen und Pflege)		X	Rn. 12		Abs. 7 Nr. 10
Beton			Rn. 12	Tz. 1.2.2	Abs. 7 Nr. 3
• bloße Anlieferung (einschließlich direktes Verfüllen)		X			
• Anlieferung und fachgerechtes Verarbeiten durch Anlieferer	X				
Betonpumpe			Rn. 12	Tz. 1.2.1	Abs. 7 Nr. 5
• bloße Vermietung		X			
• Vermietung mit Bedienungspersonal					
– Beton wird lediglich nach Weisung des Anmietenden bzw. dessen Erfüllungsgehilfen befördert		X			
– für substanzverändernde Arbeiten	X				
Betriebsvorrichtungen (Einbau)				Tz. 1.3.2 und 1.3.5	Abs. 7 Nr. 2
• beweglich		X			
• fest mit dem Grund und Boden	X				

VII. Hinweise zu ausgewählten Branchen **Anh.**

Leistung	Bauleistung isd § 13b II Nr. 4 UStG		BMF vom 31.3.2004	BMF vom 2.12.2004	Abschn. 13b.2 UStAE
	ja	nein			
oder Bauwerk verbunden und die Lieferung wird gemäß Abschn. 3.12. IV UStR am Ort des Einbaus ausgeführt (zB bei großen Maschinenanlagen, die zu ihrer Funktionsfähigkeit aufgebaut werden müssen, oder bei Gegenständen, die aufwändig installiert werden)					
Bodenbeläge (Einbau)	X		Rn. 7		Abs. 5 Nr. 1
Blitzschutzsysteme (Errichtung)	X				
Brandmeldeanlagen (Einbau)	X				
Brunnenbau	X				
Dachbegrünung	X		Rn. 7, 12		Abs. 5 Nr. 7
Einbauküche (Einbau mit fester Installation)	X				
Einrichtungsgegenstände, die ohne größeren Aufwand mit dem Bauwerk verbunden oder vom Bauwerk getrennt werden können		X		Tz. 1.1	Abs. 5 Nr. 2
Elektrogeräte • Lieferung mit Anschluss		X		Tz. 1.3.4	

Anh.

Leistung	Bauleistung iSd § 13b II Nr. 4 UStG		BMF vom 31.3.2004	BMF vom 2.12.2004	Abschn. 13b.2 UStAE
	ja	nein			
• Lieferung und Einbau in eine fest installierte Einbauküche	X				
Elektroinstallation	X				
Energielieferung		X	Rn. 12		Abs. 7 Nr. 4
Entsorgung von Baumaterialien		X	Rn. 12		Abs. 7 Nr. 7
Erdarbeiten im Zusammenhang mit der Erstellung eines Bauwerks	X		Rn. 7		Abs. 5 Nr. 5
Erdungsanlagen (Errichtung)	X				
Fahrbahnübergangskonstruktionen soweit fest mit dem Bauwerk verbunden • bloße Lieferung • Lieferung und Montage	X	X			
Fassadenreinigung • mit Veränderung (zB Abschliff) der Oberfläche • ohne Veränderung der Oberfläche	X	X	Rn. 10		Abs. 5 Nr. 10
Fenster (Einbau)	X		Rn. 7		Abs. 5 Nr. 1
Fertighaus/-teile • bloße Lieferung • Aufbau • Lieferung und Aufbau	X X	X	Rn. 12		

VII. Hinweise zu ausgewählten Branchen **Anh.**

Leistung	Bauleistung iSd § 13 b II Nr. 4 UStG		BMF vom 31.3.2004	BMF vom 2.12.2004	Abschn. 13b.2 UStAE
	ja	nein			
Feuerlöscher (Einbau)		X			
Gärten (Anlegen)				Tz. 1.2.5	Abs. 7 Nr. 10
• Es wird ausschließlich der Boden bearbeitet und bepflanzt (einschl. Aufschütten von Hügeln und Böschungen sowie das Ausheben von Gräben und Mulden zur Landschaftsgestaltung)		X			
• Es werden daneben auch Abmauerungen, Pergolen, Wintergärten, Gartenhäuser, Platz- und Wegebefestigungen, Folien- und Betonteiche, Schwimmbecken, Brunnen, Umzäunungen und ähnliche Bauwerke hergestellt, instand gesetzt, geändert oder beseitigt und diese Umsätze werden als eigenständige Leistung im Rahmen eines Leistungsbündels oder im Rahmen einer einheitlichen Leistung als Hauptleistung erbracht	X				

Leistung	Bauleistung iSd § 13b II Nr. 4 UStG		BMF vom 31.3.2004	BMF vom 2.12.2004	Abschn. 13b.2 UStAE
	ja	nein			
Garagentor (Einbau)	X				
Gaststätteneinrichtung (Einbau)	X		Rn. 7		Abs. 5 Nr. 2
Gerüstbau		X	Rn. 12		Abs. 7 Nr. 9
Grundwassersenkungen im Zusammenhang mit der Errichtung eines Bauwerks	X				
Hausanschluss durch Versorgungsunternehmen, sofern es sich um eine eigenständige Leistung handelt, unabhängig davon, ob der betreffende Hausanschluss im Eigentum des Versorgungsunternehmens verbleibt	X		Rn. 7		Abs. 5 Nr. 8
Heizungsanlage (Einbau)	X		Rn. 7		Abs. 5 Nr. 1
Holz- und Bautenschutz	X				
Hubarbeitsbühne • bloße Vermietung • Vermietung mit Bedienungspersonal, wenn die Bühne lediglich nach Weisung des Anmietenden bzw. dessen Erfüllungshilfen eingesetzt wird		X X			Abs. 7 Nr. 5
Kanalbau	X				

VII. Hinweise zu ausgewählten Branchen **Anh.**

Leistung	Bauleistung iSd § 13 b II Nr. 4 UStG		BMF vom 31.3.2004	BMF vom 2.12.2004	Abschn. 13 b.2 UStAE
	ja	nein			
Kran • bloße Vermietung • Vermietung mit Bedienungspersonal, wenn die Güter lediglich nach Weisung des Anmietenden bzw. dessen Erfüllungshilfen am Haken befördert werden		X X		Tz. 1.2.4	Abs. 7 Nr. 5
„Kunst am Bau" • Künstler schuldet lediglich Planung und Überwachung • Künstler schuldet zusätzlich die Ausführung des Werks	X	X	Rn. 9		Abs. 5 Nr. 9
Ladeneinbauten (Einbau)	X		Rn. 7		Abs. 5 Nr. 2
Lichtwerbeanlage (Einbau)	X		Rn. 7		Abs. 7 Nr. 11
Lkw • bloße Vermietung • Vermietung mit Fahrer, wenn der Lkw lediglich nach Weisung des Anmietenden bzw. dessen Erfüllungshilfen eingesetzt wird		X X			
Lkw-Ladekran • bloße Vermietung • Vermietung mit Bedienungspersonal, wenn die Güter lediglich nach Weisung des An-		X X			

Leistung	Bauleistung isD § 13 b II Nr. 4 UStG		BMF vom 31.3.2004	BMF vom 2.12.2004	Abschn. 13 b.2 UStAE
	ja	nein			
mietenden bzw. dessen Erfüllungshilfen am Haken befördert werden					
Luftdurchlässigkeitsmessungen nach § 5 EnEV und Anhang 4 hierzu		X		Tz. 1.3.7	Abs. 7 Nr. 16
Malerarbeiten	X				
Markise (Einbau)	X				
Maschine (Einbau) • beweglich • fest mit dem Grund und Boden oder Bauwerk verbunden und die Lieferung wird gemäß Abschnitt 3.12 IV UStAE am Ort des Einbaus ausgeführt	X	X		Tz. 1.3.2	
Materialcontainer (Aufstellen)		X	Rn. 12		Abs. 7 Nr. 6
Materiallieferungen (zB durch Baustoffhändler oder Baumärkte)		X	Rn. 12		Abs. 7 Nr. 1
Messestand (Aufstellen)		X	Rn. 12		Abs. 7 Nr. 8
mobiles Toilettenhaus (Aufstellen)		X	Rn. 12		Abs. 7 Nr. 6
Netzwerkinstallation • Installation stellt einheitliche Leistung dar (weil der Leistende zB das	X			Tz. 1.3.3	

VII. Hinweise zu ausgewählten Branchen **Anh.**

Leistung	Bauleistung iSd § 13b II Nr. 4 UStG		BMF vom 31.3.2004	BMF vom 2.12.2004	Abschn. 13b.2 UStAE
	ja	nein			
komplett installierte Computernetzwerk schuldet) und die Kabelverbindungen werden in Wand oder Boden verlegt					
• Installation als Mehrzahl eigenständiger Leistungen		X			
– Verlegen der Kabelverbindungen in neue oder bestehende Kabelschächte, unter Putz oder im Boden	X				
– Lieferung des Servers und der Netzwerk-PC		X			
– Anschluss der Netzwerk-PC an den Server		X			
Neubau eines Bauwerks	X				
Pflasterarbeiten	X				
Photovoltaikanlagen (Errichtung)	X				Abs. 5 Nr. 11
(selbstständige) **Planungsleistungen** im Zusammenhang mit Bauleistungen		X	Rn. 11		Abs. 6
Prüfingenieur		X	Rn. 11		Abs. 6
Reinigung von Räumlichkeiten oder Flächen, zB Fenstern		X	Rn. 12		Abs. 7 Nr. 14

Obenhaus

Leistung	Bauleistung iSd § 13b II Nr. 4 UStG		BMF vom 31.3.2004	BMF vom 2.12.2004	Abschn. 13b.2 UStAE
	ja	nein			
Reparaturen an Bauwerken oder Teilen von Bauwerken			Rn. 12	Tz. 1.2.7	Abs. 7 Nr. 15
• Nettoentgelt für den einzelnen Umsatz mehr als 500 EUR	X				
• Nettoentgelt für den einzelnen Umsatz nicht mehr als 500 EUR		X			
Rodung und Abtransport von Bäumen und Wurzeln ohne Zusammenhang mit der Errichtung eines Bauwerks		X			
Rohrreinigung (ohne substanzerhaltende Arbeiten)		X			
Rolltreppe (Einbau)	X		Rn. 7		Abs. 5 Nr. 1
Sauna (Einbau)	X				
Schaufensteranlagen (Einbau)	X		Rn. 7		Abs. 5 Nr. 2
Schuttabfuhr durch Abfuhrunternehmer		X	Rn. 12		Abs. 7 Nr. 7
Spielplatzgeräte (Einbau), wenn fest mit dem Grund und Boden verbunden, zB durch ein Fundament	X				
Straßen- und Wegebau	X				
Tapezierarbeiten	X				

VII. Hinweise zu ausgewählten Branchen **Anh.**

Leistung	Bauleistung iSd § 13b II Nr. 4 UStG		BMF vom 31.3.2004	BMF vom 2.12.2004	Abschn. 13b.2 UStAE
	ja	nein			
Teichfolie (Einbau)	X				
Telefonanlagen				Tz. 1.3.3	Abs. 5 Nr. 6
• Installation stellt einheitliche Leistung dar (weil der Leistende zB die komplett installierte Telefonanlage schuldet) und die Kabelverbindungen werden in Wand oder Boden verlegt	X				
• Installation als Mehrzahl eigenständiger Leistungen					
– Verlegen der Kabelverbindungen in neue oder bestehende Kabelschächte, unter Putz oder im Boden	X				
– Lieferung der Endgeräte		X			
Teppichboden (Verlegen)	X				
Tunnelbau	X				
Tür (Einbau)	X		Rn. 7		Abs. 5 Nr. 1
Überspannungsschutzsysteme (Errichtung)	X				
Überwachungsleistungen im Zusammenhang mit Bauleistungen		X	Rn. 11		Abs. 6

Obenhaus

Leistung	Bauleistung iSd § 13 b II Nr. 4 UStG		BMF vom 31.3.2004	BMF vom 2.12.2004	Abschn. 13b.2 UStAE
	ja	nein			
Umbau eines Bauwerks	X				
Verkehrssicherungsleistungen • Maßnahmen zur dauerhaften Verkehrssicherung (zB Anbringen von End(„Weiß-")Markierungen und Endbeschilderung) • Maßnahmen zur vorübergehenden Verkehrssicherung anlässlich von Straßenbau- und Baumfällarbeiten, Sonderveranstaltungen uä (zB Anbringen sog. Gelbmarkierung, Auf- und Abbau, Vorhaltung, Wartung und Kontrolle von Verkehrseinrichtungen wie Absperrgeräte, Leiteinrichtungen, Blinklicht- und Lichtzeichenanlagen, Aufstellen von transportablen Verkehrszeichen, Einsatz von fahrbaren Absperrtafeln, Vermietung von Verkehrseinrichtungen und Bauzäunen)	X	X		Tz. 1.3.6	Abs. 7 Nr. 12

VII. Hinweise zu ausgewählten Branchen **Anh.**

Leistung	Bauleistung isd §13b II Nr. 4 UStG		BMF vom 31.3.2004	BMF vom 2.12.2004	Abschn. 13b.2 UStAE
	ja	nein			
Versorgungsleitungen (Verlegen, Beseitigen, Substanzerhaltung)	X			Tz. 1.3.1	
Video-Überwachungsanlage (Einbau)	X				
Wartungsarbeiten an Bauwerken oder Teilen von Bauwerken			Rn. 12	Tz. 1.2.7	Abs. 7 Nr. 15
• Nettoentgelt für den einzelnen Umsatz nicht mehr als 500 EUR		X			
• Nettoentgelt für den einzelnen Umsatz mehr als 500 EUR und im Rahmen der Wartung werden		X			
– Teile verändert, bearbeitet oder ausgetauscht	X				
– keine Teile verändert, bearbeitet oder ausgetauscht (s. BMF-Schreiben vom 23.1.2006 – IV A 6 – S 7279 –6/06 –, DStR 2006 S. 327)		X			
Wasserlieferung		X	Rn. 12		Abs. 7 Nr. 4
Zaunbau	X				

c) Mindestlohn/Mindestarbeitsbedingungen. Der BMAS kann gemäß **184** § 5 TVG einen Tarifvertrag – und damit einen oder mehrere Lohngruppen – für allgemein verbindlich erklären. Ein solcher allgemein verbindlicher Lohn gilt dann für alle Arbeitnehmer, die in den unter den Tarifvertrag fallenden Un-

Anh. Anhang

ternehmen beschäftigt sind. Der für allgemein verbindlich erklärte Tarifvertrag ist nach § 3 AEntG auch auf die Beschäftigten ausländischer Arbeitgeber anwendbar, wenn der Arbeitnehmer die Beschäftigung im Inland ausübt. Für die im Inland tätigen Beschäftigten ausländischer Arbeitgeber kann das BMAS tarifvertragliche Regelungen durch Rechtsverordnung nach §§ 3, 7 AEntG für anwendbar erklären.

185 In der Baubranche existieren zahlreiche für allgemein verbindlich erklärte Tarifverträge. Gültige und für allgemein verbindlich erklärte Tarifverträge veröffentlicht das BMAS vierteljährlich in einem Verzeichnis unter http://www.bmas.de/.

186 Bis zum 31.12.2017 gehen abweichende Regelungen eines Tarifvertrages repräsentativer Tarifvertragsparteien dem MiLoG vor, wenn sie für alle unter den Geltungsbereich des Tarifvertrages fallenden Arbeitgeber mit Sitz im In- oder Ausland sowie deren Arbeitnehmerinnen und Arbeitnehmer verbindlich gemacht worden sind (§ 24 MiLoG).

187 Es ist die Aufzeichnungspflicht nach § 17 MiLoG iVm MiLoDokV zu beachten (→ Anhang Rn. 55).

188 Nach dem AEntG sind in den folgenden mit Bauleistungen verbundenen Branchenzweigen Mindestlohn-Tarifverträge anzuwenden (Stand: 1.6.2014):
— Bau(haupt)gewerbe
— Bergbauspezialarbeiten auf Steinkohlebergwerken
— Dachdeckerhandwerk
— Elektrohandwerke
— Steinmetz- und Steinbildhauerhandwerk

189 Die Überstundenzuschläge sind als Arbeitsbedingungen im Sinne von § 5 Nr. 1 AEntG in den folgenden mit Bauleistungen verbundenen Branchenzweigen zu zahlen (Stand: 1.6.2014):
— Bauhauptgewerbe
— Dachdeckerhandwerk
— Garten-, Landschafts- und Sportplatzbau
— Steinmetz- und Steinbildhauerhandwerk

190 Ein Unternehmer haftet nach § 14 AEntG, wenn der von ihm mit Bauleistungen iSd § 101 II SGB III beauftragte Nachunternehmer oder dessen Nachunternehmer die Mindestarbeitsbedingungen nicht gewährt.

191 **d) Sofortmeldung zur Sozialversicherung.** Für Beschäftigte im Wirtschaftszweig der Bauwirtschaft besteht die Pflicht zur Sofortmeldung (→ § 1 Rn. 38) zur Sozialversicherung nach § 28a IV Nr. 2 SGB IV. Für die Sofortmeldungen gelten die Regelungen des maschinellen Meldeverfahrens, wobei die Meldung direkt an die Datenstelle der Rentenversicherung (DSRV, § 145 SGB VI, → § 16 Rn. 24), nicht an die Datenannahme- und Weiterleitungsstellen der Einzugsstellen, zu übersenden ist. Die Sofortmeldung ist mit folgenden Daten zu übermitteln:
— Familien- und Vorname des Arbeitnehmers
— Versicherungsnummer (ggf. Vergabedaten: Geburtstag, Geburtsort, Anschrift etc.)
— Betriebsnummer des Arbeitgebers
— Tag der Beschäftigungsaufnahme

VII. Hinweise zu ausgewählten Branchen **Anh.**

Der Arbeitgeber hat den Beschäftigten den Hinweis zu erteilen, die Aus- 192
weispapiere bei sich zu führen (§ 2a → Rn. 17).

Für Arbeitgeber mit Sitz im Ausland besteht die Meldepflicht nach § 16 193
MiLoG iVm MiLoDokV (→ Anhang Rn. 63)

e) Sozialkassen-Verfahren („SOKA-Bau"). Eine Besonderheit für den 194
Wirtschaftszweig der Bauwirtschaft stellt das Sozialkassen-Verfahren dar. In einigen Branchen sind tarifliche Sozialkassen (Urlaubs- und Lohnausgleichskasse des Baugewerbes, Zusatzversorgungskasse des Baugewerbes) errichtet, die ein Urlaubs- und Lohnausgleichsverfahren durchführen sowie für Alterszusatzversorgungen sorgen. Sozialkassen sind gemeinsame Einrichtungen von Tarifvertragsparteien, die auf allgemein-verbindlichen Tarifverträgen beruhen. Die Arbeitgeber und Arbeitnehmer dieser Wirtschaftszweige erhalten die nach den Sozialkassen-Tarifverträgen vorgesehenen Leistungen; die Arbeitgeber haben außerdem die festgesetzten Beiträge abzuführen. So werden auch die Inhaber handwerksähnlicher Betriebe, die baugewerbliche Leistungen erbringen, von den Tarifverträgen des Baugewerbes erfasst. Die Arbeitgeber entrichten eine Umlage; seit der Einführung des Saison-Kurzarbeitergeldes im Baugewerbe sind auch Arbeitnehmer an der Umlage beteiligt. Bei den tariflichen Sozialkassen sind Arbeitnehmer namentlich zu melden. In folgenden Wirtschaftsbereichen gilt das Sozialkassen-Verfahren (BMAS, Merkblatt über Beitragsverpflichtungen zu tariflichen Sozialkassen, April 2015, https://www.bmas.de/SharedDocs/Downloads/DE/merkblatt-sozialkassen.pdf?__blob=publicationFile):
– Bäckerhandwerk
– Baugewerbe
– Betonsteingewerbe
– Brot- und Backwarenindustrie
– Dachdeckerhandwerk
– Gerüstbauerhandwerk
– Garten-, Landschafts- und Sportplatzbau
– Land- und Forstwirtschaft
– Maler- und Lackiererhandwerk mit Ausnahme des Saarlandes
– Redakteure an Tageszeitungen und Zeitschriften
– Steine- und Erdenindustrie, Betonsteinhandwerk sowie Ziegelindustrie in Bayern
– Steinmetz- und Steinbildhauerhandwerk
– Schornsteinfegerhandwerk

Das Sozialkassen-Verfahren beruht auf Tarifvertrag und unterliegt dem 195
TVG. Das TVG ist kein Teil des Sozialgesetzbuches (vgl. § 68 I SGB I). Die Pflichten aus Tarifvertrag sind keine sozialversicherungsrechtliche Pflichten iSd § 1 II Nr. 1.

Die tarifvertragliche Pflicht zur Entrichtung von Beiträgen zur Sozialkasse 196
des Baugewerbes ist eine von Arbeitgeber zu gewährende Arbeitsbedingung (§ 8 I 1 AEntG). Der Verstoss stellt eine Ordnungswidrigkeit nach § 23 I Nr. 1, II AEntG dar.

f) Generalunternehmerhaftung. Durch das Gesetz zur Erleichterung 197
der Bekämpfung von illegaler Beschäftigung und Schwarzarbeit (BGBl. I 2002

Anh.

S. 2787) zum 1.8.2002 wurde mit dem neu gefassten § 28e IIIa SGB IV die Generalunternehmerhaftung im Baugewerbe eingeführt, mit dessen Hilfe illegalen Beschäftigungsverhältnissen und Schwarzarbeit am Bau vorgebeugt werden soll. Ein Generalunternehmer haftet ab einer bestimmten Auftragssumme für nicht geleistete Sozialversicherungsbeiträge sowie Unfallversicherungsbeiträge der von ihm beauftragten Subunternehmer. Mit diesem Gesetz wälzt der Gesetzgeber zum Teil seine eigene Kontrollpflicht auf Generalunternehmer ab.

198 Der Begriff der Bauleistungen ist mit demjenigen in § 13b II 1 Nr. 4 UStG identisch → Anhang Rn. 173.

199 Im Juli 2009 wurde die Generalunternehmerhaftung im Bereich der Sozialversicherung neu geregelt.
- Der Mindestwert der Bauleistungen, ab der die Haftung einsetzt, wurde von 500.000 EUR auf 275.000 EUR gesenkt (§ 28e IIId SGB IV).
- Ein Verschulden des Generalunternehmers ist dann ausgeschlossen, wenn sein Nachunternehmer auf der Liste der präqualifizierten Unternehmen registriert ist (§ 28e IIIb 2 SGB IV) oder ihm vom Nachunternehmer eine Unbedenklichkeitsbescheinigung der zuständigen Einzugsstelle vorgelegt wurde (§ 28e III f 1 und 2 SGB IV).
- Diese geänderten Regelungen zur Generalunternehmerhaftung wurden außerdem in vollem Umfang auf die Unfallversicherung erstreckt (§ 150 III SGB VII).

200 **Exkulpation.** Es ist ein dringendes Anliegen des Hauptunternehmers, den Nachweis nach § 29e IIIb SGB IV führen zu können. Gelingt ihm der Nachweis, dass er nicht damit rechnen konnte und brauchte, dass der Nachunternehmer seinen Verpflichtungen nicht nachkommen wird, entfällt die Bürgschaft für nicht gezahlte Sozialversicherungsbeiträge.

201 **Auskunftspflicht.** Der Hauptunternehmer ist verpflichtet, der Einzugsstelle auf Verlangen alle Nachunternehmer mit Firma und Anschrift zu benennen. Die Nachunternehmer trifft die Verpflichtung, ihren Hauptunternehmer zu benennen. Lohn- und Geschäftsunterlagen sind künftig so zu gestalten, dass eine Zuordnung der einzelnen Arbeitnehmer zu den jeweiligen Bau- bzw. Werkverträgen und Bauvorhaben möglich wird. Bei Verfehlungen sind Geldstrafen bis zu 50.000 EUR möglich.

202 Empfehlenswert sind folgende Maßnahmen, einzeln oder auch im Verbund:

203 (1.) Erlangen Sie Kenntnis über bereits erfolgte Überprüfungen durch Vorlage
- einer Unbedenklichkeitsbescheinigung des Sozialversicherungsträgers,
- einer Freistellungsbescheinigung des Finanzamtes,
- sonstiger Referenzen oder Empfehlungen.

204 (2.) Eröffnen Sie eigene Kontrollmöglichkeiten
- Lassen Sie sich die einzusetzenden Mitarbeiter des Nachunternehmers namentlich benennen.
- Achten Sie darauf, dass alle eingesetzten Arbeitskräfte einen Lichtbildausweis (Personalausweis) und den Sozialversicherungsausweis mit sich führen.
- Vereinbaren Sie vertraglich die Möglichkeit, die Identität der Arbeitskräfte und die Ausweise stichprobenartig unmittelbar kontrollieren zu dürfen.

VII. Hinweise zu ausgewählten Branchen **Anh.**

- Vereinbaren Sie vertraglich, dass Ihnen Nachweise für die Abführung von Sozialversicherungsbeiträgen vorgelegt werden.
- Kontrollieren Sie auch! Führen Sie hierzu Protokolle oder Nachweise.

(3.) Verlangen Sie Sicherheiten 205
- Vereinbaren Sie Sicherheiten in Form von Bareinbehalten oder Bürgschaften, deren Umfang von der Anzahl der vom Nachunternehmer eingesetzten Beschäftigten und der von diesen auf der Baustelle geleisteten Stunden sowie der Höhe des Stundenlohnes abhängig ist. Hierzu muss in die Verträge eine entsprechend Auskunftspflicht des Nachunternehmers aufgenommen werden.
- Fordern Sie persönliche Haftungsübernahmen durch für die Abführung der SV-Beiträge verantwortliche Personen.
- Fordern Sie eidesstattliche Versicherungen des Inhabers des Nachunternehmens oder seines gesetzlichen Vertreters, aus denen hervorgeht
  – dass die Gesamtsozialversicherungsbeiträge und sonstigen gesetzlichen Abgaben und Beiträge für Arbeitnehmer, die hinsichtlich des vorgenannten Bauvorhabens eingesetzt werden sollen, bislang vollständig und fristgerecht an die zuständigen Einzugsstellen und Leistungsträger durch den Nachunternehmer abgeführt wurden;
  – dass auch keine rechtlichen, wirtschaftlichen oder sonstigen Gründe vorliegen oder sonst ersichtlich oder wahrscheinlich sind, welche der rechtzeitigen und vollständigen Zahlung der Gesamtsozialversicherungsbeiträge und sonstigen gesetzlichen Abgaben und Beiträge für Arbeitnehmer, die hinsichtlich des vorgenannten Bauvorhabens eingesetzt werden sollen, zukünftig, entgegenstehen könnten;
  – dass auch das Nachunternehmen nur solche Nachunternehmer oder Verleiher (iSd AÜG) einsetzt, die sich ihm gegenüber zu rechtskonformem Verhalten verpflichtet haben.

2. Gaststätten- und Beherbergungsgewerbe

Zum Branchenbegriff des Gaststätten- und Beherbergungsgewerbes → § 2a 206
Rn. 8

a) Sofortmeldung zur Sozialversicherung. Für Beschäftigte im Wirt- 207
schaftszweig des Gaststätten- und Beherbergungsgewerbes besteht die Pflicht zur Sofortmeldung zur Sozialversicherung nach § 28a IV Nr. 2 SGB IV (→ § 1 Rn. 38). Der Arbeitgeber hat den Beschäftigten den Hinweis zu erteilen, die Ausweispapiere bei sich zu führen (§ 2a → Rn. 17).

Für Arbeitgeber mit Sitz im Ausland besteht die Meldepflicht nach § 16 208
MiLoG iVm MiLoDokV (→ Anhang Rn. 63)

b) Mindestlohn/Mindestarbeitsbedingungen. Im Hotel- und Gast- 209
stättengewerbe existieren zahlreiche für allgemein verbindlich erklärte Tarifverträge. Gültige und für allgemein verbindlich erklärte Tarifverträge veröffentlicht das BMAS vierteljährlich in einem Verzeichnis unter http://www.bmas.de/. Bis zum 31.12.2017 gehen abweichende Regelungen eines Tarifvertrages repräsentativer Tarifvertragsparteien dem MiLoG vor, wenn sie für alle unter den Geltungsbereich des Tarifvertrages fallenden Arbeitgeber mit

Anh. Anhang

Sitz im In- oder Ausland sowie deren Arbeitnehmerinnen und Arbeitnehmer verbindlich gemacht worden sind (§ 24 MiLoG).

210 Es ist die Aufzeichnungspflicht nach § 17 MiLoG iVm MiLoDokV zu beachten (→ Anhang Rn. 56).

3. Personenbeförderungsgewerbe

211 Zum Branchenbegriff des Personenbeförderungsgewerbes → § 2a Rn. 9

212 **a) Sofortmeldung zur Sozialversicherung.** Für Beschäftigte im Wirtschaftszweig des Personenbeförderungsgewerbes besteht die Pflicht zur Sofortmeldung zur Sozialversicherung nach § 28a IV Nr. 3 SGB IV (→ § 1 Rn. 38). Der Arbeitgeber hat den Beschäftigten den Hinweis zu erteilen, die Ausweispapiere bei sich zu führen (→ § 2a Anhang Rn. 17).

213 Für Arbeitgeber mit Sitz im Ausland besteht die Meldepflicht nach § 16 MiLoG iVm MiLoDokV (→ Anhang Rn. 63)

214 **b) Mindestlohn/Mindestarbeitsbedingungen.** Es ist die Aufzeichnungspflicht nach § 17 MiLoG iVm MiLoDokV zu beachten (→ Anhang Rn. 56).

4. Speditions-, Transport- und damit verbundenen Logistikgewerbe

Literatur: Zoll/BAG, Darstellung der Rechtslage zur Bekämpfung der Schwarzarbeit und illegalen Beschäftigung im Speditions-, Transport- und Logistikgewerbe

Verwaltungsanweisungen: BAG, Hinweise zu den Sozialvorschriften im Straßenverkehr, http://www.bag.bund.de/SharedDocs/Downloads/DE/Merkblaetter/Leitfaden_Rechtsvorschriften.pdf?__blob=publicationFile

215 Zum Branchenbegriff des Speditions-, Transport- und damit verbundenen Logistikgewerbes → § 2a Rn. 10

216 **a) Sofortmeldung zur Sozialversicherung.** Für Beschäftigte im Wirtschaftszweig des Speditions-, Transport- und damit verbundenen Logistikgewerbes besteht die Pflicht zur Sofortmeldung zur Sozialversicherung nach § 28a IV Nr. 4 SGB IV (→ § 1 Rn. 38). Der Arbeitgeber hat den Beschäftigten den Hinweis zu erteilen, die Ausweispapiere bei sich zu führen (§ 2a → Rn. 17).

217 Für Arbeitgeber mit Sitz im Ausland besteht die Meldepflicht nach § 16 MiLoG iVm MiLoDokV (→ Anhang Rn. 63)

218 **b) Mindestlohn/Mindestarbeitsbedingungen.** Es ist die Aufzeichnungspflicht nach § 17 MiLoG iVm MiLoDokV zu beachten (→ Anhang Rn. 56).

5. Schaustellergewerbe

Verwaltungsanweisungen: Allgemeine Verwaltungsvorschrift für den Vollzug des Titels III der Gewerbeordnung (ReisegewVwV), Amtsbl SH 2009, 988; BAG Hinweise zu den Sozialvorschriften im Straßenverkehr, http://www.bag.bund.de/SharedDocs/

VII. Hinweise zu ausgewählten Branchen **Anh.**

Downloads/DE/Merkblaetter/Leitfaden_Rechtsvorschriften.pdf?__blob=publicationFile

Zum Branchenbegriff des Schaustellergewerbes → § 2a Rn. 11 **219**

Für Beschäftigte im Wirtschaftszweig des Schaustellergewerbes besteht die **220** **Pflicht zur Sofortmeldung** zur Sozialversicherung nach § 28a IV Nr. 5 SGB IV (→ § 1 Rn. 38). Der Arbeitgeber hat den Beschäftigten den Hinweis zu erteilen, die Ausweispapiere bei sich zu führen (§ 2a → Rn. 17).

Für Arbeitgeber mit Sitz im Ausland besteht die **Meldepflicht** nach § 16 **221** MiLoG iVm MiLoDokV (→ Anhang Rn. 63)

6. Unternehmen der Forstwirtschaft

Zum Branchenbegriff der Unternehmen der Forstwirtschaft → § 2a Rn. 13 **222**

a) Sofortmeldung zur Sozialversicherung. Für Beschäftigte bei Unter- **223** nehmen der Forstwirtschaft besteht die Pflicht zur Sofortmeldung zur Sozialversicherung nach § 28a IV Nr. 6 SGB IV (→ § 1 Rn. 38). Der Arbeitgeber hat den Beschäftigten den Hinweis zu erteilen, die Ausweispapiere bei sich zu führen (→ § 2a Rn. 17).

Für Arbeitgeber mit Sitz im Ausland besteht die Meldepflicht nach § 16 **224** MiLoG iVm MiLoDokV (→ Anhang Rn. 63)

b) Mindestlohn/Mindestarbeitsbedingungen. In der Land- und Forst- **225** wirtschaft existieren zahlreiche für allgemein verbindlich erklärte Tarifverträge. Gültige und für allgemein verbindlich erklärte Tarifverträge veröffentlicht das BMAS vierteljährlich in einem Verzeichnis unter http://www.bmas.de/. Bis zum 31.12.2017 gehen abweichende Regelungen eines Tarifvertrages repräsentativer Tarifvertragsparteien dem MiLoG vor, wenn sie für alle unter den Geltungsbereich des Tarifvertrages fallenden Arbeitgeber mit Sitz im In- oder Ausland sowie deren Arbeitnehmerinnen und Arbeitnehmer verbindlich gemacht worden sind (§ 24 MiLoG).

Es ist die Aufzeichnungspflicht nach § 17 MiLoG iVm MiLoDokV zu be- **226** achten (→ Anhang Rn. 56).

7. Gebäudereinigungsgewerbe

Literatur: Huschens, BMF zu Reverse-Charge ab 2011 für Lieferungen von Industrieschrott und Gold sowie für Gebäudereinigungen, NWB 2011, 700; Langer, Erweiterung der Steuerschuldnerschaft des Leistungsempfängers seit 1.1.2011 – Anmerkung zum BMF-Schreiben vom 4.2.2011, DB 2011, 444; Luft, Die Praxisprobleme der Steuerschuldumkehr für Gebäudereinigungsleistungen, DStR 2011, 749;

Verwaltungsanweisungen: BMF, Schreiben vom 4.2.2011 – IV D 3 – S 7279/10/10006, BStBl I S. 156

Zum Branchenbegriff der Gebäudereinigungsgewerbe → § 2a Rn. 14 **227**

a) Umsatzsteuerliche Umkehr der Steuerschuldnerschaft. Die **228** Steuerschuldnerschaft des Leistungsempfängers wird seit 2011 erweitert auf alle steuerpflichtigen Umsätze, die unter das Grunderwerbsteuergesetz fallen, auf die Reinigung von Gebäuden und Gebäudeteilen sowie auf bestimmte

Anh. Anhang

Bauleistungen. Durch die Erweiterung sollen Umsatzsteuerausfälle verhindert werden, die dadurch eintreten können, dass bei bestimmten Umsätzen nicht sichergestellt werden kann, dass diese von den leistenden Unternehmern vollständig im allgemeinen Besteuerungsverfahren erfasst werden bzw. der Fiskus den Steueranspruch beim Leistenden realisieren kann. Unter die genannten Umsätze fällt insbesondere die Reinigung von Gebäuden einschließlich Hausfassadenreinigung, Räumen und Inventar, einschließlich Teppichreinigung und Fensterputzen. Nicht unter die Vorschrift fallen die vorgenannten Umsätze an einen Unternehmer, dessen unternehmerische Tätigkeit sich ausschließlich auf die Vermietung von nicht mehr als zwei Wohnungen beschränkt. Dieser Kreis von Leistungsempfängern soll nicht mit zusätzlichen administrativen Verpflichtungen belastet werden (BR-Drs. 652/03, 46).

229
Gebäudereinigerleistungen nach § 13 b II Nr. 8	Reinigen von Gebäuden und Gebäudeteilen
Ort der Leistung	§ 3a III Nr. 1
Leistender iSd § 13b	Unternehmer (*arg. ex* § 1 I Nr. 1)

Leistungsempfänger (§ 13 b V 2 und 4)	– Unternehmer,
	– der selbst Gebäudereinigerleistungen iSd § 13b II Nr. 8 erbringt
	  o kein Kleinunternehmer iSd § 19
	  o kein Vermieter von max. 2 Wohnungen

Steuerentstehung (§ 13 b I 1 Nr. 4)	– mit Ausstellung der Rechnung, – spätestens mit Ablauf des der Ausführung der Leistung folgenden Monats
Folge	Steuerschuldnerschaft des Leistungsempfängers

230 **b) Mindestlohn/Mindestarbeitsbedingungen.** Für den Wirtschaftszweig der Gebäudereinigung erklärt die Vierte Verordnung über zwingende Arbeitsbedingungen in der Gebäudereinigung v. 7.10.2013 (BAnz. AT 8.10.2013 V1) nach dem AEntG Mindestlohn-Tarifverträge für anwendbar. Die Verordnung tritt am 31.10.2015 außer Kraft.

231 Es ist die Aufzeichnungspflicht nach § 17 MiLoG iVm MiLoDokV zu beachten (→ Anhang Rn. 56).

232 **c) Sofortmeldung zur Sozialversicherung.** Für Beschäftigte im Wirtschaftszweig der Gebäudereinigungsgewerbe besteht die Pflicht zur Sofortmeldung zur Sozialversicherung nach § 28a IV Nr. 7 SGB IV (→ § 1 Rn. 38). Der Arbeitgeber hat den Beschäftigten den Hinweis zu erteilen, die Ausweispapiere bei sich zu führen (→ § 2a Rn. 17).

233 Für Arbeitgeber mit Sitz im Ausland besteht die Meldepflicht nach § 16 MiLoG iVm MiLoDokV (→ Anhang Rn. 63).

VII. Hinweise zu ausgewählten Branchen **Anh.**

8. Unternehmen, die sich am Auf- und Abbau von Messen und Ausstellungen beteiligen

Zum Branchenbegriff der Unternehmen, die sich am Auf- und Abbau von Messen und Ausstellungen beteiligen → § 2a Rn. 15 **234**

Für Beschäftigte in Unternehmen, die sich am Auf- und Abbau von Messen und Ausstellungen beteiligen, besteht die Pflicht zur **Sofortmeldung zur Sozialversicherung** nach § 28a IV Nr. 8 SGB IV (→ § 1 Rn. 38). Der Arbeitgeber hat den Beschäftigten den Hinweis zu erteilen, die Ausweispapiere bei sich zu führen (→ § 2a Rn. 17). **235**

Für Arbeitgeber mit Sitz im Ausland besteht die Meldepflicht nach § 16 MiLoG iVm MiLoDokV (→ Anhang Rn. 63) **236**

9. Fleischwirtschaft

Zum Branchenbegriff der Fleischwirtschaft → § 2a Rn. 16 **237**

a) Sofortmeldung zur Sozialversicherung. Für Beschäftigte im Wirtschaftszweig der Fleischwirtschaft besteht die Pflicht zur Sofortmeldung zur Sozialversicherung nach § 28a IV Nr. 9 SGB IV (→ § 1 Rn. 38). Der Arbeitgeber hat den Beschäftigten den Hinweis zu erteilen, die Ausweispapiere bei sich zu führen (→ § 2a Rn. 17). **238**

Für Arbeitgeber mit Sitz im Ausland besteht die Meldepflicht nach § 16 MiLoG iVm MiLoDokV (→ Anhang Rn. 63) **239**

b) Mindestlohn/Mindestarbeitsbedingungen. Es gibt eine Gesetzesinitiative (BR-Drs. 18/910), die Branche „Schlachten und Fleischverarbeitung" unverzüglich in den Branchenkatalog des AEntG aufzunehmen. Anfang 2014 haben sich Tarifvertragsparteien der Fleischbranche auf einen Mindestlohntarifvertrag geeinigt (BR-Drs. 18/910, 6). **240**

Es ist die Aufzeichnungspflicht nach § 17 MiLoG iVm MiLoDokV zu beachten (→ Anhang Rn. 56). **241**

Obenhaus

VIII. Verhalten bei Erscheinen der Finanzkontrolle Schwarzarbeit

Verhalten bei Erscheinen der Finanzkontrolle Schwarzarbeit

```
                    ┌─────────────────────┐
                    │   Wozu ist die FKS  │
                    │     erschienen?     │
                    └──────────┬──────────┘
                ┌──────────────┴──────────────┐
       ┌────────┴────────┐          ┌─────────┴─────────┐
       │     Prüfung     │          │ Ermittlung wegen  │
       │                 │          │  Straftat, OWi/   │
       │                 │          │   Durchsuchung    │
       └────────┬────────┘          └─────────┬─────────┘
       ┌────────┴────────┐          ┌─────────┴─────────┐
       │Prüfungsanordnung/│         │Durchsuchungsbeschluss│
       │   -verfügung     │         │ (zwingend schriftlich)│
       │(kann mündlich    │         │                      │
       │    ergehen)      │         │                      │
       └──────────────────┘         └──────────────────────┘
```

1. Prüfung

Beginn der Prüfung	Haben Sie vor Beginn der Prüfung eine Prüfungsverfügung/Prüfungsanordnung erhalten? Hat der Prüfungsleiter vor Beginn der Prüfung seinen Dienstausweis gezeigt und haben Sie dessen Namen, Dienstgrad sowie Dienstbehörde notieren können? Sind neben dem Zoll Bedienstete anderer Stellen erschienen? Wenn ja, welche? Zur Unterstützung des Zolls oder zur eigenen Prüfung?
Sofort einen Anwalt verständigen!	Haben Sie vor Beginn der Prüfung einen Anwalt über die bevorstehende Prüfung telefonisch informieren können? Hat in diesem Telefonat Ihr Anwalt den Prüfungsleiter gebeten, mit der Prüfung erst in seinem Beisein zu beginnen?
Ablauf abstimmen	Stimmen Sie vor Beginn der Prüfung mit dem Prüfungsleiter einen geordneten Prüfungsablauf ab: – Welche Personalien will die FKS prüfen? – Welche Unterlagen will die FKS einsehen?

VIII. Verhalten bei Erscheinen der Finanzkontrolle Schwarzarbeit **Anh.**

Keine Aussage zur Sache!	Sind Sie (und ggf. Ihre Angehörigen) vor Beginn der Prüfung über das **Schweigerecht** belehrt worden? Sie, Ihre Familienangehörigen und Ihre Mitarbeiter sollten **keine Aussagen zur Sache** machen! Zu Auskünften über Ihre Person sind Sie und die Übrigen aber verpflichtet. **Nicht** auf vermeintlichen *Small Talk* mit den Prüfern einlassen!
Prüfungsanordnung prüfen!	Ist Ihnen von dem Prüfungsleiter der FKS vor Beginn der Prüfung eine Prüfungsanordnung vorgelegt worden?
Zeugen hinzuziehen!	Ziehen Sie Personen Ihres Vertrauens als Zeugen bei, die den Prüfungsablauf beobachten und sich Notizen machen.
Befragung Dritter vermeiden	Haben es die Prüfer unterlassen, Sie oder Ihre Mitarbeiter während der Prüfung informatorisch zu befragen?
Keine Mitnahme von Unterlagen!	Teilen Sie dem Prüfungsleiter mit, dass keine Unterlagen freiwillig herausgegeben werden und diese schriftlich einzufordern sind. Eine Ausnahme gilt für Ausweise/Aufenthaltspapiere von Ausländern. Hier ist eine Bescheinigung über die Mitnahme auszuhändigen.
Rügen und Beanstandungen	Protokollieren Sie alles, was Ihnen an Unregelmäßigkeiten auffällt. Fertigen Sie sich handschriftliche Aufzeichnungen. Lassen Sie prüfen, ob die Prüfungsanordnung und die Durchführung der Prüfung anfechtbar sind.

2. Ermittlungsmaßnahme/Durchsuchung

Beginn der Durchsuchung	Haben Sie vor Beginn der Durchsuchung eine Kopie der des Durchsuchungsbeschlusses erhalten oder fertigen können? Hat der Durchsuchungsleiter vor Beginn der Durchsuchung seinen Dienstausweis gezeigt und haben Sie dessen Namen, Dienstgrad sowie Dienstbehörde notieren können? Sind neben dem Zoll Bedienstete anderer Stellen erschienen? Wenn ja, welche? Zur Unterstützung des Zolls oder zur eigenen Ermittlung/Prüfung?	244
Sofort einen Anwalt verständigen!	Informieren Sie vor Beginn der Durchsuchung telefonisch einen Anwalt über die bevorstehende Durchsuchung.	

	Hat Ihr Anwalt in diesem Telefonat den Durchsuchungsleiter gebeten, mit der Durchsuchung erst in seinem Beisein zu beginnen?
Ablauf abstimmen	Stimmen Sie vor Beginn der Durchsuchung mit dem Durchsuchungsleiter einen geordneten Durchsuchungsablauf ab
Keine Aussage zur Sache!	Sind Sie (und ggf. Ihre Angehörigen) vor Beginn der Durchsuchung über das **Schweigerecht** belehrt worden? Sie, Ihre Familienangehörigen und Ihre Mitarbeiter sollten **keine Aussagen zur Sache** machen! Zu Auskünften über Ihre Person sind Sie und die Übrigen aber verpflichtet. **Nicht** auf vermeintlichen *Small Talk* mit den Fahndern einlassen!
Durchsuchungsbeschluss prüfen!	Ist Ihnen von dem Durchsuchungsleiter der Steuerfahndung vor Beginn der Durchsuchung der Durchsuchungsbeschluss gezeigt worden? Ist der Durchsuchungsbeschluss jünger als sechs Monate? Beruht die Durchsuchung auf einem richterlichen Durchsuchungsbeschluss? Ist Ihnen im Fall einer Durchsuchung ohne richterlichen Durchsuchungsbeschluss von dem Durchsuchungsleiter nachvollziehbar erläutert worden, warum keine Zeit für die Erwirkung eines richterlichen Durchsuchungsbeschlusses bestand? Enthält der Durchsuchungsbeschluss genaue Angaben über die Ihnen zur Last gelegte Taten? Liegt der angegebene Tatzeitraum innerhalb der fünfjährigen Strafverfolgungsverjährung? Sind in dem Durchsuchungsbeschluss die bei Ihnen vermutlich aufzufindenden Unterlagen näherungsweise oder wenigstens beispielhaft beschrieben? Teilen Sie dem Durchsuchungsleiter mit, dass keine Unterlagen freiwillig herausgegeben werden und diese somit zu beschlagnahmen sind.
Zeugen hinzuziehen!	Ziehen Sie Personen Ihres Vertrauens als Zeugen bei, die den Durchsuchungsablauf beobachten und sich Notizen machen.
Befragung Dritter vermeiden	Haben es die Durchsuchungsbeamten unterlassen, Sie oder Ihre Mitarbeiter während der Durchsuchung informatorisch zu befragen?

VIII. Verhalten bei Erscheinen der Finanzkontrolle Schwarzarbeit **Anh.**

Bei der Beschlagnahme beachten:	Sind Unterlagen zur Vorlage an den Ermittlungsrichter gesondert verpackt (versiegelt) worden, deren Mitnahme durch den Durchsuchungsbeschluss nicht ausreichend zweifelsfrei gedeckt erschien? Weisen Sie den Durchsuchungsleiter darauf hin, dass Sie von allen mitgenommenen Originalunterlagen **Kopien** benötigen, soweit eine Mitnahme von Kopien nicht ausreichen sollte. Bei Datenträgern bitten Sie darum, diese spiegeln zu lassen, um eine Mitnahme zu vermeiden. Haben Sie ein genaues (hinreichend detailliertes) **Verzeichnis über** die von der FKS mitgenommenen **Unterlagen** erhalten? Weisen Sie den Durchsuchungsleiter darauf hin, dass eine detaillierte Bezeichnung der Unterlagen auch im Interesse der Behörde liegt.
Rügen und Beanstandungen	Lassen Sie alles, was Ihnen an Unregelmäßigkeiten auffällt, ins **Protokoll (Niederschrift)** aufnehmen. Lesen Sie das Protokoll aufmerksam durch. Machen Sie gegebenenfalls handschriftliche Anmerkungen im Protokoll. Ist während der Durchsuchung davon abgesehen worden, die etwaige Rechtswidrigkeit des Durchsuchungsbeschlusses und/oder die eventuelle Fehlerhaftigkeit des Durchsuchungsablaufs zu rügen? Lassen Sie prüfen, ob der Durchsuchungsbeschluss sowie die Beschlagnahmeanordnung anfechtbar sind.

Sachregister

A 1-Bescheinigung Vor 8 12
- Informationsaustausch **16** 24
ABC von Berufen Anh. 77 ff.
Abhängigkeit
- persönliche **1** 8 ff., 82 ff., 127 ff.
Abrufverfahren
- automatisiertes **17 II**
Akteneinsicht 18 7
Altersteilzeitarbeit 2 16
Amtshilfe 6 8; **22** 9 f.
Andorra 6a 16
Anfangsverdacht 2 56; **16** 8
Angehörige 1 6
- Leistungen durch **8** 60
Anhalterecht 3 36
Anrufungsauskunft *siehe Lohnsteuer*
Anzeigepflichten 8 6
Arbeitgeber 3 6; **5** 17
- ausländischer **Anh.** 63
- Mehrheit von **2** 16
Arbeitgeberfunktionen 1 177
Arbeitnehmer 3 10; **5** 17
Arbeitnehmerentsendegesetz
- Verstöße **1** 355
Arbeitnehmerentsendung
- Informationsaustausch **16** 28
- Sanktionen **Anh.** 4
Arbeitnehmerfreizügigkeit Anh. 9
Arbeitnehmerstatus 1 104
- unionsrechtlicher **1** 185
Arbeitnehmerüberlassung 1 246
- Abgrenzung Werkvertrag **1** 255 ff.
- als Bauleistung **Anh.** 183
- Charakteristika **1** 262 ff.
- illegale **10** 13, 64
- legale **10** 13
- Meldepflicht **1** 44
- Sanktionen **Anh.** 3
- vermutete **1** 286
- vorübergehende **1** 287
- Zuständigkeit **2** 71
Arbeitnehmerüberlassungsvertrag 1 263
Arbeitsbedingungen
- Mindestarbeitsbedingungen **1** 57
- Missverhältnis **10** 23 ff.
- vergleichbare **2** 28
Arbeitsentgeld 1 119, 123 ff.
Arbeitserlaubnis *s. Arbeitsgenehmigung*
Arbeitsgenehmigung 10 27; **Anh.** 8

Arbeitslosengeld II 2 22, 26
Arbeitslosenhilfe 2 22, 26
Arbeitsorganisation
- des Weisungsgebers **1** 47, 87, 115
- Eingliederung **1** 136 ff.
Arbeitsort Anh. 15 ff.
Arbeitsprozess
- funktionsgerecht dienende Teilhabe **1** 176
Arbeitsschutz
- Behörde **2** 91
Arbeitsteilung
- arbeitsteiliger Prozess **1** 283
Arbeitszeitnachweis
- Pflicht zum **1** 57; **Anh.** 56
Asylbewerber 2 87
- Arbeitserlaubnis **Anh.** 8
- Aufenthaltsrecht **Anh.** 7
- Meldepflicht **8** 11
Aufsichtspflichtverletzung
- Betriebsinhaber, Unternehmensorgane **12** 25 f.
Auftraggeber 1 204 ff.; **3** 7; **5** 17; **8** 36
- Privatleute als **4** 16
Auftragsverhältnis
- widerkehrendes **1** 201
Aufzeichnungspflichten
- sozialversicherungsrechtliche **1** 53 ff.
- Übersicht **Anh.** 163
Auskunft
- Betroffener **18**
Auskunftsansprüche 7 1 ff.
Auskunftsverweigerung 22 6
Auslagen
- Owi **12** 16 f.
Ausländer
- Arbeitserlaubnis **10** 7
- Arbeitsgenehmigung **2** 27; **Anh.** 8
- Aufenthaltsrecht **Anh.** 7
- Ausländerpapiere **5** 25
- blaue Karte **10** 43
- Hilflosigkeit **10a** 7
- hoch qualifiziert **10** 41
- illegale Erwerbstätigkeit **Vor. 1 ff.** 11
- Mindestlohn **Anh.** 15
- ohne Aufenthaltserlaubnis **Vor. 1 ff.** 10a
- Praktikum **10** 40
- Selbstständigkeit **10** 21

Sachregister

- Student **10** 42
- **Ausländerbehörde 2** 88
- **Ausländerbeschäftigung Vor. 1 ff.** 10; **1** 353; **2** 27; **Anh.** 2
  - illegale **10** 2 ff.; **11** 2 ff.
- **Ausschlussdauer**
  - Aufträge öffentlicher Auftraggeber **21** 12 ff.
- **Aussenprüfung 22** 12
  - Informationsweitergabe **15** 20
  - Jobcenter **2** 86
  - steuerliche **2** 47
- **Ausweispapiere 2** 96
  - Ausländerpapiere **2a** 4; **5** 25
  - Ausweisersatz **2a** 4
  - Fälschung **6** 25
  - Hinweis **2a** 16
  - Missbrauch **14** 8
  - Nichtmitführen, Nichtvorlage **8** 41 ff., 48 f.
  - Pass **2a** 4
  - Passersatz **2a** 4
  - Personalausweis **2a** 4
- **Autovermietung** s. *Personenbeförderungsgewerbe*

- **Bauabzugssteuer Anh.** 164 ff.
- **Baugewerbe 2a** 7; **Anh.** 164 ff.
- **Bauleistung Anh.** 164 ff., 173, 183
- **Bausektor 1** 277
- **Befugnisse**
  - bei der Prüfung s. *Prüfungsbefugnisse*
  - bei Strafverfolgung **14** 10
- **Beherbergungsgewerbe 2a** 8
- **Beitragspflicht**
  - sozialversicherungsrechtliche **1** 46 ff.
- **Beitragsschuld 1** 369
- **Beitreibung 22** 13
- **Beliehener 22** 10
- **Berufsausbildung 2** 16
- **Berufsgenossenschaft** s. *Unfallversicherung*
- **Berufsmäßigkeit**
  - Beschäftigung **1** 171 f.
- **Berufsverband 2** 98
- **Beschäftigte**
  - unselbständige **2** 16
- **Beschäftigung 1** 93 ff
  - abhängige, Kriterien **1** 158 ff.
  - Beginn **2** 16
  - Begriff **1** 96 ff.
  - Ende **2** 16
  - geringfügige s. *Minijob*

- illegale s. *Beschäftigungsverhältnis*
- kurzfristige s. *Minijob*
- typisierende Merkmale **1** 120 ff.
- Vermutungsregeln Unselbstständigkeit **1** 90
- von Ausländern s. *Ausländer*
- **Beschäftigungsformen**
  - moderne **1** 139
- **Beschäftigungsstatus**
  - Beurteilung **1** 109 ff.
  - Scheinselbstständigkeit **1** 79 ff.
- **Beschäftigungsverhältnis 1** 306
  - illegales **1** 344 ff., 372
  - mit einer juristischen Person **1** 225
- **Beschlagnahme 14** 14
- **Bestimmungshoheit** s. *Organisationshoheit*
- **Betreten**
  - von Geschäftsräumen **3** 31; **4** 7
  - von Grundstücken **3** 31
  - von Wohnungen **3** 32; **4** 8
- **Betretensrecht 8** 45 ff.
- **Betrieb**
  - Begriff **1** 137
- **Betriebsabläufe 1** 267
- **Betriebsmittel**
  - Benutzung **1** 142
- **Betriebsstätte**
  - fremde **1** 143
- **Betrug 9** 7
- **Bulgarien 6a** 22
- **Bundesagentur für Arbeit Einl.** 23; **2** 69
  - Datenbank **16** 22
- **Bundesamt für Güterverkehr 2** 89; **16** 29
- **Bundesanstalt für Arbeit** s. *Bundesagentur für Arbeit*
- **Bundesnetzagentur 2** 73
- **Bussgeld**
  - Zumessung **Vor 8** 61
- **Bussgelderhebungskompetenz 12** 15
- **Bussgeldverfahren**
  - Zusammenarbeit **13**
- **Busunternehmen** s. *Personenbeförderungsgewerbe*

- **Chiffre 7** 1 ff.
- **Chiffreanzeige 7** 1 ff.
- **Code of Conduct 12** 30
- **Compliance 12** 23 ff.
- **Compliance-Management-System 12** 26 ff.

Sachregister

Datenabruf 17 7; *s. Datenübermittlung*
- automatisierter **6** 21

Datenbank
- Arbeitsagentur **16** 22
- Entsendung **16** 28
- Jobcenter **16** 21
- Übersicht **16** 14ff.
- zentrale **16**
- zentrale, Auskunft **18**

Datenlöschung 16 13; **19**

Datenschutz 15
- Datenerhebung
- Datenspeicherung **16** 7
- Datenübermittlung *s. dort*
- Erforderlichkeit **6** 15
- Sperrung **19** 8
- Steuergeheimnis *s. dort*
- verantwortliche Stelle **16** 6
- Zweckbindung **6a** 14; **16** 9

Datenübermittlung 6 16ff.; **16** 11
- an EU-Staat **6a**
- Steuergeheimnis **15** 20
- Übermittlungszweck **6a** 7

Datenverarbeitung 15 8; **16** 5

Datenzugriff 15 7

Dauerauftragsverhältnis 1 201

Deutscher Corporate Governance Kodex 12 27

Dienstleistungen *s. Dienstvertrag*

Dienstplan 1 133

Dienstverpflichtete 1 251

Dienstvertrag
- Abgrenzung Arbeitsverhältnis **1** 248ff.
- Abgrenzung Werkvertrag **1** 232
- Pflichten aus **2** 18

Direktionsrecht
- Vertragspartner **1** 130

Duldungspflicht 5 8; **22** 5
- Verletzung **8** 45ff.

Durchgriffshaftung 1 216

Durchsuchung 3 16, 32; **14** 14

E 101-Bescheinigung *s. A 1-Bescheinigung*

Ehrenamtliche Tätigkeit 1 125

Einfirmenhandelsvertreter 1 198

Eingliederung *s. Arbeitsorganisation*

Einsichtsrecht 3 18; **4** 12

Einstellung
- Strafverfahren **14** 27

Eintragungspflichten 8 6

Einziehung Vor 8 58

Einzugsstellen 1 309; **2** 74

Elementenfeststellung 1 312

ELENA 16 26

Entgeld *s. Arbeitsentgeld*

Entgeldfortzahlung 1 155

Entgeldgrenze 1 172, 202

Entgeltnachweis

Entgeltzahlung 2 16

Entleiher 5 17

Entschädigung
- Sachverständige **20**; **22** 8
- Zeugen **21**; **22** 8

Entscheidungsverfahren
- nach § 28h II SGB IV **1** 340

Entsendung *s. Arbeitnehmerentsendung*

Erfolgsrisiko
- des Werkunternehmers **1** 234f.

Ermittlungen
- Auftrag **14** 6ff.
- Befugnisse **14** 10ff.; **22** 16f.
- gemeinsame **2** 64; **14** 3

Ermittlungspersonen 14 16, 27

Ermittlungsverfahren 2 53; **22** 17; **23** 1; **Anh.** 244

Erschleichen von Sozialleistungen 9

Erwerbstätigkeit
- Aufnahme **9** 3

EU 6a; **Anh. 10**
- Arbeitserlaubnis **10** 28ff.

EU-Sozialversicherung Vor 8 13

EWR 6a 16; **Anh. 10**
- Arbeitserlaubnis **10** 28ff.

Familienangehörige
- mitarbeitende **1** 6ff.
- Unternehmensbeteiligung **1** 19

Familienhafter 1 6

Festhalten 3 14

Festnahme 14 21f.

Finanzamt *s. Finanzbehörde*

Finanzbehörde 2 67
- Prüfung **2** 31

Finanzgerichtsbarkeit 2 8; **23**

FKS 12 10

Fleischwirtschaft 2a 16; **Anh.** 237ff.

Forstwirtschaft 2a 13; **8** 19; **Anh.** 222ff.

Frankreich 6a 20

freier Mitarbeiter

Fremdgeschäftsführer
- abhängig Beschäftigter **1** 181

Frührente 2 22

Gaststättengewerbe 2a 8

Gebäudereinigungsunternehmen 2a 14; **Anh.** 227ff.

Sachregister

Gefahr
- im Verzug **14** 16

Gefahrenabwehr 2 36, 49

Gefälligkeitsleistungen 1 22ff.; **8** 61f.

Gefälligkeitsverhältnis
- Ausländer **10** 20

Geldbuße
- Zumessung **8** 54ff.

Geldwäsche Vor 8 53

Generalunternehmer 4 9
- Haftung **Anh.** 197ff.

geringfügige Beschäftigung *s. Minijob*
- in Privathaushalten **Vor 8** 48

Geringfügigkeitsgrenze
- Überschreitung *s. Entgeldgrenze*

Gesamtabwägung 1 161ff.

Gesamtbild
- feststellbare Umstände **1** 161f.

Gesamtwertung
- von Indizien **1** 154

Geschäftsführer
- Abhängigkeit **1** 186ff.
- Versicherungspflicht **1** 213f.
- von juristischen Personen **1** 179ff.

Gesellschafter
- angestellter **1** 195
- Geschäftsführer **1** 1, 183ff.
- persönliche Haftung **1** 226
- persönliche Inanspruchnahme **1** 217
- Versicherungspflicht **1** 213f.

Gesellschaftskapital
- Beteiligung am **1** 187

Gesellschaftsvertrag 1 221f.

Gesetzgebungskompetenz Einl. 3

Gewerbe
- stehendes **1** 36, 66

Gewerbeamt 2 97

Gewerbeanzeige 2 97
- Informationsaustausch **16** 31

Gewerbeausübung
- ohne Gewerbeanmeldung **8** 18ff.

Gewerbebetrieb 1 31

Gewerbeerlaubnis

Gewerberecht
- Verstöße **1** 66ff.

Gewerbezentralregister 12 18ff.
- Auskunft **21** 17ff.
- Rechtsschutz **21** 27ff.

Gewinnabschöpfung Vor 8 61

Gewinnerzielungsabsicht 8 20, 30, 59

Grundsicherungsleistung *s. Sozialhilfe*
- Träger der *s. Jobcenter*

Haft 14 21f.

Handelskammer 2 98

Handelsvertreter 1 198

Handwerk
- zulassungspflichtiges **8** 31

Handwerker 8 27

Handwerksausübung
- ohne Eintragung **8** 29ff.

Handwerkskammer 2 98

Handwerksrecht
- Verstöße **1** 66ff.

Handwerksrolle
- Austragung **1** 359

Hartz IV *s. Arbeitslosengeld II*

Hauptzollämter 12 10ff.

Haushaltshilfen
- illegale **10a** 1; **Vor 8** 48

Haushaltsscheckverfahren 1 40; **Vor 8** 48

Identitätsfeststellung *s. Personalienfeststellung*

Illegalität
- Begriff **1** 345f.

Industriebetriebe 8 31

Informationelle Selbstbestimmung 6 15; **16** 5; **18** 2

Informationsaustausch 6 11; *s. a. Datenübermittlung*
- Auskunftsverbote **6a** 11
- Auskunftsverweigerungsrecht **6a** 13
- Drittstaat **6a** 28
- Entsendung **16** 28
- Erforderlichkeit **6** 15; **14** 9
- Ersuchen **6a** 10
- EU-Staat **6a**
- Schengen-Staat **6a** 16

Insolvenz 2 16

INZOLL 16 17ff.

Island 6a 16; **Anh.** 10

Jobcenter 2 85; **16** 21

Kapital
- eigenes **1** 144f.

Kapitaleinsatz 1 148

Kernbereich
- Leistungserbringung **1** 135
- Tätigkeitsausübung **1** 134

Kerngehalt 1 132

Sachregister

Kirchensteuer Vor 8 47
Kompensationsverbot Vor 8 52
Kompetenzen
– Bekämpfung illegaler Beschäftigung
 s. Zuständigkeiten
Kontrollmitteilung 15 20
Künstlersozialkasse
– Meldepflicht zur **1** 42
kurzfristige Beschäftigung
 s. Minijob
Kurzfristigkeit 1 169

Landwirtschaft 8 19
Leiharbeitsvertrag 1 263 ff.
Leistungsbezug
– Datenabgleich **16** 21
Leistungserschleichung *s. Leistungsmissbrauch*
Leistungsmissbrauch 1 60 ff.; **2** 72, 86; **9**, **1** ff.; **14** 7
Leistungsträger 2 42
Liechtenstein 6a 16; **Anh.** 10
Logistikgewerbe 2a 10; **Anh.** 215 ff.
Lohndumping 10 63
Lohnsteuer
– Anrufungsauskunft **1** 332 ff.
– Anrufungsauskunft, Antragsberechtigte **1** 333
– Hinterziehung **Vor 8** 41
Lohnsteuernachzahlung 1 382

Machtposition *s. a. Rechtsmacht*
– rechtliche, wirtschaftliche **1** 14
Meldeanlässe 2 16
Meldepflichten 1 38; **2** 14
Menschenhandel Vor. 1 ff. 10a; **1** 356; **14** 7
Messebau 2a 15; **Anh.** 234 ff.
Minderheitsbeteiligung
– qualifizierte **1** 223
Mindestlohn
– Ausländer **Anh.** 15
– Auszubildende **Anh.** 23
– Ehrenamt **Anh.** 24
– Einstiegsqualifizierung **Anh.** 29
– Haftung **Anh.** 45 ff.
– Langzeitarbeitslose **Anh.** 30
– Minderjährige **Anh.** 25
– Praktikanten **Anh.** 27 f.
– Saisonarbeiter **Anh.** 31
– Vergütungsbestandteile **Anh.** 38 ff.
Mindestlohngesetz Anh. 11 ff.
– Aufzeichnungen **Anh.** 54 ff.
– Kontrolle **Anh.** 49 ff.
– Meldepflicht **Anh.** 54 ff.
– Sofortmeldung **Anh.** 63 ff.
– Zuwiderhandlungen **Anh.** 66 ff.
Minijob 1 165 ff.
– in Privathaushalten **1** 40; **Vor 8** 48
– Übersicht **Anh.** 159 ff.
Mitarbeit
– familiäre **1** 8 ff.
Mithilfe
– verwandschaftliche **1** 6 ff.
Mitteilung
– in Strafsachen **13** 13 ff.
– Strafverfolgungsbehörden **13** 9 ff.
Mitteilungspflicht 1 61 ff.; **8** 6
– nach § 60 SGB I **9** 3
– Ordnungswidrigkeit **1** 65; **8** 11; **13** 6
– Verletzung **8** 11 ff.; **9** 3 ff.
Mitwirkungspflicht 1 63; **5** 9; **22** 5
– Dritter **22** 7
Monaco 6a 16

Nachbarschaftshilfe 1 27; **8** 63 f.
Nachschau *s. Prüfung*
Nebenfolgen der Straftat
– Einziehung *s. Einziehung*
– Verfall *s. Verfall*
– Vermögensabschöpfung *s. dort*
Nettoarbeitsentgeld 1 368
Nettolohn Vor 8 31 f.
Nettolohnfiktion 1 367
Nichtanzeige
– der Gewerbeausübung **8** 15 ff.
Niederlande 6a 24
Norwegen 6a 16; **Anh.** 10

öffentliche Aufträge
– Ausschluss von **Vor. 1** ff. 21
öffentliche Bauaufträge
– Ausschluss von **10** 52
Ordnungsbehörde 2 95
Ordnungswidrigkeit Vor 8 5
Ordnungswidrigkeitenbehörde 2 41; **12** 4 ff.
Ordnungswidrigkeitenverfahren 22 17; **23** 1
– Ergebnisse und Zahlen **Einl.** 32
Organe
– von juristischen Personen **1** 175 ff.
Organisation Einl. 34
Organisationshoheit 1 130
– betriebliche **1** 281
Österreich 6a 27

459

Sachregister

Personalausweis s. *Ausweispapiere*
Personalienfeststellung 2a 1; **3** 13; **14** 23
Personenbeförderungsgewerbe 2a 9; **Anh.** 211 ff.
Personenprüfung 3 5
Pflichten
– steuerliche **1** 59
Polizei
– Bundespolizei **2** 94
– Polizeivollzugsbehörde **2** 92
Polizeigesetz Einl. 6
Polizeihandeln 2 36, 93
Privathalt
– geringfügig Beschäftigte **Vor 8** 48
ProFiS 16 16
Prüfung
– Abschluss **22** 12
– Beendigung **2** 59
– gemeinsame **2** 62
– Grenzen **2** 50
– Mindestlohn **Anh.** 49 ff.
– nach SchwarzArbG **2**; **Anh.** 243
– Nachschau **2** 47
– Ort **2** 57; **4** 19
– steuerliche **2** 29
– Umfang **2** 50
– Zeit **2** 58; **4** 17
Prüfungsanlass 2 48
Prüfungsanordnung 2 46; **22** 12
– Bekanntgabe **2** 47
– Einspruch **22** 15
– Mindestlohn **Anh.** 53
Prüfungsaufgaben 2 13
Prüfungsbefugnisse 2 33
Prüfungsdurchführung
Prüfungsmittel 2 49
Prüfungsverfügung s. *Prüfungsanordnung*
Prüfungszuständigkeit 2 6
Prüfungszweck 2 13

Rechtsbehelf 22 15
Rechtsmacht 1 160, 182; s. a. *Machtposition*
– abstrakte **1** 221
Rechtsschutz
– Auskunftsanspruch **18** 9
– Datenlöschung **19** 7
Rechtssubjektivität 1 212
Rechtsweg 2 8; **23**
Reisegewerbeausübung
– ohne Erlaubnis **8** 24 ff.
Reisegewerbekarte 1 36, 66

Rentenversicherung
– Betriebsprüfung **2** 78
– Einbeziehung in die **1** 220
– Träger der **2** 76
Rentenversicherungspflicht
– Befreiung **1** 208
Risikofrüherkennungssystem 12 27
Rückgewinnungshilfe Vor 8 60

Sachverständiger
– Entschädigung **20** 5
– Hinzuziehung **22** 7
San Marino 6a 16
Schattenwirtschaft Einl. 30
Schätzung
– Sozialversicherungsbeitrag s. *Summenbeitragsbescheid*
Schaustellergewerbe 2a 11; **Anh.** 219 ff.
Scheinselbständigkeit 1 74 ff.
– Abgrenzung **Anh.** 77 ff.
– Ausländer **10** 19
– Begriff **1** 69 ff., 303
– Kriterienkatalog **1** 85 ff.
– Vermeiden **Anh.** 74 ff.
Scheinwerkvertrag 1 285 ff.
Schengen-Staaten 6a 16
Schlussbesprechung 22 12
Schutzbedürftigkeit
– soziale **1** 200
Schwarzarbeit
– Definition **1** 37 ff., 59 ff.
– Fallgruppen **1** 36
– Sanktionen **Anh.** 1
Schwarzgeldabrede s. *Schwarzlohnabrede*
Schwarzlohnabrede 1 367; **Vor 8** 44
Schweiz 6a 16; **Anh.** 10
Schweizer
– Mitarbeiter **10** 31
Selbständiger Anh. 75
– arbeitnehmerähnlicher **1** 198 ff.
– hauptberuflich **1** 198
– Rentversicherungspflicht **1** 227 f.
Selbstanzeige
– bei Beitragsvorenthaltung **Vor 8** 55
– bei Steuerhinterziehung **Vor 8** 54
Selbsthilfe 1 28 ff.; **8** 65 ff.
Sofortmeldung 1 38; **2a** 4
– für ausländische Arbeitgeber **Anh.** 63
SOKA-Bau Anh. 194
Soloselbstständigkeit 1 237
Sozialdaten 6 12; **15** 4
Sozialdatenschutz 12 18
Sozialgerichtsbarkeit 2 8; **23** 4

Sachregister

Sozialhilfe **2** 84
Sozialkassen-Meldeverfahren **Anh.** 194
Sozialleistungen
- Bezug von **2** 21
- Erschleichen von **9**

Sozialleistungsbetrug **2** 21; **Vor 8**; *s. a. Leistungsmissbrauch*
Sozialleistungsbezug **8** 11
Sozialrechtsakzessorietät **Vor 8** 11
Sozialversicherung
- Koordination in EU für Arbeitnehmer **Vor 8** 13 f.
- Koordination in EU für Selbständige **Vor 8** 15 f.

Sozialversicherungsausweis **2a** 17; **8** 44
Sozialversicherungsbeitrag
- Gesamtsozialversicherungsbeitrag
- Veruntreuen von **Vor 8** 8; **14** 7
- Vorenthalten von **Vor 8** 8; **14** 7

Speditionsgewerbe **2a** 10; **Anh.** 215 ff.
Sperrminorität **1** 188
Staatsanwaltschaft **12** 6 f.
Statusbeurteilung **Anh.** 74 ff.; *s. a. Beschäftigungsstatus*
- ABC von Berufen **Anh.** 77 ff.

Statusfeststellung **1** 309 ff.
Statusfeststellungsverfahren **1** 310 ff.
- Anhörung **1** 326 ff.
- Antragsberechtigte **1** 317 ff.
- Clearingstelle **1** 317, 320
- Eintritt der Versicherungspflicht **1** 329 ff.

Steuerabzug
- Bauleistungen **Anh.** 164 ff.

Steuergeheimnis **6a** 1; **12** 18; **15** 10 ff.
Steuerhinterziehung **Vor 8** 40; *s. a. Steuerstraftat*
- bandenmässige Begehung **Vor 8** 53
- gewerbsmässig **Vor 8** 53
- Kompensationsverbot **Vor 8** 52
- Lohnsteuerhinterziehung **Vor 8** 41
- Selbstanzeige **Vor 8** 54
- Strafschärfungen **Vor 8** 53
- Umsatzsteuerhinterziehung **Vor 8** 49

Steuerordnungswidrigkeit
- Ermittlung **2** 32
- Prüfung **2** 32

Steuerstraftat **Vor 8** 40
- Ermittlung **2** 32
- Prüfung **2** 32

Stimmrechtsbindung
- Vereinbarung **1** 197

Strafsachen- und Bussgeldstelle **22** 17
Strafverfahren **22** 17; **23** 1
- Beendigung **14** 27
- Beschränkung **14** 27
- Einstellung **14** 27
- Ergebnisse und Zahlen **Einl.** 31

Strafverfolgung **2** 40; **14** 27
Subunternehmer **4** 9
Summenbeitragsbescheid **Vor 8** 33 f.

Taxiunternehmen *s. Personenbeförderungsgewerbe*
Taxizentrale *s. Personenbeförderungsgewerbe*
Telekommunikationsdienstleistung
- Anbieter einer **7** 9

TK-Überwachung **14** 24
Transportgewerbe **2a** 10; **Anh.** 215 ff.
Tschechien **6a** 23
Türkei **10** 32 f.; **Anh.** 10

Überlassung
- zur Arbeitsleistung **1** 262 ff.

Umsatzsteuer
- Baugewerbe **Anh.** 166 ff.
- Gebäudereiniger **Anh.** 228 f.
- Hinterziehung **Vor 8** 49

Umsatzsteuerrecht
- Einordnung Selbstständigkeit **1** 81

Unfallkasse *s. Unfallversicherung*
Unfallversicherung
- Träger der **2** 83

Untergrundwirtschaft **Einl.** 30
Unternehmensgeldbuße **12** 24
Unternehmensleitung
- Fremdgeschäftsführer **1** 181

Unternehmensorganisation
- Pflicht zur **12** 28 ff.

Unternehmerrisiko **1** 103, 144 ff., 225
Unterrichtung, gegenseitige **6** 23
Unterstützung **6** 10
Urkundenfälschung **14** 8

Vatikanstaat **6a** 16
Verantwortungsstruktur **1** 269
Verbotsgesetz **1** 358
Verdacht **2** 53
- Anfangsverdacht *s. dort*

Verfall **Vor 8** 58
Verfallsanordnung **Vor 8** 58
Verfolgungsbehörde
- Ordnungswidrigkeit **13** 5

461

Sachregister

Verfolgungsverjährung Vor 8 36
Vergabeverfahren 21 4 ff.
- Auskunft **21** 17 ff.

Vergütungsgefahr
- Auswirkungen **1** 243

Vermögensabschöfung Vor 8 58
Vermutungsregeln s. *Beschäftigung*
Versicherungsbedürftigkeit
- mutmaßliche **1** 220

Versicherungsberechtigung 2 16
Versicherungspflicht 2 16
- Befreiung von **2** 16
- Rentenversicherung **1** 227

Verwaltungsakt 22 11
- Prüfungsanordnung **22** 12

Verwaltungshelfer 22 10
Verwaltungsverfahren 22
Verweigerungsrecht
- Auskunftsverweigerungsrecht **5** 24; **22** 6
- Vorlageverweigerungsrecht **3** 29

Visa-Warndatei 16 30
Vorermittlungen 2 52
Vorfeldermittlungen 2 51
Vorlageverlangen 3 30; **4** 22
Vorstand
- von juristischen Personen **1** 179

Vorstandsmitglieder
- einer Aktiengesellschaft **1** 223

Weisungsabhängigkeit 1 132
Weisungsstruktur
- des Entleiherbetriebes **1** 267

Werbemaßnahmen
- anonyme **7** 1 ff.

Werk
- abnahmefähiges **1**

Werkleistungen s. *Werkvertrag*

Werkvertrag 1 237 ff.
- Abgrenzung Arbeitnehmerüberlassung s. *Arbeitnehmerüberlassung*
- Abgrenzung Dienstvertrag s. *Dienstvertrag*
- Pflichten aus **2** 18

Whistleblower 12 30
Willensbildung
- der GmbH **1** 184, 193

wirtschaftliche Verhältnisse
- des Täters **8** 55

wirtschaftlicher Vorteil 8 56
Wirtschaftsbereich
- engerer **1** 156

Zeuge 20 6
- Entschädigung **20** 6
- Hinzuziehung **22** 7

Ziele
- präventive **Einl.** 7 f.
- repressive **Einl.** 9

Zitiergebot Einl. 4
Zollverwaltung
- Behörden der **12** 8 ff.

Zusammenarbeit 2 6; **6** 8
- Bussgeldverfahren **13**
- zuständige Stelle **6** 27; **23** 1

Zusammenrechnung 1 172
- Ordnungswidrigkeiten; s. *Verfolgungsbehörde*

Zuständigkeiten 2 6
- Bekämpfung illegaler Beschäftigung **Einl.** 23

Zutritt s. *Betreten*
Zutrittsrecht 3 31; **4** 6
Zwangsmittel 5 19; **22** 14
- Androhung von **5** 21
- Ersatzvornahme **5** 22

Zwangsprostitution 10a 1
Zweckmässigkeit 2 49

Im Lesesaal vom 10. AUG. 2016
bis